I0189192

Widerstände

Jahrbuch des Dokumentationsarchivs des österreichischen Widerstandes

2024

Herausgegeben von
Andreas Kranebitter und Christine Schindler

Peer Review Committee:
Elizabeth Anthony, Mitchell Ash, Brigitte Bailer, Linda Erker,
Evrim Erşan Akkılıç, Christian Fleck, Anna Hajkova, Gabriella Hauch,
Andreas Kranebitter, Claudia Kuretsidis-Haider, Ina Markova,
Astrid Messerschmidt, Elena Messner, Philipp Mettauer,
Manfred Mugrauer, Wolfgang Neugebauer, Bertrand Perz,
Peter Pirker, Maria Pohn-Lauggas, Ljiljana Radonić,
Michaela Raggam-Blesch, Oliver Rathkolb, Ilse Reiter-Zatloukal,
Peter Steinbach, Christian Stifter, Karin Stögner, Bernhard Weidinger,
Florian Wenninger, Ruth Wodak, Helmut Wohnout

Widerstände

Impulse für die Widerstandsforschung zum
Nationalsozialismus

Herausgegeben von
Andreas Kranebitter und Christine Schindler

Im Auftrag des Dokumentationsarchivs
des österreichischen Widerstandes

DE GRUYTER
OLDENBOURG

Das Jahrbuch wurde mit Unterstützung folgender Institutionen hergestellt:

⎯ Bundesministerium
Bildung, Wissenschaft
und Forschung

⎯ Bundesministerium
Kunst, Kultur,
öffentlicher Dienst und Sport

Stadt Wien | Kultur

Stadt Wien – Kulturabteilung (MA 7)
Bundesministerium für Bildung, Wissenschaft und Forschung
Bundesministerium für Kunst, Kultur, öffentlichen Dienst und Sport

ISBN 978-3-11-137833-6
e-ISBN (PDF) 978-3-11-137841-1
e-ISBN (EPUB) 978-3-11-137863-3
ISSN 1012-4535
DOI https://doi.org/10.1515/9783111378411

(cc) BY-NC-ND

Dieses Werk ist lizenziert unter einer Creative Commons Namensnennung - Nicht-kommerziell -
Keine Bearbeitung 4.0 International Lizenz. Weitere Informationen finden Sie unter
https://creativecommons.org/licenses/by-nc-nd/4.0/.

Die Creative Commons-Lizenzbedingungen für die Weiterverwendung gelten nicht für Inhalte (wie
Grafiken, Abbildungen, Fotos, Auszüge usw.), die nicht im Original der Open-Access-Publikation enthalten
sind. Es kann eine weitere Genehmigung des Rechteinhabers erforderlich sein. Die Verpflichtung zur
Recherche und Genehmigung liegt allein bei der Partei, die das Material weiterverwendet.

Library of Congress Control Number: 2024943955

Bibliografische Information der Deutschen Nationalbibliothek
Die Deutsche Nationalbibliothek verzeichnet diese Publikation in der Deutschen Nationalbibliografie;
detaillierte bibliografische Daten sind im Internet über http://dnb.dnb.de abrufbar.

© 2024 bei den Autor*innen, Zusammenstellung © 2024 Andreas Kranebitter und Christine Schindler,
publiziert von Walter de Gruyter GmbH, Berlin/Boston. Dieses Buch ist als Open-Access-Publikation
verfügbar über www.degruyter.com.
Einbandabbildung: Jugendliche Widerstandskämpfer*innen des Kommunistischen Jugendverbandes,
aufgenommen bei einem illegalen Treffen im Wienerwald, darunter Erna Diwisch, Walter Schopf, Karl
Hoffmann. Walter Schopf, geb. 1922, wurde am 9. September 1943 in Berlin-Plötzensee, Erna Diwisch, geb.
1922, am 24. Mai 1944 im LG Wien hingerichtet. (DÖW 00037-001)
Satz: bsix information exchange GmbH, Braunschweig

www.degruyter.com

Fragen zur allgemeinen Produktsicherheit:
productsafety@degruyterbrill.com

Wolfgang Neugebauer
zum 80. Geburtstag am 9. Oktober 2024
zugeeignet

Inhalt

Debatte

Andreas Kranebitter, Christine Schindler

Vorwort

Widerstand als Thema geschichtswissenschaftlicher und gesellschaftspolitischer Diskussionen

1963 wurde das Dokumentationsarchiv des österreichischen Widerstandes (DÖW) von ehemaligen Widerstandskämpfer*innen und Verfolgten des NS-Regimes sowie engagierten Wissenschafter*innen in Wien gegründet. Im Jänner 2024 beging das DÖW dieses 60-Jahr-Jubiläum auf vielfältige Weise: mit einem Festakt im Wiener Rathaus, einem wissenschaftlichen Symposium und einem Dokumentarfilm, der Co-Produktion von ORF III und Pammer Film „Immer wachsam sein". Jubiläen sind willkommene Anlässe, reflexiv auf Vergangenes zurückzublicken und daraus Impulse für die künftige Arbeit zu erhalten, vor dem Hintergrund der eigenen Geschichte nach vorne zu blicken – so stellte das Symposium eines der Kernthemen des DÖW, die Widerstandsforschung, zur Diskussion. Darauf basiert das vorliegende Jahrbuch. Alles hat im DÖW schließlich mit der Dokumentation und Erforschung des Widerstands begonnen, von Widerstand und Verfolgung im Nationalsozialismus.

Als das DÖW 1963 gegründet wurde, war das einerseits eine naheliegende, andererseits eine äußerst unwahrscheinliche Gründung. Einerseits war Österreich seit der Moskauer Deklaration 1943 und den Staatsvertragsverhandlungen bis 1955 dazu angehalten, einen offiziellen Nachweis von Tätigkeiten gegen den Nationalsozialismus zu erbringen, also staatspolitisch den Widerstand zu dokumentieren, insofern war die Gründung eines einschlägigen Instituts vielleicht sogar eine Frage der Zeit. Andererseits war nichts ferner liegend als ebendiese Gründung, zumindest in der verwirklichten Form – als überparteilicher, eigenständiger Verein, Forschungs- und Dokumentationsstelle auf antifaschistischer Grundlage inmitten des Kalten Krieges, gegründet von ehemaligen Widerstandskämpfer*innen und aus dem Exil Zurückgekehrten, Holocaustüberlebenden und engagierten Wissenschaftler*innen in Zeiten, in denen wegen der Reintegration ehemaliger Nationalsozialisten der Widerstand trotz seiner offiziellen Bedeutung zum Tabuthema wurde. Das war keine geringe Leistung, und sie war stark verbunden mit Herbert Steiner, dem Gründer des DÖW, der im Jahr 2023 seinen 100. Geburtstag gefeiert hätte. Das DÖW war insofern von Beginn an so etwas wie offizielle Mission und Gegenarchiv in einem: Das Institut hat gesammelt, wo andere nicht sammeln wollten, erzählt, was andere nicht erzählen wollten, war aber auch staatstragend, wo sich der Staat nicht selbst tragen wollte.

Die Geschichte des Instituts ist in mehrerer Hinsicht auch künftig Programm. Das DÖW trat beispielsweise von Anfang an gegen die Bagatellisierung des Widerstands auf, wie sie hegemoniale Veteranenverbände in Österreich an den Tag legten, die den Widerstand geringschätzten und als Verrat diffamierten, bald aber auch gegen den

Open Access. © 2024 Andreas Kranebitter, Christine Schindler, publiziert von De Gruyter. [CC BY-NC-ND] Dieses Werk ist lizenziert unter einer Creative Commons Namensnennung – Nicht-kommerziell – Keine Bearbeitung 4.0 International Lizenz.
https://doi.org/10.1515/9783111378411-201

Opfermythos von Österreich als erstem Opfer „Hitlerdeutschlands", in dessen Rahmen der Umfang des Widerstands zuweilen zahlenmäßig übertrieben wurde. Ziel war eine ausgewogene, quellengesättigte Darstellung als Geschichte von unten, die sich nicht einem Narrativ einer nationalen „Erlösung" verschrieb. Mittel dazu war, mit dokumentarischer Methode Quellen breitestmöglich zusammenzutragen und editorisch kuratiert der Forschung als Quellenbasis zur Verfügung zu stellen, als Sammlung wie als Edition, nicht zuletzt in den Bänden „Widerstand und Verfolgung in den Bundesländern", den Dokumentationen zu den Österreicher*innen im Exil oder der Oral-History-Reihe „Erzählte Geschichte". Damit wurde Grundlagenforschung betrieben (wie ab Anfang der 1990er Jahre bei der Erfassung der Daten der Holocaustopfer, die Basis für alle folgenden Projekte wie die Shoah-Namensmauer in Wien wurden), aber auch eine Art Vetorecht der Quellen anerkannt. Schon die Breite der gesammelten Quellen – ganz stark etwa auch von Beginn an subjektive Erinnerungen und später Oral History, die auch aus der Geschichte der Arbeiter*innenbewegung kommt – wirkte einer Sakralisierung des Widerstands im engeren Sinne entgegen, wie auch und vor allem die im DÖW zahlreichen ehemaligen Widerstandskämpfer*innen selbst, die sich dagegen verwehrten. Das bedeutete von Beginn an, Sammeln selbst als Widerstand zu begreifen. Geht es um Holocaust und NS-Verbrechen, ist schon das Sammeln an sich, das Bewahren gegen den erklärten Zweck der Vernichtung gerichtet, es ist der letzte Widerstandsakt und der erste Forschungsakt. Die Zweckentfremdung gegen den intendierten Sinn der Dokumente stand am Beginn aller Holocaust-Archive. Das ist auch die Gründungsgeschichte des DÖW: Die ersten Ansätze dazu, das darf man wohl behaupten, hat Herbert Steiner mit seinen Sammlungsbemühungen im britischen Exil getan, z. B. zu Jura Soyfers Typoskripten, verbunden mit den Aufklärungsversuchen, mit Flugblättern und BBC-Radiosendungen des Young-Austria-Sekretärs und der Dokumentation des Geschehens in Exilzeitungen. Damals wie später war das Sammeln also bereits die unmittelbar antifaschistische Dokumentation von Widerstand und Verfolgung im Exil.

Auf der materiellen Basis der eigenen breiten Sammlung gegründet, wurde seit Mitte der 1960er Jahre die Breite des Widerstands betont und im Widerstandsbegriff selbst reflektiert, sie wurde grundlegend für die Sammlungs- und Forschungstätigkeiten des DÖW. Diese Breite ist einerseits eine politische (und reicht von Legitimismus bis Kommunismus), andererseits thematisch, denn früh wurden schon Deserteure genannt, früh individueller Widerstand und nonkonformes Verhalten dokumentiert. Diese Breite wurde zunächst von Karl Stadler entlehnt, der 1966 schrieb: „Angesichts des totalen Gehorsamkeitsanspruchs der Machthaber und der auf seine Verletzung drohenden Sanktionen muß jegliche Opposition im Dritten Reich als Widerstandshandlung gewertet werden – auch wenn es sich um einen vereinzelten Versuch handelt, ‚anständig zu bleiben'."[1] Diese Breite war für die folgenden Editionsarbeiten grundlegend, etwa die Bände „Widerstand und Verfolgung in den Bundesländern",

---

1 Karl R. Stadler, Österreich 1938–1945 im Spiegel der NS-Akten, Wien–München 1966, S. 12.

wie Wolfgang Neugebauer stets festgehalten hat: „Mit dem Projekttitel ‚Widerstand und Verfolgung' wird zum Ausdruck gebracht, daß keine enge Begrenzung des Widerstandsbegriffs – etwa auf den aktiven Kampf ‚für ein freies, demokratisches Österreich' im Sinne des Opferfürsorgegesetzes 1947 – vorgenommen wird, sondern das ganze Spektrum von Widerstand, Opposition und Unzufriedenheit, von Diskriminierung und Verfolgung, also jede nonkonformistische Reaktion auf die Diktaturherrschaft, dokumentiert werden soll."[2] Das Ergebnis war, Pluralismus und Offenheit anzuerkennen – an diese Tradition anknüpfen heißt heute dementsprechend, an Breite und Pluralismus festzuhalten.

Widerstandsforschung im DÖW war und ist aber nicht nur eine breite, sondern auch, wenn man so will, eine widerständige Forschung: Sie tut weh und muss weh tun, sie spricht blinde Flecken an und wendet sich durchaus auch gegen eine Orthodoxie und Erstarrung. Durch die Geschichte hindurch (von Herbert Steiner über Wolfgang Neugebauer, Brigitte Bailer und Gerhard Baumgartner bis heute) wurden im DÖW „unbequeme" Themen bearbeitet, etwa Forschungen zur Nachkriegsjustiz, zu Neonazismus und Rechtsextremismus, zu linkem Antisemitismus, zu den Opfern des Stalinismus, zu stigmatisierten NS-Opfern wie Rom*nja und Sinti*zze, zu den Opfern der NS-Medizinverbrechen, zum Opferfürsorgegesetz – das sind Themen, die nicht allen gefallen, die auch nicht allen gefallen wollen. Die Mitarbeiter*innen des DÖW betreiben keine gefällige Forschung. Auch das ist Teil der Kultur der Gegenerzählung. Die Widerstandsforschung sollte weder zur „Doxa"[3] erstarren, noch eigene Erkenntnisse verharmlosen, bis sie für alle politischen Parteien und zivilgesellschaftlichen Akteure kompatibel ist und ihren erinnerungspolitischen Ansprüchen genügt. Mit dem dokumentaristischen Vetorecht der Quellen ausgestattet bleibt das DÖW vielmehr aufklärerisch und methodisch am Puls der Zeit, aber auch unabhängig – und wenn es sein muss, auch unbequem.

Geschichte von unten zu schreiben (wie das auch der jüngst verstorbene Hubert Christian Ehalt geprägt hat[4]), bedeutet daher auch, stets neue Wege zu gehen, auch im Gegenwind. Das tut das DÖW von Beginn an, in allen seinen Tätigkeitsfeldern, ob in

---

2 Wolfgang Neugebauer, Zwanzig Jahre Dokumentationsarchiv des österreichischen Widerstandes (1963–1983), in: Helmut Konrad/Wolfgang Neugebauer (Hrsg.), Arbeiterbewegung – Faschismus – Nationalbewusstsein. Festschrift zum 20jährigen Bestand des Dokumentationsarchivs des österreichischen Widerstandes und zum 60. Geburtstag von Herbert Steiner, Wien–München–Zürich 1983, S. 405–415, hier S. 409.
3 „Es gibt die Orthodoxie und die Heterodoxie, aber auch die Doxa, das heißt die Gesamtheit dessen, was als Selbstverständliches hingenommen wird, insbesondere die Klassifikationssysteme, die festlegen, was als interessant bewertet wird und was als uninteressant, wovon niemand denkt, daß es erzählt zu werden verdient, weil keine (Nach)Frage besteht. [...] Das Verborgenste ist das, worüber alle Welt sich einig ist, so einig, daß nicht einmal darüber gesprochen wird, ist das, was außer Frage steht, was selbstverständlich ist." Pierre Bourdieu, Für eine Soziologie der Soziologen, in: Derselbe, Soziologische Fragen, Frankfurt/M. 1993, S. 77–82, hier S. 80 f.
4 Vgl. Hubert Christian Ehalt (Hrsg.), Geschichte von unten. Fragestellungen, Methoden und Projekte einer Geschichte des Alltags, Wien–Köln–Weimar 1984 [= Kulturstudien, Bd. 1].

der Widerstandsforschung, der Täterforschung oder und nicht zuletzt in der Rechtsextremismusforschung, die einen integralen Bestandteil der Forschungsstrategie bedeuteten, die in der Verbindung von historischer Dokumentation des Nationalsozialismus auf der einen, des aktuellen Rechtsextremismus und Neonazismus auf der anderen Seite bestanden. *Erstens* wurde die Dokumentation des Rechtsextremismus stets als logische Konsequenz aus der historischen Dokumentation gesehen, als Fortsetzung des notwendigen Widerstands gegen eine altbekannte Gefahr. *Zweitens* ging das DÖW recht pragmatisch an die Arbeit, weil das in Österreich sonst niemand tat. *Drittens* widmete sich ein Großteil der rechtsextremen Publizistik als historischer Revisionismus der Bagatellisierung des Widerstands, der Diffamierung von KZ-Überlebenden, der Leugnung von NS-Verbrechen – es war daher stets notwendig, vor dem Hintergrund historischer Forschung gegen den Rechtsextremismus anzugehen.[5] *Viertens* aber ist das eine das kulturelle Gedächtnis des anderen: Widerstandsforschung wird in Zeiten des neuen Autoritarismus wieder relevant, relevanter, als uns lieb ist. Ob Orbánismus in Ungarn, Trumpismus in den USA, ein Blick nach Frankreich, Italien, in die Niederlande und nicht zuletzt natürlich auf Österreich, wo die FPÖ in einer ihrer bislang autoritärsten Phasen den österreichischen Rechtsextremismus einbindet, einverleibt, teilweise verkörpert und trotzdem oder womöglich sogar deswegen Umfragen anführt. Der neue Autoritarismus führt zu verstärktem Interesse am Widerstand gegen früheren Autoritarismus,[6] gegen die historischen Faschismen. Es ist wichtig, auch hier keine vorschnellen Schlüsse und banalisierend-saloppe Vergleiche zu ziehen – aber genau das verhindert man, wenn die historische und die sozialwissenschaftliche Expertise in einem Haus, unter einem Dach versammelt sind, wenn die Interdisziplinarität zu den Kernkompetenzen eines Instituts zählt.

Unser Institut, das DÖW, beging 2023 sein 60. Gründungsjubiläum. Der Festakt fand am 10. Januar 2024 im Wiener Rathaus im Beisein von Bundespräsident Alexander Van der Bellen, Bürgermeister Michael Ludwig, Wissenschaftsminister Martin Polaschek und Stadträtin Veronica Kaup-Hasler statt. Die Redner*innen skizzierten die Geschichte des DÖW, würdigten deren Gründer*innen, allen voran Herbert Steiner, der schon im britischen Exil Gleichgesinnte um sich gesammelt und vielfältige Kontakte geknüpft hatte, und erzählten auch von ihren vielfältigen persönlichen Bezügen zum Thema und zum Institut. Die Reden kreisten um die Themen Demokratie, Rechts-

---

5 Vgl. Neugebauer, Zwanzig Jahre Dokumentationsarchiv des österreichischen Widerstandes, S. 411. Vgl. dazu z. B. auch Wolfgang Benz' Beitrag in einer Festschrift zum 40. Geburtstag des DÖW, in der er darauf als wesentliches Merkmal hinwies: „Ein Beispiel für Notwendigkeit, Wirkung und Erfolg des aufklärerischen Strebens des DÖW ist die Auseinandersetzung mit der ‚revisionistischen' Geschichtsschreibung und der von ihr munitionierten Propaganda". Wolfgang Benz, Gegenwelt des Opernballs. Wissenschaftliches Institut und moralische Instanz, in: DÖW (Hrsg.), 40 Jahre Dokumentationsarchiv des österreichischen Widerstandes 1963–2003, Wien 2003, S. 6–9, hier S. 7.
6 Siehe z. B. das wiedererstarkte Interesse an vielen Handbüchern und Readern zu Theorien und Erfahrungen mit historischem Faschismus und Nationalsozialismus, Autoritarismus und Rechtsextremismus heute.

staatlichkeit und Freiheit der Wissenschaft, sie erinnerten an Nationalsozialismus und Zweiten Weltkrieg, aus dessen Ruinen ein demokratisches Österreich, ein friedlicheres Europa erstanden war, das es zu verteidigen gilt. Das DÖW ist dabei seit den 1960er Jahren bis heute unbeirrter Dokumentarist und kritischer Mahner – bewahrend, analysierend, vermittelnd.

Diese Rolle(n) und Verdienste des DÖW bezeichnete Margit Reiter, Professorin für europäische Zeitgeschichte an der Paris-Lodron-Universität Salzburg, in ihrer Festrede, die im vorliegenden Jahrbuch abgedruckt ist, als „Gedächtnisspeicher, Wissensraum, Seismograph". Sie ordnet darin das Institut in den zeitgeschichtlichen Kontext und in die österreichische Erinnerungslandschaft ein. Die Historikerin geht in ihrem Beitrag auf die Jahrzehnte nach dem Krieg, die Zeit der 1960er Jahre ein, als das DÖW mangels staatlicher Initiativen von Privatpersonen und -vereinen gegründet wurde, und vergleicht dies mit zeitgleichen Entwicklungen in der BRD und österreichischen Spezifika wie der Erforschung der austrofaschistischen Diktatur 1933/34–1938, in deren Erinnerung sich bis heute immer wieder ein Graben zwischen den „Lagern" auftut. Besondere Erwähnung finden in Reiters Ausführungen die Themenbreite des DÖW, die Pionierleistungen und aktuelle Schwerpunkte, aber auch der nostalgische Charme, den die alten Räumlichkeiten in der Wiener Innenstadt noch ein paar Jahre bewahren werden, bevor das Institut in einen (Um-)Bau auf dem geschichtsträchtigen Otto-Wagner-Areal ziehen wird, auf dem 80 Jahre zuvor die Nationalsozialist*innen Kranken- und Kindermorde in großem Umfang durchgeführt hatten.

Die folgenden beiden Tage im Stadtkino des Wiener Künstlerhauses waren dem Symposium zum Thema „Widerstände. Impulse für die Widerstandsforschung" gewidmet – dem Schwerpunkt des vorliegenden Jahrbuchs. Expert*innen diskutierten über die individuelle Entscheidung zum Widerstand, den parteipolitisch organisierten Kampf und den Eigensinn, über Deserteure und queere Formen der Gegner*innenschaft, über den Widerstand in den Lagern, Ghettos und im Exil, über Handlungsmacht und Handlungsspielräume, über die Quellen und die Aufgaben der Vermittlung. Etliche der Referent*innen haben ihre Ausführungen diesem Jahrbuch zur Verfügung gestellt, das wiederum mit Artikeln von Elisa Frei, Martina Gugglberger, Alexandra Wachter, Brigitte Bailer und Johannes Glack ergänzt wurde.

Im vorliegenden Band nicht in einem eigenen Beitrag thematisiert sind queere und homosexuelle Formen der Widerständigkeit. Im durchgängig bis in die 1970er Jahre gültigen österreichischen Strafgesetz von 1852 wurde Homosexualität, d. h. Sexualkontakte zwischen Männern bzw. zwischen Frauen, in Österreich unter Strafe gestellt. Die Nationalsozialisten eskalierten die Gewalt, nahmen vor allem homosexuelle Männer ins Visier und deportierten reichsweit Tausende in Konzentrationslager, wo sie eine eigene Haftkategorie erhielten und den rosa Winkel tragen mussten. In den 1950er Jahren erreichten Verhaftungs- und Verurteilungszahlen einen letzten Höhepunkt. 1971 wurde das Gesetz aus 1852 im Zuge der Kleinen Strafrechtsreform aufgehoben. In einer homophoben Gesellschaft wurde Homosexualität in den Erinnerungen zum Widerstand und zu den Lagern verschwiegen. Homosexuelle waren aber auch in der NSDAP und in der Wehrmacht. Erst Mitte der 1990er Jahre wurden Homosexuelle offiziell als NS-Opfer anerkannt. In den letzten Jahrzehnten gewinnt das Thema in seiner ganzen Bandbreite an Bedeutung.

Die Beiträge des Bandes

Ausgehend vom breiten Widerstandsbegriff des DÖW, der immer schon individuelles nonkonformes Verhalten eingeschlossen hat, entfaltet dessen Wissenschaftlicher Leiter Andreas Kranebitter in seinem Beitrag *An den Rändern des Widerstands. Für eine sozialgeschichtliche Widerstandsforschung* den Begriff an seinen Peripherien. Kranebitter verweist dabei auf die Dreiteilung von Gerhard Botz in politischen Widerstand, sozialen Protest und abweichendes Verhalten entlang der Achsen des Organisationsgrades, der Öffentlichkeit und des offensiven bzw. defensiven Charakters von Handlungen. So könne innerhalb eines breiten Widerstandsbegriffs eine notwendige Hierarchisierung vorgenommen werden, ohne den Blick zu sehr zu verengen. Es gehe nämlich grundsätzlich, so Kranebitter, um „eine sozialgeschichtliche Sichtbarmachung von Gegenhandeln in einer Gesellschaft mit totalitärem Anspruch". Dies müsse nonkonformes Verhalten, Renitenz und Resistenz einbeziehen und auch Kriminalität auf deren widerständiges Potential hin untersuchen. Es musste nicht alles politisch gemeint sein, um politisch zu sein. Kranebitter weist auf eine weitere notwendige Unterscheidung hin: Widerstand im Konzentrationslager bedeutete nicht dasselbe wie Widerstand im Nationalsozialismus – das Lager hatte noch einmal seine eigenen, oft völlig konträren Gesetzlichkeiten. Jedes Lager war für jeden Häftling bzw. jede Häftlingsgruppe zu verschiedenen Zeiten elementar anders. Kranebitter beschäftigt sich mit den Handlungsoptionen von als Berufsverbrecher bzw. als Asoziale Etikettierten zwischen offener Kollaboration über Eigensinn als punktuelle Renitenz bis hin zum Widerstand. Eigensinn (Alf Lüdtke) und Widerstand in den Konzentrationslagern zeigten sich in verschiedenen Formen, oftmals „zeigte" sich Widerstand dort aber nicht, durfte sich nicht zeigen, konnte daher auch nicht gesehen werden. Diese Unsichtbarkeit des Widerstandes, die physische Nähe zu den Tätern in den KZ bedeutete nicht automatisch Komplizenschaft, war aber für den „normalen" Häftling schwer zu deuten. Für Kranebitter liegen die Unterschiede innerhalb des Widerstandsspektrums nicht in verschiedenen Kategorien, sondern graduell auf einer Skala. Wesentlich sei zudem, eine mögliche Intersektionalität, also die Überschneidung und Gleichzeitigkeit mehrerer Verfolgungsgründe, in den Blick zu nehmen und nicht weiter in sich wechselseitig ausschließenden Kategorien zu denken.

Der Direktor der Stiftung Gedenkstätten Buchenwald und Mittelbau-Dora Jens-Christian Wagner skizziert im Beitrag *Widerstand revisited. Plädoyer für eine Wiederentdeckung des Themas Widerstand in der Arbeit der KZ-Gedenkstätten* die Erfolge und Defizite der Beschäftigung mit der NS-Vergangenheit in Deutschland, wobei er einen

Opferzentrismus und ein Verkennen der Bandbreite des Widerstandes konstatiert. Nach der Instrumentalisierung des Widerstandes für die jeweiligen Geschichtsnarrative in BRD und DDR nach dem Krieg sei zuletzt der Fokus so sehr auf dem Holocaust gelegen, dass der Widerstand, die Verfolgung der Rom*nja und Sinti*zze und der als Berufsverbrecher Klassifizierten sowie die Krankenmorde nicht im Blick gewesen seien. Der Opferdiskurs, so Wagner, mache Menschen zu Objekten und nehme sie nicht als Akteur*innen wahr. Zudem fokussiere sich die Wahrnehmung der Öffentlichkeit, aber auch die Gedenkstättenarbeit wie in Bergen-Belsen auf Ikonen wie Anne Frank. Damit gehe ein Opferbild einher, das auf vermeintlich passive, unpolitische Schicksale rekurriere, Ambivalenzen werden geglättet, unbequeme Sachverhalte nicht diskutiert. Während auf den Schulhöfen „Opfer" mittlerweile ein Schimpfwort sei, habe der Opferzentrismus eine hohe Aufladung des Begriffs mit sich gebracht. Die Forschenden und auch Erinnernden müssen aber Distanz wahren, Wagner verdeutlicht, dass eine moralische Selbstüberhöhung in der Trauer um die Opfer eine Aufarbeitung verhindere und eine Identifikation regelrecht anmaßend sei. Gegen eine so vereinfachte (vermeintliche) Versöhnung mit der Vergangenheit ohne allzu schmerzvolle Aufarbeitung plädiert Wagner für eine schonungslose Beschäftigung mit der NS-Vergangenheit und all ihren Exkludierungsmaßnahmen. Man müsse Widerstand und Resistenz jenseits von Kitsch und Entkontextualisierung wiederentdecken und differenzieren, eine begriffliche Klarheit herstellen, Ambivalenzen aushalten, Grautöne darstellen, sperrige Biografien in der Gedenkstättendidaktik verwenden, um die Jugendlichen zum Nachdenken anzuregen und ihr Urteilsvermögen auszubilden.

Entlang der Biografie von Tilly Spiegel erinnert Ina Markova (Institut für Zeitgeschichte der Universität Wien) an die Hochzeiten der Arbeiterbewegungs- und Sozialgeschichte von den 1960er bis zu den 1980er Jahren, an die „Geschichte von unten", die Alltagsgeschichte von diskriminierten Gruppen, die oft in regionaler Perspektive bis dahin Ungehörte in den Mittelpunkt stellte. Nach den Implosionen der realsozialistischen Länder geriet die Geschichtsschreibung der Arbeiterbewegung in eine Krise und ging in einer „Kulturgeschichte" auf, die in Österreich – so Markova in ihrem Artikel *Biografisch arbeiten: Reden und Schweigen der Quellen am Beispiel der politischen Biografie Tilly Spiegels* – mit dem Paradigma „Gedächtnis" arbeite. Markova betont, dass Biografiearbeit immer auch eine Beschäftigung mit der jeweiligen Gesellschaft und Geschichte bedinge. Tilly (Ottilie) Spiegel (1906–1988) bot der Forscherin mehrere Ebenen der Betrachtung: Frau, Jüdin, „exkommunizierte" Kommunistin, Widerstandskämpferin, Forscherin. Die junge Kommunistin war bereits gegen den Austrofaschismus aktiv, engagierte sich für die Spanische Republik in ihrem Abwehrkampf gegen den Faschismus, kämpfte in der französischen Résistance. Spiegel wirkte am Aufbau des DÖW mit und zählte in den 1960er Jahren zu den ersten NS-Forscher*innen – ihre Pionierarbeit befasste sich mit Frauen und Mädchen im Widerstand. Heute, so Markova, sei der Kommunismus keine Bedrohung mehr und Biografien wie die von Tilly Spiegel daher (eher) akzeptiert. Eine Biografie zu verfassen, bedeute, Spuren zu einer Erzählung zu verbinden, resümiert Markova, die offene Fragen bei Spiegels biografischen Spuren, Leerstellen und Widersprüchen zwischen Zuschreibungen aus offiziellen Quellen und Selbstbeschreibungen beleuchtet, und fordert eine gründliche und vorsichtige Quellenarbeit ein. Während des Entstehungsprozesses des vorliegenden Bandes erhielt das DÖW über Ina Markova Dokumente von Spiegels in Israel lebendem Neffen Ilan Reisin. Diese Dokumente ergänzen den Nachlass im DÖW sowohl zu Tilly als auch zu Leopold Spiegel, der 1938 in die USA geflüchtet war und nach dem Krieg in Frankfurt am Main für die Zeitschrift „Der Aufbau" arbeitete.

Wolfgang Benz (Technische Universität Berlin) widmet sich in *Die individuelle Entscheidung zum Widerstand* der Unterscheidung der Begrifflichkeiten und wendet sich gegen einen breiten Widerstandsbegriff. Das Ballen der Faust in der Abgeschiedenheit des Privaten müsste nach der Definition von Stadler als Widerstand gelten, dem Benz nicht zustimmen möchte. Benz plädiert hingegen für eine Differenzierung zwischen Widerstand, Opposition, Regimekritik, zivilem Ungehorsam. Schwarzschlachten diente dem Eigennutz und nicht der Absicht, dem Regime zu schaden. Georg Elsers Attentatsversuch auf Hitler 1939 wiederum wäre definitiv eine Widerstandshandlung gewesen. Wer einen regimefeindlichen Witz einem gleichgesinnten Freund zuraunte, sei anders zu beurteilen, als wer dies öffentlich vor Publikum gemacht hatte. Widerstand ist für Benz mehr als Verweigerung und schweigende Ablehnung. Am Anfang stehe der Wille, der individuelle Entschluss zum Widerstand. Wesentlich seien auch das Bekenntnis und die Bereitschaft, die Konsequenzen der Handlung zu tragen. Widerstand sei mehr als das Beharren auf persönlichen Einstellungen, eines seiner zentralen Elemente sei die Gefährdung des oder der Widerständigen. Benz unterscheidet in seinen Ausführungen Verweigerung (als persönliche Abwehr von Herrschaftsanspruch), Opposition (als stille Haltung) und Widerstand (als bewusstes Handeln). Widerstand im eigentlichen Sinne sei ein Handeln aus grundsätzlicher Ablehnung des Nationalsozialismus mit dem Ziel, das Regime zu beenden. Benz referiert die Widerstandsnarrative der BRD (Juli 1944) und DDR (kommunistischer Widerstand) und erläutert seinen Widerstandsbegriff anhand mehrerer Beispiele aus dem deutschen Widerstand, wie Georg Elser, Lina Haag oder Rupert Mayer und Julius von Jan, deren Motive sich zwischen kommunistischen und christlichen Überzeugungen bewegten und die bereit waren, die Konsequenzen für ihre Haltung zu tragen.

27.000 Soldaten aus Vorarlberg dienten in der Wehrmacht, viele davon in Gebirgsdivisionen in ganz Europa. Die Verweigerung, Wehrdienstentziehung, Fahnenflucht, jede Aufforderung, Verleitung oder Hilfe dazu konnten als Wehrkraftzersetzung und Verrat an der nationalsozialistischen „Volksgemeinschaft" mit dem Tode bestraft werden. Peter Pirker (Institut für Zeitgeschichte Innsbruck, Institut für Geschichte Klagenfurt) und sein Team haben im Forschungsprojekt an der Universität Innsbruck „Deserteure der Wehrmacht. Verweigerungsformen, Verfolgung, Solidarität, Vergangenheitspolitik in Vorarlberg" 256 Deserteure aus Vorarlberg recherchiert, bei 235 konnte der Fluchtverlauf nachvollzogen werden. Das Ziel war überwiegend das neutrale Ausland – vor allem die Schweiz oder (aufgrund der Nähe zur „Eismeerfront") Schweden –, andere versteckten sich in ihrer Heimat. Die Flucht war in 60 % der Fälle erfolgreich, 27 Personen haben die Flucht nicht überlebt. Damit lag die Todesrate deutlich unter der Gefallenenquote von 17 %. Der Anteil von Deserteuren an den eingerückten Vorarlbergern lag dennoch bei lediglich etwa einem Prozent.

Kaum jemand entzog sich von Beginn an aus politischen, religiösen oder humanitären Überzeugungen. Manche wollten sich der rigiden Sozialordnung entziehen. Die meisten desertierten später, nach Jahren an der Ostfront oder im zermürbenden Stellungskrieg im hohen Norden, sie wollten sich dem „morbiden Aufopferungsfanatismus" entziehen, hatten Gräuel und Massenmorde in den besetzten Gebieten miterlebt. Pirker skizziert im Artikel *Fluchtwiderstand – Deserteure der Wehrmacht in Vorarlberg* ebenso regionale Herkunft und sozialen Status der Deserteure, die Rolle der Helferinnen und die vorenthaltene Opferfürsorge für Hinterbliebene Hingerichteter – Pirker stellt dem die meist unbehelligte Nachkriegskarriere der Juristen der Militär- und Sondergerichte gegenüber. Die Hilfe für Familienangehörige wurde als persönlich, nicht als politisch motiviert eingestuft, de facto ein Ausschluss aus der Opferfürsorge. Pirker berichtet aber auch vom Stolz vieler Familien auf diese ihre Geschichte. 2009 beschloss der österreichische Nationalrat das Aufhebungs- und Rehabilitationsgesetz, mit dem alle Opfer der NS-Militärjustiz, der Erbgesundheitsgerichte und des Volksgerichtshofs pauschal und umfassend rehabilitiert sind.

Elisa Frei, Martina Gugglberger und Alexandra Wachter gehen in ihrem Beitrag *Späte Würdigung. Gedenken an Frauen im Widerstand in Oberösterreich* aktuellen Denkmalsetzungen nach und erzählen von den spät gewürdigten widerständigen Frauen. Zwar wurde bereits im Mai 1945 in Steyr-Münichholz die Herta-Schweiger-Straße eingeweiht, dies blieb aber in diesem Bundesland jahrzehntelang die einzige Straße, die nach einer Widerstandskämpferin benannt war. Die nächste Benennung geschah 55 Jahre später, im Jahr 2000, in Ebensee. Weitere (wenige) Würdigungen folgten. Ausgehend von diesem dramatischen Befund analysieren Frei, Gugglberger und Wachter die jüngsten Denkmalprojekte in Bad Ischl und Linz, die durchaus auf ein geändertes öffentliches Bewusstsein hinweisen und mittlerweile auch queere Opfergruppen in den Blick nehmen. Die Autorinnen haben 2021 ihre Studie „Widerstand und Zivilcourage. Frauen in Oberösterreich gegen das NS-Regime 1938–1945" veröffentlicht und diskutieren auch im vorliegenden Jahrbuch die vermeintliche Gegensätzlichkeit zwischen politischem Widerstand und Alltagswiderstand, die Bedeutung des Geschlechts und die Kategorisierung eines weiblichen Widerstandes. In einem vermeintlich nicht-öffentlichen, nicht-politischen Raum, in einem sogenannten Alltag haben Frauen unter großen Risiken und Entbehrungen gesorgt, versorgt, versteckt, geschmuggelt, organisiert, verpflegt, unterstützt – und haben dies oft selbst nach 1945 nicht als Widerstand begriffen. Damit rücken auch Frei, Gugglberger und Wachter das Handeln in den Mittelpunkt, nicht die Motivation (eines weltanschaulichen Dissenses). Statt den Alltagswiderstand als weiblich zu definieren, sollte auch nach dem Alltagswiderstand von Männern gefragt werden. Wie andere Befürworter*innen eines weiten Widerstandsbegriffes in diesem Band betonen auch die Autorinnen, dass dies keiner inflationären Anwendung den Weg ebnen soll.

Forschungen des DÖW, Desiderata und neue Wege

Ausgewählte Forschungsfelder des DÖW sind Inhalt der Beiträge von Winfried R. Garscha und Claudia Kuretsidis-Haider. Weitere zentrale Themen – darunter die NS-Medizinverbrechen, die Verfolgung der Rom*nja und Sinti*zze, Restitution und Entschädigung sowie Rechtsextremismus und Antisemitismus – können an dieser Stelle nur erwähnt werden bzw. sind im Tätigkeitsbericht näher umrissen.

Winfried R. Garscha war Jahrzehnte Archivar des DÖW und hat selbst viele Forschungen und Projekte zum österreichischen Widerstand angestoßen, durchgeführt und das DÖW mit geprägt. In seinem Beitrag *Die Dokumentation von Widerstand und Verfolgung als Kernaufgabe des DÖW* taucht er in die Vorgeschichte um die Errichtung des DÖW ein, nennt einige der so vielen Beteiligten, sodass – in der Zusammenschau mit den Beiträgen von Andreas Kranebitter und Claudia Kuretsidis-Haider, aber auch dem Festvortrag von Margit Reiter und dem Tätigkeitsbericht von Christine Schindler – ein Eindruck der DNA des Hauses entsteht, die bis heute die Arbeit von innen heraus trägt.

Die Anfänge waren ebenso materiell bescheiden wie menschlich engagiert. Sie waren geprägt von Herbert Steiners Fähigkeiten, Menschen zu einem gemeinsamen Anliegen zusammenzubringen. Zu Beginn wurden, mit wenig archivarischer Erfahrung, Dokumente, Bücher und Fotos gesammelt, gleichzeitig tragfähige Strukturen aufgebaut und erste, teils bahnbrechende, Publikationen herausgegeben, die die Verfolgten und Widerständigen zum Thema hatten. In der Reihe „Monographien zur Zeitgeschichte" kamen bereits Mitte der 1960er Jahre Untersuchungen zum Holocaust, zur Verfolgung der Rom*nja und Sinti*zze oder zum Widerstand von Frauen heraus – Public History avant la lettre. Ab Mitte der 1970er Jahre folgte die Editionsreihe zu Widerstand und Verfolgung in den österreichischen Bundesländern – durch die Kombination Widerstand und Verfolgung konnte die gesamte Bandbreite des Verhaltens dargestellt werden. Es folgten ab den 1980er Jahren Oral-history-Bände und Arbeiten zu den Verbrechen der NS-Medizin. Das DÖW war oftmals federführend in der Thematik, verschiedene Desiderata blieben aber bis heute bestehen, beispielsweise der Widerstand von Zwangsarbeiter*innen und Kriegsgefangenen.

DÖW-Archivarin Claudia Kuretsidis-Haider beschreibt weitere Forschungs- und Sammlungsbereiche des DÖW: *Erinnerungskultur(en), Exil und Nachkriegsjustiz. Drei Dokumentations- und Forschungsfelder am DÖW.* Pionierarbeiten waren in den 1990er Jahren die Bände von „Gedenken und Mahnen" von Heinz Arnberger, Herbert Exenberger und Claudia Kuretsidis-Haider, die Erinnerungszeichen in Wien und Niederösterreich detailreich auflisten. Das Online-Tool Memento Wien – 2016 initiiert und in den Folgejahren erstellt von Wolfgang Schellenbacher für das DÖW gemeinsam mit der Firma Braintrust – verweist auf die Schicksale von mehr als 54.000 NS-Opfern und macht über den virtuellen Stadtplan die letzten Wohnadressen der Ermordeten sowie eine Reihe von Archivdokumenten und Fotos zu Personen und Gebäuden in der Stadt sichtbar.

Diese Grundlagenarbeiten und Datenbanken des DÖW sind oft Ausgangsbasis für Forschungen und Projekte außerhalb des Institutes. So gingen die jahrzehntelangen Forschungen zur namentlichen Erfassung der österreichischen Holocaustopfer in die Shoah-Namensmauern-Gedenkstätte ein, die seit 2021 im 9. Wiener Gemeindebezirk an die mehr als 64.500 ermordeten österreichischen Juden und Jüdinnen erinnert. Gemeinsam mit Winfried R. Garscha hat Claudia Kuretsidis-Haider die Zentrale österreichische Forschungsstelle Nachkriegsjustiz aufgebaut, die sich mit den österreichischen Nachkriegsprozessen gegen die NS-Täter befasst.

Kuretsidis-Haider weist in ihrem Beitrag auf ein aktuelles Problem hin, das mit einem anlassbezogenen Erlass des Justizministeriums aus 2019 entstanden ist. Bis dahin war seit den 1990er Jahren die Einsicht in Justizakten wegen NS-Verbrechen in der Regel und nach Maßgabe des Datenschutzes sowohl für die wissenschaftliche Forschung als auch darüberhinausgehende Personenkreise meist gut möglich. Seit dem Erlass 2019 ist dieser Quellenbestand nur mehr eingeschränkt benutzbar. Letztlich führt dies – wenngleich aus formalen, nicht inhaltlichen Gründen – zum Täterschutz und zum Verschweigen der Beteiligung von Österreicher*innen an den NS-Verbrechen. Der unbestritten essenzielle Datenschutz darf nicht zum Täterschutz werden, eine rasche unbürokratische Lösung wird von der Forscherin vehement gefordert.

Diese Nachkriegsverfahren sind auch die Quelle für die Masterarbeit von Johannes Glack „Zwischen Endkampf und Werwolf. Die Täter der Endphaseverbrechen im April 1945 im Kreis Scheibbs. Eine mikrohistorische Analyse von Gerichtsakten" an der Universität Wien, die mit dem Herbert-Steiner-Preis 2023 ausgezeichnet wurde, den das DÖW und die International Conference of Labour and Social History (ITH) jährlich verleihen. Im Jahrbuch erzählt Glack von den Massakern, wie es dazu kam, wer die Täter waren und was sie dazu trieb: *„...unserem Vaterland feindlich gesinnt und möglicherweise gefährlich": Tätermotive bei Endphaseverbrechen am Beispiel der Verbrechen von Göstling an der Ybbs und Randegg im Bezirk Scheibbs im April 1945.* Trotz mehrerer Verfahren nach dem Krieg kann von einer umfassenden Aufarbeitung, geschweige denn Sühne der Verbrechen keine Rede sein.

Forschung zu Rechtsextremismus

Ein wesentlicher Arbeitsbereich des DÖW ist die Forschung zu Rechtsextremismus, Neonazismus, Antisemitismus, Rassismus nach 1945 in Österreich. Brigitte Bailer gehörte Anfang der 1980er Jahre zu den ersten Forscher*innen am DÖW, die sich mit diesem Thema beschäftigten. Im Beitrag *Kontinuitäten und Diskontinuitäten der FPÖ-Programmatik im Kontext des Rechtsextremismus und Deutschnationalismus* analysiert sie die FPÖ-Programme sowie andere programmatische Texte von ihren Anfängen Mitte der 1950er Jahre bis heute. Im Fokus des Beitrages stehen die Kategorien Deutschnationalismus, Europavorstellungen, Volksgemeinschaft, Demokratiekritik,

Fremdenfeindlichkeit, Frauen- und Geschlechterbild. Bailer zeichnet die Entwicklungen in der Partei nach, thematisiert die Nähe- und Distanz-Bewegungen zu Liberalismus, Deutschnationalismus, Rechtsextremismus und befundet auch die aktuelle Verortung der Partei.

Mit Unterstützung durch das Wissenschaftsministerium baute das DÖW in den vergangenen Jahren den Forschungsbereich aus, um auch Formen des migrantischen Rechtsextremismus zu beobachten und zu erforschen. Für diesen Teilbereich ist Evrim Erşan Akkılıç am DÖW zuständig, die in ihrem Beitrag *Postmigrantische Perspektive und transnationaler Ansatz in der Rechtsextremismusforschung* dafür plädiert, Migrant*innen als politische Subjekte wahrzunehmen, nicht nur als Betroffene von Rassismus. Sie selbst befasst sich vor allem mit der transnational vernetzten rechtsextremen türkischen Ülkücü-Bewegung der „Grauen Wölfe", die in den letzten 50 Jahren in vielen Ländern Europas – zuerst in Deutschland, später auch in Österreich – Fuß fassen konnte und sich durch einen hohen Institutionalisierungsgrad mit vielen (sich nach außen hin unpolitisch zurückhaltenden) Vereinen auszeichnet. Statt der gebräuchlichen Bezeichnungen wie „Ultranationalisten" oder „türkische Nationalisten" empfiehlt Erşan Akkiliç den Begriff „türkischer" bzw. „türkeistämmiger Rechtsextremismus".

Migrantischer Rechtsextremismus in einer postmigrantischen Gesellschaft sei ein komplexes Phänomen und war daher allzu lange aus der Wahrnehmung ausgeschlossen – auch aus der Wahrnehmung von Behörden und vor allem der antifaschistischen Linken aus Sorge vor einer Verstärkung des rassistischen Diskurses. Die Migrant*innen würden zudem als Objekte wahrgenommen, sodass die Perspektive der vom Rechtsextremismus der Ülkücü-Bewegung Betroffenen – Kurd*innen, Alevit*innen, Armenier*innen, türkeistämmige Aktivist*innen – lange keine Bedeutung hatte. Mittlerweile habe sich dies geändert und Erşan Akkiliç referiert Fragen zur Begrifflichkeit, wie sie aktuell in Deutschland und Österreich diskutiert werden. Die ursprüngliche Rechtsextremismus-Definition von Willibald Holzer beziehe sich auf den klassischen deutschnationalen Rechtsextremismus; diesen müsse man in Hinblick auf migrantische Erscheinungsformen erweitern, also auch die Unterschiede benennen. Man dürfe auf keinen Fall die transnationalen Verbindungen außer Acht lassen – weder sei es vereinfacht ein aus dem Ausland importiertes Problem bzw. der fehlenden Integration der Migrant*innen zuzuschreiben, noch liege die ausschließliche Ursache in einer feindlichen Aufnahmegesellschaft. Die Berücksichtigung transnationaler Lebenswelten durchbreche ein solches Entweder-Oder-Schema. Überwunden würde dabei auch das binäre Denken in Migrant*innen und Nicht-Migrant*innen. Vor allem müsse die postmigrantische Jugend miteinbezogen werden, die selbst oft keine eigene Migrationserfahrung hat, aber deren lebensweltlicher Hintergrund in vielfältiger Weise von Migration bestimmt ist.

Die Ausführungen der DÖW-Mitarbeiterin waren Teil einer Podiumsdiskussion zur aktuellen Rechtsextremismusforschung während des Symposiums. Auch der Beitrag von Fiona Kalkstein (Else-Frenkel-Brunswik-Institut der Universität Leipzig) *Zum uneinlösbaren Versprechen der Triebrituale. Wie faschistische Ideologien und Rechtsextremismus archaische Sehnsüchte berühren* ist ihr verschriftlichter Vortrag der Veranstaltung. Sie thematisiert die Funktion des Rechtsextremismus, des Faschismus, des politisch-religiösen Fundamentalismus für die Befriedigung unbewusster und zwangsläufig unerfüllter Sehnsüchte nach Sicherheit, Stabilität, fester Ordnung und klarer Hierarchie. Diese Bedürfnisse sind in krisenhaften Zeiten besonders aktualisiert, so ihre These. Phänomene wie den Rechtsextremismus müsse man auf individueller und auf gesellschaftlicher Ebene untersuchen und dabei Ängste und Wünsche der Menschen erheben und die ihnen zugrunde liegenden realen Probleme am Arbeits- und Wohnungsmarkt oder in der Ökologie analysieren. Die neoliberale Ordnung sei nicht mehr in der Lage, grundlegende gesellschaftliche Probleme wie den Klimawandel zu lösen. Rechtsextreme, faschistische, autoritäre, fundamentalistische Ideologien befriedigen vor diesem Hintergrund das Bedürfnis nach einfachen Lösungen. Sie bieten jedoch nur ein uneinlösbares Versprechen nach Harmonie durch Selektion. Im Rechtsextremismus werden tiefgreifende gesellschaftliche Widersprüche sichtbar. Werden diese nicht demokratisch angegangen, so lässt sich das Problem der zunehmenden Hinwendung zu rechtsextremen Ideologien nicht beheben.

Die Beiträge des Jahrbuches spannen den Bogen von der klassischen Widerstandsforschung über neue Zugänge und Sichtweisen bis hin zu aktuellen gesellschaftspolitischen Herausforderungen. Ob der Widerstandsbegriff eng gefasst wird und ihm Begriffe wie Opposition, Resistenz, Renitenz, nonkonformes Verhalten zur Seite gestellt werden oder der Widerstandsbegriff in diesen Begriffen ausdifferenziert wird, ist Gegenstand einer nicht abgeschlossenen wissenschaftlichen Diskussion. Grundsätzlich sind Kategorisierungen als praktische heuristische Instrumente zu verstehen, nicht als starre Schemata. Es gilt keine moralische Rangordnung zu erstellen, Anliegen ist vielmehr, die Geschehnisse und Schicksale zu erforschen und in aller Differenziertheit darzustellen, die Vielfalt, die Ambiguitäten und Ambivalenzen und die Übergänge in all den Handlungsoptionen, -spielräumen und -grenzen zu entdecken. Forschungsfragen wiederum unterliegen Konjunkturen und werden oft durch Aktenzugänge und Forschungsförderungen beeinflusst. Wesentlich für das DÖW, für eine engagierte demokratische und offene Forschung und Gesellschaft ist die Übersetzung der Erkenntnisse in die Vermittlung von Zusammenhängen an jede Generation, ist Extremismusprävention und Stärkung kritischer Urteilsfähigkeit.

Das Jahrbuch des DÖW

Das Jahrbuch des DÖW erscheint durchgehend seit 1986, seit 2023 im DeGruyter-Verlag. Parallel zur Print-Ausgabe ist es auch im Open Access verfügbar. Ein Peer-Review-Committee wurde 2023/24 zusammengestellt – die Namen der externen und internen Expert*innen sind im Impressum aufgelistet – und begutachtet die Artikelvorschläge in einem Open-Peer-Review-Verfahren. Diese begutachteten Beiträge sind künftighin im Kapitel „Artikel" angeordnet, während in der Rubrik „Debatten" weiterhin Platz für kürzere Ausführungen und Werkstattberichte bleibt. Der Tätigkeitsbericht *Weichenstellungen. Das Dokumentationsarchiv des österreichischen Widerstandes 2023* beschließt das Jahrbuch und führt von den grundsätzlichen Fragen zu den konkreten Umsetzungen in Projekten, Veranstaltungen, Forschungen.

Abkürzungsverzeichnis

AbzG	Abzeichengesetz
ACDH-CH	Austrian Centre for Digital Humanities and Cultural Heritage
AfD	Alternative für Deutschland
ANR	Aktion Neue Rechte
AStL	Archiv der Stadt Linz
ATB	Avusturya Türk Birliği (Türkische Union Österreich)
ATF	Avusturya Türk Federasyon (Dachorganisation türkischer Kultur- und Sportgemeinschaften in Österreich)
AVNOJ	Antifašistični svet narodne osvoboditve Jugoslavije (Antifaschistischer Rat der Nationalen Befreiung Jugoslawiens)
BAR	Bundesarchiv Bern
BBC	British Broadcasting Corporation
BBP	Büyük Birlik Partisi (Große Einheitspartei)
BKA	Bundeskanzleramt
BMBWF	Bundesministerium für Bildung, Wissenschaft und Forschung
BMI	Bundesministerium für Inneres
BMJ	Bundesministerium für Justiz
BMKOES	Bundesministerium für Kunst, Kultur, öffentlichen Dienst und Sport
BNED	Bundesweites Netzwerk für Extremismusprävention und Deradikalisierung
BPA	Bundespräsidialausschuss
BVT	Bundesamt für Verfassungsschutz und Terrorismusbekämpfung
BZÖ	Bündnis Zukunft Österreich
BZW	Brüderliche Zusammenarbeit der Kriegsgefangenen
CIA	Central Intelligence Agency
CIM	Comité International de Mauthausen
DaF	Deutsch als Fremdsprache
DaZ	Deutsch als Zweitsprache
DDR	Deutsche Demokratische Republik
DERLA	Digitale Erinnerungslandschaft Österreichs
DNA	Deoxyribonucleic Acid
DNVP	Deutschnationale Volkspartei
DÖW	Dokumentationsarchiv des österreichischen Widerstandes
DP	Displaced Person
DSN	Direktion für Staatsschutz und Nachrichtendienst
EHRI	European Holocaust Research Infrastructure
EPNA	European Practitioners Network Against Antisemitism
EU	Europäische Union
FN	Front National
FPÖ	Freiheitliche Partei Österreichs
FStN	Zentrale österreichische Forschungsstelle Nachkriegsjustiz
GDW	Gedenkstätte Deutscher Widerstand
GSA	German Studies Association
hdgö	Haus der Geschichte Österreich
HJ	Hitlerjugend
HOSI	Homosexuelle Initiative
HTL	Höhere Technische Lehranstalt

∂ Open Access. © 2024 bei den Autorinnen und Autoren, publiziert von De Gruyter. [cc BY-NC-ND] Dieses Werk ist lizenziert unter einer Creative Commons Namensnennung – Nicht-kommerziell – Keine Bearbeitung 4.0 International Lizenz.
https://doi.org/10.1515/9783111378411-202

IEB	Initiative Erwachsenenbildung
IfZ	Institut für Zeitgeschichte
IHRA	International Holocaust Remembrance Association
IKF	Institut für Konfliktforschung
IKG	Israelitische Kultusgemeinde
ITH	International Conference of Labour and Social History
JMW	Jüdisches Museum Wien
K. L.	Konzentrationslager
KG	Kreisgericht
KPD	Kommunistische Partei Deutschlands
KPÖ	Kommunistische Partei Österreichs
KZ	Konzentrationslager
LG	Landesgericht, Landgericht
LIF	Liberales Forum
LRA	Landratsamt
MA	Magistratsabteilung
MHP	Milliyetçi Hareket Partisi (Partei der Nationalistischen Bewegung)
MKÖ	Mauthausen Komitee Österreich
MOI	Main d'œuvre immigrée
NATO	North Atlantic Treaty Organization
NDP	Nationaldemokratische Partei
NFA	Nationales Forum gegen Antisemitismus
NÖLA	Niederösterreichisches Landesarchiv
NPD	Nationaldemokratische Partei Deutschlands
NS	Nationalsozialismus, nationalsozialistisch
NSDAP	Nationalsozialistische Deutsche Arbeiterpartei
NSKK	Nationalsozialistisches Kraftfahr-Korps
NSU	Nationalsozialistischer Untergrund
OeAD	Agentur für Bildung und Internationalisierung
Oflag	Offizierslager
ÖGB	Österreichischer Gewerkschaftsbund
ÖH	Österreichische Hochschülerschaft (aktuell: Österreichische Hochschüler_innenschaft)
ÖIF	Österreichischer Integrationsfonds
OK	Offenes Kulturhaus
OLG	Oberlandesgericht
OÖ	Oberösterreich
OÖLA	Oberösterreichisches Landesarchiv
OSS	Office of Strategic Services
ÖTB	Österreichischer Turnerbund
ÖVP	Österreichische Volkspartei
PCF	Parti communiste français
PiS	Prawo i Sprawiedliwość (Recht und Gerechtigkeit)
PKK	Partiya Karkerên Kurdistanê (Arbeiterpartei Kurdistans)
POEN	Provisorisches Österreichisches Nationalkomitee
POREM	Politics of Remembrance and the Transition of Public Spaces
PSA	Pflichtschulabschluss
RFS	Ring Freiheitlicher Studenten
RSth	Reichsstatthalter
RTR	Rundfunk und Telekom Regulierungs-GmbH

SA	Sturmabteilung
SD	Sicherheitsdienst
SED	Sozialistische Einheitspartei Deutschlands
SOE	Special Operations Executive
SPD	Sozialdemokratische Partei Deutschlands
SPÖ	Sozialdemokratische Partei Österreichs, 1945–1991: Sozialistische Partei Österreichs
SS	Schutzstaffel
Stalag	Stammlager
StGB	Strafgesetzbuch
StPO	Strafprozessordnung
TA	Travail allemand
TGM	Technologisches Gewerbemuseum
TLA	Tiroler Landesarchiv
UIRD	Union Internationale de la Résistance de la Déportation
UK	Unabkömmlichstellung
UNESCO	United Nations Educational, Scientific and Cultural Organization
USA	United States of America
USHMM	United States Holocaust Memorial Museum
VdA	Verband der AntifaschistInnen
VdU	Verband der Unabhängigen
VfGH	Verfassungsgerichtshof
VG	Verbotsgesetz
Vg	Volksgericht
VHS	Volkshochschule
VLA	Vorarlberger Landesarchiv
VÖV	Verband österreichischer Volkshochschulen
VWI	Wiener Wiesenthal Institut
WNED	Wiener Netzwerk Demokratiekultur und Prävention
WSE	Wiener Standortentwicklung
WStLA	Wiener Stadt- und Landesarchiv
WUK	Werkstätten- und Kulturhaus
ZK	Zentralkomitee

Margit Reiter

Gedächtnisspeicher – Wissensraum – Seismograph

Das DÖW im Kontext der österreichischen Zeitgeschichte
Festvortrag zum 60. Gründungsjubiläum des DÖW

Das Dokumentationsarchiv des österreichischen Widerstandes ist 60 Jahre alt, was ein Grund zum Feiern ist, aber auch die Möglichkeit eines Rückblicks und einer Einordnung dieser für die österreichische Zeitgeschichte so wichtigen Institution bietet. Ich werde im Folgenden nicht die Geschichte des DÖW nachzeichnen – einiges wurde bereits gesagt und es gibt zweifellos Berufenere, dies zu tun (einige davon sind heute auch hier). Was ich aber heute unternehmen möchte, ist, das Dokumentationsarchiv des österreichischen Widerstandes in den zeitgeschichtlichen Kontext und in die österreichische Erinnerungslandschaft einzuordnen. In welchem erinnerungspolitischen Kontext ist das Dokumentationsarchiv entstanden? Welche Konjunkturen gab es in der österreichischen Zeitgeschichte und welchen Platz nimmt das Dokumentationsarchiv dabei ein? Diese zeitgeschichtliche Verortung ist in gewisser Weise auch ein Versuch einer persönlichen Selbstverortung, denn als Historikerin bin ich Teil (und mittlerweile auch bereits Zeitzeugin) der österreichischen Zeitgeschichte.

Abb. 1: Festakt im Wiener Rathaus zum 60. Gründungsjubiläum des DÖW, 10. Januar 2024. Von links nach rechts: Bundesminister Martin Polaschek, Doris Schmidauer, Bundespräsident Alexander Van der Bellen, Bürgermeister Michael Ludwig, DÖW-Leiter Andreas Kranebitter, Stadträtin Veronica Kaup-Hasler, DÖW-Präsident Michael Häupl, Bezirksvorsteher Markus Figl, Festrednerin Margit Reiter. DÖW/Daniel Shaked.

∂ Open Access. © 2024 Margit Reiter, publiziert von De Gruyter. (cc) BY-NC-ND Dieses Werk ist lizenziert unter einer Creative Commons Namensnennung – Nicht-kommerziell – Keine Bearbeitung 4.0 International Lizenz.
https://doi.org/10.1515/9783111378411-001

Der erinnerungspolitische Kontext – Gedächtnisspeicher

Blicken wir zunächst zurück auf den Entstehungskontext des Dokumentationsarchivs: auf den Beginn der 1960er Jahre. Das Jahrzehnt der 1960er Jahre war ein sehr ambivalentes Jahrzehnt, ein Jahrzehnt der Restauration und der Beharrung, aber in erinnerungspolitischer Hinsicht auch ein Jahrzehnt des Aufbruchs: *Ein* Zeichen dieses Aufbruchs war die Gründung des Dokumentationsarchivs des österreichischen Widerstandes.

Wie bei jeder Gründung einer Institution gibt es auch hier eine Vorgeschichte, die bis in das Jahr 1945 zurückreicht: Das nach dem Ende des NS-Regimes wiederentstandene Österreich stand unter dem Zeichen des demokratischen Neuanfangs. Die Abgrenzung vom Nationalsozialismus und das Bekenntnis zu Österreich gehörten zu den zentralen Grundpfeilern der Zweiten Republik. Der Nationalsozialismus wurde externalisiert, das heißt nach außen auf „die Deutschen" verlagert und Österreich zum „ersten Opfer Hitlers" erklärt. Diese sogenannte Opferthese, die zum *master narrative* der Zweiten Republik werden sollte, bezog sich bekanntermaßen auf die Moskauer Deklaration von 1943. Darin wurde jedoch nicht nur der Opferstatus von Österreich festgeschrieben, sondern sie wies auch explizit auf die Mitverantwortung Österreichs am Nationalsozialismus hin („für die Beteiligung am Kriege aufseiten Hitlerdeutschlands") und sie enthielt die Forderung, dass Österreich auch einen „eigenen Beitrag zu seiner Befreiung" leisten müsse. Während die Opferschaft Österreichs in der Nachkriegszeit von offizieller Seite überbewertet wurde, ließ man den Passus mit der österreichischen Mitverantwortung und Mittäterschaft bald gänzlich unter den Tisch fallen. Für die im dritten Passus formulierte Aufforderung zur „Selbstbefreiung" schließlich brauchte man die ehemaligen Widerstandskämpfer*innen: Sie erfüllten eine wichtige Funktion, denn sie hatten durch ihre Widerstandsaktivitäten tatsächlich zur Befreiung Österreichs beigetragen und dienten somit auch zur Selbstlegitimation des neuen Österreich.

Zu dieser in der unmittelbaren Nachkriegszeit als wichtig und positiv eingeschätzten Gruppe zählte auch die spätere Gründergeneration des DÖW, die sich aus deklarierten und aktiven Antifaschist*innen und Widerstandskämpfer*innen, aus NS-Verfolgten, Vertriebenen und KZ-Überlebenden zusammensetzte. Viele von ihnen haben die offizielle Opferthese geteilt, was angesichts ihrer persönlichen Erfahrungen und aus ihrer Perspektive nachvollziehbar erscheint. Sie waren zweifellos Opfer des Nationalsozialismus, auch wenn sie sich persönlich nicht unbedingt als „Opfer" fühlten, sondern sich aufgrund ihrer Widerstandstätigkeit selbstbewusst als aktiv Handelnde verstanden, was auch einem Akt der Selbstermächtigung gleichkam.

Die kurze antifaschistische Phase unmittelbar nach Kriegsende war bald wieder vorbei und spätestens ab Ende der 1940er Jahre fand ein bemerkenswerter vergangenheitspolitischer Paradigmenwechsel statt: Die antifaschistischen Widerstandskämpfer*innen wurden zunehmend politisch marginalisiert, nicht selten auch als „Vaterlandsverräter" diffamiert, wohingegen die sogenannte, pauschal erweiterte „Kriegsgeneration" in den Mittelpunkt der Politik und des Gedenkens rückte – die damals beinahe in jedem österreichischen Dorf errichteten Kriegerdenkmäler und die Herausbildung von unzähligen Kameradschaftsbünden bezeugen diesen Paradigmenwechsel in der Erinnerungskultur.

Parallel dazu begannen sich im Kontext der sukzessive abgemilderten Entnazifizierung und weitreichender Amnestien auch die ehemaligen Nationalsozialist*innen, die sich bewusst nicht in eine der beiden Großparteien integrieren wollten, wieder parteipolitisch zu organisieren: zunächst im 1949 gegründeten Verband der Unabhängigen (VdU) und schließlich in dessen Nachfolgepartei, der 1955 gegründeten Freiheitlichen Partei Österreichs (FPÖ), die vor allem von schwer belasteten, gesinnungstreuen Nationalsozialisten vom Schlage eines Anton Reinthaller getragen war.

Spätestens mit dem Abzug der Alliierten 1955 fiel auch die letzte Kontrollinstanz von außen weg und es war ein verstärktes Selbstbewusstsein der extremen Rechten zu beobachten. Das zeigte sich in der seit Anfang der 1950er Jahre forcierten Reorganisation rechter Vereine, wie etwa des Österreichischen Turnerbunds (ÖTB), der 1952 wiedergegründet wurde, oder den Aktivitäten diverser Kameradschaften und Veteranenverbände, wie z. B. der sogenannten „Glasenbacher", die sich ab 1957 regelmäßig trafen und rechte Netzwerke knüpften. Dieser Rechtsruck zeigte sich auch in verstärkten öffentlichen Aktivitäten deutschnationaler Burschenschaften (u. a. in der von ihnen organisierten „Schiller-Feier" im Jahr 1959) sowie in den zu dieser Zeit gehäuft auftretenden neonazistischen und antisemitischen Vorfällen, die ebenfalls diesen extrem rechten Kreisen zuzuordnen waren.

Geschichte verläuft jedoch nicht linear und eindimensional, sondern es gab zeitgleich, also zu Beginn der 1960er Jahre, auch gegenläufige Entwicklungen. Es kam zu dieser Zeit sowohl in Deutschland als auch in Österreich zu neuerlichen Ansätzen einer kritischen Auseinandersetzung mit dem Nationalsozialismus – sowohl in der breiteren Gesellschaft als auch auf der strafrechtlichen Ebene. Entscheidender Auslöser dafür war der Eichmann-Prozess in Jerusalem 1961, der in vielerlei Hinsicht als zentrale vergangenheitspolitische Zäsur sowohl in Israel als auch in den ehemaligen Täterstaaten Deutschland und Österreich eingeschätzt werden kann.

Es ist bezeichnend, dass der Eichmann-Prozess in Österreich auf weit weniger Aufmerksamkeit gestoßen ist als die zeitgleiche erstmalige Fernsehausstrahlung des Theaterstücks „Herr Karl" von Helmut Qualtinger im November 1961. Während man im Hinblick auf den Eichmann-Prozess keinen Bezug zu Österreich herstellen wollte, sondern im Gegenteil auf offizieller Ebene sogar versuchte, Eichmann nachträglich „auszubürgern", zum „Deutschen" zu machen, wurde der „Herr Karl" Qualtingers zum großen Skandal: Die Darstellung des „typischen" österreichischen Opportunismus und Mitläufertums hielt den Österreicher*innen einen Spiegel vor und stieß daher auf heftigste Ablehnung.

Auch wenn sich die österreichische Rezeption des Eichmann-Prozesses in Grenzen hielt, hatte er aber dennoch Auswirkungen auf Österreich, denn auch hier kam es zu einigen Folgeprozessen gegen österreichische NS-Täter: gegen Franz Murer (1963), Franz Novak 1964 (genannt der „kleine Eichmann-Prozess") oder die Brüder Mauer (1966). Auch wenn viele dieser NS-Täter mit zu milden Urteilen oder gar mit skandalösen Freisprüchen davonkamen, so verweisen doch erste antifaschistische Proteste gegen diese Urteile sowie die antifaschistischen Demonstrationen im Rahmen der Borodajkewycz-Affäre, die seit Jahren schwelte und im Jahr 1965 ihren Höhepunkt erreichte, auf ein mittlerweile etwas verändertes politisches Klima.

Dass es überhaupt zu diesen NS-Prozessen kam, war sowohl neuen Aktenfunden im Rahmen des Eichmann-Prozesses als auch unermüdlichen Antifaschist*innen, wie etwa dem österreichischen Spanienkämpfer und KZ-Überlebenden Hermann Langbein, zu verdanken. Dieser war gemeinsam mit dem jüdischen Emigranten und späteren deutschen Generalstaatsanwalt Fritz Bauer maßgeblich am Zustandekommen des großen Auschwitz-Prozesses in Frankfurt (1963 bis 1965) beteiligt. Auch die Rolle von Simon Wiesenthal muss hier erwähnt werden, der 1966 in einem Memorandum an die österreichische Regierung nachdrücklich die konsequente strafrechtliche Verfolgung von österreichischen NS-Tätern eingefordert hat.

Alles in allem bedurfte es eines Zusammenspiels verschiedener Einzelkämpfer*innen und Institutionen, wie etwa der 1958 in Deutschland gegründeten Zentralstelle Ludwigsburg zur Aufklärung von NS-Verbrechen, aber auch des Dokumentationsarchivs des österreichischen Widerstandes, dass es Anfang der 1960er Jahre, 15 Jahre nach Ende des Nationalsozialismus, zu einer verstärkten Auseinandersetzung mit der nationalsozialistischen Vergangenheit Österreichs kam.

Das „neue Österreich" nach 1945 war aber nicht nur als bewusste Antithese zum Nationalsozialismus, sondern vor allem zur Ersten Republik bzw. zur Zeit vor 1938 gedacht. Die letztendlich demokratiepolitisch gescheiterte Erste Republik mit ihren politischen Verwerfungen und Polarisierungen diente gleichsam als Negativfolie für die Zweite Republik. Es scheint mir wichtig in Erinnerung zu rufen, dass für die Gründergeneration nicht so sehr der Nationalsozialismus die zentrale Reibefläche war, sondern der eigentliche Streitpunkt waren die konfliktreichen Jahre zwischen 1933 und 1938, die zwischen den politischen Lagern standen.

Während der ÖVP – als Nachfolgepartei der Christlichsozialen – viel am „Zuschütten der Gräben" und am Ausblenden des Austrofaschismus gelegen war, blieben für die österreichische Linke hingegen der Februar 1934 und die erlittenen Repressionen durch das austrofaschistische Regime ein tiefer und traumatischer Einschnitt, der noch lange als schwelende Wunde nachwirkte.

Das nach 1945 propagierte „Lernen aus der Vergangenheit" bezog sich daher zunächst stärker auf die Zeit vor 1938 als auf die NS-Zeit. Die ehemaligen politischen Gegner*innen aus der vornationalsozialistischen Zeit sollten (und wollten) über alle politischen Gräben hinweg den demokratischen Wiederaufbau in Angriff nehmen. Der Vorsatz des gegenseitigen Vergessens und Versöhnens war jedoch nicht so leicht in die politische Praxis umzusetzen. Immerhin handelte es sich zum Teil um dieselben Personen, die noch wenige Jahre zuvor politisch in verfeindeten Lagern gestanden waren und bei denen die alten gegenseitigen Ressentiments zumindest latent fortdauerten.

Die 1963 erfolgte Gründung des DÖW war letztendlich ein gelungener Versuch, diese schwer überbrückbaren, im Klima des Kalten Krieges noch verstärkten Gegensätze zu überwinden und sich überparteilich zu organisieren. Das nach der bedrohlichen Kubakrise einsetzende politische „Tauwetter" in der ersten Hälfte der 1960er Jahre vollzog sich somit nicht nur auf der internationalen Bühne, sondern zeigte auch in Österreich seine Wirkung. Ausdruck dieser „Entspannung" war die Gedenkfeier zum Februar 1934 im Jahr 1964, die erstmals gemeinsam begangen wurde und bei der es zum berühmten Handschlag zwischen Bundeskanzler Klaus Gorbach (ÖVP) und Vizekanzler Bruno Pittermann (SPÖ) „über die Gräber der Februarkämpfer hinweg" gekommen ist.

In diesem spezifischen erinnerungspolitischen Klima entstand das DÖW bewusst als überparteiliche Organisation, die nicht nur gemeinsam den zu dieser Zeit erstarkenden rechten Tendenzen entgegentreten, sondern gleichzeitig und vor allem die Erinnerung an den antifaschistischen Widerstand wachhalten wollte – dieser eindeutige Fokus zeigte sich auch in der Namensgebung der neu entstandenen Institution. In diesem Sinne wurde das Dokumentationsarchiv des österreichischen Widerstandes – nicht zuletzt durch die Präsenz und Aktivitäten seiner wissenschaftlichen und ehrenamtlichen Mitarbeiter*innen – zum lebendigen Erinnerungsort und zum Gedächtnisspeicher des anderen, des antifaschistischen Österreich.

Konjunkturen der österreichischen Zeitgeschichte – Wissensraum

Während das DÖW seit 1963 als außeruniversitäre Dokumentations- und Forschungsstelle fungierte, kam es zeitgleich auch zu einer Etablierung des Fachs Zeitgeschichte an den österreichischen Universitäten: Nach der Gründung des Instituts für Zeitgeschichte in Wien im Jahr 1966 wurden in den Folgejahren auch an den Universitäten in Salzburg, Linz, Innsbruck, Graz und Klagenfurt zeitgeschichtliche Institute oder Abteilungen eingerichtet. Zwischen diesen akademischen Instituten und dem außeruniversitären Dokumentationsarchiv gab es von Beginn an sowohl personelle als auch inhaltliche Kooperationen, sodass das DÖW als wichtiger Teil und Mitakteur der österreichischen Zeitgeschichteforschung angesehen werden kann.

In der Wissenschaft allgemein – wie auch in der Zeitgeschichte im Besonderen – gibt es Konjunkturen, inhaltliche Schwerpunkte und Themenfelder, die sich im Laufe der Zeit verändern, aufeinander aufbauen und weiterentwickeln und nicht zuletzt auch abhängig sind vom jeweiligen politischen Kontext und der jeweiligen Forschergeneration. Die Anfänge der österreichischen Zeitgeschichte waren stark getragen von der sogenannten „Erlebnisgeneration" (Namen wie Erika Weinzierl, Karl Stadler, Ludwig Jedlicka oder Herbert Steiner, der erste Leiter des Dokumentationsarchivs, seien hier stellvertretend genannt).

Diese Historiker*innen waren auf die eine oder andere Weise von den eigenen Erfahrungen geprägt und wussten um die latenten Gegensätze in Bezug auf die Zeit vor 1938. Nicht zuletzt deshalb war auch die frühe Zeitgeschichteforschung vor gegenseitigen Schuldzuweisungen nicht gefeit bzw. einigte man sich bestenfalls auf eine Art „geteilte Schuld" – nach dem Motto: Jede Seite hat ihre Fehler gemacht und zum Untergang der Demokratie beigetragen. Im Sinne der Versöhnung kam es zu einem gegenseitigen „Schweigeabkommen" (Anton Pelinka), das zu einer Koalitions- und Lagergeschichtsschreibung führte: Die jüngste Geschichte, die damals noch eine „heiße Geschichte" war, wurde innerhalb der politischen Lager aufgeteilt. Pointiert gesagt: Für Seipel und Dollfuß waren eher katholisch-konservative Historiker*innen zuständig, für Renner und Bauer sozialdemokratische. Diese Geschichtsschreibungen existierten oft nebeneinander – manchmal auch im Gegensatz zueinander –, das heißt, die Vergangenheit wurde unterschiedlich gedeutet, aber man stritt nicht offen darüber.

In den 1970er Jahren standen die Arbeiter*innengeschichtsschreibung und die Widerstandsforschung im Zentrum einer kritischen, zumeist links orientierten Zeitgeschichte, die mittlerweile bereits von einer jüngeren Generation mitgestaltet wurde. Bearbeitet wurde vor allem die Geschichte der Ersten Republik und der Arbeiterbewegung, der Juli 1927 und der Februar 1934, der Niedergang der Demokratie in den Jahren 1933 bis 1938 und der sich formierende Widerstand gegen Austrofaschismus und Nationalsozialismus. Der zeitliche Bogen wurde dabei weit gespannt: von 1933 bis 1945 – auf „12 Jahre Diktatur". Exemplarisch dafür steht die damals begonnene legendäre Reihe des DÖW „Widerstand und Verfolgung in den österreichischen Bundesländern 1934–1945", die mittlerweile auf 14 Bände angewachsen ist.

Für die Forschungskonjunktur der Arbeitergeschichte und des Widerstands in den 1970er Jahren waren manchmal auch biografische Bezüge ausschlaggebend. Zum einen arbeiteten ehemalige politische Akteur*innen („Zeitzeug*innen") ihre eigene Geschichte auf, zum anderen kam die „zweite Generation" der Zeitgeschichteforschung nicht selten aus NS-Elternhäusern mit einem nationalsozialistisch kontaminierten Geschichtsbild, welches nicht zuletzt durch Kontakte mit Überlebenden und Widerstandskämpfer*innen massiv in Frage gestellt werden musste. Für viele „Kinder der Täter" wurden die antifaschistische Tradition der Arbeiterbewegung und ihr Widerstand zum positiven Vorbild und manchmal auch zum Identifikationsobjekt in ihrer Suche nach einem anderen, einem guten Österreich.

Zunehmend rückten auch Frauen als historische Akteurinnen ins Blickfeld der Forschung. Gerade im Umfeld des Dokumentationsarchivs waren viele ehemalige Widerstandskämpferinnen tätig, keineswegs nur im Hintergrund, sondern durchaus auch als aktive und engagierte Mitarbeiterinnen und Autorinnen von herausragenden Pionierarbeiten wie etwa Selma Steinmetz („Österreichische Zigeuner im NS-Staat") oder Tilly Spiegel (Frauen im Widerstand, Résistance in Frankreich und Belgien) u. a. In diesem Kontext ist auch der Beginn der Oral History in der Zeitgeschichte anzusetzen, wonach Zeitzeug*innen vornehmlich aus dem widerständigen Bereich meist von einer jüngeren Generation in Form von lebensgeschichtlichen Interviews nach ihren Lebenserfahrungen befragt wurden. Die vom DÖW herausgegebenen vier Bände „Erzählte Geschichte" sind Zeugnisse aus dieser Zeit.

In den 1980er Jahren hat sich der Fokus in der Zeitgeschichte erneut verschoben. Ausgelöst durch die 1979 ausgestrahlte amerikanische TV-Serie „Holocaust" rückte die Judenvernichtung, die Shoah, stärker ins Zentrum des öffentlichen Interesses, was sich auch in der Forschung niederschlug. Zeithistoriker*innen arbeiteten zur Vorgeschichte der Shoah, der langen antisemitischen Tradition in Österreich und der österreichischen Mittäterschaft rund um den „Anschluss" 1938, die gerade im aufgeheizten Klima der Waldheim-Affäre und im ausgerufenen „Bedenkjahr" 1988 heftig diskutiert wurden. Nun lag der Fokus vor allem auf den *jüdischen* Opfern, deren traumatische Erfahrungen von Flucht und Vertreibung und in den Konzentrationslagern untersucht wurden, erst später wandte man sich auch bis dahin weitgehend vernachlässigten Opfergruppen (wie z. B. den Sinti*zze und Rom*nja, den „Euthanasie"-Opfern, den als „asozial" oder homosexuell Verfolgten usw.) zu. Die NS-Täterforschung nahm hier ebenfalls ihren Anfang und sollte sich im Laufe der 1990er Jahre bis heute noch intensivieren und ausdifferenzieren.

Zu dieser Zeit, Ende der 1980er und Beginn der 1990er Jahre, erfolgte mein beruflicher Einstieg in die Zeitgeschichte und meine Wege führten mich erstmals in das Dokumentationsarchiv: Ich habe damals für einen meiner ersten wissenschaftlichen Aufsätze recherchiert, und zwar über den „Bad Ischler Milchprozess" 1947, wo es um antisemitische Proteste gegen jüdische Displaced Persons (DP's) ging. Bald darauf führte ich im Rahmen eines studentischen Nebenjobs für das DÖW lebensgeschichtliche Interviews mit Zeitzeug*innen durch. Für die Recherchen zum Buch „Gratwanderungen" über die Beziehungen zwischen Österreich und Israel, das ich gemeinsam mit Helga Embacher verfasst habe, bin ich im DÖW ebenso fündig geworden wie für meine Dissertation zum Antisemitismus in der österreichischen Linken, die 2001 unter dem Titel „Unter Antisemitismus-Verdacht" erschienen ist. Auch für mein letztes Buch „Die Ehemaligen" über die Geschichte der FPÖ habe ich im Dokumentationsarchiv erneut erfolgreich recherchiert; und für meine aktuellen Forschungen zum Rechtsextremismus (konkret zu Theodor Soucek, Friedrich Peter) ist das DÖW ohnehin die erste Anlaufstelle in Österreich.

Dieser kurze persönliche Exkurs soll exemplarisch verdeutlichen, wie thematisch breit mittlerweile die Arbeitsfelder des Dokumentationsarchivs sind. Die aufgezeigten Konjunkturen der Zeitgeschichte widerspiegeln sich auch in den Forschungsschwerpunkten des Dokumentationsarchivs, die im Folgenden nicht vollständig angeführt werden können. Die Palette reicht von der Holocaustforschung und der namentlichen Erfassung der jüdischen NS-Opfer und der politisch Verfolgten bis hin zur Dokumentation der österreichischen Stalinopfer, was zeigt, dass man keineswegs auf einem Auge blind ist, wie oft fälschlicherweise behauptet wurde und wird. Pionierarbeiten leistete das Dokumentationsarchiv unter anderem mit seinen frühen Forschungen zu den Rom*nja und Sinti*zze, den NS-Medizinverbrechen und zur Nachkriegsjustiz. Ein weiterer Arbeitsschwerpunkt des DÖW ist die Auseinandersetzung mit dem Phänomen des Antisemitismus sowohl in seinen altbekannten als auch in den neuen, „sekundären" Formen, besonders in Bezug auf Israel.

Das Dokumentationsarchiv ist somit nicht nur ein Gedächtnisspeicher, sondern auch ein enormer Wissensraum, der durch eigene wissenschaftliche Forschungen immer am Puls der Zeitgeschichte war/ist und dabei fallweise auch eine Vorreiterrolle eingenommen hat. Die fachliche Expertise des DÖW geht mittlerweile weit über den Bereich „Widerstand" hinaus. In dieser Hinsicht ist der Name dieser Institution mittlerweile eigentlich zu eng gefasst, womit aber keinesfalls einer Umbenennung das Wort geredet werden soll.

Lassen Sie mich an dieser Stelle ein paar Worte zum „Wissensraum" DÖW nicht im übertragenen, sondern im ganz konkreten räumlichen Sinne anmerken: Das Dokumentationsarchiv ist im Zentrum von Wien im Alten Rathaus angesiedelt und soll künftig neue Räume, einen neuen Arbeitsort am Otto-Wagner-Areal im 14. Wiener Bezirk erhalten. Wie sehr ich den Bedarf eines neuen, moderneren Arbeitsumfeldes, einer zeitgerechten wissenschaftlichen und technischen Infrastruktur nachvollziehen kann, so sehr bedauere ich, dass diese altvertrauten Räume mit ihrem ganz spezifischen Charme damit Vergangenheit sein werden. Hat man in der Wiener Innenstadt im Alten Rathaus den Eingang zum DÖW einmal gefunden, tritt man ein in eine eigene Welt: Man geht durch verwinkelte Gänge, vorbei an Vitrinen mit wissenschaftlichen Standardwerken, zum Teil im Layout der 1970er und 1980er Jahre, und kommt schließlich in die Arbeitsräume der Mitarbeiter*innen, meist übersät mit zeitgenössischen Plakaten, Akten und Büchern in den Regalen. So wie ich vor einigen Jahrzehnten als junge Historikerin erstaunt war angesichts dieses einzigartigen Wissensortes, so ergeht es wohl auch heute manchen meiner Studierenden, die ich immer wieder zur Recherche im Dokumentationsarchiv ermuntere. Ohne allzu nostalgisch zu werden (was ich aber doch auch ein wenig bin), wünschte ich mir, diesen historisch gewachsenen Ort in seiner ganz besonderen Eigenart auch für künftige Generationen „konservieren" zu können.

Konjunkturen des Rechtsextremismus – Seismograph

Abschließend möchte ich auf einen Bereich eingehen, den ich bisher noch nicht angesprochen habe, der aber ein sehr wichtiges, ja zentrales Arbeitsfeld des DÖW darstellt: Die Dokumentation, Erforschung und Bekämpfung des Rechtsextremismus.

Das Dokumentationsarchiv beschäftigte sich von Beginn an mit rechtsextremen Erscheinungsformen und Netzwerken, mit Revisionismus und der „Auschwitzlüge" und hat aufgrund seiner Expertise im Feld des Rechtsextremismus weit über die fachlichen Grenzen hinaus Beachtung gefunden. Vor allem in den 1980er Jahren hat das DÖW den damals erfolgten Aufstieg der FPÖ unter Jörg Haider, seine Verharmlosungen des Nationalsozialismus und seine unzähligen Provokationen, kritisch und analytisch begleitet. Das in dieser Zeit entstandene und mehrfach aufgelegte Handbuch des österreichischen Rechtsextremismus mit seiner umfassenden Dokumentation diverser rechtsextremer Organisationen, Medien und Akteur*innen ist bis heute für die zeithistorische Forschung ein unverzichtbares Nachschlagwerk, bedürfte aber angesichts der gegenwärtigen Entwicklung dringend einer Aktualisierung.

Rechtsextremismus ist kein neues Phänomen, sondern begleitet uns seit Bestehen der Zweiten Republik. Ebenso wie die zeitgeschichtliche Forschung ihre Konjunkturen hat, so verhält es sich auch mit dem Phänomen des Rechtsextremismus. Es gab in der europäischen und österreichischen Geschichte immer wieder Phasen, in denen extrem rechte Parteien und Gruppierungen besonders stark wurden und die Demokratie ernsthaft bedrohten – diese historische Dimension des Rechtsextremismus wird in den aktualitätsbezogenen aufgeregten öffentlichen Debatten oft vergessen.

Daher erscheint mir ein kurzer Rückblick angebracht: Im ersten Nachkriegsjahrzehnt haben sich vor allem ehemalige Nationalsozialist*innen, die die Niederlage von 1945 nicht verschmerzen konnten und ihre NS-Gesinnung mehr oder weniger offen zur Schau trugen, wieder politisch organisiert. Dieses Phänomen des erstarkenden Rechtsextremismus wurde im zeitgenössischen Diskurs mit den Begriffen „*Neo*nazismus" oder „*Neo*faschismus" zu erfassen versucht, obwohl es sich bei den Akteur*innen vor allem um „Altnazis" handelte und das Phänomen daher keineswegs „neu" war. In den 1960er Jahren, die in der Rechtsextremismusforschung als Transformationsphase, als „rechte Zeitenwende" bezeichnet werden, entstanden neue extrem rechte Gruppierungen, ohne dass sich aber das alte Personal und die alte Ideologie vollständig verabschiedet hätten. Im Gründungsjahrzehnt des DÖW erlebte der organisierte Rechtsextremismus in einigen europäischen Ländern einen neuen Höhenflug: In Deutschland entstand 1964 die Nationaldemokratische Partei Deutschlands (NPD), die trotz ihrer klaren programmatischen Nähe zur NSDAP erstaunliche Wahlerfolge erzielen konnte – so war sie 1968 bereits in acht Landesparlamenten vertreten und verfehlte 1969 bei den bundesweiten Wahlen den Einzug in den Bundestag nur knapp. In Frankreich wurde nach einer längeren Vorgeschichte 1972 der Front National (FN) gegründet, dessen Gründer Jean-Marie Le Pen den Holocaust leugnete und der aktuell unter der Führung seiner Tochter Marine Le Pen (unter dem neuen Namen Rassemblement National) eine der erfolgreichsten rechtsextremen Parteien Europas ist.

In Österreich entwickelte sich in den 1960er Jahren Norbert Burger zur zentralen Figur des österreichischen Rechtsextremismus. An seinem Fall lässt sich exemplarisch die enge Verflechtung des außerparlamentarischen Rechtsextremismus mit der FPÖ aufzeigen. Burger hatte seine politische Karriere in der FPÖ begonnen: Er war in den

1950er Jahren Vorsitzender des Rings Freiheitlicher Studenten (RFS), Mitglied der deutschnationalen schlagenden Burschenschaft Olympia und tief in den Rechtsterrorismus in Südtirol verstrickt. 1963 trat er aus der seiner Meinung nach zu gemäßigten FPÖ aus und gründete die Nationaldemokratische Partei (NDP), die in den Folgejahren zur bekanntesten, wenn auch politisch wenig erfolgreichen rechtsextremen Gruppierung Österreichs wurde. 1980 trat Burger zur Bundespräsidentenwahl an, bei der er 140.000 Stimmen (3,2 Prozent) erhielt. Burger galt über Jahrzehnte hinweg als „Ziehvater des österreichischen Rechtsextremismus", der in der rechtsextremen Szene bestens vernetzt war und auch enge Kontakte zu führenden FPÖ-Politikern wie Jörg Haider und vor allem Heinz-Christian Strache pflegte.

Die Formierung des Rechtsextremismus in den 1960er Jahren löste in antifaschistischen Kreisen besonders in den NS-Nachfolgestaaten große Beunruhigung aus und wurde als Gefahr für die Demokratie wahrgenommen. 20 Jahre nach Ende des Nationalsozialismus war die Angst vor einem Wiederaufleben des Faschismus noch groß und das Vertrauen in eine gefestigte Demokratie offenbar gering. So veröffentlichte der österreichisch-jüdische Publizist Kurt Hirsch 1967 ein Buch mit dem bezeichnenden Titel: „Kommen die Nazis wieder?" Und auch Theodor W. Adorno, der berühmte Vertreter der Frankfurter Schule, setzte sich vor dem Hintergrund des Aufstiegs der NPD in Deutschland mit dieser bedrohlichen Entwicklung auseinander. Er hielt am 6. April 1967 an der Universität Wien vor Studierenden einen Vortrag mit dem Titel: „Aspekte des neuen Rechtsradikalismus", der 2019 als vielbeachtete Publikation erschienen ist und sich teilweise wie ein Kommentar zu aktuellen Entwicklungen in Europa liest. Trotz aller zeit- und kontextbezogenen Referenzen des Vortrags tun sich frappierende Analogien zu heute auf. So beschreibt Adorno den Rechtsextremismus als Krisenphänomen, wo Abstiegsängste und Bedrohungsphantasien (damals im Kontext des Kalten Krieges) zu einem extremen Nationalismus geführt hätten. Und Adorno konstatierte schon damals eine mangelnde Abgrenzung der bürgerlichen Mitte zum rechten Rand bzw. eine Übernahme rechter Argumentationen durch konservative Parteien, was – so warnte er – letztendlich zu einer Diskursverschiebung nach rechts führen würde. Heute, fast 60 Jahre später – vor dem europaweiten Rechtsruck und der Erosion der vielzitierten politischen Mitte – muten diese Warnungen sehr aktuell und plausibel an.

Auch das Dokumentationsarchiv fungiert seit Jahrzehnten als kritischer Beobachter, als Seismograph für rechtsextreme Tendenzen, die akribisch dokumentiert und wissenschaftlich analysiert werden. Diese antifaschistische Wachsamkeit wurde und wird manchmal als Alarmismus abgetan. Aber gerade eine historische Perspektive, die auch das DÖW praktiziert, schärft den Blick für Kontinuitäten, aber auch für Brüche und Transformationen, und sie ermöglicht eine Einordnung aktueller, scheinbar neuer Phänomene in einen größeren politischen und historischen Kontext. So werden etwa Neue Rechte wie die Identitären als das entlarvt, was sie letztendlich sind: als Wiedergänger einer altbekannten Ideologie im neuen schicken Gewand.

Das Dokumentationsarchiv war und ist gerade wegen seiner Expertise im Bereich des Rechtsextremismus immer wieder Angriffen von rechts ausgesetzt, nicht nur, aber besonders von Seiten der FPÖ. Das verwundert insofern wenig, als die Freiheitliche Partei immer wieder zum Forschungsgegenstand des DÖW wurde, was weniger dem Dokumentationsarchiv als der Beschaffenheit der FPÖ selbst zuzuschreiben ist: Ohne die personelle und ideologische Nähe zum Rechtsextremismus und die mangelnde Abgrenzung davon, ohne die zahlreichen sogenannten „Einzelfälle" bedürfte es keiner diesbezüglichen Dokumentationen und Forschungen. Die Verleumdung des Dokumentationsarchivs als „kommunistische Tarnorganisation" zieht sich durch seine gesamte Geschichte und hat in einer aktuellen Kampagne der FPÖ einen neuerlichen Tiefpunkt erreicht. Die jüngsten rechten Angriffe entzünden sich am Auftrag der Regierung an das DÖW zur Erstellung eines jährlichen Rechtsextremismusberichts. Aber wer wäre besser qualifiziert – so frage ich mich – als die Expert*innen des DÖW?

Abschließend und vor diesem Hintergrund sei also festgehalten: Wir brauchen diese wissenschaftlich und demokratiepolitisch so wichtige Institution in Österreich nach wie vor. Daher wünsche ich dem Dokumentationsarchiv des österreichischen Widerstandes und seinen Mitarbeiterinnen und Mitarbeitern gemäß ihrem eigenen Arbeitsauftrag viele weitere Jahrzehnte des Dokumentierens – Forschens – und Vermittelns!

Artikel

Andreas Kranebitter

An den Rändern des Widerstands. Für eine sozialgeschichtliche Widerstandsforschung

Einleitung: Ist Widerstandsforschung zwecklos?

Hinter vorgehaltener Hand wird die Forschung zum Widerstand gegen den Nationalsozialismus manchmal für passé erklärt, und das mit zwei unterschiedlichen Argumentationen. Zum einen wird behauptet, der Widerstand sei so gut erforscht wie
kaum ein anderes Kapitel des ohnehin gut erforschten Nationalsozialismus, es sei alles
dokumentiert, was zu dokumentieren war. Jetzt könne es nur noch um pädagogische
Zwecke gehen, um die Vermittlung der Einsicht, dass es auch in totalitären Regimen
individuelle Handlungsspielräume gegeben habe, dass Widerstand möglich war. Zum
anderen habe sich die Forschung politisch und moralisch, auch das hört man des Öfte-
ren, zumindest in den ersten Jahrzehnten nach 1945 geradezu selbst desavouiert, weil
sie in legitimatorischer Absicht nationenbildende Geschichtsmythen mit hervorge-
bracht habe – ob in Form der Heroisierung der „Männer des 20. Juli 1944" in der BRD,
des staatsverordneten Antifaschismus in der DDR oder im reduzierten Bild von Österreich als erstem Opfer des Nationalsozialismus. Davon habe sich die Forschung auch
später nicht emanzipiert; Heroisierung und nationale Fokussierung seien ihr gewissermaßen inhärent.

Beide Einwände sind nicht gänzlich von der Hand zu weisen. Der Widerstand gegen den Nationalsozialismus ist tatsächlich gut erforscht, der (frühen) Widerstandsforschung haftet tatsächlich ein legitimatorisches Problem an. Trotzdem ist das Urteil in
dreifacher Hinsicht nicht gerechtfertigt: Erstens können wir – Stichwort Quellenlage –
manches erst jetzt erforschen. Ob Justiz-Strafakten, Polizeiakten, Opferfürsorgeakten,
Personalakten staatlicher Verwaltungen – vieles ist in Österreichs Archiven erst jetzt
zugänglich, noch mehr trifft das auf Archive anderer Länder zu. Mit großangelegten
Digitalisierungsprojekten in Archiven wie den Arolsen Archives, dem United States
Holocaust Memorial Museum oder Yad Vashem sind Quellen nun weltweit online verfügbar. Zweitens harren viele dieser Quellen, unter anderem jahrzehntelang aufge-
baute Datenbanken oder umfangreiche Oral-History-Sammlungen, einer Auswertung,
die methodologisch neue Wege beschreitet. Viele methodische und inhaltliche Ver-
sprechungen der 1980er Jahre blieben uneingelöst, sozial-, alltags-, sexualitäts- oder
geschlechtergeschichtliche Perspektiven erlauben zudem neue Fragen an das (teils
neue) Quellenmaterial. Damit ist es jetzt auch möglich, sowohl den nicht-autochthonen Widerstand von Zwangsarbeiter*innen und Kriegsgefangenen in der NS-Zeit, der
stets Leerstelle der Forschung war, als auch den Widerstand von Österreicher*innen
im Exil, nicht zuletzt in den alliierten Armeen umfassender zu erforschen. Drittens
ermöglicht das – bei aller bei historischen Vergleichen gebotenen Vorsicht – die Ein-

∂ Open Access. © 2024 Andreas Kranebitter, publiziert von De Gruyter. (cc) BY-NC-ND Dieses Werk ist lizenziert unter
einer Creative Commons Namensnennung – Nicht-kommerziell – Keine Bearbeitung 4.0 International Lizenz.
https://doi.org/10.1515/9783111378411-002

bettung in den größeren Kontext der Diskussion zum Widerstandsrecht,[1] wie auch den historischen Vergleich zu anderen historischen Makroverbrechen wie Genoziden oder Geschichte der Sklaverei.[2]

Ein viertes, forschungsethisches Argument sei aus der Perspektive des 1963 gegründeten Dokumentationsarchivs des österreichischen Widerstandes (DÖW), dessen 60-jähriges Bestehen Anlass für diesen Band ist, hinzugefügt: Das DÖW, gegründet von Widerstandskämpfer*innen, aus dem Exil Zurückgekehrten, Holocaustüberlebenden und engagierten Wissenschaftler*innen, betrieb von Beginn an mehr als „nur" Widerstandsforschung. Bereits in den ersten Korrespondenzen ist neben Dokumenten zum Widerstand auch im breiteren Sinne von jenen Materialien und Zeugnissen „über die Leiden und Opfer dieser Zeit"[3] die Rede. Schon die Gründung des DÖW war auf Seiten der Verbände mit der Hoffnung verbunden, „daß die gemeinsame Arbeit der Widerstandskämpfer verschiedener politischer Anschauungen im überparteilichen Dokumentationsarchiv der Widerstandsbewegung zu einer weiteren Stärkung der Abwehrfront gegen alle neonazistischen Bestrebungen führen wird".[4] Doch auch wenn Dokumentation und Forschung zu allen Verfolgten des NS-Regimes und zum österreichischen Rechtsextremismus von Anfang an eine Rolle spielten, lag die Widerstandsforschung im Zentrum des DÖW und setzte als widerständige Forschung auch konstitutiv Maßstäbe für andere Forschungsbereiche, sei es die Erforschung des Holocaust, die sogenannte Täterforschung oder die aktuelle Rechtsextremismusforschung – in allen Forschungsbereichen geht es darum, politisch engagiert wie methodisch kontrolliert auf die blinden Flecken zu blicken, deren sich andere nicht annehmen woll(t)en, und die jeweiligen Forschungen nicht als Selbstzweck und unabhängig von den Verfolgten und ihren Schicksalen zu betreiben.

Ich plädiere also für eine offenere sozialgeschichtliche Forschung zum Widerstand gegen Austrofaschismus und Nationalsozialismus mit breitem Widerstandsbegriff, wobei sich diese Forschung in disziplinärer und historisch-komparativer Art in die vergleichende Faschismusforschung, Täterforschung und internationale Diktatur-, Genozid- und Gewaltforschung einbringen und einmischen sollte, die gerade in Zeiten

---

1 Früh dazu im DÖW-Kontext Willibald I. Holzer, Politischer Widerstand gegen die Staatsgewalt. Historische Aspekte – Problemstellungen – Forschungsperspektiven, Wien 1985.

2 Dazu zuletzt prägnant und auch für die Konferenz, die diesem Band zugrunde liegt, stichwortgebend Iris Därmann, Widerstände. Gewaltenteilung in statu nascendi, Berlin 2021.

3 Leihvertrag zwischen dem Bundesverband Österreichischer Widerstandskämpfer und Opfer des Faschismus (KZ-Verband) und dem Österreichischen Dokumentationsarchiv der Widerstandsbewegung, 11. Februar 1964, Archiv des KZ-Verbands. Siehe zu diesem und dem in der Folge zitierten Dokument auch den Beitrag von Winfried R. Garscha in diesem Band.

4 Schreiben der Österreichischen Widerstandsbewegung, Mitglied der Union Internationale de la Résistance de la Déportation (UIRD) an das Österreichische Dokumentationsarchiv der Widerstandsbewegung, 4. Mai 1963, Archiv des KZ-Verbands. In so gut wie allen Besprechungsprotokollen des Gründungsjahres des DÖW wird auf den aufkommenden Neonazismus, sei es in Form von SS-Veteranentreffen oder rechtsextremer Publikationstätigkeit, Bezug genommen.

ÖSTERREICHISCHES DOKUMENTATIONSARCHIV

DER WIDERSTANDSBEWEGUNG

Wien Postamt 37, Postfach 63
Konto: Creditanstalt Wien 26-400.50

Wien, im März 1963

Kuratorium:

Hofrat Dr. F. Baier
Oberschulrat Dir.K.Bäuerle
Prof.Dr.R.Berthold
Univ.Prof.Dr.O.Benesch
Staatsekr.a.D.Dr.J.Deutsch
Dr.W.Dein
Dr.F.Danlmann
Dr.H.Elsenschimmel
Oberstudienrat Dr.E.J.Görlich
Prof.DDDr.Granichstädten-Cerva
Vize-Präsident A. Hyross
Prof. C. Hauser
Hofrat Dr. Hartlfle
Univ.Prof.Dr.F. Heer
Chefredakteur J. Hindels
Prof. F. Hubalek
Univ.Doz.Dr.L. Jedlicka
Prof. A. Kabelka
Univ.Prof.Dr.A.M.Knoll
Generalsekr.Dr.F.Karlmak
Archivdirektor Dr.M.Kratochwill
Amtsdir.Reg.Rat W. Krell
Oberstleutn. Dr. F. Käs
Generaldir.Prof. F. Klenner
Reg. Rat E. Lakenbacher
Univ.Prof.Dr.F. Loidl
Sekt.Rat. DDr.E. Lingens
Dir.Min.Rat Dr. P. Lalics
Dir.Dipl.Ing.E. Martin
Univ.Prof.Dr. A. Merkl
Dr. V. Matejka
Obm. H. Mayer
Staatsarchivar Dr. R. Neck
Präsident Dr. M. Neugebauer
Gen.Dir.Bergrat Dr.mont.Dipl.Ing.
J. Oberegger
Hofrat Dr. R. Paukner
Univ. Prof. Dr. W. M. Plöchl
Univ. Prof. Dr. K. Przibram
Prof. Dr. E. Rauner
Doz. DDDr.Rössl-Majdan
Sekr. Dr. E. Robofski
Gen.Dir.Stellv.Dr.P.Schärf
Generalsekr.Prof.K.Scheldl
Landesschulinsp.Dr. H. Schnell
Chef.Red.Dr.K. Skalnik
Dr. L. Suswinkel
Generaldir.Min.Rat Dr.F.Sabek
Zentralsekr.Pmf.Dr.W.Speiser
Dr.W.Steiner
Univ.Prof.Dr.K.Schubert
LG Präs.Dr. R. Skorpil
Sekretär H. Steiner
Lsit.Sekr. A. Stöter
Gend.Gen.E.Stillfried u.Rathenitz
Senatsrat Prof. A. Teszrek
Dr. J. Trauttmansdorff
Oberfinanzrat Dr.M.Unschweif
Gen.Dir.Stellv.Dr. S. Wirlander
Univ.Doz.Dr. E. Weinzierl
Dr. N. Zilk

W e r t e H e r r e n !

Anlässlich des 25. Jahrestages der Besetzung
Österreichs tritt das Österreichische Dokumen-
tationsarchiv der Widerstandsbewegung in die
Öffentlichkeit.

Das Archiv soll vor allem durch dokumentarische
Beweise der zeitgeschichtlichen Erziehung der
Jugend dienen. Sie soll mit den schrecklichen
Folgen des Verlustes der Unabhängigkeit und
Freiheit Österreichs, sowie mit dem helden-
haften Kampf der Widerstandskämpfer bekannt
gemacht werden.

Das Archiv besteht aus einer Sammlung von Doku-
menten (bisher ca. 1.500) Dokumentenabschriften,
Filmen, Photos, Zeugenaussagen, Publikationen und
Büchern über den Österreichischen Widerstands-
kampf aller politischen und konfessionellen
Richtungen.

Das Kuratorium verwaltet dieses Archiv und muss
trachten, die hiefür erforderlichen Mittel durch
Spenden und Subventionen privater und öffentlicher Stellen aufzubringen. Wir ersuchen Sie unser
Vorhaben durch finanzielle Zuwendungen zu unterstützen und danken dafür im Voraus

Hochachtungsvoll

Univ.Prof.Dr.O.Benesch   Hofrat Dr.R. Hanifle

Univ.Prof.Dr.A.M. Knoll   Archivdir.Dr.M.Kratochwill.

Univ.Prof.Dr.K.Przibram   Univ.Prof.Dr.K.Schubert

Sekretär Herbert Steiner   Univ.Doz.Dr.E.Weinzierl

Abb. 1: Schreiben, mit dem das Kuratorium im März 1963 die Gründung des Dokumentationsarchivs des österreichischen Widerstandes (damals noch als „Österreichisches Dokumentationsarchiv der Wider-standsbewegung" bezeichnet) bekannt gab. Die Unterzeichnenden waren der Kunsthistoriker Otto Benesch, der aus dem US-amerikanischen Exil zurückgekehrt war und bis 1962 Direktor der Albertina war, der Jurist Rudolf Hanifle, der vom Volksgerichtshof wegen „Wehrkraftzersetzung" verurteilt worden war und in den 1950er Jahren Landesamtsdirektor in Salzburg wurde, der Soziologe August Maria Knoll, in der NS-Zeit mit Berufsverbot belegt und nach der Befreiung Universitätsprofessor für Religionssoziologe an der Universität Wien, der Direktor des Wiener Stadt- und Landesarchivs Maximilian Kratowchill, der Physiker und Mathematiker Karl Gabriel Przibram, der im Brüsseler Exil in der Gruppe „Österreichische Freiheitsfront" aktiv gewesen war, Kurt Schubert, Professor und Gründungsvorstand des Instituts für Judaistik an der Universität Wien, der aus dem britischen Exil zurückgekehrte Widerstandskämpfer und erste wissenschaftliche Leiter des DÖW Herbert Steiner und die Historikerin und spätere Universitätsprofessorin für Zeitgeschichte Erika Weinzierl. Archiv gegen das Vergessen, KZ-Verband Wien.

des neuen Autoritarismus von Belang sein kann. Widerstandsforschung ist insofern keineswegs zwecklos. Sie muss und kann sich aber (noch weiter) von Zwecken befreien, einerseits von den großen legitimatorischen Erzählungen, allen voran vom Nachweis des in der Moskauer Deklaration geforderten eigenen Beitrags Österreichs zu seiner Befreiung, andererseits von der geradezu teleologischen Interpretation des Widerstandes, wonach Widerstandshandeln immer einem bewussten – „hehren" – Zweck gehorcht haben muss, um als Widerstand bezeichnet werden zu können. Kurz: Widerstandsforschung ist nicht zwecklos, muss aber zweckfrei betrieben werden.

Widerstandsforschung in Österreich: Ausgewählte Werke im Rückblick

Im Folgenden sollen fünf wesentliche Beiträge der Widerstandsforschung in Österreich diskutiert werden, die fünf Probleme adressierten und wiederum selbst Probleme der Forschung aufzeigen, die im nächsten Abschnitt diskutiert werden. Die Auswahl der fünf Beiträge ist insofern zwar nicht willkürlich, erhebt aber keineswegs den Anspruch, ein vollständiges Abbild der frühen Forschung zu geben, die andere, allen voran Wolfgang Neugebauer, bereits ausführlich thematisiert haben.[5]

Die Widerstandsforschung begann in Österreich mit dem sogenannten „Rot-Weiß-Rot-Buch", das bereits mehrfach Gegenstand detaillierter Untersuchungen war.[6] Schon im Vorwort des Bandes wird deutlich, was die Publikation bezweckte:

> Schicksal und Haltung Österreichs während der zwölfjährigen Diktatur des Dritten Reiches darzustellen und seinen Anspruch auf den Status und die Behandlung als „befreiter Staat" im Sinne der Moskauer Deklaration nachzuweisen.[7]

Der staatspolitische Anspruch wird unbedingt durchgezogen, wenn etwa die jubelnde Menge im März 1938 kurzerhand zum „optischen und akustischen Täuschungsmanöver der nationalsozialistischen Propaganda"[8] erklärt wird. Fünf Jahre lang haben sich Österreich in „treuer Erfüllung seiner europäischen Friedensfunktion" gegen die „braune Sintflut" zu wehren versucht, doch vergebens: „Ihr erstes von der Welt im Sti-

---

5 Siehe dazu insbesondere Wolfgang Neugebauer, Der österreichische Widerstand 1938–1945, Wien 2015, S. 10–25.

6 Vgl. dazu pars pro toto Ulrich Nachbaur, Österreich als Opfer Hitlerdeutschlands. Das Rot-Weiß-Rot-Buch 1946 und die unveröffentlichten Vorarlberger Beiträge, Regensburg 2009, sowie Heidemarie Uhl, Das „erste Opfer". Der österreichische Opfermythos und seine Transformation in der Zweiten Republik, in: Österreichische Zeitschrift für Politikwissenschaft 30:1 (2001), S. 19–34.

7 Gerechtigkeit für Österreich! Rot-Weiß-Rot-Buch. Darstellungen, Dokumente und Nachweise zur Vorgeschichte und Geschichte der Okkupation Österreichs (nach amtlichen Quellen), Erster Teil, Wien 1946, S. 3.

8 Ebenda.

che gelassenes Opfer war Österreich."[9] Österreich sei nicht Nebensache, sondern Kernproblem Europas. Es habe Fehler gemacht, doch hätten solche Fehler alle Mächte gemacht, wodurch wiederum im März 1938 jeder Widerstand „praktisch völlig unmöglich gewesen"[10] sei. Aber Hitlers Ideologie habe sich nach dem „Anschluss" trotz des Terrors „auf eine zahlenmäßig geringe Minderheit beschränkt", und so sei sukzessive über die gesamte NS-Zeit „der Geist des Widerstandes" gewachsen.[11] Das mehrheitlich angeblich antinazistisch eingestellte Österreich wird in diesem Buch nicht nur zum ersten Opfer, sondern auch zum ersten kollektiven Widerstandskämpfer der Welt stilisiert – kein Geschichtsmythos, sondern nichts weniger als eine offene Geschichtslüge, wie Walter Manoschek zu Recht festhielt.[12]

Seiner Zeit verhaftet war auch Otto Moldens 1958 veröffentlichtes Buch *Der Ruf des Gewissens*, das den Widerstand zahlenmäßig überschätzte und heroisierend Österreich-patriotisch darstellte. Molden betonte den konservativen Widerstand gegenüber dem kommunistischen und klammerte Letzteren aus politischen Gründen weitgehend aus, wobei er real durchaus vorhandene Kontakte zwischen beiden beinahe entschuldigte.[13] Otto und dessen ebenso bekannter Bruder Fritz Molden waren aus der Wehrmacht desertiert und in die Schweiz geflohen, wo sie Verbindung zum amerikanischen Office of Strategic Services (OSS), der geheimdienstlichen Vorläuferorganisation der CIA, aufgenommen hatten. Illegal reisten beide in der NS-Zeit nach Wien und knüpften Kontakte zu Menschen, die sich zum Widerstand entschlossen hatten, wobei sie den Alliierten gegenüber, wie Fritz Molden später selbst einräumte, die Existenz eines Provisorischen Österreichischen Nationalkomitees (POEN) ein Stück weit übertreiben mussten, um sich Gehör zu verschaffen. Otto Moldens Buch zufolge habe Österreich, wie der Titel schon sagt, einen „Freiheitskampf" gegen die „deutschen Okkupationstruppen"[14] führen und damit seinen „Blutzoll" leisten müssen, und das wegen der gleichen Sprache und der Einziehung der Österreicher in die Deutsche Wehrmacht sogar unter schwierigeren Bedingungen als andere Länder. Die austrofaschistische Diktatur wird von Molden pauschal zum „blutige[n] Abwehrkampf Österreichs

---

9 Ebenda, S. 5.
10 Ebenda, S. 6.
11 Ebenda, S. 7.
12 Vgl. Walter Manoschek, Die österreichische Zeitgeschichtsforschung in der Paradigmenkrise, in: Gerhard Botz/Gerald Sprengnagel (Hrsg.), Kontroversen um Österreichs Zeitgeschichte. Verdrängte Vergangenheit, Österreich-Identität, Waldheim und die Historiker, Frankfurt/M.–New York 2008, S. 536–541, hier S. 537.
13 Vgl. Otto Molden, Der Ruf des Gewissens. Der österreichische Freiheitskampf 1938–1945. Beiträge zur Geschichte der österreichischen Widerstandsbewegung, Wien–München 1958. Ähnlich Fritz Molden, Die Feuer in der Nacht. Opfer und Sinn des österreichischen Widerstandes 1938–1945, Wien–München 1988. Kritisch zu beiden u. a.: Neugebauer, Der österreichische Widerstand 1938–1945, S. 177 und S. 263 ff.; Peter Pirker, Codename Brooklyn. Jüdische Agenten im Feindesland. Die Operation Greenup 1945, Innsbruck–Wien 2019, S. 210 f.
14 Molden, Der Ruf des Gewissens, S. 16.

von 1933 bis zum März 1938"[15] verklärt. Die Zahlenverhältnisse zwischen nationalso-zialistischer Gefolgschaft auf der einen, Widerstand auf der anderen Seite kehrt Mol-den geradezu um, wenn er schreibt, dass sich „Zehntausende als Österreicher gegen die ausländische Regierung", die sich „einiger österreichischer Hochverräter bedient habe"[16], zur Wehr gesetzt hätten, indem sie der innerlichen Verpflichtung folgten, den Staat Österreich „sozusagen in sich selbst zu tragen und aus seiner persönlichen Zivil-courage heraus ständig für ihn einzutreten bzw. so gut wie möglich als Österreicher zu handeln"[17], und eine „heimliche Armee sich im Untergrund wieder zu sammeln versuchte"[18]. Trotz durchaus interessanter Schilderungen, die Molden auf Basis einzel-ner Erinnerungsberichte verfasste, wurden auch Fakten dem großen Widerstandsnarra-tiv zufolge zurechtgebogen: Dass es im März 1938 nicht zum großen „Abwehrkampf" gegen NS-Deutschland gekommen war, lag für Molden weder an Diktator Schuschnigg, dessen Widerstandsgeist außer Zweifel stehe, noch am Willen der österreichischen Be-völkerung, sondern einzig an sachlichen Voraussetzungen wie dem Munitionsmangel, sodass der Widerstand nicht guten Gewissens befohlen werden habe können.[19]

Beiden bisher beschriebenen Werken – dem Rot-Weiß-Rot-Buch und Otto Moldens *Ruf des Gewissens* – war aber jenseits der ideologisch verzerrten Überbetonung man-cher Widerstandsbewegung gemein, dass sie den Widerstandbegriff politisch und mi-litärisch engführten, d. h. auf den organisierten Widerstand beschränkten. Individuel-ler, unorganisierter und oft ohne konkrete Ziele spontan geäußerter Unmut konnte erst später unter dem Begriff „Widerstand" thematisiert werden. Wesentlich war da-für, abgesehen von den Arbeiten des Dokumentationsarchivs des österreichischen Wi-derstandes, die im nächsten Abschnitt diskutiert werden, etwa Bruno Freis 1978 er-schienenes Buch *Der kleine Widerstand*.[20] Die Einleitung zum Buch stammte von Her-bert Steiner, dem aus dem britischen Exil zurückgekehrten ersten wissenschaftlichen Leiter des DÖW. Steiner verlieh Frei sozusagen die nötige Legitimität, den „bisher ver-nachlässigten Teil des ‚kleinen Widerstandes' aufzuhellen".[21] Es gehe um die unzähli-gen Widerstandshandlungen von einzelnen, nicht politisch organisierten Menschen in vielfältigen Formen, die nach dem nationalsozialistischen „Heimtückegesetz" verur-teilt worden waren. Frei, der mit spitzer Feder fast schon sprachwissenschaftlich auf die „Führerbeschimpfungen" einging und sie als Kehrseite des „Führerkultes" inter-pretierte, zeigte damit zahlreiche Unmutsäußerungen auf, die er als lokale Wider-standsformen und damit als politische Aussagen beschrieb:

---

15 Ebenda, S. 17.
16 Ebenda, S. 18.
17 Ebenda.
18 Ebenda, S. 19.
19 Ebenda, S. 48.
20 Vgl. Bruno Frei, Der kleine Widerstand, Wien 1978. Zu Frei siehe zuletzt Bruno Frei, Der Strohhut. Jugenderinnerungen, herausgegeben und mit einem Nachwort von Evelyn Adunka, Wien 2024.
21 Herbert Steiner, Vorwort, in: Frei, Der kleine Widerstand, S. I–IV, hier S. I.

Nicht die „großen" Prozesse wegen „Vorbereitung zum Hochverrat", nicht Aktionen der illegalen Parteien, nicht der offene Widerstand der Kirche sind Gegenstand dieser Schrift. Das Aufbegehren der „kleinen Leute" in ihrer natürlichen Sprechweise soll aufgezeigt werden, der Wiener, die den Mund nicht halten konnten, das Unrecht beim Namen nannten, dem Regime „nur" verbal entgegentraten.[22]

Dieses Zitat verdeutlicht gleichzeitig eine grundlegende Zweischneidigkeit: Frei musste sein Buch in der Nische einrichten, also behaupten, dass dieser „kleine" Widerstand, obwohl Basis des „großen", letztlich doch etwas vollkommen anderes als dieser gewesen wäre, und musste den großen durch die Abtrennung vom kleinen erst recht erhöhen, etwa wenn von einem allgemeinen (so nicht existenten) offenen Widerstand der Kirche als ganzer die Rede ist. Zwar wies Frei beide Narrative ausdrücklich zurück, sowohl jenes von den Österreichern als vermeintlichem Kerntrupp des Nationalsozialismus als auch ein allzu rot-weiß-rotes Österreichbild.[23] Doch letztlich blieb er einem Österreich-patriotischen Bild verhaftet, wenn er die von den Sondergerichten nach dem Heimtückegesetz verfolgten Aussagen als authentische Äußerungen einer österreichischen „Volksseele", einer „öffentlichen Meinung" interpretierte, die in der Mehrheitsbevölkerung „unberührt von der Propaganda und im Gegensatz zu ihr [...] vorherrschte"[24]. Frei irrte, wenn er die Sondergerichtsakten als eine repräsentative Stichprobe behandelt, wodurch „ein synthetisches Bild der Volksstimmung entstehe, gleichsam eine post festum durchgeführte Meinungsumfrage, mit den Sondergerichten als ‚Sample'"[25]. Beispielsweise werden weder Zwangsarbeiter*innen noch Kriegsgefangene in Freis Buch erwähnt. Dem Autor ist zugutezuhalten, eine Diskursverschiebung mit angestoßen zu haben, doch repräsentativ konnten die seiner Darstellung zugrunde liegenden Aussagen unmöglich sein. Die Fokussierung auf den organisierten Widerstand, sozusagen ein Organisationsgebot der Widerstandsforschung, war damit (im Nachgang der unten beschriebenen DÖW-Bände zu Widerstand und Verfolgung in Wien) angekratzt, übrig blieb ein „Patriotismusgebot".

Beidem, Organisations- wie Patriotismusgebot, folgte auch Radomír Luža, der frühere tschechische Widerstandskämpfer gegen den Nationalsozialismus, der nach 1945 als Professor an der Tulane University in New Orleans (USA) wirkte. Sein 1983 auf Englisch und 1985 auf Deutsch veröffentlichtes Buch *Der Widerstand in Österreich 1938–1945*[26] war lange ein Standardwerk der Widerstandsforschung. Der 2009 verstorbene Historiker schrieb einleitend, dass er vor seiner Forschung zum österreichischen Wi-

---

22 Frei, Der kleine Widerstand, S. 1.

23 Vgl. ebenda, S. 3.

24 Ebenda, S. 1.

25 Ebenda, S. 2. Wichtig scheint mir noch darauf hinzuweisen, dass der mehrfach vorgebrachte Hinweis auf den Holocaust, den der große wie der kleine Widerstand nicht verhindert oder groß thematisiert hätten (ebenda, S. 29), Frei vor einer Glorifizierung des kleinen Widerstands warnen ließ (ebenda, S. 7).

26 Radomír Luža, Der Widerstand in Österreich 1938–1945, Wien 1985.

derstand vieles für übertrieben gehalten habe, die Widerstandstätigkeit gegen den Nationalsozialismus in ganz Europa aber in vergleichender Perspektive ähnlich gewesen sei.

> Ich ging zunächst ziemlich skeptisch an das Thema heran, immer bereit, viele von österreichischen überlebenden Aktivisten vorgebrachte Behauptungen als nicht zutreffend oder übertrieben anzusehen. Nach einigen Jahren Forschungsarbeit – hauptsächlich Quellenstudium – waren meine Bedenken zerstreut.[27]

Luža schrieb als patriotismusfreier, nicht in die (österreichischen) Querelen eingebundener Historiker und legte die Widerstandsforschung vor allem methodisch durchdacht und quellenkritisch differenziert an. Er plädierte für eine Quellenvielfalt – da Polizei- und Gerichtsakten nicht immer zuverlässig seien, weil sie Arbeitsnachweise wären und die Gefahr des Widerstandes übertreiben mussten, müsse man auch auf Erinnerungen zurückgreifen. Diese interpretierte er ebenso quellenkritisch, wobei er auf den „Widerspruch zwischen eigennützigen, oft zwiespältigen persönlichen Berichten von Randfiguren und der tatsächlichen, vom schwer faßbaren, wirklichen Kern der Bewegung geübten konspirativen Praxis"[28] hinwies. Es gelte insofern für den österreichischen Widerstand, was auch für die französische Résistance gelte, nämlich, dass er ein für ihn unerwartetes Phänomen gewesen sei.[29]

Lužas methodisch ausgefeilte Herangehensweise wurde allerdings, kritisch betrachtet, durch zwei gegenläufige Tendenzen konterkariert: Zum einen enthielt er sich nicht nur nicht Bewertungen über die Sinnhaftigkeit einzelner Widerstandsaktionen und -fraktionen, sondern gab sie im Gegenteil freimütig zum Besten, wenn er im österreichischen Widerstand eine versagende und versagte Elite erblickte, die im Nationalsozialismus ebenso isoliert und unangeleitet gehandelt habe, wie sie nach 1945 in ihren jeweiligen Parteien isoliert blieb. Vieles spricht empirisch für diese These, Lužas politisch und moralisch wertende Urteil über die Widerständigen fiel allerdings doch hart aus:

> Phantasie und Gemütlichkeit schlugen oft um in Geschwätzigkeit und Schlamperei, und die daraus entstehenden Fehler kosteten einigen Untergrundkämpfern das Leben und zerstörten ihre Zellen.[30]

---

27 Ebenda, S. 13.
28 Ebenda, S. 14.
29 Die Résistance hatte Jonathan King zufolge zumindest anfangs „keine anderen Wurzeln als die Impulse einzelner und zufällige Affinitäten. Kaum geboren, verschwand sie wieder. Sie schwemmte bis dahin [...] unbekannte Menschen an die Oberfläche, um sie [...] wieder buchstäblich spurlos zu begraben" (Jonathan King, zitiert nach ebenda).
30 Luža, Der Widerstand in Österreich 1938–1945, S. 309.

Zum anderen war Lužas Begriff von Widerstand explizit extrem eng, wenn er schrieb:

> Ich hebe bewußt die organisatorischen und politischen Aspekte der Untergrundtätigkeit hervor und nehme in meine Schilderung nur gelegentlich Einzelaktionen auf, die nicht unbedingt für die Arbeit vieler Tausender Beteiligter typisch waren. Außerdem war ich stets bemüht, eine Trennungslinie zwischen echten Widerstandskämpfern und Personen, die sich nur an einzelnen Widerstandsaktionen beteiligten, zu ziehen.[31]

Deshalb konzentriere er sich auf die „führenden Persönlichkeiten des Kampfes".[32] Aber wie viele Aktionen brauchte es, bis man in diesem Sinne als „echter Widerstandskämpfer" gelten konnte? Eine Folge dieses engen Begriffes und damit einer Elitengeschichtsschreibung par excellence war die nahezu vollständige Ausblendung des Widerstands von Frauen. Wertet man Lužas Personenindex nach Geschlecht aus, ergibt sich (bei 62 Frauen von 897 Genannten) eine Frauenquote von 6,9 %.[33]

Zeitgleich mit Lužas Buch erschien, diese offene Lücke adressierend, das von Karin Berger, Elisabeth Holzinger, Lotte Podgornik und Lisbeth N. Trallori 1985 herausgegebene Buch *Der Himmel ist blau. Kann sein.*[34] Es basierte auf 100 Interviews mit österreichischen Frauen, die Widerstand geleistet hatten. Die Autorinnen thematisierten nicht nur den „vergessenen" Widerstand der Frauen, sondern auch die Wirkmächtigkeit des Patriarchats: Wie war es etwa dazu gekommen, dass das Sich-Verstecken der Deserteure in den Alpen als aktiv, die Hilfe der Frauen im Tal aber als „passiv" wahrgenommen wurde – wo doch sie es gewesen waren, die täglich in der NS-Gesellschaft das Risiko auf sich nahmen, bei der Organisierung und dem Transport vor allem von Lebensmitteln gesehen und verhaftet zu werden? Das Buch machte aber auch deutlich, wie stark patriarchale Muster sogar die Erzählungen der Frauen selbst prägten, die oft von Geschlechterstereotypen durchzogen waren. Anni Kness erzählte über ihren Mann:

> Na, sagt er, du wirst heute nicht zurückfahren. Ich muß von hier weg, das ist unsere letzte Chance, heut sind wir einmal allein für uns. Du bist meine Frau, ich habe einen Anspruch auf dich. Ich muß leider dein Mütterle enttäuschen, die ich so gern hab, aber du wirst heute noch da bleiben, wirst in der Früh mit dem Sieben-Uhr-Zug nach Klagenfurt fahren, und um acht bist im Dienst.

---

31 Ebenda, S. 14 f.
32 Ebenda.
33 Kritisch anzumerken wäre bei Luža einmal mehr die nationale Konnotation des Widerstands als Bedingung für dessen Qualifikation als solchen. Geholfen hätten ihm Widerstandskämpfer, die ihm das Wesen des Widerstandes nähergebracht hätten – „gleichzeitig in höchstem Maß politisch, individuell und von seinem hartnäckigen, fast borniertem Festhalten an Wertvorstellungen der Moral und der nationalen Souveränität geprägt" (ebenda, S. 15). Nur das Festhalten an alten Vorstellungen zählt hier für Luža, das nationale Bewusstsein ist zudem konstitutiv für die Qualifikation als Widerstand.
34 Karin Berger/Elisabeth Holzinger/Lotte Podgornik/Lisbeth N. Trallori (Hrsg.), Der Himmel ist blau. Kann sein. Frauen im Widerstand. Österreich 1938–1945, Wien 2023 [1985].

Ich hab mir gedacht, ja, eigentlich hat er recht. [...] Um fünf Uhr in der Früh sind wir dort aus den Betten heraus verhaftet worden. War alles verraten.[35]

Viele interviewte Frauen qualifizierten insofern ihren Widerstand als „anders" – wie Rudolfine Muhr: „Das ist eine andere Art des Widerstands gewesen."[36]

Die in Selbstzeugnissen zu beobachtende Über- wie auch Untertreibung der eigenen Rolle, die völlig unterschiedlichen Auffassungen dessen, was eigentlich als Widerstand anzusehen ist, sollten Gegenstand der Forschung sein, nicht ihre Voraussetzung.

Definitorische Probleme der Widerstandsforschung

Der kurze Streifzug durch einzelne Werke der Widerstandsforschung in Österreich sollte einige der Probleme der Grenzziehung des Widerstandsbegriffs aufzeigen, die in unterschiedlichem Ausmaß von Autor*innen thematisiert wurden. Meines Erachtens lassen sich vier Fallstricke einer Verengung des Widerstandsbegriffs ausmachen.

Erstens schließt das beschriebene „Patriotismusgebot", das Widerstand nur dann als Widerstand anerkennt, wenn er aus Österreich-patriotischen Motiven erfolgt ist, alle Formen von Äußerungen und Handlungen aus, die nicht Österreich-bewusst waren, insbesondere aber den nicht-autochthonen Widerstand der Kriegsgefangenen, Zwangsarbeiter*innen oder sonstigen in anderen Ländern angeworbenen Arbeitskräfte. Insofern nimmt es nicht wunder, dass dieser Widerstand (als nicht relevant) auch in der Forschung bisher vernachlässigt worden ist.[37] Dieses Patriotismusgebot ist Teil

---

35 Ebenda, S. 40 f. Die Erzählung endet entsprechend, als Kness von ihrem Mann getrennt und ins KZ Ravensbrück deportiert wird, wovon sie (hier) nichts erzählt.

36 Ebenda, S. 49. Vgl. in jüngerer Zeit z. B. Elisa Frei/Martina Gugglberger/Alexandra Wachter, Widerstand und Zivilcourage. Frauen in Oberösterreich gegen das NS-Regime 1938–1945, Linz 2021; Heinz Oliver Karbus, Resi Pesendorfer. ...dass man nicht ganz umsonst auf der Welt ist, Bad Ischl 2021. Die Untertreibung des eigenen Handelns ist insbesondere bei Formen des Rettungswiderstands zu finden – als ihre Familie Grete Mikosch, die ihren Freund Fritz Krakauer versteckt hatte, von Yad Vashem als „Gerechte unter den Völkern" anerkennen lassen wollte, antwortete Mikosch skeptisch: „Ja, ich hab was gemacht, aber das muss ja nicht öffentlich bekannt gegeben werden. Wem hilft das?" Grete Mikosch, zit. n. Elisabeth Holzinger, Friederike, Friedrich und Fritz. Liebe und Freundschaft sichern das Überleben, in: Manfred Mugrauer (Hrsg. im Auftrag des DÖW und der Gedenkstätte Deutscher Widerstand), „Wir hätten es nicht ausgehalten, dass die Leute neben uns umgebracht werden." Hilfe für verfolgte Juden in Österreich 1938–1945, Berlin 2023, S. 149–179, hier S. 178.

37 In Bezug auf sowjetische Kriegsgefangene sei für Österreich auf neue Erkenntnisse zu Widerstandsnetzwerken in Wehrmachts-Stamm- (Stalags) und Offizierslagern (Oflags) sowie Konzentrationslagern verwiesen: Reinhard Otto/Rolf Keller, Sowjetische Kriegsgefangene im System der Konzentrationslager, Wien 2019, sowie Matthias Kaltenbrunner, Flucht aus dem Todesblock. Der Massenausbruch sowjetischer Offiziere aus dem Block 20 des KZ Mauthausen und die „Mühlviertler Hasenjagd" – Hintergründe, Folgen, Aufarbeitung, Innsbruck–Bozen–Wien 2012.

des allgemeinen Problems, Widerstand von seinen Motiven her zu definieren[38] – man wird die jeweiligen Motive aber nicht immer schwarz auf weiß, programmatisch dargelegt, erforschen können, nicht zuletzt weil der Widerstand klandestin sein musste und daher selten schriftliche Quellen hinterließ. In mündlichen Erinnerungen finden sich ex post (und auch das nur für Überlebende[39]) lediglich Motivbegründungen, nicht Motive, die quellenkritisch zu reflektieren sind. Motive zur Bedingung der Qualifikation als Widerstand zu machen, schließt nicht motivierten oder als nicht motiviert geltenden Widerstand, was etwa für den Widerstand in den Konzentrationslagern zu beobachten ist, definitorisch aus.

Zweitens schließt die Engführung des Widerstandsbegriffs auf militärischen und organisiert politischen Widerstand alle Formen des „kleinen" und individuellen Widerstandes, etwa des Rettungswiderstands[40], aus – wobei die Ausblendung, wie oben mit Bezug auf Molden diskutiert, oft auch die politisch jeweils „anderen" Teile des Widerstandes übergeht. Diese Tendenz einer auch durch die eigene Erfahrung verzerrten Darstellung wird durch eine gleichsam „korporatistische" Geschichtsschreibung verstärkt, d.h. dadurch, dass Verbände und Institutionen ihre eigene Geschichte schreiben. Wie Gerhard Botz konstatiert hat, verwendete der organisierte Widerstand nach der Befreiung seine Ressourcen für die eigene Geschichtsschreibung.[41] Ergebnis war eine verzerrte Sicht auf die Gesamtgeschichte des Widerstands. Teil dieser Verzerrung war die Übernahme der Begrifflichkeiten aus den Quellen selbst, Täterdokumenten als auch Selbst-Definitionen und Selbst-Konstruktionen. Die tatsächliche oder vermeintliche „Andersartigkeit" des „weiblichen" Widerstandes etwa, den viele Frauen selbst äußern, wurde selten gesehen, geschweige denn historiografisch diskutiert, weil die Widerstandsforschung meist implizit davon ausging, dass Widerstandshandeln auf dem Festhalten an früheren Wertvorstellungen und Identitäten – wie Luža schrieb, am „hartnäckigen, fast bornierten Festhalten an Wertvorstellungen der Moral und der nationalen Souveränität"[42] – beruhte, nicht auf der Entwicklung neuer Praktiken, eines neuen Habitus. Die geschlechtergeschichtliche Forschung initiierte aber gleichzeitig einen Paradigmenwechsel: Festgefertigte Rollenbilder, ein politischer Habitus der Legalität, standen den Anforderungen an den Widerstand, d.h. einem Habi-

---

38 Siehe dazu den Beitrag von Wolfgang Benz in diesem Band sowie zuletzt Wolfgang Benz, Allein gegen Hitler. Leben und Tat des Johann Georg Elser, München 2023.
39 Vgl. David P. Boders bekannte und prägnante Aussage „I Did Not Interview the Dead", boder.fortunoff.library.yale.edu/ [25.5.2024].
40 Vgl. dazu zuletzt Mugrauer (Hrsg.), „Wir hätten es nicht ausgehalten, dass die Leute neben uns umgebracht werden."
41 Vgl. Gerhard Botz, Methoden- und Theorieprobleme der historischen Widerstandsforschung, in: Helmut Konrad/Wolfgang Neugebauer (Hrsg.), Arbeiterbewegung – Faschismus – Nationalbewusstsein. Festschrift zum 20jährigen Bestand des Dokumentationsarchivs des österreichischen Widerstandes und zum 60. Geburtstag von Herbert Steiner, Wien–München–Zürich 1983, S. 137–151, hier S. 143.
42 Luža, Der Widerstand in Österreich 1938–1945, S. 15.

tus der Illegalität, oft entgegen[43] – damit muss aber, wie weiter unten in Bezug auf den Widerstand in Konzentrationslagern ausgeführt werden soll, die These der notwendigen Bedingung einer Identität mit sich selbst, eines Sich-selbst-treu-Bleibens als beste Anpassung an den Widerstand in der Illegalität, infrage gestellt werden. Menschen im Widerstand mussten, anders gesagt, oft nicht ihre Werte und ihre Identität „erhalten", um widerständig handeln zu können, sondern eine neue Identität annehmen und neue Werte entwickeln – etwa unter den extremen Zwangsbedingungen eines Konzentrationslagers.[44]

Drittens lässt sich festhalten, dass Widerstand staatsrechtlich oft als Herstellung des *status quo ante* gedacht wird. Widerstand ist demnach defensiv gedacht und nur dann als legitim angesehen, wenn er das Frühere in sich bewahrt und nach dem sprichwörtlichen Tyrannenmord wiederherzustellen trachtet.

> Widersetzlichkeit, die nicht zumindest vordringlich auf die Wiederherstellung vernichteten Rechtsbestandes, sondern von allem Anbeginn auf die Durchsetzung rationaler Konstruktionen künftiger Gesellschaften hinzielt, überschreitet prinzipiell die Rechtfertigungsmöglichkeiten des Widerstandsrechtes.[45]

Diese moralisch grundierte Legitimitätsdebatte stellt nicht nur hohe Ansprüche an diejenigen, die Akte der Widersetzlichkeit gegen eine Diktatur gesetzt haben, und geht tendenziell mit einer Ausblendung aller Äußerungen und Verhaltensweisen einher, die nicht dem Gebot „individualer Identitätsbewahrung"[46] gehorchen. Sie würde auch, konsequent weitergedacht, explizit Formen des Widerstands aus einer Definition ausschließen, die darüber hinausgehen wollten – wenn man Widerstand auf die Herbeiführung des *status quo ante* reduziert, schließt man die aus, die für eine andere Gesellschaftsform gekämpft haben: In Bezug auf den österreichischen Widerstand gegen den Nationalsozialismus träfe das zum einen den „legitimistischen" Widerstand, der die Monarchie zum Bezugspunkt hatte, zum anderen den Großteil des linken Widerstands, dessen Antifaschismus eine sozialistische Gesellschaft zum Ziel hatte.

Viertens führen moralisierende Überhöhungen des Widerstandes, auch unbeabsichtigterweise, zu einer Reihe von Ausschlüssen: Als Martin Broszat im Projekt „NS-Zeit in Bayern" für eine Aneignung des Widerstandsthemas „nicht nur in der äußeren Form pietätvoller Respektbezeugung, sondern auch auf dem Wege reflektierter, realis-

---

43 Vgl. Andreas Kranebitter, Anhaltende Kämpfe. Polizei und Justiz im Kampf gegen die linke Opposition 1934–1938. Zum Kontext der Verfolgungs- und Verteidigungsstrategien Marie Jahodas, in: Johann Bacher/Waltraud Kannonier-Finster/Meinrad Ziegler (Hrsg.), Akteneinsicht. Marie Jahoda in Haft, Innsbruck–Bozen–Wien 2022, S. 91–162.
44 Zur Debatte um die Entwicklung einer Moral des Widerstands in den Konzentrationslagern vgl. eindrücklich Ella Lingens, Gefangene der Angst. Ein Leben im Zeichen des Widerstandes, Frankfurt/M. 2003; Ella Lingens, Eine Frau im Konzentrationslager, Wien–Frankfurt/M.–Zürich 1966; Anna Pawełczyńska, Werte gegen Gewalt. Betrachtungen einer Soziologin über Auschwitz, Oświęcim 2001.
45 Holzer, Politischer Widerstand gegen die Staatsgewalt, S. 51.
46 Ebenda, S. 12.

tischer historischer Erfahrungsbildung"[47] plädierte, versuchte er gegen die Gefahr einer „monumentalistischen Erstarrung" im Anschluss an die Reduktion des Widerstands auf die „Männer des 20. Juli" einen Begriff von „Resistenz" zu etablieren, der individuellen Protest und individuelle Kritik in den Widerstandsbegriff einschließen sollte. Tatsächlich wurden in vielen Mikrogeschichten „kleine" Formen zivilen Mutes als situative individuelle wie kollektive Erfahrungen oder „Ad-hoc-Widerstände"[48] gesammelt. Der Begriff der „Resistenz" sollte Broszat zufolge nicht Motivlagen des Widerstands untersuchen, sondern tatsächlich erfolgreiche Akte zum Ausgangspunkt der Forschung machen:

> „Resistenz" im Sinne dieser Begriffsbildung bedeutet ganz allgemein: Wirksame Abwehr, Begrenzung, Eindämmung der NS-Herrschaft oder ihres Anspruches, gleichgültig von welchen Motiven, Gründen und Kräften her.[49]

Wie Wolfgang Benz konstatierte, setzte sich der Resistenz-Begriff in der Forschung sozusagen aus Angst vor einer inhärenten Inflationsgefahr nicht durch.[50] Nicht das scheint mir aber das Problem zu sein, sondern umgekehrt, dass das qualifizierende Kriterium der Wirksamkeit wiederum „unwirksamen" Widerstand ausklammern musste.

Demarkationen und Ausschlussmechanismen ist, bei Inkaufnahme eines Inflationsrisikos, das man wiederum durch umsichtige Quellenanalyse bewältigen kann und muss, nur durch einen breiten, inklusiven Widerstandsbegriff beizukommen, wie er im DÖW von Anfang an verwendet wurde.

Widerstandsforschung als widerständige Forschung: Die Gründung des Dokumentationsarchivs

Karl R. Stadler hatte in Österreich 1966 einen weiten Widerstandsbegriff formuliert:

> Angesichts des totalen Gehorsamkeitsanspruchs der Machthaber und der auf seine Verletzung drohenden Sanktionen muß jegliche Opposition im Dritten Reich als Widerstandshandlung gewertet werden – auch wenn es sich um einen vereinzelten Versuch handelt, „anständig zu bleiben".[51]

---

47 Vgl. Martin Broszat, Resistenz und Widerstand. Eine Zwischenbilanz des Forschungsprojekts, in: Institut für Zeitgeschichte (Hrsg.), Bayern in der NS-Zeit, Bd. 4: Herrschaft und Gesellschaft im Konflikt, München 1981, S. 691–709, hier S. 692; Martin Broszat, Zur Sozialgeschichte des deutschen Widerstands, in: Vierteljahreshefte für Zeitgeschichte, 34:3 (1986), S. 293–309.
48 Broszat, Resistenz und Widerstand, S. 693.
49 Ebenda, S. 697.
50 Vgl. Wolfgang Benz, Der deutsche Widerstand gegen Hitler, München 2019, S. 9.
51 Karl R. Stadler, Österreich 1938–1945 im Spiegel der NS-Akten, Wien–München 1966, S. 12.

Diese Breite war für die folgenden Editionsarbeiten des Dokumentationsarchivs des österreichischen Widerstandes grundlegend, etwa die Bände „Widerstand und Verfolgung" in den österreichischen Bundesländern, wie Wolfgang Neugebauer festgehalten hat:

> Mit dem Projekttitel „Widerstand und Verfolgung" wird zum Ausdruck gebracht, daß keine enge Begrenzung des Widerstandsbegriffs – etwa auf den aktiven Kampf „für ein freies, demokratisches Österreich" im Sinne des Opferfürsorgegesetzes 1947 – vorgenommen wird, sondern das ganze Spektrum von Widerstand, Opposition und Unzufriedenheit, von Diskriminierung und Verfolgung, also jede nonkonformistische Reaktion auf die Diktaturherrschaft, dokumentiert werden soll.[52]

Damit folgte die Widerstandsforschung im DÖW weder juristischen Definitionen in Opferfürsorgegesetzen noch verengten historiografischen Debatten, sondern entwickelte einen eigenen Widerstandsbegriff, der nonkonformes Verhalten explizit einschloss. Dieser Bruch ist auch epistemologisch wichtig, denn erkenntnistheoretisch entsteht Wissenschaft nur dort, wo man die Begriffe des Gesetzgebers kritisch hinterfragt und nicht unreflektiert übernimmt.

Die Breite der Definition war in der Gründungsgeschichte des Dokumentationsarchivs des österreichischen Widerstandes – als Gegenarchiv von unten – angelegt. Während sich staatliche Archive hinter dem Argument der Archivsperren gegen Gegendiskurse verschanzten, begann das DÖW Materialien zu Widerstand und Verfolgung zu sammeln, wo andere nicht sammeln wollten. Sammeln war bereits im Exil und im Widerstand konstitutiver Teil der Widerstandstätigkeit selbst: Geht es um NS-Verbrechen, ist schon das Bewahren von Dokumenten und Zeugnissen jeder Art als Beweissicherung zu verstehen, und damit gegen den erklärten Zweck der Vernichtung gerichtet – es ist der letzte Widerstandsakt und der erste Forschungsakt. Die „Zweckentfremdung" gegen den intendierten Sinn der Dokumente stand am Beginn der Holocaust-Archive.[53] Das ist auch die Gründungsmotivation des DÖW, das von ehemaligen Widerstandskämpfer*innen und aus dem Exil Zurückgekehrten, Holocaustüberlebenden und engagierten Wissenschaftler*innen im Jahr 1963 geschaffen wurde. Die ersten Anläufe hatte Herbert Steiner, der im Jahr 2023 seinen 100. Geburtstag gefeiert hätte, bereits mit seinen Sammlungsbemühungen als Sekretär der Exilorganisation Young Austria in Großbritannien getan. Dies betraf Typoskripte oder Gedichte im Exil, Aufklärungsversuche, Flugblätter, BBC-Radiosendungen des jungen Funktionärs und die Dokumentation des Geschehens in Exilzeitungen.[54] Damals wie später war das Sam-

---

52 Wolfgang Neugebauer, Zwanzig Jahre Dokumentationsarchiv des österreichischen Widerstandes (1963–1983), in: Konrad/Neugebauer (Hrsg.), Arbeiterbewegung – Faschismus – Nationalbewusstsein, S. 405–415, hier S. 409.
53 Dazu inspirierend: Lisa Moses Leff, The Archive Thief. The Man Who Salvaged French Jewish History in the Wake of the Holocaust, New York 2018.
54 Vgl. dazu allg. Brigitte Halbmayr, Herbert Steiner. Auf vielen Wegen, über Grenzen hinweg. Eine politische Biografie, Weitra 2015.

meln also bereits die unmittelbar antifaschistische Dokumentation von Widerstand und Verfolgung im Exil – und inkludierte damit auch die dortigen ideologischen Betonungen, nicht zuletzt den ausgeprägten Österreich-Patriotismus, der zu verzerrenden Darstellungen führte, wenn etwa Bilder vom März 1938 untertitelt wurden mit: „People weeping in Vienna, when the Germans marched in, March 1938."[55]

Abb. 2: Angehörige von „Young Austria" am Grab von Karl Marx in London, rechts außen Herbert Steiner, Generalsekretär der Vereinigung. DÖW Foto 02882/01.

Aus dem aktiven Widerstand kam aber auch der Gedanke der Überparteilichkeit, der bei der Gründung des DÖW eine Rolle spielte – und der für das DÖW auch Eigenständigkeit und Autonomie gegenüber den einzelnen Opferverbänden bedeutete. Die Gründung des DÖW ist zugleich eine naheliegende und äußerst unwahrscheinliche Geschichte. War Österreich seit der Moskauer Deklaration 1943 und in den Staatsvertragsverhandlungen staatspolitisch angehalten, einen Nachweis von Tätigkeiten gegen den Nationalsozialismus zu erbringen, also offiziell den Widerstand zu dokumentieren, war die Gründung naheliegend. Gleichzeitig lag nichts ferner als diese Gründung – sie forderte ein nicht geringes Maß an (ideologischer und persönlicher) Flexibilität[56] inmitten des Kalten Krieges, inmitten von Zeiten, in denen wegen der Reinte-

---

55 Erich Fried, They Fight in the Dark. The Story of Austria's Youth, London 1943, S. 15. Vgl. Halbmayr, Herbert Steiner, S. 99.
56 Eric Hobsbawm hat 2004 in einer Rede über Herbert Steiner diesen als „geborene[n] Zusammenbringer" bezeichnet und damit ausgeführt, dass die im Widerstand und Exil entstandene antifaschis-

gration ehemaliger Nationalsozialisten der Widerstand trotz seiner offiziellen Bedeutung geradezu Tabuthema wurde. In den späten 1950er Jahren schuf der KZ-Verband (was wohl selbst wiederum erst nach dem sowjetischen „Tauwetter" möglich war) mittels Aufruf in seiner Verbandszeitschrift *Der Neue Mahnruf* eine Sammlung von Widerstandsdokumenten und regte die Gründung einer eigenen Struktur an, die diese Sammlung betreuen sollte. Diese Praxis war verbunden mit der Geschichte der Historischen Kommission der Kommunistischen Partei Österreichs, als deren Teil Herbert Steiner die Geschichte der Arbeiter*innenbewegung dokumentieren wollte und die auch eine eigene Dokumentation des kommunistischen Widerstandes plante. Parallel dazu kam es zum heute als „Regierungsprojekt" bekannten Vorhaben der damals großkoalitionären Bundesregierung, bis zum 20. Jahrestag der Befreiung 1965 eine Dokumentation zum Widerstand zu veröffentlichen (die nie publiziert wurde).[57] Dass beide Projekte ineinanderflossen, hing auch mit der Entwicklung ihrer beiden Proponenten zusammen: Herbert Steiner hatte seine frühere orthodox-kommunistische Position verlassen, Ludwig Jedlicka, der erste Leiter des 1966 gegründeten Instituts für Zeitgeschichte, hatte sich von seiner Vergangenheit als früherer HJ- und NSDAP-Angehöriger entfernt. Auch wenn beide weiterhin unterschiedlichen ideologischen Richtungen angehörten, kam es zu einer intensiven Zusammenarbeit, die nicht selbstverständlich war. Jedlicka wie Steiner hätten sich anders entscheiden können, die Entwicklung des IfZ wie des DÖW wären wohl anders verlaufen. Mit dem Regierungsprojekt war Jedlicka ad personam betraut und hatte Alphons Lhotsky, Hugo Hantsch und Friedrich Engel-Jánosi als Mitarbeiter gewonnen. Nach Gründung des Vereins Österreichische Gesellschaft für Zeitgeschichte, dessen Leiter Jedlicka wurde, trat Steiner 1961 an Jedlicka heran, informierte ihn über die geplante Gründung des DÖW und bot eine Zusammenarbeit an, die Jedlicka wiederum annahm – und er unterstützte Steiner mit einem Stipendium.[58]

Inhaltlich wurden beide Projekte – darauf ist besonders hinzuweisen – als Dokumentensammlungen konzipiert. Während Jedlicka diese Entscheidung für das Regie-

---

tische Überparteilichkeit sozusagen in die DNA des DÖW eingeschrieben ist: „Für Herbert war das englische Exil ganz besonders wichtig – und nicht nur, weil er dort seine Frau Rella traf. Was er in England lernte und zuerst im Young Austria anwendete, waren die Grundprinzipien der Politik des Antifaschismus: die Einigkeit aller Kräfte gegen den Feind, der alle bedrohte, auch wenn sie sonst untereinander nichts anderes gemein hatten, auch wenn sie einander unter anderen Umständen nicht ausstehen konnten. Herbert blieb diesen Prinzipien zeitlebens treu." (Eric J. Hobsbawm, Herbert Steiner, Gründer und erster Leiter des DÖW, und die Bedeutung von Widerstandsforschung, in: Dokumentationsarchiv des österreichischen Widerstandes [Hrsg.], Jahrbuch 2004, Wien 2004, S. 16–21, hier S. 17).
57 Vgl. dazu ausführlich Wolfgang Neugebauer, Ludwig Jedlicka, Herbert Steiner und die frühe Widerstandsforschung. Aspekte der Frühgeschichte des Instituts für Zeitgeschichte und des Dokumentationsarchivs des österreichischen Widerstandes, in: Bertrand Perz/Ina Markova (Hrsg.), 50 Jahre Institut für Zeitgeschichte der Universität Wien 1966–2016, Wien 2017, S. 62–84.
58 Ebenda, S. 66 ff. Neugebauer weist als drittes Projekt auf die Publikationsreihe *Das einsame Gewissen* im Herold-Verlag hin, in dem etwa Maria Szécsi und Karl R. Stadler 1962 den Band „Die NS-Justiz in Österreich und ihre Opfer" veröffentlichten.

rungsprojekt im Juli 1963 mit Zeitmangel begründete,[59] hielt der KZ-Verband für die Gründung des DÖW inhaltlich fest:

> Kamerad Horn berichtet über eine Aussprache mit Kameraden Herbert Steiner, der den Vorschlag – der auch akzeptiert wurde – gemacht hat, nicht eine geschlossene Geschichte der österreichischen Widerstandsbewegung zu schreiben, die ja nie vollständig wäre, sondern eine Dokumentensammlung anzufangen, die immer erweitert und ergänzt werden könne.[60]

Die geplante Offenheit lässt sich in vierfacher Hinsicht inhaltlich ergänzen: Erstens war die Dokumentation auch eine Art Beweissicherung, also der Wunsch, die „nackten" Tatsachen sprechen zu lassen und damit (anstelle des in dieser Hinsicht abwesenden österreichischen Staates) Anklage zu erheben. Mittel dazu war, mit dokumentarischer Methode Quellen breitestmöglich zusammenzutragen und editorisch kuratiert der Forschung als Quellenbasis zur Verfügung zu stellen, als Sammlung wie als Edition. Damit wurde Grundlagenforschung geleistet, also eine Art Vetorecht der Quellen anerkannt. Die „Beweissicherung" bot somit zweitens nicht nur einen Überblick, sondern wirkte auch politisch motivierten Schwerpunktsetzungen entgegen. Justizminister Christian Broda und Bundeskanzler Bruno Kreisky hatten etwa versucht, Einfluss auf die Publikation von Maria Szécsi und Karl R. Stadler zu den Opfern der NS-Justiz zu nehmen, sowohl, was die Nennung der Namen von weiterhin im Dienst der Republik Österreich stehenden früheren NS-Richtern anging, als auch die Kürzung des Teils über den kommunistischen Widerstand.[61] Die Dokumentation des DÖW war demgegenüber von einer überparteilichen Ausgewogenheit gekennzeichnet, die einer korporatistischen Haus- und Hof-Geschichtsschreibung und Verzerrungen in persönlicher, politischer und organisationsegoistischer Hinsicht entgegenwirken konnte. Sammeln und Dokumentieren war damit drittens aber nicht dem Forschen vorgelagert, sondern bereits Teil der Forschung. Das Sammeln von Gegebenem geht, wie neuere Theorien des Archivierens betonen, mit dem Schaffensprozess Hand in Hand und ist der erste kreative, kuratorische Prozess – fehlt der Sammlungsprozess, bleibt auch der kreative Schaffensprozess (ob in Kunst oder Wissenschaft) unkreativ.[62] Viertens war (und ist) die Dokumentation damit einer „Geschichte von unten"[63] verpflichtet: Sie schaffte in

---

59 „Auf Grund der Tatsache, daß wir das Jahr 1965 zum Ziele haben, kann ich mich nur für eine Dokumentation mit einleitendem Text und Fußnoten aussprechen, so daß das Dokument selbst spricht." (Jedlicka, zitiert nach ebenda, S. 70 f.).

60 Beschlussprotokoll über die Sitzung des Bundespräsidialausschusses, 3.11.1959, Archiv des KZ-Verbands.

61 Vgl. Neugebauer, Ludwig Jedlicka, S. 73.

62 Vgl. den Band Martina Griesser-Stermscheg/Nora Sternfeld/Luisa Ziaja (Hrsg.), Sich mit Sammlungen anlegen. Gemeinsame Dinge und alternative Archive, Berlin–Boston 2020, insbesondere Knut Ebeling, Codieren statt konservieren. Prähistorie, Archäologie und Demokratie des Sammelns, in: Griesser-Stermscheg/Sternfeld/Ziaja, Sich mit Sammlungen anlegen, S. 49–75.

63 Vgl. z. B. Hubert Christian Ehalt, Geschichte von unten. Fragestellungen, Methoden und Projekte einer Geschichte des Alltags, Wien–Köln–Graz 1984.

materieller Hinsicht ein Archiv und bewirkte methodische Innovationen – die Breite der gesammelten Quellen inkludierte im DÖW etwa auch von Beginn an subjektive Erinnerungen und später Oral-History-Zeugnisse. Sammeln war aus dieser Sicht keine Quelleneditionsleidenschaft, sondern als letzter Widerstandsakt konstitutiv für die Widerstandsforschung. Ziel war eine ausgewogene, quellengesättigte Darstellung als Geschichte von unten, die sich nicht einem Narrativ einer nationalen „Erlösung" verschrieb.

Zum 20-jährigen Jubiläum des DÖW, das mit diesem breiten Widerstandsbegriff an die Sammlung und Dokumentation des Widerstandes gegen den Nationalsozialismus heranging, legte Gerhard Botz eine Typologie des Widerstands vor, die weitere Wege der Widerstandsforschung skizzierte (siehe Tabelle).[64]

Tab. 1: Dreiteiliges Schema des Widerstandsverhaltens von politischem Widerstand im engeren Sinne (dunkel eingefärbt) über Protestverhalten bis zu nonkonformem, abweichendem Verhalten (hell eingefärbt), nach Gerhard Botz, Methoden- und Theorieprobleme der historischen Widerstandsforschung, in: Konrad/Neugebauer (Hrsg.), Arbeiterbewegung – Faschismus – Nationalbewusstsein, S. 137–151.

	hoch organisiert		niedrig organisiert	
	öffentlich	nicht öffentlich	öffentlich	nicht öffentlich
systemoffensiv	Flugblatt- und Malaktionen	Nachrichtenübermittlung	Gehorsamsverweigerung	Verbreiten von Gerüchten
	Bombenanschläge	Konspiration	Predigen	Umgang mit Gegnergruppen
	Attentate	Sabotage	Denkschriften	„Schwarzhören"
	Putsch	Partisanentätigkeit	„Führer-Witze"	
systemdefensiv	(Organisierte) Streiks	Kontakthalten	(Spontane) Streiks	Schwarzschlachten
	Petitionen	Hilfsaktionen	Amtsniederlegung	Absentismus
	Hirtenbriefe	Arbeitsbummelei	Emigration	Desertion
			Demonstrativer Kirchenbesuch Verweigerung von Grußformen	Selbstmord Randalieren Abweichendes Verhalten „Unpolitische" Kriminalität

Mit Botz' Einteilung ist zum einen eine sinnvolle Hierarchisierung innerhalb eines breiten Widerstandsbegriffs verbunden – es macht schließlich einen Unterschied, ob man ein politisches System kollektiv organisiert verändern will oder unerlaubterweise geschlachtetes Vieh am Schwarzmarkt verkauft –, zum anderen aber auch die Inklusion weiter Teile von sozial „abweichendem" Verhalten, das als Nonkonformismus

---

64 Vgl. Botz, Methoden und Theorieprobleme der historischen Widerstandsforschung.

beschreibbar ist. Emanzipiert sich die Widerstandsforschung von legitimatorischen Absichten, kann sie mit einer derartigen Typologie sozialgeschichtlich auf jene Aktivitäten hinweisen, die als „Dagegen-Handeln" in einer Gesellschaft mit totalitärem Anspruch verstanden werden können.

Botz bildete damit schematisch den Anspruch ab, nonkonformes Resistenzverhalten in den Widerstandsbegriff aufzunehmen, der im DÖW in der Reihe „Widerstand und Verfolgung in den Bundesländern" in jeweils umfangreichen Kapiteln zum „individuellen Widerstand" mit fundierten Einleitungen verwirklicht wurde.[65] Schon in der von Wolfgang Neugebauer bearbeiteten dreibändigen Dokumentation „Widerstand und Verfolgung in Wien"[66] umfasste das entsprechende Kapitel knapp 100 Seiten. Die Bände zu anderen Bundesländern nahmen nonkonformes Verhalten ebenso in ihre Dokumentation auf, darunter u. a. „volksschädigendes" Verhalten, Maßnahmen gegen „Asoziale", Verbrechen nach der „Volksschädlingsverordnung" oder Vergehen nach der Kriegswirtschafts- und Verbrauchsregelungsstrafverordnung bis hin zu Verhaltensweisen wie Hamstern, Schleichhandel, Schwarzschlachten, Plündern oder Diebstahl.

Nonkonformes Verhalten am Rande des Widerstands am Beispiel der Kriminalität

Im Anschluss daran bleibt meines Erachtens konkretes individuelles nonkonformes Verhalten immer noch historiografisch zu beschreiben und daraufhin „abzuklopfen", ob es in der breiten Widerstandsdefinition des obigen Schemas zu berücksichtigen ist oder nicht.[67] Nonkonformismus beschreibt ein breites Spektrum an Handlungen. Die Inklusion des Nonkonformismus in der Widerstandsforschung betraf bisher meist das, was Bruno Frei als „kleinen Widerstand" verstand, der etwa vor Sondergerichten abgeurteilt wurde: das Abhören von Feindsendern, das Verbreiten von Witzen, das Verfassen kritischer Briefe, „Rassenschande", Verstöße gegen die Kriegswirtschaftsverordnung. Zuweilen wurde auch die sogenannte „normale" Kriminalität genannt.[68]

---

65 Zwischen 1975 und 1991 erschienen 13 Bände zu Wien, Burgenland, Oberösterreich, Tirol, Niederösterreich, Salzburg. Zuletzt als 14. Band: Widerstand und Verfolgung in der Steiermark. ArbeiterInnenbewegung und PartisanInnen 1938–1945, bearb. v. Elisabeth Holzinger, Manfred Mugrauer und Wolfgang Neugebauer, mit einem Vorwort von Heimo Halbrainer, Graz 2019. Alle Bände wurden vom DÖW herausgegeben.
66 Vgl. Dokumentationsarchiv des österreichischen Widerstandes (Hrsg.), Widerstand und Verfolgung in Wien 1934–1945. Eine Dokumentation, 3 Bde., Wien 1975.
67 Die folgenden Ausführungen sind ausführlicher nachzulesen in: Andreas Kranebitter, Die Konstruktion von Kriminellen. Die Inhaftierung von „Berufsverbrechern" im KZ Mauthausen, Wien 2024, S. 331–372.
68 Vgl. Neugebauer, Der österreichische Widerstand 1938–1945, S. 290.

Allerdings blieb es, von Ausnahmen abgesehen, bei der Proklamation des Forschungs-
desiderats, fast nie kam es zu konkreten Forschungen über „kriminelles" Verhalten
im Nationalsozialismus.[69] Im Konkreten geht es in den Quellen zum „kleinen Widerstand" aber so gut wie immer um ein strafrechtlich verfolgbares und verfolgtes Delikt,
das wie Meckern, Schwarzhören, Schwarzschlachten, Führerbeleidigung oder Ähnliches unter das neue spezifisch nationalsozialistische NS-Unrecht fiel und nach Gesetzen wie v. a. dem Heimtückegesetz, dem Kriegssonderstrafrecht etc. angeklagt wurde.[70] Es bleibt festzustellen, dass sich unter den nach Paragrafen des weiterhin gültigen österreichischen Strafgesetzes von 1852 Verurteilten ebenso Menschen finden, die
nach diesen neuen NS-Paragrafen verfolgt werden hätten können. Andere wurden bei
Erfüllung der formalen Voraussetzungen – meist das Vorliegen von drei Vorstrafen
mit einem Strafmaß von sechs oder mehr Monaten – von der Kriminalpolizei in Vorbeugungshaft genommen, um keinen Prozess, sondern kurzen Prozess zu machen. In
diese Akten zu blicken, heißt, sich mit einer Mischung von politischem oder politisier-
tem Verhalten auf der einen und abweichendem Verhalten auf der anderen Seite auseinanderzusetzen, das auch in demokratischen Gesellschaften strafrechtlich belangt
würde – hier ist oft gewöhnlich „kriminelles" und politisches Verhalten gemischt zu
finden.

Leopold Frauenberger wurde in Vorbeugungshaft genommen und nicht wegen
Verstoßes gegen das Heimtückegesetz angeklagt, weil seine Vorstrafen für eine polizeiliche Inhaftierung (jenseits einer in ihrem Ausgang stets unklaren justiziellen Ahndung) genügten. Frauenberger hatte in einem Wirtshaus den Satz gesagt: „Mich können die Marmeladinger samt den Hitler ...".[71] Dafür hatte er nach 1945 bei Anträgen
um Opferfürsorge und Aufnahme in den Bundesverband politisch Verfolgter mehrere
Zeugen aufgebracht, von deren Vernehmung allerdings aus nicht bekannten Gründen
Abstand genommen wurde.

---

69 Botz hatte in seinem Artikel zwar behauptet, dass seit Anfang der 1980er Jahre sozialgeschichtlich-
quantitative Ansätze, Schicksal und Abwehrformen von stigmatisierten Randgruppen wie „Zigeunern",
„Arbeitsscheuen", „Kriminellen" und „Homosexuellen", sowie „unpolitisches" abweichendes Verhalten
vermehrt Aufmerksamkeit in der Widerstandsforschung erhalten würden (Botz, Methoden- und Theorieprobleme, S. 144), abgesehen von einzelnen Vorhaben (vgl. z. B. Margareta Glas-Larsson, Ich will
reden. Tragik und Banalität des Überlebens in Theresienstadt und Auschwitz, herausgegeben und
kommentiert von Gerhard Botz, Wien–München–Zürich–New York 1981, S. 9–74) resultierten diese
Bemühungen aber nicht in Veröffentlichungen.
70 Vgl. z. B. Neugebauer, Der österreichische Widerstand 1938–1945, S. 278 f.
71 Schreiben von Leopold Frauenberger an den KZ-Verband Wien, Untersiebenbrunn, 14.6.1946, DÖW
20.100/2.645. Orthografische Fehler in den Zitaten werden beibehalten und nicht extra ausgewiesen.

Bund der politisch Verfolgten
Landesverband Niederösterreich
Wien 1., Stubenring 20
Telephon R 27 2 65

Eidesstattliche Erklärung

Zuname	FRAUENBERGER	Vorname	Leopold
Beruf	22. Okt.1906	Beruf nach Enthaftung	arbeitsunfähig
geboren	Maurer	zu	Untersiebenbrunn
~~ledig, geschieden~~ verh., ~~verwitwet~~		Staatsbürgerschaft	Österreich
Wohnort	Untersieberbrunn Nr.172		Gänserndorf
Haftgrund	wegen antinationalsozialistischer Äußerung in einem Gasthause öffentlich.		

In Haft a) Polizei Elisabethpromenade 13. Juni 1938 vom 13.6.1938 bis 15.6.1938

b) Gericht .... „ .... „

c) Zuchthaus .... „ .... „

d) KZ Dachau „ 15.6.1938 „ Aug.1938
Mauthausen Aug. 1938 - 27.November 1940
Zusammen Wochen :

Unterlagen über Haftgrund

1. laut Beilage

2.

Über das Verhalten in der Haft können nachstehende drei Bürgen Auskunft erteilen

1. Name Linninger Hans Anschrift in Lassee - Niederösterreich

2. Name Berger Ferdinand Anschrift Gänserndorf - Kreuzgasse

3. Name Petraschek Paul Anschrift Leopoldsdorf im Marchfelde

Parteimitglied einer der drei demokratischen Parteien ....

Zugehörigkeit zur NSDAP, SS, SA, NSKK, NSFK keine

a) Parteimitglied keine

b) Parteianwärter keine

Kriminelle Vorstrafen 6 Wochen - wegen Raufhandel.(insgesamt) im Gasthause
ansonsten keine Delikte lt.Bericht des Gend.Posten-
Kdos.Untersiebenbrunn.

Untersiebenbrunn, am 14.6.1946

An den
K.Z.Verband
W i e n I., Rathausstr.9

Betr.: Leopold Frauenberger
        Einlieferung ins K.Z.

Der endesgefertigte, Leopold Frauenberger,
geb.22.1o.19o6, wohnhaft in Untersiebenbrunn Nr.172, wurde
am 13.6.1938 von dem seinerzeitigem Bürgermeister Richard
Kraupa, bei dem Gendarmeriepostenkommando (Inspetor Rudolf
(Gloger) angeblich wegen der Äusserung "Mich können die Marmeladinger samt den Hitler ..... " zur Anzeige gebracht.
Ich wurde daraufhin verhaftet und in das Polizeigefangenen-
haus Wien IX., Rosauerlände eingeliefert. Von dort wurde ich
am nächsten Tag mit mehreren anderen Häftlingen in das K.Z.
Dachau verschickt. Nach zirka dreimonatiger Inhaftierung in
Dachau wurde ich in das K.Z.Mauthausen überführt, wo ich bis
zu meiner Entlassung am 27.11.194o verblieb.
Am 3.6.1941 wurde ich zur Wehrmacht einge-
zogen und diente bis 26.12.1942 und wurde als schwerkriegs-
beschädigter entlassen. Seit dieser Zeit verrichte ich nur
infolge meiner Invalität zu meinem Lebensunterhalt die notwendige Arbeiten.

Zeugen:

Oben angeführte Angaben sind richtig und werden bescheinigt.

Der Bürgermeister:

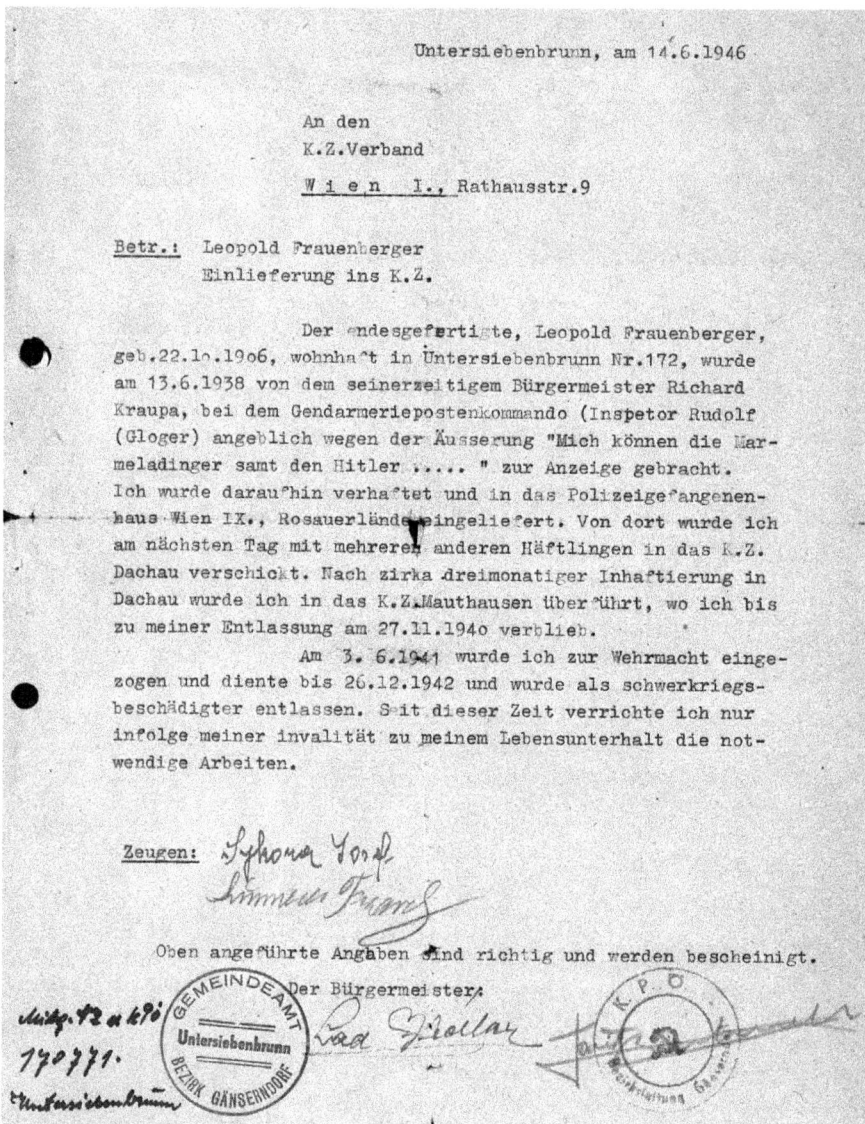

Abb. 3: Leopold Frauenberger, geboren am 22. Oktober 1906, war Maurer in Untersiebenbrunn und wurde am 15. Juni 1938 von der Kriminalpolizei in „Vorbeugungshaft" genommen und ins KZ Dachau deportiert, von wo er am 8. August 1938 in das neu eingerichtete Konzentrationslager Mauthausen überstellt wurde. Frauenberger hatte sich, wie Zeugen bestätigten, in einem Gasthaus abfällig über Deutsche geäußert („Mich können die Marmeladinger samt den Hitler..."). Diese oft als Vergehen gegen das „Heimtückege-setz" gewertete Aussage wurde in seinem Fall nicht von der Staatsanwaltschaft untersucht; die Kriminalpo-lizei nahm ihn stattdessen wegen seiner Vorstrafen in „Vorbeugungshaft" und etikettierte ihn als „Berufs-verbrecher". Nationalsozialistisches Unrecht wurde gegen Gegner*innen des Regimes auf jede erdenkliche Art angewandt; auch „Vorbeugungshaft" und „Heimtückegesetz" waren kommunizierende Gefäße. KZ-Ver-bandsakt Leopold Frauenbergers, DÖW 20.100/02645.

Leopold Vyborny, geboren am 18. Juni 1899 in Wien, war von Beruf Metallschleifer. Bis März 1938 hatte er elf Strafen wegen diverser Eigentumsdelikte erhalten, schien allerdings, da in einer Ofenfabrik in Ottakring beschäftigt, nicht von der „Vorbeugungshaft" bedroht gewesen zu sein. Nach Kriegsbeginn arbeitslos, fristete er sein Leben durch Hamsterfahrten aufs Land, wie das Landgericht Krems an der Donau als Sondergericht im Februar 1940 festhielt[72] – denn Vyborny wurde auf einer dieser Hamsterfahrten von den Landwirten Johanna Huber und Engelbert Frühwirth in Lugendorf angezeigt. Er habe nach dem gescheiterten Elser-Attentat auf Hitler im November 1939 gemeint: „Ja, schade, dass der Führer zu früh hinausgegangen ist, sonst wär der Krieg schon aus!"[73] Dafür wurde Vyborny wegen Verstoßes gegen § 2 des „Heimtückegesetzes" zu drei Jahren Gefängnis verurteilt und nach verbüßter Haft als „Berufsverbrecher" ins KZ Mauthausen deportiert.

Andere ebenfalls als „Berufsverbrecher" Deportierte waren politisch agierende Menschen, die nebenbei auch wegen Diebstahls mehrfach vorbestraft waren. Hier gilt es, das Phänomen der „Intersektionalität" anzuerkennen – wie Anna Hájková zu Recht schreibt, wurden etwa „jüdisch" und „queer" stets fälschlich als getrennte und wechselseitig sich ausschließende Kategorien gedacht, „so, als wären alle verfolgten Homosexuellen Nicht*Jüdinnen, während die jüdischen Opfer immer als homosexuell galten"[74]. So wurden in der Forschung nach 1945 auch „kriminell", „asozial", „politisch", „jüdisch" oder „homosexuell" als distinkte Kategorien gedacht, was die tatsächliche Geschichte in eine irreführende begriffliche Zwangsjacke steckte. Fälle von „Kriminellen", die Mitglieder der Kommunistischen Partei waren, mehrfach wegen „Unzucht wider die Natur" verurteilt worden waren oder aus dem jüdischen Proletariat Wiens stammten, sind keineswegs Ausnahmen. Vinzenz Drobilitsch (auch Drobilitz geschrieben), geboren am 2. Dezember 1896 in Wien und Gerüster von Beruf, wurde im Juni 1932 wegen schwerer Körperverletzung angeklagt – es ging, in den Worten der Sicherheitswache im Wiener Prater, um „eine Zusammenkunft von kumunistischen Parteianhängern"[75], die sich im Café Wien in der Venediger Au getroffen hätten. 70 Perso-

---

72 Abschrift des Urteils des Landgerichts Krems an der Donau als Sondergericht Kms 4/40, 23.2.1940, DÖW 20.000/V143.

73 Ebenda. Georg Gössl, geboren am 14. Juni 1909 in München, war am 29. Oktober 1940 vom Landgericht Linz als Sondergericht wegen Vergehens gegen § 2 des Heimtückegesetzes zu 15 Monaten Gefängnis verurteilt worden, weil er gesagt habe: „Die Mehrheitssozialisten kommen bestimmt noch ans Ruder. Wenn es soweit ist, dann werden sie den jetzigen Herren schon helfen, die werden schon aufräumen. Wir stellen einen Bagger hin, der muss eine Grube ausgraben, dann schmeissen wir die Bande hinein. Sie werden dann lebendig begraben." Zudem habe er Hitler einen Lump und Schlawiner genannt. (Urteil des Landgerichts Linz als Sondergericht, KMs 93/40, 29.10.1940, DÖW 17.172).

74 Anna Hájková, Menschen ohne Geschichte sind Staub. Homophobie und Holocaust, Göttingen 2021, S. 19.

75 Meldung, Sicherheitswache Prater, 11.2.1932, WStLA, 2.3.4.A11-Vr 1668/32.

nen seien nach der Versammlung in geschlossenem Zug marschiert, dabei „kumunistische Lieder singend"[76].

Politisch meinte es wohl auch der Hilfsarbeiter Johann Slama, geboren am 3. Jänner 1905 in Wien-Oberlaa, als er als mehrfach wegen Diebstahls Vorbestrafter 1932 an einer Wahl teilnahm. Er habe damit am 24. April 1932 „infolge irrtümlicher Aufnahme in die Wählerliste wissentlich das Wahlrecht ausgeübt, obwohl ihm ein solches auf Grund seiner Vorstrafen nicht zusteht"[77] – ein Revierinspektor hatte alarmiert beobachtet, „durch das Fenster in der Türe, dass Slama den Wahlakt ausübte".[78] Man hatte vergessen, Slama aus der Liste der Wahlberechtigten zu streichen. Er wurde wegen „Wahlfälschung" zu einer Woche strengen Arrests verurteilt.[79]

Der arbeitslose Schuster Alois Hanisch, geboren am 15. September 1913 in Wien, wurde wegen seiner Teilnahme an den Februarkämpfen 1934 wegen „Aufstandes" zu acht Monaten schweren Kerkers verurteilt, nachdem er versucht hatte, mit etwa 70 Schutzbundangehörigen nach den Bürgerkriegstagen die tschechische Grenze zu erreichen. Das Gericht schenkte seiner Behauptung, nur aus Reiselust mitmarschiert zu sein, keinen Glauben und sah als erwiesen an, dass er zum bewaffneten Widerstand gegen die Staatsmacht entschlossen gewesen war. Es war seine neunte Verurteilung, die dritte mit Strafmaß von über sechs Monaten, die anderen waren wegen Diebstahls erfolgt – damit waren die Bedingungen erfüllt, um ihn seitens der Kriminalpolizei am 25. Februar 1944 in Vorbeugungshaft nehmen zu können. Hanisch wurde als „Berufsverbrecher" ins KZ Mauthausen deportiert und arbeitete als Hilfsarbeiter in der Rüstungsindustrie des KZ Gusen, wo er die Befreiung erlebte.

Oft und in den meisten Fällen eines Vorliegens einer politischen Dimension von Kriminalität ging es aber auch um das, was der Alltagshistoriker Alf Lüdtke als „Eigen-Sinn" bezeichnet hat.[80] Eigen-Sinn ist Lüdtke zufolge zunächst ein Herrschaftsetikett für ein soziales Handeln, das Schulmeister und Gelehrte an den „Unterklassen" als Eigensinn bezeichneten und geißelten – „jene Rüpeleien, Grobheiten oder Wunderlichkeiten, die sie allenthalben unter dem ‚Pöbel' entdeckten".[81] Der Begriff ist also zunächst wie „Renitenz" ein Label, das die Obrigkeit für nicht-gefälliges Verhalten der unteren Klassen wählte, bezeichnet gleichzeitig aber auch die Formen des Handelns, in denen sich die Unterworfenen ihrer Zurichtung auf vielerlei Weise zu entziehen versuchen. Lüdtkes Konzept ist sowohl gegen die gängige geschichtswissenschaftliche Objektivierung unterer Klassen gerichtet, die sie als (arbeitende) Objekte und Gehorsamsträger dachte, wie auch gegen die marxistische Überhöhung dieses Eigen-Sinns

---

76 Ebenda.
77 Nationale zu Johann Slama, Rothneusiedl, 28.4.1932, WStLA, 2.3.4.A11-Vr 1776/32.
78 Zeugen-Einvernahme von Josef Höllerer, 17.5.1932, WStLA, 2.3.4.A11-Vr1776/32.
79 Urteil, Landesgericht für Strafsachen II Wien, 29.9.1932, WStLA, 2.3.4.A11-Vr 1776/32.
80 Alf Lüdtke, Eigen-Sinn. Fabrikalltag, Arbeitererfahrungen und Politik vom Kaiserreich bis in den Faschismus, Münster 2015, S. 12.
81 Ebenda, S. 17.

zur Vorform politisch bewussten Widerstandshandelns. Eigen-Sinn sei vielmehr der Moment der Befreiung, der gerade nicht in anderes Handeln transferierbar, übersetzbar sei: „Einzelne distanzieren sich gegen alle und alles, allerdings nur für Augenblicke."[82] Ein Forschungsprogramm, das sich dem Eigen-Sinn der unteren Klassen unvoreingenommen widmet, mache hinter Kollektivmythen wie dem Proletariat das Handeln Einzelner sichtbar.

> Forschungen zum „Eigensinn" erfordern Studien zur Alltagswirklichkeit der – angeblich – Namenlosen. Diese Alltagsgeschichte begrenzt sich nicht auf (Be-)Deutungen. Im Blick sind vielmehr auch jene Momente von Wirklichkeit, auf die sich (noch) kein „Vers" machen läßt, die sich den „Texten" der Mitlebenden immer wieder entziehen – die allen Sinngebungen zuwiderlaufen. Die Aneignungen des Alltags sperren sich dem poetischen Reiz der Text-Metapher. Alltage sind grauer, nüchterner, unscheinbarer, aber auch grimmiger, härter und brutaler, als daß sie stets oder grundsätzlich in einem „Text" darzustellen wären.[83]

Dieses Entziehen oder Distanzieren ist nicht oder nicht unbedingt als Widerstand zu denken. Es mündet nicht notwendigerweise und oft gar nicht in Widerständigkeit, sondern ist nicht selten deren Ersatz.

> Eigensinnige Freiheit zielt danach auf Distanz gegenüber herrschaftlichen Zumutungen; sie entfaltet aber keine weitertreibende Dynamik. Eigensinn wendet sich – in dieser Sicht – nicht grundsätzlich gegen Abhängigkeit.[84]

Eigen-sinnige Umgangsweisen, die sich in Distanz zur Macht temporäre Freiräume erkämpfen, also autonome Sphären in Ort und Zeit schaffen, sind vor allem ein Handeln nach eigenen Regeln, das nicht nur individuelle Autonomie, sondern auch kollektive Aneignungspraxis wird. Dieses Handeln kann damit durchaus in Widerstand münden, kann Widerstand ermöglichen oder auch verhindern bzw. ersetzen.

> Eigensinn war und bleibt vieldeutig. Sich von Zumutungen der Vorgesetzten und von den Zwängen des Arbeitsprozesses zu distanzieren, ohne sie direkt zu bekämpfen, konnte nicht nur eine individualistische Haltung, sondern auch die feindselige Mißachtung der eigenen Arbeitskollegen einschließen.[85]

Lüdtke nimmt eine Perspektive auf Alltagshandeln ein, der ein erweiterter Politikbegriff zugrunde liegt, der „die Artikulation und das Geltendmachen von individuellen Bedürfnissen [...] als politisches Verhalten begreift"[86]. Durch eigensinnige Handlungen werden Erfahrung und Lebensweise gemacht, werden sozusagen die Subjekte konsti-

---

82 Ebenda, S. 18. Ähnlich Heinz Steinert: „Freiheit gibt es nicht, es gibt nur Momente der Befreiung." Heinz Steinert, Die Wiener und die Frankfurter Schule. Drei Anmerkungen anlässlich des Gesprächs Theodor W. Adorno/Lotte Tobisch in Wespennest 117, in: Wespennest 118 (2000), S. 84–88, hier S. 85.
83 Lüdtke, Eigen-Sinn, S. 21.
84 Ebenda.
85 Ebenda, S. 131.
86 Ebenda, S. 133.

tuiert. Es käme damit darauf an, den „Blick auf das Politische zu erweitern".[87] Es geht nicht darum, öffentliches oder politisches Handeln zugunsten privater Alltagshandlungen aus der Betrachtung auszuschließen und damit analytisch das Politische zu privatisieren, sondern dieses Alltagshandeln als „Politisierung des Privaten"[88] zu begreifen. Das trifft gerade auf das zu, was Kriminalität genannt wird: Individuelles (Konflikt-)Handeln wurde und wird mit Hilfe des Strafrechts politisiert. „Diebstahl" war etwa in verschiedenen Formen, die Michel Foucault „Illegalismus des Volkes"[89] nennt, jahrhundertelang Bestandteil zumindest proletarischer Lebensweisen. Diebstahl von Kohle oder Lebensmitteln wurde „keineswegs als schimpflich oder unehrenhaft"[90] angesehen. Die lange historische Entwicklung von Polizei und Strafrecht versteht Lüdtke damit als Disziplinierung, als gewaltsame Zähmung des Eigen-Sinns, sowohl durch physische Gewalt der Obrigkeit als auch durch polizeiliche Intervention. Die „Beamtshandelten" wurden durch die organisierte und formalisierte Interessenverfolgung sozusagen verstaatlicht: „Diese Politisierung des Privaten funktionierte als ,Politisierung von oben'."[91] Ein Beispiel dafür ist der Fall von Sebastian Etzelsberger aus Lienz in Osttirol. Der Einbruch ins Winterhilfsmagazin war eine Art Vergeltung für die zuvor verweigerte Hilfeleistung. Etzelsberger hatte mit anderen Arbeitern zwischen 17. und 19. Dezember 1934 Spenden in den zweiten Stock der Schule getragen, in der die gesammelten Spenden aufbewahrt wurden. „Da wir keine Aussicht hatten, davon etwas zu bekommen, faßten wir zur Linderung unserer Notlage den Entschluß, uns etwas zu holen. [...] Von den der Winterhilfe gestohlenen Sachen haben wir nichts verkauft. Wir ließen alles zu Hause."[92] Etzelsberger, der für diesen Diebstahl am 25. Jänner 1935 im BG Lienz zu vier Monaten schweren Kerkers verurteilt wurde, wurde am 23. August 1938 ins KZ Mauthausen deportiert und am 16. Februar 1940 aus der KZ-Haft entlassen.

Mir geht es hier nicht um eine sozialromantische Geschichte von „Sozialbanditen", sondern um drei Thesen, die ich für die Widerstandsforschung für wichtig halte: Erstens geht es darum zu verstehen, dass sich im Nationalsozialismus nicht nur *juristisch* ein passender Paragraf für die Verfolgung jedes möglichen abweichenden Verhalten finden ließ, sondern auch vielfältige *polizeiliche* Mittel zur Bekämpfung von politischer Kriminalität zur Verfügung standen. Heimtückegesetz und Vorbeugungshaft waren kommunizierende Gefäße, aber auch das nicht außer Kraft gesetzte gewöhnliche österreichische Strafrecht taugte dazu, Delinquenten zu politisieren. Zweitens ist, wie geschildert, ein Verständnis von Intersektionalität auch in der Widerstandsfor-

---

87 Ebenda.
88 Ebenda, S. 135.
89 Michel Foucault, Die Strafgesellschaft. Vorlesungen am Collège de France 1972–1973, Berlin 2021, S. 197.
90 Lüdtke, Eigen-Sinn, S. 136.
91 Ebenda, S. 137.
92 Ebenda.

schung zu entwickeln. Die nationalsozialistischen Verfolgungsapparate konstruierten immer wieder ein Schreckensgespenst der Vermischung all dieser Kategorien, ein Amalgam der verallgemeinerten Bedrohung, um sie in den Lagern wiederum mittels feststehender Kategorien in feste Identitäten zu bannen. Nach 1945 wurde auf der Distinktion der Kategorien auch von den Opfergruppen geradezu beharrt. Heutige Geschichtsforschung muss die empirische Vermischung (mit der nötigen Ambiguitätstoleranz) akzeptieren, nicht politische Distinktionen um ihrer selbst willen fortschreiben. Drittens geht es um ein Verständnis dessen, dass alltägliche Renitenz, der vorhin besprochene Eigen-Sinn, kriminalisiert und damit von oben politisiert wurde – insofern musste vieles nicht politisch gemeint sein, um politisch zu werden.

Auch in den nationalsozialistischen Konzentrationslagern gab es Fälle von Widerstand von als kriminell etikettierten Häftlingen, obwohl die Gruppe der Berufsverbrecher im Täterverdacht stand und mit den Kapos der Lager identifiziert wurde. Ihre Renitenzgeschichte hätte den Verdacht der Nähe zur SS zerstreuen müssen, hat das aber nicht getan, weil die existierenden negativen Fälle die positiven Beispiele überstrahlt haben. Viele der als „Berufsverbrecher" Deportierten nutzten ihre Seniorität oder ihre Position im Konzentrationslager für eigennütziges Verhalten, ihre Machtposition gegen andere, nicht wenige nutzten sie für eigen-sinniges, widerständiges Verhalten, indem sie anderen Gefangenen halfen, sie moralisch oder materiell unterstützten, den Widerstandskomitees im Lager durch das Abhören von „Feindsendern" zuarbeiteten oder selbst aktiv handelten. Auch für das KZ Mauthausen finden sich mehrere Beispiele. In der Nachkriegszeit wurde ihnen aber bald nach 1945 kein Glauben geschenkt – der Hinweis auf ihre Kategorie als „Grünwinkler" genügte, um auch die Widerstandsgeschichten der als „Berufsverbrecher" Verfolgten zum Schweigen zu bringen.

Die Fortsetzung des Eigen-Sinns – als Sich-Entziehen, als Ablehnung von Teilnahme an Verbrechen – findet sich in Bezug auf das KZ Mauthausen in mehreren Biografien von als „Berufsverbrecher" Etikettierten: Der Schriftsetzer Rudolf Vacek, geboren am 11. August 1903 in Wien und von 8. August 1938 an bis zur Befreiung als „Berufsverbrecher" im KZ Mauthausen inhaftiert, gab in einer (für die etwaige Aufnahme in den KZ-Verband vorgedruckten) eidesstattlichen Erklärung an, dass seine Verhaftung in Zusammenhang mit einer tätlichen Auseinandersetzung mit einem illegalen Nationalsozialisten in einem Wirtshaus in Ottakring gestanden hätte. Im Feld „Funktion im KZ (Capo, Blockpersonal, Kommando)" trug er mit offensichtlichem Stolz ein: „Ablehnung jeweder Funktion!!! 2 Jahre Steinbruch ‚Wienergraben' letzten 5 Jahre Baukommando. Verweigerung im letzten Jahr, den Eintritt in die SS!!!"[93] In einem Brief, mit dem er den auf dem Vordruck vorgesehenen geringen Platz offenbar auszuweiten suchte, ging er ausführlicher auf diese Weigerung ein:

---

93 Eidesstattliche Erklärung von Rudolf Vacek, o. D., DÖW 20.100/12.612.

Wer hat bei mir unter 7 Jahre gesehen das ich, ganz gleich welchen Winkel u. Nation auch nur eine Ohrfeige gegeben habe? Wer hat mich in einer Funktion gesehen oder in der SS Uniform? [...] Habe jewede Funktion unter Schläge u. Todesgefahr abgelehnt. Bin unter Einsatz meines Lebens 2 ½ zum Schluss Schwarzhörer gewesen und habe Nachrichten gebracht und heute muss ich bitten um die Aufnahme im K. Z.-Verband – warum – weil ich einen grünen Winkel dort tragen musste und ein Mensch und Kamerad war – hingegen die mit rotem Winkel *alle in Ordnung waren.* Hundertemale habe ich persönlich Kohl Pepi die Radio Nachrichten als erstes übermittelt – unter dem Motto: die Uhr geht richtig! Heute scheint die Uhr nicht mehr richtig zu gehen – sie geht glaube ich zurück. [...] Wenn ich also nicht würdig sein sollte, in eurer Mitte zu sein – dann bitte teilt mir es in Bälde mit.[94]

Eine Aufnahme in den Verband ist in seinem wie in vielen anderen Fällen[95] nicht überliefert.

Persönliche Hilfe oder Hilfe in der Funktion als Kapo bzw. Blockältester hatten ebenfalls einige geleistet: Karl Horak hatte angegeben, Rettungswiderstand geleistet zu haben. Horak, der insgesamt 44 Vorstrafen hatte, war sehr katholisch und hatte im KZ Mauthausen intensiven Kontakt zu französischen Deportierten. Er habe Priester gerettet und damit zum guten Ruf Österreichs beigetragen.

Ich müsste, dachte ich, wenn ich das Leben durchbringe und einmal die Freiheit erlange, würde ich eine freudige Aufnahme bei den Ueberlebenden finden. Jedoch sehe ich zu meinem Erstaunen, wie schwer es mir gemacht wird, um die Aufnahme in den KZ-Verband.[96]

Horak brachte vor dem Verband auch einen Brief des französischen Priesters Jean Varnoux vor, der ihm geschrieben hatte:

Liebster Karl! Ich danke dir vielmals für den Brief der mir große Freude bereitete, da ich von Dir die besten Erinnerungen habe. Auch ich halte Vorträge über das Lager und bin erfreut, dass Du Deinen Landsleuten die Taten der Nazis vorführst. Deine Idee, einen Gedenkstein für Pierre Deswart errichten zu lassen, gefällt mir. Du warst für ihn, sowie fürs uns Geistliche des Lagers, ein Werkzeug der Vorsehung. Du hast alles für uns aus tiefster Überzeugung getan. Ich werde Dir auch deshalb immer dankbar sein. [...][97]

Zahlreiche andere französische und tschechische Deportierte bestätigten, dass Horak Hilfe geleistet hatte. Auch in Horaks Fall ist nicht überliefert, wie der KZ-Verband mit seinem Ansuchen um Aufnahme umgegangen ist – seinen Angaben wurde (im Unterschied zu den meisten anderen Fällen) jedenfalls nachgegangen, der Fall dürfte vor dem „Ehrenrat" verhandelt worden sein, also jener Instanz, die die Überprüfung poli-

---

94 Schreiben von Rudolf Vacek an den KZ-Verband Wien, 15.3.1946, DÖW 20.100/12.612.
95 Dazu ausführlich Kranebitter, Die Konstruktion von Kriminellen.
96 Ebenda.
97 Brief von Abbé Jean Varnoux an Karl Horak, 4.1.1946, DÖW 20.100/4.721.

tisch fraglicher Fälle vornahm.[98] Über den Ausgang des Verfahrens ist auch hier nichts bekannt.

Auch aktiver (individueller) Widerstand lässt sich in Einzelfällen in Quellen zum KZ Mauthausen finden – vom Radiohören bis zum Vergiften bestialischer Diensthunde der SS.[99] Dieser Widerstand musste unsichtbar bleiben, diese Geschichten konnten gewissermaßen nicht erzählt werden, weil sie nicht ins Schema passten und dementsprechend auch keinen Eingang in ein kollektives Gedächtnis von KZ-Überlebenden fanden, das es eben nicht über Haftkategorien hinweg gab. Diese Unsichtbarkeit lässt sich zusammenfassend in dreierlei Hinsicht thematisieren – erstens als Teil einer Unsichtbarkeit des Widerstands schlechthin. Dem vom Landgericht Wien als Sondergericht am 26. Februar 1942 wegen Diebstahls von Lebensmittel- und Kleiderkarten, d. h. wegen Verstoßes gegen die Kriegswirtschaftsverordnung, zu zwei Jahren Zuchthaus verurteilten Johann Wölfig[100] wurde nach 1945 von der Widerstandsgruppe um Franz Strohmer[101] bescheinigt, auf illegalen Wegen Lebensmittelkarten besorgt zu haben, um sie organisiert an Jüdinnen*Juden, U-Boote[102] und Zwangsarbeiter*innen weiterzugeben. Die Bezirksstelle Währing der Kommunistischen Partei Österreichs bestätigte den geheimen Charakter der Angelegenheit, der es nötig machte, die politische Tat vor dem Sondergericht als unpolitisch darzustellen:

> Gen. Wölfig hatte in Eigenschaft seines Geschäftes die Möglichkeit Lebensmittelkarten zu verschaffen, dies war eine Notwendigkeit, da man Ausländer, Juden, Mischlinge und politische U-Boote verpflegen musste. [...] Unglücklicherweise wurden sie aufgefasst. Die Verhaftung führte bis zu Gen. Wölfig. Nur der Umstand, dass Gen. Wölfig durch Verabredung und Verdrehung die Sache, um ihr einen unpolitischen Charakter zu geben ist es zu danken, dass weitere Kreise von Genossen der Verhaftung und Verurteilung entgingen.[103]

Robert Aulitzky, geboren am 27. Juli 1912 in Wien und nach Nürnberger Gesetzen als Jude geltend, war am 28. Mai 1943 ins KZ Auschwitz deportiert und von dort nach der Auflösung des Lagers am 25. Jänner 1945 ins KZ Mauthausen verschickt worden, wo er als „Berufsverbrecher" registriert wurde.[104] Er war derjenige, der die Lebensmittelkarten besorgt und verkauft hatte – war er Teil der Widerstandsgruppe, hatte sich die

---

98 Vgl. dazu Brigitte Bailer, Ehemalige Mauthausen-Häftlinge und die Widerstandskämpfer- und Opferorganisationen der Zweiten Republik, in: Bundesministerium für Inneres (Hrsg.), KZ-Gedenkstätte Mauthausen/Mauthausen Memorial 2012, Wien 2013, S. 43–52, hier S. 52.
99 Vgl. dazu Kranebitter, Die Konstruktion von Kriminellen.
100 Vgl. u. a. O. A., Vor dem Richter. Schleichhandel mit gestohlenen Bezugsscheinen, in: Das Kleine Volksblatt Nr. 58, 27.1.1942, S. 7.
101 Vgl. Lukas Sainitzer, Ich trauere nicht um die Jahre, Horn–Wien 2012.
102 Vgl. dazu das Standardwerk von Brigitte Ungar-Klein, Schattenexistenz. Jüdische U-Boote in Wien 1938–1945, Wien 2019.
103 Abschrift einer Bestätigung von Johann Freisinger, Kommunistische Partei Österreichs, Bezirksstelle Währing, 18.1.1946, DÖW 20.100/13.646.
104 Vgl. Häftlingspersonalkarte Robert Aulitzky, Arolsen Archives, 1.1.26.08002.

Widerstandsgruppe seines notwendigen Wissens um das abweichende Verhalten bedient? Genaues lässt sich nicht eruieren. Am Rande des Widerstands, als dessen „Zulieferer", befand er sich damit allemal. In seinem eigenen Antrag auf Aufnahme in den KZ-Verband, Aktionskomitee der wegen ihrer Abstammung Verfolgten, gab er als Grund nur lapidar „Rassenverfolgung"[105] an.

Eine zweite Unsichtbarkeit ergibt sich, was die Konzentrationslager betrifft, aus der tatsächlichen Nähe von Funktionshäftlingen und SS-Angehörigen, die für Außenstehende wie Komplizenschaft aussehen musste: Wie Iris Därmanns Analysen zeigen, ist Widerstand oft nur für Eingeweihte zu sehen und ethisch hochbrisant. Mit dem Soziologen Erving Goffman kann man hier sehen lernen. Goffman verglich in seinem weithin rezipierten Werk „Asyle" verschiedene Institutionen unter dem Topos der „totalen Institution" miteinander, weil in ihnen alle Lebensäußerungen wie Arbeit, Schlafen und Spielen an einem einzigen Ort und unter den Bedingungen des sozialen Ausschlusses von der Außenwelt organisiert würde.[106] Goffman betonte eine zunehmende soziale und sozialpsychologische Distanz, die trotz physischer Nähe zwischen Insass*innen und Personal einer totalen Institution entsteht.

> Das Personal hält sich für überlegen und glaubt das Recht auf seiner Seite, während die Insassen sich [...] unterlegen, schwach und schuldig fühlen.[107]

Die formell festgelegte Distanz bewirkt auch in den alltäglichen Kontakten geradezu die Perpetuierung des Unterschieds, auch und gerade wenn die Gruppen interagieren. Eine situativ gesehen soziale Nähe bedeutet demnach noch nicht eine Komplizenschaft, sondern oft das Gegenteil. Darüber hinaus interpretierte Goffman die Einführung von „Privilegien" wie Alkohol- und Zigarettenkonsum und Zeitunglesen als Kehrseite eines Strafsystems für geringste Verstöße. „Privilegien" sind in dieser analytischen Perspektive keine individuellen Belohnungen, sondern struktureller Teil eines perfiden Systems von Strafe und Privileg.

> Und in einer totalen Institution sind Privilegien, dies muß betont werden, nicht dasselbe wie Vergütungen, Vergünstigungen oder Werte, sondern lediglich die Abwesenheit von Entbehrungen, die man normalerweise nicht ertragen zu müssen erwartet. Die Begriffe Strafe und Privileg selbst entstammen einer anderen Welt als der des bürgerlichen Lebens.[108]

---

105 Eidesstattliche Erklärung von Robert Aulitzky, 13.7.1946, DÖW 20.100/263. Ein Protokoll der Sitzung des Überprüfungsausschusses, ein Triumvirat, dem u. a. der kommunistische frühere Staatssekretär Ernst Fischer angehörte, tagte und unterzeichnete zwar, füllte den Vordruck aber nicht in Bezug auf Aufnahme oder Ablehnung aus.

106 Vgl. Erving Goffman, Asyle. Über die soziale Situation psychiatrischer Patienten und anderer Insassen, Frankfurt/M. 1973, S. 15–18.

107 Goffman, Asyle, S. 19 f.

108 Ebenda, S. 56 f. Einschränkend ist hinzuzufügen, dass diese für jede Theoriebildung zu Konzentrationslagern äußerst anregende Vergleichsperspektive einen fahlen Beigeschmack hinterlässt, wenn es etwa um die temporäre Rollenbefreiung in der Interaktion zwischen Personal und Insassen an

Was, wie im Fall der Funktionshäftlinge der Konzentrationslager, aus der Sicht der Gefangenen wie ein ungeheures Privileg schien und über Leben und Tod entscheiden konnte – mehr Essen, mehr Raum, mehr Wärme, mehr Kleidung oder weniger Zwangsarbeit –, ist aus einer nüchternen und analytischen Perspektive nur die geringere Einschränkung, die partielle oder temporäre Abwesenheit von Mangel. Die Nähe der Funktionshäftlinge, egal welcher Winkelfarbe, zur SS ist damit aber keine automatische Komplizenschaft – wir müssen diese Nähe analytisch sehen und dekodieren lernen.

Drittens wurde der Widerstand nach 1945 oft unsichtbar gemacht, Belege und Zeugenschaften wurden nicht überprüft. Staatliche Behörden gaben z. B. nichts auf Schilderungen der „kriminellen" Überlebenden, Opferverbände mussten in der Defensive der österreichischen Nachkriegszeit ihre Reihen „sauber" halten oder glaubten, das mittels Strafregisterüberprüfung durch die Polizei tun zu müssen. Man kann das für die Nachkriegszeit verstehen oder zumindest nachvollziehen – heute aber hindert uns nichts mehr daran, dieses Unrecht beim Namen zu nennen. Ob die Widerstand Behauptenden auch tatsächlich Widerstand geleistet haben, wissen wir heute nicht, weil nie danach gefragt wurde und die Zeug*innen nie befragt wurden. Indizien sind aber allemal historiografisch darzustellen, sie sind für jene verfügbar, die sie sehen wollen.

Fazit

In Weiterführung der Forschungen des DÖW und im Anschluss an Botz' Typologie plädiere ich dafür, Widerstandsforschung als sozialgeschichtliche Gesellschaftsgeschichte des Nationalsozialismus zu betreiben, die soziale Mikrodynamiken aufzeigen und theoretisch verarbeiten muss. Bruno Frei schrieb treffend, „daß zum Delinquenten der Denunziant gehört wie der Schatten zum Licht".[109] Ziel muss damit die Sichtbarmachung alltäglichen Renitenz- und Resistenzverhaltens im Kontrast zu Partizpiationsmechanismen am nationalsozialistischen Terrorregime sein. Damit muss und kann die Widerstandsforschung gegen die großen Erzählungen auftreten, insbesondere den Österreich-Patriotismus – nicht, weil nicht sein darf, was sein kann, sondern weil der Fokus den Blick verstellt. Wie Heidemarie Uhl und andere angemerkt haben, taugt die Moskauer Deklaration 1943 nicht post festum als erinnerungspolitische Feststellung eines österreichischen Widerstandes, sondern war eine Aufforderung, das Ös-

---

Besuchs- und Feiertagen geht (vgl. ebenda, S. 96 f.). Die spezifische Geschichte des Terrors der Konzentrationslager im Unterschied zu anderen Institutionen wird bei Goffman dann unsichtbar.
109 Frei, Der kleine Widerstand, S. 7. Gerd Ueberschär: „Die Geschichte des deutschen Widerstandes ist deshalb auch mit der vom Aufstieg und Ende des Nationalsozialismus eng verknüpft." Gerd Ueberschär, Für ein anderes Deutschland. Der deutsche Widerstand gegen den NS-Staat 1933–1945, Frankfurt/M. 2006, S. 8.

terreichbild propagandistisch zu nutzen. Widerstandsforschung kann und muss künftig neue Quellen und Methoden in in- und ausländischen Archiven konsultieren, wie sie etwa seit einiger Zeit zum Widerstand in alliierten Armeen und Geheimdiensten verwendet werden.[110] Das ermöglicht insbesondere die Untersuchung des Widerstandes von Zwangsarbeiter*innen und Kriegsgefangenen. Und nicht zuletzt kann und muss Widerstandsforschung die komparative Komponente stärken – zu einer vergleichenden Untersuchung der Möglichkeiten des Dagegenhandelns unter Zwangsbedingungen in Berücksichtigung multidisziplinärer (soziologischer, sozialpsychologischer, rechtsgeschichtlicher, politikwissenschaftlicher) Perspektiven.

Ein verengter Widerstandsbegriff verstellt den Blick auf Schattierungen, trifft von vornherein Annahmen über Motive und Absichten und schließt alles aus der Forschung aus, was dem engen Widerstandsbegriff nicht schon a priori genügt, als ob allein der Blick über den sprichwörtlichen Tellerrand das politisch bewusste Widerstandshandeln in irgendeiner Form per se „entehren" würde. Derartige Unterstellungen sind Schwünge mit der Moralkeule, haben mit Wissenschaft aber wenig zu tun. Eine inklusive Typologie des Widerstands erlaubt demgegenüber eine klare Hierarchisierung unterschiedlichen Protestverhaltens, schließt aber nicht per se die Untersuchung verschiedener Formen von Opposition aus der Forschung aus. Widerstand ist in einer solchen Typologie kein (binäres) Phänomen des Entweder-Oder, sondern (ordinalskaliert) eines von mehr oder weniger. Im Falle des oben diskutierten Verhaltens der als „Berufsverbrecher" in die Konzentrationslager Deportierten bedeutet die Anerkennung ihrer Rolle als Opfer des NS-Systems zunächst nur, den Generalverdacht der Mittäterschaft zurückzuweisen, nicht allen einen generellen „Freispruch" zu gewähren. Der überkommene Täterverdacht soll nicht durch einen Widerstandsverdacht ersetzt werden. Absurd wäre, den politischen Widerstand umgekehrt zu kriminalisieren. Wesentlich ist, Widerstand auch an seinen Rändern grundsätzlich sehen zu lernen, dort hinzublicken, wo man nicht gerne hinsieht, und zu sagen, was war und was ist.

Literaturverzeichnis

Bailer, Brigitte, Ehemalige Mauthausen-Häftlinge und die Widerstandskämpfer- und Opferorganisationen der Zweiten Republik, in: Bundesministerium für Inneres (Hrsg.), KZ-Gedenkstätte Mauthausen/Mauthausen Memorial 2012, Wien 2013, S. 43–52.
Benz, Wolfgang, Der deutsche Widerstand gegen Hitler, München 2019.

---

110 Vgl. etwa Peter Pirker, Subversion deutscher Herrschaft. Der britische Kriegsgeheimdienst SOE und Österreich, Göttingen 2012; Robert Lackner, Camp Ritchie und seine Österreicher. Deutschsprachige Verhörsoldaten der US-Armee im Zweiten Weltkrieg, Wien–Köln–Weimar 2020; Florian Traussnig, Die Psychokrieger aus Camp Sharpe. Österreicher als Kampfpropagandisten der US-Armee im Zweiten Weltkrieg, Wien–Köln–Weimar 2020.

Benz, Wolfgang, Allein gegen Hitler. Leben und Tat des Johann Georg Elser, München 2023.

Berger, Karin/Holzinger, Elisabeth/Podgornik, Lotte/Trallori, Lisbeth N. (Hrsg.), Der Himmel ist blau. Kann sein. Frauen im Widerstand. Österreich 1938–1945, Wien 2023 [1985].

Boders, David P., I Did Not Interview the Dead, boder.fortunoff.library.yale.edu/ [25.5.2024].

Botz, Gerhard, Methoden- und Theorieprobleme der historischen Widerstandsforschung, in: Helmut Konrad/Wolfgang Neugebauer (Hrsg.), Arbeiterbewegung – Faschismus – Nationalbewusstsein. Festschrift zum 20jährigen Bestand des Dokumentationsarchivs des österreichischen Widerstandes und zum 60. Geburtstag von Herbert Steiner, Wien–München–Zürich 1983, S. 137–151.

Broszat, Martin, Resistenz und Widerstand. Eine Zwischenbilanz des Forschungsprojekts, in: Institut für Zeitgeschichte (Hrsg.), Bayern in der NS-Zeit, Bd. 4: Herrschaft und Gesellschaft im Konflikt, München 1981, S. 691–709.

Broszat, Martin, Zur Sozialgeschichte des deutschen Widerstands, in: Vierteljahreshefte für Zeitgeschichte, 34:3 (1986), S. 293–309.

Därmann, Iris, Widerstände. Gewaltenteilung in statu nascendi, Berlin 2021.

Dokumentationsarchiv des österreichischen Widerstandes (Hrsg.), Widerstand und Verfolgung in Wien 1934–1945. Eine Dokumentation, bearb. v. Wolfgang Neugebauer, 3 Bde., Wien 1975, 2. Aufl. 1984.

Dokumentationsarchiv des österreichischen Widerstandes (Hrsg.), Widerstand und Verfolgung im Burgenland 1934–1945. Eine Dokumentation, bearb. v. Wolfgang Neugebauer, Wien 1979, 2. Aufl. 1983.

Dokumentationsarchiv des österreichischen Widerstandes (Hrsg.), Widerstand und Verfolgung in Oberösterreich 1934–1945. Eine Dokumentation, bearb. v. Brigitte Galanda, Siegwald Ganglmair, Wolfgang Neugebauer, 2 Bde., Wien 1982.

Dokumentationsarchiv des österreichischen Widerstandes (Hrsg.), Widerstand und Verfolgung in Tirol 1934–1945. Eine Dokumentation, bearb. v. Peter Eppel, Brigitte Galanda, Siegwald Ganglmair, Elisabeth Klamper, Wolfgang Neugebauer, 2 Bde., Wien 1984.

Dokumentationsarchiv des österreichischen Widerstandes (Hrsg.), Widerstand und Verfolgung in Niederösterreich 1934–1945. Eine Dokumentation, bearb. v. Heinz Arnberger, Christa Mitterrutzner, 3 Bde., Wien 1987.

Dokumentationsarchiv des österreichischen Widerstandes (Hrsg.), Widerstand und Verfolgung in Salzburg 1934–1945. Eine Dokumentation, bearb. v. Christa Mitterrutzner, Gerhard Ungar, 2 Bde., Wien 1991.

Dokumentationsarchiv des österreichischen Widerstandes (Hrsg.), Widerstand und Verfolgung in der Steiermark. ArbeiterInnenbewegung und PartisanInnen 1938–1945, bearb. v. Elisabeth Holzinger, Manfred Mugrauer, Wolfgang Neugebauer, mit einem Vorwort von Heimo Halbrainer, Graz 2019.

Ebeling, Knut, Codieren statt konservieren. Prähistorie, Archäologie und Demokratie des Sammelns, in: Martina Griesser-Stermscheg/Nora Sternfeld/Luisa Ziaja (Hrsg.), Sich mit Sammlungen anlegen. Gemeinsame Dinge und alternative Archive, Berlin–Boston 2020, S. 49–75.

Ehalt, Hubert Christian, Geschichte von unten. Fragestellungen, Methoden und Projekte einer Geschichte des Alltags, Wien–Köln–Graz 1984.

Foucault, Michel, Die Strafgesellschaft. Vorlesungen am Collège de France 1972–1973, Berlin 2021.

Frei, Bruno, Der kleine Widerstand, Wien 1978.

Frei, Bruno, Der Strohhut. Jugenderinnerungen, herausgegeben und mit einem Nachwort von Evelyn Adunka, Wien 2024.

Frei, Elisa/Gugglberger, Martina/Wachter, Alexandra, Widerstand und Zivilcourage. Frauen in Oberösterreich gegen das NS-Regime 1938–1945, Linz 2021.

Fried, Erich, They Fight in the Dark. The Story of Austria's Youth, London 1943.

Gerechtigkeit für Österreich! Rot-Weiß-Rot-Buch. Darstellungen, Dokumente und Nachweise zur Vorgeschichte und Geschichte der Okkupation Österreichs (nach amtlichen Quellen), Erster Teil, Wien 1946.

Glas-Larsson, Margareta, Ich will reden. Tragik und Banalität des Überlebens in Theresienstadt und Auschwitz, herausgegeben und kommentiert von Gerhard Botz, Wien–München–Zürich–New York 1981.

Goffman, Erving, Asyle. Über die soziale Situation psychiatrischer Patienten und anderer Insassen, Frankfurt/M. 1973.

Griesser-Stermscheg, Martina/Sternfeld, Nora/Ziaja, Luisa (Hrsg.), Sich mit Sammlungen anlegen. Gemeinsame Dinge und alternative Archive, Berlin–Boston 2020.

Hájková, Anna, Menschen ohne Geschichte sind Staub. Homophobie und Holocaust, Göttingen 2021.

Halbmayr, Brigitte, Herbert Steiner. Auf vielen Wegen, über Grenzen hinweg. Eine politische Biografie, Weitra 2015.

Hobsbawm, Eric J., Herbert Steiner, Gründer und erster Leiter des DÖW, und die Bedeutung von Widerstandsforschung, in: Dokumentationsarchiv des österreichischen Widerstandes (Hrsg.), Jahrbuch 2004, Wien 2004, S. 16–21.

Holzer, Willibald I., Politischer Widerstand gegen die Staatsgewalt. Historische Aspekte – Problemstellungen – Forschungsperspektiven, Wien 1985.

Holzinger, Elisabeth, Friederike, Friedrich und Fritz. Liebe und Freundschaft sichern das Überleben, in: Manfred Mugrauer (Hrsg. im Auftrag des DÖW und der Gedenkstätte Deutscher Widerstand), „Wir hätten es nicht ausgehalten, dass die Leute neben uns umgebracht werden." Hilfe für verfolgte Juden in Österreich 1938–1945, Berlin 2023, S. 149–179.

Kaltenbrunner, Matthias, Flucht aus dem Todesblock. Der Massenausbruch sowjetischer Offiziere aus dem Block 20 des KZ Mauthausen und die „Mühlviertler Hasenjagd" – Hintergründe, Folgen, Aufarbeitung, Innsbruck–Bozen–Wien 2012.

Karbus, Heinz Oliver, Resi Pesendorfer. ...dass man nicht ganz umsonst auf der Welt ist, Bad Ischl 2021.

Kranebitter, Andreas, Anhaltende Kämpfe. Polizei und Justiz im Kampf gegen die linke Opposition 1934–1938. Zum Kontext der Verfolgungs- und Verteidigungsstrategien Marie Jahodas, in: Johann Bacher/ Waltraud Kannonier-Finster/Meinrad Ziegler (Hrsg.), Akteneinsicht. Marie Jahoda in Haft, Innsbruck–Bozen–Wien 2022, S. 91–162.

Kranebitter, Andreas, Die Konstruktion von Kriminellen. Die Inhaftierung von „Berufsverbrechern" im KZ Mauthausen, Wien 2024.

Lackner, Robert, Camp Ritchie und seine Österreicher. Deutschsprachige Verhörsoldaten der US-Armee im Zweiten Weltkrieg, Wien–Köln–Weimar 2020.

Lingens, Ella, Eine Frau im Konzentrationslager, Wien–Frankfurt/M.–Zürich 1966.

Lingens, Ella, Gefangene der Angst. Ein Leben im Zeichen des Widerstandes, Frankfurt/M. 2003.

Lüdtke, Alf, Eigen-Sinn. Fabrikalltag, Arbeitererfahrungen und Politik vom Kaiserreich bis in den Faschismus, Münster 2015.

Luža, Radomír, Der Widerstand in Österreich 1938–1945, Wien 1985.

Manoschek, Walter, Die österreichische Zeitgeschichtsforschung in der Paradigmenkrise, in: Gerhard Botz/ Gerald Sprengnagel (Hrsg.), Kontroversen um Österreichs Zeitgeschichte. Verdrängte Vergangenheit, Österreich-Identität, Waldheim und die Historiker, Frankfurt/M.–New York 2008, S. 536–541.

Molden, Fritz, Die Feuer in der Nacht. Opfer und Sinn des österreichischen Widerstandes 1938–1945, Wien–München 1988.

Molden, Otto, Der Ruf des Gewissens. Der österreichische Freiheitskampf 1938–1945. Beiträge zur Geschichte der österreichischen Widerstandsbewegung, Wien–München 1958.

Moses Leff, Lisa, The Archive Thief. The Man Who Salvaged French Jewish History in the Wake of the Holocaust, New York 2018.

Mugrauer, Manfred (Hrsg. im Auftrag des DÖW und der Gedenkstätte Deutscher Widerstand), „Wir hätten es nicht ausgehalten, dass die Leute neben uns umgebracht werden." Hilfe für verfolgte Juden in Österreich 1938–1945, Berlin 2023.

Nachbaur, Ulrich, Österreich als Opfer Hitlerdeutschlands. Das Rot-Weiß-Rot-Buch 1946 und die unveröffentlichten Vorarlberger Beiträge, Regensburg 2009.

Neugebauer, Wolfgang, Der österreichische Widerstand 1938–1945, Wien 2015.

Neugebauer, Wolfgang, Ludwig Jedlicka, Herbert Steiner und die frühe Widerstandsforschung. Aspekte der Frühgeschichte des Instituts für Zeitgeschichte und des Dokumentationsarchivs des österreichischen Widerstandes, in: Bertrand Perz/Ina Markova (Hrsg.), 50 Jahre Institut für Zeitgeschichte der Universität Wien 1966–2016, Wien 2017, S. 62–84.

Neugebauer, Wolfgang, Zwanzig Jahre Dokumentationsarchiv des österreichischen Widerstandes (1963–1983), in: Helmut Konrad/Wolfgang Neugebauer (Hrsg.), Arbeiterbewegung – Faschismus – Nationalbewusstsein. Festschrift zum 20jährigen Bestand des Dokumentationsarchivs des österreichischen Widerstandes und zum 60. Geburtstag von Herbert Steiner, Wien–München–Zürich 1983, S. 405–415.

Otto, Reinhard/Keller, Rolf, Sowjetische Kriegsgefangene im System der Konzentrationslager, Wien 2019.

Pawełczyńska, Anna, Werte gegen Gewalt. Betrachtungen einer Soziologin über Auschwitz, Oświęcim 2001.

Pirker, Peter, Codename Brooklyn. Jüdische Agenten im Feindesland. Die Operation Greenup 1945, Innsbruck–Wien 2019.

Pirker, Peter, Subversion deutscher Herrschaft. Der britische Kriegsgeheimdienst SOE und Österreich, Göttingen 2012.

Sainitzer, Lukas, Ich trauere nicht um die Jahre, Horn–Wien 2012.

Stadler, Karl R., Österreich 1938–1945 im Spiegel der NS-Akten, Wien–München 1966.

Steinert, Steinert, Die Wiener und die Frankfurter Schule. Drei Anmerkungen anlässlich des Gesprächs Theodor W. Adorno/Lotte Tobisch in Wespennest 117, in: Wespennest 118 (2000), S. 84–88.

Szécsi, Maria/Stadler, Karl R., Die NS-Justiz in Österreich und ihre Opfer, Wien 1962.

Traussnig, Florian, Die Psychokrieger aus Camp Sharpe. Österreicher als Kampfpropagandisten der US-Armee im Zweiten Weltkrieg, Wien–Köln–Weimar 2020.

Ueberschär, Gerd, Für ein anderes Deutschland. Der deutsche Widerstand gegen den NS-Staat 1933–1945, Frankfurt/M. 2006.

Uhl, Heidemarie, Das „erste Opfer". Der österreichische Opfermythos und seine Transformationen in der Zweiten Republik, in: Österreichische Zeitschrift für Politikwissenschaft 30:1 (2001), S. 19–34.

Ungar-Klein, Brigitte, Schattenexistenz. Jüdische U-Boote in Wien 1938–1945, Wien 2019.

Jens-Christian Wagner

Widerstand revisited. Plädoyer für eine Wiederentdeckung des Themas Widerstand in der Arbeit der KZ-Gedenkstätten

Nach Jahrzehnten der Abwehr einer kritischen Auseinandersetzung mit den national-sozialistischen Verbrechen hat sich in den vergangenen 30 Jahren in Deutschland und auch in Österreich eine Erinnerungskultur durchgesetzt, die – trotz eines zunehmen-den Geschichtsrevisionismus von rechts außen – von breiter gesellschaftlicher Akzep-tanz geprägt ist: Die NS-Verbrechen werden nahezu konsensual nicht in Frage gestellt, und an vielen historischen Tatorten erinnern mittlerweile Gedenkstätten an die dort begangenen Verbrechen. Trotz aller Erfolge ist die gegenwärtige Erinnerungskultur aber auch von Defiziten geprägt, von denen mit Blick auf die Geschichte des Wider-standes gegen den Nationalsozialismus zwei Punkte besonders hervorstechen:

Zum einen wird häufig die Bandbreite der Verfolgung verkannt. Während die Er-innerung an die Shoah, also der Mord an den europäischen Jüdinnen und Juden, jahr-zehntelang eher marginalisiert war (und das nicht nur in der ehemaligen DDR), steht sie seit den 1990er Jahren im Mittelpunkt. Tatsächlich entspricht das auch der histori-schen Evidenz: Die Shoah war das zentrale und präzedenzlose Verbrechen der Natio-nalsozialist*innen. Andere Opfergruppen aber, etwa Sinti*zze und Rom*nja, Kriegsge-fangene, Zwangsarbeiter*innen, Opfer der Justiz, Homosexuelle, als „Asoziale oder Be-rufsverbrecher" Verfolgte, Opfer des Krankenmordes und auch die politisch Verfolgten, werden durch den auf die Shoah fokussierten Blick bisweilen an den Rand gedrängt oder ganz übergangen.

Das zweite Defizit ist der Opferzentrismus unserer Erinnerungskultur oder, an-ders formuliert, die Viktimisierung in der erinnerungskulturellen Praxis. Gemeint ist Folgendes: Auch wenn das „Opfer" auf Schulhöfen zum Schimpfwort geworden ist, ge-sellschaftlich ist es hoch angesehen und hat ein breites Empathie- und Identifikations-potential, auch durch seine sakrale Aufladung (im Sinne des englischen Begriffs „sacri-fice" in Abgrenzung zum „victim"). Statt zu fragen, warum ein Mensch zum Opfer wurde und wer ihn oder sie zum Opfer machte (und das heißt, nach Täter*innen, Mit-täter*innen und Profiteur*innen zu fragen und sich kritisch mit der Funktionsweise von Diktatur und Gesellschaft im Nationalsozialismus auseinanderzusetzen), erleben wir in der öffentlichen und politischen Erinnerungspraxis überwiegend eine Fokussie-rung auf die Opfer, nicht selten sogar eine Identifikation – meines Erachtens eine An-maßung, besonders, wenn das aus der Post-Tätergesellschaft heraus erfolgt. Aber es ist eben einfacher, mit den Opfern und um Opfer zu trauern und sich damit gewisser-maßen selbst moralisch zu überhöhen, als Fragen nach den Hintergründen der Ver-brechen zu stellen. Zudem werden sämtliche Grauzonen ausgeblendet, bezogen auf

∂ Open Access. © 2024 Jens-Christian Wagner, publiziert von De Gruyter. [CC BY-NC-ND] Dieses Werk ist lizenziert un-ter einer Creative Commons Namensnennung – Nicht-kommerziell – Keine Bearbeitung 4.0 International Lizenz.
https://doi.org/10.1515/9783111378411-003

das KZ-System etwa die ambivalente Rolle der Funktionshäftlinge in den Konzentrationslagern oder die Rolle von kriminellen Opfern der NS-Justiz, die zugleich Täter oder zumindest *sperrige* Opfer waren. Überhaupt läuft der Opferdiskurs Gefahr, aus Menschen Objekte zu machen, und verstellt den Blick auf Verfolgte als Akteur*innen. Genau darin läge aber, Stichwort *Agency*, ein didaktisches Potential.

Doch statt die Bandbreite zwischen eigensinnigem und widerständigem Verhalten in den Bick zu nehmen, konzentriert sich die öffentliche Wahrnehmung zu sehr auf die vermeintlich willenlosen Opfer. Das wird etwa beim öffentlichen Blick auf die Geschichte des KZ Bergen-Belsen deutlich. Vermutlich jede*r in Deutschland und Österreich (und auch weit darüber hinaus) kennt das jüdische Mädchen Anne Frank, kaum jemand aber noch Heinrich Jasper, der als sozialdemokratischer Ministerpräsident des Freistaates Braunschweig während der Weimarer Republik reichsweit einer der profiliertesten Gegner des Nationalsozialismus gewesen war und wie Anne Frank im Frühjahr 1945 in Bergen-Belsen an den Folgen von Hunger, Entbehrungen und Krankheiten starb. In der 2007 eröffneten Dauerausstellung der Gedenkstätte Bergen-Belsen wird man ihn – im Gegensatz zu Anne Frank und zur Vorgängerausstellung von 1990 – aber vergebens suchen. Auch einen Gedenkstein oder irgendeinen anderen Hinweis auf ihn wird man in der Gedenkstätte vergeblich suchen. Aber nicht nur Heinrich Jasper ist in der Gedenkstätte Bergen-Belsen unsichtbar. Die Geschichte der politischen Häftlinge, die im KZ Bergen-Belsen mindestens die Hälfte aller Lagerinsass*innen stellten, ist in der Gedenkstätte deutlich unterrepräsentiert. In keinem anderen Konzentrationslager starben mehr ehemalige Reichstagsabgeordnete der Weimarer Republik, vorwiegend Kommunisten. Keinem von ihnen ist ein Gedenkstein gewidmet. In der Ausstellung wird etwa die Hälfte der Fläche der Geschichte des Austauschlagers gewidmet, in dem insgesamt 14.600 jüdische Männer, Frauen und Kinder inhaftiert waren. Fast 90 Prozent der Insass*innen des KZ Bergen-Belsen waren aber im Männer- und im Frauenlager inhaftiert, und vor allem im Männerlager, in das fast 50.000 Menschen verschleppt wurden, von denen die Hälfte starb, waren die meisten Häftlinge aus politischen Gründen inhaftiert worden, darunter sehr viele wegen Widerstandes. Die unter der Leitung des bis 2008 amtierenden Gedenkstättenleiters Wilfried Wiedemann realisierte Ausstellung widmet dem Männerlager aber nur ein Viertel ihrer Fläche; politisch Verfolgte werden in der Ausstellung damit im Gegensatz zur historischen Evidenz gegenüber den jüdischen Häftlingen nur nachrangig repräsentiert.[1]

Zu dieser Sichtweise passt ein Artikel, der vor einigen Jahren in der Celleschen Zeitung über französische Widerstandskämpfer im Außenlager Holzen des KZ Buchenwald veröffentlicht wurde. Er trägt die Überschrift „Zeugnis jüdischen Leids" – obwohl im Artikel weder von Leid noch von jüdischen Häftlingen die Rede war, son-

---

1 Vgl. Jens-Christian Wagner, „Roter Winkel". Politische Häftlinge im KZ Bergen-Belsen, in: Elke Gryglewski (Hrsg.), Perspektiven der NS-Geschichte. Zur Bedeutung von Überlebenden, Verfolgung von Minderheiten und Religiosität in den Lagern sowie zum Umgang nach 1945, Göttingen 2023, S. 102–112.

dern von gemeinsamen Widerstandsaktivitäten französischer und polnischer politischer (nichtjüdischer) Häftlinge.[2]

Der Artikel in der Celleschen Zeitung offenbart zweierlei – zum einen das Verschwinden der politischen Häftlinge und des Themas Widerstand aus der öffentlichen Wahrnehmung, zum anderen den Umstand, dass Jüdinnen und Juden unterstellt wird, dem Nationalsozialismus und ihrer Ermordung keinen Widerstand entgegengesetzt zu haben: Jüdisch-Sein wird auf passives Leiden reduziert. Es scheint fast so, als wären dem Publikum vermeintlich willenlose Opfer lieber als diejenigen, die Eigensinn zeigten, die Widerstand leisteten, die vielleicht auch sperrig sind, weil sie nicht in eine Schublade passen. Es lässt sich jedenfalls feststellen, dass mit dem historisch entleerten „Erinnern" an die Opfer in den vergangenen gut 20 Jahren eine Art Wohlfühl-Erinnerungskultur entstanden ist, die affirmative Tendenzen zeigt und kaum auf Reflexion über Vergangenheit und Gegenwart ausgelegt ist: Mit einem Schauern blickt sie auf die Vergangenheit, vermittelt Identifikation mit den Opfern und suggeriert, dass heute alles vorbei sei. Hinzu kommt Stolz auf die „Bewältigung" des Nationalsozialismus und auf die Wiedergutwerdung der Deutschen (und Österreicher*innen?) – eine Erinnerungskultur zum Zwecke der Entlastung, oder, wie es Max Czollek nennt: Erinnern als „Versöhnungstheater".[3]

Es wäre also an der Zeit, einiges zu ändern in der Erinnerungskultur. Zum einen muss sich die Gesellschaft stärker mit der Funktionsweise der NS-Gesellschaft auseinandersetzen, einer radikal rassistisch formierten Gesellschaft, die auf inkludierenden und exkludierenden Elementen basierte.[4] Zum zweiten muss man gerade dann, wenn man sich mit der Motivationsstruktur derer auseinandersetzt, die mitmachten, auch nach denen fragen, die *nicht* mitmachten oder sich sogar aktiv widersetzten. Es wird Zeit, den Widerstand in der Erinnerungskultur und in der Gedenkstättenarbeit neu zu entdecken.[5] Um zu erklären, warum hierbei eine *Wieder*entdeckung nötig ist, muss zunächst skizziert werden, welche Rolle der Widerstand in der Geschichtspolitik und Erinnerungskultur nach 1945 spielte und warum er wann als scheinbar delegitimierter Mythos ausgedient hatte. Mangels ausreichender Expertise des Autors für die

---

2 Ergreifendes Zeugnis jüdischen Leids, in: Cellesche Zeitung, 30.10.2025.

3 Max Czollek, Versöhnungstheater, München 2023. Zur Kritik an der aktuellen Erinnerungskultur vgl. auch Jens-Christian Wagner, Historische Urteilskraft stärken. Gedenkstättenarbeit in einer sich wandelnden Gesellschaft, in: Manuel Köster/Holger Thünemann (Hrsg.), Geschichtskulturelle Transformationen. Kontroversen, Akteure, Zeitpraktiken, Köln 2024, S. 375–396.

4 Zur Verflechtung von Opfer- und Täterperspektiven in der Gedenkstättenpädagogik vgl. Matthias Heyl, „Conflicting memories". Vom Nutzen pädagogischer Erinnerungsarbeit im „Global Village", in: Rudolf Leiprecht/Anne Kerber (Hrsg.), Schule in der Einwanderungsgesellschaft, Schwalbach/Taunus 2005, S. 192–217.

5 Dass der Widerstand hier eher unterrepräsentiert ist, zeigt die weitgehende Aussparung des Themas im ansonsten sehr selbstkritischen und differenzierten Band von Barbara Thimm/Gottfried Kößler/ Susanne Ulrich (Hrsg.), Verunsichernde Orte. Selbstverständnis und Weiterbildung in der Gedenkstättenpädagogik, Frankfurt/M. 2010.

spezifischen Entwicklungen in Österreich liegt dabei ein Schwerpunkt auf der Entwicklung in Deutschland.

Erinnerung und Geschichtspolitik nach 1945

Im Nachkriegseuropa prägte der Bezug auf den Widerstand gegen die deutsche Besatzungsherrschaft massiv die jeweiligen nationalen geschichtspolitischen Narrative.[6] Allerdings waren dies teils sehr unterschiedliche Narrative, wie auch der Widerstand in den jeweiligen europäischen Ländern sehr unterschiedlich ausgeprägt gewesen war. Es entwickelte sich keine einheitliche europäische Widerstandserzählung.[7]

Dazu trug auch die Erfahrung der stalinistischen Diktatur bei, die der deutschen Besatzung nach 1944/45 in Ost- und Ostmitteleuropa folgte und sich vielfach als Deckgeschichte über die Erinnerung an die NS-Herrschaft gelegt hat. Sie verstärkt in manchen Staaten die geschichtspolitischen Auseinandersetzungen zwischen (post-)kommunistischen und nationalkonservativen Erinnerungsräumen, die ihre Wurzeln in der Kriegszeit und der Rivalität zwischen den entsprechenden Widerstandsgruppen haben. Als Beispiel seien die Auseinandersetzungen zwischen der Armia Krajowa und kommunistischen Widerstandsgruppen in Polen genannt. Einig waren sich beide Richtungen lediglich im weitgehenden Verschweigen der verbreiteten Kollaboration mit den deutschen Besatzern und der Marginalisierung der Shoah. Hier hat sich, insbesondere in Westeuropa, erst in den vergangenen 25 Jahren eine differenziertere öffentliche (und fachwissenschaftliche) Wahrnehmung durchgesetzt.[8] In Polen wiederum drängte die bis 2023 regierende nationalkonservative PiS-Regierung kritische Perspektiven auf die Kollaboration von Pol*innen mit den deutschen Besatzern zurück und kriminalisierte mittels der vielfach schlicht als „Holocaust-Gesetz" bezeichneten Novelle des „Gesetzes über das Institut des Nationalen Gedenkens – Kommission für die Verfolgung von Verbrechen gegen das polnische Volk" von 2018 kritische Historike-

---

6 Die nachfolgenden Abschnitte basieren auf folgenden Texten: Jens-Christian Wagner, Widerstand gegen den Nationalsozialismus – ein Überblick, in: Jahresbericht 2016 der Stiftung niedersächsische Gedenkstätten, Celle 2017, S. 6–16, sowie derselbe, Widerstand gegen den Nationalsozialismus in Europa – eine transnationale Erfahrung?, in: Reflexionen, Jahresmagazin der Stiftung Gedenkstätten Buchenwald und Mittelbau-Dora, Jg. 2 (2022), S. 48–57.

7 Vgl. auch die aktuellen Ergebnisse des transnationalen Forschungsprojektes „Wer ist Walter?": Elma Hašimbegović/Nicolas Moll/Ivo Pejaković (Hrsg.), Wer ist Walter? International Perspectives on Resistance in Europe during World War II, Sarajevo 2024.

8 Vgl. etwa Mechthild Gilzmer (Hrsg.), Widerstand und Kollaboration in Europa, Münster 2004, zu Frankreich vgl. Henry Rousso, Frankreich und die „dunklen Jahre": Das Regime von Vichy in Geschichte und Gegenwart, Göttingen 2010.

r*innen, die auf die Mitwirkung von Pol*innen an der deutschen Verfolgungs- und Mordpolitik gegenüber der jüdischen Bevölkerung hinwiesen.[9]

In Deutschland wiederum war der öffentliche Blick auf den Widerstand gegen den Nationalsozialismus in den vergangenen 70 Jahren großen Wandlungen unterworfen. In Westdeutschland bzw. der jungen Bundesrepublik wurde der Widerstand in den ersten Nachkriegsjahren in einer noch stark vom NS-Regime geprägten Gesellschaft überwiegend als negativ beurteilt. Das galt insbesondere für den kommunistischen Widerstand, anfangs aber auch für die eher nationalkonservativ ausgerichteten Männer des 20. Juli 1944, die die meisten Deutschen noch zu Beginn der 1950er Jahre für Verräter hielten.[10] Das galt auch für die staatlichen Repräsentanten und änderte sich zaghaft erst nach dem von Generalstaatsanwalt Fritz Bauer angestrengten Remer-Prozess in Braunschweig (1952), der den Widerstand vom 20. Juli 1944 rehabilitierte.[11] Nach diesem Gerichtsverfahren wandelte sich das Bild: Nun begann sich die offizielle Politik in der Bundesrepublik auf den Widerstand des 20. Juli zu berufen (nach dem Aufstand in der DDR im Juni 1953 auch im Rahmen der deutsch-deutschen Systemauseinandersetzung), es wurden Denkmäler errichtet, 1953 etwa am Bendlerblock (dem Gebäude, von dem aus die Verschwörer des 20. Juli ihren Staatsstreich zu organisieren versuchten und in dessen Hof der Hitler-Attentäter Stauffenberg und andere Anführer des Aufstands hingerichtet wurden), und in fast allen westdeutschen Städten gibt es bis heute die Widerständler-Viertel: Neubaugebiete der 1950er und 1960er Jahre, die nach den Männern des 20. Juli 1944 benannt sind. Aus den angeblichen Verrätern waren öffentlich geehrte Helden geworden. Allerdings nahm die westdeutsche Heldenverehrung – ähnlich wie die Ehrung kommunistischer Widerstandskämpfer in der DDR – auch immer mehr affirmative Züge an. Eine kritische Perspektive auf mindestens ambivalente Mitverschwörer wie etwa Carl-Heinrich von Stülpnagel, der 1941/42 für Massenerschießungen von Jüdinnen und Juden in der besetzten Sowjetunion mitverantwortlich gewesen war,[12] blieb weitgehend aus. Damit blieb die Würdigung des Widerstandes selektiv. Vor dem Hintergrund des Kalten Krieges blendete die öffentliche Wahrnehmung den kommunistischen Widerstand wie etwa der Roten Kapelle weitgehend aus oder diskreditierte ihn im Sinne einer undifferenzierten Auslegung der Totalitarismustheorie als Wegbereiter einer neuen Diktatur.

Ganz anders verlief – wenig überraschend – die Entwicklung in der DDR. Sie erhob den staatlich propagierten Antifaschismus zu ihrem Gründungsmythos. Kaum et-

---

9 Vgl. Wissenschaftliche Dienste des Bundestages, Reaktionen auf Polens „Holocaust-Gesetz", Aktenzeichen WD 1-3000 – 010/18, 9.3.2018, www.bundestag.de/resource/blob/551684/ae21570722bc243aaa7 d22aac037fa08/WD-1-010-18-pdf-data.pdf [28.3.2024].

10 Vgl. etwa Gerd R. Ueberschär (Hrsg.), Der 20. Juli 1944. Bewertung und Rezeption des deutschen Widerstandes gegen das NS-Regime, Köln 1994.

11 Vgl. Claudia Fröhlich, „Wider die Tabuisierung des Ungehorsams". Fritz Bauers Widerstandsbegriff und die Aufarbeitung von NS-Verbrechen, Frankfurt/M. 2006.

12 Vgl. etwa Gerhard Ringshausen, Widerstand und Antisemitismus. Der Fall Carl-Heinrich von Stülpnagel, in: Kirchliche Zeitgeschichte/Contemporary Church History 27 (2014), S. 144–162.

was steht dafür eindrücklicher als das Buchenwald-Mahnmal von 1958 mit der Figurengruppe von Fritz Cremer.[13] Die Heroisierung der antifaschistischen Widerstandskämpfer*innen (worunter fast ausschließlich Kommunist*innen verstanden wurden) führte ihrerseits zur selektiven Wahrnehmung und drängte die Erinnerung an nichtkommunistische oder bürgerliche Formen des Widerstandes wie auch an die Opfer rassistischer Verfolgung an den Rand. Zugleich geriet der von der SED ritualisierte Antifaschismus zum Entlastungsnarrativ für die eigene Bevölkerung, die sich als Opfer des Bündnisses von „Monopolherren" und NS-Bonzen fühlen durfte, die sich nach dem Kriegsende in den Westen verflüchtigt hatten. „Die Blutspur führt von Buchenwald nach Bonn", hieß etwa die 1964 eröffnete Dauerausstellung in der Gedenkstätte Buchenwald.[14] Eine Auseinandersetzung mit der Mittäter- und Mitwisserschaft der deutschen Bevölkerung an den NS-Verbrechen blieb damit im „Arbeiter- und Bauernstaat" weitgehend aus.

Auch die in den 1970er und 1980er Jahren entstandene bürgerschaftlich geprägte Gedenkstätten- und Geschichtswerkstätten-Bewegung in der alten Bundesrepublik blendete das Thema der breiten Mittäterschaft der deutschen Gesellschaft überwiegend aus. Stattdessen berief man sich, dem gesellschaftspolitischen Aufbruch von 1968 folgend, auf den Widerstand gegen den Nationalsozialismus und blickte – durchaus differenziert – auch auf bislang vergessene oder verdrängte Opfergruppen. „Widerstand und Verfolgung" waren in dieser Zeit auf Buchrücken und in Ausstellungen ein vielfach verwendetes Begriffspaar.

Das änderte sich nach der deutschen Vereinigung 1990 grundlegend. Nicht nur im Forschungsinteresse, sondern auch in der öffentlichen Wahrnehmung rückten immer mehr das Thema der gesellschaftlichen Durchdringung der NS-Verbrechen und die Frage nach der Motivationsstruktur von Täter- und Mittäterschaft in den Mittelpunkt – anfangs begleitet von großen geschichtspolitischen öffentlichen Debatten. Paradigmatisch war die breite öffentliche Diskussion um das Buch „Hitlers willige Vollstrecker" von Daniel Jonah Goldhagen (1996)[15] und um die erste Wehrmachtsausstellung (1995–1999).[16] Innerhalb der politischen radikalen Linken in Deutschland entstand parallel dazu die Bewegung der „Antideutschen", die sich gegen einen als spezifisch deutsch wahrgenommenen Nationalismus und Antisemitismus wandten und in Abgrenzung zum antiimperialistischen Kurs anderer linker Gruppierungen proisraelisch auftra-

---

13 Vgl. Volkhard Knigge, „Opfer, Tat, Aufstieg". Vom Konzentrationslager Buchenwald zur Nationalen Mahn- und Gedenkstätte der DDR, in: Derselbe/Jürgen Maria Pietsch/Thomas A. Seidel (Hrsg.), Versteinertes Gedenken. Das Buchenwalder Mahnmal von 1958, Bd. 1, Leipzig 1997, S. 5–95.
14 Vgl. Philipp Neumann-Thein, SS-Terror, Häftlingswiderstand, Selbstbefreiung. Welche Geschichtsbilder die DDR-Darstellung des KZ Buchenwald prägt(e), in: Reflexionen. Jahresmagazin der Stiftung Gedenkstätten Buchenwald und Mittelbau-Dora, Jg. 4 (2024), S. 92–103, hier S. 96.
15 Daniel Jonah Goldhagen, Hitlers willige Vollstrecker. Ganz gewöhnliche Deutsche und der Holocaust, Berlin 1996.
16 Vgl. Christian Hartmann/Johannes Hürter/Ulrike Jureit (Hrsg,), Verbrechen der Wehrmacht. Bilanz einer Debatte, München 2005.

ten. Die NS-Herrschaft wurde nun auch von der Fachwissenschaft zunehmend – und zu Recht – als weitgehende Konsensdiktatur wahrgenommen, und die von den Nationalsozialisten propagierte „Volksgemeinschaft" wurde – allerdings nicht unwidersprochen – als analytischer Begriff in den Fachdiskurs eingeführt.[17]

Zeitgleich arbeitete sich die Geschichtsforschung am DDR-Antifaschismus ab; erwähnt seien nur die heftigen Diskussionen Mitte der 1990er Jahre um die Rolle der „roten Kapos" im KZ Buchenwald.[18] In der öffentlichen Rezeption, angeheizt durch – vorsichtig würde man sagen: unterkomplexe – Artikelserien etwa in der Bild-Zeitung und anderen Boulevard-Medien galten die kommunistischen Funktionshäftlinge vielen nun als die eigentlichen Täter, schlimmer als die SS, die sich um den inneren Lagerbetrieb ja gar nicht gekümmert habe.

Die berechtigte Kritik an der Überhöhung des kommunistischen Widerstandes in der Geschichtsdarstellung in der DDR führte nicht zuletzt durch derart verzerrende Darstellungen dazu, dass in manchen Bevölkerungskreisen und bis in die Wissenschaft und Gedenkstätten hinein der Widerstand in toto diskreditiert war. Beides, der Blick auf die vermeintlich homogene „Volksgemeinschaft" und die Diskreditierung des Widerstandes in der Folge der Auseinandersetzung mit dem DDR-Dogma des antifaschistischen Widerstandskampfes, führte dazu, dass erstens die Grautöne in einem Schwarz-Weiß-Bild verwischten (hier die Täter, dort die Opfer) und dass zweitens widerständiges Verhalten innerhalb der NS-Gesellschaft weitgehend aus dem Blick geriet. Zugleich wurden Verfolgte – nun unisono und nivellierend als „Opfer" bezeichnet – kaum noch als Akteure wahrgenommen und stattdessen zu Objekten degradiert.

Würdigung des Widerstandes

Es wird also Zeit, dass der Widerstand in der Erinnerungskultur gewissermaßen wiederentdeckt wird, und das jenseits verkitschender und entkontextualisierter Formen wie etwa in der öffentlichen Wahrnehmung von Sophie Scholl – was Andockmöglichkeiten für Geschichtsklitterungen wie im Instagram-Projekt „Ich bin Sophie Scholl"[19] bietet oder, deutlich schlimmer noch, für Instrumentalisierungen wie durch die Pan-

17 Vgl. Michael Wildt, „Volksgemeinschaft", Version: 1.0, in: Docupedia-Zeitgeschichte, 3.6.2014, docupedia.de/zg/wildt_volksgemeinschaft_v1_de_2014, DOI: dx.doi.org/10.14765/zzf.dok.2.569.v1 [29.3.2024].

18 Lutz Niethammer, Der „gesäuberte" Antifaschismus. Die SED und die roten Kapos von Buchenwald, Berlin 1994, ferner das Themenheft der KZ-Gedenkstätte Neuengamme „Abgeleitete Macht – Funktionshäftlinge zwischen Widerstand und Kollaboration" der Beiträge zur Geschichte der nationalsozialistischen Verfolgung, Bd. 4 (1998).

19 Vgl. Jens-Christian Wagner, Aus dem Ruder gelaufen. Das Instagram-Projekt „Ich bin Sophie Scholl", in: Stiftung Erinnerung, Verantwortung, Zukunft, Debattenbeitrag zum Instagram-Projekt „Ich bin Sophie Scholl", 31.3.2022, www.stiftung-evz.de/wer-wir-sind/neuigkeiten-aus-der-stiftung/neuigkeit/instagram-projekt-ichbinsophiescholl-ein-debattenbeitrag/ [29.3.2024].

demieleugnerin „Jana aus Kassel", die im Herbst 2020 auf einer Demonstration gegen die Corona-Schutzmaßnahmen in Hannover behauptete, sich wie Sophie Scholl im Widerstand gegen die Diktatur zu befinden.[20]

Zur Neubewertung des Widerstandes gehört auch die Feststellung, dass Widerstand gegen den Nationalsozialismus vor allem von Nichtdeutschen geleistet wurde, in- und außerhalb des Deutschen Reiches, wie im Folgenden gezeigt wird. Die deutsche Bevölkerung hingegen begrüßte in ihrer Mehrheit die NS-Diktatur oder duldete sie zumindest stillschweigend. Dennoch konnte sich der Totalitätsanspruch der NS-Herrschaft nicht durchsetzen; abweichendes Denken und Verhalten waren verbreitet. Aktiver Widerstand wurde zwar nur von einer sehr kleinen Minderheit geleistet. Diese zeigte jedoch ein erstaunlich breites soziales und politisches Spektrum. Auch wenn die überwiegend von Kommunist*innen und traditionellen Eliten getragenen Widerstandsgruppen zu keinem Zeitpunkt darauf hoffen konnten, eine breite gesellschaftliche Basis zu haben, erscheint Hans Mommsens älteres Diktum vom „Widerstand ohne Volk" deshalb als überzogen. Gegen diese These spricht auch, dass allein 1933 fast 200.000 Deutsche aus politischen Gründen in Konzentrationslager oder Gefängnisse und Justizhaftlager eingewiesen wurden und bis Kriegsbeginn weitere 40.000 aus politischen Gründen ins Exil gingen.[21] Insbesondere unter den 1933 Verhafteten hatten sich viele im Untergrund gegen das Regime organisiert.

Das Spektrum widerständigen oder dissidenten Verhaltens Deutscher im Nationalsozialismus war breit und reichte von Gewerkschafter*innen und Mitgliedern der Arbeiterparteien über Jugendbewegungen sowie studentische, kirchliche und andere religiöse Gruppen bis zum Widerstand aus den Reihen des Militärs oder seitens ungebundener Einzelpersonen (etwa Georg Elser). Eine wichtige Rolle spielte zudem der Widerstand von rassistisch Verfolgten, insbesondere von Juden und Jüdinnen sowie von Sinti*zze und Rom*nja.

Bei weitem nicht jedes Verhalten jenseits aktiven oder zumindest duldenden Mitmachens im Nationalsozialismus kann als Widerstand bezeichnet werden. Auch zu Nonkonformität und Distanz zum Regime gehörten Mut und eigenständiges Denken. Im folgenden Abschnitt sollen jedoch explizite Formen des Widerstandes vorgestellt werden. Hier ist eine engere Auslegung des Begriffs nötig, denn Widerstand war mehr als nur eine kritische Einstellung zum Regime und zu seiner Ideologie. Der Begriff umfasst alle Formen aktiven Handelns gegen das Regime und seine Politik. Dazu gehören auch öffentliche Meinungsäußerungen gegen den Nationalsozialismus. Für die Handelnden war das spätestens ab 1933 immer mit hohen persönlichen Risiken verbunden, meist der akuten Gefahr, das eigene Leben zu verlieren.

---

20 „Ja, hallo, ich bin die Jana aus Kassel", in: Süddeutsche Zeitung, 22.11.2020, www.sueddeutsche.de/politik/hannover-sophie-scholl-querdenken-coronavirus-1.5123595 [29.3.2024].
21 Zahlen nach Ian Kershaw, Der NS-Staat. Geschichtsinterpretationen und Kontroversen im Überblick, Reinbek bei Hamburg 1994, S. 303, sowie Nikolaus Wachsmann, KL. Die Geschichte der nationalsozialistischen Konzentrationslager, München 2015, S. 42.

Bereits lange vor der Machtübernahme der Nationalsozialisten im Januar 1933 regte sich Widerstand. Einzelne Intellektuelle, man denke etwa an Kurt Tucholsky und Carl von Ossietzky, warnten frühzeitig und ebenso nachdrücklich wie erfolglos vor den Nationalsozialisten. Insbesondere aus den Gewerkschaften sowie aus den Reihen der beiden Arbeiterparteien SPD und KPD kam auch organisierte aktive Gegenwehr gegen die Nationalsozialist*innen, etwa in Form von Demonstrationen, Streiks, Flugblattaktionen bis hin zu gewaltsamen Auseinandersetzungen mit Schlägerbanden der SA und der SS. Jedoch war der Arbeiterwiderstand bekanntlich gespalten: Die Sozialdemokratie, mit anderen Parteien organisiert im Reichsbanner Schwarz-Rot-Gold, stützte die Weimarer Republik, die KPD hingegen lehnte sie ab und sah in den SPD-Mitgliedern „Sozialfaschisten", die es ebenso zu bekämpfen galt wie die Nationalsozialisten. Da zudem die bürgerlichen und liberalen Parteien die NSDAP weitgehend duldeten oder sogar mehr oder weniger offen mit ihr zusammenarbeiteten, wie etwa die rechtsnationalistische DNVP, hatten die Nationalsozialisten recht leichtes Spiel, sich durchzusetzen.

Der Reichstagsbrand vom 27. Februar 1933 und die nachfolgende Notverordnung mit der Aussetzung aller demokratischen Grundrechte („Reichstagsbrandverordnung") setzten eine beispiellose Verfolgungswelle in Gang. Zehntausende Kommunist*innen, Sozialdemokrat*innen und Gewerkschafter*innen wurden verhaftet und in Gefängnisse sowie Konzentrationslager eingewiesen. Diverse Gruppen, insbesondere aus den Reihen der KPD, agierten nun in der Illegalität. Durch Flugblattaktionen, die Verbreitung von Nachrichten und regimefeindlichen Parolen machten sie ihren Widerstand öffentlich. Im Verborgenen erfolgten konspirative Treffen, Kurierdienste und der Schutz verfolgter Personen. Überwachung, gezieltes Einschleusen von Spitzeln, durch Folter erpresste Weitergabe der Namen von Mitstreiter*innen durch Verhaftete und insbesondere das verbreitete Denunziantentum ermöglichten es der Gestapo, die kommunistischen Widerstandgruppen bis Mitte der 1930er Jahre weitgehend zu zerschlagen. Zusätzlich geschwächt wurde der kommunistische Widerstand durch die stalinistischen Säuberungen in der Sowjetunion, die die KPD diskreditierten, und kurz vor Kriegsbeginn durch den Hitler-Stalin-Pakt, in dessen Folge nicht wenige kommunistische Regimegegner*innen von Stalin an die Gestapo ausgeliefert wurden.[22]

Neben den Arbeiterparteien leisteten auch Vertreter der Kirchen Widerstand gegen die Nationalsozialisten, allerdings – insbesondere im Falle der protestantischen Kirchen – nicht in dem Ausmaß, wie es Kirchenleute nach dem Krieg vielfach darstellten. Gerade der Protestantismus war vielmehr eine solide Stütze des NS-Regimes. Das gilt auch für breite Kreise der Bekennenden Kirche, die sich mehrheitlich explizit

---

22 Vgl. Michael Schneider, Unterm Hakenkreuz. Arbeiter und Arbeiterbewegung 1933–1939, Bonn 1999, S. 1000 ff.

nicht als politische Opposition verstand und weitgehend loyal zur NS-Führung war.[23] Dennoch kam es zu Konflikten mit der Staatsmacht und der Partei. Zum einen hatte es machtpolitische Gründe, beispielsweise im Oktober 1934 bei der vorübergehenden Absetzung der bayerischen und württembergischen Landesbischöfe Hans Meiser und Theophil Wurm, die der Bekennenden Kirche angehörten und sich geweigert hatten, sich Reichsbischof Ludwig Müller zu unterstellen. Ihre Absetzung wurde aber schnell rückgängig gemacht, nachdem Hitler interveniert hatte, da er um den Rückhalt der Protestanten fürchtete.[24] Gegner hatte die Bekennende Kirche auch unter fanatischen neuheidnischen Anhängern völkischer Ideen innerhalb der Partei, insbesondere in der SS, und mit Alfred Rosenberg, einem der Chefideologen der NSDAP. Sie mussten die eigentlich als innerkirchliche Opposition gemeinte Haltung der Bekennenden Kirche als Widerstand gegen den Staat bzw. gegen die Partei begreifen, und deshalb kam es immer wieder zu Konflikten, etwa im Frühjahr 1935, als 700 Pfarrer verhaftet wurden, die von den Kanzeln eine gegen den neuheidnischen Rasseglauben gerichtete Erklärung verlesen hatten. Auch sie wurden aber schnell wieder freigelassen.[25] Insgesamt können nur einige hundert Mitglieder der Bekennenden Kirche als unbedingte NS-Gegner*innen bezeichnet werden. Zu ihnen gehörten zweifellos Dietrich Bonhoeffer, der noch in den letzten Kriegstagen im KZ Flossenbürg ermordet wurde, und Martin Niemöller, der 1933 den Pfarrernotbund gegründet hatte, 1938 wegen angeblicher Kanzelhetze zu sieben Monaten Haft verurteilt wurde und anschließend als „persönlicher Gefangener des Führers" bis zum Kriegsende im KZ Sachsenhausen inhaftiert war.

Weitaus distanzierter als die Mehrheit der Protestanten betrachteten den NS-Staat die meisten deutschen Katholik*innen. Die „papsthörige" und international verflochtene katholische Kirche, der die Nationalsozialisten trotz des Konkordates mit dem Vatikan vom Juli 1933 immer misstrauisch bis ablehnend gegenüberstanden (ein Erbe des Kulturkampfes der 1870er Jahre) und die mit der Zentrums-Partei über einen politischen Arm verfügte, bezog noch bei der Reichstagswahl 1933 klar Stellung gegen die NSDAP. 1937 ließ Papst Pius XI. auf Drängen deutscher Bischöfe (darunter Clemens August Graf von Galen) die Enzyklika „Mit brennender Sorge" von allen Kanzeln in Deutschland verlesen – eine deutliche Stellungnahme gegen die Rechtsbrüche des NS-Regimes und seine Ideologie. Verhaftungen und Hausdurchsuchungen in Pfarreien waren die Folge, häufig unter dem Vorwurf des Kindesmissbrauchs (sog. Sittlichkeitsverbrechen). Bischof Graf von Galen war es auch, der vier Jahre später – im August

---

23 Vgl. Manfred Gailus, Keine gute Performance. Die deutschen Protestanten im „Dritten Reich", in: Derselbe/Armin Nolzen (Hrsg.), Zerstrittene „Volksgemeinschaft". Glaube, Konfession und Religion im Nationalsozialismus, Göttingen 2011, S. 96–121, sowie Olaf Blaschke, Die Kirchen und der Nationalsozialismus, Stuttgart 2014, S. 135 ff.

24 Vgl. ebenda sowie Kurt Meier, Kreuz und Hakenkreuz. Die evangelische Kirche im Dritten Reich, überarbeitete Neuauflage, München 2001, S. 71 ff.

25 Vgl. ebenda, S. 94.

1941 – in einer überregional Aufsehen erregenden mutigen Predigt die „Euthanasie"-Morde anprangerte – Anlass für das Regime, die „Aktion T4" zumindest vorübergehend zu stoppen. Wie zuvor wagten die Nationalsozialisten nicht, gegen von Galen vorzugehen, weil sie einen Aufruhr im katholischen Münsterland fürchteten.

Die Morde an Kranken, von den Nationalsozialist*innen als „unwertes Leben" bezeichnet, verweisen auf die Radikalisierung der Verfolgungs- und Vernichtungspolitik nach Kriegsbeginn. Insbesondere betraf das den Mord an den europäischen Jüdinnen und Juden sowie an den Sinti*zze und Rom*nja, aber auch die Politik gegenüber den sowjetischen Kriegsgefangenen, von denen die meisten einen qualvollen Tod starben. Eine Minderheit der Deutschen (und vermutlich auch der Österreicher*innen) reagierte auf die Verbrechen (die trotz aller Geheimhaltung weitgehend öffentliche Taten waren) mit Abscheu und Empörung, woraus teilweise Widerstand erwuchs. Dieser umfasste alle sozialen Schichten und alle weltanschaulichen bzw. politischen Richtungen (vertreten waren insbesondere sozialdemokratische und kommunistische sowie kirchliche Gruppen) und äußerte sich in Hilfeleistungen für Verfolgte (etwa das Sammeln von Lebensmittelmarken und Verstecken von untergetauchten Jüdinnen und Juden), dem Versuch, Gegenöffentlichkeit herzustellen (z. B. mittels der Dokumentation und Weitergabe von Nachrichten über NS-Verbrechen sowie der Herstellung und Verteilung von Flugblättern und Klebezetteln) sowie der Kontaktaufnahme mit Widerstandsgruppen unter ausländischen Zwangsarbeiter*innen und Kriegsgefangenen sowie den Alliierten. Einzelne Gruppen versuchten zudem, die Rüstungsindustrie zu sabotieren.

Der deutsche Überfall auf die Sowjetunion im Juni 1941 bewirkte – nach dem Einbruch infolge des Hitler-Stalin-Paktes – eine erneute Verstärkung der Tätigkeit kommunistischer Widerstandsgruppen vor allem in Form illegaler Betriebszellen, etwa in Berlin, Hamburg und im Ruhrgebiet. Teils arbeiteten die Gruppen auch mit sozialistischen Gruppierungen zusammen, außerdem unterhielten einige von ihnen Kontakte zur KPD-Leitung im Moskauer Exil.[26] Angesichts des umfassenden Verfolgungsdrucks und des Zwangs zur Konspiration waren die Gruppen überwiegend sehr klein. Allerdings schlossen sich während des Krieges in einigen Städten Freundeskreise, die zuvor einzeln agiert hatten, locker zusammen – auch über parteipolitische Grenzen hinweg, in Berlin etwa in der „Europäischen Union" um Georg Großcurth und Robert Havemann sowie in der „Roten Kapelle" (eine Bezeichnung der Gestapo, die in der Gruppe eine sowjetische Spionageorganisation vermutete) um Arvid Harnack und Hans Coppi.[27] Fast alle Gruppen flogen früher oder später auf, auch die beiden zuletzt genannten. Die meisten Mitglieder wurden von der Gestapo verhaftet oder in Konzen-

---

26 Vgl. auch im Folgenden Michael Schneider, In der Kriegsgesellschaft. Arbeiter und Arbeiterbewegung 1939 bis 1945, Bonn 2014, S. 1100 ff.
27 Zur „Europäischen Union" vgl. Bernd Florath, Die Europäische Union, in: Johannes Tuchel (Hrsg.), Der vergessene Widerstand. Zur Realgeschichte und Wahrnehmung des Kampfes gegen die NS-Diktatur, Göttingen 2005 [= Dachauer Symposien zur Zeitgeschichte, Bd. 5], S. 114–139, zur Roten Kapelle

trationslager eingewiesen. Viele ließ die NS-Justiz auch hinrichten, im Fall der Roten Kapelle über 60 Menschen, darunter etliche Frauen. Überhaupt spielten Frauen gerade in den städtischen linksgerichteten Widerstandsgruppen eine wichtige Rolle, ein Umstand, der von der Forschung wie auch in der öffentlichen Wahrnehmung bis heute bisweilen ausgeblendet wird.[28]

Tödlich endete der Widerstand auch für die meisten Mitglieder der „Weißen Rose", der bekannten studentischen Widerstandsgruppe in München um die Geschwister Hans und Sophie Scholl. Sie hatten mit Flugblättern gegen die NS-Verbrechen protestiert und Kontakte zu Gruppen und Einzelpersonen in anderen Städten geknüpft. Im Februar 1943 wurden sie von der Gestapo verhaftet und noch im selben Monat zum Tode verurteilt und enthauptet.

Dem Widerstand zugerechnet werden können auch diverse jugendoppositionelle Gruppen wie die Swing-Jugend, die Edelweißpiraten oder die Leipziger Meuten, auch wenn sie sich nicht explizit gegen die NS-Verbrechen wandten. Vielmehr ging es ihnen – ähnlich wie bündischen und kirchlichen Jugendgruppen – um Unabhängigkeit gegenüber dem umfassenden Machtanspruch der Hitler-Jugend und um einen individuellen Lebensstil. Für das Regime war das Grund genug, brutal gegen sie vorzugehen. Tausende Jugendliche und junge Erwachsene wurden in Gefängnisse und Konzentrationslager eingewiesen.[29]

Einige kommunistische Widerstandsgruppen nahmen Kontakt zu sowjetischen Zwangsarbeiter*innen oder Kriegsgefangenen auf und agierten gemeinsam mit ihnen. So bildeten 1942/43 in München die „Antinazistische Deutsche Volksfront" und die sowjetische Widerstandsorganisation „Brüderliche Zusammenarbeit der Kriegsgefangenen" (BZW) ein Widerstandsnetz, das mehrere hundert Mitglieder umfasste. Anfang 1944 wurde es von Gestapo-Spitzeln aufgedeckt. Fast 400 Personen wurden festgenommen und fast alle von ihnen umgebracht, die meisten im KZ Dachau.[30] Ähnlich erging es den Mitgliedern des „Internationalen Antifaschistischen Komitees" in Leipzig, das sowjetische Zwangsarbeiter*innen und deutsche Kommunist*innen verband und Flugblätter in Zwangsarbeiterlagern verteilte. Fast alle Mitglieder der Gruppe wurden nach der Verhaftung durch die Gestapo im Sommer 1944 als „Sowjetagenten" im KZ Auschwitz ermordet.[31] Gemeinsames Agieren deutscher und ausländischer Wider-

Hans Coppi/Jürgen Danyel/Johannes Tuchel (Hrsg.), Die Rote Kapelle im Widerstand gegen den Nationalsozialismus, Berlin 1994.

28 Vgl. Thomas Altmeyer/Gabriele Prein, Frauen im Widerstand, in: Jahresbericht 2016 der Stiftung niedersächsische Gedenkstätten, Schwerpunktthema: Widerstand gegen den Nationalsozialismus, Celle 2017, S. 17–23.

29 Vgl. überblicksartig und mit einer Quellensammlung Arno Klönne, Jugendliche Opposition im „Dritten Reich", Erfurt ²2013.

30 Vgl. Ulrich Herbert, Fremdarbeiter. Politik und Praxis des „Ausländer-Einsatzes" in der Kriegswirtschaft des Dritten Reiches, Berlin–Bonn 1985, S. 317 f.

31 Vgl. Volkhard Knigge/Rikola-Gunnar Lüttgenau/Jens-Christian Wagner (Hrsg.), Zwangsarbeit. Die Deutschen, die Zwangsarbeiter und der Krieg, Essen 2012, S. 126 f.

standsgruppen blieb jedoch auf Ausnahmen beschränkt. Insbesondere der militärische Widerstand sah die vielen Millionen ins Deutsche Reich verschleppten ausländischen Kriegsgefangenen und Zivilarbeiter*innen nicht als potentiell Verbündete.

Nationalkonservative Opposition gegen die Partei und Hitlers Kriegskurs hatte sich in der Reichswehr bzw. in der Wehrmacht bereits lange vor Kriegsbeginn geregt.[32] 1938 waren Umsturzpläne nach der Entlassung des Reichskriegsministers von Blomberg und des Oberbefehlshabers des Heeres von Fritsch sowie dem Rücktritt von Ludwig Beck als Generalstabschef des Heeres weit gediehen, wurden nach dem Münchner Abkommen, das dem Regime de facto die Tschechoslowakei auslieferte, aber ausgesetzt. Gleichwohl blieben die Militärs um Beck in engem Kontakt auch mit konservativen Zivilisten, insbesondere mit dem früheren DNVP-Politiker und Oberbürgermeister von Leipzig, Carl Friedrich Goerdeler. Mit der Verschlechterung der militärischen Lage Deutschlands nahmen die Umsturzplanungen innerhalb der Wehrmacht 1943 wieder konkretere Formen an. Bekanntlich scheiterte der Putschversuch der Männer um Graf von Stauffenberg vom 20. Juli 1944. Dennoch zeigte die misslungene Operation „Walküre", dass der Kreis der Widerständler innerhalb der Wehrmacht recht weit verzweigt war und auch Kontakte zu zivilen Gruppen, etwa dem Kreisauer Kreis, aufgebaut hatte. Die politischen Vorstellungen der Widerständler waren widersprüchlich, wenn auch überwiegend (national)konservativ. Einig waren sie sich im Ziel der Wiederherstellung des Rechts. Das NS-Regime reagierte auf den Putschversuch mit brutaler Gewalt: Etwa 600 Personen nahm die Gestapo fest, weitere 300 wurden in „Sippenhaft" genommen. 150 tatsächliche oder vermeintliche Verschwörer wurden hingerichtet oder von SS und Gestapo ermordet. Noch weitaus mehr Opfer forderte innerhalb der Wehrmacht individuelles widerständiges Verhalten. Trotz Androhung der Todesstrafe desertierten viele Soldaten. Motive waren der Wunsch, das eigene Leben zu retten, Sehnsucht nach Familienangehörigen oder auch die Weigerung, an Verbrechen mitzuwirken. Insgesamt 20.000 Soldaten verurteilte die Wehrmachtsjustiz als tatsächliche oder vermeintliche Deserteure zum Tode, etwa 15.000 Urteile wurden bis Kriegsende vollstreckt.[33]

Weitaus gefährlicher als den Widerstand von Deutschen oder Österreicher*innen schätzte die Gestapo den Widerstand von Kriegsgefangenen und Zwangsarbeiter*innen ein. Seit Beginn des Krieges galt ein Schwerpunkt ihrer Tätigkeit deshalb der Überwachung der „Fremdvölkischen". Und tatsächlich war das Ausmaß des Widerstandes aus den Reihen insbesondere der sowjetischen Kriegsgefangenen und Zwangsarbeiter*innen deutlich größer als aus der deutschen und österreichischen Bevölkerung. So waren von 38 Widerstandsgruppen, die die Gestapo zwischen März und Sep-

---

32 Vgl. auch im Folgenden Winfried Heinemann, Der militärische Widerstand und der Krieg, in: Das Deutsche Reich und der Zweite Weltkrieg, Bd. 9/1, München 2004, S. 743–892.
33 Vgl. Ulrich Baumann/Magnus Koch (Hrsg.), Was damals Recht war... – Soldaten und Zivilisten vor Gerichten der Wehrmacht, Berlin 2008. Erst 2002, fast 60 Jahre nach Kriegsende, wurden Deserteure und Wehrdienstverweigerer vom Bundestag pauschal rehabilitiert.

tember 1944 aufdeckte, 33 von sowjetischen Zwangsarbeiter*innen oder Kriegsgefangenen dominiert.[34] Das Spektrum widerständigen Verhaltens seitens der ausländischen Arbeitskräfte reichte von organisierten Revolten (etwa wegen unzureichender Verpflegung und menschenunwürdiger Unterbringung) über Sabotage der Rüstungsproduktion bis zu individueller Auflehnung gegen deutsche Vorgesetzte oder die Behörden. Eines der von der Gestapo am meisten geahndeten Vergehen war das unerlaubte Entfernen vom Arbeitsplatz. Auch wenn der Widerstand aus den Reihen der Zwangsarbeiter*innen das NS-Regime nicht ernsthaft bedrohen konnte, hatte er für die Selbst- und Fremdwahrnehmung der Betroffenen doch eine große Bedeutung.[35]

Das gilt auch für den Widerstand in Konzentrationslagern und Ghettos. Angesichts der absoluten Macht der SS und der Ghettoverwaltungen waren die Möglichkeiten für organisierten Widerstand extrem gering. Dennoch bildeten sich in vielen Konzentrationslagern konspirative Widerstandsgruppen, häufig getragen von erfahrenen politischen Häftlingen aus den Reihen deutscher Kommunist*innen und Sozialdemokrat*innen sowie ausländischer Widerstandskämpfer*innen aller politischen Richtungen. Auch Juden und Jüdinnen sowie Sinti*zze und Rom*nja wehrten sich gegen ihre Peiniger und Mörder. In den deutschen Großstädten bildeten sich jüdische Untergrundgruppen mit dem Ziel, das Leben in der Illegalität zu organisieren und den Mördern zu entgehen. In Ghettos und Lagern gab es Aufstände. Am bekanntesten ist sicherlich der jüdische Aufstand im Warschauer Ghetto 1943. Im „Zigeunerfamilienlager" Auschwitz-Birkenau wiederum führte ein kollektiver Aufstand im Mai 1944 dazu, dass die SS ihre Mordpläne verschieben musste.[36]

Weitaus gefährlicher für das Regime und personell deutlich stärker aufgestellt als im Deutschen Reich war der Widerstand von Nichtdeutschen in den besetzten Gebieten. Zwar konnten die deutschen Besatzer*innen überall im besetzten Europa auf die Hilfe einheimischer Kollaborateur*innen zählen, jedoch bildeten sich in allen besetzten Ländern schon bald nach dem deutschen Einmarsch weitverzweigte Netzwerke diverser, politisch heterogen ausgerichteter Widerstandsgruppen.[37] Häufig waren diese militärisch organisiert und wurden von ausgebildeten Soldaten angeführt – etwa in vielen Partisanengruppen in Ost- und Südeuropa oder auch in der polnischen Heimatarmee sowie in der Résistance in Frankreich und Belgien. Nicht nur Männer, sondern auch viele Frauen schlossen sich den bewaffneten Gruppen an.[38] Zum Netzwerk der Partisan*innen und bewaffneten Résistance-Gruppen gehörten immer auch Zivilist*in-

---

34 Vgl. Mark Spoerer, Zwangsarbeit unter dem Hakenkreuz. Ausländische Zivilarbeiter, Kriegsgefangene und Häftlinge im Deutschen Reich und im besetzten Europa 1939–1945, Stuttgart 2001, S. 172.
35 Vgl. ebenda, S. 169 ff.
36 Zum Widerstand von Jüdinnen und Juden vgl. etwa Arno Lustiger, Zum Kampf auf Leben und Tod! Vom Widerstand der Juden 1933–1945, Köln 2003.
37 Vgl. auch im Folgenden die einzelnen Länderstudien in: Gerd R. Ueberschär (Hrsg.), Handbuch zum Widerstand gegen Nationalsozialismus und Faschismus in Europa 1933/39 bis 1945, Berlin 2011.
38 Vgl. Ingrid Strobl, „Sag nie, Du gehst den letzten Weg." Frauen im bewaffneten Widerstand gegen Faschismus und deutsche Besatzung, Frankfurt/M. 2016.

nen, die unbewaffnet Widerstand leisteten, etwa in Form von Streiks oder dem Verteilen von Flugblättern – soweit das unter den Bedingungen der repressiven Besatzungsherrschaft möglich war.

Knotenpunkte in den Netzwerken bildeten die Exilregierungen bzw. militärische Exilführungen wie die polnische Regierung und die französische Militärführung unter General de Gaulle in London, zudem die Kommunistische Partei in der Sowjetunion und der britische Geheimdienst Special Operations Executive (SOE) sowie das amerikanische Office of Strategic Services (OSS). Sie koordinierten die lokal häufig eigenständig agierenden Gruppen und unterstützten sie mit Informationen, falschen Papieren oder Waffen.

Die militärischen Aktionen gegen die Besatzer richteten sich vor allem gegen deren Infrastruktur. Überfälle auf Straßenkonvois und die Sprengung von Bahnanlagen störten die deutschen Nachschubwege; Sabotageakte trafen die Rüstungsproduktion. Ein wesentliches Element der deutschen Herrschaft war die Ausplünderung der besetzten Gebiete – gerade auch hinsichtlich einer ganz wesentlichen Ressource, an der im Reichgebiet große Knappheit herrschte: den Arbeitskräften. Auch hierbei versuchten Widerständler*innen die Besatzer empfindlich zu treffen. Gezielt überfielen sie Arbeitsämter und Anwerbebüros, um die Karteien zu vernichten, die zur Rekrutierung ausländischer Zwangsarbeiter*innen für den „Reichseinsatz" genutzt wurden. Auch mittels Flugblättern versuchten sie die deutsche Anwerbung und Zwangsrekrutierung von Arbeitskräften zu stören.

Die deutschen Besatzer reagierten auf den Widerstand mit aller Brutalität. Razzien von Wehrmacht, SS, Polizei und einheimischen „Hilfswilligen" waren an der Tagesordnung, Hunderttausende tatsächliche oder vermeintliche Partisan*innen wurden allein in den besetzten Gebieten der Sowjetunion im Rahmen der „Bandenbekämpfung" ermordet. Sehr häufig trafen die „Vergeltungsaktionen" vollkommen Unbeteiligte; ganze Ortschaften wurden bei Überfällen und Geiselerschießungen von den deutschen Besatzern ausgelöscht, vor allem in Griechenland, Italien und Serbien, aber auch in vielen anderen besetzten Ländern. Viele weitere Menschen wurden in den besetzten Gebieten wegen Widerstandes verhaftet, gefoltert und in Konzentrationslager im Reichsgebiet deportiert, insbesondere aus Polen, Frankreich, Belgien, dem „Protektorat" und den Niederlanden. Die dort verhafteten Widerständler*innen stellten ab 1943 den größten Teil der KZ-Insass*innen. Viele erlebten das Kriegsende nicht mehr.

Die brutalen deutschen Repressionen vermochten es nicht, den Widerstand einzudämmen. Im Gegenteil: Willkürakte und brutale Besatzergewalt trieben weitere Menschen in den Widerstand, insbesondere in der zweiten Kriegshälfte, als absehbar wurde, dass das Deutsche Reich den Krieg verlieren würde.

Es bleibt festzuhalten: Widerstand gegen den Nationalsozialismus regte sich vor allem in den besetzten Gebieten, auch wenn er weniger dem Nationalsozialismus als der deutschen Besatzungsherrschaft galt. Innerhalb des Deutschen Reiches spielte Widerstand eine kleinere, aber nicht zu unterschätzende Rolle. Die Durchsetzung von Vernichtungskrieg und Holocaust vermochte der Widerstand im Deutschen Reich

zwar nicht zu verhindern. Resistenz bewirkte jedoch, dass sich der totalitäre Geltungs-
anspruch von Ideologie und Praxis nicht umfassend durchsetzen konnte. Konkreten
Widerstandshandlungen ist es zudem zu verdanken, dass Tausende politisch oder rassistisch Verfolgte gerettet werden konnten, indem einzelne Mutige oder auch Gruppen
ihnen halfen, sich zu verstecken, sie mit falschen Papieren ausstatteten oder sie ins
Ausland schleusten. Ohne Zweifel haben es die Menschen, die gegenüber dem Nationalsozialismus mutig Widerstand leisteten, verdient, gesellschaftlich und politisch
stärker gewürdigt zu werden, und das nicht nur an Gedenktagen wie dem 20. Juli
oder an den Jahrestagen der Befreiung der Konzentrationslager. In der Gedenkstättenarbeit kommt ein wichtiger didaktischer Punkt hinzu, liegt doch im Blick auf widerständiges und abweichendes Verhalten ein wichtiges akteursorientiertes Potential. Sicherlich ist es wichtig zu analysieren, welche Bevölkerungsgruppen sich aus welchen
Gründen an den NS-Verbrechen beteiligten oder sie sogar eigeninitiativ vorantrieben.
Doch diese Frage lässt sich erst dann richtig beantworten, wenn man darauf blickt,
wer sich *nicht* beteiligte oder sich sogar aktiv widersetzte.

Thema Widerstand in der Gedenkstättenarbeit

Die Themen Widerstand und Resistenz müssen deshalb auch in den Gedenkstätten
wieder eine wichtigere Rolle spielen. Für die Bildungsarbeit in den Gedenkstätten an
den Orten ehemaliger Konzentrationslager bedeutet das zudem, die Häftlinge nicht
nur als Opfer, sondern auch als Akteur*innen wahrzunehmen, die – wenn auch sehr
begrenzt – durchaus Handlungsoptionen hatten. In dieser Perspektive ist die Geschichte der NS-Verfolgung im Allgemeinen und der Konzentrationslager und ihrer Insass*innen im Besonderen nicht nur als Leidensgeschichte zu erzählen, sondern auch
als eine von Selbstbehauptung, Eigensinn und Widerstand.

 Historisch-politische Bildung in den Gedenkstätten zielt auf die Stärkung von historischem Urteilsvermögen und die Ausprägung eines reflexiven Geschichtsbewusst-
seins. Das schließt aus, dass in Gedenkstätten Heilslehren verkündet werden. Es geht
nicht um Indoktrination oder affirmative Bekenntnisse zu Demokratie und Menschenrechten, sondern um wissenschaftlich und ethisch fundierte Reflexion über die Vergangenheit und damit auch über die Gegenwart. Das bedeutet, dass zum Thema Widerstand keine Heldengeschichten erzählt werden. Vielmehr geht es um die historische Rekontextualisierung biografischer Zugänge, es geht um die Grautöne. Gerade
sperrige Biografien regen zum Nachdenken an. Ein Beispiel ist der Bauhaus-Schüler
Franz Ehrlich, der als politischer Häftling in das KZ Buchenwald eingewiesen wurde
und dort im Auftrag der SS das Lagertor mit der Inschrift „Jedem das Seine" entwarf
und dabei der SS möglicherweise eine „entartete" Schrifttype unterjubelte. Später
wurde Ehrlich entlassen und war dann als Mitarbeiter der SS-Bauleitung in Buchenwald tätig, hatte also gewissermaßen die Seiten gewechselt. Nach dem Ende der NS-

Diktatur machte er wiederum als staatsnaher Designer und Architekt in der DDR Karriere.[39] Ehrlichs Biografie lässt sich nicht in Schwarz-Weiß-Mustern erzählen. Sie spiegelt die ganze Ambivalenz des Verhaltens in der NS-Diktatur zwischen Widerstand und Anpassung.[40] Genau dies in den Blick zu nehmen hat aber didaktisches Potential.

Das gilt auch für das schwierige Thema der politischen Funktionshäftlinge, die ständig im Spannungsfeld zwischen Widerstand und Kollaboration mit der SS agierten bzw. agieren mussten. Nach der schrill geführten öffentlichen Diskussion um die „roten Kapos" in den 1990er Jahren hat es dazu kaum noch Forschungen gegeben, jedenfalls nicht zum Widerstand in Buchenwald. Fast 30 Jahre später ist es an der Zeit, die Geschichte des Widerstandes im KZ Buchenwald und damit auch der politischen Funktionshäftlinge noch einmal komplett gegen den Strich zu bürsten – auch auf neuer Quellengrundlage, nachdem u. a. die Bestände der Arolsen Archives mittlerweile vollständig zugänglich sind (vieles sogar online), was in den 1990er Jahren nicht der Fall war. Zudem kann heute, mehr als 30 Jahre nach ihrem Ende, vielleicht etwas unaufgeregter auf die DDR und ihre Geschichtsbilder geblickt werden. Und es muss auch die Tradierung des Themas Widerstand in der alten Bundesrepublik kritisch in den Blick genommen werden.

Schließlich ist, wenn über den Widerstand in den Konzentrationslagern gesprochen wird, deutlich zu machen, dass es dabei nicht nur um Widerstandshandlungen im KZ selbst geht, sondern auch darum, dass Hunderttausende Menschen aus ganz Europa in die Konzentrationslager verschleppt wurden, weil sie *vor* der Verhaftung Widerstand geleistet oder sich unangepasst gezeigt hatten. Dabei ist begriffliche Klarheit gefordert. Opposition, Distanz, Nonkonformität, Selbstbehauptung, Ungehorsam, Unbotmäßigkeit, Dissidenz, Resistenz, Verweigerung, Auflehnung, Widerstand – die Liste der Begriffe für Verhaltensformen im Nationalsozialismus zwischen Nicht-Mitmachen und aktivem Agieren gegen das Regime ist lang. Gemeinsam ist den genannten Verhaltensformen, dass sie sich gegen den Totalitätsanspruch des NS-Regimes richteten.

Zu wenig Beachtung fanden bislang – jenseits internationalistischer Mythen der DDR – transnationale Formen von Widerstand und Selbstbehauptung im Konzentrationslager. Ein beeindruckendes Beispiel ist eine handschriftliche Lagerzeitung, die polnische politische Häftlinge im Außenlager Holzen des KZ Buchenwald zum polnischen Nationalfeiertag am 11. November 1944 heimlich anfertigten und im Lager zirkulieren

---

39 Vgl. Friedrich von Borries/Jens-Uwe Fischer, Gefangen in der Titotalitätsmaschine. Der Bauhäusler Franz Ehrlich, Berlin 2022.

40 Das zeigt auch der Blick auf zahlreiche andere Bauhaus-Schüler*innen und -Dozent*innen, deren Biografien im Nationalsozialismus in einem ambivalenten Spannungsfeld zwischen Anpassung und Widerstand angesiedelt waren; vgl. Anke Blümm/Elizabeth Otto/Patrick Rössler (Hrsg.), Bauhaus und Nationalsozialismus. Katalog zur Ausstellung im Museum Neues Weimar, Bauhaus-Museum Weimar und Schiller-Museum, München 2024.

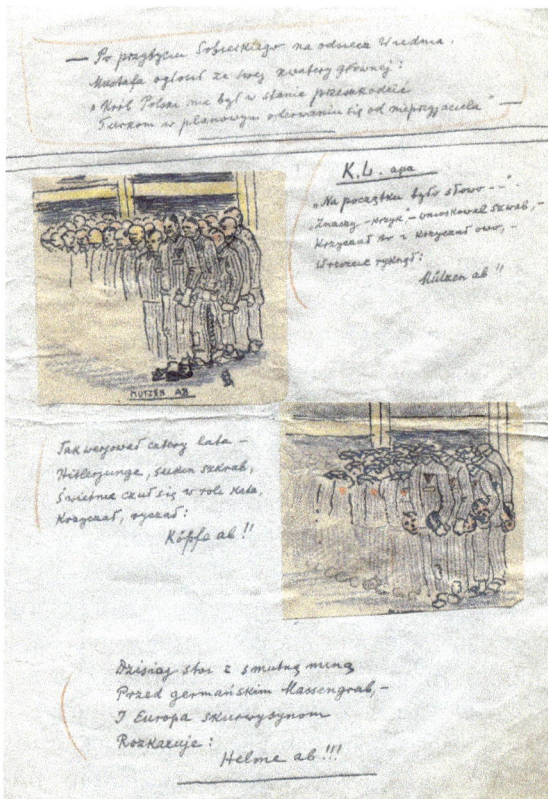

Abb. 1: Gedicht „KZ-Pleite", 11. November 1944. Muzeum Teatralne we Warszawie. Unter Lebensgefahr fertigten polnische politische Häftlinge des KZ-Außenlagers Holzen (Kreis Holzminden) zum polnischen Nationalfeiertag am 11. November 1944 eine handschriftliche Zeitung an, die sie heimlich herumreichten. Die Zeitung enthielt vor allem Spottgedichte gegen die SS und die Deutschen, so auch das Gedicht „KZ-Pleite". Die Illustrationen stammen von dem französischen Häftling und Résistance-Kämpfer Camille Delétang.

Übersetzung des Gedichtes „K. L. apa":

K. L. Pleite„Am Anfang war das Wort..."

das bedeutet Schrei, schloss der Schwabe.

Er hat dies geschrien, er hat jenes geschrien, –

Und am Ende hat er gebrüllt:

Mützen ab!!

So hat er vier Jahre geschrien –

Hitlerjunge, Hundesohn,

Er hat sich prima in der Rolle des Scharfrichters gefühlt,

Er hat geschrien, hat gebrüllt:

Köpfe ab!!

Heute steht er mit trauriger Fratze

vor dem germanischen *Massengrab*, –

Und Europa befiehlt

den Hurensöhnen:

Helme ab!!!

ließen. Die Zeitung enthielt u. a. Spottgedichte auf die SS, illustriert von einem französischen Häftling, dem Résistance-Kommandeur Camille Delétang. Polen und Franzosen lehnten sich damit gedanklich gemeinsam gegen die SS auf, und gemeinsam halfen sie jüdischen Mithäftlingen zu überleben.[41] Das erst vor gut zehn Jahren wieder aufgefundene Material verweist im Übrigen auf den großen Wert, den Kunst aus den Konzentrationslagern als Quelle (und nicht nur als Illustration) und damit auch als didaktisches Material hat.[42]

Zwar kann der Widerstand in Europa nur in Ansätzen als transnationale Erfahrung bezeichnet werden. Zu sehr beschränkte sich der Bezugsrahmen in den meisten Fällen auf das jeweils eigene Land (bzw. im Konzentrationslager auf die eigene nationale Häftlingsgruppe). Gleichwohl sorgten die Widerstandsgruppen in den besetzten Ländern zusammen mit den alliierten Streitkräften gemeinsam dafür, dass das nationalsozialistische Deutschland besiegt und Europa vom Nationalsozialismus befreit wurde. Hierin liegt eine gemeinsame europäische Erfahrung, auf der – jenseits geschichtspolitscher Affirmation – nicht zuletzt auch die transnationalen Projekte der europäischen Einigung und der Erklärung der universalen Menschenrechte fußen. Es ist eine Erfahrung, die angesichts des Abschieds von der Zeitzeug*innenschaft, aber auch wegen des zunehmenden Nationalismus in Europa zu verblassen droht – auch das ist Grund genug für die Gedenkstätten wie auch die gesamte Gesellschaft, dem Thema Widerstand im vom nationalsozialistischen Deutschland besetzten Europa breiteren Raum zu widmen. Wenn das mit begrifflicher Klarheit, quellengestützt und immer aus der konkreten Geschichte heraus argumentierend gemacht wird, kann die Auseinandersetzung mit sperrigen Biografien einen großen didaktischen Mehrwert mit Gegenwartsbezug haben: Es kann dann tatsächlich aus der Geschichte gelernt werden, und zugleich können diejenigen gewürdigt und neu entdeckt werden, die sich gegen das NS-Regime aufgelehnt haben und von denen viele heute – man denke an den eingangs erwähnten Heinrich Jasper – weitgehend vergessen sind.

Literaturverzeichnis

Abgeleitete Macht – Funktionshäftlinge zwischen Widerstand und Kollaboration, Beiträge zur Geschichte der nationalsozialistischen Verfolgung, Bd. 4, hrsg. v. KZ-Gedenkstätte Neuengamme, 1998.

---

41 Vgl. Jens-Christian Wagner (Hrsg.), Wiederentdeckt. Zeugnisse aus dem Konzentrationslager Holzen, Begleitband zur Wanderausstellung, Göttingen 2013, sowie derselbe, Wiederentdeckt. Selbstzeugnisse zum Widerstand von KZ-Häftlingen, in: Tilman Siebeneicher (Hrsg.), Selbstentwürfe. Neue Perspektiven auf die politische Kulturgeschichte des Selbst im 20. Jahrhundert, Göttingen 2021, S. 71–88.
42 Vgl. Ella Falldorf, Mit Pinsel und Spaten. Visuelle Kommentare zur Zwangsarbeit unter Künstlern des KZ Buchenwald, in: Reflexionen. Jahresmagazin der Stiftung Gedenkstätten Buchenwald und Mittelbau-Dora, Jg. 4 (2024), S. 68–74.

Altmeyer, Thomas/Prein, Gabriele, Frauen im Widerstand, in: Jahresbericht 2016 der Stiftung niedersächsische Gedenkstätten, Schwerpunktthema: Widerstand gegen den Nationalsozialismus, Celle 2017, S. 17–23.

Baumann, Ulrich/Koch, Magnus (Hrsg.), Was damals Recht war… – Soldaten und Zivilisten vor Gerichten der Wehrmacht, Berlin 2008.

Blaschke, Olaf, Die Kirchen und der Nationalsozialismus, Stuttgart 2014.

Blümm, Anke/Otto, Elizabeth/Rössler, Patrick (Hrsg.), Bauhaus und Nationalsozialismus. Katalog zur Ausstellung im Museum Neues Weimar, Bauhaus-Museum Weimar und Schiller-Museum, München 2024.

Borries, Friedrich von/Fischer, Jens-Uwe, Gefangen in der Titotalitätsmaschine. Der Bauhäusler Franz Ehrlich, Berlin 2022.

Coppi, Hans/Danyel, Jürgen/Tuchel, Johannes (Hrsg.), Die Rote Kapelle im Widerstand gegen den Nationalsozialismus, Berlin 1994.

Czollek, Max, Versöhnungstheater, München 2023.

Falldorf, Ella, Mit Pinsel und Spaten. Visuelle Kommentare zur Zwangsarbeit unter Künstlern des KZ Buchenwald, in: Reflexionen. Jahresmagazin der Stiftung Gedenkstätten Buchenwald und Mittelbau-Dora, Jg. 4 (2024), S. 68–74.

Florath, Bernd, Die Europäische Union, in: Johannes Tuchel (Hrsg.), Der vergessene Widerstand. Zur Realgeschichte und Wahrnehmung des Kampfes gegen die NS-Diktatur, Göttingen 2005 [= Dachauer Symposien zur Zeitgeschichte, Bd. 5], S. 114–139.

Fröhlich, Claudia, „Wider die Tabuisierung des Ungehorsams". Fritz Bauers Widerstandsbegriff und die Aufarbeitung von NS-Verbrechen, Frankfurt/M. 2006.

Gailus, Manfred, Keine gute Performance. Die deutschen Protestanten im „Dritten Reich", in: Manfred Gailus/Armin Nolzen (Hrsg.), Zerstrittene „Volksgemeinschaft". Glaube, Konfession und Religion im Nationalsozialismus, Göttingen 2011, S. 96–121.

Gilzmer, Mechthild (Hrsg.), Widerstand und Kollaboration in Europa, Münster 2004.

Goldhagen, Daniel Jonah, Hitlers willige Vollstrecker. Ganz gewöhnliche Deutsche und der Holocaust, Berlin 1996.

Hašimbegović, Elma/Moll, Nicolas/Pejaković, Ivo (Hrsg.), Wer ist Walter? International Perspectives on Resistance in Europe during World War II, Sarajevo 2024.

Hartmann, Christian/Hürter, Johannes/Jureit, Ulrike (Hrsg.), Verbrechen der Wehrmacht. Bilanz einer Debatte, München 2005.

Heinemann, Winfried, Der militärische Widerstand und der Krieg, in: Das Deutsche Reich und der Zweite Weltkrieg, Bd. 9/1, München 2004, S. 743–892.

Herbert, Ulrich, Fremdarbeiter. Politik und Praxis des „Ausländer-Einsatzes" in der Kriegswirtschaft des Dritten Reiches, Berlin–Bonn 1985.

Heyl, Matthias, „Conflicting memories". Vom Nutzen pädagogischer Erinnerungsarbeit im „Global Village", in: Rudolf Leiprecht/Anne Kerber (Hrsg.), Schule in der Einwanderungsgesellschaft, Schwalbach/Taunus 2005, S. 192–217.

Kershaw, Ian, Der NS-Staat. Geschichtsinterpretationen und Kontroversen im Überblick, Reinbek bei Hamburg 1994.

Klönne, Arno, Jugendliche Opposition im „Dritten Reich", Erfurt ²2013.

Knigge, Volkhard, „Opfer, Tat, Aufstieg". Vom Konzentrationslager Buchenwald zur Nationalen Mahn- und Gedenkstätte der DDR, in: Volkhard Knigge/Jürgen Maria Pietsch/Thomas A. Seidel (Hrsg.), Versteinertes Gedenken. Das Buchenwalder Mahnmal von 1958, Bd. 1, Leipzig 1997, S. 5–95.

Knigge, Volkhard/Lüttgenau, Rikola-Gunnar/Wagner, Jens-Christian (Hrsg.), Zwangsarbeit. Die Deutschen, die Zwangsarbeiter und der Krieg, Essen 2012.

Lustiger, Arno, Zum Kampf auf Leben und Tod! Vom Widerstand der Juden 1933–1945, Köln 2003.

Meier, Kurt, Kreuz und Hakenkreuz. Die evangelische Kirche im Dritten Reich, überarbeitete Neuauflage, München 2001.

Neumann-Thein, Philipp, SS-Terror, Häftlingswiderstand, Selbstbefreiung. Welche Geschichtsbilder die DDR-Darstellung des KZ Buchenwald prägt(e), in: Reflexionen. Jahresmagazin der Stiftung Gedenkstätten Buchenwald und Mittelbau-Dora, Jg. 4 (2024), S. 92–103.

Niethammer, Lutz, Der „gesäuberte" Antifaschismus. Die SED und die roten Kapos von Buchenwald, Berlin 1994.

Ringshausen, Gerhard, Widerstand und Antisemitismus. Der Fall Carl-Heinrich von Stülpnagel, in: Kirchliche Zeitgeschichte/Contemporary Church History 27 (2014), S. 144–162.

Rousso, Henry, Frankreich und die „dunklen Jahre": Das Regime von Vichy in Geschichte und Gegenwart, Göttingen 2010.

Schneider, Michael, In der Kriegsgesellschaft. Arbeiter und Arbeiterbewegung 1939 bis 1945, Bonn 2014.

Schneider, Michael, Unterm Hakenkreuz. Arbeiter und Arbeiterbewegung 1933–1939, Bonn 1999.

Spoerer, Mark, Zwangsarbeit unter dem Hakenkreuz. Ausländische Zivilarbeiter, Kriegsgefangene und Häftlinge im Deutschen Reich und im besetzten Europa 1939–1945, Stuttgart 2001.

Strobl, Ingrid, „Sag nie, Du gehst den letzten Weg." Frauen im bewaffneten Widerstand gegen Faschismus und deutsche Besatzung, Frankfurt/M. 2016.

Thimm, Barbara/Kößler, Gottfried/Ulrich, Susanne (Hrsg.), Verunsichernde Orte. Selbstverständnis und Weiterbildung in der Gedenkstättenpädagogik, Frankfurt/M. 2010.

Ueberschär, Gerd R. (Hrsg.), Der 20. Juli 1944. Bewertung und Rezeption des deutschen Widerstandes gegen das NS-Regime, Köln 1994.

Ueberschär, Gerd R. (Hrsg.), Handbuch zum Widerstand gegen Nationalsozialismus und Faschismus in Europa 1933/39 bis 1945, Berlin 2011.

Wachsmann, Nikolaus, KL. Die Geschichte der nationalsozialistischen Konzentrationslager, München 2015.

Wagner, Jens-Christian (Hrsg.), Wiederentdeckt. Zeugnisse aus dem Konzentrationslager Holzen, Begleitband zur Wanderausstellung, Göttingen 2013.

Wagner, Jens-Christian, Widerstand gegen den Nationalsozialismus – ein Überblick, in: Jahresbericht 2016 der Stiftung niedersächsische Gedenkstätten, Celle 2017, S. 6–16.

Wagner, Jens-Christian, Wiederentdeckt. Selbstzeugnisse zum Widerstand von KZ-Häftlingen, in: Tilman Siebeneicher (Hrsg.), Selbstentwürfe. Neue Perspektiven auf die politische Kulturgeschichte des Selbst im 20. Jahrhundert, Göttingen 2021, S. 71–88.

Wagner, Jens-Christian, Widerstand gegen den Nationalsozialismus in Europa – eine transnationale Erfahrung?, in: Reflexionen, Jahresmagazin der Stiftung Gedenkstätten Buchenwald und Mittelbau-Dora, Jg. 2 (2022), S. 48–57.

Wagner, Jens-Christian, Aus dem Ruder gelaufen. Das Instagram-Projekt „Ich bin Sophie Scholl", in: Stiftung Erinnerung, Verantwortung, Zukunft, Debattenbeitrag zum Instagram-Projekt „Ich bin Sophie Scholl", 31.3.2022, www.stiftung-evz.de/wer-wir-sind/neuigkeiten-aus-der-stiftung/neuigkeit/instagram-projekt-ichbinsophiescholl-ein-debattenbeitrag/ [29.3.2024].

Wagner, Jens-Christian, „Roter Winkel". Politische Häftlinge im KZ Bergen-Belsen, in: Elke Gryglewski (Hrsg.), Perspektiven der NS-Geschichte. Zur Bedeutung von Überlebenden, Verfolgung von Minderheiten und Religiosität in den Lagern sowie zum Umgang nach 1945, Göttingen 2023, S. 102–112.

Wagner, Jens-Christian, Historische Urteilskraft stärken. Gedenkstättenarbeit in einer sich wandelnden Gesellschaft, in: Manuel Köster/Holger Thünemann (Hrsg.), Geschichtskulturelle Transformationen. Kontroversen, Akteure, Zeitpraktiken, Köln 2024, S. 375–396.

Wildt, Michael, „Volksgemeinschaft", Version: 1.0, in: Docupedia-Zeitgeschichte, 3.6.2014, docupedia.de/zg/wildt_volksgemeinschaft_v1_de_2014, DOI: dx.doi.org/10.14765/zzf.dok.2.569.v1 [29.3.2024].

Ina Markova

Biografisch arbeiten: Reden und Schweigen der Quellen am Beispiel der politischen Biografie Tilly Spiegels

In diesem Beitrag möchte ich die Entstehungsgeschichte meiner Biografie über die in der kommunistischen Arbeiter*innenbewegung verankerte Widerstandskämpferin Tilly Spiegel[1] im forschungs- und geschichtspolitischen Kontext verorten. Der zweite Teil des Beitrags gibt einen Einblick in die Begrenzungen, welche die zur Verfügung stehenden Quellen beim Schreiben von Biografien abstecken. Der letzte Teil nennt Bereiche des Nichtwissens, der Vermutungen, der Fehler, die beim Schreiben von Biografien unweigerlich gemacht werden.

Über Persönlichkeiten des Widerstands zu schreiben ist heute fast schon eine Selbstverständlichkeit. Seltener werden hingegen Menschen, die mit der Arbeiter*innenbewegung in Verbindung standen, biografisch gewürdigt. Dies war mitnichten immer so und ist auf Verschiebungen im vorherrschenden gesellschaftlichen Diskurs zurückzuführen, die beispielsweise im Zuge des 2. Hans-Hautmann-Kolloquiums thematisiert wurden. Die Erwähnung dieser Veranstaltung ermöglicht zweierlei: Einerseits erlaubt der Verweis auf das Hautmann-Kolloquium, einen wichtigen Historiker zu erwähnen, der auch mit dem Dokumentationsarchiv des österreichischen Widerstandes eng verbunden war.[2] Andererseits möchte ich die Veranstaltungsankündigung aufgreifen, weil sie mit wenigen Worten große realpolitische und damit verbunden gesellschafts- und forschungspolitische Veränderungen skizzierte:

> Der Stellenwert der Arbeiterbewegungsgeschichte hat sich in den letzten Jahrzehnten grundlegend geändert. Ende der 1960er Jahre hat ihre Erforschung in Österreich einen großen Aufschwung genommen. Arbeiterbewegungsgeschichte wurde zu einem alternativen Wissenschaftsparadigma, nicht zuletzt aufgrund der Publikationsreihen des Ludwig-Boltzmann-Instituts in Linz, wo auch Hans Hautmann tätig war. In den 1970er und 1980er Jahren griff die Arbeitergeschichte verstärkt Anregungen der Sozialgeschichte auf. Es folgte eine Ausweitung des Themenspektrums hin zur „Geschichte von unten". Mit der „Wende" in Osteuropa in den Jahren 1990/91 geriet auch die Geschichtsschreibung der Arbeiterbewegung in die Krise. Seither hat sich der wissenschaftliche Mainstream von der Sozial- zur Neuen Kulturgeschichte verschoben. Heute ist die Arbeitergeschichte weitgehend in der Kulturgeschichte aufgegangen.[3]

---

1 Ina Markova, Tilly Spiegel. Eine politische Biografie, Wien 2019.

2 Von der Arbeiterbewegungsgeschichte zur Neuen Kulturgeschichte. Bilanz und Perspektiven. 2. Hans-Hautmann-Kolloquium, 14.11.2023, Bibliothek der Arbeiterkammer Wien, klahrgesellschaft.at/Hautmann_Kolloquium2.html [20.5.2024].

3 ihsf.at/Veranstaltungen/Veranstaltungen/VA_2023/2023-11-14_2.-Hans-Hautmann-Kolloquium.html [20.5.2024].

∂ Open Access. © 2024 Ina Markova, publiziert von De Gruyter. (cc) BY-NC-ND Dieses Werk ist lizenziert unter einer Creative Commons Namensnennung – Nicht-kommerziell – Keine Bearbeitung 4.0 International Lizenz.
https://doi.org/10.1515/9783111378411-004

Tatsächlich hat sich der Mainstream in den Geschichtswissenschaften eindeutig zu den Kulturwissenschaften verschoben – nicht zu den Cultural Studies mit den englischen Schlagwörtern *class, race, and gender*, sondern kulminierend im Paradigma „Gedächtnis" der Kulturwissenschaften. Das hat mit dem postulierten „Ende der Geschichte" und forschungspolitischen Grundsatzentscheidungen (was wird gefördert, was nicht) zu tun. Es sollte aber machbar sein, Konzepte aus beiden Bereichen – Geschichte der Arbeiter*innenbewegung und Kulturwissenschaften/Gedächtnisforschung – sinnvoll zu verweben. In der Folge gehe ich entlang des Begriffs der „Geschichtspolitik"[4] den folgenden Fragen nach: Warum werden manche Geschichten erzählt, andere nicht? Warum und wann werden welche Arbeiten finanziert? Welche persönlichen Interessen und welche gesellschaftlichen Rahmenbedingungen und finanziellen Fördermechanismen können dahinter ausgemacht werden?

1 Geschichtspolitische Rahmung

Generell hat die Biografieforschung in Österreich an Bedeutung gewonnen. Biografien über politisch aktive Frauen stellen hingegen nach wie vor ein Desiderat dar, wenngleich sie in den letzten Jahren mehr Aufmerksamkeit erhalten haben. Gerade Kommunist*innen sind zuletzt stärker beachtet worden. Deren von Historiker*innen „entdeckten" Memoiren sind spannende Zeitdokumente und zeugen vom unerschütterlichen Glauben an die Möglichkeit gesellschaftlicher Veränderung, trotz Repressionen seitens autoritärer und faschistischer Diktaturen und – für das Selbstverständnis schwerwiegender – trotz der Verbrechen im Namen des Kommunismus, die den eigenen Glauben oft schwer erschütterten.

Meine Biografie über Tilly Spiegel erschien 2019. Spiegel wurde 1906 als Tochter jüdischer Eltern in der Bukowina geboren und kam mit ihrer Familie nach dem Ersten Weltkrieg nach Wien. Wahrscheinlich 1927 schloss sie sich dem Kommunistischen Jugendverband, wenig später der KPÖ an. Sie nahm bald zahlreiche Funktionen innerhalb des Parteiapparats ein. Bereits unter der Dollfuß-Schuschnigg-Diktatur verbrachte sie zwei Jahre im Gefängnis, einzige Zeit davon auch in Einzelhaft. Im Dezember

---

4 Vgl. u. a. Claudia Fröhlich/Horst-Alfred Heinrich (Hrsg.), Geschichtspolitik. Wer sind ihre Akteure, wer ihre Rezipienten?, Stuttgart 2004; Wolfgang Hardtwig (Hrsg.), Geschichtsbilder und Geschichtspolitik, Göttingen 1998; Horst-Alfred Heinrich/Michael Kohlstruck (Hrsg.), Geschichtspolitik und sozialwissenschaftliche Theorie, Stuttgart 2008; Oliver Marchart, Das historisch-politische Gedächtnis. Für eine politische Theorie kollektiver Erinnerung, in: Christian Gerbel (Hrsg.), Transformationen gesellschaftlicher Erinnerung. Studien zur „Gedächtnisgeschichte" der Zweiten Republik, Wien 2005 [= Kultur. Wissenschaften, Bd. 9], S. 21–49; Günther Sandner, Hegemonie und Erinnerung. Zur Konzeption von Geschichts- und Vergangenheitspolitik, in: Österreichische Zeitschrift für Politikwissenschaft 30 (2001) 1, S. 5–17; Harald Schmid (Hrsg.), Geschichtspolitik und kollektives Gedächtnis. Erinnerungskulturen in Theorie und Praxis, Göttingen 2009 [= Formen der Erinnerung, Bd. 41].

Abb. 1: Tilly Spiegel im Kreise ihrer Eltern und Geschwister, 1932. Obere Reihe von links nach rechts: Toni, Betty, Leo; untere Reihe von links nach rechts: Hermann, Tilly, Vater Karl (Chaim) und Mutter Hilde; Schwester Dinah ist zu diesem Zeitpunkt bereits seit fünf Jahren in Palästina. Privatarchiv Ilan Reisin.

1937 wurde sie in der Schweiz inhaftiert, weil sie den Grenzübertritt von österreichischen Freiwilligen für den Spanischen Bürgerkrieg organisierte. Von St. Gallen aus wies man sie im Mai 1938 nach Paris aus. Nach dem Einmarsch der Wehrmacht in die Sowjetunion schloss sie sich der Résistance an, wo sie in einer führenden Rolle im *Travail allemand*, im Widerstand deutschsprachiger Kommunist*innen, involviert war. Die politische Linie der österreichischen Kommunist*innen wurde mit der Main d'œuvre immigrée (MOI), der an ausländische Arbeiter*innen gerichteten Vorfeldorganisation der französischen kommunistischen Partei (PCF), abgestimmt. Die deutschsprachigen Kommunist*innen organisierten unter Anleitung von MOI und PCF in der Folge den Travail allemand (TA), der zum Ziel hatte, Informationen von Wehrmachtssoldaten zu erhalten oder diese durch gezielte Agitation zu einem Bruch mit dem NS-Regime zu bewegen. Die Organisation des TA war nach Regionen und Gebieten aufgebaut, die meist mit den französischen Departement-Grenzen übereinstimmten. Die einzelnen „Sektionen" arbeiteten selbstständig innerhalb dieser Gebiete, standen aber über die interregionalen Instrukteur*innen („Inter") mit den jeweils für die Region Verantwortlichen in engem Kontakt. Im Jänner 1942 wurde Spiegel „Inter": Die „Inter" organisierten die Materialherstellung, hielten die Verbindung zu den „Eingebauten", zu den in diverse deutsche Dienststellen Eingeschleusten, zu anderen „Inter“ sowie zu den Leitungen in Brüssel, Paris und Lyon aufrecht, arrangierten Verstecke von Deserteuren oder den Kontakt mit dem französischen Untergrund.

Nach der NS-Zeit kehrte Spiegel nach Wien zurück, wo sie zwar wieder Aufgaben in der Wiener Stadtleitung der KPÖ übernahm, aber keine führende Rolle wie in den 1930er und 1940er Jahren mehr erreichen sollte. Viele Jahrzehnte unerschütterliche Parteigängerin der KPÖ, manifestierte sich bei ihr ab Anfang der 1960er-Jahre verstärktes Unbehagen ob der Umklammerung durch die große Moskauer Schwesterpartei. Wie viele andere brach sie im Zuge der Niederschlagung des „Prager Frühlings“ und der darauffolgenden Debatten innerhalb der KPÖ mit der Partei, die ihr mehr als 40 Jahre Heimat gewesen war.

Neben ihrer Parteiarbeit hatte sie sich als eine der ersten ehrenamtlichen Mitarbeiter*innen an der Aufbauarbeit des DÖW beteiligt. Dieses Engagement setzte sie bis zu ihrem Tod im Jahre 1988 fort.

Spiegel betrafen mehrfache Ausschlussmechanismen: Sie war Jüdin, Frau, Linke – und schließlich auch „exkommunizierte“ Kommunistin. Je nach gesellschaftlicher und politischer Verfasstheit waren mit diesen Kategorien sehr unterschiedliche Bedrohungs- bzw. Diskriminierungserfahrungen verbunden, Begriffe, auf die ich noch eingehen werde.

Dass Arbeiter*innengeschichte nicht mehr ein Stachel im herrschenden Geschichtsnarrativ ist, nicht mehr ein „alternatives Wissenschaftsparadigma“ darstellt, kann man bedauern, man kann es aber auch pragmatisch als Chance sehen bzw. nachträglich als solche identifizieren. Für Biografieprojekte über Kommunist*innen hatte das Erkalten des einstigen geschichtspolitischen Konfliktfelds des kommunistischen Widerstands bzw. weitergehend überhaupt der kommunistischen Arbeiter*innenbewegung eine Finanzierung seitens der Republik überhaupt erst möglich gemacht und so wurde das Buch über Tilly Spiegel im Rahmen des Gedenkjahres 2018 vom Bundeskanzleramt gefördert. Emotionales *Fading out*, das Schwinden der gefühlsmäßigen Aufladung bei vielen einst heiß diskutierten geschichtspolitischen Themen, hat es Heidemarie Uhl genannt.[5] Arbeiter*innenbewegung, gerade auch die kommunistische, scheint keine Bedrohung mehr zu sein, vor allem in der Fokussierung auf den Widerstand gegen den Nationalsozialismus.

In den 1960er Jahren, als die den Parteien nahestehende Historiografie den Widerstand der politischen Gegner*innen jeweils minimierte oder gar ignorierte, sah das noch ganz anders aus. Exemplarisch lässt sich das am Beispiel des „Regierungsprojekts“ verdeutlichen, welches die Große Koalition zum 20. Jahrestag der Wiedererrichtung Österreichs im April 1965 initiierte. Außenminister Bruno Kreisky regte im Fe-

---

5 Heidemarie Uhl, Der „österreichische Freiheitskampf“. Zu den Transformationen und zum Verblassen eines Narrativs, in: Helmut Kramer/Karin Liebhart/Friedrich Stadler (Hrsg.), Österreichische Nation – Kultur – Exil und Widerstand. In memoriam Felix Kreissler, Wien 2006 [= Emigration – Exil – Kontinuität, Bd. 6], S. 303–312, hier S. 305.

bruar 1962 an, ein „Ministerkomitee für die Herausgabe einer geschichtlichen Darstellung über den Beitrag Österreichs zu seiner Befreiung im Sinne der Moskauer Deklaration" einzurichten. Mit der Durchführung beauftragte man Ludwig Jedlicka; als Mitarbeiter stellte man ihm Friedrich Heer an die Seite, später involvierte man auf Jedlickas ausdrücklichen Wunsch das 1963 gegründete DÖW, das generell in den kommenden Jahrzehnten eine bedeutende Rolle bei der Erforschung auch des kommunistischen Widerstands spielen sollte. In den darauf folgenden Jahren arbeitete man sowohl am Projekt als auch gegen das Projekt: Weder gab das Innenministerium für die Arbeit zentrale Gestapo-Akten frei, noch konnte man sich auf den Umgang mit der Namensnennung der beteiligten Personen – allen voran der Täter und Täterinnen – einigen. Obwohl im März 1965 bereits ein 950 Seiten starkes Manuskript vorlag, wurde dieses nicht publiziert; letzlich sind die Gründe für diese Entscheidung nicht bekannt. Parallel dazu betrieben Christian Broda sowie Bruno Kreisky eine Reihe namens „Das einsame Gewissen". Der Historikerin Maria Szécsi, die in diesem Rahmen über die Prozesse gegen Widerstandskämpfer*innen im Wiener Landesgericht arbeitete, riet Kreisky damals, keine kommunistischen Publikationen der Gegenwart als Quellen zu verwenden. Dem Wunsch, den Teil über den kommunistischen Widerstand zu kürzen, kam die Autorin ebenfalls nach.[6] Hätte man Forschenden daher Ende der 1960er Jahre prophezeit, dass die Republik 60 Jahre später Biografien über Kommunist*innen nicht nur finanzieren, sondern sie im geschichtspolitisch relevanten Kontext eines Gedenkjahres publizieren würde – wohl niemand hätte es für möglich gehalten.

Tatsächlich reiht sich die Biografie über die Kommunistin Spiegel in eine Fülle von ab 2018 finanzierten Projekten ein, mit denen die österreichische Republik Aussagen über ihre geschichtspolitische Verfasstheit machen wollte: Auch der Widerstand gegen den Nationalsozialismus ist integraler Bestandteil der österreichischen Geschichte, und auch kommunistischer Widerstand ist etwas, worauf man stolz zurückblicken kann. Das Gedenkjahr 2018, in dessen Zusammenhang die Finanzierung für die Publikation zustande kam, hatte staatstragenden Charakter. Der Homepage des Bundeskanzleramts kann man unter dem Titel „Gedenk- und Erinnerungsjahr 2018: Ein Rückblick. Die Republik Österreich feierte ihr 100-Jahr Jubiläum und hielt Rückschau auf eine bewegte Geschichte" folgende Grundsatzerklärung entnehmen:

---

6 Maria Szécsi/Karl Stadler, Die NS-Justiz in Österreich und ihre Opfer, Wien 1962 [= Das einsame Gewissen, Bd. 1]; Gerhard Oberkofler, Das Regierungsprojekt einer Dokumentation über den Beitrag Österreichs zu seiner Befreiung, in: Mitteilungen der Alfred Klahr-Gesellschaft (2007) 3, S. 7–17; Maria Wirth, Christian Broda. Eine politische Biographie, Wien 2011, v. a. S. 307; Wolfgang Neugebauer, Ludwig Jedlicka, Herbert Steiner und die Widerstandsforschung. Aspekte der Frühgeschichte des Instituts für Zeitgeschichte und des Dokumentationsarchivs des österreichischen Widerstandes, in: Bertrand Perz/Ina Markova (Hrsg.), 50 Jahre Institut für Zeitgeschichte der Universität Wien 1966–2016, Wien 2017, S. 62–84, v. a. S. 68–74; sowie Brigitte Halbmayr, Herbert Steiner. Auf vielen Wegen über Grenzen hinweg. Eine politische Biografie, Wien 2015 [= Enzyklopädie des Wiener Wissens, Porträts III], S. 148–151.

> Der Bundeskanzler [Sebastian Kurz] versicherte, dass sich Österreich heute seiner historischen Verantwortung bewusst sei, und „dass wir alle wissen, dass wir die Pflicht haben, zu gedenken, aber auch, dass wir in Gegenwart und Zukunft handeln müssen". Denn erst die Traumata der nationalsozialistischen Herrschaft und des Zweiten Weltkrieges haben einen radikalen Paradigmenwechsel eingeleitet, der am Beginn der Zweiten Republik vollzogen wurde. Es hat der bitteren Erfahrungen und der Katharsis der Jahre nach 1938 sowie der Schrecken des Zweiten Weltkrieges bedurft, um Österreich schätzen zu lernen. So wurde das Jahr 1945 zu einem Ausgangspunkt, von dem aus sich eine eigenständige und selbstbewusste österreichische Identität zu entwickeln begann. [...] Mit dem Bekenntnis zur eigenständigen Nation habe Österreich ein gesundes Selbstbewusstsein entwickeln können, das uns heute auch „viel geliebtes Österreich" aus ganzem Herzen sagen lasse.[7]

Widerstandskämpfer*innen wie Tilly Spiegel, die als Kommunist*innen überzeugte Patriot*innen waren, wäre ein Bekenntnis zur eigenständigen Nation Österreich nicht schwergefallen. Als der Kalte Krieg noch die dominante geopolitische Konfliktlinie war, war es allerdings nicht nur in Österreich üblich, Kommunist*innen samt und sonders als Moskau-Treue abzustempeln, selbst wenn die KPÖ einen überdurchschnittlich hohen Blutzoll im Kampf eben für dieses freie Österreich gezahlt hatte. Wenn man polemisch sein will, hatte die KPÖ die Nation Österreich ja überhaupt erst „erfunden". Immerhin war es der KPÖ-Theoretiker Alfred Klahr gewesen, der ab 1935 begann, die Theorie einer österreichischen Nation zu entwickeln, die sich fernab einer „großdeutschen" Lösung auf einem spezifisch österreichischen Weg zum Sozialismus hin entwickeln könne.[8] Den durchdringenden „Erfolg" des *Nation-Building* erlebte Klahr selbst nicht mehr: Sowohl als Kommunist als auch als Jude verfolgt, konnte er 1944 zwar aus Auschwitz flüchten, wurde aber in Warschau von der SS aufgegriffen und erschossen.[9]

Selbstverständlich hatte nicht nur die Forschungsförderung der Republik einen Einfluss auf die Entstehung der Biografie über Tilly Spiegel. Geld ist wichtig, aber nicht alles: Freilich gibt es mit dem Dokumentationsarchiv des österreichischen Widerstandes seit über 60 Jahren eine bedeutende Forschungseinrichtung, die auch mit sehr wenigen finanziellen Ressourcen wichtige Projekte zur Erforschung der NS-Vergangenheit des Landes vorangetrieben hat, dies auch zu Zeiten, als es gesellschaftlich bei Weitem nicht so gerne gesehen war, dieses Thema anzufassen. Es ist keine Zwangsläufigkeit, dass es die finanzielle Förderung des Staats braucht, um Forschung zu betreiben. Aber selbst wenn Geld nicht alles ist, so ist es eben doch auch wichtig: Es sagt sehr wohl etwas über die heutige Republik aus, wenn Geld heute auch bereitwillig in die Erforschung der NS-Zeit und des Widerstands gesteckt wird.

---

7 www.bundeskanzleramt.gv.at/bundeskanzleramt/nachrichten-der-bundesregierung/2017-2018/gedenk-und-erinnerungsjahr-2018-ein-rueckblick.html [3.1.2024].
8 Julia Köstenberger, Kaderschmiede des Stalinismus. Die Internationale Leninschule in Moskau (1926–1938) und die österreichischen Leninschüler und Leninschülerinnen, Wien 2016 [= Wiener Studien zur Zeitgeschichte, Bd. 8], S. 109.
9 www.klahrgesellschaft.at/Klahr_Leben.html [20.5.2024].

Worauf fokussiert man in der niedergeschriebenen Erzählung? Ordnet man die Geschichte chronologisch, weil es einfach und naheliegend ist? Im Gedenkjahr 2018 standen zentrale Ereignisse der österreichischen Geschichte wie die Gründung der Ersten Republik oder der „Anschluss" im Fokus. Spiegels Vita vor diesem Hintergrund der „8er-Jahre" zu lesen, war sinnvoll, wenngleich nicht zwingend notwendig. Es war das Ende des Ersten Weltkriegs 1918, das die aus der Bukowina stammenden jüdischen Eltern Spiegels nach Wien brachte. 1938 markierte der „Anschluss" eine Zäsur für die zu diesem Zeitpunkt bereits seit fünf Jahren in der Illegalität Wirkende. 1968 wiederum führte die sowjetische Niederschlagung des „Prager Frühlings" zu einer tiefgreifenden „Parteikrise" der KPÖ und einer Entfremdung der langjährigen Funktionärin. Die biografische Untersuchung ermöglichte so über die Würdigung Spiegels hinaus die Beschäftigung mit zentralen Aspekten der österreichischen Geschichte. Die Parteiengeschichte der Ersten Republik, der Bürger*innenkrieg 1934, die austrofaschistische Dollfuß-Schuschnigg-Diktatur, der Widerstand gegen die mörderische NS-Diktatur, der (politische) Wiederaufbau nach 1945 und die Rolle der KPÖ oder die Konsequenzen der Niederschlagung des „Prager Frühlings" sind nur einige Themen, die zu behandeln waren. Natürlich galt es, über die bloße Aufzählung individueller Zäsuren in einem Menschenleben hinaus einen größeren Bogen zu spannen, ist doch eine Biografie ein Konstrukt, das sich entlang gesellschaftlicher Muster formiert und transformiert.[10] Anders formuliert, entsteht eine Biografie aus der Verschränkung von Subjektivem und Gesellschaftlichem, von aktiven Handlungsentscheidungen und Zufälligkeiten. Sie ist somit nie nur individuell, aber auch nicht völlig sozial determiniert.[11] Dass die Spiegels 1918 nach Wien zogen, war nicht die einzige Handlungsoption gewesen – und gleichzeitig ist die Emigration der jüdischen Familie in die Hauptstadt der zerfallenen Habsburgermonarchie eine Entscheidung, die zehntausende Menschen trafen. Dass Tilly Spiegel bereits Ende der 1920er Jahre der KPÖ beitrat, entsprach nicht dem Mainstream – die Sozialdemokratie vermochte es damals, die überwiegende Mehrheit der Arbeiter*innenschaft an sich zu binden –, die Beweg- und familiären Hintergründe ihrer Genoss*innen waren aber überraschend ähnlich – nicht wenige kamen wie Spiegel aus ärmlichen Familienverhältnissen nach dem Ersten Weltkrieg aus den ehemaligen Kronländern wie Bukowina und Galizien nach Wien und strebten nach einer Gesellschaft, in welcher unter anderem ihre jüdische Herkunft keine Rolle spielte. Dass die junge Kommunistin in den Widerstand gegen das NS-Regime trat, entsprach der

---

10 Gabriele Rosenthal, Erzählte und erlebte Lebensgeschichte. Gestalt und Struktur biographischer Selbstbeschreibung, Frankfurt/M.–New York 1995, S. 12 f.; siehe auch: Daniela Gahleitner/Maria Pohn-Weidinger, Biografieforschung: Erzählte Lebensgeschichten als Zugang zu Vergangenem. Theoretische Annahmen und methodisches Vorgehen, in: DÖW (Hrsg.), Frauen in Widerstand und Verfolgung, Jahrbuch 2005, Wien 2005, S. 175–195, hier S. 176.
11 Wolfgang Eßbach, Über soziale Konstruktion von Biographien, in: Rita Franceschini (Hrsg.), Biographie und Interkulturalität. Diskurs und Lebenspraxis, Tübingen 2001, S. 59–68, hier S. 61.

kommunistischen Parteidirektive nach dem Bruch des Hitler-Stalin-Pakts, war aber gleichzeitig auch ihre ganz persönliche Entscheidung.

Dieses Mosaik aus Subjektivem und Gesellschaftlichem wird noch erweitert durch die Interpretation der Biografin, deren Aufgabe als Historikerin es ist, den gefundenen Spuren eine Erzählung zu geben, die durch die eigenen Forschungsinteressen und -schwerpunkte geprägt ist. Die Involviertheit der Forschenden in den Prozess der Konstruktion des biografierten Subjekts muss immer mitgedacht werden.[12] Schon die Auswahl der Person ist selten zufällig und zeugt zumindest von einem Interesse an den beschriebenen Themen sowie mitunter von einer Sympathie für die Biografierte. Dennoch gilt es selbstverständlich, sich an die grundsätzlichen Regeln des guten wissenschaftlichen Arbeitens zu halten, alle vorhandenen Quellen durchzusehen, minutiös auszuwerten und auch diejenigen Aspekte zu benennen, die man als Mensch vielleicht weniger nachvollziehen, aber als Historikerin sehr wohl einordnen kann (etwa Spiegels der KP-Linie entsprechende, zeitgenössisch positive Sicht auf den Hitler-Stalin-Pakt). Generell ist es mitunter aus historiografischer Perspektive keine leichte Aufgabe, über Widerstand zu schreiben, aus zwei Gründen: die persönliche Empathie für die Auflehnung gegen das NS-Regime einerseits, andererseits aber die hier auch schon angeschnittene Frage nach der naturgemäß dünnen Quellenlage. Es gehört zu den grundlegenden Regeln der Illegalität, kein schriftliches Material anzulegen. Widerstandskämpfer*innen sollten so wenig wie möglich voneinander wissen, um im Falle einer Verhaftung niemanden verraten zu können. Aus einleuchtenden Gründen, so der Historiker Claude Collin, gibt es zum Thema Widerstand kaum Spuren, aber immer noch sehr starke Emotionen.[13]

2 Quellenlage

Die Kommunistin Spiegel stand seit den 1930er Jahren im Visier der Behörden. Ihre Inhaftierungen produzierten viele Akten, die es erlauben, zumindest Aspekte dieser Jahre zu rekonstruieren. Hans Schafranek warnte jedoch zu Recht vor der ausschließlichen Beachtung sogenannter „Gegnerquellen" für die Erforschung einer im Untergrund wirkenden Bewegung.[14] Dennoch sind die Erkenntnisse, die man durch diese Quellen gewinnen kann, wertvoll. Selbstverständlich gibt es darüber hinaus eine Fülle anderer Dokumente, die für eine Biografiekonstruktion in Frage kommen, allen voran

---

12 Liz Stanley, The Auto/biographical I. The Theory and Practice of Feminist Auto/biography, Manchester 1995.
13 Zit. nach: Ingrid Strobl, Die Angst kam erst danach. Jüdische Frauen im Widerstand 1939–1945, Frankfurt/M. 1998, S. 25.
14 Hans Schafranek, Widerstand und Verrat. Gestapospitzel im antifaschistischen Untergrund 1938–1945, Wien 2017.

„Verzeichnisse bürokratischer Ordnungsmächte"[15], wie Personenstandsverzeichnisse, Schulzeugnisse, Steuerakten etc. Natürlich sind lebensgeschichtliche Interviews, sowohl mit Spiegel selbst als auch mit Weggefährt*innen, von großer Bedeutung. Neben Dokumenten und Unterlagen (dabei handelt es sich vor allem um Ego-Dokumente), die Spiegels nicht sehr umfangreichen Teilnachlass im DÖW entnommen werden können, sind zwei mit ihr geführte biografische Gespräche von Interesse. 1983 interviewte sie Helmut Kopetzky für sein Buch *Die andere Front. Europäische Frauen in Krieg und Widerstand 1939 bis 1945* und 1984 Hans Schafranek für das große Oral-history-Projekt des DÖW *Erzählte Geschichte*.[16] Darüber hinaus ist Spiegels wissenschaftliche Beschäftigung mit dem Widerstand in Frankreich ebenso mit persönlich gehaltenen Erinnerungen gespickt.[17] Diese Versatzstücke alleine würden jedoch das Schreiben einer Biografie nicht ermöglichen: Die in der Folge narrativ vorgenommene Verknüpfung mit Erinnerungen anderer „Genoss*innen" ist nicht nur Mittel zum Füllen von Lücken, sondern Ausdruck der großen Bedeutung parafamiliärer Strukturen wie etwa dichter Netzwerke von Freundschaften oder professioneller und politischer Beziehungen, wie sie gerade im Kontext von Frauenbiografien enorm wichtig sind.[18]

Die Frage, anhand welcher Quellen dem Biografieobjekt – und somit Subjekt des dargestellten Lebens – zu folgen ist bzw. welche Quellen überhaupt zur Verfügung stehen, ist für das Verfassen einer Biografie generell zentral. Johanna Gehmacher weist darauf hin, dass die Voraussetzung jeder biografischen Thematisierung die Existenz „irgendwelcher Hinterlassenschaften eines gelebten Lebens" ist. Oft gibt es nicht genügend Material, anhand dessen man das Leben einer Person rekonstruieren kann: Dies gilt besonders für Menschen, die vor der durchdringenden Alphabetisierung und Bürokratisierung der Gesellschaften gelebt haben, aber nicht nur. Viele Persönlichkeiten, vor allem Frauen, die im Kontext von Widerstand und Arbeiter*innenbewegung tätig waren, haben keine Nachlässe hinterlassen, keine lebensgeschichtlichen Interviews gegeben bzw. wurden nicht gefragt, haben keine Publikationen verfasst, oft auch deswegen, weil sie ihr Leben für zu uninteressant gehalten haben.

Spiegel hat immerhin ausreichend Spuren „über sich selbst als Einzelne in einem zeitlichen Kontinuum hinterlassen", um das Schreiben einer Biografie wagen zu können.[19] Ihre Spuren sind ungleich verteilt: Es war einfacher, Spiegels Leben bis 1945 narrativ zu beschreiben als ihre späteren Jahre. Das hängt mit ihrem weiteren „Kar-

---

15 Johanna Gehmacher, Leben schreiben. Stichworte zur biografischen Thematisierung als historiografisches Format, in: Lucile Dreidemy et al. (Hrsg.), Bananen, Cola, Zeitgeschichte. Oliver Rathkolb und das lange 20. Jahrhundert, Wien–Köln–Weimar 2015, S. 1013–1026, hier S. 1016.

16 Helmut Kopetzky, Die andere Front. Europäische Frauen in Krieg und Widerstand 1939 bis 1945, Köln 1983; Interview mit Tilly Spiegel, 25.4.1984, Interview-Nr. 146, DÖW.

17 Tilly Spiegel, Frauen und Mädchen im österreichischen Widerstand, Wien–Frankfurt/M.–Zürich 1967; Tilly Spiegel, Österreicher in der belgischen und französischen Résistance, Wien–Frankfurt–Zürich 1969.

18 Gehmacher, Leben schreiben, S. 1021.

19 Ebenda, S. 1015 f.

riere"-Verlauf innerhalb der KPÖ, der historischen Bedeutung des Widerstands gegen das NS-Regime und der schüttereren Quellenlage zusammen. Ironischerweise lässt sich die Zeit bis 1945 – also eine Periode, die Spiegel meist in der Illegalität verbrachte – weitaus besser rekonstruieren als die Jahre zwischen 1945 und ihrem Tod 1988. Die Arbeiter*innenbewegung der Ersten Republik und der Widerstandskampf sind aufgrund der klandestinen Tätigkeit zwar nicht durch Akten und Dokumente, aber durch lebensgeschichtliche Gespräche mit politischen Aktivist*innen einigermaßen gut erschlossen. Vor allem Spiegels Auseinandersetzung mit Ereignissen in der kommunistischen Herrschaftssphäre nach 1945 ist hingegen schwer zu fassen. Überliefert sind dazu vor allem Artikel, die sie für die kommunistische Parteipresse schrieb.

Die von mir schließlich verfasste Lebenserzählung bewegt sich entlang individueller Daten – Geburt, Inhaftierungen, Tod etc. –, der Lebenserinnerungen von Spiegel selbst und größerer politischer und gesellschaftlicher Zusammenhänge. Narrativ sind die biografischen Spuren zu einer Erzählung verbunden, wobei viele Fragen entweder offen blieben oder mitunter vielleicht falsch beantwortet wurden, auch weil die Quellen selbst „lügen" bzw. manche Dinge falsch benennen und andere hingegen verschweigen, was im Folgenden ein paar Beispiele veranschaulichen sollen.

Abb. 2: Tilly Spiegel, 1932. Privatarchiv Ilan Reisin.

Die *Reichspost* und die *Illustrierte Kronen-Zeitung* berichteten in ihren Ausgaben vom 25. April 1930 über einen „Kommunisten-Prozess" unter anderem gegen Tilly Spiegel in der Folge einer Demonstration im Vorjahr.[20] „Kommunistenkrawalle" entsprachen vor der Illegalisierung der KPÖ 1933 durchaus der Parteilinie. In Anbetracht schwindender Mitgliederzahlen setzte die KPÖ auf die „aktionistische Politik der Straße", die sie in Konflikt mit der aufgerüsteten Polizei brachte. Diese verordnete Demonstrations- und Aufmarschverbote mit Verweis auf die angebliche Gefährdung der öffentlichen Sicherheit und des öffentlichen Wohls. Die Kommunist*innen ignorierten die behördlichen Auflagen meistens, nicht wenige Demonstrationen endeten tatsächlich damit, dass die Polizei die Anwesenden niederknüppelte.[21] So auch im Oktober 1929, als die Behörden eine Zusammenkunft junger Kommunist*innen verboten hatten. Mehrere hundert Leute hätten sich aus Protest versammelt, woraufhin die Polizei diese mit Gummiknüppeln auseinandergetrieben habe, so die Schilderung des *Neuen Wiener Journals*.[22] Die *Rote Fahne* wurde plastischer: Besonders „mutige" Polizisten, die sich mit vorgehaltenen Revolvern den Demonstrierenden in den Weg gestellt hätten, „mussten aber sowohl mit Proletarierfäusten als auch mit dem harten Straßenpflaster nähere Bekanntschaft machen...". Mit Genugtuung wurde darauf verwiesen, dass „provozierende Heimwehrleute gründlich verprügelt wurden".[23] Diese Selbstdarstellung der Ereignisse im KPÖ-Blatt ermöglicht es auch, Geschlechterbilder zu thematisieren, denn diese Vorstellung des positiv konnotierten „virilen Kämpfers" war ein zentrales Charakteristikum hegemonialer Männlichkeit in den 1930er Jahren.[24] Laut Gabriella Hauch war der hohe Gewaltpegel eine Folge der Traumatisierung ganzer Männergenerationen im Ersten Weltkrieg.[25] Vollkommen unklar bleibt, was Spiegel selbst bei diesen Demonstrationen erlebt und wie sie sich bei dem im Zeitungsbericht genannten Gerichtsprozess gefühlt hatte. Sie wurde mit sieben weiteren Angeklagten wegen „Vergehens des Auflaufes, teils wegen öffentlicher Gewalttätigkeit, Rachebeleidigung, Einmengung in eine öffentliche Amtshandlung" angeklagt. Sie fasste zwei Wochen strengen Arrests aus.[26] In der Folge verurteilten die Behörden Spiegel auch wei-

---

20 Kommunistische Ruhestörer vor Gericht, in: Reichspost, 25.4.1930, S. 8.

21 Barry McLoughlin/Hannes Leidinger/Verena Moritz, Kommunismus in Österreich 1918–1938, Innsbruck–Wien–Bozen 2009, S. 268 f., S. 280–283.

22 Kommunistenkrawalle in Hernals, in: Neues Wiener Journal, 19.10.1929, S. 5; Zusammenstöße in Hernals, in: Kleine Volks-Zeitung, 19.10.1929, S. 8.

23 Jungarbeiter demonstrieren trotz Verbot, in: Die Rote Fahne, 19.10.1929, S. 3.

24 Veronika Duma/Hanna Lichtenberger, Geschlechterverhältnisse im Widerstand. Revolutionäre Sozialistinnen im Februar 1934, in: Michaela Maier (Hrsg.), Abgesang der Demokratie. Der 12. Februar 1934 und der Weg in den Faschismus, Wien 2014 [= Verein für Geschichte der Arbeiterbewegung, Dokumentation 1–4/2013], S. 55–82, hier S. 63.

25 Gabriella Hauch, „Eins fühlen mit den Genossinnen der Welt". Kampf- und Feiertage der Differenz: Internationale Frauentage in der Ersten Republik Österreich, in: Heidi Niederkofler/Maria Mesner/Johanna Zechner (Hrsg.), Frauentag! Erfindung und Karriere einer Tradition, Wien 2011, S. 60–105, hier S. 88.

26 Kommunistische Ruhestörer vor Gericht, in: Reichspost, 25.4.1930, S. 8.

tere Male im gleichen Jahr und 1931 wegen kommunistischer Agitation, wobei die Strafen vor dem Verbot der KPÖ kurz waren.[27]

Einige Jahre später geriet Spiegel wieder – unter veränderten Vorzeichen – ins Visier der Behörden. Die austrofaschistische Dollfuß-Schuschnigg-Diktatur verbot die KPÖ mit 26. Mai 1933.[28] Mit dem Bundesgesetz zur Bekämpfung staatsfeindlicher Druckwerke vom 31. Jänner 1935 erhöhte das Regime die Strafen für die Verbreitung oder Herstellung illegaler Druckwerke entscheidend. Strafverschärfungen waren für Vergehen wie Aufruf zum Hochverrat, Störung öffentlicher Ruhe oder Herabwürdigung von Verfügungen durch Behörden durch Druckwerke möglich. Für diese Delikte waren nunmehr Kerkerstrafen von bis zu fünf Jahren vorgesehen.

Als Spiegel 1936 wegen Hochverrats – tatsächlich hatte sie kommunistische Flugblätter verteilt – angeklagt vor Gericht stand, zeichnete die Bundespolizeidirektion Wien folgendes Bild von ihr: Spiegel sei eine „seit langem bekannte fanatische Kommunistin, welche sich seit dem Jahre 1927 eifrigst in der kommunistischen Bewegung betätigte. Hierbei hat sie sich auch zeitweise unangemeldet und unter falschem Namen verborgen. Sie bekleidet führende Funktionen in der kommunistischen Partei, nahm im Dezember 1930 an einer kommunistischen Kreisdelegiertenkonferenz in Wien teil und zeichnete wiederholt als Herausgeberin, Verlegerin und Eigentümerin verschiedener kommunistischer Druckschriften. Im Zusammenhange mit dieser Parteibetätigung wurde sie vor und auch nach dem Verbote wiederholt beanständet."[29] Die 1936 von der Polizei geäußerte Behauptung, Spiegel sei eine „seit langem bekannte" Kommunistin, erfüllte den Zweck, ein negatives Bild einer Angeklagten in einem anstehenden Prozess zu zeichnen – was nicht heißt, dass sie nicht tatsächlich polizeibekannt gewesen war.

Einige Jahre später tauchte Spiegel erneut sowohl in Gerichtsakten als auch in Zeitungsberichten auf. Sie hatte gemeinsam unter anderem mit ihrem Genossen Josef Foscht im Grenzgebiet zwischen Österreich und der Schweiz den Übertritt von Interbrigadisten organisiert und war inhaftiert worden, stellten doch nicht nur das austrofaschistische Österreich, sondern ebenso die demokratische Eidgenossenschaft die Solidarität mit der Spanischen Republik unter Strafe. Das Ausmaß des schon vor dem „Anschluss" auf offizieller Ebene gepflegten antisemitischen Vokabulars zeigt ein Bericht des Bregenzer Bezirkshauptmanns Emil Seeberger an den Sicherheitsdirektor für Vorarlberg. Im Jänner 1938 berichtete Seeberger über den „Menschenschmuggel" an der österreichischen Grenze zur Schweiz:

---

27 Bescheid Landesgericht für Strafsachen Wien über Tilgung von Verurteilungen gemäß § 12, Befreiungsamnestie, 22.3.1950, Nachlass [NL] Spiegel, 21.222, Mappe 1, DÖW.
28 Emmerich Tálos, Das austrofaschistische Herrschaftssystem. Österreich 1933–1938, Wien–Berlin 2013 [= Politik und Zeitgeschichte, Bd. 8], S. 269.
29 Bescheid Bundespolizeidirektion Wien, 1.11.1936, DÖW 21.555.

> Anfang Dezember 1937 tauchte in Begleitung des Josef Foscht in St. Margarethen plötzlich eine jüdische Frauensperson auf, die sich nach ihrer Festnahme als die bekannte Wiener Kommunistin Tilly Spiegel entpuppte.[30]

Seeberger bezog sich nicht auf Spiegels Religionszugehörigkeit, die als „konfessionslos" angegeben wurde (sie war 1928 aus der Israelitischen Kultusgemeinde ausgetreten). Spiegel als „Herausgeberin und verantwortliche Schriftleiterin mehrerer kommunistischer Blätter" zu bezeichnen, wohl wissend, dass es sich um im Eigenverlag billig hergestellte Flugblätter und Broschüren handelte, entsprach in keiner Weise der Realität. Die Zeitungen standen dem antisemitischen Duktus der Behörden um nichts nach. Am 7. Februar 1938 berichteten die *Innsbrucker Nachrichten* über den „Menschenschmuggel"-Prozess beim Kantonsgericht St. Gallen und auch sie betonten, dass es sich bei Spiegel um eine „bekannte jüdische Wiener Kommunistin" handle.[31] Wenn sie selbst später angab, vor dem „Anschluss" keinen antisemitischen Diskriminierungen ausgesetzt gewesen zu sein,[32] so trogen sie ihre Erinnerungen.

Wird hier zwar deutlich, dass Antisemitismus kein „kulturfremder" Import war, erreichte die Bedrohung nach dem März 1938 für die – nicht zuletzt durch das Wechselspiel von österreichischen Behörden und Presse – tatsächlich als „bekannte Jüdin" geltende Spiegel ein bis dahin unbekanntes Ausmaß. Spiegel und Foscht wurden am 11. März 1938 zu je zweieinhalb Monaten Gefängnis verurteilt und blieben bis Mai 1938 in St. Gallen inhaftiert.[33] Das Kantonsgericht trat Mitte Mai nochmals in ihrer Angelegenheit zusammen. Die nach dem „Anschluss" umgehend im NS-Sinne gleichgeschaltete ehemals österreichische *Kleine Volks-Zeitung* berichtete am 17. Mai 1938 über die Verhandlung und allgemein über den „Schmuggel" von Menschen „für die rotspanischen Horden" im österreichisch-schweizerischen Grenzgebiet. Unter der Unterüberschrift *Eine vielseitige Jüdin* berichtete die *Kleine Volks-Zeitung*:

> [Foschts] getreue Helferin war die Jüdin Tilly Spiegel aus Wien, die sich „Tanzlehrerin" nennt, früher aber marxistische Zeitungsverlegerin und Redakteurin war und wie auch Fotsch [sic!] über auffallend reichliche Geldmittel verfügt.[34]

Lässt man den antisemitischen Sprachduktus außen vor, so sind dem Bericht einige Versatzstücke zu entnehmen, die für eine Biografie von Interesse sein könnten. War Spiegel etwa Tanzlehrerin? Hierzu muss Folgendes ausgeführt werden: Spiegel war

---

30 Menschenschmuggel von Vorarlberg nach der Schweiz, Anwerbung von „Spanien-Freiwilligen", 19.1.1938, DÖW 19.512/5.
31 Der Schmuggel von Spanienfreiwilligen von Vorarlberg in die Schweiz, in: Neueste Zeitung (Bebildertes Abendblatt der Innsbrucker Nachrichten), 7.2.1938, S. 1f.
32 Interview mit Tilly Spiegel, 25.4.1984, Interview-Nr. 146, DÖW.
33 Urteil Bezirksgericht Unterrheintal in der Strafsache Foscht und Spiegel, 11.3.1938, G3.11.2, Staatsarchiv St. Gallen; diverse Fragebögen, DÖW 20.100/11.368.
34 Zigarettenschachtel als Spanienfahrkarte, in: Kleine Volks-Zeitung, 17.5.1938, S. 4, in: DÖW 25.000/A430.

nach ihrer Entlassung durch die austrofaschistischen Behörden 1937 für einige Monate mit der Hilfe eines entfernten Verwandten nach Paris gegangen, bevor sie zur Organisation der Spanienhilfe Ende des Jahres wieder in das Grenzgebiet zwischen der Schweiz und Österreich zurückkehrte. Tatsächlich hatte sie in Paris kurzzeitig als Turnlehrerin für den Jugendverband der Kommunistischen Partei gearbeitet.[35] Vor dem Schweizer Gericht hatte Spiegel aber 1938 nachvollziehbarerweise ihre Tätigkeit für die französischen Jungkommunist*innen unterschlagen und behauptet, sie habe in Paris eine Turnschule eröffnet.[36] Unklar bleibt der Wahrheitsgehalt der zuerst 1936 von der austrofaschistischen Polizei aufgestellten, dann von anderen österreichischen Behörden und Zeitungen und zuletzt von der NS-Presse, etwa der *Kleinen Volks-Zeitung*, im Mai 1938 aufgegriffenen Behauptung, Spiegel sei „marxistische Zeitungsverlegerin" gewesen. Hinweise dafür lassen sich in der KP-Presse nicht finden; zumindest unter Klarnamen hat sie keine Herausgeber*innentätigkeiten übernommen und auch nach 1945 solcherart Funktionen nie für sich beansprucht. Unter Umständen beziehen sich austrofaschistische Behörden und nationalsozialistische Zeitungen auf Flugblätter und andere geheim hergestellte Erzeugnisse – wegen des Verbreitens von Flugschriften war Spiegel 1935 verhaftet worden. Die Vermutung liegt nahe, dass die Nazis vom Vorgängerregime erstelltes „Wissen" über ihre politischen Gegner*innen teils ungeprüft übernahmen und hier das Klischee der „reichen Jüdin" bedienten.

3 Zuschreibung oder Selbstbeschreibung?

Abschließend möchte ich noch das breite Feld des Nicht-Wissens ansprechen: Spiegel sei als Jüdin, Frau, Linke und schließlich „exkommunizierte" Kommunistin multiplen Ausschlussmechanismen unterworfen gewesen, postulierte ich im Text weiter oben. Doch entsprechen diese Zuschreibungen dem Selbstbild?

Beginnen wir mit der Kategorie „Frau": Ins Auge sticht ein „Bedeutungsverlust" – misst man Bedeutung in politischen Ämtern –, den Spiegel nach dem Ende des Zweiten Weltkriegs innerhalb der KPÖ hinnehmen musste. Es ist zu vermuten, dass das auch mit ihrem Geschlecht zusammenhing – es war allerdings kein KP-Spezifikum, Frauen nach 1945 weniger Aufstiegschancen innerhalb des politischen Apparats einzuräumen. Im Exil in Frankreich war sie innerhalb der Reihen der KPÖ zur höchsten Position aufgestiegen, die sie jemals einnehmen sollte. Sie war vor Beginn der organisierten Widerstandsaktivität im Travail allemand die „politische Verantwortliche" für die Parteiorganisation in Frankreich – in dieser Funktion verblieb sie bis Juni 1940. Ihr Aufstieg lässt sich auf die Abwesenheit der ansonsten wahrscheinlich vorgereih-

35 Kopetzky, Die andere Front, S. 112.
36 Urteil Bezirksgericht Unterrheintal in der Strafsache Foscht und Spiegel, 11.3.1938, G3.11.2, Staatsarchiv St. Gallen; Einvernahme Tilly Spiegel 24.11.1937, Akt C.29/A116-37.167 P, Schweizer Bundesarchiv.

ten, allerdings nach Kriegsbeginn von den französischen Behörden als feindliche Ausländer internierten männlichen Kader zurückführen. Nach 1945 konnte Spiegel niemals wieder derart wichtige Positionen einnehmen. Nicht nur, dass sie später im Schatten ihres Ehemanns Franz Marek stand, der als Parteitheoretiker galt; wahrscheinlich ist das ebenso auf das generelle Fernhalten von Frauen aus den Führungsebenen (nicht nur bei der KPÖ, sondern in der gesamten Nachkriegsgesellschaft) zurückzuführen. Im Politischen Büro der KPÖ, das 18 Mitglieder umfasste, war bis 1954 eine einzige Frau vertreten, ins bis zu 70 Mitglieder umfassende ZK wurden im ersten Nachkriegsjahrzehnt nie mehr als fünf Frauen delegiert.[37] Ob Spiegel eine höhere Parteifunktion angestrebt bzw. angenommen oder eine solche gar nicht gewollt hätte, ist aus den Quellen ebensowenig zu erschließen wie die Frage, wie sie selbst die Diskriminierung von Frauen wahrgenommen und beurteilt hat.

Noch schwieriger gestaltet sich die Frage, ob sich Spiegel als Jüdin definiert hat. Sie war am 8. Jänner 1928 aus der Israelitischen Kultusgemeinde ausgetreten.[38] Es ist aus einer kollektivbiografischen Perspektive davon auszugehen, dass sie der KPÖ aus ähnlichen Gründen wie viele ihrer Genoss*innen beitrat: Es war die Vorstellung einer von religiösen Zuschreibungen befreiten, egalitären Gesellschaft, die begeisterte.[39] Generell verstand sich die Mehrzahl der KPÖ-Mitglieder mit jüdischem Hintergrund nicht als Juden bzw. Jüd*innen, sondern als Österreich-patriotische Kommunist*innen. Dennoch weist Margit Reiter darauf hin, dass das Fehlen einer religiösen jüdischen Identität nicht ausschließt, dass sich KPÖ-Mitglieder als „Non-Jewish Jews" nach Kriegsende in einem spezifischen Erinnerungsmilieu bewegten, in dem die Erfahrungen des Holocaust, von Exil und Vertreibung einen zentralen Platz einnahmen.[40] Spiegel selbst thematisierte die Trauer über die Ermordung ihrer Eltern und anderer Verwandter in dem 1983 mit ihr geführten Interview.

Aber sah sie sich deshalb auch als Jüdin? Als Yad Vashem 1965 an das DÖW mit der Bitte herantrat, eine Übersicht über jüdische Österreicher*innen in der Résistance zu erstellen, beantwortete Spiegel die Anfrage. Sie schickte eine Liste mit insgesamt 134 Personen jüdischer Herkunft, die in der Résistance tätig gewesen waren, nach Jerusalem und fügte hinzu: Obwohl sie „selbst Jüdin" sei und daher dem Wunsch gerne nachkomme, bitte sie die israelischen Historiker*innen darum, „die geschichtliche

---

37 Heidi Niederkofler, Mehrheit verpflichtet! Frauenorganisationen der politischen Parteien in der Nachkriegszeit, Wien 2009, S. 45–86, hier S. 57.

38 Austritt Tilly Sali Spiegel, 8.1.1928, Bestand Matriken, Austrittsbuch 1928, Reihenzahl 30, Archiv der Israelitischen Kultusgemeinde Wien.

39 Gabriele Kohlbauer-Fritz, Sonnenaufgang oder Sonnenuntergang. Jüdische Kommunisten zwischen Moskau und Wien – ein Rundgang, in: Gabriele Kohlbauer-Fritz/Sabine Bengler (Hrsg.), Genosse. Jude. Wir wollten nur das Paradies auf Erden, Wien 2017, S. 20–53, hier S. 28.

40 Margit Reiter, Gegendiskurse. Das (Österreichische) Tagebuch als „intellektuelle Heimat" für Linke: Jüdinnen, Juden und RemigrantInnen in Österreich nach 1945, in: Katharina Prager/Wolfgang Straub (Hrsg.), Bilderbuch-Heimkehr? Remigration im Kontext, Wuppertal 2017, S. 135–150, hier S. 146; für den Begriff des „Non-Jewish Jew" vgl. Isaac Deutscher, Der nichtjüdische Jude. Essays, Berlin 1988.

Wahrheit in dem Sinne zu beachten: die angeführten gefallenen und überlebenden österreichischen jüdischen Österreicher im französischen Widerstandskampf haben aus politischer [im Orig. gesperrt] oder patriotisch-österreichischer [im Orig. gesperrt] Überzeugung gekämpft". Freilich, so ergänzte Spiegel, hätten „Juden dabei das zusätzlich brennend schmerzliche Gefühl gehabt, dass ihresgleichen, ihre eigenen Eltern, Angehörigen und Freunde, unschuldig einer grauenhaften Vernichtung preisgegeben sind [...]".[41]

1976 sollte sich Spiegel in einem anderen Kontext – sie wurde für die „Biographische Dokumentation der deutschsprachigen Emigration" befragt – mit „atheistische Jüdin" beschreiben, gefragt hatte man nach der „religiösen Zuschreibung".[42]

Spiegels Selbstverständnis als Kommunistin – vor und nach der Parteikrise der KPÖ – kann exemplarisch an folgender Episode und ihren Nachwehen verdeutlicht werden: Im Mai 1964 eröffnete ein Text mit dem Titel *Diskussionen über Perspektiven* im Theorieorgan *Weg und Ziel* eine Diskussion über die Zukunft der KPÖ.[43] Auch Spiegel verfasste einen Leser*innenbrief, der in der Oktober-Ausgabe 1964 abgedruckt wurde. In diesem stellte sie, seit den 1930er Jahren Kader der Partei, genau dieses Kadersystem grundlegend in Frage. Es gehe, so Spiegel, nicht mehr nur um die Wahl und Heranbildung der führenden Funktionäre und Funktionärinnen, „sondern um die ganze Struktur dessen, was einmal ‚Berufsrevolutionärtum' war, heute ‚Kader' genannt wird und zu einem erheblichen Teil im Apparat seinen Ausdruck findet", dies noch dazu „unter miserablen objektiven Bedingungen". „Nichts gegen die Genossen, die im Apparat arbeiten", führte Spiegel 1964 aus, um jedoch folgende Liste an Kritikpunkten am „Wesen des Apparats" anzuhängen: „seine mehr oder minder komplette Verselbständigung; die Gewohnheit seiner Mitglieder, eine Art verschworene Gemeinschaft gegenseitigen Schutzes zu bilden; ihre Überzeugung, alleine zu wissen, was parteimäßig oder nicht ist; ihre schier unerträgliche Selbstgefälligkeit und Rechthaberei". Man müsse mit der Zeit gehen, argumentierte Spiegel, und die Kaderstruktur – noch dazu „durch Stalin'sche Vorstellungen verzerrt" – über Bord werfen.[44] Die Kritik ihrer Genoss*innen ließ nicht lange auf sich warten: sie schlage einen Ton an, den man sonst nur von Oskar Pollaks *Arbeiter-Zeitung* kenne.[45] „Persönliche Verbitterung" wurde ihr unterstellt, sie „verdammt und beleidigt ganz einfach alles" ohne „konkrete Auswege" zu benennen.[46]

Unmittelbar hatte diese hitzige Debatte keine Auswirkungen, doch der „Apparat" vergaß nicht. 1987 – mehr als 20 Jahre später – las sich die Perspektivendebatte aus

---

41 Tilly Spiegel, Schilderung der Tätigkeit österr. Widerstandskämpfer in Frankreich und Belgien 1940–1945 und Aufschlüsselung für Yad Vashem über österreichische Juden, DÖW 2.616.
42 Fragebogen Tilly Spiegel [1976], Mikrofilm MA 1.500, Bd. 56, Biographische Dokumentation der deutschsprachigen Emigration 1933–1945, Institut für Zeitgeschichte München.
43 Diskussion über Perspektiven, in: Weg und Ziel 22 (1964) 5, S. 273–277, hier S. 273.
44 Tilly Spiegel, Leserinnenbrief, in: Weg und Ziel 22 (1964) 10, S. 615–617.
45 Gustav Larwa, Leserbrief, in: Weg und Ziel 22 (1964) 11, S. 677 f.
46 Heribert Hütter, Leserbrief, in: Weg und Ziel 22 (1964) 12, S. 740 f.

1964 nach der massiven Parteikrise der KPÖ im Anschluss an die Niederschlagung des „Prager Frühlings" in der damals publizierten, offiziellen Parteigeschichte wie folgt:

> Als erste stellte Franz Mareks Lebensgefährtin die Notwendigkeit eines ‚Apparats' von Berufsre-volutionären, von Menschen, die ihre gesamte Arbeitsfähigkeit der Sache der Revolution widmen, pauschal in beleidigender Weise in Frage. Das Echo ihrer provokanten Forderung nach ‚Liquidie-rung des Apparats' bewies, wie weit eine Minderheit der Partei sich bereits von den leninschen Vorstellungen einer Partei neuen Typs entfernt hatte.[47]

Im Sitzungsprotokoll der mit der Historiografie betrauten Kommission festgehalten ist ein Zwiegespräch zwischen Marie Tidl und Ernst Wimmer: Auf Tidls Frage „Warum Lebensgefährtin?" antwortete Wimmer: „Um die Pikanterie, dass (der Angriff auf den Apparat) aus der Spitze des Apparats kommt, zu verdeutlichen." Daraufhin Tidl: „Soll-te man aber (die Lebensgefährtin) nicht trotzdem namentlich nennen?"[48] Das geschah nachweislich nicht. Spiegel wurde zum weiblichen Anhängsel ohne eigene Meinung und Namensnennung degradiert, zur Erfüllungsgehilfin ihres „revisionistischen" Ehe-manns. Aber auch in der „revisionistischen" Opposition fand sie nach der KP-Partei-krise keine neue Heimat mehr, stand an deren Spitze doch unter anderem Franz Ma-rek. Über ihr Beziehungsende wurde viel geredet und sowohl „alte Garde" als auch „Revisionisten" kritisierten Marek wegen seiner neuen Beziehung. In der Einschät-zung ehemaliger Genoss*innen sei Spiegel „die verlassene Frau gewesen", ihr Mann habe sich „eine Jüngere gesucht".[49] Ob sie aus Resignation und/oder persönlicher Ver-letzung nicht mehr – etwa in den Reihen des *Wiener Tagebuchs* unter Chefredakteur Marek – politisch tätig wurde, bleibt letztlich unklar.

4 Conclusio

In den Memoiren ihres Ehemanns – immerhin waren die beiden ein Vierteljahrhun-dert liiert gewesen – spielte ihr so gut wie keine Rolle. Marek gibt an, im Juli 1939 eine – wie er es nennt – „Liaison" mit Spiegel eingegangen zu sein, die ihm zu Beginn wenig bedeutsam erschien. Jahre später hält er fest, dass er die Beziehung zunächst als „eine nach einer anderen empfunden" habe, dabei aber „ihre Bemerkung" miss-achtete, „daß man sie nicht ausspucken könne". „Dazu war sie in der Tat zu profiliert, zu dynamisch". Im Zuge der Widerstandsarbeit entwickelte sich – zumindest in den Augen Mareks – eine „ehrliche Kameradschaft", aber „ohne große Leidenschaft". Ma-

---

47 Zit. nach: Walter Baier, Das kurze Jahrhundert. Kommunismus in Österreich – KPÖ 1918 bis 2008, Wien 2009, S. 271; Ernst Wimmer, 1955–1984, in: Historische Kommission beim ZK der KPÖ (Hrsg.), Die Kommunistische Partei Österreichs. Beiträge zu ihrer Geschichte und Politik, Wien 1987, S. 405–543, hier S. 428.
48 Ebenda.
49 Interview mit Ernst Berger, 22.2.2019. Privatarchiv Ina Markova.

rek und Spiegel heirateten 1947 in Wien.[50] In seinen Memoiren behauptete Marek, diese Ehe aus „Gewohnheit" fortgesetzt zu haben, „bis schließlich echte Emotionen die Brüchigkeit der Beziehung, die Unterschiedlichkeit der Charaktere zuspitzten".[51] Über Spiegels politische Ansichten verlor Marek kein Wort, generell sind seine Memoiren vor dem Hintergrund zu lesen, dass er sie für seine zweite Ehefrau Barbara Coudenhove-Kalergi niederschrieb. Zum Glück hat Spiegel die Publikation dieser Memoiren nicht mehr erlebt. Sie selbst bezeichnete Marek Jahre nach seinem Tod als ihre „große Liebe". Ihre Gefühle manifestierten sich symbolisch auch an ihrer letzten Ruhestätte.

Im Juni 2022 gab ich Viola Heilman vom Wina-Magazin ein Interview. Im Beitrag erwähnte ich, dass gerade Spiegels letzte Jahre schwierig zu rekonstruieren waren und es mir nicht möglich gewesen sei, ihr Grab ausfindig zu machen. Heilman erhielt nach Erscheinen des Interviews eine E-Mail von einem Weggefährten Spiegels, der wusste, wo die Grabstätte war, und leitete mir diese Information weiter. Tatsächlich war Spiegel nicht unter ihrem Geburtsnamen, sondern als Tilly Marek am jüdischen Teil des Zentralfriedhofs begraben worden – auf die Idee, sie unter dem Namen ihres Ex-Mannes zu suchen, bin ich nicht gekommen. Das Grab eingerichtet hat die Chewra Kadischa, eine jüdische Beerdigungsgesellschaft, die mit Spenden finanziert wird und sich der Beerdigung von Verstorbenen nach jüdisch-religiösem Ritus widmet. Wahrscheinlich müsste man vor dem Hintergrund dieser Informationen jene Teile des Buchs, in welchem es um ihr Selbstverständnis als Jüdin geht, zumindest um diese wesentliche Information ergänzen.

Literaturverzeichnis

Baier, Walter, Das kurze Jahrhundert. Kommunismus in Österreich – KPÖ 1918 bis 2008, Wien 2009.

Deutscher, Isaac, Der nichtjüdische Jude. Essays, Berlin 1988.

Duma, Veronika/Lichtenberger, Hanna, Geschlechterverhältnisse im Widerstand. Revolutionäre Sozialistinnen im Februar 1934, in: Michaela Maier (Hrsg.), Abgesang der Demokratie. Der 12. Februar 1934 und der Weg in den Faschismus, Wien 2014 [= Verein für Geschichte der Arbeiterbewegung, Dokumentation 1–4/2013], S. 55–82.

Eßbach, Wolfgang, Über soziale Konstruktion von Biographien, in: Rita Franceschini (Hrsg.), Biographie und Interkulturalität. Diskurs und Lebenspraxis, Tübingen 2001, S. 59–68.

Fröhlich, Claudia/Heinrich, Horst-Alfred (Hrsg.), Geschichtspolitik. Wer sind ihre Akteure, wer ihre Rezipienten?, Stuttgart 2004.

Gahleitner, Daniela/Pohn-Weidinger, Maria, Biografieforschung: Erzählte Lebensgeschichten als Zugang zu Vergangenem. Theoretische Annahmen und methodisches Vorgehen, in: DÖW (Hrsg.), Frauen in Widerstand und Verfolgung, Jahrbuch 2005, Wien 2005, S. 175–195.

---

50 Heiratsurkunde Tilly Spiegel und Franz Marek, 14.5.1947, NL Spiegel, 21.222, Mappe 2, DÖW.

51 Franz Marek, Erinnerungen, in: Maximilian Graf/Sarah Knoll (Hrsg.), Franz Marek. Beruf und Berufung Kommunist. Lebenserinnerungen und Schlüsseltexte, Wien 2017, S. 107–234, hier S. 148.

Gehmacher, Johanna, Leben schreiben. Stichworte zur biografischen Thematisierung als historiografisches Format, in: Lucile Dreidemy et al. (Hrsg.), Bananen, Cola, Zeitgeschichte. Oliver Rathkolb und das lange 20. Jahrhundert, Wien–Köln–Weimar 2015, S. 1013–1026.

Halbmayr, Brigitte, Herbert Steiner. Auf vielen Wegen über Grenzen hinweg. Eine politische Biografie, Wien 2015 [= Enzyklopädie des Wiener Wissens, Porträts III].

Hardtwig, Wolfgang (Hrsg.), Geschichtsbilder und Geschichtspolitik, Göttingen 1998.

Hauch, Gabriella, „Eins fühlen mit den Genossinnen der Welt". Kampf- und Feiertage der Differenz: Internationale Frauentage in der Ersten Republik Österreich, in: Heidi Niederkofler/Maria Mesner/Johanna Zechner (Hrsg.), Frauentag! Erfindung und Karriere einer Tradition, Wien 2011, S. 60–105.

Heinrich, Horst-Alfred/Kohlstruck, Michael (Hrsg.), Geschichtspolitik und sozialwissenschaftliche Theorie, Stuttgart 2008.

Kohlbauer-Fritz, Gabriele, Sonnenaufgang oder Sonnenuntergang. Jüdische Kommunisten zwischen Moskau und Wien – ein Rundgang, in: Gabriele Kohlbauer-Fritz/Sabine Bengler (Hrsg.), Genosse. Jude. Wir wollten nur das Paradies auf Erden, Wien 2017, S. 20–53.

Kopetzky, Helmut, Die andere Front. Europäische Frauen in Krieg und Widerstand 1939 bis 1945, Köln 1983.

Köstenberger, Julia, Kaderschmiede des Stalinismus. Die Internationale Leninschule in Moskau (1926–1938) und die österreichischen Leninschüler und Leninschülerinnen, Wien 2016 [= Wiener Studien zur Zeitgeschichte, Bd. 8].

Marchart, Oliver, Das historisch-politische Gedächtnis. Für eine politische Theorie kollektiver Erinnerung, in: Christian Gerbel (Hrsg.), Transformationen gesellschaftlicher Erinnerung. Studien zur „Gedächtnisgeschichte" der Zweiten Republik, Wien 2005 [= Kultur. Wissenschaften, Bd. 9], S. 21–49.

Marek, Franz, Erinnerungen, in: Maximilian Graf/Sarah Knoll (Hrsg.), Franz Marek. Beruf und Berufung Kommunist. Lebenserinnerungen und Schlüsseltexte, Wien 2017, S. 107–234.

Markova, Ina, Tilly Spiegel. Eine politische Biografie, Wien 2019.

McLoughlin, Barry/Leidinger, Hannes/Moritz, Verena, Kommunismus in Österreich 1918–1938, Innsbruck–Wien–Bozen 2009.

Neugebauer, Wolfgang, Ludwig Jedlicka, Herbert Steiner und die Widerstandsforschung. Aspekte der Frühgeschichte des Instituts für Zeitgeschichte und des Dokumentationsarchivs des österreichischen Widerstandes, in: Bertrand Perz/Ina Markova (Hrsg.), 50 Jahre Institut für Zeitgeschichte der Universität Wien 1966–2016, Wien 2017, S. 62–84.

Niederkofler, Heidi, Mehrheit verpflichtet! Frauenorganisationen der politischen Parteien in der Nachkriegszeit, Wien 2009.

Oberkofler, Gerhard, Das Regierungsprojekt einer Dokumentation über den Beitrag Österreichs zu seiner Befreiung, in: Mitteilungen der Alfred Klahr-Gesellschaft (2007) 3, S. 7–17.

Reiter, Margit, Gegendiskurse. Das (Österreichische) Tagebuch als „intellektuelle Heimat" für Linke: Jüdinnen, Juden und RemigrantInnen in Österreich nach 1945, in: Katharina Prager/Wolfgang Straub (Hrsg.), Bilderbuch-Heimkehr? Remigration im Kontext, Wuppertal 2017, S. 135–150.

Rosenthal, Gabriele, Erzählte und erlebte Lebensgeschichte. Gestalt und Struktur biographischer Selbstbeschreibung, Frankfurt/M.–New York 1995

Sandner, Günther, Hegemonie und Erinnerung. Zur Konzeption von Geschichts- und Vergangenheitspolitik, in: Österreichische Zeitschrift für Politikwissenschaft 30 (2001) 1, S. 5–17.

Schafranek, Hans, Widerstand und Verrat. Gestapospitzel im antifaschistischen Untergrund 1938–1945, Wien 2017.

Schmid, Harald (Hrsg.), Geschichtspolitik und kollektives Gedächtnis. Erinnerungskulturen in Theorie und Praxis, Göttingen 2009 [= Formen der Erinnerung, Bd. 41].

Spiegel, Tilly, Frauen und Mädchen im österreichischen Widerstand, Wien–Frankfurt/M.–Zürich 1967.

Spiegel, Tilly, Österreicher in der belgischen und französischen Résistance, Wien–Frankfurt–Zürich 1969.

Stanley, Liz, The Auto/biographical I. The Theory and Practice of Feminist Auto/biography, Manchester 1995.

Strobl, Ingrid, Die Angst kam erst danach. Jüdische Frauen im Widerstand 1939–1945, Frankfurt/M. 1998.

Szécsi, Maria/Stadler, Karl, Die NS-Justiz in Österreich und ihre Opfer, Wien 1962 [= Das einsame Gewissen, Bd. 1].

Tálos, Emmerich, Das austrofaschistische Herrschaftssystem. Österreich 1933–1938, Wien–Berlin 2013 [= Politik und Zeitgeschichte, Bd. 8].

Uhl, Heidemarie, Der „österreichische Freiheitskampf". Zu den Transformationen und zum Verblassen eines Narrativs, in: Helmut Kramer/Karin Liebhart/Friedrich Stadler (Hrsg.), Österreichische Nation – Kultur – Exil und Widerstand. In memoriam Felix Kreissler, Wien 2006 [= Emigration – Exil – Kontinuität, Bd. 6], S. 303–312.

Wimmer, Ernst, 1955–1984, in: Historische Kommission beim ZK der KPÖ (Hrsg.), Die Kommunistische Partei Österreichs. Beiträge zu ihrer Geschichte und Politik, Wien 1987, S. 405–543.

Wirth, Maria, Christian Broda. Eine politische Biographie, Wien 2011.

Wolfgang Benz
Die individuelle Entscheidung zum Widerstand

Am Anfang der Überlegungen zur individuellen Entscheidung über oppositionelle Haltungen und daraus resultierende Handlungen gegen den Nationalsozialismus und dessen Herrschaft ist die Klärung des Begriffs „Widerstand" unumgänglich. Weltanschauliche Distanz zum Regime führt zwangsläufig zur oppositionellen Haltung und möglicherweise weiter zum zivilen Ungehorsam, der sich auf vielfältige Weise ausdrücken lässt. Wann und wie wird aus Reserve und Ablehnung Opposition? Wann geht diese Haltung in Auflehnung über und wird zur Tat durch öffentliche Verweigerung, durch Gegenpropaganda, durch Anstrengungen zur Änderung der Machtstrukturen und – als Ultima Ratio – zur physischen Beseitigung der Inhaber der Macht? Ist nur Tyrannenmord und dessen Vorbereitung wahrer Widerstand oder beginnt Widerstand schon mit dem Flüsterwitz, der „den Führer" oder seine Gesellen lächerlich macht?

Die Festlegung Karl Stadlers aus der Gründerzeit des DÖW war situationsbedingt und erhob einen politischen Anspruch:

> Angesichts des totalen Gehorsamkeitsanspruchs der Machthaber und der auf seine Verletzung drohenden Sanktionen muß jegliche Opposition im Dritten Reich als Widerstandshandlung gewertet werden – auch wenn es sich um einen vereinzelten Versuch handelt, anständig zu bleiben.[1]

Diese Definition schließt alle Formen zivilen Ungehorsams ein, das Hören feindlicher Rundfunksendungen, verächtliche Äußerungen über Regierungs- und Parteifunktionäre, alle nichtkonformen Handlungen. Auch das Ballen der Faust oder Ingrimm in der Abgeschiedenheit des Privaten wären demnach Widerstand. Ein häufiges und drastisch geahndetes Delikt war Schwarzschlachten. Motiv solchen der Obrigkeit missliebigen Verhaltens dürfte in jedem Fall auch Eigennutz gewesen sein und nicht zwangsläufig die Absicht, durch das heimliche Töten eines Tiers und dessen Verzehr dem Regime zu schaden. Die Differenzierung des Begriffs „Widerstand" gegenüber Opposition, Regimekritik, zivilem Ungehorsam ist angesichts solchen Sachverhalts notwendig und in Gestalt der Unterscheidung von Haltung und Handlung in der Forschung auch erfolgt.

Die Planung und Durchführung eines Attentats, das die Person des obersten Befehlshabers beseitigen sollte, wie es der Georg Elser 1939 unternahm, war eine Widerstandshandlung, daran ist kein Zweifel möglich. Beim Witz ist es schwieriger. Wer einem Bekannten, dem er vertraute, dessen Gesinnung er kannte, eine Sottise über Hitler, Göring oder Goebbels zuraunte, war deshalb gewiss noch kein Mann des Widerstands. Wer den gleichen Scherz auf öffentlicher Bühne vor Publikum riskierte,

---

1 Karl Stadler, Österreich 1938–1945 im Spiegel der NS-Akten, Wien 1966, S. 12.

∂ Open Access. © 2024 Wolfgang Benz, publiziert von De Gruyter. [CC BY-NC-ND] Dieses Werk ist lizenziert unter einer Creative Commons Namensnennung – Nicht-kommerziell – Keine Bearbeitung 4.0 International Lizenz.
https://doi.org/10.1515/9783111378411-005

war sich jedoch bewusst, dass das gefährlich war und nach dem Applaus böse Folgen haben konnte.

Widerstand gegen das Unrechtsregime ist also mehr als nur Verweigerung, ist mehr als schweigende Ablehnung, mehr als das ablehnende Einverständnis gegen die Nationalsozialisten im gleichgesinnten Milieu, mehr als die Verurteilung des Diktators und seiner Gehilfen im geschlossenen Kreis. Aus der Ablehnung des Regimes wird Widerstand durch das Bekenntnis und die Bereitschaft, Konsequenzen der Haltung durch Handlung zu tragen. Ein zentrales Element von Widerstand ist die Gefährdung derer, die sich erkennbar auflehnen. Eine Voraussetzung ist die Bewahrung eigener Identität, das Festhalten an Normen und Werten, die Verweigerung von Anpassung und Kompromiss, wie es des Vorteils, des Friedens, des Fortkommens wegen von der Mehrheit praktiziert wurde. Widerstand ist mehr als das Beharren auf persönlichen Einstellungen, die mit der Räson des Regimes nicht übereinstimmten. Aber ohne eigene Haltung und Orientierung war wiederum kein Widerstand möglich.

Widerstand leistete so der 28-jährige Ludwig Gehm als Kurier des „Internationalen Sozialistischen Kampfbundes". Gehm war in Frankfurt am Main Koch in einem Restaurant, das der Tarnung des Widerstands diente. Beim Gemüseeinkauf auf dem Markt verteilte er Flugblätter. An Wochenenden fuhr er mit seinem Motorrad zu geheimen Treffen mit Gesinnungsgenossen, brachte gefährdete Menschen ins Ausland und transportierte auf dem Rückweg von Paris illegale Propagandaschriften nach Frankfurt. Vier Jahre lang, bis zur Verhaftung 1937, betätigte sich Ludwig Gehm als listiger und unermüdlicher Gegner der Nationalsozialisten. Er büßte dafür im Zuchthaus und im KZ.

Verweigerung (als persönliche Abwehr von Herrschaftsanspruch und Selbstbehauptung von Gruppen), Opposition (als Haltung grundsätzlicher Gegnerschaft) und Widerstand als bewusstes Handeln waren die Formen, in denen sich eine kritische und gegnerische Einstellung zum NS-Regime äußern konnte.

Die Historiker und Historikerinnen definierten Widerstand gegen den Nationalsozialismus unterschiedlich. In Westdeutschland herrschte lange Zeit die Vorstellung, es sei ein „Widerstand ohne Volk" (Hans Mommsen) gewesen, den nur wenige Angehörige traditioneller Eliten geleistet hätten, während „das Volk" teils in Begeisterung zum Regime verharrte oder es einfach erduldete. In der DDR wurden die Aktionen der Kommunisten und Kommunistinnen als alleingültiger Antifaschismus glorifiziert. Um die Verweigerung, die sich im Kampf um Kruzifixe in den Schulen, in der Vermeidung des „Heil-Hitler-Grußes" oder durch das Hören ausländischer Rundfunksender ausdrückte, um schließlich alle Haltungen von Opposition in den Widerstand einzubeziehen, wurde der Begriff „Resistenz" vorgeschlagen. Ihm waren folgende Merkmale zugeordnet: „Wirksame Abwehr, Begrenzung, Eindämmung der NS-Herrschaft oder ihres Anspruchs, gleichgültig von welchen Motiven, Gründen und Kräften her" (Martin Broszat). Diese Begriffsbestimmung aus den frühen 1980er Jahren hat sich nicht durchgesetzt. Der schwerwiegende Einwand dagegen lautet, dass fast jedes nicht regimekonforme Alltagsverhalten, ohne Rücksicht auf die Motive, unter diesen „erweiterten Widerstandsbegriff" falle, dass somit jeder, der dem NS-Regime nicht ständig Beifall spendete, schon Widerstand geleistet hätte.

Um der damaligen Wirklichkeit zu entsprechen und um den verschiedenen Formen von Opposition gerecht zu werden, muss man Widerstand im eigentlichen Sinn nicht nur als Haltung definieren, sondern als Handeln, das auf grundsätzlicher Ablehnung des Nationalsozialismus beruhte, das aus ethischen, politischen, religiösen, sozialen oder individuellen Motiven darauf abzielte, zum Ende des Regimes beizutragen. Voraussetzung und Anlass war eine Haltung von Dissens zum NS-Regime (Ian Kershaw) oder von „weltanschaulicher Dissidenz" (Richard Löwenthal). Daraus wurde Widerstand, wenn die Haltung sich zur Absicht verdichtete, eine Änderung der Verhältnisse herbeizuführen, das Hitler-Regime zu beenden. Widerstand im eigentlichen Sinne war dann jeder „bewußte Versuch, dem NS-Regime entgegenzutreten" (Christoph Kleßmann) und die damit verbundenen Gefahren auf sich zu nehmen.

Der individuelle Entschluss als Wille zum Widerstand stand immer am Anfang. Das soll im Folgenden exemplifiziert werden, ausgehend von den Motiven einzelner Personen.

Lina Haag war Kommunistin und kämpfte um das Leben ihres Mannes. Ein Landgerichtsdirektor in Bayern und der Vorsteher eines Polizeireviers in Berlin waren von Werten wie Recht und Ordnung geleitet. Die Gruppe „Onkel Emil" übte Solidarität mit jüdischen Freunden und Freundinnen, Pfarrer Julius von Jan und manche seiner Amtskollegen praktizierten die Gebote christlicher Überzeugung wie Nächstenliebe, was sie zu Widerständigen machte. Der Schreiner Georg Elser, der das Attentat im Münchner Bürgerbräukeller ausführte, war von der Einsicht in das Wesen der NS-Diktatur geleitet, die ihn nach der Maßgabe seiner Moral in den Widerstand führte.

Lina Haag hatte zwei Motive zum Widerstand. Als Kommunistin befand sie sich in kollektiver politischer Opposition zum NS-Staat. Als Frau kämpfte sie aus individueller Entscheidung um die Freiheit und das Leben ihres nächsten Angehörigen. Lina Haag war 25 Jahre alt, als ihr Mann, Alfred Haag, Anfang 1933 verhaftet wurde. Er war der jüngste Abgeordnete im Stuttgarter Landtag und als Kommunist kam er deshalb ins KZ, zuerst nach Ulm, dann nach Dachau, schließlich nach Mauthausen. Auch Lina Haag war Kommunistin, beteiligte sich am Widerstand gegen die gerade an die Macht gekommenen Nationalsozialisten. Bald wurde sie selbst inhaftiert. Nach der Entlassung aus dem KZ Lichtenburg im April 1939, die sie in ihrer Autobiografie als Folge ihrer Zivilcourage in der Auseinandersetzung mit dem Kommandanten beschrieb, kämpfte sie um die Freiheit ihres Mannes. Sie schaffte es, persönlich beim Reichsführer SS Heinrich Himmler vorzusprechen. Sie zeigte Entschlossenheit und persönlichen Mut. Auch ihr Gespräch mit Himmler zeichnete Lina Haag in ihren Erinnerungen wortgenau nach:

> „Sind Sie auch Kommunistin?", fragt er [Himmler] plötzlich. „Ja", sage ich. [...] „Wir sind", redet es aus mir, „genau so ehrlich und anständig wie die andern! Wir Kommunisten sind nicht das Gesindel, für das man uns hält." „Nun", lächelte Himmler, „wir kennen die Kommune von der

anderen Seite...?" [...] „Wir haben", platze ich heraus, „aus Idealismus gekämpft." „Hoffentlich haben Sie inzwischen eingesehen", sagt Himmler, „daß es ein falscher Idealismus war?" „Ich habe immer nur dafür gekämpft, was ich für gut und recht gehalten habe. Auch mein Mann hat nur dafür gekämpft." „Und jetzt", sagt Himmler und schaut mich scharf an, „soll ich Ihren Mann freigeben, damit Sie vermutlich weiterkämpfen können?"[2]

Die wegen Landesverrats ins KZ verschleppte Kommunistin hielt dem Blick stand und schwieg. Das Gespräch war beendet. Lina Haag hat Himmler beeindruckt, wie ihr der Adjutant versicherte, aber sie hielt ihre Mission für gescheitert. Sie hatte Himmler die Augen über die Zustände in den KZ öffnen, sie hatte Anklage gegen das Terrorsystem als solches erheben wollen und sah sich als Widerstandskämpferin gescheitert. Aber im Februar 1940 wurde Lina Haag benachrichtigt, dass sie ihren Mann in der Gestapozentrale in Berlin abholen könne.

Aus dem gleichen Motiv – der Sorge um ihre Angehörigen – scharten sich mitten in Berlin drei Jahre später besorgte („arische") Frauen und andere Verwandte von jüdischen Zwangsarbeitern vor deren Internierungsort in der Rosenstraße zusammen. Der stille Protest wirkte erfolgreich, weil die Männer zu diesem Zeitpunkt gar nicht zur Deportation nach Auschwitz bestimmt waren. Entscheidend war der Mut der Frauen, sich unter den Augen der SS tagelang vor dem Gebäude zu versammeln.[3]

Ein anderes Motiv bewegte den Mann, der seinen Rechtssinn nicht unterdrückte und nicht schwieg angesichts öffentlichen Unrechts. Dr. Ignaz Tischler war Mitglied der NSDAP und Landshuter Landgerichtsdirektor. Er war konservativ von Gesinnung, zur Zeit des Novemberpogroms stand er im 62. Lebensjahr. Er war von 1918 bis 1933 Mitglied der Deutschnationalen Volkspartei gewesen und zur Förderung seiner Karriere 1935 der NSDAP beigetreten. Tischler hatte sich aber in seinem Rechtsempfinden nicht beirren lassen und stellte es am Vormittag des 10. November 1938 unter Beweis, als ein Justizangestellter sich damit brüstete, wie er mit anderen SA-Männern in der Nacht die Wohnung eines jüdischen Geschäftsmannes verwüstet hatte. Der Landgerichtsdirektor missbilligte die Tat ausdrücklich und erklärte, wenn er darüber zu richten hätte, würde er auf Schadensersatz erkennen und möglicherweise eine Gefängnisstrafe verhängen. Am Abend des folgenden Tages wurde Tischler in einer Kundgebung vom NSDAP-Kreisleiter angegriffen, am 12. November berichteten die lokalen Zeitungen darüber, und am Nachmittag dieses Tages wurde der Jurist von 50 jungen Leuten, angeführt von einem Obertruppführer des Nationalsozialistischen Kraftfahr-Korps (NSKK), durch die Stadt getrieben, als „Judenknecht" und „Sauhund" verhöhnt, mit Fußtritten traktiert. Der gröhlenden Menge musste er ein Plakat zeigen, auf dem zu lesen war: „Tischler ist ein Volksverräter, er gehört nach Dachau."

---

2 Lina Haag, Eine Hand voll Staub. Widerstand einer Frau 1933 bis 1945, Frankfurt/M. 1981 (zuerst Nürnberg 1947), S. 159 f.
3 Wolf Gruner, Widerstand in der Rosenstraße. Die Fabrik-Aktion und die Verfolgung der „Mischehen" 1943, Frankfurt/M. 2005.

Entscheidend für den Fall ist, dass Tischler über die öffentliche Schmähung hinaus nichts passiert ist. Sein Vorgesetzter, der Landshuter Landgerichtspräsident, wusste bei der dienstlichen Behandlung der Angelegenheit so geschickt die offizielle Lesart vom „spontanen Volkszorn", der zum Pogrom geführt habe, mit der tatsächlichen Steuerung der Ereignisse durch die NSDAP zu konterkarieren, dass Tischler alle Hürden vom angedrohten Strafprozess (wegen Verstoßes gegen das „Heimtückegesetz") bis zum Parteiverfahren unbehelligt überstand. Sein Gesuch um Versetzung in den Ruhestand wurde gegenstandslos. Die Rehabilitierung bereitete lediglich 1947 beim Entnazifizierungsverfahren Schwierigkeiten, die in zweiter Instanz 1948 aber auch ausgeräumt wurden.[4] Die Rache der Nazis machte ihn nicht zum Widerstandskämpfer, sie zeigt jedoch, dass es Unmut über Maßnahmen des Regimes gab, der spontan geahndet werden konnte, aber auch, dass der Terror kein hermetisches System geschaffen hatte, in dem überhaupt nichts mehr möglich war ohne endgültige existentielle Katastrophe.

Individuelles Rechtsempfinden kennzeichnet auch den Fall Krützfeld, der weit über eine persönliche Unmutsäußerung hinausging. Auch das war eine Entscheidung aus rechtsstaatlichem Denken, die aus individuellem Berufsethos getroffen wurde. Sie zeigt auch, dass die Polizei ideologisch nicht so vereinnahmt war, wie die äußere Gleichschaltung unter dem Reichsführer SS es erscheinen lassen sollte. In der Neuen Synagoge in Berlin-Mitte, Oranienburger Straße 30, waren am Abend des 9. November 1938 SA-Männer erschienen und hatten im Vorraum Feuer gelegt. Die Synagoge, 1866 eingeweiht, war mit 3.000 Plätzen und einer prächtigen Innenausstattung eine der prunkvollsten jüdischen Kultusstätten in Deutschland. Die aufwendig gestaltete Fassade und die weithin sichtbare goldene Kuppel demonstrierten auch äußerlich Anspruch und Rang des Gebäudes. Die Brandstifter kümmerte das nicht, aber an weiterer Zerstörung wurden sie durch den herbeieilenden Vorsteher des zuständigen Polizeireviers 16 am Hackeschen Markt, Wilhelm Krützfeld, gehindert. Er war mit einigen Beamten und bewaffnet mit einem Dokument, das den Bau als unter Denkmalschutz stehend auswies, in der Synagoge erschienen, hatte die SA-Männer davongejagt und die Feuerwehr herbeigeholt, die auch tatsächlich kam und den Brand löschte. Der Reviervorsteher musste sich am 11. November vor dem Polizeipräsidenten verantworten, geschehen ist ihm nichts. Auf eigenen Antrag wurde er, längst Regimegegner geworden, 1942 in den Ruhestand versetzt.[5]

Die Zugehörigkeit in einer Wertegemeinschaft bedeutete weder, dass Weltanschauung und Gesinnung automatisch zur Opposition gegen den Nationalsozialismus

---

4 Alfons Beckenbauer, Das mutige Wort des Dr. Tischler zur Kristallnacht in Landshut, in: Verhandlungen des historischen Vereins für Niederbayern 98 (1972), S. 21–26; Wolfgang Benz, Die Entnazifizierung der Richter, in: Bernhard Diestelkamp/Michael Stolleis (Hrsg.), Justizalltag im Dritten Reich, Frankfurt/M. 1988, S. 112–130, hier S. 126.
5 Heinz Knobloch, Der beherzte Reviervorsteher. Ungewöhnliche Zivilcourage am Hackeschen Markt, Berlin 1990.

führten, noch konstituierte sie eine widerständig-handelnde Haltung gegenüber dem Regime. Die beiden großen christlichen Kirchen haben, trotz ethischer Gegensätze zum Programm und Staatsziel der NSDAP und trotz der Verfolgungs-, Einschränkungs- und Gleichschaltungsmaßnahmen durch Instanzen des Staats und der Partei, keinen korporativ begründeten Widerstand geleistet. Die katholische Amtskirche suchte als Institution das Arrangement mit der weltlichen Obrigkeit durch Konkordat und takti- sches Verhalten. Die protestantischen Kirchen, theologisch in regimenahe „Deutsche Christen" und regimekritische „Bekennende" gespalten, boten ein Bild, das von begeis- terter Nähe zum Nationalsozialismus bis zur erbitterten Ablehnung durch einzelne Pastoren, Bischöfe und Laien und Laiinnen reichte. Die Haltung zum NS-Regime be- ruhte immer auf individueller Entscheidung. Christinnen und Christen beider Konfes- sionen haben Widerstand geleistet, sind dafür vom Regime mit Strafen belegt worden, haben zu tausenden im KZ gelitten und sind zu Grunde gegangen, aber immer als In- dividuen aus freiem Entschluss, die dafür von ihrer jeweiligen kirchlichen Obrigkeit im Stich gelassen wurden.

Kollektiven Widerstand durch Verweigerung des Wehrdienstes, des „deutschen Grußes", des Eids auf den „Führer", jeglicher Tätigkeit in der Rüstungswirtschaft unter Berufung auf die theologische Verfasstheit ihrer Gemeinschaft haben nur die „Zeugen Jehovas" (damals als „Ernste Bibelforscher" bekannt) und einige weitere kleine Glau- bensgemeinschaften geleistet.[6]

Repräsentativ für die Haltung der beiden großen Kirchen ist auch nicht der Wi- derstand der mutigen katholischen Kirchenfürsten, des Grafen Clemens August von Galen in Münster und des Grafen Konrad von Preysing in Berlin oder der evangeli- schen Pastoren Martin Niemöller und Dietrich Bonhoeffer. Paradigmen christlichen Widerstands sind Pfarrer beider Konfessionen, die ihrem Gewissen folgend aus per- sönlicher Entscheidung ihre Stimme gegen nationalsozialistisches Unrecht erhoben und die Folgen ihres Widerstands allein erdulden mussten. Paul Schneider, der evan- gelische Pfarrer, der als „Prediger von Buchenwald" in die Geschichte des christlichen Widerstands einging, wurde im Hunsrück in einer reformierten rheinischen Pfarrfa- milie geboren, war 18-jährig Freiwilliger im Ersten Weltkrieg, studierte dann Theolo- gie und arbeitete nach dem Studium in einer Eisenhütte im Ruhrgebiet, 1923/24 in der Berliner Stadtmission, wurde nach der Ordination Anfang 1925 Hilfspfarrer in Essen und übernahm 1926 als Nachfolger seines Vaters die Pfarrstelle in Hochelheim und Dornholzhausen bei Wetzlar. Als Mitglied der Bekennenden Kirche exponierte sich Schneider früh gegen die nationalsozialistische Kirchenpolitik und predigte gegen die Ideologen des Regimes. Die Kirchenbehörde versetzte den regimekritischen Pfarrer auf Betreiben der NSDAP in die kleine Gemeinde Dickenschied und Womrath im Hunsrück, wo er sich weiter gegen die weltliche Obrigkeit exponierte. Bis 1937 war der Geistliche mehrfach von der Gestapo verhört, viermal in „Schutzhaft" genommen

---

6 Hans Hesse (Hrsg.), „Am mutigsten waren immer wieder die Zeugen Jehovas". Verfolgung und Wi- derstand der Zeugen Jehovas im Nationalsozialismus, Bremen 1998.

und dann aus der Rheinprovinz verbannt worden. Im November 1937 wurde Schneider in das KZ Buchenwald eingewiesen. Wegen seiner unbeugsamen Haltung wurde er mit Bunkerarrest bestraft und häufig misshandelt. Sein fundamentaler Widerstand war nicht zu brechen. Im Krankenrevier wurde er am 18. Juli 1939 mit einer Injektion ermordet.[7]

Ganz auf sich gestellt leistete auch der katholische Priester Max Josef Metzger Widerstand. Er war ebenso Pazifist und Sozialist wie Kämpfer für die Überwindung konfessioneller Schranken. Dazu hatte er die Bruderschaft Una Sancta gegründet. Wegen regimekritischer Äußerungen in Vorträgen und Predigten wurde er mehrfach verhaftet. 1943 verfasste er ein „Manifest für ein neues Deutschland", das im Ausland auf die Opposition gegen Hitler aufmerksam machen sollte. Völkerversöhnung und Weltfrieden waren die Ziele; ein demokratisches, christliches, antimilitaristisches und sozial engagiertes Deutschland sollte die Vision verwirklichen helfen. Wegen „Vorbereitung zum Hochverrat und Feindbegünstigung" wurde Metzger im Juni 1943 festgenommen und im Oktober 1943 vom Volksgerichtshof zum Tode verurteilt. Im Zuchthaus Brandenburg wurde er im April 1944 hingerichtet. Seine Kirche hat sich nicht für ihn eingesetzt.[8]

Als Seelsorger entfaltete in München der Jesuitenpater Rupert Mayer große Wirksamkeit im katholischen Milieu. An seiner Abneigung gegen den Nationalsozialismus ließ er schon lange vor 1933 keinen Zweifel. Daran änderte auch die offiziell verordnete Kompromissbereitschaft der Katholischen Kirche im Zeichen des Konkordats nichts. Pater Rupert Mayer setzte sich in seinen Predigten mit der NS-Ideologie so gründlich auseinander, dass ihn die Gestapo am 7. April 1937 mit einem Redeverbot belegte. Da er es ignorierte, wurde er am 5. Juni verhaftet und am 23. Juli vom Sondergericht München wegen heimtückischer Angriffe auf Partei und Staat, dem Standardvorwurf in solchen Fällen, zu sechs Monaten Gefängnis verurteilt.

Seine Gefängnisstrafe musste Pater Rupert Mayer nicht verbüßen, ersatzweise verbrachte er die folgenden Monate in einem Exerzitienhaus am Starnberger See. Der Gestapo gegenüber hatte er am 9. Juni 1937 Folgendes versichert:

> Ich erkläre, dass ich im Falle meiner Freilassung trotz des gegen mich verhängten Redeverbotes nach wie vor, sowohl in den Kirchen Münchens als auch im übrigen Bayern, aus grundsätzlichen Erwägungen heraus, predigen werde. Ich erkläre insbesondere, dass ich auch in Zukunft von der Kanzel herab in der bisherigen Form die Kirche gegen etwaige Angriffe mit aller Entschiedenheit und Offenheit und Schärfe, aber ohne persönlichen Angriff verteidigen werde. Ich werde auch weiterhin in der von mir bisher geübten Art und Weise predigen, selbst dann, wenn die staatlichen Behörden, die Polizei und die Gerichte, meine Kanzelreden als strafbare Handlungen und als Kanzelmißbrauch bewerten sollten.[9]

---

7 Claude R. Foster, Paul Schneider. Seine Lebensgeschichte, Holzgerlingen 2001.

8 Klaus Drobisch, Wider den Krieg. Dokumentarbericht über Leben und Sterben des katholischen Geistlichen Dr. Max Josef Metzger, Berlin 1970.

9 Faksimile in: Rita Haub/Josef Sudbrack, Pater Rupert Mayer SJ, München 2008, S. 29.

Da er diese Erklärung in die Tat umsetzte, wurde Pater Rupert Mayer am 5. Januar 1938 zum zweiten Mal verhaftet. Die Amnestie aufgrund der Annexion Österreichs brachte ihm am 3. Mai die Entlassung aus dem Gefängnis Landsberg am Lech. Die dritte Verhaftung erfolgte am 3. November 1939 wegen Wahrung des Beichtgeheimnisses. Nach zwei Monaten im Gestapo-Gefängnis im Wittelsbacher Palais München wurde Pater Rupert Mayer am 23. Dezember in das KZ Sachsenhausen eingeliefert, in dem er bis 7. August 1940 in Einzelhaft untergebracht war. Wegen seines schlechten Gesundheitszustands lebte der Pater dann bis zur Befreiung 1945 im oberbayerischen Benediktinerkloster Ettal im Arrest. Nach München zurückgekehrt, blieb ihm wenig Zeit, sich wieder als Seelsorger und Nothelfer zu betätigen. Am Fest Allerheiligen, dem 1. November 1945, erlitt er während der Messe einen Schlaganfall, dem er wenig später erlag.

Kardinal Faulhaber, der Erzbischof von München und Freising, erwähnte und verurteilte am 4. Juli 1937 in seiner Sonntagspredigt zwar die erste Verhaftung Rupert Mayers, zeigte sich bestürzt und entrüstet, verbot aber jeden öffentlichen Protest, weil er auf Verhandlung, Verwahrung und Einspruch setzte und immer noch an die Buchstaben des Konkordats glaubte. Er erklärte, die Verhaftung Rupert Mayers sei ein Zeichen, „daß der Kulturkampf zur Vernichtung der katholischen Kirche in Deutschland" in eine neue Phase eingetreten sei, es nahe die Entscheidung, Flammenzeichen würden rauchen und eines dieser Flammenzeichen sei „die Verhaftung unseres Münchener Männerapostels".[10] Der NS-Staat war nicht beeindruckt durch die Predigt. Die kraftvollen Worte waren wohl auch mehr auf ihre Wirkung nach innen, auf die Münchner Katholikinnen und Katholiken, gesprochen als in der Hoffnung, die NS-Kirchenpolitik zu verändern. Widerstand kann man die Predigt des Münchner Erzbischofs, der auch durch seinen prominenten Status geschützt war, deshalb kaum nennen.

Verurteilungen der Novemberpogrome 1938 brachten evangelische Pastoren wie Julius von Jan in Württemberg, den katholischen Berliner Dompropst Bernhard Lichtenberg oder den protestantischen Pfarrer Heinrich Grüber wegen ihrer Parteinahme für die verfolgten Juden und Jüdinnen in Bedrängnis. Klaus Lohmann war im April 1938 in Trier als Pastor der kleinen und von der Mehrheit der evangelischen Brüder und Schwestern stark angefeindeten Gemeinde der Bekennenden Kirche ordiniert worden. Er war 28 Jahre alt, frisch verheiratet.

1933 war er mit Begeisterung der SA beigetreten, 1934 verließ er sie wieder. Am Sonntag, der den Novemberpogromen 1938 folgte, gedachte er in seiner Predigt der Ereignisse und fügte hinzu:

---

10 Predigt des Erzbischofs von München und Freising, Michael Kardinal von Faulhaber, aus Anlass der Verhaftung von P. Rupert Mayer SJ, 4.7.1937, in: Hubert Gruber, Katholische Kirche und Nationalsozialismus 1930–1945. Ein Bericht in Quellen, Paderborn 2006, S. 348–353, hier S. 351.

> Auch die Juden können unsere Brüder sein, und sie sind es heute, wenn ihnen die Welt die Barmherzigkeit versagt. Wehe uns Christen, wenn wir uns an der Judenverfolgung der Welt beteiligen! Es gilt: „Was ihr getan habt einem unter diesen meinen geringsten Brüdern, das habt ihr mir getan."[11]

Das wurde denunziert. Die Gestapo ermittelte gegen den Geistlichen und setzte das erste von zwölf Verfahren gegen Pastor Lohmann in Gang. Im August 1939 wurde er zur Wehrmacht einberufen. Überwachung, Verhöre und Drangsalierung dauerten an.

Das Beispiel des Pfarrers Julius von Jan macht die Möglichkeiten und Grenzen individuellen Widerstands aus christlicher Verantwortung deutlich. Julius von Jan, seit 1935 evangelischer Pfarrer im württembergischen Oberlenningen, damals 41 Jahre alt, als Mann der „Bekennenden Kirche" und Kritiker der regimehörigen „Deutschen Christen" der NSDAP und den Behörden schon unliebsam aufgefallen, konnte es mit seinem Gewissen nicht vereinbaren, in stiller Empörung zu verharren. Den Bußtag am 16. November 1938 benutzte er, nach schwerem inneren Kampf, wie er rückblickend schrieb, um seine Gemeinde an die Christenpflicht zu erinnern. „In diesen Tagen wurde es mir innerlich klar, daß längeres Schweigen Sünde wäre."[12] Die Predigt war eine eindrucksvolle und in ihrer Deutlichkeit ziemlich einmalige Demonstration gegen den Antisemitismus und gegen den NS-Staat. Wörtlich sagte der mutige Pfarrer:

> Ein Verbrechen ist geschehen in Paris. Der Mörder wird seine gerechte Strafe empfangen, weil er das göttliche Gesetz übertreten hat. Wir trauern mit unserem Volk um das Opfer dieser verbrecherischen Tat. – Aber wer hätte gedacht, daß dieses eine Verbrechen in Paris bei uns in Deutschland so viele Verbrechen zur Folge haben könnte? Hier haben wir die Quittung bekommen auf den großen Abfall von Gott und von Christus, auf das organisierte Antichristentum. Die Leidenschaften sind entfesselt, die Gebote Gottes mißachtet, Gotteshäuser, die anderen heilig waren, sind ungestraft niedergebrannt worden, das Eigentum der Fremden geraubt oder zerstört. Männer, die unserem deutschen Volk treu gedient haben und ihre Pflicht gewissenhaft erfüllt haben, wurden ins KZ-Lager geworfen, bloß weil sie einer anderen Rasse angehörten![13]

Zeugen sagten aus, dass Jan in seiner Predigt auch mehrfach die Wendung „armes Deutschland" gebraucht habe. Am Ende des Gottesdienstes bat er im Schlussgebet, dass Gott „dem Führer und aller Obrigkeit den Geist der Buße schenken möge".[14]

Einige Tage später, am 25. November 1938, waren in der Nähe der Kirche Plakate angeschlagen, die in schwarzen Lettern auf rotem Grund das Wort „Judenknecht"

---

11 Thomas Zuche (Hrsg.), StattFührer. Trier im Nationalsozialismus, Trier 1996, S. 126 f.

12 Julius von Jan, Meine Erlebnisse in der Zeit des Kampfes gegen den Antisemitismus im Dritten Reich; von Pfarrer Julius v. Jan, Stuttgart-Zuffenhausen, geschrieben für das Stuttgarter Evangelische Sonntagsblatt, 25.8. und 1.9.1957, www.papierblatt.de/doc/jan/M2d_vJan_Rueckblick_1_Sonntagsblatt.pdf [29.4.2024].

13 Predigt des Pfarrers Julius von Jan am Buß- und Bettag, Oberlenningen, 16. November 1938, in: Georg Denzler/Volker Fabricius (Hrsg.), Die Kirchen im Dritten Reich. Christen und Nazis Hand in Hand? Dokumente, 2 Bde., Frankfurt/M. 1984, hier Bd. 2, S. 208–210.

14 Ebenda.

zeigten. Am Abend kamen auf Lastwagen und in anderen Fahrzeugen etwa 200 Männer, SA-Leute in Zivil, ins Dorf, drangen gewaltsam ins Pfarrhaus ein und suchten nach dem Pfarrer. Julius von Jan befand sich in einem Nachbarort, wo er Bibelstunde hielt.

Drei Männer holten ihn dort ab, während die übrigen vor der Kirche randalierten. Vor seinem Pfarrhaus wurde der Pastor verprügelt, auf das Dach eines Schuppens geworfen und schließlich ins Rathaus gebracht. Von dort aus wurde er ins Amtsgerichtsgefängnis Kirchheim/Teck eingeliefert. Bis Februar 1939 blieb der Pfarrer dort inhaftiert, wurde dann nach Stuttgart überführt, geriet im März aus dem Gewahrsam der Justiz in Gestapo-Haft. Am 13. April wurde er entlassen und zwei Tage später aus Württemberg ausgewiesen. Ab Juli 1939 lebte er in einem evangelischen Freizeitheim in Bayern in der Nähe von Passau. Die Reaktion der Kirchenleitung in Gestalt eines Erlasses an die Dekanatämter vom 6. Dezember 1938 war beklagenswert. Im Kampf gegen die christliche Kirche sei die Behauptung ihrer angeblichen Judengenossenschaft eine „gehässige Mißdeutung", die als Waffe eingesetzt werde. Diener der Kirche müssten alles vermeiden „was einer unzulässigen Kritik an konkreten politischen Vorgängen gleichkommt". Nach wohlabgewogenem Einerseits-Andererseits kam die Kirchenbürokratie zum Schluss:

> So sehr der Fehler zu vermeiden ist, daß das Evangelium in einer Weise verkündigt wird, „als ob nichts geschehen wäre", daß es also ganz unbezogen auf die Gegenwart bleibt, so sehr ist auch der andere Fehler zu vermeiden, daß statt der Verkündigung des Evangeliums mit seinem tiefsten seelenrettenden Inhalt in der ganz bestimmten konkreten Situation der Zuhörer die Predigt belastet wird mit politischen und kirchenpolitischen, wohl den Pfarrer, aber nicht ohne weiteres die Zuhörer bewegenden Ausführungen.[15]

Inzwischen war beim Sondergericht Stuttgart aufgrund des „Heimtückegesetzes" gegen Julius von Jan Anklage erhoben worden. Ihm wurde vorgeworfen, er habe:

> 1) öffentlich gehässige, hetzerische und von niedriger Gesinnung zeugende Äußerungen über leitende Persönlichkeiten des Staates und der NSDAP, über ihre Anordnungen und die von ihnen geschaffenen Einrichtungen gemacht, die geeignet sind, das Vertrauen des Volkes zur politischen Führung zu untergraben, und in Tateinheit hiermit 2) als Geistlicher in einer Kirche vor Mehreren Angelegenheiten des Staats in einer den öffentlichen Frieden gefährdenden Weise zum Gegenstand seiner Verkündigung und Erörterung gemacht.[16]

Die Anklageschrift bestand zum größten Teil aus zitierten Passagen der Bußtagspredigt. Nach fünfstündiger Verhandlung wurde Pfarrer von Jan am 15. November 1939 zu 16 Monaten Gefängnis (unter Anrechnung der vier Monate Untersuchungshaft) verurteilt. Er verbüßte ab Januar 1940 sechs Monate davon im Gefängnis Landsberg/Lech.

---

15 Erlass der Kirchenleitung an die Dekanatämter als Reaktion auf die Predigt des Pfarrers Julius von Jan, 6.12.1938, in: Ebenda, S. 211.
16 Landeskirchliches Archiv Stuttgart, D 1, 78.

Zu den weiteren Schikanen gehörte es, dass er drei Jahre lang als wehrunwürdig galt, dass ihm die Gestapo den Motorradführerschein verweigerte, den er zum Dienst auf bayerischen Diaspora-Pfarrstellen gebraucht hätte. Anfang Juni 1943 wurde der Geistliche zum Kriegsdienst, u. a. an der Ostfront, eingezogen. Im September 1945 kehrte er in sein Pfarramt nach Oberlenningen zurück.

Aus naheliegenden Gründen gab es keinen kollektiven jüdischen Widerstand gegen den Nationalsozialismus und die Judenverfolgung. Natürlich gab es Politiker und Politikerinnen, Intellektuelle, Bürgerinnen und Bürger, die als Juden und Jüdinnen diskriminiert waren, verfolgt wurden und dagegen als Individuen Widerstand leisteten. Es existierten im Deutschen Reich auch einige wenige jüdische Gruppen, die sich aus Opposition gegen den NS-Staat zusammenfanden. Ganz anders war die Situation in Polen und Belarus, wo jüdische Partisanen und Partisaninnen gegen die nationalsozialistische Besatzungsherrschaft mit Waffen kämpften. Die Aufmerksamkeit der historischen Forschung und des Publikums fanden erst spät jene Widerstandskämpfer und Widerstandskämpferinnen, die, aus jeweils individuellem Entschluss, Solidarität mit der verfolgten Minderheit übten. Als „Stille Helden und Heldinnen" verehrt, haben Menschen versucht, Juden und Jüdinnen zu retten. Das geschah als Hilfe zur Flucht ins Ausland, solange das möglich war, und ab 1942 durch Gewährung eines Verstecks, von Obdach und Nahrung für jüdische Verfolgte, die sich der Deportation durch Flucht in die Illegalität, durch den Versuch, im Untergrund zu überleben, zu entziehen versuchten.

Das Haus Hünensteig 6 in Berlin-Steglitz war der Mittelpunkt der Widerstandsgruppe „Onkel Emil", die seit der „Reichskristallnacht" 1938 jüdische Bekannte betreute, d. h. ihnen Obdach und Nahrung bot, zur Flucht oder ab 1942 zum Versteck verhalf, Menschlichkeit zeigte. „Onkel Emil", das waren die Journalistin Ruth Andreas-Friedrich, ihre heranwachsende Tochter Karin und ihr Lebensgefährte Leo Borchard, ein aus Russland stammender Dirigent. Sie lebten in zwei Wohnungen in einem Haus, in denen sich bis zum Mai 1945 immer mehr Bewohner und Bewohnerinnen aufhielten: Walter Seitz, der in den Untergrund ging, weil er als dienstverpflichteter Arzt sich nicht an der Ausbeutung und Misshandlung von Zwangsarbeitern und Zwangsarbeiterinnen beteiligen wollte, Ludwig Lichtwitz, ein jüdischer Buchdrucker, Konrad Latte, der jüdische Musiker, der bei Leo Borchard Unterricht im Dirigieren nahm, Fred Denker, ein jugendlicher Dichter, Draufgänger und Hitlergegner, der es später zu merkwürdigem Ruhm als Autor, Alkoholiker, Ehesüchtiger, religiös Erweckter und Kämpfer gegen die Atomenergie im Wendland bringen sollte. Die Geschwister Ralph und Rita Neumann aus Breslau gehörten zur jüdischen Klientel der kleinen Gruppe „Onkel Emil". Auch Dagmar Meyerowitz und Ursula Reuber, jüdische Mädchen, Studentin die eine, Sekretärin die andere, waren dabei, und einige weitere, deren Namen nicht alle bekannt sind. Ruth Andreas-Friedrich, die Chronistin der „Gruppe Emil", die in ihrem Tagebuch „Der Schattenmann" die Aktivitäten der Gruppe beschrieb, hat fast alle,

Schützlinge wie Helfer und Helferinnen, nur unter Pseudonym erwähnt.[17] Unter den Mitstreitern und Mitstreiterinnen waren das Ärztehepaar Christiane und Fritz von Bergmann, der Konditor Walter Reimann und seine Frau Charlotte, die nicht nur mehrere Cafés und Restaurants in besten Lagen Berlins betrieben, sondern auch selbstlos Hilfe für Juden und Jüdinnen leisteten.

Der Jurist Hans Peters, Professor und im Krieg Major im Führungsstab der Luftwaffe, war Verbindungsmann der Gruppe „Onkel Emil" zum Kreisauer Kreis. Ein anderer Jurist, Günther Brandt, war als jüdischer „Mischling ersten Grades" 1933 als Richter entlassen worden. Er half selbstlos jüdischen Verfolgten, beherbergte in seiner Junggesellenwohnung ein jüdisches Mädchen auf der Durchreise, das er wochenlang pflegte, nachdem sie an Scharlach erkrankt war. Auch zu anderen Widerständigen und Widerstandsgruppen stand die Gruppe „Onkel Emil" – kaum 20 Personen insgesamt – in Verbindung. Zu Freya von Moltke vom Kreisauer Kreis und zu Harald Poelchau, dem legendären Gefängnispfarrer in Tegel, bestanden ebenso Kontakte wie zur „Roten Kapelle" und zur Berliner kommunistischen Gruppe „Ernst".

Nach Kriegsende kehrten die Widerstandskämpfer und Widerstandskämpferinnen zur bürgerlichen Existenz zurück und wollten am demokratischen Aufbau mitwirken. Leo Borchard, der zu Beginn seiner Karriere gelegentlich die Berliner Philharmoniker dirigiert hatte, wurde von der sowjetischen Kommandantur zum Chef des Orchesters ernannt. Der 46-jährige Borchard brachte die Philharmoniker wieder auf die Bühne und baute im Mai 1945 das Berliner Konzertleben neu auf. Das erfüllte Leben als Orchesterchef, als Mitglied der neuen „Kammer der Kulturschaffenden", als prominenter Musiker im Nachkriegsberlin dauerte jedoch nur 100 Tage. Am 23. August 1945 traf ein US-Soldat am Übergang zwischen dem britischen und dem amerikanischen Sektor den Dirigenten, dessen Auto nicht anhielt, tödlich.[18]

Sucht man nach den Motiven des „Rettungswiderstands", der Hilfe für Juden und Jüdinnen, so sind ideologische Kategorien wie weltanschaulich, politisch oder religiös begründete Ablehnung des Regimes seltener zu finden (allenfalls bilden sie den Nährboden des Engagements) als persönliche Bindungen. Überwiegend, da die Hilfe oft Juden bzw. Jüdinnen zugewendet wurde, zu denen zuvor keine Beziehungen bestanden hatten, ist elementare Humanität zu konstatieren, d. h. gelebte Mitmenschlichkeit gegenüber Personen in äußerster existentieller Not.

Die höchste Form von Widerstand ist der Tyrannenmord. Mehr als 40 Versuche dazu sind historisch belegt. Zwei davon, die Tat des Grafen Stauffenberg am 20. Juli 1944 und der Anschlag Georg Elsers auf Hitler im Münchner Bürgerbräukeller am 8. November 1939 sind heute im öffentlichen Bewusstsein in Deutschland paradigmatisch für den Widerstand überhaupt. Das Attentat Stauffenbergs im Führerhauptquar-

---

17 Ruth Andreas-Friedrich, Der Schattenmann. Tagebuchaufzeichnungen 1938–1945, Berlin 1947 (und Frankfurt/M. 1986); vgl. Wolfgang Benz, Protest und Menschlichkeit. Die Widerstandsgruppe „Onkel Emil" im Nationalsozialismus, Ditzingen 2020.
18 Benz, Protest und Menschlichkeit.

tier hatte – dessen war sich schon die zu spät handelnde Militär-Opposition sicher – nur noch symbolische Bedeutung und beruhte auf kollektiver Überzeugung, die nach langem Zögern in die Tat umgesetzt wurde. Elsers Tat beruhte auf individueller Einsicht in die Natur der nationalsozialistischen Herrschaft und dem allein verantworteten Entschluss zur Durchführung. Moralische Überzeugung, pazifistische Gesinnung und Gerechtigkeitssinn waren die Triebkräfte des schlichten Handwerkers Georg Elser. Er wollte das Übel in personam, in Gestalt des Diktators und seiner Kamarilla beseitigen, fühlte sich aber nicht berufen, eine neue Ordnung nach der Tat zu gestalten.

Lange über seinen Tod im KZ Dachau hinaus wurde der Urheber des Attentats auf Hitler im Münchner Bürgerbräukeller verleumdet und verachtet. Heute ist Georg Elser, der Hitler töten, damit den Frieden retten, die nationalsozialistische Herrschaft beenden wollte, als Widerstandskämpfer par excellence anerkannt. Wie Graf Stauffenberg, der Held des 20. Juli 1944, gilt er als verehrungswürdiger Widersacher des Unrechtsregimes. Graf Stauffenberg handelte als Vertreter einer Gruppe der Militäropposition, die erst spät zur Einsicht in die Natur des NS-Staats gelangt war. Georg Elser, aus kleinen Verhältnissen kommend, ohne Bildung und gesellschaftlichen Status, aber intelligent und moralisch integer, handelte als selbstverantwortliches Individuum.

Keine andere Persönlichkeit des Widerstands war so eigenständig in der Erkenntnis, dem Entschluss zum Tyrannenmord und dessen Ausführung wie der Schreiner Georg Elser. Er hat sich mit keinem anderen Menschen über sein Ziel beraten oder ausgetauscht, er hat in größter Einsamkeit die Tat vorbereitet und die Zweifel und Einwände dagegen über ein Jahr lang mit sich selbst ausgetragen. Der schlichte Mann aus dem Volk, der keiner Ideologie anhing, der nicht im Schutz einer Gruppe Gleichgesinnter agierte, der weder Sendungsbewusstsein hatte noch Ruhm als Retter und Patriot beanspruchte, der sich nicht zum Helden berufen fühlte, war kategorischer Moralist in der Konsequenz der Ausführung einer von ihm als notwendig erkannten Tat.

Die Erkenntnis, die Elser spätestens im Herbst 1938 hatte, dass das „Dritte Reich" kein Rechtsstaat war, dass die sozialen Verheißungen des Nationalsozialismus trügerisch waren, dass der Diktator machtbesessen und kriegslüstern war, dass die Politik der Nationalsozialisten nicht nur das deutsche Volk ins Verderben stürzen würde – diese Erkenntnis hätten alle haben müssen. Viele hatten sie auch, beruhigten sich aber entweder mit der Sentenz, man habe ja nichts machen können, oder sie waren korrupt und jubelten der Karriere halber – als Offiziere, als Schauspielerinnen und Schauspieler, als Ärzte und Ärztinnen, Beamte und Funktionäre – weiter Hitler zu. Viele waren überzeugte und fanatische Nazis.

Georg Elser wollte auf denkbar schlichte Weise Frieden, menschlichen Anstand, Recht und Humanität retten. Er steht für Unzählige, die wohl ähnlich dachten, aber sich nicht trauten, ihre Besorgnis und ihre Abneigung gegen die herrschende Elite und deren Ideologie zu artikulieren, geschweige denn daraus eine widerständige Handlung abzuleiten. Georg Elser hatte sich, in stiller Obsession, zur Alleintäterschaft entschlossen – im Bewusstsein, das Richtige, das von ihm als notwendig Erkannte zu tun.

Unbeirrt und beharrlich, mit technischer Präzision, die alle Attentatsversuche des Militärs übertraf, baute er die Bombe und installierte sie in mehr als 30 Nächten in dem Saal, in dem Hitler am 8. November 1939 wie alljährlich seine Traditionsrede zum Putsch von 1923 hielt. Konstruktion und Funktion der Bombe wie ihre Platzierung waren perfekt. Den Erfolg verhinderte nur der nicht vorhersehbare frühe Aufbruch Hitlers. Die Bombe riss acht Menschen in den Tod, verletzte 63 weitere Personen, aber der, dem sie galt, blieb unbehelligt.

Hitler wollte nicht an einen Alleintäter glauben, der aus individuellem Entschluss gehandelt hatte. Georg Elser, der noch am Abend der Tat verhaftet wurde, galt offiziell trotz seines Geständnisses und ohne den geringsten Beweis der nationalsozialistischen Propaganda als Werkzeug des britischen Geheimdienstes. Das war die offizielle Version, denn einen Täter aus eigenem Antrieb nach individueller Entscheidung durfte es nicht geben. Die inoffizielle Version entstand wenig später und hielt sich hartnäckig: Das Attentat sei eine Inszenierung der Nazis gewesen, die damit die Unverletzlichkeit des „Führers" durch das Walten der „Vorsehung" beweisen wollten. Nach dieser Version war Elser ein SS-Mann. Dafür schien zu sprechen, dass er nicht gleich nach dem Geständnis vor Gericht gestellt oder ohne Verfahren ermordet wurde, sondern bis April 1945 als Sonderhäftling im KZ unter vergleichsweise komfortablen Bedingungen in Haft gehalten und erst im letzten Augenblick vor dem Zusammenbruch des NS-Regimes getötet wurde.[19]

Beide Versionen, die nationalsozialistische, nach der Elser nur Werkzeug gewesen sein sollte, und die volkstümliche, nach der er in einem Theatercoup die Hauptrolle zu spielen hatte, sind falsch. Sie beweisen jedoch, wie schwer sich viele tun mit dem individuellen Entschluss zum Widerstand eines Einzelnen nach dem kategorischen Imperativ moralischer Überzeugung.

Literaturverzeichnis

Andreas-Friedrich, Ruth, Der Schattenmann. Tagebuchaufzeichnungen 1938–1945, Berlin 1947 (und Frankfurt/M. 1986).

Beckenbauer, Alfons, Das mutige Wort des Dr. Tischler zur Kristallnacht in Landshut, in: Verhandlungen des historischen Vereins für Niederbayern 98 (1972), S. 21–26.

Benz, Wolfgang, Allein gegen Hitler. Leben und Tat des Johann Georg Elser, München 2023.

Benz, Wolfgang, Der deutsche Widerstand gegen Hitler, München 2014.

Benz, Wolfgang, Die Entnazifizierung der Richter, in: Bernhard Diestelkamp/Michael Stolleis (Hrsg.), Justizalltag im Dritten Reich, Frankfurt/M. 1988, S. 112–130.

Benz, Wolfgang, Protest und Menschlichkeit. Die Widerstandsgruppe „Onkel Emil" im Nationalsozialismus, Ditzingen 2020.

---

19 Wolfgang Benz, Allein gegen Hitler. Leben und Tat des Johann Georg Elser, München 2023; Peter Steinbach/Johannes Tuchel, Georg Elser. Der Hitler-Attentäter, Berlin 2010.

Denzler, Georg/Fabricius, Volker (Hrsg.), Die Kirchen im Dritten Reich. Christen und Nazis Hand in Hand? Dokumente, 2 Bde., Frankfurt/M. 1984.

Drobisch, Klaus, Wider den Krieg. Dokumentarbericht über Leben und Sterben des katholischen Geistlichen Dr. Max Josef Metzger, Berlin 1970.

Foster, Claude R., Paul Schneider. Seine Lebensgeschichte, Holzgerlingen 2001.

Gruber, Hubert, Katholische Kirche und Nationalsozialismus 1930–1945. Ein Bericht in Quellen, Paderborn 2006.

Gruner, Wolf, Widerstand in der Rosenstraße. Die Fabrik-Aktion und die Verfolgung der „Mischehen" 1943, Frankfurt/M. 2005.

Haag, Lina, Eine Hand voll Staub. Widerstand einer Frau 1933 bis 1945, Frankfurt/M. 1981 (zuerst Nürnberg 1947).

Haub, Rita/Sudbrack, Josef, Pater Rupert Mayer SJ, München 2008.

Hesse, Hans (Hrsg.), „Am mutigsten waren immer wieder die Zeugen Jehovas". Verfolgung und Widerstand der Zeugen Jehovas im Nationalsozialismus, Bremen 1998.

Knobloch, Heinz, Der beherzte Reviervorsteher. Ungewöhnliche Zivilcourage am Hackeschen Markt, Berlin 1990.

Stadler, Karl, Österreich 1938–1945 im Spiegel der NS-Akten, Wien 1966.

Steinbach, Peter/Tuchel, Johannes, Georg Elser. Der Hitler-Attentäter, Berlin 2010.

Zuche, Thomas (Hrsg.), StattFührer. Trier im Nationalsozialismus, Trier 1996.

Peter Pirker

Fluchtwiderstand – Deserteure der Wehrmacht in Vorarlberg

Einleitung

Während des zweiten Weltkrieges dienten etwa 27.000 Soldaten aus Vorarlberg in den deutschen Streitkräften, die zwischen 1939 und 1945 einen Angriffs- und Vernichtungskrieg in ganz Europa und Nordafrika führten.[1] Viele von ihnen wurden zu Gebirgsdivisionen eingezogen. Bereits 1939 war die in Tirol und Vorarlberg gebildete 2. Gebirgsdivision am Überfall auf Polen beteiligt, dann kamen die Gebirgsjäger prominent bei der Besetzung Norwegens zum Einsatz, schließlich im Jahr 1941 bei den Überfällen auf Jugoslawien, Griechenland und die Sowjetunion. An der Ostfront kämpften die Gebirgsdivisionen an allen Abschnitten. Im hohen Norden, an der so genannten „Eismeerfront", entstand ein jahrelanger grauenhafter Stellungskrieg unter kaum vorstellbar harten Umweltbedingungen. Ab 1943 wurden Gebirgsjäger auch zur Partisanenbekämpfung in der Sowjetunion, in Jugoslawien und Griechenland eingesetzt, schließlich bei der Besetzung Norditaliens und der Bekämpfung der dortigen Partisanenbewegungen.

Die Zustimmung zur Kriegsführung war im Deutschen Reich nicht durchwegs gegeben. Berichte über die Stimmung der Bevölkerung im Reichsgau Tirol und Vorarlberg zeigen ambivalente Haltungen. Das für die Reichsverteidigung zuständige Dezernat Ia4 des Reichsstatthalters im Reichsgau Tirol und Vorarlberg ließ die Stimmung der Bevölkerung genau erheben. Kurz vor der ersten Mobilisierung der 2. Gebirgs-Division für den Einmarsch in die sudetendeutschen Gebiete der Tschechoslowakei Mitte September 1938 gingen Meldungen der Kreisbehörden ein, wonach die älteren, zum Teil kriegserfahrenen Jahrgänge mäßig gestimmt waren, während die Stimmung der

---

1 Der Beitrag beruht auf Ergebnissen des Forschungsprojektes „Deserteure der Wehrmacht. Verweigerungsformen, Verfolgung, Solidarität, Vergangenheitspolitik in Vorarlberg", finanziert vom Land Vorarlberg, durchgeführt am Institut für Zeitgeschichte der Universität Innsbruck. An den Erhebungen mitgearbeitet haben Aaron Salzmann und Simon Urban; Fallstudien steuerten Isabella Greber und Nikolaus Hagen bei. Ausführlich: Peter Pirker, Flucht vor dem Krieg. Deserteure der Wehrmacht in der Grenzregion Vorarlberg, in: Peter Pirker/Ingrid Böhler (Hrsg.), Flucht vor dem Krieg. Deserteure der Wehrmacht in Vorarlberg, München 2023, S. 19–234. Gleich gelagerte Forschungsprojekte wurden zu Tirol, finanziert vom Land Tirol und der Stadt Innsbruck, und Südtirol, finanziert vom Südtiroler Landesarchiv, durchgeführt. Siehe dazu: Peter Pirker, Deserteure der Wehrmacht in Tirol, Vorarlberg und Südtirol. Ein Überblick, in: Beirat des Schwerpunkts Erinnerungskultur (Hrsg.), Vom Wert des Erinnerns. Wissenschaftliche Projekte der Förderperiode 2019 bis 2023, Innsbruck 2024 (in Druck); Johannes Kramer, Entziehungen aus den deutschen Streitkräften in Südtirol. Vertiefende Erkenntnisse, neue Kontextualisierungen, in: Ebenda (in Druck).

∂ Open Access. © 2024 Peter Pirker, publiziert von De Gruyter. (CC) BY-NC-ND Dieses Werk ist lizenziert unter einer Creative Commons Namensnennung – Nicht-kommerziell – Keine Bearbeitung 4.0 International Lizenz.
https://doi.org/10.1515/9783111378411-006

aktiv dienenden jüngeren Jahrgänge ausgezeichnet sei.[2] Um die Kriegsbegeisterung zu heben, wurde jungen Burschen Ruhm, Ehre und sozialer Aufstieg durch die Wehrmacht versprochen. Bei Problemen mit Musterungs- und Stellungspflichtigen ersuchte etwa das Wehrbezirkskommando Bregenz die Gendarmerie um ihr Einschreiten, damit „besonders jeder Versuch zu Drückebergerei unterbunden wird".[3] Zweifel und Ablehnung oder gar Wehrdienstentziehung und Fahnenflucht wurden als Verrat an der deutschen Volksgemeinschaft gebrandmarkt.

Mit Kriegsbeginn führte das NS-Regime ein neues Delikt in das Militärstrafrecht ein, die sogenannte Wehrkraftzersetzung.[4] Jede Form der Aufforderung, Verleitung oder Hilfe zur Wehrdienstentziehung konnte nun mit dem Tod bestraft werden, jede Form der eigenen Wehrdienstentziehung ebenso. Die so genannte „Manneszucht" wurde nicht nur zum ehernen Prinzip der Wehrmacht, um die totale Aufopferungsbereitschaft der Soldaten als Norm durchzusetzen. Sie wurde zu einem Gebot für die gesamte deutsche hochmilitarisierte „Volksgemeinschaft". Reden oder Handeln gegen die Kampfbereitschaft war mit Zuchthaus- und in schweren Fällen mit der Todesstrafe bedroht. So sollten vor allem Frauen abgeschreckt werden, Ehemännern, Brüdern, Söhnen, Liebhabern, Verwandten und Bekannten beim Desertieren zu helfen. Auch das bereits bestehende Delikt „Fahnenflucht" wurde zum Teil neu gefasst. Fahnenflucht bedeutet ursprünglich, dass sich ein Soldat dauerhaft von seiner Truppe entfernt. Die Militärjustiz des NS-Regimes gab der Fahnenflucht auch eine politisch-ideologische Dimension, sie wurde als Verrat an der „Volksgemeinschaft" gewertet, auch die Anwendung der Todesstrafe wurde erleichtert.[5] Letztlich fällte die deutsche Militärjustiz mindestens 25.000 Todesurteile, wovon mindestens 18.000 exekutiert wurden.[6]

Angesichts dieser mörderischen Bilanz und des jahrzehntelangen Weißwaschens der Wehrmacht und ihrer Justiz durch Militärs, Politiker und Veteranenverbände konzentrierte sich die kritische Forschung zunächst auf die Analyse der Verfolgung von nonkonformistischen Soldaten, um die Grundlagen für die in Österreich 2005 und 2009 gesetzlich erfolgte Rehabilitierung der Verurteilten und ihrer Angehörigen zu

---

2 Tiroler Landesarchiv (künftig: TLA), Reichsstatthalter (künftig: RSth), Dezernat Ia4, Bericht 28.10.1938. Vgl. Johannes Kramer/Peter Pirker, Die „Alpensöhne" im Zweiten Weltkrieg. Schlaglichter auf die Wehrmacht im Reichsgau Tirol und Vorarlberg und die Tiroler in der Wehrmacht, in: Matthias Egger (Hrsg.), „…aber mir steckt der Schreck noch in den Knochen." Innsbruck zwischen Diktatur, Krieg und Befreiung 1933–1950, Innsbruck 2020, S. 139–172, hier S. 143–145.

3 Vorarlberger Landesarchiv (künftig: VLA), LR Bregenz, PV 043/5, Wehrbezirkskommando Bregenz, Wehrüberwachung und Vorbereitung zur Musterung, 21.9.1939.

4 Vgl. Albrecht Kirschner, Wehrkraftzersetzung, in: Wolfgang Form/Wolfgang Neugebauer/Theo Schiller (Hrsg.), NS-Justiz und politische Verfolgung in Österreich 1938–1945. Analysen zu den Verfahren vor dem Volksgerichtshof und dem Oberlandesgericht Wien, München 2006, S. 405–750.

5 Thomas Walter, „Schnelle Justiz – gute Justiz"? Die NS-Militärjustiz als Instrument des Terrors, in: Walter Manoschek (Hrsg.), Opfer der NS-Militärjustiz. Urteilspraxis – Strafvollzug – Entschädigungspolitik in Österreich, Wien 2003, S. 27–52, hier S. 32.

6 Manfred Messerschmidt, Wehrmachtsjustiz 1933–1945, Paderborn 2005, S. 453.

schaffen.[7] Selten reichten jedoch die Ressourcen dafür, die Praxis des Desertierens genauer und systematisch auszuleuchten, also den Fragen nachzugehen, wem und wie die Flucht aus der Kriegsführung möglich war, welche Wege dabei beschritten wurden und wer auf welche Weise aus der zivilen Gesellschaft heraus Deserteuren „hilfreiche Hand" bieten konnte. Kurz: das antisystemische, widersetzliche und widerständige Handeln stärker und auf einer breiteren Quellenbasis als Militärgerichtsakten in den Blick zu nehmen.[8]

Die lange vor allem politisch und medial in den Vordergrund gestellte Frage nach vorgelagerten, intentionalen Handlungsmotiven war mit einer moralischen Sortierung in politisch ehrenwerte, dem patriotischen Widerstand zuzurechnende und bloß aus persönlichem Interesse handelnde Deserteure verbunden. Diese Polarisierung wurde während der Rehabilitierungsdebatte dahingehend aufgelöst, dass die Deserteure kollektiv als „vergessene Opfer" des Nationalsozialismus gefasst wurden.[9] Mit Blick auf das Handeln der Deserteure wird demgegenüber hier eine sozialhistorische Forschungsperspektive stark gemacht, die das Fliehen aus der Wehrmacht als heimliches widerständiges Handeln erkennt, als eine „Praxis des Verschwindens"[10], des sich Davonstehlens, des fugitiven Widerstands, wie es Iris Därmann als Praxis der Selbstbefreiung von Sklav*innen und Soldaten aus Gewalträumen und „schuldigem Gehorsam" zur „Selbstaneignung und Wiederinbesitznahme der eigenen Person" skizzierte.[11] Desertieren aus der Wehrmacht erscheint so als eine individuelle bis kleinkollektive Selbstbehauptung durch Flucht aus einem System, das mit einem kriegerisch-aggressiven, völkischen Gemeinschaftskonzept die totale Verfügung über das Leben der darin inkludierten Menschen beanspruchte. Man kann Desertieren mit diesem Verständnis auch in eine Tradition der persönlichen Selbstverteidigung gegen ungehörige politische Zurichtungen durch Staat und Regierung stellen.[12] Die Rettung des eigenen Lebens und Emotionen wie Liebe zu Flüchtenden und Sorge um sie werden hier

---

7 Grundlegend für Österreich: Walter Manoschek (Hrsg.), Opfer der NS-Militärjustiz. Urteilspraxis, Strafvollzug, Entschädigungspolitik in Österreich, Wien 2003.

8 Wegweisend für die qualitative Analyse der Fluchtpraxis auf Basis von Schweizer Flüchtlingsakten: Magnus Koch, Fahnenfluchten. Deserteure der Wehrmacht im Zweiten Weltkrieg – Lebenswege und Entscheidungen, Paderborn 2008, und basierend auf lebensgeschichtlichen Interviews: Hannes Metzler, „Soldaten, die einfach nicht im Gleichschritt marschiert sind..." Zeitzeugeninterviews mit Überlebenden der NS-Militärgerichtsbarkeit, in: Manoschek (Hrsg.), Opfer der NS-Militärjustiz, S. 494–602.

9 Peter Pirker/Johannes Kramer, From Traitors to Role Models? Rehabilitation and Memorialization of Wehrmacht Deserters in Austria, in: Eleonora Narvselius/Gelinada Grinchenko (Hrsg.), Traitors, Collaborators and Deserters in Contemporary European Politics of Memory. Formulas of Betrayal (Palgrave Macmillan Memory Studies), Basingstoke 2018, S. 59–85, hier S. 72–76.

10 Claudia Bade, Todesurteile gegen Deserteure. Urteilspraxis und Selbstbilder der Wehrmachtrichter, in: Kerstin von Lingen/Peter Pirker (Hrsg.), Deserteure der Wehrmacht und der Waffen-SS. Entziehungsformen, Solidarität, Verfolgung, Paderborn 2023, S. 149–166, hier S. 149.

11 Iris Därmann, Widerstände. Gewaltenteilung in statu nascendi, Berlin 2021, S. 43.

12 Elsa Dorlin, Selbstverteidigung. Eine Philosophie der Gewalt, Berlin 2020.

dezidiert nicht als minder gegenüber politisch-patriotischen Beweggründen betrachtet, die mitunter erst im Nachhinein konstruiert wurden.

Ausmaße der Flucht und Fluchtverläufe

Eine unserer Forschungsfragen war, wie viele Soldaten aus Vorarlberg überhaupt vor dem (weiteren) Kriegsdienst flüchteten und wie ihre Fluchten verliefen. In Militär-, Polizei- und Justizakten sowie in den Schweizer Flüchtlingsakten konnten wir 256 Wehrpflichtige aus Vorarlberg eruieren, die sich dem Wehrdienst zu entziehen versucht hatten. Bei 235 fanden wir heraus, wie die Flucht verlaufen war. Die gute Nachricht ist: Etwa 60 % (143) ist die Flucht gelungen, das heißt, sie konnten von den NS-Behörden weder festgenommen noch verurteilt werden. Unsere Forschungen ergaben, dass die Entziehungsversuche von 92 Vorarlbergern durch Festnahmen scheiterten, wobei für 44 Festgenommene auch Verurteilungen zu Gefängnis-, Zuchthaus- und Todesstrafen rekonstruiert werden konnten. Insgesamt überlebten 27 Vorarlberger Deserteure die Flucht bzw. die Verfolgung nicht.[13] Die Todesrate lag somit deutlich unter der Gefallenenquote von etwa 17 %.

Verlauf/Form	Desertion	Desertion/ Entfernung	Flucht/Verweige- rung Einberufung	Verweiger- ung/„Verrat"	Gesamt	Tod
Gelungen						
Neutrales Ausland	66		3		**69**	1
Kriegsgegner	8				**8**	1
Untersuchungs- gebiet	57		3		**60**	4
Andere Gebiete	5		1		**6**	
Zwischensumme	*136*		*7*		***143***	
Gescheitert						
Festgenommen	33	1	9	2	**45**	4
Verurteilt	19	13	9	3	**44**	15
Selbstmord/ Versuch	2		1		**3**	2
Zwischensumme	*54*	*14*	*19*	*5*	***92***	
Summe bekannte Verläufe	**190**	**14**	**26**	**5**	**235**	
Unbekannt	18		3		**21**	
Gesamt	**208**	**14**	**29**	**5**	**256**	**27**

---

13 Siehe zu ihren Biografien, Pirker, Flucht vor dem Krieg, S. 175–206.

Freilich zeigt unsere Untersuchung auch, dass nur eine sehr kleine Minderheit Desertieren als Weg aus dem Krieg wählte oder vielleicht genauer: dies wollte und über individuelle Fähigkeiten sowie günstige soziale Erfahrungen verfügte, um Chancen der Flucht zu erkennen und zu nutzen. Ihr Anteil an allen eingerückten Vorarlbergern lag bei wenig mehr als 1 %. Auch unter Tiroler Wehrmachtssoldaten war der Anteil von Deserteuren ähnlich niedrig. Deserteure blieben also eine verschwindend kleine Minderheit. Die Entziehungsrate von Vorarlberger und Tiroler Soldaten liegt damit im Durchschnitt kaum höher als bei Soldaten des Altreichs, was dem Stand der Forschung über die hohe Integration der Österreicher in die Wehrmacht entspricht.[14] Die bisherige Schätzung von 3 bis 5 % österreichische Deserteure dürften im Lichte unserer Forschungen zu hoch gegriffen sein.[15]

Im Kontext des gesamten Desertionsgeschehens in Vorarlberg machten Fahnenfluchten einheimischer Soldaten nur einen Bruchteil aus: Etwa 400 oder 70 % der insgesamt etwa 650 festgestellten Deserteure und Wehrdienstentzieher kamen von außerhalb Vorarlbergs, etwa 50 % stammten aus dem „Altreich". Ihr Ziel war fast durchwegs die Schweiz. In den Gemeinden im Rheintal fanden ortsfremde fliehende Soldaten fallweise Unterstützung Einheimischer, etwa aus dem Arbeitermilieu in Lustenau, fallweise auch durch Hilfszöllner. Evident ist, dass von den Verfolgungsmaßnahmen der Grenzwache, der Gendarmerie und der Gestapo vor allem ortsfremde Deserteure betroffen waren, fast 70 % der Fluchten Ortsunkundiger endeten in Gefängnissen in Feldkirch oder Bregenz.

Betrachten wir die gelungenen Fluchten der Vorarlberger Wehrdienstentzieher etwas näher: Die Auswertung der Fluchtrichtungen ergab, dass 69 Personen Zuflucht im neutralen Ausland fanden, das entspricht einem Anteil von 48 % an den gelungenen Fluchten. Die meisten gelangten in die Schweiz, wenigen glückte die Flucht von Norwegen oder Finnland nach Schweden. Nur von 14 Vorarlberger Deserteuren wis-

---

14 Das Ausmaß von Desertionen aus der Wehrmacht ist umstritten. Unterschiedliche Berechnungen kommen auf einen Anteil zwischen 0,4 und 1,8 %. Zu bedenken sind außerdem jüngere Forschungen, die darauf hinweisen, dass sich unter den Deserteuren viele in den annektierten und besetzten Gebieten verpflichtete Soldaten befanden, die also nicht aus dem „Altreich" kamen. Vgl. dazu Peter Pirker/ Kerstin von Lingen, Einleitung – Deserteure. Neue Forschungen zu Entziehungsformen, Solidarität, Verfolgung und Gedächtnisbildung, in: Lingen/Pirker (Hrsg.), Deserteure der Wehrmacht, S. XI–XXXIV, hier S. XVII.
15 Thomas Geldmacher, „Auf Nimmerwiedersehen!" Fahnenflucht, unerlaubte Entfernung und das Problem, die Tatbestände auseinander zu halten, in: Manoschek (Hrsg.), Opfer der NS-Militärjustiz, S. 133–194, hier S. 188. In Südtirol lag der Anteil von Wehrdienstentziehungen wohl etwas höher als in Tirol und Vorarlberg bei 1,6 bis 2 %. Eine Ursache für das stärkere Ausmaß lag darin, dass die Wehrpflicht für so genannte „Dableiber", also jene Südtiroler, die sich 1939 für die Beibehaltung der italienischen Staatsbürgerschaft entschieden hatten, erst nach der Etablierung der Operationszone Alpenvorland im September 1943 durch völkerrechtswidrige Verordnungen des Obersten Kommissars Franz Hofer eingeführt wurde, was unter Teilen der Betroffenen zu relativ starker Verweigerungs- und Fluchtbereitschaft führte. Vgl. zu den Zahlen: Pirker, Deserteure der Wehrmacht in Tirol, Vorarlberg und Südtirol.

sen wir, dass sie in den besetzten Gebieten zu Partisanen oder an der Front zum Kriegsgegner überliefen. Etwa 42 % der erfolgreichen Wehrdienstentzieher suchten im Binnenland ihrer Heimat, meist in ihren Herkunftsgemeinden, Zuflucht – häufig nach Heimat- oder Genesungsurlauben.

Abb. 1: Die Grenze am Alten Rhein bei Hohenems. Hier gelangten ortskundige Deserteure relativ leicht in die Schweiz. © Miro Kuzmanović.

Fluchtzeitpunkte und Fluchtanlässe

In unserer Sammlung scheinen nur wenige Wehrpflichtige auf, die den Kriegsdienst von Beginn an aus politischen, religiösen oder humanitären Überzeugungen ablehnten. Ein Beispiel dafür ist der Bregenzer Gitarrenbauer Ernst Volkmann, der den Nationalsozialismus aus seinem katholischen Glauben heraus ablehnte und jede Indienstnahme für das Regime verweigerte. Das Reichskriegsgericht verurteilte ihn am 7. Juli 1941 wegen Wehrkraftzersetzung zum Tode und ließ ihn einen Monat später im Zuchthaus Brandenburg an der Havel hinrichten.[16] Ein weniger bekanntes Beispiel ist

---

16 Siehe Pirker, Flucht vor dem Krieg, S. 205; Meinrad Pichler, „Nicht für Hitler" – Der katholische Kriegsdienstverweigerer Ernst Volkmann (1902–1941), in: Susanne Emmerich/Walter Buder (Hrsg.), Mahnwache Ernst Volkmann (1902–1941). Widerstand und Verfolgung 1938–1945 in Bregenz, Feldkirch 2005, S. 6–11.

der Knecht Martin Thaler aus St. Anton im Montafon. Er wollte sich, wie er den Schweizer Behörden erläuterte, „einfach nicht für kriegerische Handlungen preisgeben"[17]. Bei einem anderen Teil dieser Gruppe war die Wehrdienstentziehung Begleiterscheinung des Willens, der rigiden Sozialordnung des NS-Staates zu entgehen. Zu nennen sind hier Jugendliche wie Karl Schertler, die anderen Zukunftsvisionen nachhingen, als sich dem Arbeits- und Militärregime des NS-Staates zu fügen, zudem Menschen, die in ihren konträr zum Ordnungsentwurf des NS-Staates stehenden Lebensstilen stark verwurzelt waren. Die ohne festen Wohnsitz lebenden Tagelöhner Josef Winter und Johann Rützler gerieten mehrfach ins Visier des NS-Staates. Sie wechselten häufig ihren Aufenthaltsort, verzichteten auf den Erhalt von Lebensmittelkarten und umgingen Meldevorschriften, um den Behörden möglichst wenig Anhaltspunkte über ihren Aufenthalt zu geben. Über Johann Rützler befand der Oberstaatsanwalt des Sondergerichts Feldkirch Herbert Möller:

> [Er] verkörpert den biologischen Typ des Landstreichers, der der ausgesprochene Feind des längeren Bleibens an einem Orte und an einer Arbeitsstelle ist. [...] Es versteht sich, dass er auch ein Feind jeglicher militärischer Disziplin ist.[18]

Dem jenischen Deserteur Jakob Maier, von Beruf Korbflechter, gelang mit seiner Begleiterin Hildegard Daniel, die ihren Pflichtarbeitsplatz verlassen hatte, die Flucht von Salzburg in die Schweiz. Er schilderte der Schweizer Polizei, dass er „noch nie für das Regime eingestellt" und von seinen Vorgesetzten streng kontrolliert und schikaniert worden sei. Er habe während der zwölf Monate nach dem Einrücken im August 1940 mehrere Disziplinarstrafen wegen unerlaubten Fernbleibens oder Zuspätkommens ausgefasst. „Als mir die Sache zu bunt wurde, fasste ich den Entschluss, zu fliehen"[19], schilderte er den Anlass seines Verschwindens. Während die Schweizer Polizei Jakob Maier als Deserteur aufnahm, schob sie Hildegard Daniel nach Vorarlberg ab. Die Gestapo nahm sie fest, sie wurde vor das Sondergericht Salzburg gestellt, als „asozial" und „Zigeunerin" kategorisiert und in das KZ Ravensbrück deportiert. Jakob Maier geriet einige Monate später im Internierungslager Witzwil in Konflikte mit Mitinternierten und der Lagerleitung. In der Folge brachte ihn die Schweizer Polizei dazu, eine dürre Erklärung zu unterzeichnen, wonach er bedingungslos bereit sei, nach Deutschland zurückzukehren. Nach der Übergabe an die deutschen Behörden verurteilte ihn das Gericht der Division 188 in Salzburg zum Tode und richtete ihn am Schießplatz Glanegg hin.[20]

---

17 Bundesarchiv Bern (künftig: BAR), E4320B#1991/24320_Deserteure Refrakteure 1942, N 3155 Fi., Polizei St. Gallen, Einvernahme 13.4.1942.
18 Vorarlberger Landesarchiv (künftig: VLA), Landesgericht Feldkirch (künftig: LGF), KLs 16/43, Anklage gegen Johann Lorenz Rützler, 13.5.1943.
19 BAR, E4264#1985/196#2248* Daniel Hildegard, Maier Jakob, Kommando Territorialkreis Sargans, Einvernahmeprotokoll des Maier Jakob, 26.8.1941.
20 Pfarre Au, Matriken, Taufbuch, Fol. 240, Zl. 14.

Mehr als 60 % der uns bekannten Vorarlberger Deserteure blickten zum Zeitpunkt der Flucht auf einen Militärdienst von ein bis vier Jahren zurück, meistens an der Ostfront, viele davon im hohen Norden an der „Eismeerfront". Hier liegt eine Gemeinsamkeit der meisten Deserteure: Sie hatten früher oder später genug vom Krieg und dem Grauen der Front, sie betrachteten das Weiterkämpfen angesichts des Kriegsverlaufs, der hohen Gefallenenzahlen und der Überlegenheit der alliierten Armeen als „sinnlos". Sie weigerten sich, das eigene Leben einer als katastrophal erkannten Kriegspolitik des NS-Regimes zu opfern, sei es auf dem Schlachtfeld, sei es in der zu erwartenden Kriegsgefangenschaft. Viele hatten Verwundungen erlitten[21], den Verlust von nahen Verwandten erfahren, nicht wenige hatten Verbrechen an der Zivilbevölkerung in den besetzten Gebieten und an Kriegsgefangenen miterlebt. Der 37-jährige Max Huber aus Stuttgart gelangte über Vorarlberg in die Schweiz und brachte gegenüber den Schweizer Behörden den Wandel seiner Einstellung so auf den Punkt:

> Ich bin in der Kuranstalt Russland radikal vom Nationalsozialismus geheilt worden.[22]

Der Berliner Obergefreite Hermann Hannemann erklärte bei der Einvernahme in der Schweiz:

> [...] ich bin Deserteur. Vom Krieg habe ich über und über genug und ich glaube nicht an die „gute Sache" oder die „Mission", die wir Deutschen zu erfüllen hätten und bin nicht gewillt, dafür mein Leben zu lassen.[23]

Der Textilarbeiter Engelbert Bösch aus Lustenau legte nach dem gelungenen Übertritt in die Schweiz Zeugnis vom Massenmord an der jüdischen Bevölkerung der Stadt Sluzk südlich von Minsk ab. Die Schweizer Polizei hielt in einer Bewertung fest: Bösch sei der „Prototyp eines rechtschaffenen Menschen, der wohl kaum aus Feigheit fahnenflüchtig wurde. Die Motive seiner Flucht sind eher auf ethischem Gebiet zu suchen."[24]

Zur ersten deutlichen Zunahme an Fluchten kam es im Laufe des Jahres 1943. Eine Kette von Niederlagen und enormen Verlusten an der Ostfront, in Nordafrika, die alliierte Landung in Sizilien ließen fluchtwillige Soldaten auf einen baldigen Zusammenbruch der deutschen Fronten hoffen. Vorarlberg wurde in diesem Jahr vor allem zu einem Transitland für ortsfremde Deserteure. Im Jahr 1944 flohen Vorarlberger Soldaten am häufigsten in die Schweiz. In Tirol entwickelte sich das Desertionsgeschehen etwas anders. Die Flucht in die Schweiz war über die kurze Gebirgsgrenze schwerer zu bewerkstelligen. In Tirol bildeten sich in einigen der langgezogenen und

---

21 Bei 18 % ließen die Quellen Rückschlüsse auf Verwundungen und Lazarettaufenthalte vor der Desertion zu. Bei vielen Deserteuren fehlen allerdings entsprechende Daten zur Kriegsbiografie.
22 BAR, E27#1000/721#9928 Bd. 2, Bericht 7899/d.4058.
23 BAR, E4264#1985/196#3163* Hannemann Hermann.
24 BAR E27#1000/721#9928*_Bd 5, Bericht 162, 19.6.1943; BAR E4320B#1991/243/20_Deserteure Refrakteure 1943, PA N 10279 Ws, 10.6.1943.

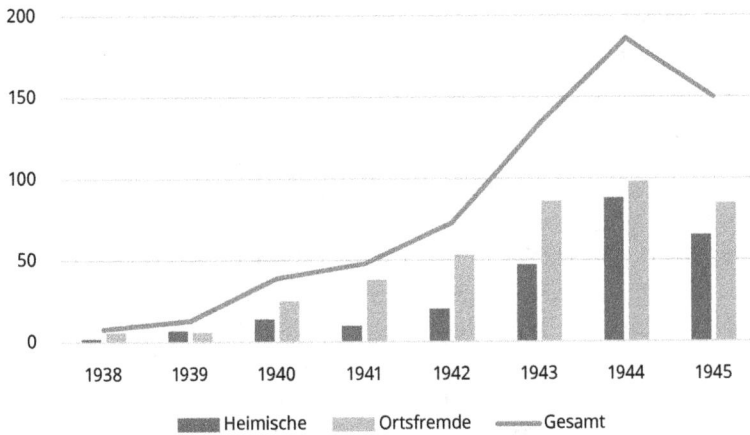

Diagramm 1: Zeitverlauf der Entziehungen von Vorarlberger Deserteuren und von ortsfremden Deserteuren, die in oder durch Vorarlberg flohen.

kapillar verzweigten Gebirgstäler der Innzuflüsse rund um die Erfahrung von Avantgardisten aus dem Jahr 1943, die zeigten, dass Überleben im Verborgenen möglich war, Kleingruppen oder Agglomerationen, etwa im Vomperloch, Ötztal, Zillertal, Defereggental und Pitztal. Dass diese Gruppen relativ sicher waren, ist eine Teilerklärung für stärkeren Zustrom, Neubildungen von Gruppen und Agglomerationen bis in den April 1945. Für Vorarlberg war dieses Phänomen ebenfalls zu erkennen, wenn auch in geringerem Ausmaß.

Herkunft der flüchtigen Soldaten und „Deserteursgemeinden"

In etwa 70 % der Vorarlberger Gemeinden gab es zumindest einen Deserteur. Die höchste Zahl an Wehrdienstentziehern in Relation zur Gesamtbevölkerung wies das Dorf Krumbach[25] im Vorderen Bregenzerwald auf, gefolgt von einigen weiteren kleinen Gemeinden im Bregenzerwald, im Montafon und im Großen Walsertal, allesamt landwirtschaftlich geprägt.

Wer waren die Vorarlberger Deserteure? Die am stärksten vertretene Berufsgruppe bildeten die Arbeiter und Handwerker. Werden sie mit den Landarbeitern (darunter vermögenslose Bauernsöhne) und Hilfsarbeitern zu einer Gruppe zusammenge-

---

25 Siehe dazu die Fallstudie: Isabella Greber/Peter Pirker, Krumbach. Varianten der Wehrdienstentziehung und Handlungsspielräume in einem Dorf im Bregenzerwald, in: Pirker/Böhler (Hrsg.), Flucht vor dem Krieg, S. 275–302.

fasst, macht diese fast 45 % aller Fälle aus. Zählt man hingegen die Bauern und Landarbeiter zusammen, deckt der landwirtschaftliche Sektor fast ein Drittel der Fälle ab, was in etwa mit dem Anteil der Berufstätigen in der Land- und Forstwirtschaft im Jahr 1934 korrespondiert.[26] Auch der Anteil der Arbeiter/Handwerker samt Hilfsarbeiter im Bereich von Industrie und Gewerbe entspricht in etwa ihrem Gewicht in der Gesamtgesellschaft. Bei den Angestellten (Dienstleistungen) gibt es ebenfalls keine großen Abweichungen. Das sozioökonomische Profil der Wehrdienstentzieher entspricht relativ genau jenem der Gesamtgesellschaft. Von ihren Fluchtbewegungen her lässt sich eine grobe Unterscheidung treffen. Deserteure aus dem Arbeitermilieu im Rheintal fanden zum Teil mit Hilfe von Schmugglern Wege über den Rhein in die Schweiz – dort war ihre Aufnahme und Versorgung gesichert. Deserteure aus dem landwirtschaftlichen Milieu im hügeligen und gebirgigen Hinterland verbargen sich in ihren Herkunftsdörfern und bauten auf die Hilfe ihrer Familien und Bekannten.

Interessant ist, dass die von uns eruierten Deserteure im Durchschnitt älter waren, als dies für Deserteure bislang angenommen wurde. Während in bisherigen Studien die Altersgruppe der 18- bis 21-Jährigen[27] bzw. der 22- bis 25-Jährigen[28] den stärksten Anteil ausmachte, nimmt in unserer Erhebung die Gruppe der 31- bis 40-Jährigen diesen Platz ein. Die Ursache für diese markante Abweichung dürfte darin zu finden sein, dass unsere Daten aufgrund der breiten Quellenbasis mehr erfolgreiche Desertionen enthalten als die Vergleichsstudien, die sich fast ausschließlich auf Akten der Militärjustiz stützten. Unsere Daten nähren daher die These, dass ältere Soldaten mit mehr Lebens- und militärischer Erfahrung erfolgreicher desertierten als jüngere, weil sie ihre Fluchtabsichten vor allem in ihrem Herkunftsgebiet und nicht an der Front oder in den besetzten Gebieten realisierten.

Mit vier Gemeinden beschäftigten wir uns näher, um die sozioökonomischen und politischen Erfahrungsräume von Deserteuren auszuleuchten und auch Erklärungen dafür zu finden, warum es in manchen Gemeinden zu Gruppenbildungen kommen konnte und sich in den letzten Kriegswochen auch bewaffneter Widerstand entwickelte, warum die Deserteure in manchen Orten relativ sicher waren und in anderen Orten nicht. Die Gemeinden sind Krumbach und Langenegg im Vorderen Bregenzerwald, St. Gallenkirch im Montafon und Sonntag im Großen Walsertal. Sie wurden ausgewählt, weil in einer gemeindebezogenen Datenanalyse der hohe Anteil der Deserteure an der Gesamtbevölkerung hervorstach, die Quellen- und Literaturlage relativ gut war und Kontaktaufnahmen mit Angehörigen tiefergehende Erkenntnisse durch Interviews und Feldforschung versprachen.[29]

---

26 Amt der Vorarlberger Landesregierung, Strukturdaten Vorarlberg, Bregenz 1996, S. 50.

27 Geldmacher, Auf Nimmerwiedersehen, S. 748.

28 Stefan Treiber, Helden oder Feiglinge? Deserteure der Wehrmacht im Zweiten Weltkrieg, Frankfurt/M. 2021, S. 164.

29 Ausführlich zu den vier Gemeinden: Pirker, Flucht, 80–100, zu Krumbach: Greber/Pirker, Krumbach.

Abb. 2: Das Dorf Krumbach im Bregenzerwald brachte 14 Wehrdienstentzieher und eine kampfbereite Widerstandsgruppe hervor. © Miro Kuzmanović.

Aus Krumbach, einem kleinen Dorf im Vorderen Bregenzerwald, stammten 14 Wehrdienstentzieher. Die meisten von ihnen versteckten sich zum Teil über Jahre in verborgenen Einbauten in den Elternhäusern oder bei Verwandten und gehörten Familien an, die vor 1938 und nach 1945 im Dorf politisch tonangebend waren. Der erste Deserteur, der 29-jährige Landwirtssohn Johann Steurer, setzte sich bereits Ende Jänner 1942 vor der Frontabstellung aus einer Innsbrucker Kaserne ab und bewies anderen Fluchtwilligen, dass es möglich war, im Verborgenen zu überleben. Die Deserteure von Krumbach waren gesellschaftlich gesehen keine Außenseiter, sondern repräsentierten jenen Ausschnitt der christlichsozialen Welt, der sich resistent gegen den Nationalsozialismus zeigte. Johann Steurers Onkel war der 1938 abgesetzte Bürgermeister des Dorfes, der diesen Posten nach Kriegsende wieder einnahm. Im Sommer 1944 wurde im Dorf mit handgeschriebenen Zetteln dazu aufgerufen, „ins Holz zu gehen", also nach dem Heimaturlaub nicht mehr einzurücken.[30] In Krumbach entstand im April 1945 aus den Deserteuren eine Widerstandsgruppe, die am 1. Mai 1945 gegen einen SS-Trupp kämpfte, um Zerstörungen der lokalen Infrastruktur zu verhindern. Dabei wurde ihr militärischer Anführer Max Ibele, ein Deserteur der Waffen-SS, tödlich verwundet.

---

30 VLA, Landratsamt (künftig: LRA) Bregenz, Sch. 46, PV 051/10/1, Der Landrat des Kreises Bregenz an den Reichsstatthalter in Tirol und Vorarlberg, Stimmungsbericht 3. Quartal 1944, 7.10.1944.

Im Nachbarort Langenegg war die Situation ähnlich. Hier war ein Solitär, ein Nonkonformist namens Julius Schwärzler, der Erste, der bereits 1943 nach einer Verurteilung wegen Wehrkraftzersetzung aus der Haft in Landsberg entwich, sich zwischen dem Allgäu und dem Bregenzerwald hin- und herbewegte, Fluchtmöglichkeiten ausklügelte, von Nachbarinnen mit Lebensmitteln versorgt und bei Suchaktionen gewarnt wurde. In Langenegg versammelten sich bis April 1945 fünf Deserteure. Sie bildeten mit anderen UK-gestellten Männern aus christlichsozialen Familien rund um den späteren Bürgermeister Anton Bechter eine Widerstandsgruppe, die ebenfalls ein Deserteur, nämlich Alois Schwarz, anführte. In Langenegg verlief die Auseinandersetzung mit der SS noch dramatischer. Sechs Einheimische verloren dabei ihr Leben, darunter drei Deserteure.

In St. Gallenkirch zeigte der Schmuggler und Flüchtlingsschleuser Meinrad Juen fluchtwilligen Soldaten, dass Überleben im Verborgenen über längere Zeit möglich war. Juen befand sich seit Herbst 1942 im Untergrund. Drei Deserteure folgten ihm 1944 – sie konnten sich wie Juen auf konservative NS-Gegner wie den späteren Bürgermeister Martin Salzgeber und auf ihre eigenen Familien verlassen. Die Deserteure durften sich zum Teil zu Hause, in den Häusern ihrer Helferinnen und Helfer und auf einer höher gelegenen Maisäß (Alpe) verstecken und wurden so gut abgeschirmt und versorgt, dass im Frühjahr weitere flüchtige Soldaten bei ihnen Herberge finden konnten. Auch die Deserteure von St. Gallenkirch traten im April 1945 offen auf und übernahmen die Kontrolle im Dorf und die Sicherung der Infrastruktur, bevor die französischen Truppen eintrafen.

Während die Deserteure in diesen drei Gemeinden relativ sicher waren, gestaltete sich die Situation für die Deserteure in Sonntag im Großen Walsertal grundlegend anders. In Krumbach, Langenegg und St. Gallenkirch legten die lokalen Instanzen des Staates, vor allem die Gendarmerie, wenig Initiative an den Tag, um der abtrünnigen Soldaten habhaft zu werden. Vor allem für Krumbach und Langenegg konnten wir rekonstruieren, dass die Kommandanten der zuständigen Gendarmerieposten zwar die Suchaufträge höherer Stellen ausführten, aber so langsam und zum Teil erst nach Vorwarnungen eingeweihter Familien, dass es für die Deserteure leicht war, den Fahndungen auszuweichen. Diese Gendarmen duldeten die Deserteure und sie unterließen es, Angehörige wegen des Verdachts auf Begünstigung und Beihilfe festzunehmen und zur Anzeige zu bringen. Manche wie Karl Girardi aus Krumbach waren 1938/39 zwar der NSDAP beigetreten, im Grunde aber „Schwarze" oder Monarchisten geblieben.

Die Deserteure im hinteren Walsertal – Martin Lorenz, Leonhard und Wilhelm Burtscher, die schon 1943 desertierten, sowie Tobias Studer und Jakob Domig, die 1944 flüchteten – hatten es hingegen mit dem Postenkommandanten von Blons, Josef Burtscher, zu tun, einem überzeugten Nationalsozialisten, der viel daransetzte, den abgängigen Soldaten auf die Spur zu kommen und die Familien unter Druck zu setzen. Burtscher wandte in Absprache mit dem Bezirkskommandanten der Gendarmerie in Bludenz, Franz Walch, und der Gestapo Spitzelmethoden an, die letztlich zur Festnahme von Martin Lorenz, Wilhelm Burtscher und Jakob Domig und deren Familien führte.

Jakob Domig wurde vor Ort von Gendarmen erschossen. Martin Lorenz und Wilhelm Burtscher verurteilte das Reichskriegsgericht wegen Fahnenflucht und Kriegsverrat zum Tode, sie starben am 8. Dezember 1944 in Graz unter dem Fallbeil.

Die Geschichte der Deserteure im Walsertal und deren Verfolgung konnten wir anhand zerstört geglaubter, kompletter Verfahrensakten des Sondergerichts Feldkirch und des Reichskriegsgerichts, die im Vorarlberger Landesarchiv aufgefunden wurden, exemplarisch rekonstruieren.[31] Die Repression hatte verschiedene Dimensionen: Der Gestapo lag an einer peniblen Aufdeckung und Einschätzung der tatsächlichen politischen Gefahr, die von der Gruppe ausging, die sie als gering einschätzte; das Reichskriegsgericht dämonisierte die Deserteure als skrupellos und gewalttätig; das Sondergericht verurteilte die Hilfeleistungen und Verpflegung durch die Angehörigen – insbesondere der Frauen – als gemeinschaftsschädlich und „eigennützig". Auf Initiative der Gestapo kam es zur Beschlagnahmung des Besitzes der Familie von Wilhelm und Leonhard Burtscher und somit zu einem Akt der Sippenhaft.

Interessant ist, dass die Deserteure von Sonntag im Juni 1944 begonnen hatten, ihre Uniformen mit rot-weiß-roten Armbinden zu versehen. Sie setzten außerdem einen Brief an die künftige österreichische Staatsregierung auf, in dem sie erklärten, aus der deutschen Wehrmacht geflohen zu sein und eine „Selbstwehr für das freie Österreich" aufzustellen. Sie taten damit bereits im Juni 1944 etwas, was die tatsächlich erst am 27. April 1945 gebildete provisorische Staatsregierung in ihrer ersten Proklamation von den österreichischen Soldaten der Wehrmacht verlangen sollte, nämlich den Kampf in der Wehrmacht einzustellen und auf diese Weise die alliierten Armeen zu unterstützen. Festzuhalten ist: Als sich die Walser Bergbauernsöhne an die österreichische Staatsregierung wandten, taten jene Juristen noch fast ein Jahr lang Dienst in der Gauverwaltung, die dann in den 1950er Jahren – nun im Dienst der Vorarlberger Landesregierung – mitverantwortlich dafür waren, dass den Hinterbliebenen der hingerichteten Deserteure jede Entschädigung und Opferfürsorge vorenthalten blieb.

Bei unseren Forschungen sind wir auf etwa 80 Menschen gestoßen, die Deserteuren und Wehrdienstentziehern während ihrer Flucht geholfen haben. Ein Großteil von ihnen waren Frauen. In der Forschung zu den Deserteuren blieb die Rolle von Helferinnen bislang unterbelichtet. Dabei ermöglichten in vielen Fällen gerade sie es, dass desertionsbereite Soldaten die maskuline Kriegskameradschaft hinter sich lassen und stattdessen auf Solidarität bauen konnten. Desertieren war in vielerlei Hinsicht eine Praxis der Grenzüberschreitung. Aus geschlechtshistorischer Sicht bedeutet diese Erkenntnis, den Übergang von maskuliner Kameradschaft zu Hilfsangeboten und der

---

31 VLA, LGF, KLs 52/44 (Strafverfahren gegen Franz Xaver Burtscher u. a.), darin einliegend die Akten des Oberreichskriegsanwalts in der Strafsache gegen Wilhelm Burtscher und Martin Lorenz, StPl. II Nr. 341/44. Die Verfahrensakten des Reichskriegsgerichts gelten als vollständig zerstört; bislang wurde in Deutschland nur ein vollständiger Ermittlungsakt aufgefunden. E-mail von Lars Skrowonski, Gedenkstätte Roter Ochse, Halle (Saale), an den Autor, 2.5.2024.

Solidarität von Frauen zu rekonstruieren und deren aktive Rolle in diesem widerständigen Prozess zu beleuchten.

Die Hilfsbereitschaft von Frauen kann zu den Erfahrungen gezählt werden, auf die Fahnenflüchtige in den „Deserteursgemeinden" bauten. Besonders deutlich wurde dies am Beispiel von Delphina Burtscher aus Sonntag. Die 17-Jährige hatte nach dem Tod der Mutter den landwirtschaftlichen Haushalt der Familie übernommen; ihr oblag daher auch die Versorgung der drei Deserteure, eine schwierige und belastende Aufgabe, die sie fast ein Jahr und bei strikter Geheimhaltung und Abschirmung erfüllte. Verflochten damit war ein Liebesverhältnis zum Deserteur Martin Lorenz. Im Widerspruch zu Lorenz' eigenen Aussagen übernahm sie in der Einvernahme durch die Gestapo und später vor dem Sondergericht Feldkirch die Verantwortung für seine Entscheidung, um ihn – vergeblich – vor der Todesstrafe zu bewahren:

> Ich redete [...] auf Lorenz ein, er solle bei uns bleiben und solle auf keinen Fall mehr einrücken. Lorenz zeigte aber keine Lust hier zu bleiben und äusserte immer wieder, dass es ihm zu gefährlich sei und es könne doch aufkommen und ausserdem würden dann wir alle schwer hineinfliegen. Ich redete dann aber immer wieder auf Lorenz ein, er solle doch hier bleiben und nicht mehr in den Krieg gehen.[32]

Richter Heinrich Eccher verurteilte sie wegen Begünstigung und Wehrkraftzersetzung zu fünf Jahren Jugendgefängnis. Als Begründung führte er an:

> Das Bedürfnis der Volksgemeinschaft nach Schuld und Sühne, das Zusammentreffen zweier Verbrechen verlangt eine harte Anfassung [...]. Sie war pflichtvergessen und eigennützig genug ihren Liebhaber von der Erfüllung seiner militärischen Pflichten abzuhalten, ihn zur Fahnenflucht zu verleiten [...]. Sie verabreichte nach eigenem Geständnis den fahnenflüchtigen Soldaten das Essen, sie war wohl in erster Linie für sie besorgt und hat ihnen alles mögliche zukommen lassen.[33]

Eccher bewertete die Liebe Delphina Burtschers zu Martin Lorenz nicht als romantisches Verhältnis, als Sehnsucht nach Zusammensein wie in anderen Fällen von jungen Paaren, denen die Flucht in die Schweiz misslungen war. Er erkannte in ihrer Liebe eine gefährliche Emotion, mit der Frauen in der Lage waren, Soldaten auf Heimaturlaub andere Aussichten zu eröffnen und Loyalitäten zu schaffen als maskuline Kriegskameradschaft in einer Kriegsführung, die verloren war und nur mehr reihenweise Gefallene produzierte. Deshalb betrachtete Eccher das Liebesverhältnis zwischen Delphina Burtscher und Martin Lorenz sowie die daraus entstandene Schwangerschaft nicht als Milderungsgründe, vielmehr ausschlaggebend für eine beispielhafte Abschreckungsstrafe für die Frauen in der ländlichen Umgebung.

Andere Lebenserfahrungen, die Soldaten den Übergang zur Flucht erleichterten, waren die Kenntnisse des (vor)alpinen Geländes, der politischen Orientierung maßgeblicher Persönlichkeiten im Dorf, das Wissen um die Möglichkeit, sich aus den

---

32 VLA, SGF, KLs 52/44, Gestapo/Greko Bregenz, Einvernahme Delphina Burtscher, 12.7.1944.
33 VLA, LGF, KLs 52/44, Sondergericht Feldkirch, Urteil gegen Franz Xaver Burtscher u. a., 20.12.1944.

Landwirtschaften (und aus dem Wildbestand) ernähren zu können, das Beispiel des längeren Überlebens von „Avantgardisten" im Untergrund und damit zusammenhängend eine gewisse Kalkulierbarkeit des Verhaltens der lokalen Gendarmen, der Aufsichtsjäger und Forstbeamten, die das Ausmaß der unmittelbaren Verfolgungsintensität vor Ort wesentlich mitbestimmten.

Nachkriegserfahrungen

Wie ging die Nachkriegsgesellschaft mit den Deserteuren, ihren Helferinnen und ihren Verfolgern um? Die Juristen der Militär- und Sondergerichte blieben weitgehend unbehelligt und übten bald wieder ihre Berufe aus. So wurde der Staatsanwalt des Sondergerichts Feldkirch und Richter des Sondergerichts Bozen Herwig Sprung, der an Todesurteilen gegen Kriegsdienstverweigerer in Südtirol beteiligt gewesen war, 1955 Präsident des Landesgerichts Feldkirch.[34] Die Urteile des Sondergerichts Feldkirch gegen Wehrdienstentzieher und Helferinnen von Deserteuren wurden 1946 zwar zum größten Teil aufgehoben, weil die Taten als Beitrag zum Freiheitskampf gewertet wurden, aber diese frühen Rehabilitierungen hatten keine weiteren positiven Konsequenzen, insbesondere nicht bei späteren Opferfürsorgeverfahren. Die Opferfürsorge wurde 1945 von der provisorischen Staatsregierung beschlossen, um Opfer der politischen Verfolgung und Hinterbliebene von Todesopfern zu versorgen oder für ihre Haft zu entschädigen. Antragsteller*innen mussten Nachweise dafür erbringen, dass sie aus rein politischer Motivation gegen den Nationalsozialismus gehandelt hatten und dafür Zeug*innen aufbieten. Die Auswertung der Opferfürsorgeakten im Vorarlberger Landesarchiv ergab, dass nur wenige Deserteure, Hinterbliebene und Helfer*innen überhaupt Anträge stellten und nur 30 % der Anträge positiv ausgingen.[35]

Was waren die Ursachen dafür? Erstens diskriminierten der Gesetzgeber sowie das Sozialministerium in Durchführungserlässen von 1946 und 1948 „persönliche" Motive, etwa die Ablehnung der weiteren Kriegsführung oder die Rettung des eigenen Lebens. Die Beamten der Sozialabteilung des Amts der Vorarlberger Landesregierung, denen im Rahmen der mittelbaren Bundesverwaltung die Behandlung der Anträge in erster Instanz oblag, nahmen die juristischen Rehabilitierungen von Verurteilten durch das Landesgericht Feldkirch von 1946 nicht zur Kenntnis, obwohl die Akten vor-

---

[34] Siehe dazu Peter Pirker/Aaron Salzmann, Wehrdienstentziehungen vor dem Sondergericht Feldkirch. Beschuldigte, Gerichtspersonal, Spruchpraxis, Handlungsspielräume und ein knapper transregionaler Vergleich, in: Pirker/Böhler (Hrsg.), Flucht vor dem Krieg, S. 237–274, hier S. 268–269; Sabine Pitscheider, Die Entnazifizierung des Oberlandesgerichts Innsbruck nach 1945, in: Bundesministerium für Justiz (Hrsg.), Täter – Richter – Opfer. Tiroler und Vorarlberger Justiz unter dem Hakenkreuz, Wien 2016, S. 49–108.
[35] Pirker, Flucht vor dem Krieg, S. 137–155.

lagen und bekannt waren. Zweitens enthielt der Durchführungserlass von 1948 eine Bestimmung, die festlegte, dass Hilfe von Familienmitgliedern, Verlobten oder Freundinnen nie als politisch, sondern nur als persönlich motiviert zu gelten habe.[36] Das war de facto der Ausschluss von Helferinnen von Deserteuren aus der Opferfürsorge. Drittens drängt sich bei der Lektüre der Akten auch der Eindruck auf, dass die Beamten ihren Handlungsspielraum möglichst zuungunsten der Antragsteller*innen ausnutzten und missgünstig agierten.

Die Interviews mit Angehörigen von Deserteuren, die sich nach Medienberichten bei uns meldeten, erbrachten demgegenüber etwas Positives, nämlich dass die Beschämung von Deserteuren und ihren Familien nicht durchwegs erfolgreich war. In den Familien herrschte nicht bloß Schweigen, sondern es gab auch positive Vermittlungen der Flucht aus der Wehrmacht.[37] Desertieren und das Unterstützen von Deserteuren erscheinen auch in diesen Erzählungen von Söhnen und Töchtern als Flucht- und Rettungswiderstand, als eine rationale Reaktion gegen den morbiden Aufopferungsfanatismus der Wehrmacht und die Kriegspolitik des NS-Staates, als widerständiges Handeln zur Rettung des eigenen Lebens gegenüber dem totalen, völkisch begründeten Anspruch auf den Soldatenkörper. Ein bedeutendes Ergebnis unserer Forschungsprojekte besteht wohl darin, dass sowohl die Desertionen als auch die Hilfe zumindest im Falle einheimischer Soldaten in Tirol, Vorarlberg und Südtirol überwiegend gelangen und dass auch jene, die festgenommen wurden, die Verfolgung in den meisten Fällen überlebten.

Literaturverzeichnis

Bade, Claudia, Todesurteile gegen Deserteure. Urteilspraxis und Selbstbilder der Wehrmachtrichter, in: Kerstin von Lingen/Peter Pirker (Hrsg.), Deserteure der Wehrmacht und der Waffen-SS. Entziehungsformen, Solidarität, Verfolgung, Paderborn 2023, S. 149–166.
Därmann, Iris, Widerstände. Gewaltenteilung in statu nascendi, Berlin 2021.
Dorlin, Elsa, Selbstverteidigung. Eine Philosophie der Gewalt, Berlin 2020.
Greber, Isabella/Pirker, Peter, Krumbach. Varianten der Wehrdienstentziehung und Handlungsspielräume in einem Dorf im Bregenzerwald, in: Peter Pirker/Ingrid Böhler (Hrsg.), Flucht vor dem Krieg. Deserteure der Wehrmacht in Vorarlberg, München 2023, S. 275–302.
Geldmacher, Thomas, „Auf Nimmerwiedersehen!" Fahnenflucht, unerlaubte Entfernung und das Problem, die Tatbestände auseinander zu halten, in: Walter Manoschek (Hrsg.), Opfer der NS-Militärjustiz. Urteilspraxis, Strafvollzug, Entschädigungspolitik in Österreich, Wien 2003, S. 133–194.
Kirschner, Albrecht, Wehrkraftzersetzung, in: Wolfgang Form/Wolfgang Neugebauer/Theo Schiller (Hrsg.), NS-Justiz und politische Verfolgung in Österreich 1938–1945. Analysen zu den Verfahren vor dem Volksgerichtshof und dem Oberlandesgericht Wien, München 2006, S. 405–750.
Koch, Magnus, Fahnenfluchten. Deserteure der Wehrmacht im Zweiten Weltkrieg – Lebenswege und Entscheidungen, Paderborn 2008.

---

36 Eduard Tomaschek, Das Opferfürsorgegesetz, Wien 1950, S. 29, S. 31.
37 Siehe dazu Pirker, Flucht vor dem Krieg, S. 155–167.

Kramer, Johannes, Entziehungen aus den deutschen Streitkräften in Südtirol. Vertiefende Erkenntnisse, neue Kontextualisierungen, in: Beirat des Schwerpunkts Erinnerungskultur (Hrsg.), Vom Wert des Erinnerns. Wissenschaftliche Projekte der Förderperiode 2019 bis 2023, Innsbruck 2024 (in Druck).

Kramer, Johannes/Pirker, Peter, Die „Alpensöhne" im Zweiten Weltkrieg. Schlaglichter auf die Wehrmacht im Reichsgau Tirol und Vorarlberg und die Tiroler in der Wehrmacht, in: Matthias Egger (Hrsg.), „… aber mir steckt der Schreck noch in den Knochen." Innsbruck zwischen Diktatur, Krieg und Befreiung 1933–1950, Innsbruck 2020, S. 139–172.

Manoschek, Walter (Hrsg.), Opfer der NS-Militärjustiz. Urteilspraxis, Strafvollzug, Entschädigungspolitik in Österreich, Wien 2003.

Metzler, Hannes, „Soldaten, die einfach nicht im Gleichschritt marschiert sind…" Zeitzeugeninterviews mit Überlebenden der NS-Militärgerichtsbarkeit, in: Walter Manoschek (Hrsg.), Opfer der NS-Militärjustiz. Urteilspraxis, Strafvollzug, Entschädigungspolitik in Österreich, Wien 2003, S. 494–602.

Messerschmidt, Manfred, Wehrmachtsjustiz 1933–1945, Paderborn 2005, S. 453.

Pichler, Meinrad, „Nicht für Hitler" – Der katholische Kriegsdienstverweigerer Ernst Volkmann (1902–1941), in: Susanne Emmerich/Walter Buder (Hrsg.), Mahnwache Ernst Volkmann (1902–1941). Widerstand und Verfolgung 1938–1945 in Bregenz, Feldkirch 2005, S. 6–11.

Pirker, Peter/Kramer, Johannes, From Traitors to Role Models? Rehabilitation and Memorialization of Wehrmacht Deserters in Austria, in: Eleonora Narvselius/Gelinada Grinchenko (Hrsg.), Traitors, Collaborators and Deserters in Contemporary European Politics of Memory. Formulas of Betrayal (Palgrave Macmillan Memory Studies), Basingstoke 2018, S. 59–85.

Pirker, Peter, Flucht vor dem Krieg. Deserteure der Wehrmacht in der Grenzregion Vorarlberg, in: Peter Pirker/Ingrid Böhler (Hrsg.), Flucht vor dem Krieg. Deserteure der Wehrmacht in Vorarlberg, München 2023, S. 19–234.

Pirker, Peter/Lingen, Kerstin von, Einleitung – Deserteure. Neue Forschungen zu Entziehungsformen, Solidarität, Verfolgung und Gedächtnisbildung, in: Kerstin von Lingen/Peter Pirker (Hrsg.), Deserteure der Wehrmacht und der Waffen-SS. Entziehungsformen, Solidarität, Verfolgung, Paderborn 2023, S. XI–XXXIV.

Pirker, Peter/Salzmann, Aaron, Wehrdienstentziehungen vor dem Sondergericht Feldkirch. Beschuldigte, Gerichtspersonal, Spruchpraxis, Handlungsspielräume und ein knapper transregionaler Vergleich, in: Peter Pirker/Ingrid Böhler (Hrsg.), Flucht vor dem Krieg. Deserteure der Wehrmacht in Vorarlberg, München 2023, S. 237–274.

Pirker, Peter, Deserteure der Wehrmacht in Tirol, Vorarlberg und Südtirol. Ein Überblick, in: Beirat des Schwerpunkts Erinnerungskultur (Hrsg.), Vom Wert des Erinnerns. Wissenschaftliche Projekte der Förderperiode 2019 bis 2023, Innsbruck 2024 (in Druck).

Pitscheider, Sabine, Die Entnazifizierung des Oberlandesgerichts Innsbruck nach 1945, in: Bundesministerium für Justiz (Hrsg.), Täter – Richter – Opfer. Tiroler und Vorarlberger Justiz unter dem Hakenkreuz, Wien 2016, S. 49–108.

Tomaschek, Eduard, Das Opferfürsorgegesetz, Wien 1950.

Treiber, Stefan, Helden oder Feiglinge? Deserteure der Wehrmacht im Zweiten Weltkrieg, Frankfurt/M. 2021.

Walter, Thomas, „Schnelle Justiz – gute Justiz"? Die NS-Militärjustiz als Instrument des Terrors, in: Walter Manoschek (Hrsg.), Opfer der NS-Militärjustiz. Urteilspraxis – Strafvollzug – Entschädigungspolitik in Österreich, Wien 2003, S. 27–52.

Elisa Frei, Martina Gugglberger, Alexandra Wachter

Späte Würdigung. Gedenken an Frauen im Widerstand gegen den Nationalsozialismus in Oberösterreich

Die Debatten der letzten Jahre zeigen, dass die Diskussion um eine Definition des Begriffs „Widerstand" nicht abgeschlossen ist[1] und vielleicht auch nicht abgeschlossen werden kann und soll. Wichtige Impulse für mögliche Kategorisierungen von Widerstandshandlungen kamen aus der historischen Frauen- und Geschlechterforschung. Diese setzte ab den 1980er Jahren dazu an, den bis dahin von der Wissenschaft vernachlässigten Widerstand von Frauen gegen das NS-Regime in den Blick zu nehmen.[2] In der kollektiven Erinnerung war nach 1945 vor allem militärischer und politischer Widerstand verankert. Vielfach von politischen Gruppierungen gepflegt oder durch publizierte Heldengeschichten genährt, klammerte dieses Verständnis auch im öffentlichen Gedenken die Handlungen von Frauen weitgehend aus.

Wir wollen mit unserem Beitrag den Versuch unternehmen, den Widerstandsbegriff und die öffentliche Gedenkkultur geschlechterhistorisch auszuloten und am Beispiel eines aktuellen Denkmalprojekts in Oberösterreich miteinander in Bezug zu setzen. Anhand von konkreten Biografien wird eine Kategorisierung widerständiger Handlungen von Frauen vorgestellt, die weniger von den Motivationen als von den Handlungen selbst ausgeht. In einem ersten Teil wird das Bundesland Oberösterreich nach seiner „Erinnerungsland- und -straßenkarte"[3] vermessen und die Genese des Denkmals für Frauen im Widerstand in Oberösterreich nachgezeichnet. Anschließend

---

1 Helga Amesberger/Brigitte Halbmayr/Simon Clemens, Meine Mama war Widerstandskämpferin. Netzwerke des Widerstands und dessen Bedeutung für die nächste Generation, Wien 2019; Wolfgang Neugebauer, Der österreichische Widerstand 1938–1945, Wien 2015; Martina Gugglberger, Weibliche Namen des Widerstands im „Reichsgau Oberdonau", in: Christine Kanzler/Ilse Korotin/Karin Nusko (Hrsg.), „... den Vormarsch dieses Regimes einen Millimeter aufgehalten zu haben ...". Österreichische Frauen im Widerstand gegen den Nationalsozialismus, Wien 2015 [= BiografiA, Bd. 14], S. 148–169.
2 Karin Berger/Elisabeth Holzinger/Lotte Podgornik/Lisbeth N. Trallori (Hrsg.), Der Himmel ist blau. Kann sein. Frauen im Widerstand. Österreich 1938–1945, Wien 1985; Christl Wickert, Frauenwiderstand und Dissens im Kriegsalltag, in: Peter Steinbach (Hrsg.), Widerstand gegen den Nationalsozialismus, Berlin 1994, S. 411–425; Inge Brauneis, Widerstand von Frauen in Österreich gegen den Nationalsozialismus 1938–1945, phil. Diss., Universität Wien 1974; die Rolle von Frauen im Widerstand thematisierte auch bereits: Peter Kammerstätter, Materialsammlung über die Widerstands- und Partisanenbewegung Willy-Fred. Freiheitsbewegung im Oberen Salzkammergut – Ausseerland 1943–1945. Ein Beitrag zur Erforschung dieser Bewegung, Linz 1978.
3 Der Begriff ist angelehnt an die handlungstheoretischen Ansätze zu „Erinnerungslandschaften" von Theodore Schatzki: Landscapes as Temporalspatial Phenomena, in: Jeff Malpas (Hrsg.), The Place of Landscape. Concepts, Contexts, Studies, Cambridge 2011, S. 65–89; Gunnar Maus, Geographische Erinnerungsforschung. Ein praktikentheoretischer Ansatz am Beispiel von Erinnerungslandschaften des

ⓐ Open Access. © 2024 Elisa Frei, Martina Gugglberger, Alexandra Wachter, publiziert von De Gruyter. [CC BY-NC-ND]
Dieses Werk ist lizenziert unter einer Creative Commons Namensnennung – Nicht-kommerziell – Keine Bearbeitung 4.0 International Lizenz.
https://doi.org/10.1515/9783111378411-007

wird die als Begleitband für das Denkmal gedachte Publikation „Widerstand und Zivilcourage. Frauen in Oberösterreich gegen das NS-Regime 1938–1945"[4] vorgestellt, die von den Autorinnen dieses Beitrags verfasst und im Jahr 2021 publiziert wurde. Danach erfolgt eine Auseinandersetzung mit dem Widerstandsbegriff und wie dieser in der konzeptionellen Phase des Publikationsprojekts diskutiert wurde, um abschließend die daraus resultierende vierteilige Kategorisierung von Widerstandshandlungen von Frauen darzulegen: Alltagswiderstand, organisierter Widerstand, religiöser Widerstand und Widerstand von Verfolgten.

Regionale Erinnerungskultur geschlechterperspektivisch

Ausgangspunkt für unsere Auseinandersetzung mit dem Thema war die Einladung der oberösterreichischen Kulturdirektion, eine begleitende Publikation zum erwähnten Denkmalprojekt für Frauen im Widerstand vorzulegen. Dabei konnte bereits auf eine fundierte Grundlagenforschung zur regionalen NS-Geschichte zurückgegriffen werden. Zu Beginn der 2000er Jahre startete das Oberösterreichische Landesarchiv das umfangreiche Projekt „Oberösterreich in der Zeit des Nationalsozialismus".[5] Der fünfte von 13 Bänden widmete sich 2006 der frauen- und geschlechterhistorischen Analyse der Lebensrealitäten von „Frauen in Oberdonau".[6] Darin beschäftigt sich ein ausführlicher Beitrag mit dem Widerstand von Frauen gegen das NS-Regime in Oberösterreich.[7]

Etwa zeitgleich zu den Impulsen aus der Wissenschaft erfolgten in einzelnen Gemeinden des Bundeslandes Anfang der 2000er Jahre erste Straßenbenennungen nach aktiv im Widerstand engagierten Frauen. Nach Matthias Martens können Straßennamen als „Lesezeichen des kulturellen Gedächtnisses" verstanden werden, durch die Erinnerung verfestigt und verdichtet wird.[8] Frauen und ihre Handlungen sind unter diesen „Lesezeichen" und damit in der öffentlichen Erinnerungskultur nach wie vor

---

Kalten Kriegs, in: Jan-Erik Steigrüger/Winfried Schenk (Hrsg.), Zwischen Geschichte und Geographie, zwischen Raum und Zeit, Münster 2015, S. 65–76.

4 Elisa Frei/Martina Gugglberger/Alexandra Wachter, Widerstand und Zivilcourage. Frauen in Oberösterreich gegen das NS-Regime 1938–1945, Linz 2021.

5 Oberösterreichisches Landesarchiv (fortan OÖLA), Oberdonau, www.landesarchiv-ooe.at/projekte/oberdonau [4.4.2024].

6 Gabriella Hauch (Hrsg.), Frauen im Reichsgau Oberdonau. Geschlechtsspezifische Bruchlinien im Nationalsozialismus, Linz 2006 [= Oberösterreich in der Zeit des Nationalsozialismus, Bd. 5].

7 Martina Gugglberger, „Versuche, anständig zu bleiben". Widerstand und Verfolgung von Frauen im Reichsgau Oberdonau, in: Hauch (Hrsg.), Frauen im Reichsgau Oberdonau, S. 281–343.

8 Matthias Martens, Straßennamen. Lesezeichen im kulturellen Gedächtnis, in: Sabine Horn/Michael Sauer (Hrsg.), Geschichte und Öffentlichkeit. Orte, Medien, Institutionen, Göttingen 2009, S. 61–69.

deutlich unterrepräsentiert. Die im Mai 1945 eingeweihte Herta-Schweiger-Straße in Steyr-Münichholz blieb jahrzehntelang die einzige Straße in Oberösterreich, die einer Widerstandskämpferin gewidmet war. Als Rot-Kreuz-Schwester hatte Herta Schweiger (geb. 1916) Zwangsarbeiter unterstützt und für das kommunistische Hilfswerk „Rote Hilfe" Geld gesammelt. Nach einer Denunziation starb sie an den Folgen von schweren Misshandlungen im August 1942 in der Gestapo-Haft in Linz.[9]

Erst im Jahr 2000 wurde in Ebensee eine weitere Straße (Hermine-Schleicher-Weg) nach einer Widerstandskämpferin benannt. Hermine Schleicher (geb. 1905) war 1943 wegen ihrer illegalen kommunistischen Aktivitäten verhaftet worden und wurde vermutlich Ende April 1945 im KZ Ravensbrück ermordet.[10] 2006 folgte in Linz-Ebelsberg die Benennung eines Weges nach der kommunistischen Widerstandskämpferin Gisela Tschofenig (geb. 1917), geborene Taurer, die wenige Tage vor Kriegsende am 27. April 1945 im Arbeitserziehungslager Schörgenhub im Süden von Linz hingerichtet worden war.[11] Weitere vereinzelte öffentliche Gedenkzeichen folgten in den letzten zehn Jahren. Seit 2015 erinnert in der Gemeinde Mauthausen eine Gedenktafel an Anna Pointner (geb. 1900), geborene Langwieser, die mit spanischen KZ-Häftlingen Kontakt hatte und für diese aus dem KZ Mauthausen geschmuggelte Filmnegative der SS versteckte.[12] Maria Langthaler (geb. 1888), geborene Kapplmüller, einer Bäuerin aus Schwertberg, die 1945 drei Monate lang mit ihrer Familie zwei entflohene sowjetische KZ-Häftlinge versteckt gehalten hatte, wurde 2019 von der Gemeinde Schwertberg eine Straße gewidmet. Gemeinsam ist diesen Wegen und Straßen, dass sie „Randerscheinungen" sind, das heißt sie waren nicht nur rare Ausnahmen in der Gedenkkultur, sondern sie liegen allesamt abseits von Ortszentren und finden dementsprechend wenig Beachtung in der Öffentlichkeit.[13]

Aktuell ist das Thema Widerstand von Frauen im Nationalsozialismus auffällig stark im Programm der Kulturhauptstadt Salzkammergut 2024 vertreten, was auf ein

---

9 Archiv der Stadt Linz (fortan AStL): Totenbeschauscheine Gesundheitsamt 1903–1950, Sterbefälle 1942; Frei/Gugglberger/Wachter, Widerstand und Zivilcourage, S. 83–84.

10 Ebenda, S. 54–55; Interview mit Hermine Stumer, geführt von Peter Kammerstätter, ohne Datum, AStL, Nachlass Peter Kammerstätter (fortan NL PK), Sch. 123.

11 Frei/Gugglberger/Wachter, Widerstand und Zivilcourage, S. 86; Martina Gugglberger, Gisela Tschofenig, Gedächtnisbuch Oberösterreich, ku-linz.at/fileadmin/user_upload/Forschung/Jaegerstaetter-Institut/GBOOE_2021_Tschofenig_Gisela.pdf [4.4.2024].

12 Bundesministerium für Inneres (Hrsg.), das sichtbare unfassbare. Fotografien vom Konzentrationslager Mauthausen, Ausstellungskatalog, Wien 2005, S. 33–37; Benito Bermejo, Francisco Boix, der Fotograf von Mauthausen, Wien 2007.

13 Erich Hackl, Tschofenigweg. Legende dazu, in: Alfred Pittertschatscher (Hrsg.), Linz. Randgeschichten, Wien 2009, S. 157–202.

gesteigertes öffentliches Interesse verweist.[14] So wurde im Mai 2024 nach jahrelangen Bemühungen von verschiedenen Initiativen[15] im Kurpark von Bad Ischl der 1989 verstorbenen Widerstandskämpferin Theresia Pesendorfer (geb. 1902), geborene Laimer, ein Platz gewidmet.[16] Sie hatte die organisatorischen Fäden rund um die Widerstandsgruppe Willy-Fred im Salzkammergut gezogen und dabei große Strapazen und Gefahren auf sich genommen.[17]

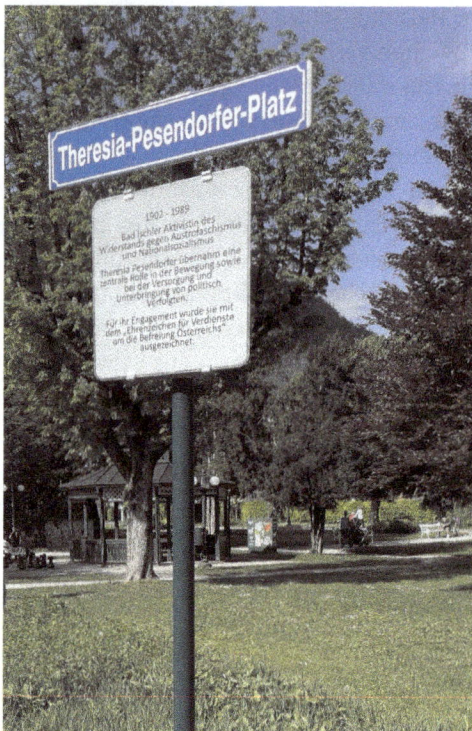

Abb. 1: Der Theresia-Pesendorfer-Platz befindet sich im Kurpark von Bad Ischl. © Martina Gugglberger.

14 Als Teil des Programms Salzkammergut 2024 fand beispielsweise am 8.3.2024 in Hallein eine Diskussionsveranstaltung zum Thema „Frauen im Widerstand" statt, und am 26.4.2024 eine Diskussion zu „Fahrradpartisan*innen" in Bad Ischl. Dort wurde am 9.5.2024 der Theresia-Pesendorfer-Platz mit einem Festakt eröffnet. Die Liste der Kulturhauptstadt-Projekte, in denen Widerstand von Frauen eine Rolle spielt, ist nicht vollständig.
15 Zum Beispiel die Petition von Alexander de Goederen, www.openpetition.eu/at/petition/online/theresia-pesendorfer-platz-fuer-menschenrechte-und-zivilcourage [4.4.2024].
16 Peter Kammerstätter, Resi Pesendorfer zum 80. Geburtstag, Linz 1982; Heinz Oliver Karbus, Resi Pesendorfer ...dass man nicht ganz umsonst auf der Welt ist, Bad Ischl 2021.
17 Bei der Widerstandsgruppe Willy-Fred handelte es sich um eine Gruppe von Haftentflohenen und Deserteuren rund um den Spanienkämpfer Josef Plieseis; zur Bedeutung von solidarischen Frauennetzwerken als Unterstützerinnen von untergetauchten Deserteuren siehe auch: Kerstin von Lingen/Peter Pirker (Hrsg.), Deserteure der Wehrmacht und der Waffen-SS. Entziehungsformen, Solidarität, Verfolgung, Paderborn 2024.

Denkmalprojekt in Linz

Wie das Beispiel aus Bad Ischl zeigt, sind für Gedenk- und Erinnerungsprojekte vielfach Initiativen aus der Zivilgesellschaft treibende Kräfte. Letztendlich ist die Umsetzung aber von politischen Entscheidungsträger*innen abhängig. Hinter Gedenkprojekten und Straßenbenennungen steht somit eine politische Agenda, die oft eine starke parteipolitische Ausrichtung hatte und hat. Vertreterinnen der SPÖ-Frauen nahmen 2014 die kaum vorhandene und zögerliche Ehrung von Frauen im Widerstand gegen das NS-Regime im öffentlichen Raum zum Anlass, einen Antrag im Oberösterreichischen Landtag für die Errichtung eines Denkmals zu stellen. Stellvertretend für das gesamte Bundesland sollte damit in Linz an Frauen erinnert werden, die sich gegen das NS-Regime gestellt hatten. Die Initiative durchwanderte jahrelang die politischen Gremien. Die Kulturdirektion des Landes zog wissenschaftliche Expert*innen zur Beratung hinzu.[18] Erinnerungskultur ist mit Geschichtspolitik eng verzahnt, divergierende Standpunkte zu Gedenkpraktiken werden nach politischen Logiken und Strategien ausverhandelt.[19] So verzögerten parteipolitische Überlegungen den Entscheidungsprozess zum Linzer Denkmal genauso wie Fragen zur Finanzierung oder der generellen Relevanz des Themas. Politischer Widerstand gegen das NS-Regime war in Oberösterreich vorwiegend vom linken politischen Milieu ausgegangen, woraus sich bei anderen Parteien Bedenken ergaben, durch ein derartiges Projekt vorwiegend kommunistische und sozialistische Frauen zu ehren. Gleichzeitig blockierten enge Vorstellungen von Widerstand das Projekt. Entgegen der wissenschaftlichen Diskussion zu einem breiten Widerstandsbegriff seit den 1970er Jahren, wird außerhalb von historischen Fachkreisen Widerstand nach wie vor fast ausschließlich mit politischen Umsturzversuchen, militärischen und bewaffneten Angriffen auf das NS-Regime assoziiert. Erschwerend kam hinzu, dass beteiligte Schlüsselpersonen aus Politik, Verwaltung und Wissenschaft wechselten bzw. ausschieden und der Umsetzungsprozess damit immer wieder ins Stocken geriet.

Der wissenschaftliche Beirat zum „Denkmal für Frauen im Widerstand gegen das NS-Regime" sprach sich für eine Positionierung des Denkmals an einem zentralen Platz in der Stadt Linz aus, um einer neuerlichen Marginalisierung – wie bereits bei den Straßennamen problematisiert – entgegenzuwirken. Besonders geeignet schien dafür der OK-Platz (für Offenes Kulturhaus), ein gut frequentierter Ort in der Nähe der Landstraße in der Linzer Innenstadt. An dieser Stelle befand sich bis in die 1960er

---

18 Mitglieder des Beirats waren die Historiker*innen Martina Gugglberger, Gabriella Hauch, Reinhard Kannonier und Roman Sandgruber.
19 Heidemarie Uhl, Schuldgedächtnis und Erinnerungsbegehren. Thesen zur europäischen Erinnerungskultur, in: transit 35, 2008, S. 6–22.

Jahre die Ursulinenschule, eine kirchlich geführte Mädchenschule.[20] Der OK-Platz hat zudem einen direkten Bezug zu einer Widerstandshandlung einer Frau: Die Ursulinennonne Schwester Kamilla (Margarethe) Smolan (geb. 1907) war 1940 denunziert worden, als sie aus dem Gebäude der Schule einem frierenden französischen Zwangsarbeiter ein Paar Socken zuwarf. Dafür verbüßte sie vier Monate Haft.[21] Eine öffentliche Erinnerung an die Widerstandshandlungen von Frauen sollte, so die Empfehlung des wissenschaftlichen Expert*innenrats, nicht auf eine einzelne Person fokussieren, sondern kollektiv im Sinne eines breiten Widerstandsbegriffs Alltagswiderstand genauso repräsentieren wie religiös motivierten und politischen Widerstand. Damit könnte das Projekt an die Gegenwart anknüpfen und als Zeichen für Demokratie und Solidarität funktionieren.

Die Auslobung eines künstlerischen Wettbewerbs verzögerte sich bis zum Frühjahr 2021, als schließlich die OÖ Landes-Kultur GmbH gemeinsam mit der Kunstuniversität Linz eine Ausschreibung dezidiert an Künstlerinnen richtete. Die Jury setzte sich ebenfalls ausschließlich aus Frauen – Expertinnen aus Kunst, Kultur, Wissenschaft und Zivilgesellschaft – zusammen und wählte aus den 47 Einreichungen vier Projekte für die zweite Stufe des Verfahrens aus.

Eine Podiumsdiskussion sollte in dieser Phase Vertreter*innen von Frauenorganisationen, Gedenkstätten, aus der Wissenschaft und die interessierte Öffentlichkeit zusammenführen, um über die gesellschaftlichen Funktionen sowie Kritikpunkte an einem derartigen Denkmalprojekt zu diskutieren.[22] Tenor der Veranstaltung war die Wichtigkeit, die Geschichte von Frauen öffentlich sichtbar zu machen und generell die Auseinandersetzung mit der NS-Geschichte zu forcieren. Problematisiert wurde vor allem von Vertreterinnen feministischer Vereine, dass ein Denkmal gleichzeitig auch eine politische Instrumentalisierung des Themas impliziert. Das Land Oberösterreich hatte die Subventionen für feministische Vereinigungen 2017 drastisch gekürzt und damit den zivilgesellschaftlichen Widerstand dieser Gruppierungen erschwert.[23] Fragen der Intersektionalität, also des Zusammenwirkens mehrerer Unterdrückungsmechanismen, wurden genauso diskutiert wie die Notwendigkeit einer nachhaltigen Vermittlung des Themas. Das Gedenken an Widerstandskämpferinnen sollte im Sinne einer lebendigen und anhaltenden Auseinandersetzung immer wieder aktualisiert werden.

---

20 Gabriella Hauch, Ein Haus als „Gedächtnisort". Ursulinenschule – Wehrmachtsgefängnis – Offenes Kulturhaus, in: Speicher. Versuche zur Darstellbarkeit von Geschichte/n. Katalog, hrsg. v. Offenes Kulturhaus des Landes OÖ, Linz 1993, S. 15–62.
21 Vernehmungsprotokoll des Kriminalsekretärs Alois Hochedlinger mit Margarethe Smolan, 18.12.1940, DÖW 19.291/32; Urteil des LG Linz gegen Margarethe Smolan, 19.2.1941, DÖW 19.291/32, LG Linz, 6 E Vr 120/41.
22 Die Veranstaltung wurde aufgezeichnet: www.dorftv.at/video/36349 [4.4.2024].
23 Der Verein fiftitu unterstützt beispielsweise seit 1998 Künstlerinnen und kulturschaffende Frauen: www.fiftitu.at/ [4.4.2024].

Die Jury wählte das Projekt „5 vor 12. Unerhörter Widerstand" der Künstlerinnen Sabrina Kern und Mariel Rodríguez aus. Das Kunstwerk besteht aus drei großdimensionierten Edelstahl-Bögen mit integrierten Lautsprechern und verweist damit auf ein Megaphon als Symbol für Protest. Jeden Samstag um fünf Minuten vor 12 Uhr Mittag „schreit" die Skulptur über den Platz und erinnert konkret an eine Widerstandshandlung einer bestimmten Frau. Während der restlichen Woche ist derselbe Text leise zu hören, sobald die Skulptur betreten wird. Gesprochen wurden die Texte von Vertreterinnen der Zivilgesellschaft, die sich mit den Biografien in einem Workshop auseinandergesetzt haben. Mit den Stimmen der gegenwärtigen feministischen Aktivistinnen soll eine akustische und personelle Brücke zu den historischen Frauen und ihren Handlungen geschlagen werden.

Abb. 2: „5 vor 12. Unerhörter Widerstand". Das Denkmal am Linzer OK-Platz erinnert an den Widerstand von Frauen in Oberösterreich gegen das NS-Regime. © Mariel Rodríguez/Sabrina Kern.

Ein Buch als Denkmal?

In den Diskussionen zum Denkmal wurde auch die kritische Frage aufgeworfen, ob der Bezug auf eine „Socken strickende Nonne" das Bild von weiblichem Widerstand als „harmlos", „softer" und weniger ernst zu nehmend transportieren würde. Die Darstellung von Widerstandshandlungen von Frauen bewegt sich einerseits zwischen Versuchen zu beweisen, dass Frauen eine tragende Rolle in politisch motivierten Widerstandsbewegungen einnahmen und „ihr Widerstand [...] nicht auf den humanitären Bereich beschränkt [war]".[24] In diese Kategorie fallen die 2019 erschienene Publikation „Meine Mama war Widerstandskämpferin"[25] und das im selben Jahr eingeweihte Memorial für Frauen im Widerstand gegen den Nationalsozialismus im Salzburger Stölzlpark. Dieses würdigt neben der kommunistischen Widerstandskämpferin Rosa Hoffmann (geb. 1909) 17 weitere Frauen, die für ihre politischen Widerstandshandlungen mit dem Leben bezahlten. Andererseits bemüht sich die Widerstandsgeschichtsschreibung von Frauen aufzuzeigen, dass Vorstellungen von vermeintlich „echtem", das soll heißen politischem und organisiertem und teilweise bewaffnetem Widerstand zu kurz greifen und dazu geführt haben, dass andere Handlungsformen zu wenig erforscht und gewürdigt wurden. Beides ist wichtig, zeugt aber davon, dass weiblicher Widerstand lange Zeit erst „bewiesen" und sichtbar gemacht werden musste.

Die Publikation zum Denkmal sollte dem Auftrag der Kulturdirektion entsprechend den aktuellen Stand der Forschung aufbereiten, für ein breites Publikum zusammenfassen und eine offensichtliche Lücke in der oberösterreichischen Erinnerungskultur füllen. Es galt also, den Frauen ein schriftliches Denkmal zu setzen. Grafik und Satz des Buches greifen diesen Gedanken auf und setzen den Fließtext optisch auf einen freien Raum am Seitenende – eine Art Podest, ein Eindruck, der durch das hohe Format bestärkt wird. Eine Bildergalerie von den in der Publikation thematisierten Frauen dient als visueller Einstieg in das Thema, eine Landkarte mit den erwähnten Namen als geografische Verortung der Biografien.

Inhaltlich setzten wir Autorinnen uns das Ziel, die vermeintliche Gegensätzlichkeit zwischen politischem Widerstand und Alltagswiderstand abzuschwächen und verschiedene Aspekte widerständigen Verhaltens von Frauen gleichberechtigt darzustellen. Ein wesentlicher Teil der Konzeptarbeit widmete sich Diskussionen zum Widerstandsbegriff, zur Kategorisierung weiblichen Widerstands und zur Bedeutung der Kategorie Geschlecht im Widerstand.

Diskussionen zum Widerstandsbegriff

Es ist unumstritten, dass der Fokus der Widerstandsforschung auf den vermeintlich „großen" Taten und Gesten lag und liegt. Und das, obwohl gerade zwei österreichische Zeithistoriker schon relativ früh perspektivische Alternativen aufzeigten: Als einer

---

24 Klappentext von Amesberger/Halbmayr/Clemens „Meine Mama war Widerstandskämpferin...", www.picus.at/produkt/meine-mama-war-widerstandskaempferin/ [4.4.2024].
25 Amesberger/Halbmayr/Clemens, „Meine Mama war Widerstandskämpferin...".

der ersten plädierte Karl Stadler in den 1960er Jahren dafür, jegliche Handlung, die Opposition zum NS-Regime erkennen ließ, als Widerstand zu bewerten.[26] Diesem Widerstandsbegriff folgte das damals neu gegründete Dokumentationsarchiv des österreichischen Widerstandes in allen seinen Arbeiten. Auch Gerhard Botz leistete in den 1980er Jahren einen zentralen Beitrag zu einem umfassenden Widerstandsbegriff – er ging dabei so weit, auch Selbstmord und „unpolitische" Kriminalität in seine Kategorisierung von „Widerstands- und Resistenzverhalten" aufzunehmen.[27]

Die dezidiert frauenhistorische Widerstandsforschung stützt sich, wie die historische Frauenforschung generell, meist auf theoretische Arbeiten deutscher Historikerinnen und Sozialwissenschaftlerinnen. Insbesondere Christl Wickert, die den Widerstand von Frauen mit den von ihr eingeführten Begriffen „Alltagsdissens" und „weltanschaulicher Dissens" beschrieb,[28] ist ein wichtiger Referenzpunkt in Forschungsarbeiten und Diskussionen. Auch von österreichischen Historikerinnen kamen frühe und wichtige Impulse. Karin Berger, Elisabeth Holzinger, Lotte Podgornik und Lisbeth N. Trallori ließen zu Beginn der 1980er Jahre erstmals 27 Frauen zu Wort kommen, die sich gegen das NS-Regime aufgelehnt hatten und verfolgt worden waren. Mehr als alle theoretischen Debatten trugen das Buch „Der Himmel ist blau. Kann sein"[29] und der Film „Küchengespräche mit Rebellinnen",[30] die aus den Interviews entstanden, dazu bei, dass Frauen, die sich oft selbst nicht als Widerstandskämpferinnen definiert hatten, in den Fokus rückten und weiblicher Widerstand in Österreich thematisiert wurde. Neben diesen Verdiensten zeigte die Initiative vor allem, dass die Erforschung des Widerstands von Frauen ein wichtiger Teil der Frauengeschichtsschreibung ist, die sich neuer Methoden der Geschichtswissenschaft wie Oral History bediente. Für die Widerstandshandlungen von Frauen gilt dies in ganz besonderem Ausmaß, da Widerstand naturgemäß mit dem Bemühen einhergeht, keine Spuren zu hinterlassen. Vielfach sind rückblickende mündliche Berichte die einzigen verfügbaren Quellen, und oft fehlen auch diese.

Theresia Pfarrwallner (geb. 1923) beispielsweise hat ihre Unterstützung für kriegsgefangene Zwangsarbeiter, denen sie in ihrem Heimatort Schärding Lebensmittel zusteckte und für die sie Hemden nähte, selbst nie publik gemacht. Und da ihre Handlungen unentdeckt blieben, scheinen ihre Taten auch in keinen offiziellen Quellen

---

26 Karl Stadler, Österreich 1938–1945 im Spiegel der NS-Akten, Wien 1966.
27 Gerhard Botz, Methoden- und Theorieprobleme der historischen Widerstandsforschung, in: Helmut Konrad/Wolfgang Neugebauer (Hrsg.), Arbeiterbewegung – Faschismus – Nationalbewusstsein. Festschrift zum 20jährigen Bestand des Dokumentationsarchivs des österreichischen Widerstandes und zum 60. Geburtstag von Herbert Steiner, Wien–München–Zürich 1983, S. 137–151, hier S. 145 f.
28 Wickert, Frauenwiderstand.
29 Berger/Holzinger/Podgornik/Trallori, Der Himmel.
30 Küchengespräche mit Rebellinnen, Dokumentarfilm, Österreich 1984, Regie: Karin Berger/Elisabeth Holzinger/Lotte Podgornik/Lisbeth N. Trallori.

auf. Dass ihre Geschichte nun spät in ihrem Leben doch noch öffentlich erzählt wurde, ist einem Bekannten ihrer Familie zu verdanken, über den wir ihre Schilderung und zwei Fotos erhalten haben.[31]

Abb. 3: Theresia Pfarrwallner aus Schärding unterstützte Kriegsgefangene. © Familie Pfarrwallner.

Dass die Begriffe „Dissens" und „Alltagswiderstand" in der Widerstandsforschung vielfach weiblich konnotiert sind, ist einerseits einem geschlechtsspezifischen Rollenverständnis und damit einhergehenden traditionellen „weiblichen" Handlungsfeldern geschuldet, aber auch einem Forschungsdesiderat. Statt Alltagswiderstand als Widerstandsraum von Frauen zu kategorisieren, wäre es wünschenswert, Fragen nach den Reaktionen von Frauen auf totalitäre Regime, nach Handlungsspielräumen und Strategien des Überlebens ohne Wertung zu stellen und in weiterführenden Forschungen den Alltagswiderstand von Männern stärker in den Blick zu nehmen.[32] So könnten

---

31 Die mündliche Erzählung von Theresia Pfarrwallner, ein Foto des Korbes, den die Kriegsgefangenen ihr zum Dank schenkten, und ein Porträtfoto, beide aus dem Privatarchiv der Familie Pfarrwallner, liegen den Autorinnen als Digitalisate vor.
32 Birthe Kundrus, Handlungsräume. Zur Geschlechtergeschichte des Nationalsozialismus, in: Jana Leichsenring (Hrsg.), Frauen und Widerstand, Münster 2003, S. 14–35.

Fragen nach den Geschlechterverhältnissen perspektivisch neu gestellt und beantwortet werden.

Zu Recht hat Gerhard Paul darauf hingewiesen, dass Handlungen, die im Widerspruch zu nationalsozialistischen Gesetzen standen, wie „Feindsender" hören oder „Schwarzschlachten", nicht zwingend mit einer Ablehnung der NS-Ideologie einhergehen mussten.[33] Doch allein, dass der NS-Machtapparat diese Formen von abweichendem Verhalten genau beobachtete, ist Hinweis darauf, dass eine kritische Masse an „Ungehorsam" eine ernst zu nehmende Gefahr für totalitäre Regime darstellt. Eine einzelne Frau, die über die Situation an der Front informiert ist oder ihre Kinder nicht nach NS-Idealen erzieht, erscheint harmlos; als Massenphänomen hingegen untergräbt diese Form des Widersetzens die notwendige Konformität und Linientreue der „Volksgemeinschaft".

Anders als Wickert haben wir für unsere Publikation eine Kategorisierung gewählt, die die Form des Handelns in den Vordergrund rückt und die Motivation, die oftmals nicht oder nicht eindeutig festgestellt werden kann, außer Acht lässt. Indem wir bei den Überschriften „Tätigkeitswörter" verwenden, greifen wir eine Praxis auf, die schon fast als „Tradition" der Widerstandsdarstellung von Frauen in Österreich bezeichnet werden kann.

Widerstandshandlungen von Frauen in Oberösterreich

In der aus dem erwähnten Interviewprojekt von Karin Berger und ihren Kolleginnen entstandenen Publikation „Der Himmel ist blau. Kann sein"[34] wurden die Widerstandshandlungen von Frauen nicht anhand wissenschaftlicher Kategorien geordnet – stattdessen wurden ihnen die Verben „helfen", „organisieren", „kämpfen", „zersetzen" und „überleben" vorangestellt. Ein Zugang, den auch Jo Schmeiser in ihrem Film „Widerstandsmomente"[35] (2019) wählte, in dem sie die Geschichten von Frauen, die gegen den Nationalsozialismus auftraten, mit jenen von Frauen, die in der Gegenwart gegen politische und gesellschaftliche Missstände eintreten, verknüpfte. Hierfür verwendete die Regisseurin die Kategorien „helfen", „kritisieren", „überzeugen" und „zurückschlagen". Sowohl Berger/Holzinger/Podgornik/Trallori als auch Schmeiser setzten das Verb „helfen" an die erste Stelle ihrer Aufzählung – würden Widerstandshandlungen von Männern derart strukturiert, wäre dies vermutlich ein anderes Wort.

Aus der Kategorisierung weiblichen Widerstands nach Handlungen ergeben sich in zweierlei Hinsicht Vorzüge: Zum einen müssen keine Mutmaßungen über die Moti-

---

33 Gugglberger, „Versuche, anständig zu bleiben", S. 285.
34 Berger/Holzinger/Podgornik/Trallori, Der Himmel.
35 Widerstandsmomente, Dokumentarfilm, Österreich 2019, Regie: Jo Schmeiser.

vation der Handelnden getroffen werden. Ob ein Mensch primär aus religiöser, humanitärer oder politischer Überzeugung agierte, kann – wenn überhaupt – nur von den Betroffenen selbst beantwortet werden. Zum anderen ermöglicht der gewählte Fokus, die Widerstandshandlungen von Frauen einzuordnen, zu erkennen und letztendlich diese sichtbar zu machen. Ausgehend von diesen Überlegungen ergaben sich für unser Projekt vier Kategorien, um den Widerstand von Frauen während des Nationalsozialismus im damaligen „Oberdonau" zu beschreiben. Jeder Gruppe wurden Tätigkeitswörter zugeordnet, die widerständiges Handeln unterstreichen, aber auch die Relevanz von kritischem Denken und Aktivismus in der Gegenwart hervorheben sollten: 1) „hinterfragen, kritisieren, zuwiderhandeln: Alltagswiderstand", 2) „mobilisieren, überzeugen, zurückschlagen: organisierter Widerstand", 3) „einstehen, entziehen: religiöser Widerstand" und 4) „überleben, widersetzen: Widerstand von Verfolgten".

Wir haben uns entschlossen, Alltagswiderstand an den Beginn zu setzen – in erster Linie, um diesen oft weniger beachteten Handlungen eine gewichtigere Position zu geben, aber auch, weil wir hier viele Fallbeispiele recherchieren konnten, die weniger bekannt sind.

Hinterfragen, kritisieren, zuwiderhandeln: Alltagswiderstand

Systemkritische Äußerungen und spontane Aktionen im alltäglichen Umfeld werden unter der Kategorie „Alltagswiderstand" zusammengefasst. Dazu zählen NS-kritische Aussagen in alltäglichen Gesprächen oder Briefen an die Front, die Unterstützung „rassisch" Verfolgter, das Abhören sogenannter Feindsender, die Verweigerung des „Hitlergrußes", freundschaftliche oder sexuelle Beziehungen zu Kriegsgefangenen oder zivilen Zwangsarbeiter*innen, die streng verboten waren, sowie im weitesten Sinn auch wirtschaftliche Delikte wie „Schwarzschlachten".[36]

So fällt beispielsweise die erwähnte Hilfsleistung der Bäuerin Maria Langthaler, die mit ihrer Familie zwei aus dem KZ Mauthausen geflüchtete Männer versteckte und ihnen damit das Leben rettete, in die Kategorie des „Alltagswiderstands" und wird durch den Handlungsfokus nicht wie in zuvor erschienenen Publikationen dem „religiösen Widerstand" bzw. dem „weltanschaulichen Dissens" zugeordnet.[37]

Die Bäuerin Karoline Hartl (geb. 1893), geborene Würtinger, *handelte* mehrfach *zuwider* gewisser NS-Vorgaben oder Gesetze. Ihre Handlungen fallen allesamt unter unsere Definition von Alltagswiderstand: Im Herbst 1943 kursierten Gerüchte, wonach Karoline Hartl Zwangsarbeiter*innen auf ihrem Hof ausländische Sender hören ließ. Im Rahmen der gegen sie eingeleiteten Ermittlungen wurde sie dabei überrascht, den

---

36 Frei/Gugglberger/Wachter, Widerstand und Zivilcourage, S. 34 f.
37 Gugglberger, „Versuche, anständig zu bleiben"; Wickert, Frauenwiderstand.

„Londoner Sender" zu hören.[38] Seit dem Inkrafttreten der „Verordnung über außerordentliche Rundfunkmaßnahmen" am 7. September 1939 war „das absichtliche Abhören ausländischer Sender"[39] verboten. Zudem wurde Hartl vom Leiter des Sicherheitsdienstes in Ried vorgeworfen, einen zu lockeren und freundschaftlichen Umgang zu den ausländischen Zwangsarbeiter*innen auf ihrem Hof zu pflegen, was ebenfalls untersagt war.[40] Hartl wurde am 15. Oktober 1943 festgenommen. In Strafverfahren bildete die politische Einschätzung durch NS-Funktionäre eine wichtige Rolle, die zur Strafverschärfung oder -milderung beitragen konnte.[41] In Hartls Fall fiel diese nicht zu ihren Gunsten aus und ihr wurde neben der Unterstützung der Vaterländischen Front während des Austrofaschismus vorgeworfen, dass „sie es nicht versteht, Abstand zu den Fremdvölkischen zu bewahren."[42] Hartls potenzielle politische Haltungen mögen zum Teil ausschlaggebend für ihr Zuwiderhandeln gewesen sein. Ihre Handlungen tätigte sie aber unabhängig von organisierten politischen Netzwerken.

Hartl wurde schließlich wegen des Abhörens ausländischer Sender vom Sondergericht in Linz zu 15 Monaten Zuchthaus verurteilt.[43] In das Strafausmaß war auch eine frühere Anzeige wegen einer illegalen Schlachtung einbezogen worden,[44] eine Handlung, die gegen kriegswirtschaftliche Interessen des NS-Regimes verstieß. Teils zogen Verstöße gegen die „Verordnung zur Ergänzung der Kriegswirtschaftsverordnung" (1942) harte Strafen nach sich. Im Oktober 1944 wurde Hartl auf Ansuchen ihres Bruders, der sie dringend als Arbeitskraft für die Landwirtschaft benötigte, aus der Haft entlassen, die sie zunächst im Linzer Landgericht und anschließend im Frauenzuchthaus Aichach in Bayern verbracht hatte.[45]

---

38 Als „Londoner Sender" wurden die deutschsprachigen Sendungen von BBC London bezeichnet; Schreiben betreffend des Abhörens ausländischer Sender durch Karoline Hartl, Leiter der SD Außenstelle Ried an den Führer des SD-Abschnittes Linz, 17.9.1943, OÖLA, 2 Js 1227/43, KLS 348/43.

39 Christian Müllner, Schwarzhörer und Denunzianten. Vergehen nach §§ 1 und 2 der Verordnung über außerordentliche Rundfunkmaßnahmen vor dem Sondergericht Wien, phil. Diss., Universität Wien 2011.

40 Schreiben betreffend des Abhörens ausländischer Sender durch Karoline Hartl, Leiter der SD Außenstelle Ried an den Führer des SD-Abschnittes Linz, 17.9.1943, OÖLA, 2 Js 1227/43, KLS 348/43.

41 Gugglberger, „Versuche, anständig zu bleiben", S. 293.

42 Vernehmungsprotokoll der Karoline Hartl von der Staatspolizeistelle Linz, 26.10.1943, OÖLA, 2 Js 1227/43, KLS 348/43.

43 OÖLA, 2 Js 1227/43, KLS 348/43, Urteil des Landgerichts Linz als Sondergericht in der Strafsache gegen Karoline Hartl, 11.1.1944

44 OÖLA, 2 Js 1227/43, KLS 348/43, Haftzettel der Karoline Hartl des Frauenzuchthauses Aichach, 1.2.1944.

45 OÖLA, OF Akt, Sch. 2, 359/47, Schreiben der Karoline Hartl an die Bezirkshauptmannschaft Ried i. Innkreis, 3.7.1946; mehr zu Karoline Hartl findet sich auch in: Gottfried Gansinger: Gedächtnisbuch Oberösterreich, o. O. 2023, ku-linz.at/fileadmin/user_upload/Forschung/Jaegerstaetter-Institut/Bilder/GBOOE_2023_Hartl_Karoline.pdf [15.4.2024].

Abb. 4: Karoline Hartl aus Utzenaich mit ihrer Tochter, ca. 1946. © Gottfried Gansinger.

Hartls freundschaftliche Beziehung zu den Zwangsarbeiter*innen dürfte in ihrem Fall nicht separat verfolgt worden sein, war der Einschätzung ihrer politischen Zuverlässigkeit aber jedenfalls abträglich. Der NS-Ideologie standen freundschaftliche, aber vor allem romantische oder sexuelle Beziehungen zwischen Mitgliedern der „arischen Volksgemeinschaft" und Kriegsgefangenen sowie Zwangsarbeiter*innen entgegen und waren als „verbotener Umgang" strafbar.[46] Davon waren vor allem Frauen betroffen, denen tatsächliche oder vermeintliche sexuelle Beziehungen mit Kriegsgefangenen oder Zwangsarbeitern vorgeworfen wurden. Eine Verurteilung konnte langjährige Haftstrafen oder sogar die Einweisung in ein KZ nach sich ziehen.[47]

---

[46] Ursprünglich § 4 (Verbotener Umgang mit Kriegsgefangenen) der „Verordnung zur Ergänzung der Strafvorschriften zum Schutz der Wehrkraft des Deutschen Volkes" vom 25.11.1939, RGBl. I, 2319. Dieser wurde ein halbes Jahr später durch die „Verordnung über den Umgang mit Kriegsgefangenen" vom 11.5.1940 ersetzt. Das „Blutschutzgesetz" aus dem Jahr 1935, das zu den „Nürnberger Gesetzen" zählte, kriminalisierte schon zuvor die Beziehungen zu „rassisch" Verfolgten.

[47] Insa Eschebach, „Verkehr mit Fremdvölkischen". Die Haftgruppe der wegen „verbotenen Umgangs" im KZ Ravensbrück inhaftierten Frauen, in: Dieselbe (Hrsg.), Das Frauen-Konzentrationslager Ravensbrück. Neue Beiträge zur Geschichte und Nachgeschichte, Berlin 2014, S. 154–171, hier S. 154.

Weitere gängige Widerstandshandlungen, die dem Alltagswiderstand zuordenbar sind, wurden als Verstoß gegen das „Gesetz gegen heimtückische Angriffe auf Staat und Partei und zum Schutz der Parteiuniform" oder als „Zersetzung der Wehrkraft" verfolgt. Dazu gehörte das *Kritisieren* der politischen Führung, das *Hinterfragen* des Kriegs oder im Spezifischen des Kriegseinsatzes von nahestehenden Personen.[48]

Mobilisieren, überzeugen, zurückschlagen: organisierter Widerstand

Beim vergleichsweise gut erforschten organisierten politischen Widerstand nutzten Frauen Netzwerke politischer Organisationen und Parteien, waren selbst Teil davon oder unterstützten Angehörige, die im Widerstand aktiv waren. Trotz der zahlreichen Forschungen zum politischen Widerstand blieben die Handlungen von Frauen, die meist unterstützende Funktionen und nur selten Leitungspositionen einnahmen, unterrepräsentiert. Die Aktivitäten von Frauen im politischen Widerstand waren vielfältig: Flugblättertippen, Versorgungsaufgaben, Spendensammeln, Kurierdienste, Verstecken von verfolgten Personen etc.[49] Diese Tätigkeiten wurden vielfach als bloße Unterstützungsleistung betrachtet und fanden auch in Berichten von Männern über den Widerstand kaum Erwähnung.[50] Widerstandshandlungen von Frauen waren in den beiden politischen Lagern – dem sozialistisch-kommunistischen und dem christlich-konservativen – präsent, wenngleich die traditionelle Einstellung des letzteren zu gesellschaftlichen Geschlechterverhältnissen bedingte, dass Frauen dieser politischen Anschauungen seltener politisch aktiv waren.[51]

Sowohl die Kommunistin Maria Ehmer (geb. 1910), geborene Tröstl, als auch Karoline Zemann (geb. 1895), geborene Buchta, die dem christlich-sozialen Lager zugeordnet werden kann, waren in politisch organisierten Netzwerken aktiv. Die in Gschwandt bei Gmunden lebende Ehmer war nach der Einberufung ihres Mannes Josef in die Wehrmacht für die illegale „Rote Hilfe" aktiv, die in Anlehnung an die „Internationale Rote Hilfe" in den 1920er Jahren in Österreich gegründet worden war und politisch Verfolgte und ihre Angehörigen unterstützte[52]:

> Im 43er, im 44er Jahr haben ja wir Frauen alles übernommen, was zuerst die Männer übergehabt haben. [...] Hauptsächlich haben wir die Gelder für die Rote Hilfe gesammelt. Viele Männer sind

---

48 Frei/Gugglberger/Wachter, Widerstand und Zivilcourage, S. 56–64.
49 Ebenda, S. 79.
50 Wie etwa in: Sepp Plieseis, Vom Ebro zum Dachstein. Lebenskampf eines österreichischen Arbeiters, Linz 1946.
51 Frei/Gugglberger/Wachter, Widerstand und Zivilcourage, S. 93.
52 Karin Nusko, Netzwerke der Solidarität. Frauen in der Roten Hilfe und der Sozialistischen Arbeiterhilfe, in: Kanzler/Korotin/Nusko (Hrsg.), „...den Vormarsch dieses Regimes einen Millimeter aufgehalten zu haben ...", S. 218–246.

eingesperrt gewesen oder im Krieg, und die Frauen haben nichts gehabt. So bin ich halt immer zu den Leuten sammeln gegangen, zum Bankdirektor, zu Geschäftsleuten in Gmunden, die keine Kommunisten waren, aber auch nicht bei den Nazis.[53]

Abb. 5: Maria Ehmer aus Gschwandt mit ihrem Sohn Josef, 1948. © Erika Ehmer.

Karoline Zemann hingegen spendete Geld für die „Freistädter Gruppe", die sich aus Regimegegner*innen verschiedener politischer Strömungen zusammensetzte – auch wenn die Mehrheit der beteiligten Personen dem christlich-sozialen Bürger*innentum angehörte. Ziel der Gruppe war die Wiederherstellung eines freien, vom Deutschen Reich unabhängigen Österreich. Während die Männer organisatorische Vorbereitungen für den Einmarsch der alliierten Truppen trafen, Spendengelder sammelten und Kurierdienste verrichteten, beteiligten sich die Frauen, so auch Karoline Zemann, vor allem mit gespendeten Geldbeträgen an den Widerstandsaktivitäten. Auch ihre Handlungen zielten darauf ab, eine Grundlage zu schaffen, das NS-Regime *zurückzuschlagen*.[54]

Maria Ehmer und Karoline Zemann *mobilisierten* und *überzeugten* Menschen davon, sich durch Spenden teilweise über politische Zugehörigkeitsgrenzen hinweg an

---

53 Maria Ehmer, Lieber Bruno, sei tapfer, ich bin verhaftet, in: Berger/Holzinger/Podgornik/Trallori, Der Himmel, S. 230–239, hier S. 234.
54 Othmar Rappersberger, Die Widerstandsgruppe „Neues freies Österreich" in Freistadt 1944/45 und ihr Schicksal, in: Freistädter Geschichtsblätter 11 (1997), Das Schicksalsjahr 1945 in Freistadt, 2. Teil, S. 5–157, hier S. 18, 23 f., 29, 31, 56 f., 78 f.

politischen Netzwerken zu beteiligen. Beide Frauen wurden unabhängig voneinander im Oktober 1944 verhaftet und überlebten die NS-Zeit.

Einstehen, entziehen: religiöser Widerstand

Unter „religiösem Widerstand" haben wir Handlungen zusammengefasst, die in erster Linie die eigene Religionsausübung verteidigten. Dabei sind die Grenzen zu Alltagswiderstand fließend, wenn beispielsweise aus christlicher Überzeugung geholfen und dies als gelebte Praxis der eigenen Religiosität verstanden wurde. Besonders im christlich-konservativen politischen Lager spielten Religiosität sowie die Katholische Kirche eine teils wichtige Rolle. Zum Widerstand gegen die Einschränkung kirchlicher bzw. religiöser Praktiken zählen u. a. Proteste gegen die Absetzung von Priestern als Religionslehrer oder die Diskreditierung des Kirchgangs an Schulen.[55]

In Schardenberg etwa protestierten 25 bis 30 Frauen im Jänner 1940 gegen einen regimetreuen Lehrer, der im Unterricht die Bemerkung habe fallen lassen, Erwachsene sowie Kinder, die zur Kirche gingen, seien „an die Wand"[56] zu stellen. Diese Frauen – darunter die als „Rädelsführerinnen" bezeichneten Rosa Altweger, Maria Gruber, Anna Friedrich und eine Frau Fuchs – *standen* für die Ausübung ihrer Religiosität *ein*, indem sie in das Klassenzimmer eindrangen und die Schulstunde störten.[57]

Anders als Angehörige der christlichen Kirchen wurden Mitglieder der seit 2009 als Religionsgemeinschaft anerkannten Zeugen Jehovas während des Nationalsozialismus systematisch verfolgt. Die NS-Verfolgung stellte eine gewisse Kontinuität dar, da Versammlungen der Zeugen Jehovas bereits im Austrofaschismus verboten wurden, wenngleich es in Österreich nach dem „Anschluss" zu einer maßgeblichen Verschärfung der Verfolgung kam. Diese begründete sich darin, dass die Glaubensvorstellungen der Zeugen Jehovas im starken Gegensatz zur NS-Ideologie standen. Zeugen Jehovas lehnten das Führerprinzip und jegliche militärische Aktivität ab, so auch den Wehrdienst und die Arbeit in Rüstungsbetrieben. Aber schon allein die Mitgliedschaft war strafbar.[58] So wurde auch die Zeugin[59] Jehovas Maria Moser (geb. 1906), geborene Viertlbauer, am 4. April 1939 gemeinsam mit ihrem Ehemann Alois im Zuge der ersten großen Verhaftungswelle gegen die Glaubensgemeinschaft festgenommen. Maria Mo-

---

55 Frei/Gugglberger/Wachter, Widerstand und Zivilcourage, S. 101.
56 Täglicher Inlandslagebericht des Inspekteurs der Sicherheitspolizei und des SD in Wien, Jänner 1940, zit. n. Dokumentationsarchiv des österreichischen Widerstandes (Hrsg.), Widerstand und Verfolgung in Oberösterreich 1934–1945. Eine Dokumentation, Bd. 2, Wien–Linz 1982, S. 180–181.
57 Frei/Gugglberger/Wachter, Widerstand und Zivilcourage, S. 101–103.
58 Gerti Malle, Jehovas Zeugen in Österreich. Die Verfolgungsgeschichte einer religiösen Minderheit, in: Gerhard Besier/Katarzyna Stoklosa (Hrsg.), Jehovas Zeugen in Europa. Geschichte und Gegenwart, Bd. 3, Berlin 2018, S. 379–448, hier S. 416.
59 Die geschlechtssensible Schreibweise wird dann genutzt, wenn Mitglieder gemeint sind und nicht die Religionsgemeinschaft an sich.

ser wurde am 12. Juni 1939 ins KZ Ravensbrück deportiert, wo sie sich weigerte kriegs-relevante Arbeiten auszuführen und mit Arrest bestraft wurde. Dennoch war es ihr gelungen, sich diesen Arbeiten, die gegen ihre religiöse Überzeugung standen, erfolg-reich zu *entziehen*. In Österreich wurden während des Nationalsozialismus insgesamt 642 Zeugen Jehovas, darunter 260 Frauen, inhaftiert. Viele von ihnen wurden in Kon-zentrationslagern ermordet.[60]

Überleben, widersetzen: Widerstand von Verfolgten

Der Widerstand von Personen, die auf Grundlage der „Nürnberger Gesetze" verfolgt wurden, und ihre aktive Beteiligung in organisierten Widerstandsgruppen blieb in der Widerstandsforschung lange Zeit vernachlässigt. Vor allem Jüdinnen und Juden wurden vorrangig als machtlose Opfer gegenüber der nationalsozialistischen Vernich-tungspolitik betrachtet, wodurch ihre vielfältigen Widerstandshandlungen in den Hin-tergrund rückten.[61]

Bewaffneter jüdischer Widerstand in Ghettos und Konzentrationslagern wurde zwar in der Widerstandsforschung thematisiert, doch blieb die Perspektive von passi-ven jüdischen Opfern bestehen.[62] Andere Widerstandsformen, die sich – nach einer Definition Yehuda Bauers – bewusst gegen Gesetze, Aktionen oder Absichten des NS-Regimes richteten, wurden weitgehend außer Acht gelassen.[63] Aufgrund der systema-tischen Verfolgungs- und Vernichtungspolitik waren die Bedingungen für Wider-standshandlungen von als jüdisch verfolgten Personen „wesentlich ungünstiger [...] als für ‚arische' ÖsterreicherInnen".[64] Ähnliches trifft auch auf Rom*nja und Sinti*zze sowie Zwangsarbeiter*innen zu – insbesondere dann, wenn sie aus Polen oder dem Gebiet der Sowjetunion stammten. Unter Berücksichtigung der spezifischen Verfol-gungs- und Vernichtungssystematik ist jüdischer Widerstand weiter zu fassen. Er be-stand „im Wesentlichen aus einer Nichtbefolgung bestimmter antijüdischer Weisun-gen, in der Verweigerung, bestimmten Ordern nachzukommen, sowie in einer Flucht

---

60 Malle, Jehovas Zeugen in Österreich, S. 416.
61 Neugebauer, Widerstand, S. 211; Jonny Moser, Österreichische Juden und Jüdinnen im Widerstand gegen das NS-Regime, in: Stefan Karner/Karl Duffek (Hrsg.), Widerstand in Österreich 1938–1945. Die Beiträge der Parlaments-Enquete, Graz–Wien 2007, S. 125–132.
62 Wolf Gruner, Defiance and Protest. A Comparative Microhistorical Reevalutation of Individual Je-wish Responses to Nazi Persecution, in: Claire Zalc/Tal Bruttmann (Hrsg.), Microhistories of the Holo-caust, New York–Oxford 2017, S. 209–226, hier S. 210.
63 Yehuda Bauer, The Jewish Emergence from Powerlessness, Toronto–Buffalo–London 1979, S. 27. Bauer wendet zwar einen breiten Widerstandsbegriff an, bezieht diesen aber auf kollektive Handlun-gen („group actions"), wodurch individuelle Handlungen exkludiert werden. Danke an Michaela Rag-gam-Blesch für wichtige Hinweise zum Widerstandsbegriff in der internationalen Holocaustforschung.
64 Neugebauer, Widerstand, S. 211.

in den Untergrund".[65] Das *Überleben* durch Flucht kann so als Widerstand gedeutet werden.

Das Einflussgebiet des Deutschen Reichs zu verlassen war ab Oktober 1941 auf legalem Weg nicht mehr möglich und auch schon zuvor nur für Personen realisierbar, die sämtliche damit verbundenen Ausgaben sowie die „Reichsfluchtsteuer" zahlen konnten. Die Flucht aus einem Konzentrationslager war weitaus schwieriger und kam seltener vor. Die aus Łódź stammende Jüdin Esther Feinkoch (geb. 1926), später verheiratete Zychlinski, war im April 1945 in das KZ Mauthausen überstellt und dort in einer Baracke beim Steinbruch „Wiener Graben" untergebracht worden. Sie nützte eine Gelegenheit zur Flucht und entkam durch ein Loch im Zaun. Die junge Frau schlug sich fünf Kilometer bis nach Langenstein durch, wo sie Zuflucht bei Johann und Maria Schatz, geborene Buchner, beide geb. 1889, fand. Das Ehepaar versorgte die geschwächte Frau und hielt sie bis zur Befreiung durch die Rote Armee versteckt. Sehr weitgefassten Definitionen von Widerstand folgend, war Esther Feinkochs Flucht ein Akt des *Widersetzens* gegen die drohende Ermordung. Eindeutiger als „Widerstand" eingeordnet wurde das Verhalten des Ehepaars Schatz: 2009 wurden Maria und Johann Schatz für ihren spontanen Akt der Hilfeleistung, der unserer Einteilung nach dem Alltagswiderstand zuzuordnen ist, als „Gerechte unter den Völkern" geehrt.[66]

Fazit

Für die Beschäftigung mit Widerstandshandlungen von Frauen ist es aus unserer Sicht unumgänglich, auch spontane Akte in Alltagszusammenhängen einzubeziehen. In den Jahrzehnten nach 1945 fanden gerade diese Verfolgungsgründe kaum öffentliche und behördliche Anerkennung und das, obwohl das NS-System auf Delikte wie „Wehrkraftzersetzung", „Heimtückevergehen" oder den sogenannten „Verbotenen Umgang" mit teilweise strengen Strafen reagierte.

Den Widerstandsbegriff weit zu denken und für die historische Forschung anzuwenden, bedeutet dabei nicht, jegliche Handlung kritiklos als Gegnerschaft zum NS-Regime zu deuten und dadurch Österreich als ein Land der Widerstandskämpfer*innen zu stilisieren.[67] Es erfordert vielmehr, Debatten zur Begriffsdefinition – je nach Forschungsfrage und Quellenkorpus – immer wieder neu auszuloten. Wie bereits eingangs erwähnt ist die Auseinandersetzung damit längst nicht abgeschlossen. Kann bei-

---

65 Moser, Österreichische Juden und Jüdinnen, S. 125.

66 Frei/Gugglberger/Wachter, Widerstand und Zivilcourage, S. 112.

67 Nach 1945 sollten im Auftrag des österreichischen Außenministeriums Beweise für die Rolle Österreichs als „Opfer" des Nationalsozialismus im sogenannten „Rot-Weiß-Rot-Buch" gesammelt werden. Die Sammlung von Statistiken, Dokumenten und Zeugenaussagen folgte einer breiten Auslegung von Widerstand; Rot-Weiß-Rot-Buch. Gerechtigkeit für Österreich! Darstellungen, Dokumente und Nachweise zur Vorgeschichte und Geschichte der Okkupation Österreichs, Wien 1946.

spielsweise im Zusammenhang mit der Verfolgung Homosexueller, Prostituierter oder Frauen, die Abtreibungen vorgenommen haben, von Widerstand im Sinne von sich Normen und Anweisungen widersetzen gesprochen werden? Hier gilt es theoretische Diskussionen weiterzuführen.

Ein großes Problem für eine nachvollziehbare Kategorisierung stellt nicht zuletzt die Quellenlage dar, die ja gerade für Handlungen von Frauen äußerst lückenhaft ist und vielfach auf Akten des NS-Verfolgungsapparates beruht. Allein aus Justizakten kann nicht hinreichend geklärt werden, ob sich Personen auch selbst als kommunistisch, jüdisch, homosexuell, kriminell etc. bezeichneten – und letztendlich wissen wir auch nicht, ob sich die von uns porträtierten Frauen in der binären Geschlechterordnung wiederfinden konnten und wollten. Über Zuschreibungen als „asozial" bzw. „kriminell" wurden Menschen vom NS-Regime stigmatisiert – die unkritische Übernahme der Begriffe aus Quellen reproduziert mitunter diese Essentialisierungen. Gleichzeitig darf in der Forschung die Wirkmächtigkeit und auch die Intersektionalität von Verfolgungskategorien nicht außer Acht gelassen werden. Es gilt zu beachten, dass es zu Überschneidungen der Verfolgungsgründe kam: So war beispielsweise „[g]leichgeschlechtliche Sexualität" hinsichtlich der Verfolgung von queeren Opfern im Nationalsozialismus „in der Regel nicht der einzige Faktor",[68] der Repressalien bis hin zur Deportation in ein Konzentrationslager bedingte. Es bleibt weiterhin eine wichtige Aufgabe, frauen- und geschlechtsspezifische sowie queere Aspekte des Widerstands gegen das NS-Regime zu erforschen.

Dass es fast 80 Jahre dauerte, bis Widerstandshandlungen von Frauen in eine öffentliche Gedenkkultur integriert werden, verdeutlicht die nach wie vor bestehenden Hierarchien der Erinnerungskultur.[69] Aktuell ist für die Stadt Linz die Errichtung eines Denkmals für queere Opfer des Nationalsozialismus im Gespräch, eine verfolgte Gruppe, die erst in jüngster Zeit deutlicher in den wissenschaftlichen Fokus geraten ist.[70] Es bleibt abzuwarten, ob die Realisierung dieses Projektes wie im Falle des Denkmals für Frauen im Widerstand auch ein ganzes Jahrzehnt in Anspruch nehmen wird. Gleichzeitig sind es wohl die „Leerstellen", die fehlenden Erinnerungssymbole und die Debatten und Prozesse im Vorfeld von Denkmalenthüllungen, die zu einer lebendigen Auseinandersetzung mit Geschichte führen. Heidemarie Uhl bezeichnete in diesem Zusammenhang materielle Erinnerungszeichen wie Denkmäler als eine Art „Siegeszeichen" einer Durchsetzung von „Erinnerungsbegehren".[71] Letztendlich laufe eine Materialisierung des Gedenkens aber auch Gefahr, einen Schlusspunkt der Beschäftigung

---

68 Anna Hájková, Queere Geschichte und der Holocaust, www.bpb.de/shop/zeitschriften/apuz/275892/queere-geschichte-und-der-holocaust/ [14.4.2024].
69 Hajnalka Nagy/Werner Wintersteiner (Hrsg.), Erinnern – Erzählen – Europa. Das Gedächtnis der Literatur, Innsbruck–Wien–München–Bozen 2012.
70 Z. B.: Anna Hájková, Menschen ohne Geschichte sind Staub, Wien 2024; Andreas Brunner/Hannes Sulzenbacher (Hrsg.), Homosexualität und Nationalsozialismus in Wien, Wien 2023.
71 Uhl, Schuldgedächtnis, S. 9.

mit einem Thema zu markieren und eher zum Vergessen als zum Erinnern beizutragen.[72] Trotz dieser Bedenken war aus einer geschlechterhistorischen Perspektive die späte Würdigung in Form eines Buches und eines Denkmals ein längst fälliger Akt des Sichtbarmachens widerständiger Frauen und ihrer Handlungen.

Literaturverzeichnis

Amesberger, Helga/Halbmayr, Brigitte/Clemens, Simon, Meine Mama war Widerstandskämpferin. Netzwerke des Widerstands und dessen Bedeutung für die nächste Generation, Wien 2019.

Bauer, Yehuda, The Jewish Emergence from Powerlessness, Toronto–Buffalo–London 1979.

Berger, Karin/Holzinger, Elisabeth/Podgornik, Lotte/Trallori, Lisbeth N. (Hrsg.), Der Himmel ist blau. Kann sein. Frauen im Widerstand. Österreich 1938–1945, Wien 1985.

Bermejo, Benito, Francisco Boix, der Fotograf von Mauthausen, Wien 2007.

Botz, Gerhard, Methoden- und Theorieprobleme der historischen Widerstandsforschung, in: Helmut Konrad/Wolfgang Neugebauer (Hrsg.), Arbeiterbewegung – Faschismus – Nationalbewusstsein. Festschrift zum 20jährigen Bestand des Dokumentationsarchivs des österreichischen Widerstandes und zum 60. Geburtstag von Herbert Steiner, Wien–München–Zürich 1983, S. 137–151.

Brauneis, Inge, Widerstand von Frauen in Österreich gegen den Nationalsozialismus 1938–1945, phil. Diss., Universität Wien 1974.

Brunner, Andreas/Sulzenbacher, Hannes (Hrsg.), Homosexualität und Nationalsozialismus in Wien, Wien 2023.

Bundesministerium für Inneres (Hrsg.), das sichtbare unfassbare. Fotografien vom Konzentrationslager Mauthausen, Ausstellungskatalog, Wien 2005.

Dokumentationsarchiv des österreichischen Widerstandes (Hrsg.), Widerstand und Verfolgung in Oberösterreich 1934–1945. Eine Dokumentation, Bd. 2, Wien–Linz 1982.

Eschebach, Insa, „Verkehr mit Fremdvölkischen". Die Haftgruppe der wegen „verbotenen Umgangs" im KZ Ravensbrück inhaftierten Frauen, in: Dieselbe (Hrsg.), Das Frauen-Konzentrationslager Ravensbrück. Neue Beiträge zur Geschichte und Nachgeschichte, Berlin 2014, S. 154–171.

Esposito, Elena, Soziales Vergessen. Formen und Medien des Gedächtnisses der Gesellschaft, Frankfurt/M. 2002.

Frei, Elisa/Gugglberger, Martina/Wachter, Alexandra, Widerstand und Zivilcourage. Frauen in Oberösterreich gegen das NS-Regime 1938–1945, Linz 2021.

Gruner, Wolf, Defiance and Protest. A Comparative Microhistorical Reevalutation of Individual Jewish Responses to Nazi Persecution, in: Claire Zalc/Tal Bruttmann (Hrsg.), Microhistories of the Holocaust, New York–Oxford 2017, S. 209–226.

Gugglberger, Martina, „Versuche, anständig zu bleiben". Widerstand und Verfolgung von Frauen im Reichsgau Oberdonau, in: Gabriella Hauch (Hrsg.), Frauen im Reichsgau Oberdonau. Geschlechtsspezifische Bruchlinien im Nationalsozialismus, Linz 2006 [= Oberösterreich in der Zeit des Nationalsozialismus, Bd. 5], S. 281–343.

Gugglberger, Martina, Gisela Tschofenig, Gedächtnisbuch Oberösterreich, ku-linz.at/fileadmin/user_upload/Forschung/Jaegerstaetter-Institut/GBOOE_2021_Tschofenig_Gisela.pdf [4.4.2024].

Gugglberger, Martina, Weibliche Namen des Widerstands im „Reichsgau Oberdonau", in: Christine Kanzler/Ilse Korotin/Karin Nusko (Hrsg.), „… den Vormarsch dieses Regimes einen Millimeter aufge-

---

72 Elena Esposito, Soziales Vergessen. Formen und Medien des Gedächtnisses der Gesellschaft, Frankfurt/M. 2002.

halten zu haben …". Österreichische Frauen im Widerstand gegen den Nationalsozialismus, Wien 2015 [= BiografiA, Bd. 14], S. 148–169.

Hackl, Erich, Tschofenigweg. Legende dazu, in: Alfred Pittertschatscher (Hrsg.), Linz. Randgeschichten, Wien 2009, S. 157–202.

Hájková, Anna, Menschen ohne Geschichte sind Staub, Wien 2024.

Hájková, Anna, Queere Geschichte und der Holocaust, www.bpb.de/shop/zeitschriften/apuz/275892/quee re-geschichte-und-der-holocaust/ [14.4.2024].

Hauch, Gabriella (Hrsg.), Frauen im Reichsgau Oberdonau. Geschlechtsspezifische Bruchlinien im Nationalsozialismus, Linz 2006 [= Oberösterreich in der Zeit des Nationalsozialismus, Bd. 5].

Hauch, Gabriella, Ein Haus als „Gedächtnisort". Ursulinenschule – Wehrmachtsgefängnis – Offenes Kulturhaus, in: Speicher. Versuche zur Darstellbarkeit von Geschichte/n. Katalog, hrsg. v. Offenes Kulturhaus des Landes OÖ, Linz 1993, S. 15–62.

Kammerstätter, Peter, Materialsammlung über die Widerstands- und Partisanenbewegung Willy-Fred. Freiheitsbewegung im Oberen Salzkammergut – Ausseerland 1943–1945. Ein Beitrag zur Erforschung dieser Bewegung, Linz 1978.

Kammerstätter, Peter, Resi Pesendorfer zum 80. Geburtstag, Linz 1982.

Karbus, Heinz Oliver, Resi Pesendorfer …dass man nicht ganz umsonst auf der Welt ist, Bad Ischl 2021.

Kundrus, Birthe, Handlungsräume. Zur Geschlechtergeschichte des Nationalsozialismus, in: Jana Leichsenring (Hrsg.), Frauen und Widerstand, Münster 2003, S. 14–35.

Malle, Gerti, Jehovas Zeugen in Österreich. Die Verfolgungsgeschichte einer religiösen Minderheit, in: Gerhard Besier/Katarzyna Stoklosa (Hrsg.), Jehovas Zeugen in Europa. Geschichte und Gegenwart, Bd. 3, Berlin 2018, S. 379–448.

Martens, Matthias, Straßennamen. Lesezeichen im kulturellen Gedächtnis, in: Sabine Horn/Michael Sauer (Hrsg.), Geschichte und Öffentlichkeit. Orte, Medien, Institutionen, Göttingen 2009, S. 61–69.

Maus, Gunnar, Geographische Erinnerungsforschung. Ein praktikentheoretischer Ansatz am Beispiel von Erinnerungslandschaften des Kalten Kriegs, in: Jan-Erik Steigrüger/Winfried Schenk (Hrsg.), Zwischen Geschichte und Geographie, zwischen Raum und Zeit, Münster 2015, S. 65–76.

Moser, Jonny, Österreichische Juden und Jüdinnen im Widerstand gegen das NS-Regime, in: Stefan Karner/Karl Duffek (Hrsg.), Widerstand in Österreich 1938–1945. Die Beiträge der Parlaments-Enquete, Graz–Wien 2007, S. 125–132.

Müllner, Christian, Schwarzhörer und Denunzianten. Vergehen nach §§ 1 und 2 der Verordnung über außerordentliche Rundfunkmaßnahmen vor dem Sondergericht Wien, phil. Diss., Universität Wien 2011.

Nagy, Hajnalka/Wintersteiner, Werner (Hrsg.), Erinnern – Erzählen – Europa. Das Gedächtnis der Literatur, Innsbruck–Wien–München–Bozen 2012.

Neugebauer, Wolfgang, Der österreichische Widerstand 1938–1945, Wien 2015.

Nusko, Karin, Netzwerke der Solidarität. Frauen in der Roten Hilfe und der Sozialistischen Arbeiterhilfe, in: Christine Kanzler/Ilse Korotin/Karin Nusko (Hrsg.), „… den Vormarsch dieses Regimes einen Millimeter aufgehalten zu haben …". Österreichische Frauen im Widerstand gegen den Nationalsozialismus, Wien 2015, S. 218–246.

Plieseis, Sepp, Vom Ebro zum Dachstein. Lebenskampf eines österreichischen Arbeiters, Linz 1946.

Rappersberger, Othmar, Die Widerstandsgruppe „Neues freies Österreich" in Freistadt 1944/45 und ihr Schicksal, in: Freistädter Geschichtsblätter 11 (1997), Das Schicksalsjahr 1945 in Freistadt, 2. Teil, S. 5–157.

Rot-Weiß-Rot-Buch. Gerechtigkeit für Österreich! Darstellungen, Dokumente und Nachweise zur Vorgeschichte und Geschichte der Okkupation Österreichs, Wien 1946.

Schatzki, Theodore, Landscapes as Temporalspatial Phenomena, in: Jeff Malpas (Hrsg.), The Place of Landscape. Concepts, Contexts, Studies, Cambridge 2011, S. 65–89.

Stadler, Karl, Österreich 1938–1945 im Spiegel der NS-Akten, Wien 1966.

Uhl, Heidemarie, Schuldgedächtnis und Erinnerungsbegehren. Thesen zur europäischen Erinnerungskultur, in: transit 35, 2008, S. 6–22.

Von Lingen, Kerstin/Pirker, Peter (Hrsg.), Deserteure der Wehrmacht und der Waffen-SS. Entziehungsformen, Solidarität, Verfolgung, Paderborn 2024.

Wickert, Christl, Frauenwiderstand und Dissens im Kriegsalltag, in: Peter Steinbach (Hrsg.), Widerstand gegen den Nationalsozialismus, Berlin 1994, S. 411–425.

Winfried R. Garscha

Die Dokumentation von Widerstand und Verfolgung als Kernaufgabe des DÖW

Jahrestage wie das 60-jährige Gründungsjubiläum des DÖW sollten nicht nur Anlass zur Rückschau, sondern auch Gelegenheit zum Ausblick auf mögliche künftige Herausforderungen sein. Für ein derartiges Vorhaben ist es nützlich, auf die Entstehungsbedingungen zurückzublicken. Die Erforschung und Dokumentation von Verfolgung und Widerstand zur Zeit des Nationalsozialismus, aber auch generell von zeitgeschichtlichen Fragestellungen, unterschieden sich in den Anfangsjahren des DÖW grundlegend von den heutigen Gegebenheiten. Als das DÖW Anfang der 1960er Jahre gegründet wurde, war die sozialwissenschaftliche Forschung in Österreich kaum entwickelt, es gab an den Universitäten des Landes keine Institute für Zeitgeschichte, zeitgeschichtlicher Unterricht war auch in den Oberstufen der Gymnasien nicht vorgesehen. Die Bereitschaft, sich mit dem Nationalsozialismus auseinanderzusetzen, war in der österreichischen Gesellschaft damals nur rudimentär vorhanden.

Im Mittelpunkt der Diskussionen, die schließlich in der Gründung des DÖW mündeten, standen daher zunächst nicht wissenschaftliche, sondern politische Überlegungen. Dies verdient vor allem deshalb hervorgehoben zu werden, weil die wissenschaftliche Ausrichtung der Institution heute zu den wichtigsten Charakteristika des Dokumentationsarchivs des österreichischen Widerstandes zählt, gerade angesichts der eminent politischen Forschungsfelder. Diese wissenschaftliche Ausrichtung setzt Überparteilichkeit und politische Unabhängigkeit voraus. Die inhaltliche Unabhängigkeit des DÖW bezieht sich nicht nur auf staatliche Einrichtungen, sondern auch auf die drei Opferverbände – den Bundesverband österreichischer AntifaschistInnen, WiderstandskämpferInnen und Opfer des Faschismus (KZ-Verband/VdA)[1], die ÖVP-Kameradschaft der politisch Verfolgten und Bekenner für Österreich[2] sowie den Bund Sozialdemokratischer FreiheitskämpferInnen, Opfer des Faschismus und aktiver AntifaschistInnen[3] –, wiewohl diese in den Leitungs- und Aufsichtsgremien des DÖW ebenso

---

1 Der Verband, der im November 1948 aus dem im März 1948 durch das Bundesministerium für Inneres aufgelösten einheitlichen und überparteilichen „Österreichischen Bundesverband ehemals politisch verfolgter Antifaschisten" hervorging, trug die Bezeichnung „Bundesverband der österreichischen KZler, Häftlinge und sonst politisch Verfolgter". 1956 änderte die Organisation den Namen in „Bundesverband österreichischer Widerstandskämpfer und Opfer des Faschismus (KZ-Verband)". Die heutige Bezeichnung ist seit 2011 gültig, wobei die Abkürzung VdA für „Verband der AntifaschistInnen" steht.
2 Die 1948 gegründete „ÖVP-Kameradschaft der politisch Verfolgten" nahm 1999 das Bekenntnis zu Österreich in den Vereinsnamen auf.
3 So die seit 2011 gültige Bezeichnung der als „Bund Sozialistischer Freiheitskämpfer und Opfer des Faschismus" im Jahre 1949 gegründeten Organisation.

∂ Open Access. © 2024 Winfried R. Garscha, publiziert von De Gruyter. [CC BY-NC-ND] Dieses Werk ist lizenziert unter einer Creative Commons Namensnennung – Nicht-kommerziell – Keine Bearbeitung 4.0 International Lizenz.
https://doi.org/10.1515/9783111378411-008

vertreten sind wie die Hauptfinanciers der Stiftung DÖW, die Gemeinde Wien und das Bundesministerium für Bildung, Wissenschaft und Forschung. Der Anspruch des DÖW, Forschung und Archivierung nach wissenschaftlichen Kriterien zu betreiben, und die Erwartungen der Opferverbände, „ihr" Dokumentationsarchiv werde ihre politische Agenda unterstützen, können zu Konflikten führen, die auszuhandeln sind. Die „zivilisierte" Art, wie die Auseinandersetzungen im Zuge der „Waldheim-Diskussion" der 1980er Jahre geführt wurden, zeigte, dass dies nicht nur möglich, sondern auch nützlich ist. Mehrere Mitarbeiterinnen und Mitarbeiter des DÖW erlebten die teilweise heftigen Diskussionen dieser Jahre als eine Schule des respektvollen Umgangs miteinander und der gegenseitigen Toleranz.

Vom KZ-Verband war die Idee zur Gründung des DÖW ursprünglich ausgegangen.[4] Sie war Teil einer politischen Agenda: Die Überlebenden von Verfolgung und Widerstand und die Angehörigen der Opfer waren nicht länger bereit, einer bald nach 1955 eingesetzten Entwicklung weiter tatenlos zuzusehen: Ein Teil der politischen Eliten kündigte de facto den antifaschistischen Grundkonsens des Jahres 1945 auf, der zwar ohnehin nur eine Minderheitenposition gewesen war, die angesichts der alliierten Besatzungsmächte allerdings kaum offen in Frage gestellt worden war. Damit wurde eine Entwicklung eingeleitet, die – hätte sie sich durchgesetzt – die Erinnerung an den Widerstand ausradiert hätte. Seit dem Staatsvertrag mit den Alliierten 1955 waren die Österreicher und Österreicherinnen gewissermaßen wieder „unter sich". Nationalsozialistisches Gedankengut lebte als Teil eines reaktionären Provinzialismus fort, auch in den Jahren des „Wirtschaftswunders", wogegen allerdings namhafte literarisch und künstlerisch Tätige wie Hilde Spiel, Ingeborg Bachmann, Helmut Qualtinger, Fritz Hochwälder und andere anschrieben. Typisch für das politische Klima jener Jahre war ferner eine ungenierte Weltkriegsnostalgie, die sich in der Errichtung zahlloser Kriegerdenkmäler und sonntäglichen Aufmärschen des Kameradschaftsbundes zeigte. Der Antisemitismus, der auch in den zehn Jahren der alliierten Besatzung nicht völlig aus dem öffentlichen in den privaten Raum gedrängt worden war, blieb „salonfähig" – nicht nur, aber auch an den Universitäten, die schon vor 1938 Zentren antisemitischer Hetze gewesen waren. Bis in die 1970er Jahre wählte ein Drittel der Studierenden bei den Hochschülerschaftswahlen den Ring Freiheitlicher Studenten; im Zentralausschuss der ÖH blieb der RFS bis 1974 die zweitstärkste Fraktion. Zum Inbegriff des antisemitischen Klimas in den Bildungseinrichtungen wurde der nationalsozialistische

---

4 Zur Vorgeschichte des DÖW siehe: Winfried R. Garscha, Das Archiv des DÖW, in: Dokumentationsarchiv des österreichischen Widerstandes (Hrsg.), Bewahren – Erforschen – Vermitteln. Das Dokumentationsarchiv des österreichischen Widerstandes, Wien 2008, S. 9–21, www.doew.at/cms/download/avbs9/bewahren_garscha.pdf [1.4.2024]; Winfried R. Garscha/Heinz Arnberger, Erich Fein: Politische Biografie, in: KZ-Vereinigung Buchenwald, Verband ehemaliger politischer Schutzhäftlinge des Konzentrationslagers Buchenwald (Hrsg.), Erich Fein – Die Erinnerung wach halten. Widerstand & Verfolgung 1934–1945 und der Kampf um Anerkennung und Entschädigung der Opfer, Wien 2008, S. 5–23. Der Aufsatz behandelte auch die Diskussionen innerhalb des KZ-Verbands im Vorfeld der Gründung des DÖW.

Historiker Taras Borodajkewycz, der 1955, im Jahr des Abzugs der Alliierten aus Österreich, zum Professor an die Hochschule für Welthandel berufen wurde.

Unter den wenigen Tausend Überlebenden des Holocaust herrschte kaum Hoffnung für das Fortleben der jüdischen Gemeinden in Österreich. Ausdruck der pessimistischen Zukunftsperspektive war die Übergabe des Großteils des Archivs der Wiener Israelitischen Kultusgemeinde an das „Zentralarchiv des jüdischen Volkes" in Jerusalem Anfang der 1950er Jahre. Mitte der sechziger Jahre transferierte die IKG einen weiteren Teil ihrer Archivbestände nach Israel.[5]

Die DÖW-Gründung stellte einen der Versuche dar, sich dieser Entwicklung entgegenzustemmen.[6] Sie war auch eine Reaktion auf den Boykott der akademischen und privaten Erforschung der Geschichte des Nationalsozialismus durch die staatlichen Archive, die den Forschenden die einschlägigen Dokumente vorenthielten. Aktenbestände aus der NS-Zeit waren teilweise bis in die späten 1980er Jahre gesperrt. In der Öffentlichkeit bestand Unklarheit, in welchem Umfang derartige Dokumente in den österreichischen Archiven überhaupt vorhanden waren. Allerdings soll nicht unerwähnt bleiben, dass es auch gegenläufige Tendenzen gab, zu denen das weiter unten beschriebene Regierungsprojekt einer Dokumentation über den Beitrag Österreichs zu seiner Befreiung zählt. Auch das dem zeitgeschichtlichen Unterricht jahrzehntelang abholde Unterrichtsministerium zeigte Diskussionsbereitschaft: 1960 lud Unterrichtsminister Heinrich Drimmel Lehrer, Ministerialbeamte, Nationalratsabgeordnete sowie Vertreter der Wissenschaft und der Volksbildung[7] zu einer Tagung nach Reichenau an der Rax ein, um die Frage zu erörtern, ob man der Schuljugend Zeitgeschichte zumuten könne. So ermutigend das Resultat der „Reichenauer Tagung" – die Bejahung der Notwendigkeit des zeitgeschichtlichen Unterrichts an den Schulen – war, so ernüchternd ist die Lektüre der Wortmeldungen eines Großteils der Teilnehmer. Sie lassen Rückschlüsse auf die Art zu, in der in den 1950er Jahren an Österreichs Schulen Geschichte unterrichtet wurde. Der damals gängige Vorwurf an Hitler, den Krieg nicht effizient genug geführt zu haben, durfte ebenso wenig fehlen wie Versatzstücke der

---

5 Evelyn Adunka, Die vierte Gemeinde. Die Geschichte der Wiener Juden von 1945 bis heute, Berlin–Wien 2000, S. 306.

6 Siehe dazu ausführlich: Winfried R. Garscha, Die verhinderte Re-Nazifizierung. Herbert Steiner und das Österreich des *Herrn Karl*, in: Herbert Arlt (Hrsg.), Erinnern und Vergessen als Denkprinzipien, Sankt Ingbert 2002 [= Österreichische und internationale Literaturprozesse, Bd. 15], S. 27–44.

7 Unter den 45 Personen, die zur Tagung eingeladen waren, befand sich eine einzige Frau, die Schuldirektorin und SPÖ-Nationalratsabgeordnete Stella Klein-Löw, die allerdings telegrafisch „wegen Parlamentsverpflichtung um Entschuldigung gebeten" hatte. Siehe: Österreichische Zeitgeschichte im Geschichtsunterricht. Bericht über die Expertentagung vom 14. XII. bis 16. XII. 1960 in Reichenau, Wien 1961, S. 232. Zur Reichenauer Tagung siehe: Albert Müller, Reichenau, Dezember 1960. Eine „Geburtsstunde" der österreichischen Zeitgeschichtsforschung?, in: Bertrand Perz/Ina Markova (Hrsg.), 50 Jahre Institut für Zeitgeschichte der Universität Wien 1966–2016, Wien 2017, S. 21–38, sowie Wolfgang Neugebauer, Ludwig Jedlicka, Herbert Steiner und die frühe Widerstandsforschung. Aspekte der Frühgeschichte des Instituts für Zeitgeschichte und des Dokumentationsarchivs des österreichischen Widerstandes, in: Ebenda, S. 62–84.

NS-Ideologie – z. B. die Charakterisierung des kommunistischen Russlands als „asiatisch".

Alarmierend für die Überlebenden des politischen Widerstands und die Angehörigen der Hingerichteten war, dass vom Widerstand kaum die Rede war. Der Hauptredner der Tagung, der Zeithistoriker Ludwig Jedlicka, ging darauf nur in wenigen Sätzen ein. Und auch in der anschließenden Diskussion ging es im Kapitel „Hitler – Zweiter Weltkrieg – Widerstand"[8] in erster Linie darum, wie der fortwirkende „Mythos Hitler" endlich zerstört werden könne. Ein Wiener Gymnasialdirektor berichtete, dass es besonders wirksam sei, auf das totale Scheitern Hitlers sowohl militärisch als auch auf dem Gebiet der „Volkstumspolitik" hinzuweisen. Er selbst mache seinen Schülern klar, „daß durch die verfehlte Politik Hitlers ein tausendjähriges Siedlungswerk des deutschen Volkes, das sich fast bis an den Fuß des Urals ausgedehnt hat, verlorengegangen ist, und zwar unter furchtbaren Opfern der Beteiligten. Wenn man das der Jugend klar vor Augen hält, dann sieht sie, in welche Hände das Schicksal des deutschen Volkes vorübergehend gelegt worden ist".[9]

Einige Beteiligte wehrten sich zwar dagegen, vor allem über Hitlers „Fehleinschätzungen" zu reden und in erster Linie die Geschichte des Zweiten Weltkriegs zu behandeln, denn dieser sei – wie es in mehreren Wortmeldungen hieß – kein Krieg Österreichs gewesen. Diese Tagungsteilnehmer berichteten aber, dass die Lehrer damit konfrontiert seien, dass „in den Heftchen-Reihen, die die Jugendlichen haben und in den Schulen mithaben bis in die untersten Klassen, der Jugend Soldatentum vorgeschwindelt wird [...]. Der Lehrer hat es schwer, gegen diese Benebelung der Jugend anzukämpfen, wo die Gegenseite es so massiv angeht."[10] Die „zwangsweise Teilnahme am Zweiten Weltkrieg" sei nur „ein Glied in der ganzen Unglücksserie und dem Unheil" gewesen, welche das verbrecherische System des Nationalsozialismus „über uns gebracht hat". Allerdings: „Daß es dabei zu Heldentaten kam, muß nicht verschwiegen werden."[11] Das von der Tagesordnung vorgegebene Thema „Widerstand" kam in keiner einzigen Wortmeldung vor. Die eigentliche „ungeheure Leistung Österreichs" sei schließlich erst in den „Jahren nach 1945" erbracht worden: im Widerstand gegen den Kommunismus („...daß Asien heute nicht am Bodensee, sondern doch hinter dem Neusiedler See beginnt").[12]

Ab Ende der 1950er Jahre hatte sich innerhalb des KZ-Verbands die Überzeugung durchgesetzt, dass angesichts der politischen Entwicklungen in Österreich die Sicherung der Dokumente zu Widerstand und Verfolgung immer dringlicher wurde. Mit Hilfe des dokumentarischen Nachweises der nationalsozialistischen Verfolgungsmaß-

---

8 Österreichische Zeitgeschichte im Geschichtsunterricht, S. 157–163.
9 Ebenda, S. 157 f. (Wortmeldung des Direktors des Akademischen Gymnasiums, Erwin Schmidt).
10 Ebenda, S. 161 (Wortmeldung des Salzburger Landesschulinspektors Matthias Laireiter).
11 Ebenda, S. 162 f. (Wortmeldung von Johann Auer, Lehrbeauftrager für Methodik des Geschichtsunterrichts an der Universität Innsbruck).
12 Ebenda, S. 163.

nahmen und des Widerstandes, auf den der NS-Terror in Österreich gestoßen war, hoffte man, die junge Generation aus ihrer Gleichgültigkeit aufrütteln und Vorstößen neonazistischer Kreise entgegentreten zu können. An diesen Diskussionen in der Leitung des KZ-Verbandes waren vor allem der seit 1957 als Bundessekretär tätige ehemalige Buchenwald-Häftling Erich Fein und Franz Danimann beteiligt. Danimann war ein Auschwitz-Überlebender, der nicht nur Mitglied des Bundespräsidiums des KZ-Verbands, sondern auch Vorstandsmitglied des Bunds Sozialistischer Freiheitskämpfer war.

Die einzelnen Schritte, die der formellen Gründung des DÖW vorausgingen, sind in den Protokollen des Bundespräsidialausschusses des KZ-Verbands nachzuvollziehen – diese enthielten ab November 1959 regelmäßig einen Tagesordnungspunkt zum Stand der Arbeiten beim Aufbau eines Dokumentationsarchivs. Die mit der Gründung des DÖW zusammenhängenden Schriftstücke sind in der Bestandsgruppe 15 („Dokumentationsarchiv") des Archivs des Bundesverbands österreichischer AntifaschistInnen, WiderstandskämpferInnen und Opfer des Faschismus gesammelt.[13] Dieses „Archiv gegen das Vergessen" wird seit 2022 von einer Gruppe ehrenamtlicher Mitarbeiter*innen des KZ-Verbands unter der Leitung der niederösterreichischen Landesvorsitzenden Birgit Hebein aufgebaut.

Im Dezember 1958 fasste das Bundespräsidium des KZ-Verbands den Beschluss zur Herausgabe einer „Geschichte der österreichischen Widerstandsbewegung". Wenige Wochen später begann eine 14-köpfige Gruppe, Dokumente zusammenzutragen und zu katalogisieren. Im Laufe des Jahres 1959 nannte sich die Gruppe „Historische Kommission".

Ihre aktivsten Mitglieder waren der politisch eher der ÖVP nahestehende Präsident des KZ-Verbands, Dr. Wilhelm Victor Steiner, der Sozialdemokrat Dr. Franz Danimann, der Obmann des Wiener Landesverbandes und kommunistische Landtagsabgeordnete Dr. Ludwig Soswinski sowie Verbandssekretär Erich Fein und die „Volksstimme"-Redakteurin Toni Lehr.[14] Da ihre Tätigkeit maßgeblich dafür war, dass vier Jahre später das Dokumentationsarchiv des österreichischen Widerstandes gegründet werden konnte, sollen diese fünf Persönlichkeiten hier näher vorgestellt werden:

Der Publizist Wilhelm V. Steiner, ehemals Häftling in den Konzentrationslagern Dachau und Buchenwald (15. Mai 1938 bis 5. Mai 1939) sowie im Zuchthaus Hoorn und im KZ Westerbork (17. Juni 1940 bis 13. Juli 1942), hatte Beziehungen zum niederländischen Widerstand unterhalten und war im November 1948 auf dem Bundesdelegiertentag zur Neugründung des behördlich aufgelösten KZ-Verbands zu dessen Präsidenten gewählt worden. Er übte diese Funktion bis zu seinem Tod am 28. Jänner 1964 aus.[15]

---

13 Archiv gegen das Vergessen/KZ-Verband-VdA, Mappe „Leihvertrag Österr. Dokumentationsarchiv".
14 Ebenda, Protokoll der Sitzung der historischen Kommission am 5. März 1959, 19 Uhr.
15 Biografische Angaben zu Wilhelm Victor Steiner sind in seiner Eidesstattlichen Erklärung zur Aufnahme in den KZ-Verband aus dem Jahre 1946 enthalten: DÖW 20.100/11.645 (Scan: KZ-Verbandsakten 11.645).

Wilhelm Steiners Nachfolger wurde Ludwig Soswinski. Dieser war am 1. April 1938 mit dem so genannten „Prominententransport" nach Dachau deportiert worden, von wo er 1939/40 vorübergehend ins KZ Flossenbürg gebracht wurde. Im Jänner 1944 vom KZ Dachau in das KZ Lublin-Majdanek und nach einigen Monaten nach Auschwitz überstellt, wurde er im Zuge der Räumung des KZ Auschwitz unmittelbar vor seiner Befreiung durch die Rote Armee nach Mauthausen deportiert, wo er im Mai 1945 durch amerikanische Truppen befreit wurde.[16]

Franz Danimann, vor 1938 Mitglied der illegalen Revolutionären Sozialisten, schloss sich nach dem „Anschluss" dem Kommunistischen Jugendverband an und wurde im Februar 1939 von der Gestapo verhaftet. Angeklagt wegen Vorbereitung zum Hochverrat, verurteilte ihn der Volksgerichtshof am 23. April 1940 zu drei Jahren Zuchthaus. Am 23. Februar 1942 wurde er in das Konzentrationslager Auschwitz überstellt, wo er sich der internationalen „Kampfgruppe Auschwitz" anschloss. Es gelang ihm, sich im Zuge der Räumung des Lagers bis zur Befreiung am 27. Jänner 1945 zu verstecken und gemeinsam mit anderen Häftlingen nach dem Abzug der SS Beweismittel sicherzustellen. Nach seiner Heimkehr war er in der Bundespolizeidirektion Wien mit der Ausforschung von Kriegsverbrechern befasst und studierte Rechtswissenschaften. Ab 1949 war Danimann Mitglied des Bunds Sozialistischer Freiheitskämpfer, blieb aber gleichzeitig im KZ-Verband aktiv.[17]

Als polizeibekannter Funktionär des illegalen Kommunistischen Jugendverbands war Erich Fein[18] am 1. April 1938 mit dem so genannten „Prominententransport" nach Dachau deportiert worden, von 27. September 1938 bis zur Befreiung 1945 war er Häftling des KZ Buchenwald. Bereits unmittelbar nach seiner Rückkehr nach Österreich begann Fein mit der Sammlung von Erinnerungsberichten ehemaliger KZ-Häftlinge – eine erste Broschüre erschien noch 1945 im Stern-Verlag der KPÖ und wurde im Jahr darauf noch einmal aufgelegt.[19] Fein fand Arbeit als Funktionär der niederösterreichischen KPÖ, die allerdings 1955, nach dem Abzug der sowjetischen Besatzungsmacht, ihren Apparat radikal verkleinern musste. Aufgrund seiner Expertise auf dem Gebiet der Erinnerungspolitik – so hatte er 1946 an der Gestaltung der vom Wiener kommunistischen Kulturstadtrat Viktor Matejka initiierten Ausstellung „Niemals vergessen!"

---

16 www.doew.at/erinnern/fotos-und-dokumente/1938-1945/der-erste-dachau-transport-aus-wien-1-april-1938/soswinski-ludwig-dr [1.2.2024].

17 Biografische Angaben zu Franz Danimann: Eidesstattliche Erklärung zur Aufnahme in den KZ-Verband vom 30.9.1945: DÖW 20.100/01559 (Scan: KZ-Verbandsakten 01559). VGH-Urteil vom 23.4.1940: DÖW 07431.

18 Biografische Angaben zu Erich Fein sind in seiner Eidesstattlichen Erklärung zur Aufnahme in den KZ-Verband vom 30.9.1945 enthalten: DÖW 20100/02266 (Scan: KZ-Verbandsakten 02266). Siehe auch: www.doew.at/erinnern/fotos-und-dokumente/1938-1945/der-erste-dachau-transport-aus-wien-1-april-1938/fein-erich [1.2.2024] sowie Garscha/Arnberger, Erich Fein: Politische Biografie, bes. S. 14–19.

19 Konzentrationslager Buchenwald. Geschildert von Buchenwalder Häftlingen, Wien 1945 (2. Aufl. 1946). Die Broschüre enthält keinen Hinweis auf den Verfasser.

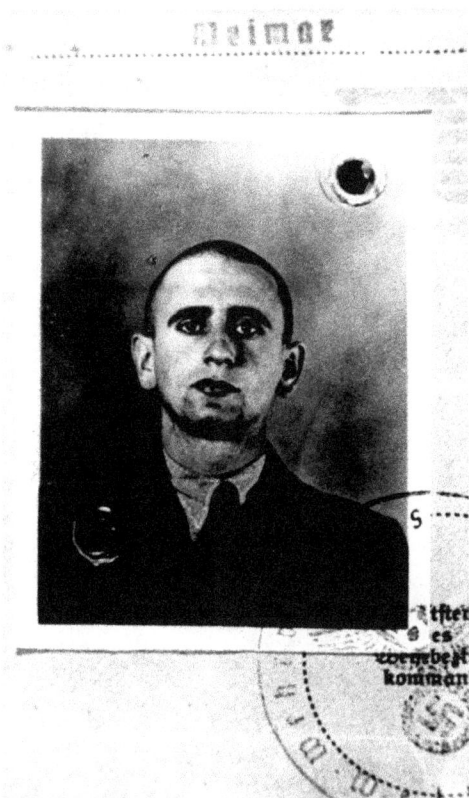

Abb. 1: Erich Fein. Ausschnitt aus dem „Ausschließungsschein" aus der Wehrmacht, 1940. DÖW Foto 08773/001.

im Künstlerhaus mitgewirkt – erschien er offenbar den Verantwortlichen im KZ-Verband als geeignete Person, um die Leitung des Sekretariats des Bundesverbands zu übernehmen. Sie bestellten Fein im September 1957 zum Bundessekretär.

Antonie Lehr war nach Ausbruch des Spanischen Bürgerkriegs in Paris bis 1938/39 an der Durchschleusung von Freiwilligen nach Spanien tätig gewesen. Sie blieb in Frankreich und schloss sich nach dem deutschen Einmarsch 1940 der Résistance an. Als Französin getarnt, meldete sie sich freiwillig als Fremdarbeiterin zum Einsatz in Wien, arbeitete als Dolmetscherin in der Floridsdorfer Lokomotivfabrik, wo sie sich für die illegale KPÖ betätigte. Nach ihrer Verhaftung im Juli 1944 war sie bis November Gefangene der Gestapo, die sie nach Auschwitz deportierte. Im Zuge der Räumung des Lagers wurde sie in das Frauen-Konzentrationslager Ravensbrück verschickt, wo sie am 23. April 1945 vom schwedischen Roten Kreuz evakuiert wurde. Nach ihrer Rückkehr nach Wien im Sommer 1945 arbeitete Toni Lehr zunächst als Sekretärin des KPÖ-Vorsitzenden Johann Koplenig. Seit 1953 war sie Redakteurin der kommunistischen Tageszeitung „Volksstimme", außerdem wirkte sie am Aufbau der „Lagerge-meinschaft Ravensbrück" mit.[20]

Schließlich bestimmte die Verbandsleitung den ehemaligen Bundessekretär der Freien Österreichischen Jugend, Herbert Steiner, zum Koordinator der Gruppe. Stei-ner hatte 1958 ein Fernstudium der Geschichte an der Prager Karlsuniversität aufge-nommen. Bereits im englischen Exil hatte er mit der Sammlung historisch und litera-risch bedeutsamer Texte – darunter von Werken des im KZ Buchenwald ermordeten Dichters Jura Soyfer – begonnen.

Abb. 2: Die Widerstandskämpferin Antonie (Toni) Lehr überlebte mehrere Konzentrations-lager. DÖW Foto 03654/004.

Am 3. November 1959 berichtete Otto Horn, ehemaliger Buchenwald-Häftling, der die Bundespräsidialausschuss-Sitzungen anstelle des meistens entschuldigten Wilhelm Steiner leitete, über eine erste Aussprache mit Herbert Steiner. Dieser schlug vor, „nicht eine geschlossene Geschichte der österreichischen Widerstandsbewegung zu schreiben, die ja nie vollständig wäre, sondern eine Dokumentensammlung anzufan-gen, die immer erweitert und ergänzt werden könne".[21] Vier Monate später berichtete Herbert Steiner dem Bundespräsidialausschuss. In der Einladung hatte Verbandsse-

---

20 Die Fragebögen überlebender Ravensbrück-Häftlinge (DÖW 50104/002) enthalten auch biografi-sche Angaben zu Toni Lehr in Frankreich.
21 Ebenda, Beschlußprotokoll über die Sitzung des BPA vom Dienstag, den 3.11.1959.

kretär Erich Fein noch geschrieben: „Bericht der Kommission für eine Geschichte der österreichischen Widerstandsbewegung". Herbert Steiner bezeichnete seinen Beitrag als „Bericht über Dokumentationsarchiv" – als solcher schien der Tagesordnungspunkt auch im Sitzungsprotokoll auf. Diese Sitzung am 8. März 1960 kann wohl als Geburtsstunde des DÖW bezeichnet werden, da hier zum ersten Mal die Idee diskutiert wurde, eine eigene Einrichtung außerhalb des KZ-Verbands zu gründen. Herbert Steiner stellte folgende Überlegung zur Diskussion:

> Man soll einen Verein bilden, z. B. Verein für die Dokumentation einer Geschichte der Widerstandsbewegung, soll an Personen herantreten und so die Sache nominell aus dem Verband lösen. Darüber wird diskutiert und Kam. Horn faßt zusammen, daß diese Frage sehr gründlich durchbesprochen werden müßte, inzwischen könne man aber versuchen, bei verschiedenen Personen die Möglichkeiten für diesen sicher guten Vorschlag anzuschneiden.[22]

Die Sorge um die Bewahrung der erhalten gebliebenen Dokumente und Berichte von Überlebenden war übrigens so groß, dass der Bundespräsidialausschuss (d.h. das eigentliche Leitungsgremium des KZ-Verbands) diskutierte, die Akten in einem Schweizer Banktresor zu verwahren und in Österreich selbst mit Mikrofilmkopien zu arbeiten.

Zentralen Stellenwert maß die Archivgruppe des KZ-Verbands den Gerichtsakten bei. Zwar galt für die österreichischen Archive die oben erwähnte Sperre, doch konnte der KZ-Verband über Vermittlung des Komitees der Antifaschistischen Widerstandskämpfer in der DDR in ostdeutschen Archiven recherchieren – beispielsweise in den im DDR-Zentralarchiv in Potsdam aufbewahrten Akten des Reichskriegsgerichts. Um dort gezielt nach Dokumenten, die den österreichischen Widerstand betrafen, suchen zu können, mussten aber die Namen bekannt sein – denn die Angeklagten waren von der NS-Justiz nicht als Österreicher*innen, sondern als deutsche Reichsangehörige geführt worden. Im November 1959 veröffentlichte daher die Zeitschrift des KZ-Verbands *Der Neue Mahnruf* einen Aufruf an die Mitglieder des Verbandes, „die Namen jener österreichischen Widerstandskämpfer bekanntzugeben, die durch Volksgerichtshofprozesse in Berlin verurteilt wurden". Einen Monat später konnte das Sekretariat in der Verbandszeitschrift mitteilen, dass schon zahlreiche Originaldokumente, Abschriften von Urteilen und Anklageschriften zur Verfügung gestellt, aber auch weitere Namen von Angeklagten mitgeteilt worden seien.

Im Jänner 1960 schickte Erich Fein ein Ersuchen des KZ-Verbands an mehrere Redaktionen österreichischer Zeitungen, einen Aufruf für die „Errichtung eines Dokumentationsarchivs über die Teilnahme von Österreichern an der Widerstandsbewegung gegen den Nationalsozialismus und den Hitler-Krieg im In- und Ausland" zu veröffentlichen. Dieses Dokumentationsarchiv (fallweise auch „Dokumentenarchiv" genannt) sollte, nach der Vorstellung des Bundessekretärs des KZ-Verbands Fein im Verbandssekretariat in der Castellezgasse im zweiten Wiener Gemeindebezirk seinen Sitz haben.

---

22 Ebenda, Beschlußprotokoll über die Sitzung des BPA vom Dienstag, den 8.3.1960, 18 Uhr 30.

Aber nicht nur im KZ-Verband überlegte und diskutierte man damals intensiv, wie Widerstand dokumentiert werden könnte. Auf Antrag von Außenminister Kreisky setzte die Bundesregierung am 27. Februar 1962 ein „Ministerkomitee für die Herausgabe einer geschichtlichen Darstellung über den Beitrag Österreichs zu seiner Befreiung im Sinne der Moskauer Deklaration" ein. Anlass für Kreiskys Initiative war der bevorstehende 20. Jahrestag der Ausrufung der Zweiten Republik 1965.[23]

Parallel zur Tätigkeit des Ministerkomitees arbeitete die 1957 aus der KPÖ ausgetretene Wirtschaftswissenschaftlerin Maria Szécsi in enger Abstimmung mit Justizminister Christian Broda an einer Dokumentation zum Thema „Die NS-Justiz in Österreich und ihre Opfer". Das Buch sollte in der vom Leiter des katholischen Herold-Verlags, Willy Lorenz, konzipierten Reihe „Das einsame Gewissen" erscheinen. Am 23. Februar 1961 trafen einander Kreisky, Lorenz und Broda zu einer halbstündigen Besprechung des Konzepts der Reihe in Kreiskys Büro. Bereits zehn Tage vorher hatte Broda in einem Brief an Maria Szécsi darauf bestanden, dass Richter und Staatsanwälte anonym bleiben müssten: „Jedenfalls müsste man die Namen der Richter, bzw. der einzelnen Senate eliminieren. Das ist aber, wie ich festgestellt habe, technisch ohne weiteres möglich und würde keine Schwierigkeiten machen." Einen Monat später wiederholte er seine Forderung: „Die Namen der Richter im Text müssten jedenfalls eliminiert werden."[24] Bruno Kreisky verlangte, dass nicht zu viel über den kommunistischen Widerstand im Buch stehen dürfe. Dazu bemerkte Broda in der Besprechung mit Kreisky und Lorenz, „dass in den Landesgerichtsprozessen zwar eine große Anzahl von Kommunisten verwickelt waren, Frau Szécsi jedoch eine Art der Darstellung gefunden habe, die diesen Umstand in ein historisch adäquates Licht rücke".[25]

Maria Szécsi kürzte daraufhin den Teil über die Kommunistische Partei um 25 %. In einem Brief an Broda schrieb sie, sie lege den Umbruch ihrer Arbeit mit dem Bemerken vor, dass der Wunsch von ihm oder Kreisky, so genau konnte sie sich nicht mehr erinnern, nach Kürzung des Teiles über die Kommunistische Partei erfüllt wurde: „Das konnte ich mit gutem Gewissen tun, da er auch mir überlang erschien. Ca 1/4 wurde herausgekürzt."[26]

---

23 Ausführlich dargestellt von Gerhard Oberkofler, Das Regierungsprojekt einer Dokumentation über den Beitrag Österreichs zu seiner Befreiung, in: Mitteilungen der Alfred Klahr Gesellschaft, Nr. 3/2003, S. 7–17, klahrgesellschaft.at/Mitteilungen/Oberkofler_3_03.html [1.2.2024]. Die nachfolgenden Zitate aus den Sitzungsprotokollen sind dieser Publikation entnommen. Siehe zum Regierungsprojekt und zur Reihe „Das einsame Gewissen" auch: Wolfgang Neugebauer, Zur Geschichte der Widerstandsforschung, in: Dokumentationsarchiv des österreichischen Widerstandes (Hrsg.), Opferschicksale. Widerstand und Verfolgung im Nationalsozialismus. 50 Jahre Dokumentationsarchiv des österreichischen Widerstandes, Jahrbuch 2013, Wien 2013, S. 211–231, hier S. 213 f., www.doew.at/cms/download/1o71a/wn_widerstandsforschung.pdf [1.2.2024].
24 Briefe Brodas an Szécsi vom 13.2. und 11.3.1961, zitiert in: Oberkofler, Regierungsprojekt, S. 9.
25 Zitiert in: Ebenda, S. 8.
26 Brief Szécsis an Broda vom 20.2.1962, zitiert in: Ebenda, S. 9.

Der Verlag berichtete im Juni 1962 an Broda, dass sich für das Werk „vor allem die ehemaligen Opfer der NS-Justiz interessieren, dagegen nicht so sehr die Jugend und besonders jene, die einstmals diesen Terror ausgeübt haben. [...] Ein bezeichnendes Erlebnis hatte unsere Vertreterin, die das Werk einer Grazer Buchhandlung anbot: der Inhaber erwiderte ihr, dass er das Buch leider nicht in die Auslage stellen könne, ohne Gefahr zu laufen, dass ihm die Scheiben eingeschlagen werden würden.“[27]

Der Fall des Wiener Hochschulprofessors Taras Borodajkewycz, der sich offen zu seiner nationalsozialistischen Vergangenheit bekannte und seinen Antisemitismus als Ausdruck der akademischen Freiheit verteidigte, bewies, dass derartige politische Einstellungen nicht nur in Graz anzutreffen waren. Die Demonstrationen dagegen belegten aber auch, dass Tausende Menschen unterschiedlicher Weltanschauung nicht bereit waren, derartige Versuche einer „Re-Nazifizierung“ Österreichs ohne Protest hinzunehmen. Dies zeigte sich eindrucksvoll beim Begräbnis Ernst Kirchwegers, dem am 31. März 1965 während einer Anti-Borodajkewycz-Kundgebung ein junger Neonazi einen tödlichen Faustschlag versetzt hatte: Der Zug von 30.000 Trauernden am 8. April 1965 wurde von der halben Bundesregierung und von der ÖGB-Spitze angeführt.

Erstmals an die Öffentlichkeit ging das „Österreichische Dokumentationsarchiv der Widerstandsbewegung“ im März 1963, anlässlich des 25. Jahrestags des „Anschlusses“. In einer von Herbert Steiner verfassten Pressemitteilung, die auch die Unterschriften von namhaften Wissenschaftler*innen trug – unter ihnen der Präsident der Österreichischen Gesellschaft für Soziologie, August Maria Knoll, sowie Kurt Schubert, Professor für Judaistik an der Universität Wien, und Erika Weinzierl, Professorin für kirchliche Zeitgeschichte an der Universität Salzburg –, wurde bekannt gegeben, dass das Archiv „vor allem durch dokumentarische Beweise der zeitgeschichtlichen Erziehung der Jugend dienen“ soll.

> Das Archiv besteht aus einer Sammlung von Dokumenten (bisher ca. 1.500), Dokumentenabschriften, Filmen, Photos, Zeugenaussagen, Publikationen und Büchern über den Österreichischen Widerstandskampf aller politischen und konfessionellen Richtungen.[28]

Die Verwaltung der Archivbestände liege beim Kuratorium. Dem auf dem Briefbogen aufgelisteten Kuratorium gehörten damals 63 Personen an. Neben Leitungsmitgliedern des KZ-Verbands wie Wilhelm Steiner, Ludwig Soswinski und Franz Danimann fanden sich in der Liste der Kuratoriumsmitglieder prominente Namen aus Wissenschaft und Politik wie der katholische Kulturhistoriker Friedrich Heer, der Gewerkschafter und sozialdemokratische Publizist Josef Hindels, der Generalsekretär der österreichischen Gesellschaft für Zeitgeschichte Ludwig Jedlicka, der katholisch-konservative Widerstandskämpfer und langjährige Vorsitzende der Gewerkschaft Kunst,

---

27 Brief von Lorenz an Broda vom 13.6.1962, zitiert in: Ebenda, S. 10.
28 Archiv gegen das Vergessen/KZ-Verband-VdA, Mappe „Leihvertrag Österr. Dokumentationsarchiv“, Rundschreiben o. D. (März 1963). Das Schreiben ist im Beitrag von Andreas Kranebitter in diesem Band abgedruckt.

Medien, Freie Berufe im ÖGB, Karl Rössl-Majdan, der Direktor des Wiener Diözesanarchivs Prälat Franz Loidl, die Ärztin und Auschwitz-Überlebende Ella Lingens oder der ehemalige Dachau-Häftling und kommunistische Kulturpolitiker Viktor Matejka – aber (damals noch) kein Vertreter der Israelitischen Kultusgemeinde. Das Kuratorium ersuchte um finanzielle Zuwendungen. Als Adresse wurde ein Postfach angegeben.[29]

Abb. 3: Erika Weinzierl, Pionierin der Geschichtswissenschaft in Österreich, im Gespräch mit Brigitte Bailer. DÖW Foto 10162/006.

Die erste Generalversammlung sollte im Café Landtmann stattfinden. Sie wurde für den 25. Juni 1963 angesetzt. Zum Sekretär des Dokumentationsarchivs wählte die Versammlung Herbert Steiner. Erster Präsident wurde August Maria Knoll, der allerdings bereits im Dezember 1963 verstarb. Bis zur Generalversammlung waren noch acht weitere Persönlichkeiten als Kuratoriumsmitglieder gewonnen worden – unter ihnen der Tiroler Widerstandskämpfer Fritz Würthle und der für den Gewerkschaftsbund tätige Publizist Kurt Horak. Im Vorfeld der Generalversammlung hatte sich der Bundespräsidialausschuss des KZ-Verbands am 21. Mai und am 11. Juni 1963 noch einmal mit der Archivfrage beschäftigt. Der BPA-Sitzung am 21. Mai legte Herbert Steiner einen Zwischenbericht vor, wer für das Kuratorium gewonnen worden war, welche finanziellen Mittel bereits eingeworben werden konnten und welche Materialien das Archiv erhalten hatte. Das größte Problem sei die Raum-Frage, daran scheitere auch

---

29 Ebenda.

der Einsatz der Freiwilligen, die sich bisher für die Mitarbeit gemeldet hatten. Erst nach der Konstituierung könnten auch die finanziellen Fragen – darunter die Verrechnung „der bisher geleisteten Ausgaben" – geklärt werden. „Grundsätzlich wird eine Weiterfinanzierung der Tätigkeit H. Steiners gebilligt", offen seien noch die sozialrechtlichen Regelungen.[30] Bei der BPA-Sitzung am 11. Juni wurde beschlossen: „Die monatliche finanzielle Zuwendung an den Kameraden Herbert Steiner, der sich weiterhin den Arbeiten für Dokumentation und Geschichte widmet, wird bis 31.12.1963 verlängert."[31] Tatsächlich gingen die Zuwendungen auch danach noch mehrere Jahre weiter, bis das DÖW auf einigermaßen gesicherten Beinen stand.

Im Jänner 1964 übergab der KZ-Verband die in den Katalogen I und II aufgelisteten 1.490 Dokumente und Dokumentenkopien dem Archiv als Leihgabe. Der diesbezügliche Leihvertrag wurde am 11. Februar abgeschlossen, für das Österreichische Dokumentationsarchiv der Widerstandsbewegung – wie das DÖW damals noch hieß – unterschrieben Oberstleutnant Ferdinand Käs als Vizepräsident und Herbert Steiner als Sekretär, für den KZ-Verband Pastor Erwin Köck als Vizepräsident und Erich Fein als Sekretär.

Nicht als Leihgabe, sondern als Geschenk übergab der KZ-Verband am 10. und 11. Jänner 1968 dem DÖW 225 Bücher und das Bildarchiv mit 1.104 Fotos.

Wie im Leihvertrag angekündigt, wurden zusätzlich zu den 1963/1964 überlassenen Dokumenten vom KZ-Verband laufend weitere Dokumente an das DÖW übergeben – zuletzt 2019. Der umfangreichste Bestand waren Kopien von 212 Urteilen des nationalsozialistischen Volksgerichtshofs gegen österreichische Angeklagte, die der KZ-Verband vom Komitee der antifaschistischen Widerstandskämpfer der DDR erhalten hatte. Bis zur Publikation der Ergebnisse des vom DÖW gemeinsam mit der Universität Marburg durchgeführten Projekts „Hochverrat – Landesverrat – Wehrkraftzersetzung. Politische NS-Strafjustiz in Österreich 1938–1945"[32] waren die Aktenkopien mit den DÖW-Signaturen 19.793/1-212 eine unverzichtbare Quelle für die NS-Mordjustiz in Österreich. Jene Archivalien, die die Tätigkeit des Verbands seit 1945 betrafen, insbesondere hinsichtlich der Mitgliederbetreuung (woraus sich eine beeindruckende Sammlung von biografischen Angaben ergab), verblieben im KZ-Verband.

Die formelle Gründung des DÖW erfolgte am 25. Juni 1963. Die Einladung vom 12. Juni 1963 zur Generalversammlung im Café Landtmann war unterzeichnet von „Univ. Prof. A. M. Knoll, Univ.Doz. Dr. L. Jedlicka, Gen.Dir.Stellv. Dr. P. Schärf, Sekretär H. Steiner". Das auf dem Briefbogen aufgelistete Kuratorium des DÖW enthielt die Namen von 71 Personen. Mit dem Wiener Judaistik-Professor Kurt Schubert war zwar der Retter der Bibliothek des Wiener Rabbinerseminars und wohl profundeste Kenner der jüdischen Geschichte in Österreich in die Gründung des DÖW mit eingebunden,

---

30 Ebenda, BPA-Protokoll 21.5.1963.
31 Ebenda, BPA-Protokoll 11.6.1963.
32 Wolfgang Form/Wolfgang Neugebauer/Ursula Schwarz, Die Kooperationsprojekte der Universität Marburg und des DÖW zur NS-Justiz, in: DÖW (Hrsg.), Jahrbuch 2007, Wien 2007, S. 161–176, www.doew.at/cms/download/46gr5/ns-justiz.pdf [1.4.2024].

doch Kurt Schubert war ein katholischer Widerstandskämpfer ohne Beziehung zur Israelitischen Kultusgemeinde.

Wie dargestellt, stand am Beginn der Überlegungen zur Gründung des DÖW die Idee, die Geschichte des Widerstands gegen die NS-Diktatur, die von der akademischen Historiografie nicht bearbeitet wurde, einem breiteren Publikum, vor allem der Jugend, nahezubringen. Es war daher naheliegend, die Publikationstätigkeit der neuen Einrichtung mit einer Serie von kurzen Überblicksdarstellungen in Broschürenform zu beginnen. Verlagspartner der zwischen 1965 und 1970 erschienenen 27 Bändchen der Reihe „Monographien zur Zeitgeschichte" war der – damals noch im Eigentum des Österreichischen Gewerkschaftsbunds befindliche – Europaverlag. Unter den Veröffentlichungen waren so grundlegende Werke wie Jonny Mosers Pionierarbeit „Die Judenverfolgung in Österreich 1938–1945" und die erste Studie über die Verfolgung der österreichischen Rom*nja, Selma Steinmetz' „Österreichs Zigeuner im NS-Staat" (beide 1966 erschienen).

Für die dreibändige Dokumentation „Widerstand und Verfolgung in Wien", die 1975 und in einer 2. Auflage 1984 erschien, wurden seit Ende der 1960er Jahre große Aktenbestände durchgesehen – darunter 2.800 Akten der Besonderen Senate des OLG Wien aus den Jahren 1938 bis 1945, fast 10.000 Akten des Straflandesgerichts Wien aus den Jahren 1934 bis 1945 (darunter alle erhalten gebliebenen Akten des nationalsozialistischen Sondergerichts) und über 10.000 Akten der Opferfürsorge Wien.

Aus allen diesen Beständen wurden, meist auszugsweise, Kopien angefertigt. Diese Vorgangsweise wurde auch für die nachfolgenden Dokumentationen zu Widerstand und Verfolgung in den Bundesländern Burgenland (ein Band, 1979, 2. Auflage 1983), Oberösterreich (zwei Bände, 1982), Tirol (zwei Bände, 1984), Niederösterreich (drei Bände, 1987), Salzburg (zwei Bände, 1991) angewandt.[33] Das bedeutete, dass mit jeder Dokumentation die Akquirierung eines größeren Konvoluts an Kopien verbunden war, das die vorhandenen Bestände zum jeweiligen Thema ergänzte.

Umgekehrt heißt das, dass beispielsweise Dokumente aus jenen Bundesländern, für die keine Dokumentationen der Reihe „Widerstand und Verfolgung" vorliegen, in den Beständen des DÖW unterrepräsentiert sind.

Ausschließlich in Form einer Online-Datenbank zugänglich sind die Ergebnisse des umfangreichsten und langwierigsten Dokumentationsprojekts des DÖW, der namentlichen Erfassung der österreichischen Holocaust-Opfer, die seit 1992 erfolgt.[34] 2001 wurden die Daten von 62.000 österreichischen Holocaustopfern veröffentlicht.

---

33 Erst 28 Jahre später wurde die Reihe mit dem ersten Band einer auf mehrere Bände angelegten Steiermark-Dokumentation fortgesetzt: Dokumentationsarchiv des österreichischen Widerstandes (Hrsg.), Widerstand und Verfolgung in der Steiermark. ArbeiterInnenbewegung und PartisanInnen 1938–1945. Mit einer Einführung von Heimo Halbrainer, Graz 2019.
34 Brigitte Bailer/Gerhard Ungar, Die namentliche Erfassung der österreichischen Holocaustopfer, in: DÖW (Hrsg.), Opferschicksale, S. 63–73, www.doew.at/cms/download/248n5/jb2013_bailer_ungar_holo caust.pdf [1.2.2024].

Ergänzungen und Korrekturen erfolgen seither regelmäßig, sodass im Juli 2024 die Namen und Daten von 64.564 Holocaustopfern im DÖW und auf www.doew.at verzeichnet sind. Das DÖW-Projekt bildet die dokumentarische Grundlage für Gedenkprojekte, darunter die Shoah Namensmauern Gedenkstätte auf dem Wiener Ostarrichi-Platz zwischen Landesgericht und Nationalbank.

Der Rückblick darauf, wie die bisherigen Forschungen bzw. Dokumentationen zustande kamen, mag erklären, warum das eine oder andere Thema aus dem Blick geriet oder vom DÖW nie in den Blick genommen wurde.

Zuallererst sei noch einmal an die Tatsache erinnert, dass zwar professionelle Historiker und eine Historikerin – Erika Weinzierl – an der DÖW-Gründung beteiligt waren, dass diese Gründung aber zuallererst ein Anliegen der von der Marginalisierung des politischen Widerstands Betroffenen war. Von einem anderen Widerstand als dem politischen war damals im öffentlichen Diskurs keine Rede; der so genannte „kleine Widerstand" wurde erst später wahrgenommen und thematisiert. Als Bruno Freis gleichnamiges Buch[35] erschien, war das DÖW schon 15 Jahre alt. Mit anderen Worten: Die Jahre von den Anfängen Ende der 1950er Jahre im KZ-Verband bis Anfang der 1970er Jahre waren vor allem von einer Professionalisierung der Forschung geprägt. Bis die ersten Dissertanten wie Hans Hautmann, Wolfgang Neugebauer, Helmut Konrad ihre Forschungen aufnahmen, war Herbert Steiner der einzige „gelernte Historiker" im Team – und auch er erst im zweiten Bildungsweg.

Abb. 4: Oft besuchten Prominente aus aller Welt das DÖW, im Februar 1984 Leonard Bernstein (rechts: Herbert Steiner). DÖW Foto 10317/01.

---

35 Bruno Frei, Der kleine Widerstand, Wien 1978.

Durch Engagement und Lernbereitschaft verstand es diese „Gründergeneration" des DÖW jedoch, „mangelnde archivarische bzw. bibliothekarische Ausbildung durch Enthusiasmus zu kompensieren", wie ich schon zum 45. Gründungsjubiläum des DÖW zusammenfasste.[36] Im Zuge der erwähnten Professionalisierung der Forschung am DÖW konnten viele dieser Unzulänglichkeiten der ersten Jahre überwunden werden. Die Schwierigkeiten bei der Zuordnung der Herkunft insbesondere von Fotos war kein Alleinstellungsmerkmal des DÖW und wurde bereits vor Jahren als Problem erkannt, was eine systematische Provenienzforschung anstieß.

Vor allem aber ermöglicht eine kritische Rückschau, Defizite zu erkennen. Dazu lohnt sich der Blick in die erwähnten 14 Bände der Edition „Widerstand und Verfolgung in den österreichischen Bundesländern", wobei der einzige bisher erschienene Band über die Steiermark nicht nur optisch heraussticht. Obwohl im Laufe der Jahre eine Ausweitung der dokumentierten Formen des Widerstands stattfand, sind die Bände der Edition dennoch alle nach demselben Schema gegliedert. Dieses bildete im Wesentlichen die politische Landschaft in Österreich vor Hainburg, Haider und Waldheim ab. Der Blick in die Vergangenheit sah damals, d. h. vor der Selbstermächtigung Zehntausender Frauen, vor den großen Migrationsbewegungen und vor dem neuen Rassismus, der ganz österreichisch daherkommt und den preußischen Stechschritt nicht mehr braucht, ganz anders aus als heute.

Die Vorarbeiten für den erwähnten Steiermark-Band stockten immer wieder, sodass das DÖW 2019 schließlich einen Band zur Dokumentierung des sozialistischen und kommunistischen Widerstands 1938–1945 sowie des Widerstands der Partisan*innen herausbrachte, abgerundet durch Kapitel über Steirer*innen in den österreichischen Freiheitsbataillonen in Jugoslawien, im Rahmen von Kampfeinsätzen bei den Alliierten bzw. im Spanischen Bürgerkrieg. Der letztgenannte Bereich ist die einzige Ausnahme in der Begrenzung auf die Jahre 1938 bis 1945 – die Beteiligung am Spanischen Bürgerkrieg ab 1936 sei ein „Sonderfall des antifaschistischen Widerstands und Exils".[37]

Die weitgehende Nichtberücksichtigung der Jahre 1934 bis 1938, als der Widerstand der „Revolutionären Sozialisten" eine bedeutende Rolle spielte, führte dazu, dass in der Publikation der sozialistische Widerstand – angesichts der Tatsache, dass der Großteil der weiterhin im Widerstand aktiven Sozialist*innen sich der illegalen KPÖ angeschlossen hatte – einen weitaus geringeren Stellenwert einnimmt als in den bis 1991 erschienenen Bundesländer-Dokumentationen.

---

36 Winfried R. Garscha, Das Archiv des DÖW, in: DÖW (Hrsg.), Bewahren – Erforschen – Vermitteln, S. 9–22, hier S. 17, www.doew.at/cms/download/avbs9/bewahren_garscha.pdf [1.3.2024].
37 Heimo Halbrainer/Manfred Mugrauer, Widerstand und Verfolgung in der Steiermark. Eine neu erschienene Edition des DÖW dokumentiert den antifaschistischen Widerstand der ArbeiterInnenbewegung und den PartisanInnenkampf in der Steiermark, in: DÖW-Mitteilungen, Folge 240 (April 2019), S. 1–6, hier S. 2, 6.

So verdienstvoll und bahnbrechend diese Editionen ursprünglich waren und so nützlich sie in der Praxis auch blieben – sie ersparten manchen Weg ins Archiv –, führten sie schließlich in eine Sackgasse im historischen Diskurs über Widerständigkeit.

Die Sorge, die Anfang der 1960er Jahre beim eingangs behandelten Regierungsprojekt „Dokumentation über den Beitrag Österreichs zu seiner Befreiung" die Minister Kreisky und Broda umtrieb – dass nämlich die Rolle der Kommunisten und Kommunistinnen zu großen Platz einnehmen könnte –, klingt noch nach, wenn unbeirrt während der 16 Jahre, die zwischen dem Erscheinen der drei Wien-Bände und der beiden Salzburg-Bände vergingen, der „Widerstand der Arbeiterbewegung" (auch über diesen Begriff wäre zu diskutieren) aufgeteilt wird auf Kommunisten, Sozialdemokraten und Widerstand in den Betrieben, als ob der betriebliche Widerstand eine eigene Kategorie wäre und nicht fast ausschließlich von Kommunisten und Kommunistinnen bzw. – in einigen Einzelfällen – unter Einschluss einiger Revolutionärer Sozialist*innen getragen worden wäre.

Näher an der komplexen historischen Realität waren die vier Bände der Serie „Erzählte Geschichte", die zwischen 1985 und 1992 erschienen. Bei diesen Bänden lässt sich an den Benützungsspuren in der Handbibliothek des Lesesaals des DÖW erkennen, wie historische Interessiertheit einhergeht mit gesellschaftlichen Entwicklungen. Während der erste Band, über den Widerstand von Männern und Frauen aus der Arbeiterbewegung[38] bald so abgegriffen war, dass er neu gebunden werden musste, zeigten die beiden Bände über den katholisch-konservativen Widerstand[39] und über die Kärntner Slowen*innen[40] kaum Benützungsspuren. Der umfangreichste der vier Bände – „Jüdische Schicksale"[41] – wurde derartig oft aus der Bibliothek entwendet, dass die Bibliothekare des DÖW kein Exemplar mehr in die Handbibliothek stellten. Alle im Band enthaltenen Interviews – ausgewählte Auszüge aus der großen Oral-history-Sammlung des DÖW mit über 1.000 Zeitzeug*inneninterviews – sind auch auf der Website des DÖW nachzulesen.

Kolleginnen und Kollegen, die mit dem DÖW in vielfältiger Weise verbunden sind, haben Defizite und Leerstellen in den Dokumenteneditionen wie spezifisch

---

38 Dokumentationsarchiv des österreichischen Widerstandes (Hrsg.), Erzählte Geschichte. Berichte von Widerstandskämpfern und Verfolgten, Bd. 1: Arbeiterbewegung, Wien 1985.

39 Dokumentationsarchiv des österreichischen Widerstandes (Hrsg.), Erzählte Geschichte, Bd. 2: Berichte von Männern und Frauen in Widerstand wie Verfolgung – Katholiken, Konservative, Legitimisten, Wien 1992.

40 Dokumentationsarchiv des österreichischen Widerstandes/Klub Prežihov Voranc/Institut za proučevanje prostora Alpe-Jadran (Hrsg.), Erzählte Geschichte, Bd. 4: Die Kärntner Slowenen. Spurensuche, Wien 1990.

41 Dokumentationsarchiv des österreichischen Widerstandes (Hrsg.), Erzählte Geschichte, Bd. 3: Jüdische Schicksale. Berichte von Verfolgten, Wien 1992.

„weiblichen" Widerstand teilweise aufzufüllen vermocht.[42] Einige unterbelichtete Themenbereiche wurden auch durch Beiträge im Jahrbuch des DÖW untersucht, wodurch die Jahrbücher zu einem immer wichtigeren Wissensspeicher wurden. Aber eine große Leerstelle blieb, und das ist der Widerstand von ausländischen Zwangsarbeiter*innen und Kriegsgefangenen. Darauf hat Wolfgang Neugebauer in seinem Buch über den österreichischen Widerstand hingewiesen.[43] Das DÖW plant für die nächsten Jahre Forschungsprojekte, die diese Leerstelle füllen werden.

Während es immerhin die eine oder andere Forschungsarbeit über österreichische Angehörige der französischen und belgischen Résistance[44] oder der Partisan*innen in Weißrussland[45] gibt und das DÖW gemeinsam mit dem Wiener Wiesenthal Institut eine Edition der Aufzeichnungen eines österreichischen Polizisten im polnischen Untergrund vorbereitet, gibt es umgekehrt über widerständige Zwangsarbeiter*innen in Österreich fast gar nichts.[46] Im Fokus der umfangreichen Forschungen zum Thema NS-Zwangsarbeit in Österreich[47] standen die Arbeitsbedingungen und das Schicksal

42 Vgl. beispielsweise Karin Berger/Elisabeth Holzinger/Lotte Podgornik/Lisbeth N. Trallori (Hrsg.), Der Himmel ist blau. Kann sein. Frauen im Widerstand. Österreich 1938–1945, Wien 1985; dieselben, Ich geb Dir einen Mantel, dass Du ihn noch in Freiheit tragen kannst. Widerstehen im KZ. Österreichische Frauen erzählen, Wien 1987; Brigitte Bailer-Galanda, Zur Rolle der Frauen im Widerstand oder Die im Dunkeln sieht man nicht, in: DÖW-Jahrbuch 1990, Wien 1990, S. 13–23; Helga Amesberger, Vergessen und unter den Teppich gekehrt – Frauen im Widerstand, in: Sabine Aschauer-Smolik/Alexander Neunherz (Hrsg.), Dagegenhalten. Zivilcourage und widerständisches Verhalten, Innsbruck 2006, S. 51–73; Klaus Kienesberger/Michael Kienesberger/Wendelin Pressl, Unsichtbar. Widerständiges im Salzkammergut, Wien 2008; Helga Amesberger/Brigitte Halbmayr/Simon Clemens, Meine Mama war Widerstandskämpferin. Netzwerke des Widerstands und dessen Bedeutung für die nächste Generation, Wien 2019; Martina Gugglberger/Elisa Frei/Alexandra Wachter, Widerstand und Zivilcourage. Frauen in Oberösterreich gegen das NS-Regime 1938–1945, Linz 2021.
43 Wolfgang Neugebauer, Der österreichische Widerstand 1938–1945, überarbeitete und erweiterte Fassung, Wien 2015, S. 228 f. (Erstausgabe 2008). Englisch: Wolfgang Neugebauer, The Austrian Resistance, 1938–1945, Wien 2014.
44 Neben den beiden Bänden zum österreichischen Exil in Frankreich und Belgien – DÖW (Hrsg.), Österreicher im Exil: Frankreich 1938–1945. Eine Dokumentation, Wien 1984; DÖW (Hrsg.), Österreicher im Exil: Belgien 1938–1945. Eine Dokumentation, Wien 1987 – erschienen in den letzten Jahren einige biografische Studien, beispielsweise Winfried R. Garscha/Claudia Kuretsidis-Haider/Heinz Arnberger, Die jüdische Kommunistin Ester Tencer – eine biographische Skizze, in: DÖW (Hrsg.), Jahrbuch 2012, Wien 2012, S. 113–134.
45 Peter Ruggenthaler, Österreicher in sowjetischen Partisaneneinheiten 1941 bis 1944 in Weißrussland, in: Stefan Karner/Karl Duffek (Hrsg.), Widerstand in Österreich 1938–1945. Die Beiträge der Parlaments-Enquete 2005, Graz–Wien 2007, S. 227–247.
46 Siehe z. B. Hans Schafranek, Die „Anti-Hitler-Bewegung Österreichs" und die „Anti-Hitler-Bewegung der Ostarbeiter" im Widerstand gegen das NS-Regime 1942–1944, in: DÖW (Hrsg.), Feindbilder, Jahrbuch 2015, Wien 2015, S. 229–258.
47 Ein erster Überblick erschien bereits im Jahre 2000: Florian Freund/Bertrand Perz, Zwangsarbeit von zivilen AusländerInnen, Kriegsgefangenen, KZ-Häftlingen und ungarischen Juden in Österreich, in: Emmerich Tálos/Ernst Hanisch/Wolfgang Neugebauer/Reinhard Sieder (Hrsg.), NS-Herrschaft in Österreich. Ein Handbuch, Wien 2000, S. 644–695; für die Literatur seither vgl. den bibliografischen Über-

der ausländischen Arbeitskräfte, die für die Aufgabenstellungen des Österreichischen Fonds für Versöhnung, Frieden und Zusammenarbeit (2000–2005) – freiwillige symbolische Zahlungen an ehemalige Zwangsarbeiter*innen des nationalsozialistischen Regimes auf dem Gebiet der heutigen Republik Österreich – von Relevanz waren.[48] Die Selbstorganisation – und dabei insbesondere widerständige Aktivitäten der zwangsweise hierher Verschleppten oder als „freiwillige" Fremdarbeiter*innen Verpflichteten – war kein Forschungsthema. 1945 hielten sich auf dem Territorium der wiederhergestellten Republik Österreich zusätzlich zu den rund sechs Millionen Einheimischen fast eine Million hierher verschleppte oder während der letzten Kriegsmonate geflüchtete Menschen auf. Zehntausende von ihnen waren bewusste politische Gegner*innen des Nazi-Regimes. Fast acht Jahrzehnte nach dem Sturz dieses Regimes ist immer noch weitgehend unbekannt, wie diese Menschen hier ihr Leben organisierten, wie sie sich politisch artikulierten. Und das liegt nicht nur an den mangelnden Sprachkenntnissen. Es fehlten sowohl bei den Forschenden als auch in der Öffentlichkeit ausreichend Interesse und Empathie für dieses Thema. Allerdings gibt es Ansätze dazu im Zusammenhang mit der Erforschung der Häftlingsgesellschaften in Mauthausen und seinen Außenlagern.

„Forschungen des DÖW. Desiderata und neue Wege" titelte die abschließende Session des DÖW-Widerstandssymposiums 2024. Wenn ich „Desiderata" mit „Wünschenswertes" übersetze, dann wäre das Thema der widerständigen Zwangsarbeiter*innen an der Spitze meiner (unvollständigen) Liste an künftigen Forschungen. Neue Wege müssen wir aber wohl begehen, wenn wir die Forderung von Jens-Christian Wagner in seinem Symposiumsbeitrag einlösen wollen, den politischen Widerstand wieder sichtbar zu machen.

Es gibt eine Reihe von Gründen, warum jene, die gegen den Nationalsozialismus politisch organisiert gekämpft hatten, marginalisiert wurden. Dazu zählen nicht nur politische Moden, die auch auf die Geisteswissenschaften abfärben, sondern gehört auch die unschöne Erscheinung, die als „Opferkonkurrenz" bezeichnet wird.

Welche neuen Wege wären also zu beschreiten? Ich denke, dass auch für den organisierten politischen Widerstand gilt, dass vieles unerforscht oder zumindest unterbelichtet ist – beginnend mit den inneren Verhältnissen der Widerstandsgruppen, was auch die Geschlechterverhältnisse betrifft. In diesem Zusammenhang möchte ich an einen außerhalb Oberösterreichs wenig bekannten Linzer Laien-Historiker, Peter

---

blick des Portals OeAD/erinnern.at in: new.erinnern.at/themen/e_bibliothek/zwangsarbeit/zwangsar beit-in-osterreich-1938-1945-bericht-uber-die-arbeit-des-fonds-fur-versohnung-frieden-und-zusammen arbeit [30.4.2024].

48 Einen Überblick bietet: Bertrand Perz, Zwangsarbeit im „angeschlossenen" Österreich 1938–1945. Unabhängige Historikerkommission zur Aufarbeitung der Geschichte des Reichsarbeitsministeriums in der Zeit des Nationalsozialismus, Working Paper Series, A, No. 5 (2017), www.historikerkommissi on-reichsarbeitsministerium.de/sites/default/files/inline-files/Working%20Paper%20UHK%20A5_Perz_0. pdf [30.4.2012].

Kammerstätter, verweisen.[49] Wenn er über die Partisanen des Salzkammerguts berichtet hat, spielten in seiner Erzählung stets die Frauen im Tal die Hauptrolle – ohne sie wären die Männer in den Bergen, wie er sich ausdrückte, „verreckt". Und sie nahmen auch den Großteil des Risikos auf sich – denn die Gestapo war in den Dörfern, nicht in den Bergen unterwegs.[50] Dasselbe gilt für die Partisanen im Hochschwab-Gebiet, nur dass deren Historiograph, Max Muchitsch, selbst in den Bergen war und seine etwas heroisierende Darstellung daher nicht dasselbe Verständnis für die tatsächliche Leistung der unterstützenden und damit aktiv Widerstand leistenden Frauen auszeichnet.[51]

Mir ist eine einzige Darstellung bekannt – nämlich Marie Tidls Buch über die Roten Studenten[52] –, in der die heikle Frage angesprochen wird, wie die illegalen Organisationen angesichts des immensen Verfolgungsdrucks des NS-Regimes das Zusammenwirken von jüdischen und nichtjüdischen Mitgliedern aushandelten, solange noch Juden und Jüdinnen in Wien lebten.

Wenig erforscht ist auch der militärische Widerstand auf der Ebene der einfachen Soldaten – ich beziehe mich in erster Linie auf die kommunistisch inspirierte Gruppe Soldatenrat, deren Mitglieder meist unter 25 Jahre alt waren und die fast alle hingerichtet wurden.[53]

Bekanntlich waren gerade auch die letzten Wochen des NS-Regimes von zahllosen monströsen Verbrechen gekennzeichnet. Viele dieser Verbrechen sind durch die Akten der Verfahren vor den Volksgerichten in den ersten zwei, drei Jahren nach dem Krieg einigermaßen gut dokumentiert. In zahlreichen Fällen ermordeten fanatische Nationalsozialisten jene, die nicht mehr weiterkämpfen wollten. Bisher fehlt eine Untersuchung, wie verbreitet dieses Phänomen war. War der Widerstand gegen Kriegsende jeweils nur Resultat individueller Entscheidungen oder versuchten sich Nazi-

---

49 Ausführlich zu Peter Kammerstätter: Fritz Mayrhofer, Der Nachlass Peter Kammerstätter im Archiv der Stadt Linz, in: Claudia Kuretsidis-Haider/Christine Schindler (Hrsg.), Zeithistoriker – Archivar – Aufklärer. Festschrift für Winfried R. Garscha, Wien 2017, S. 339–346.
50 Siehe dazu: Kienesberger/Kienesberger/Pressl, Unsichtbar; Christian Topf, Auf den Spuren der Partisanen. Zeitgeschichtliche Wanderungen im Salzkammergut, Grünbach 1996. Peter Kammerstätter hat ein umfangreiches Manuskript hinterlassen: Materialsammlung über die Widerstands- und Partisanenbewegung Willy Fred. Freiheitsbewegung im oberen Salzkammergut–Ausseerland 1943–1945. Ein Beitrag zur Erforschung dieser Bewegung, Linz 1978; Neuausgabe: Raphael Besenbäck (Hrsg.), Salzkammergut – Ausseerland. Widerstand und Partisanenbewegung 1943–1945. Eine Materialsammlung von Peter Kammerstätter, Weitra 2024.
51 Max Muchitsch, Die Rote Stafette. Vom Triglav zum Hochschwab, Wien 1985.
52 Marie Tidl, Die Roten Studenten. Dokumente und Erinnerungen 1938–1945, Wien 1976.
53 Zu den wichtigsten Protagonisten dieser vom KJV inspirierten Gruppe, Alfred Rabofsky und Walter Kämpf: www.doew.at/erinnern/fotos-und-dokumente/1938-1945/lob-des-ungehorsams/nie-an-den-end sieg-geglaubt-alfred-rabofsky-walter-kaempf-und-die-widerstandsgruppe-soldatenrat [10.8.2023]; zu Elfriede Hartmann: Johanna Mertinz/Winfried R. Garscha (Hrsg.), „Mut, Mut – noch lebe ich". Die Kassiber der Elfriede Hartmann aus der Gestapo-Haft, Wien 2013.

Gegner*innen untereinander zu vernetzen, um Zerstörungen durch die abziehende SS zu verhindern und jene zu schützen, die sich versteckten?

Die neuen Wege wären also gar nicht so neu. Und die Mühe lohnt sich.

Literaturverzeichnis

Adunka, Evelyn, Die vierte Gemeinde. Die Geschichte der Wiener Juden von 1945 bis heute, Berlin–Wien 2000.

Amesberger, Helga, Vergessen und unter den Teppich gekehrt – Frauen im Widerstand, in: Sabine Aschauer-Smolik/Alexander Neunherz (Hrsg.), Dagegenhalten. Zivilcourage und widerständisches Verhalten, Innsbruck 2006, S. 51–73.

Amesberger, Helga/Halbmayr, Brigitte/Clemens, Simon, Meine Mama war Widerstandskämpferin. Netzwerke des Widerstands und dessen Bedeutung für die nächste Generation, Wien 2019.

Bailer, Brigitte/Ungar, Gerhard, Die namentliche Erfassung der österreichischen Holocaustopfer, in: DÖW (Hrsg.), Opferschicksale. Widerstand und Verfolgung im Nationalsozialismus. 50 Jahre Dokumentationsarchiv des österreichischen Widerstandes, Jahrbuch 2013, Wien 2013, S. 63–73.

Bailer-Galanda, Brigitte, Zur Rolle der Frauen im Widerstand oder Die im Dunkeln sieht man nicht, in: DÖW (Hrsg.), Jahrbuch 1990, Wien 1990, S. 13–23.

Berger, Karin/Holzinger, Elisabeth/Podgornik, Lotte/Trallori, Lisbeth N. (Hrsg.), Der Himmel ist blau. Kann sein. Frauen im Widerstand. Österreich 1938–1945, Wien 1985.

Berger, Karin/Holzinger, Elisabeth/Podgornik, Lotte/Trallori, Lisbeth N. (Hrsg.), Ich geb Dir einen Mantel, dass Du ihn noch in Freiheit tragen kannst. Widerstehen im KZ. Österreichische Frauen erzählen, Wien 1987.

Dokumentationsarchiv des österreichischen Widerstandes (Hrsg.), Erzählte Geschichte. Berichte von Widerstandskämpfern und Verfolgten, Bd. 1: Arbeiterbewegung, Wien 1985.

Dokumentationsarchiv des österreichischen Widerstandes (Hrsg.), Erzählte Geschichte, Bd. 2: Berichte von Männern und Frauen in Widerstand wie Verfolgung – Katholiken, Konservative, Legitimisten, Wien 1992.

Dokumentationsarchiv des österreichischen Widerstandes/Klub Prežihov Voranc/Institut za proučevanje prostora Alpe-Jadran (Hrsg.), Erzählte Geschichte, Bd. 4: Die Kärntner Slowenen. Spurensuche, Wien 1990.

Dokumentationsarchiv des österreichischen Widerstandes (Hrsg.), Erzählte Geschichte, Bd. 3: Jüdische Schicksale. Berichte von Verfolgten, Wien 1992.

Dokumentationsarchiv des österreichischen Widerstandes (Hrsg.), Österreicher im Exil: Frankreich 1938–1945. Eine Dokumentation, Wien 1984.

Dokumentationsarchiv des österreichischen Widerstandes (Hrsg.), Österreicher im Exil: Belgien 1938–1945. Eine Dokumentation, Wien 1987.

Dokumentationsarchiv des österreichischen Widerstandes (Hrsg.), Widerstand und Verfolgung in der Steiermark. ArbeiterInnenbewegung und PartisanInnen 1938–1945, Graz 2019.

Form, Wolfgang/Neugebauer, Wolfgang/Schwarz, Ursula, Die Kooperationsprojekte der Universität Marburg und des DÖW zur NS-Justiz, in: DÖW (Hrsg.), Jahrbuch 2007, Wien 2007, S. 161–176.

Frei, Bruno, Der kleine Widerstand, Wien 1978.

Freund, Florian/Perz, Bertrand, Zwangsarbeit von zivilen AusländerInnen, Kriegsgefangenen, KZ-Häftlingen und ungarischen Juden in Österreich, in: Emmerich Tálos/Ernst Hanisch/Wolfgang Neugebauer/Reinhard Sieder (Hrsg.), NS-Herrschaft in Österreich. Ein Handbuch, Wien 2000, S. 644–695.

Garscha, Winfried R., Die verhinderte Re-Nazifizierung. Herbert Steiner und das Österreich des Herrn Karl, in: Herbert Arlt (Hrsg.), Erinnern und Vergessen als Denkprinzipien, Sankt Ingbert 2002 [= Österreichische und internationale Literaturprozesse, Bd. 15], S. 27–44.

Garscha, Winfried R., Das Archiv des DÖW, in: Dokumentationsarchiv des österreichischen Widerstandes (Hrsg.), Bewahren – Erforschen – Vermitteln. Das Dokumentationsarchiv des österreichischen Widerstandes, Wien 2008, S. 9–21.

Garscha, Winfried R./Arnberger, Heinz, Erich Fein: Politische Biografie, in: KZ-Vereinigung Buchenwald, Verband ehemaliger politischer Schutzhäftlinge des Konzentrationslagers Buchenwald (Hrsg.), Erich Fein – Die Erinnerung wach halten. Widerstand & Verfolgung 1934–1945 und der Kampf um Anerkennung und Entschädigung der Opfer, Wien 2008, S. 5–23.

Garscha, Winfried R./Kuretsidis-Haider, Claudia/Arnberger, Heinz, Die jüdische Kommunistin Ester Tencer – eine biographische Skizze, in: DÖW (Hrsg.), Jahrbuch 2012, Wien 2012, S. 113–134.

Gugglberger, Martina/Frei, Elisa/Wachter, Alexandra, Widerstand und Zivilcourage. Frauen in Oberösterreich gegen das NS-Regime 1938–1945, Linz 2021.

Kammerstätter, Peter, Materialsammlung über die Widerstands- und Partisanenbewegung Willy Fred. Freiheitsbewegung im oberen Salzkammergut–Ausseerland 1943–1945. Ein Beitrag zur Erforschung dieser Bewegung, Linz 1978 (Neuausgabe: Raphael Besenbäck [Hrsg.], Salzkammergut – Ausseerland. Widerstand und Partisanenbewegung 1943–1945. Eine Materialsammlung von Peter Kammerstätter, Weitra 2024).

Kienesberger, Klaus/Kienesberger, Michael/Pressl, Wendelin, Unsichtbar. Widerständiges im Salzkammergut, Wien 2008.

Mayrhofer, Fritz, Der Nachlass Peter Kammerstätter im Archiv der Stadt Linz, in: Claudia Kuretsidis-Haider/Christine Schindler (Hrsg.), Zeithistoriker – Archivar – Aufklärer. Festschrift für Winfried R. Garscha, Wien 2017, S. 339–346.

Mertinz, Johanna/Garscha, Winfried R. (Hrsg.), „Mut, Mut – noch lebe ich". Die Kassiber der Elfriede Hartmann aus der Gestapo-Haft, Wien 2013.

Muchitsch, Max, Die Rote Stafette. Vom Triglav zum Hochschwab, Wien 1985.

Müller, Albert, Reichenau, Dezember 1960. Eine „Geburtsstunde" der österreichischen Zeitgeschichtsforschung?, in: Bertrand Perz/Ina Markova (Hrsg.), 50 Jahre Institut für Zeitgeschichte der Universität Wien 1966–2016, Wien 2017, S. 21–38.

Neugebauer, Wolfgang, Der österreichische Widerstand 1938–1945, überarbeitete und erweiterte Fassung, Wien 2015 (Erstausgabe 2008).

Neugebauer, Wolfgang, Ludwig Jedlicka, Herbert Steiner und die frühe Widerstandsforschung. Aspekte der Frühgeschichte des Instituts für Zeitgeschichte und des Dokumentationsarchivs des österreichischen Widerstandes, in: Bertrand Perz/Ina Markova (Hrsg.), 50 Jahre Institut für Zeitgeschichte der Universität Wien 1966–2016, Wien 2017, S. 62–84.

Neugebauer, Wolfgang, The Austrian Resistance, 1938–1945, Wien 2014.

Neugebauer, Wolfgang, Zur Geschichte der Widerstandsforschung, in: Dokumentationsarchiv des österreichischen Widerstandes (Hrsg.), Opferschicksale. Widerstand und Verfolgung im Nationalsozialismus. 50 Jahre Dokumentationsarchiv des österreichischen Widerstandes, Jahrbuch 2013, Wien 2013, S. 211–231.

Oberkofler, Gerhard, Das Regierungsprojekt einer Dokumentation über den Beitrag Österreichs zu seiner Befreiung, in: Mitteilungen der Alfred Klahr Gesellschaft, Nr. 3/2003, S. 7–17, klahrgesellschaft.at/Mitteilungen/Oberkofler_3_03.html [1.2.2024].

Österreichische Zeitgeschichte im Geschichtsunterricht. Bericht über die Expertagung vom 14. XII. bis 16. XII. 1960 in Reichenau, Wien 1961.

Perz, Bertrand, Zwangsarbeit im „angeschlossenen" Österreich 1938–1945. Unabhängige Historikerkommission zur Aufarbeitung der Geschichte des Reichsarbeitsministeriums in der Zeit des Nationalsozialismus, Working Paper Series, A, No. 5 (2017), www.historikerkommission-reichsarbeitsministerium. de/sites/default/files/inline-files/Working%20Paper%20UHK%20A5_Perz_0.pdf [30.4.2012].

Ruggenthaler, Peter, Österreicher in sowjetischen Partisaneneinheiten 1941 bis 1944 in Weißrussland, in: Stefan Karner/Karl Duffek (Hrsg.), Widerstand in Österreich 1938–1945. Die Beiträge der Parlaments-Enquete 2005, Graz–Wien 2007, S. 227–247.

Schafranek, Hans, Die „Anti-Hitler-Bewegung Österreichs" und die „Anti-Hitler-Bewegung der Ostarbeiter" im Widerstand gegen das NS-Regime 1942–1944, in: DÖW (Hrsg.), Feindbilder, Jahrbuch 2015, Wien 2015, S. 229–258.

Tidl, Marie, Die Roten Studenten. Dokumente und Erinnerungen 1938–1945, Wien 1976.

Topf, Christian, Auf den Spuren der Partisanen. Zeitgeschichtliche Wanderungen im Salzkammergut, Grünbach 1996.

Claudia Kuretsidis-Haider

Erinnerungskultur(en), Exil und Nachkriegsjustiz. Drei Dokumentations- und Forschungsfelder am DÖW

Das Dokumentationsarchiv hat sich seit dem Beginn seiner wissenschaftlichen Tätigkeit Themen gewidmet, die über die Dokumentation und die Forschung zum Widerstand im engeren Sinn hinausgingen und die Verfolgung verschiedener Bevölkerungsgruppen in einer sehr breit gefassten Definition abdeckten. So schrieben die Herausgeber*innen im Geleitwort zur ersten, 1975 veröffentlichten Dokumentation der für sämtliche Bundesländer intendierten Reihe „Widerstand und Verfolgung", dass mit diesem Werk jene Frauen und Männer gewürdigt werden sollen, „die unter Einsatz ihres Lebens Unrecht und Gewaltherrschaft bekämpften und aus politischen, religiösen, rassischen und sonstigen Gründen verfolgt wurden".[1]

Exil und erzwungene Emigration sowie Erinnerungskultur(en) und Gedächtnislandschaften zählten schon früh zu den Forschungs- und Dokumentationsfeldern des DÖW. Später kamen auch andere Bereiche, wie etwa Fragen nach dem Anteil der Österreicher*innen an den NS-Verbrechen, hinzu, die zu einer dokumentarischen und analytischen Auseinandersetzung mit der justiziellen Ahndung von NS-Verbrechen führten.[2]

1 Fokus Erinnerungskultur(en)

1.1 Dokumentationsprojekte

Der Mitte der 1980er Jahre geprägte Begriff Erinnerungsort (französisch: *lieu de mémoire*) geht auf den französischen Historiker Pierre Nora[3], unter Berufung auf Theoretiker des kollektiven Gedächtnisses, wie den im März 1945 im KZ Buchenwald ermor-

---

1 Zum Geleit, in: Widerstand und Verfolgung in Wien 1934–1945. Eine Dokumentation, hrsg. v. DÖW, Bd. 2, 2. Aufl., Wien 1984, S. 5.
2 Der Aufsatz basiert auf dem beim Symposium „Widerstände. Impulse für die Widerstandsforschung zum Nationalsozialismus" anlässlich des 60. Gründungsjubiläums des DÖW im Jänner 2024 gehaltenen Vortrag. Er analysiert und kontextualisiert nicht die gesamte Dokumentations- und Forschungstätigkeit des Dokumentationsarchivs, sondern skizziert jene Forschungsfelder, in denen die Verfasserin dieses Beitrages wissenschaftlich schwerpunktmäßig tätig ist.
3 Das 1984 von Pierre Nora in Paris veröffentlichte Buch „Les lieux de mémoire" ist mittlerweile in zahlreichen weiteren Auflagen erschienen.

∂ Open Access. © 2024 Claudia Kuretsidis-Haider, publiziert von De Gruyter. Dieses Werk ist lizenziert unter einer Creative Commons Namensnennung – Nicht-kommerziell – Keine Bearbeitung 4.0 International Lizenz.
https://doi.org/10.1515/9783111378411-009

deten Soziologen und Philosophen Maurice Halbwachs[4], zurück. Nora versteht darunter, dass sich das kollektive Gedächtnis einer sozialen Gruppe an bestimmten Orten kristallisiert und als historisch-sozialer Bezugspunkt prägend für die jeweilige Erinnerungskultur ist. Der Begriff „Ort" ist im übertragenen Sinne zu verstehen und kann sich unterschiedlich manifestieren: zum Beispiel als geografischer Ort, ebenso aber als historisches Ereignis, als Institution, als Buch oder als Kunstwerk. Diese „Orte" im metaphorischen Sinn besitzen eine besondere symbolische Bedeutung, die für die jeweilige Gruppe identitätsstiftende Funktion hat.[5]

Im DÖW haben dessen langjähriger Bibliothekar Herbert Exenberger und der Historiker Heinz Arnberger diesen Zugang aufgegriffen und Ende der 1990er Jahre das wissenschaftliche Dokumentationsprojekt „Gedenken und Mahnen" in Bearbeitung genommen. Ziel war die Dokumentation von Erinnerungsstätten für die Opfer von Widerstand, Verfolgung, Exil und Befreiung im Zeitraum zwischen 1934–1938 und 1938–1945. Mit der Erfassung, Dokumentation und Analyse von Erinnerungszeichen (Mahnmale, Gedenkstätten, Denkmäler, Gedenkräume, Gedenksteine, Gedenktafeln, Gedenkkreuze, Kapellen, Grabdenkmale, Synagogen, Museen, Benennungen von Wohnhausanlagen, öffentlichen Gebäuden wie Schulen und Verkehrsflächen) zu Widerstand, Verfolgung, Exil, Zwangsarbeit und Befreiung ging „Gedenken und Mahnen"[6] weit über bis dahin erschienene Arbeiten zu dieser Thematik hinaus und umfasste die Rekonstruktion der Biografien der auf diesen Erinnerungszeichen genannten Opfer sowie der sie betreffenden Verfolgungsmaßnahmen. Exenberger und Arnberger war es ein persönliches Anliegen, die Opfer von Widerstand und Verfolgung nicht in Vergessenheit geraten zu lassen, vor allem jene, deren Schicksal gerade im lokalen Kontext bislang nicht bzw. nicht entsprechend gewürdigt worden war.[7] Mit der Dokumentation der Einzelschicksale konnten die Dimensionen der Gewaltherrschaft konkret und nachvollziehbar gemacht, also eine „Topografie des Terrors" gezeichnet werden. Grundgedanke dieser methodischen Herangehensweise war, dass die Verortung von Widerstand und Verfolgung von Einzelpersonen in Form ihrer materiellen Kristallisation als Erinnerungszeichen im lokalen Kontext die Auseinandersetzung mit deren Schicksal vor Ort ermöglicht.

---

4 Maurice Halbwachs, La mémoire collective, Paris 1939/1950. Auf deutsch erschienen mit dem Titel: Das kollektive Gedächtnis, Frankfurt/M. 1991.

5 Uwe Koreik/Jörg Roche/Jürgen Röhling, Erinnerungsorte und Erinnerungskulturen als Thema der Sprach- und Kulturvermittlung, in: Jörg Roche/Jürgen Röhling (Hrsg.), Erinnerungsorte und Erinnerungskulturen – Konzepte und Perspektiven für die Sprach- und Kulturvermittlung, Baltmannsweiler 2014, S. 1–8, hier S. 3.

6 Gedenken und Mahnen in Wien 1934–1945. Gedenkstätten zu Widerstand und Verfolgung, Exil, Befreiung. Eine Dokumentation, hrsg. v. DÖW, bearbeitet von Heinz Arnberger und Herbert Exenberger, Wien 1998.

7 Vgl. dazu: Heidemarie Uhl, Gedenken und Mahnen in Wien, S. 7–10, www.doew.at/cms/download/1q79r/gedenken_uhl.pdf, S. 2 [7.6.2024]. Siehe außerdem: Aleida Assmann, Der lange Schatten der Vergangenheit. Erinnerungskultur und Geschichtspolitik, München 2006, S. 49.

Anders als etwa in der Bundesrepublik Deutschland fehlten damals in Österreich systematische und kontextualisierende wissenschaftliche Grundlagenarbeiten zur Erfassung und Dokumentation der regionalen und lokalen Gedächtniskultur für die Opfer des NS-Regimes. Exenberger und Arnberger bauten auf der Arbeit von Erich Fein[8] auf, der bereits Mitte der 1970er Jahre mit seiner umfangreichen Dokumentation „Die Steine reden" einen grundlegenden Beitrag zur Erinnerungskultur in Österreich geleistet hatte. Das Buch war aber nicht nur ein Lexikon der Erinnerungszeichen und Werk über die antifaschistischen Denkmäler in Österreich, sondern auch ein Lesebuch antifaschistischer österreichischer Prosa und Lyrik.[9]

Nach mehrjähriger Forschungsarbeit legten Exenberger und Arnberger 1998 die Dokumentation „Gedenken und Mahnen in Wien" vor, dem wenige Jahre später ein Ergänzungsband[10] folgte. Pierre Nora folgend verstand sich „Gedenken und Mahnen" nicht bloß als wissenschaftliche Dokumentation, sondern stellt selbst ein „Denkmal" dar, konkret ein Denkmal an einem „Nicht-Ort"[11]. Dadurch wurde es selbst zu einem Medium der Erinnerung.[12] Durch die Erfassung der Rechercheergebnisse sowie die Erstellung einer Fotodokumentation konnte das von Jan und Aleida Assmann apostrophierte „kulturelle Langzeit-Gedächtnis" ergänzt werden, das nach deren These nur über vielfältige Medien der Schriftlichkeit, des Bildes oder der elektronischen Medien gespeichert werden kann, während das „kommunikative Kurzzeit-Gedächtnis", welches hauptsächlich durch die Erinnerung von Zeitzeug*innen lebendig gehalten wird, aufgrund der größer werdenden zeitlichen Distanz immer mehr hinter das Langzeitgedächtnis tritt.[13]

---

8 Erich Fein gehörte im Juni 1963 zu den Proponenten bei der Gründung des Dokumentationsarchivs und war viele Jahre Vorstandsmitglied und Vizepräsident. Er wurde am 1. April 1938 im sogenannten „Prominententransport" von Wien in das KZ Dachau deportiert. Siehe Claudia Kuretsidis-Haider/Rudolf Leo, „dachaureif". Der Österreichertransport aus Wien in das KZ Dachau am 1. April 1938. Biografische Skizzen der Opfer, hrsg. v. DÖW, Wien 2019, S. 100 f.
9 Erich Fein, Die Steine reden: Gedenkstätten des österreichischen Freiheitskampfes – Mahnmale für die Opfer des Faschismus. Eine Dokumentation, Wien 1975.
10 Gedenken und Mahnen in Wien 1934–1945. Gedenkstätten zu Widerstand und Verfolgung, Exil, Befreiung. Eine Dokumentation, hrsg. v. DÖW, bearbeitet von Heinz Arnberger und Herbert Exenberger, Ergänzungen I, Wien 2001.
11 Georg Schöllhammer, Kunst – Denkmal – Öffentlicher Raum, in: Spurensuche im 20. Jahrhundert. Anregungen für Schülerinnen- und Schülerprojekte, hrsg. v. Bundesministerium für Unterricht und Kunst, Abteilung für Politische Bildung, Wien 1993, S. 34.
12 Siehe dazu: Heinz Arnberger/Claudia Kuretsidis-Haider, Das Projekt „Gedenken und Mahnen in Niederösterreich". Editorische Anmerkungen, Forschungsgegenstand und Methodik, Danksagungen, in: Heinz Arnberger/Claudia Kuretsidis-Haider (Hrsg.), Gedenken und Mahnen in Niederösterreich. Erinnerungszeichen zu Widerstand, Verfolgung, Exil und Befreiung, Wien 2011, S. 19–23, hier S. 20.
13 Vgl. dazu: Aleida Assmann/Jan Assmann, Das Gestern im Heute. Medien und soziales Gedächtnis, in: Klaus Merten/Siegfried Schmidt/Siegfried Weischenberg (Hrsg.), Die Wirklichkeit der Medien. Eine Einführung in die Kommunikationswissenschaft, Opladen 1994, S. 114–140.

Geplant war – ähnlich der bereits ab Mitte der 1970er Jahre erarbeiteten Dokumentationen „Widerstand und Verfolgung in den Bundesländern"[14], „Exil" in verschiedenen Ländern[15] sowie „Erzählte Geschichte"[16] – eine Reihe „Gedenken und Mahnen" in den Bundesländern. Die Arbeiten zu den Dokumentationen über Niederösterreich, der Steiermark und dem Burgenland wurden parallel in Angriff genommen. „Gedenken und Mahnen in Niederösterreich" wurde 2011, zwei Jahre nach dem Tod von Herbert Exenberger, abgeschlossen. Heidemarie Uhl bezeichnete „Gedenken und Mahnen" in ihrem Vorwort als ein Grundlagenwerk, das die Relevanz von Denkmälern als Indikatoren des „sozialen Gedächtnisses" paradigmatisch aufzeige und „die wissenschaftliche Grundlage für die Verortung dieser Erinnerungskultur in der Makrogeschichte der Transformationen des österreichischen bzw. europäischen Gedächtnisses seit 1945" biete.[17]

Mit dem Band zu Niederösterreich fand das Projekt im Dokumentationsarchiv aber sein Ende. Zu sehr war es mit Herbert Exenberger und Heinz Arnberger, der 2011 in den Ruhestand trat, verbunden und zu schwierig gestaltete sich die Finanzierung eines so großen Dokumentationsprojektes. Die Dokumentation über die Steiermark wurde schließlich 2018 vom Grazer Historiker Heimo Halbrainer abgeschlossen, der gemeinsam mit Gerald Lamprecht und Georg Rigerl die Publikation „Orte und Zeichen der Erinnerung. Erinnerungszeichen für die Opfer von Nationalsozialismus und Krieg in der Steiermark" vorlegte.[18]

Das Burgenland Projekt kam über eine umfangreiche Materialsammlung, die im DÖW aufbewahrt wird, nicht mehr hinaus. Das Zeitalter von Dokumentationen in Form von gedruckten Publikationsreihen war vorbei. Das am Institut für Staatswissenschaften an der Universität Wien 2014 bis 2017 durchgeführte Projekt „Politics of Remembrance and the Transition of Public Spaces. A Political and Social Analysis of Vienna"[19] zeigte auf, welche Möglichkeiten der Veröffentlichung von Forschungsergebnissen im digitalen Zeitalter offenstehen. Die Verknüpfung von Wissenschaftsdoku-

---

14 DÖW (Hrsg.), Widerstand und Verfolgung 1934–1945: Wien, 3 Bde., 1975 (2. Aufl. 1984); Burgenland 1979 (2. Aufl. 1983); Oberösterreich, 2 Bde., 1982; Tirol, 2 Bde., 1984; Niederösterreich, 3 Bde., 1987; Salzburg, 2 Bde., 1991.

15 DÖW (Hrsg.), Österreicher im Exil: Frankreich 1984; Spanien 1986; Belgien 1987; Großbritannien 1992; USA 1995; Sowjetunion 1999; Mexiko 2002.

16 DÖW (Hrsg.), Erzählte Geschichte, Bd. 1: Berichte von Widerstandskämpfern und Verfolgten. Arbeiterbewegung, Wien 1985; Bd. 2: Berichte von Männern und Frauen in Widerstand wie Verfolgung – Katholiken, Konservative, Legitimisten, Wien 1992; Bd. 3: Jüdische Schicksale. Berichte von Verfolgten, Wien 1992; DÖW/Klub Prežihov Voranc/Institut za proučevanje prostora Alpe-Jadran (Hrsg.), Erzählte Geschichte, Bd. 4: Die Kärntner Slowenen. Spurensuche, Wien 1990.

17 Heidemarie Uhl, „Gedenken und Mahnen in Niederösterreich": regionales/lokales Gedächtnis im transnationalen Kontext, in: Gedenken und Mahnen in Niederösterreich, S. 9–11, hier S. 9.

18 Heimo Halbrainer/Gerald Lamprecht/Georg Rigerl, Orte und Zeichen der Erinnerung. Erinnerungszeichen für die Opfer von Nationalsozialismus und Krieg in der Steiermark, hrsg. v. Landtag Steiermark, Graz 2018.

19 Siehe dazu: poremwien.univie.ac.at/maps/#Place/11/1823373,6143598/all/1933-2018 [24.3.2024].

mentation und Vermittlung an junge Menschen setzt sich gegenwärtig die gemeinsam von erinnern.at, dem Centrum für Jüdische Studien und dem Zentrum für Informationsmodellierung (beide Karl-Franzens-Universität Graz) entwickelte Website www.erinnerungslandschaft.at zum Ziel. Das Projekt DERLA („Digitale Erinnerungslandschaft Österreichs") dokumentiert die Erinnerungsorte und -zeichen für die Opfer sowie die Orte des NS-Terrors in Österreich.[20]

1.2 Neue Formen der Erinnerung

Mit dem von Wolfgang Schellenbacher gemeinsam mit der Firma Braintrust entwickelten Projekt „Memento Wien"[21], das Ende 2016 der Öffentlichkeit vorgestellt wurde, hat das DÖW ein für mobile Endgeräte optimiertes digitales Erinnerungstool geschaffen, das Informationen zu den Opfern der NS-Diktatur in weiten Teilen Wiens anbietet.[22] Über den Stadtplan rückt diese mobile Website die letzten Wohnadressen der Ermordeten sowie eine Reihe von Archivdokumenten und Fotos zu Personen und Gebäuden in der Stadt in den Blickpunkt. Interessierte haben dadurch die Möglichkeit, die Geschichte ihrer Umgebung interaktiv zu erforschen und mehr über die Schicksale der Verfolgten zu erfahren. So werden insbesondere die Entrechtung, Vertreibung und Ermordung der österreichischen Jüdinnen und Juden virtuell sichtbar. Memento Wien berücksichtigt auch die Opfer der politischen Verfolgung. Es verweist auf über 50.000 Todesopfer des NS-Regimes und bietet so die Möglichkeit, ihrer zu gedenken.

Auch „reale" Denkmäler werden nach wie vor errichtet. Die 2021 eröffnete Shoah Namensmauern Gedenkstätte im Ostarrichi-Park vor der Österreichischen Nationalbank basiert auf den Forschungsarbeiten des DÖW.[23] Das DÖW hat über Jahrzehnte die Namen und Daten der österreichischen Holocaustopfer recherchiert. Die so entstandene Datenbank der Opfernamen – abrufbar auf der Homepage des Dokumentationsarchivs – bildete die Grundlage für das Denkmal.[24] Auf Initiative der israelischen Gedenkstätte Yad Vashem und mit finanzieller Unterstützung vor allem des Wissen-

---

20 www.erinnern.at/bundeslaender/steiermark/artikel/digitale-erinnerungslandschaft-derla-verfolgung-und-widerstand-im-nationalsozialismus-dokumentieren-und-vermitteln [10.7.2024]. In der ersten Projektphase wurden in der Steiermark und in Vorarlberg an die 700 Erinnerungszeichen dokumentiert und historisch beschrieben sowie an die 30 Vermittlungsangebote entwickelt. Fortgesetzt werden die Arbeiten mit Tirol und Kärnten.
21 www.memento.wien [24.3.2024].
22 Wolfgang Schellenbacher, Memento Vienna. How an Online Tool Presenting Digitized Holocaust-related Data and Archival Material is Offering New Insights into the Holocaust in Vienna, in: Quest. Issues in Contemporary Jewish History, hrsg. v. Fondazione Centro di Documentazione Ebraica Contemporanea, Milano 2018, S. 97–117.
23 Siehe www.shoah-namensmauern-wien.at/die-namen/ sowie bmi.gv.at/magazin/2022_01_02/Shoa_Namensmauern_Gedenkstaette.aspx [24.3.2024].
24 www.doew.at/personensuche [7.6.2024].

schaftsministeriums, des Sozialministeriums, des Nationalfonds der Republik Österreich für Opfer des Nationalsozialismus und der Stadt Wien erfasste das DÖW 1992 bis 2001 die biografischen Daten und Todesumstände von österreichischen Holocaustopfern.[25] In den darauffolgenden Jahren bis in die Gegenwart immer wieder aktualisiert und ergänzt, beinhaltet die Datenbank mittlerweile mehr als 64.500 Daten von Frauen, Männern und Kindern,[26] deren Namen, Vornamen, Geburtsdatum, Geburtsort, letzten Wohnort, Zielort und Datum der Deportation, Todesdatum sowie Todesort. Erfasst wurden und werden Personen, die nach den Nürnberger Gesetzen als Jüdinnen bzw. Juden eingestuft worden waren, und die zwischen 1938 und 1945 in Österreich durch Mord oder Selbstmord ums Leben kamen, aus Österreich deportiert oder als Flüchtlinge in anderen europäischen Staaten von den nationalsozialistischen Verfolgungsmaßnahmen eingeholt wurden. Ausgangspunkt der Arbeiten waren die im Österreichischen Staatsarchiv aufbewahrten – ca. 48.000 Namen umfassenden – Deportationslisten der Großtransporte aus Wien[27] und die Deportationskartei der Israelitischen Kultusgemeinde.[28] Dazu kam im Laufe der Jahre eine ganze Reihe an weiteren Quellen: die mittlerweile im Wiener Stadt- und Landesarchiv aufbewahrten Akten der Wiener Magistratsabteilung 12 – Opferfürsorge, Akten der Hilfsfonds, Mitgliederakten des ersten, überparteilichen, Bundesverbandes der politisch Verfolgten (KZ-Verband), die Liste der vom Österreichischen Staatsarchiv publizierten Vermögensanmeldungen aus dem Jahr 1938, Material von lokalen und regionalen Studien zur Geschichte einzelner jüdischer Gemeinden in Österreich, Sterbebücher von Konzentrationslagern, Akten und Materialien aus dem Besitz der Israelitischen Kultusgemeinde Wien, dem Österreichischen Staatsarchiv, der israelischen Gedenkstätte Yad Vashem sowie dem United States Holocaust Memorial Museum.[29] Unzählige Hinweise von Forschenden, Angehörigen und Nachkommen haben zu diesem Speicher maßgeblich beigetragen.

Erstmals veröffentlicht wurden die bis zu diesem Zeitpunkt erfassten Namen und Daten der Holocaust-Opfer im Jahre 2001 auf einer – mittlerweile vergriffenen – CD-ROM „Die österreichischen Opfer des Holocaust"[30], die zusätzlich zur Datenbank auch eine Dokumentation der Verfolgung der österreichischen Jüdinnen und Juden mit Schwerpunkt auf den Zielorten der Deportationen bot. Neben einem Vorwort von Si-

---

25 www.doew.at/erforschen/projekte/datenbankprojekte/namentliche-erfassung-der-oesterreichischen-holocaustopfer [1.4.2024].

26 Das ist knapp ein Drittel der ca. 200.000 Jüdinnen und Juden, die vor 1938 in Österreich lebten und aufgrund der nationalsozialistischen „Nürnberger Gesetze" als Jüdinnen und Juden galten. www.doew.at/erforschen/projekte/arbeitsschwerpunkte/holocaust [24.3.2024].

27 Siehe dazu: Brigitte Bailer/Gerhard Ungar, Die namentliche Erfassung der österreichischen Holocaustopfer, in: DÖW (Hrsg.), Opferschicksale. Widerstand und Verfolgung im Nationalsozialismus, Jahrbuch 2013, Wien 2013, S. 63–73, hier S. 65–67.

28 Ebenda, S. 65.

29 Zu den verwendeten Quellen siehe: Ebenda, S. 67–70.

30 www.doew.at/erforschen/publikationen/gesamtverzeichnis/holocaust/cd-rom-die-oesterreichischen-opfer-des-holocaust [1.4.2024].

mon Wiesenthal und 900 Fotos enthielt die DVD auch Lesungen der Schauspieler*innen Fritz Muliar, Elisabeth Orth und Otto Tausig aus Briefen, Erinnerungen und Dokumenten.

Im Laufe der nachfolgenden Jahrzehnte führte das DÖW, basierend auf der „Namentlichen Erfassung der österreichischen Holocaustopfer", eine Vielzahl weiterer Projekte durch und konnte damit der Holocaustforschung in Österreich wertvolle Impulse geben. Die Datenbanken sind auch Grundlage von Forschungen und Gedenkprojekten anderer Institutionen und Recherchierenden zu den österreichischen Opfern.

2 Fokus Exil

Einer jener mehr als 130.000 Österreicher*innen, die ihre Heimat nach dem „Anschluss" im März 1938 verlassen mussten, war der spätere Gründer des Dokumentationsarchivs Herbert Steiner (1923–2001). Steiner gelang die Flucht nach England, seine Eltern wurden im Holocaust ermordet. Er wurde Sekretär der österreichischen Exilorganisation „Young Austria" und war Leiter des in London tätigen Exilverlages „Jugend voran".[31] Steiner sowie andere Angehörige der DÖW-Gründer*innengeneration, die von den Nationalsozialisten vertrieben worden waren, sahen das österreichische Exil 1934–1945 als integrierenden Bestandteil von Widerstand und Verfolgung, dessen Dokumentation und Erforschung von Beginn an auf der Agenda der wissenschaftlichen Tätigkeit des Dokumentationsarchivs stand.[32] Mit der Unterstützung von Institutionen, Archiven, Bibliotheken und mit Hilfe österreichischer diplomatischer Vertretungen konnte das DÖW eine bedeutende „Sammlung von Exildokumenten, Exilpublikationen und periodischen Druckschriften des österreichischen Exils aufbauen und für Interes-

---

31 Siehe: Herbert Exenberger, Die Exilsammlung in der DÖW-Bibliothek, in: Bewahren – Erforschen – Vermitteln. Das Dokumentationsarchiv des österreichischen Widerstandes, hrsg. v. DÖW, Wien 2008, S. 27–40. Zu seiner Person siehe weiters: Brigitte Bailer/Winfried R. Garscha/Wolfgang Neugebauer, Herbert Steiner und die Gründung des DÖW, in: DÖW (Hrsg.), Jahrbuch 2013, S. 43–62; Eric J. Hobsbawm, Herbert Steiner: Gründer und Leiter des DÖW, und die Bedeutung von Widerstandsforschung, in: DÖW (Hrsg.), Jahrbuch 2004, Wien 2004, S. 16–21; Brigitte Halbmayr, Herbert Steiner – auf vielen Wegen, über Grenzen hinweg. Eine politische Biografie, Weitra 2015.
32 Zur Exilsammlung des DÖW siehe: Will Schaber, Ein großes Sammelbecken. Das „Dokumentationsarchiv des österreichischen Widerstands" akkumuliert weit verzweigte Quellen, in: Aufbau, New York, 27.10.1978, S. 28; Peter Eppel, Der Schwerpunkt Exilforschung im Dokumentationsarchiv des österreichischen Widerstandes, in: DÖW (Hrsg.), Jahrbuch 1986, Wien 1986, S. 104–112; Veronika Schallhart/Siegwald Ganglmair, Der Schwerpunkt Exil im Dokumentationsarchiv des österreichischen Widerstandes seit 1986, in: DÖW (Hrsg.), Jahrbuch 1994, Wien 1994, S. 138–142; Wolfgang Neugebauer, Das Dokumentationsarchiv des österreichischen Widerstandes und die Exilforschung, in: Evelyn Adunka/Peter Roessler (Hrsg.), Die Rezeption des Exils. Geschichte und Perspektiven der österreichischen Exilforschung, Wien 2003, S. 47–54; Exenberger, Die Exilsammlung in der DÖW-Bibliothek.

sierte zugänglich machen".[33] Viele aus Österreich Vertriebene übergaben dem DÖW ihre Nachlässe in Original oder Kopie zur Aufbewahrung und Aufarbeitung, wie bspw. der Jurist und Universitätsprofessor Robert Langer[34], der Journalist Otto Leichter[35], der Kulturpolitiker Viktor Matejka[36] oder die Schriftsteller Friedrich Torberg (Der Schüler Gerber, Die Tante Jolesch oder der Untergang des Abendlands in Anekdoten)[37] und Stefan Zweig (Schachnovelle, Die Welt von gestern)[38].

1975 organisierte das DÖW gemeinsam mit der Dokumentationsstelle für neuere österreichische Literatur in Wien ein „Internationales Symposion zur Erforschung des österreichischen Exils 1934–1945"[39], an dem 105 Historiker*innen und Literaturwissenschaftler*innen aus 13 Staaten teilnahmen. Außerdem präsentierte das DÖW in der Bürgerstube des Alten Rathauses die auf 57 Tafeln gestaltete Ausstellung „Österreicher im Exil 1934–1945", die in weiterer Folge in zahlreichen europäischen Städten gezeigt wurde.

Im März 1976 zeigte das DÖW eine Ausstellung über den ein Jahr zuvor verstorbenen Schriftsteller Robert Neumann.[40] Neumann war in Österreich zum Zeitpunkt seiner Emigration nach Großbritannien Anfang 1934 ein bekannter Schriftsteller, Parodist und Autor von Theaterstücken. Seine Werke waren Opfer der Bücherverbren-

---

33 Exenberger, Die Exilsammlung in der DÖW-Bibliothek, S. 31.
34 DÖW 9361/1-8 (Nachlass Dr. Robert Langer). Langer (14.8.1888–7.1.1967) war bis 1938 Richter am Appellationsgerichtshof in Wien, musste 1939 in die USA flüchten und war nach dem Krieg Professor am Queens College in New York, ehe er nach Wien zurückkehrte.
35 DÖW 13075-13083 (Kopien aus dem Nachlass von Otto Leichter im „Verein für Geschichte der Arbeiterbewegung"). Leichter (22.2.1897–14.2.1973) war in der sozialistischen Partei engagiert und floh 1938 über Paris in die USA. Er blieb mit seinen beiden Söhnen nach dem Krieg in den Staaten. Seine Frau, die Sozialwissenschafterin Käthe Leichter, geborene Pick, wurde 1942 von den Nationalsozialisten ermordet.
36 DÖW 18861/1-166 (Nachlass Viktor Matejka). Matejka (4.12.1901–2.4.1993) war im Austrofaschismus Bildungsreferent der Arbeiterkammer Wien. Von März 1938 bis Juli 1944 war er in den KZ Dachau und Flossenbürg inhaftiert. 1945 bis 1949 war Matejka Stadtrat für Kultur und Volksbildung der Stadt Wien und bemühte sich als einer der wenigen Politiker in Österreich um die Rückholung von vertriebenen Juden und Jüdinnen. Siehe: Kuretsidis-Haider/Leo, „dachaureif", S. 190 f.
37 DÖW 19555/1-6 (Sammlung Friedrich Torberg). Torberg (16.9.1908–10.11.1979) lebte vor 1938 als Publizist und Theaterkritiker in Prag und Wien. Er floh nach dem „Anschluss" 1938 über die Schweiz und Frankreich in die USA und publizierte in Exilzeitschriften. Nach seiner Rückkehr nach Wien arbeitete er als Journalist und Literaturkritiker.
38 DÖW 19532/1-16 (Kopien aus dem Stefan-Zweig-Archive an der Reed Library Fredonia, State University New York). Die Werke von Stefan Zweig wurden im Mai 1933 in Deutschland verbrannt. Nach den Kämpfen im Februar 1934 verließ der weltberühmte Schriftsteller Salzburg und emigrierte nach Großbritannien, 1940 in die USA und anschließend nach Brasilien, wo er 1942 mit seiner zweiten Frau Selbstmord beging.
39 Protokoll des Internationalen Symposiums zur Erforschung des österreichischen Exils von 1934 bis 1945, abgehalten vom 3. bis 6. Juni 1975 in Wien, hrsg. v. DÖW, Wien 1977. Siehe dazu auch: Hanna Prandstätter, Viktor Suchy und die österreichische Exilliteratur. Rekonstruktion seiner Vermittlungsarbeit anhand des Nachlasses, MA Univ. Wien 2015, S. 95–99, hier S. 107.
40 Renate Heuer, Neumann, Robert, in: Neue Deutsche Biographie, Bd. 19, Berlin 1999, S. 159 f.

nung 1933 in Deutschland geworden und im Dritten Reich verboten. Nach dem „An-schluss" im März 1938 organisierte er in London den „Free Austrian P. E. N.-Club" und versuchte, in Österreich von Verfolgung bedrohten Schriftsteller*innen zur Ausreise zu verhelfen. Nach dem Ende der NS-Herrschaft blieb er im britischen Exil, wo er als Romancier, politischer Publizist und Literaturkritiker tätig war. 1947 wurde er Ehren-präsident des wiedererrichteten Österreichischen P. E. N.-Clubs. Helga Neumann un-terstützte das DÖW bei der Gestaltung der Ausstellung und steuerte Originalbriefe von Korrespondenzen ihres verstorbenen Mannes mit Repräsentant*innen der deutschsprachigen Exilliteratur bei. Sie stellte dem DÖW die gesamte Exilkorrespon-denz ihres Mannes in Kopie zur Verfügung[41] und übergab zahlreiche seiner Werke an die Exilbibliothek des DÖW.[42] Diese war maßgeblich von der seit der Gründung im Dokumentationsarchiv tätigen ehemaligen Widerstandskämpferin Selma Steinmetz[43] mit aufgebaut worden. Die Bibliothek umfasst mittlerweile eine einzigartige Samm-lung von Büchern, Broschüren, Katalogen, Zeitungen und Zeitschriften zum österrei-chischen Exil, die teilweise im Original vorhanden sind.

Mitte der 1970er Jahre bekam das DÖW zwei, für die Exilforschung wertvolle und für die Exilbibliothek wesentliche, Bestände: zum einen Kopien des Nachlasses von Jo-seph Buttinger[44], den er 1972 dem „Verein für Geschichte der Arbeiterbewegung" übergeben hatte[45], sowie 332 Monografien und 2.309 Hefte von 45 Zeitschriftentiteln zum Sammlungsschwerpunk des Dokumentationsarchivs aus seiner Bücherei „Libra-ry for Political Science", die er an die Universitätsbibliothek Klagenfurt übergab.[46] Jo-seph Buttinger (30.4.1906–4.3.1992) war der letzte Vorsitzende des Zentralkomitees der im Untergrund von 1934 bis 1938 in Österreich tätig gewesenen „Revolutionären Sozia-listen". Er floh in die USA und leitete nach dem März 1938 bis zu deren Auflösung Ende 1941 die „Auslandsvertretung österreichischer Sozialisten" in Paris und New York. Gemeinsam mit seiner amerikanischen Ehefrau Muriel Gardiner unterstützte er viele Flüchtlinge.

---

41 DÖW 11548/1-17 (Nachlass Robert Neumann, 22.5.1897–3.1.1975).

42 Exenberger, Die Exilsammlung in der DÖW-Bibliothek, S. 35.

43 Selma Steinmetz (1.9.1907–18.6.1979) war im französischen Exil Aktivistin der Widerstandsgruppe „Travail-Anti-Allemand" und überlebte die Folterungen in der Gestapo-Zentrale in Lyon. Ihr Vater, Chaim Steinmetz, wurde am 23. Oktober 1941 von Wien nach Lodz deportiert und ermordet. Siehe: www.doew.at/erinnern/biographien/spurensuche/selma-steinmetz-1907-1979 [7.6.2024].

44 Siehe: Günter Bischof, „Busy with Refugee Work". Joseph Buttinger, Muriel Gardiner, and the Sa-ving of Austrian Refugees, 1940–1941, in: Zeithistoriker – Archivar – Aufklärer. Festschrift für Winfried R. Garscha, hrsg. v. Claudia Kuretsidis-Haider u. Christine Schindler im Auftrag des DÖW und der Zentralen österreichischen Forschungsstelle Nachkriegsjustiz, Wien 2017, S. 115–126, hier S. 117 f.

45 Exenberger, Die Exilsammlung in der DÖW-Bibliothek, S. 35.

46 Siehe: Joseph Buttinger und sein Bibliotheksvermächtnis, www.aau.at/universitaetsbibliothek-kla genfurt/sondersammlungen/kostbarkeiten-aus-der-bibliothek/buttinger/ sowie www.aau.at/universita etsbibliothek-klagenfurt/sondersammlungen/buttinger-sammlung/ [10.7.2024]. Siehe auch: Exenberger, Die Exilsammlung in der DÖW-Bibliothek, S. 35.

1980 erhielt das Dokumentationsarchiv den Auftrag des Bundesministeriums für Wissenschaft und Forschung zu einer systematischen, wissenschaftlichen Dokumentation des österreichischen Exils in Form einer kommentierten Edition vorwiegend unpublizierten und wissenschaftlich kaum ausgewerteten Quellenmaterials nach dem Vorbild der vom DÖW herausgegebenen Reihe „Widerstand und Verfolgung in den österreichischen Bundesländern". Als erster Band in der Reihe „Österreicher im Exil 1934–1945"[47] erschien 1984 jener über Frankreich. Bis 2002 (Mexiko) wurden weitere Bände für Belgien (1987), Großbritannien (1992), USA (1995) und die Sowjetunion (1999) veröffentlicht. 2004 wurde schließlich noch das Projekt „ÖsterreicherInnen im Exil. Die La-Plata-Staaten Argentinien und Uruguay 1938–1945", das von Oliver Kühschelm, Philipp Mettauer und Regula Nigg initiiert und durchgeführt worden war, abgeschlossen[48], aber nicht mehr in Buchform veröffentlicht.[49]

Die Arbeiten zur Erforschung des österreichischen Exils wurden in diesen mehr als 20 Jahren u. a. getragen von den damaligen DÖW-Mitarbeitern bzw. vom DÖW beauftragten Sachbearbeitern Peter Eppel[50], Barry McLoughlin und Hans Schafranek[51] sowie Wolfgang Muchitsch[52] und Ulrich Weinzierl.[53]

Eine spezielle Form des – politischen – Exils betrifft die österreichischen Freiwilligen im Spanischen Bürgerkrieg. Der ehemalige Spanienkämpfer, Überlebende des KZ Dachau und Historiker des Spanischen Bürgerkriegs Hans Landauer[54] betrieb seit sei-

---

47 Siehe: www.doew.at/erforschen/publikationen/gesamtverzeichnis/exil/oesterreicher-im-exil [24.3.2024].

48 Siehe: www.doew.at/erforschen/projekte/arbeitsschwerpunkte/exil/oesterreicherinnen-im-exil-die-la-plata-staaten-argentinien-und-uruguay-1938-1945 [24.3.2024].

49 Siehe aber u. a.: Regula Nigg/Philipp Mettauer, „Wir sind für euch immer noch Emigranten": eine österreichisch-argentinische Lebensgeschichte, in: DÖW (Hrsg.), Jahrbuch 2003, Wien 2003, S. 12–41; Oliver Kühschelm, Die soziale Herkunft der EmigrantInnen in Uruguay, in: DÖW (Hrsg.), Jahrbuch 2007, Wien 2007, S. 108–133.

50 Peter Eppel – der langjährige DÖW-Mitarbeiter verstarb 2014 – hat die u. a. Dokumentation „Exil in den USA" bearbeitet.

51 Barry McLoughlin und Hans Schafranek haben die Dokumentation „Exil in der Sowjetunion" bearbeitet. Siehe weiters: Barry McLoughlin/Hans Schafranek/Walter Szevera, Aufbruch – Hoffnung – Endstation. Österreicherinnen und Österreicher in der Sowjetunion 1925–1945, Wien 1997.

52 Wolfgang Muchitsch hat die Dokumentation „Exil in Großbritannien" bearbeitet. Siehe weiters: Wolfgang Muchitsch, Mit Spaten, Waffen und Worten. Die Einbindung österreichischer Flüchtlinge in die britischen Kriegsanstrengungen 1939–1945, Wien–Zürich 1992.

53 Ulrich Weinzierl hat die Dokumentationen „Exil in Frankreich" sowie „Exil in Belgien" bearbeitet

54 Siehe: Mario Muigg, Hans Landauer, die Polizei und der Nationalsozialismus. Das schwierige Erbe nach 1945, in: Barbara Stelzl-Marx/Andreas Kranebitter/Gregor Holzinger (Hrsg.), Exekutive der Gewalt. Die österreichische Polizei und der Nationalsozialismus, Wien 2024, S. 615–634.

ner Pensionierung vom Polizeidienst den Aufbau des Spanienarchivs im DÖW.[55] Seit seinem Tod 2014 wird es von Irene Filip und Manfred Mugrauer weitergeführt.[56]

Perspektivenwechsel

Viele Jahre lag der Fokus der Exilforschung sowohl von universitärer Seite[57] als auch in den Arbeiten des DÖW fast ausschließlich auf dem politischen Exil sowie auf der Flucht und Vertreibung bekannter Künstler*innen und Wissenschafter*innen. Insbesondere sei hier auf die Publikationen der Theodor Kramer-Gesellschaft[58] und im Speziellen auf Sieglinde Bolbechers und Konstantin Kaisers Standardwerk „Lexikon der österreichischen Exilliteratur"[59] sowie auf die Arbeit der „Österreichischen Gesellschaft für Exilforschung" hingewiesen.

In den ausgehenden 2000er Jahren wandte sich das DÖW einer anderen Form der Exilforschung zu und nahm das Schicksal der großen Mehrheit der Vertriebenen in den Blick. 2006 erhielt das DÖW einen Bestand von mehr als 8.000 Akten der Kanzlei des Rechtsanwalts Hugo Ebner und Partner von dessen Nachfolgekanzlei zur Aufbewahrung, Archivierung und wissenschaftlichen Bearbeitung. Die Kanzlei hatte sich u. a. auf die rechtsfreundliche Vertretung von NS-Verfolgten spezialisiert, und zwar in erster Linie von aus Österreich vertriebenen Jüdinnen und Juden. Es handelt sich dabei großteils um Pensionsakten, in denen sich Dokumente befinden, aus denen die Lebensdaten der ins Exil getriebenen Österreicher*innen hervorgehen (Geburts- und Heiratsurkunden der Mandant*innen sowie teilweise von deren Eltern, Nachweise von Ausbildungs- und Berufszeiten, eidesstattliche Erklärungen, Lebensläufe, Meldenachweise) und aus denen die Demografie und Sozialstruktur von mehr als 20.000

---

55 Hans Landauer, Das Archiv der österreichischen Spanienkämpfer im DÖW, in: DÖW (Hrsg.), Bewahren – Erforschen – Vermitteln, S. 23–26.

56 Siehe: Manfred Mugrauer, Das Spanienarchiv im Dokumentationsarchiv des österreichischen Widerstandes, in: Dokumentationsarchiv des österreichischen Widerstandes/Vereinigung österreichischer Freiwilliger in der Spanischen Republik 1936–1939 und der Freunde des demokratischen Spanien (Hrsg.), 80 Jahre Internationale Brigaden. Neue Forschungen über österreichische Freiwillige im Spanischen Bürgerkrieg, Wien 2016, S. 133–156; Irene Filip, Frauen bei den Internationalen Brigaden im Spanischen Bürgerkrieg, in: DÖW (Hrsg.), Jahrbuch 2009, Wien 2009, S. 137–144. Siehe weiters: www.doew.at/erinnern/biographien/spanienarchiv-online [24.3.2024].

57 Siehe u. a.: Friedrich Stadler (Hrsg.), Vertriebene Vernunft: Emigration und Exil österreichischer Wissenschaft 1930–1940 Bd. 1 u. 2 (unveränderte Neuauflage), Münster–Hamburg–Berlin–Wien 2004; Evelyn Adunka/Peter Roessler (Hrsg.), Die Rezeption des Exils: Geschichte und Perspektiven der österreichischen Exilforschung, Wien 2002; Sandra Wiesinger-Stock/Erika Weinzierl (Hrsg.), Vom Weggehen: zum Exil von Kunst und Wissenschaft, Wien 2006.

58 Siehe bspw. Konstantin Kaiser (Hrsg.), Theodor Kramer 1897–1958: Dichter im Exil. Aufsätze und Dokumente, Wien 1983.

59 Sieglinde Bolbecher/Konstantin Kaiser, Lexikon der österreichischen Exilliteratur, Wien 2000.

österreichischen Jüdinnen und Juden nachgezeichnet werden kann.[60] 2009 bis 2014 führte das Dokumentationsarchiv das Projekt „Vertreibung – Exil – Emigration. Die österreichischen NS-Vertriebenen im Spiegel der Sammlung der Rechtsanwaltskanzlei Dr. Hugo Ebner" durch.[61] Ziel des Projekts war es, durch eine quantitative und qualitative Auswertung der Pensionsakten zu verallgemeinerbaren Aussagen zu den mehr als 130.000 Menschen zu gelangen, die wegen ihrer jüdischen Herkunft und zum Teil auch aus politischen Gründen aus Österreich vertrieben wurden bzw. flüchten mussten.[62] Die Akten beinhalten detaillierte Informationen zu Ausbildungen und Berufen vor 1938, aber auch zu den beruflichen Tätigkeiten im Exil und nach 1945. Bei Anträgen auf Hinterbliebenen- oder Waisenpensionen sind auch Angaben zu Familienangehörigen vorhanden. Weiters enthalten die Akten oftmals persönlich gehaltene Briefe, da Hugo Ebner und seine Kanzleipartner über ein umfangreiches Netzwerk unter den NS-Vertriebenen verfügten. Die Briefe geben wertvolle Aufschlüsse über die Lebenswirklichkeit der in vielen Ländern verstreut lebenden NS-Vertriebenen (vor allem in den USA, Großbritannien, zahlreichen lateinamerikanischen Ländern, Frankreich, Ungarn, Schweden und Australien). Schließlich geht aus den Akten der Kanzlei Ebner, da es sich zum überwiegenden Teil um pensionsrechtliche Verfahren handelt, auch das Nachkriegsschicksal der Betroffenen teilweise bis in die jüngere Vergangenheit hervor. Die Akten der Kanzlei Ebner stellen somit eine einzigartige Grundlage für die Einbettung in eine Gesamtanalyse zu Fragen des sozialen Beziehungsgefüges der aufgrund der Nürnberger Gesetze als Jüdinnen und Juden verfolgten Österreicher*innen vor, während und nach der nationalsozialistischen Verfolgung dar.

Rechtsanwalt Heinrich Vana, in dessen Kanzlei die Akten vor Abgabe an das DÖW gelagert waren, begründete seine Motivation für die Übergabe der Pensionsakten an das DÖW folgendermaßen:

> Es war unser Wunsch, die Akten dem Dokumentationsarchiv zu übergeben. Ich glaube, dass es wenige Quellen gibt, die so persönlich, so detailliert, die Migration und auch die persönlichen Lebensverhältnisse zum Zeitpunkt der Migration dokumentieren. Weil es in den Pensionsverfah-

---

60 Claudia Kuretsidis-Haider, Österreichische Pensionen für jüdische NS-Vertriebene. Die Rechtsanwaltskanzlei Ebner: Akteure – Netzwerke – Akten, Wien 2017, S. 15 f.

61 www.doew.at/erforschen/projekte/datenbankprojekte/vertreibung-und-vernichtung [24.3.2024]. Finanziert wurde das gesamte Projektkonvolut von Jubiläumsfonds der Österreichischen Nationalbank, National- und Zukunftsfonds, Sozialministerium, Stadt Wien und Wiener Wiesenthal Institut. Claudia Kuretsidis-Haider, Exilforschung im DÖW am Beispiel des Projekts „Vertreibung – Exil – Emigration". Die österreichischen NS-Vertriebenen im Spiegel der Sammlung der Rechtsanwaltskanzlei Dr. Hugo Ebner, in: Evelyn Adunka/Primavera Driessen Gruber/Simon Usaty (Hrsg.), Exilforschung: Österreich Leistungen, Defizite & Perspektiven, Wien 2018, S. 621–647.

62 Claudia Kuretsidis-Haider, Vertreibung und Vernichtung. Jüdische Schicksale vor dem Hintergrund von Shoah und erzwungener Emigration – ein Werkstattbericht, in: DÖW (Hrsg.), Feindbilder, Jahrbuch 2015, Wien 2015, S. 81–112, hier S. 112.

ren im Detail notwendig war, die persönliche Lebensgeschichte zu rekonstruieren. Diese Akten sind also ein unglaublicher Schatz.[63]

Dieser Schatz hat sich im Sommer 2023 noch vergrößert. Im Zuge der Pensionierung von Heinrich Vana erhielt das Dokumentationsarchiv von der Rechtsanwaltskanzlei Breitenecker-Kolbitsch-Vana, also der Nachfolgekanzlei von Hugo Ebner und Partnern, die 2006 zunächst noch dort verbliebenen Pensionsakten. Damit hat sich der Bestand der Pensionsakten auf ca. 14.000 Akten ausgeweitet. Darüber hinaus wurde dem DÖW auch der Karteikasten mit mehr als 30.000 Namen von zur Flucht gezwungenen Österreicher*innen übergeben.[64]

Archivalisch erschlossen ist bis dato ungefähr ein Drittel des Gesamtbestandes. Dieser kann bis zur Beendigung der Bearbeitung, die gegenwärtig unterbrochen ist und erst nach der Übersiedlung des DÖW auf das Otto-Wagner-Areal fortgeführt wird, aus datenschutzrechtlichen Gründen, den Auflagen der Kanzlei Breitenecker-Kolbitsch-Vana folgend, nicht öffentlich zugänglich gemacht werden.

3 Fokus Nachkriegsjustiz

3.1 Datenerfassung als Grundlage für die Täter*innenforschung

Auch im Bereich der seit vielen Jahrzehnten im DÖW betriebenen Täter*innenforschung hat der sensible Umgang mit personenbezogenen Daten Priorität.

Schon in den ersten Dokumentationen „Widerstand und Verfolgung" fanden Gerichtsdokumente Eingang in die Quelleneditionen. In den 1980er Jahren wurden schließlich – nicht zuletzt im Gefolge der Waldheim-Affäre 1986 – immer öfter Fragen nach dem Anteil von Österreicher*innen an den nationalsozialistischen Verbrechen gestellt.

1993 startete das Dokumentationsarchiv mit der Mikroverfilmung von Akten des Volksgerichtes Wien (das Teil jener besonderen Gerichtsbarkeit war, die zwischen 1945 und 1955 NS-Verbrechen juristisch ahndete[65]). 1996 konnten die Gedenkstätte Yad Vashem und das US-Holocaust-Memorial Museum als Kooperationspartner gewonnen werden.

Mit der Gründung der Zentralen österreichischen Forschungsstelle Nachkriegsjustiz 1998 wurde der in den Jahren zuvor begonnene Aufbau eines internationalen Netz-

---

63 Kuretsidis, Die Rechtsanwaltskanzlei Ebner, S. 21.

64 www.doew.at/neues/akten-der-rechtsanwaltskanzlei-hugo-ebner-und-partner-zur-gaenze-an-das-doew-uebergeben [27.3.2024].

65 Siehe dazu überblicksmäßig: Claudia Kuretsidis-Haider/Winfried R. Garscha/Siegfried Sanwald, Verfahren vor den österreichischen Volksgerichten, in: Christine Schindler (Hrsg. im Auftrag des DÖW), Verfolgung und Ahndung, Jahrbuch 2021, Wien 2021, S. 15–104.

werkes von Einrichtungen und Wissenschafter*innen, die zur justiziellen Ahndung von NS-Verbrechen arbeiteten, institutionalisiert.

3.1.1 Die Mikroverfilmung von Volksgerichtsakten

Die 1993 in Angriff genommene Mikroverfilmung von Akten des Volksgerichtes Wien[66] erfolgte im Rahmen des Forschungsprojekts „Die Verfahren vor dem Volksgericht Wien (1945–1955) als Geschichtsquelle".[67] Der große Umfang der sich damals noch zum Teil im Bereich der Justizverwaltungen, teilweise aber auch schon bei den jeweiligen Landesarchiven befindlichen Gerichtsakten, erforderte eine Konzentration auf bestimmte Tatkomplexe.

Den thematischen Schwerpunkt bei der Auswahl der Gerichtsakten, die sich auch in zahlreichen Publikationen ihrer Mitarbeiter*innen widerspiegelten, bildeten: Endphaseverbrechen (u. a. die Ermordung und Misshandlung von ungarisch-jüdischen Zwangsarbeiter*innen im Rahmen des „Südostwallbaus"[68] sowie das Massaker im Zuchthaus Stein am 6. April 1945[69]), Verbrechen von aus Österreich stammenden

---

66 Siehe dazu ausführlich: Claudia Kuretsidis-Haider, Justizakten als Geschichtsquelle: vom Umgang mit den Findhilfsmitteln und Beständen der Forschungsstelle Nachkriegsjustiz am DÖW, in: Markus Stumpf/Hans Petschar/Oliver Rathkolb (Hrsg.), Nationalsozialismus digital. Die Verantwortung von Bibliotheken, Archiven und Museen sowie Forschungseinrichtungen und Medien im Umgang mit der NS-Zeit im Netz, Göttingen 2021, S. 63–80. Detaillierter: Claudia Kuretsidis-Haider, 20 Jahre Zentrale österreichische Forschungsstelle Nachkriegsjustiz: Ein Werkstattbericht, in: Kuretsidis-Haider/Schindler (Hrsg.), Zeithistoriker – Archivar – Aufklärer, S. 425–450, hier S. 429–434.
67 Siehe dazu ausführlich: Die Verfahren vor dem Volksgericht Wien (1945–1955) als Geschichtsquelle. Abschlussbericht des vom Fonds zur Förderung der wissenschaftlichen Forschung finanzierten Forschungsprojekts des DÖW, Juli 1996, www.doew.at/cms/download/3qf8r/projekt_vg_wien.pdf [1.4.2024]; Eva Holpfer, Die Verfilmung von Gerichtsakten des Vg Wien und des LG Wien, in: Justiz und Erinnerung, hrsg. v. Verein zur Förderung justizgeschichtlicher Forschungen und vom Verein zur Erforschung nationalsozialistischer Gewaltverbrechen und ihrer Aufarbeitung), Nr. 3/Oktober 2000, S. 7 f. Sämtliche Hefte von Justiz und Erinnerung sind abrufbar unter: www.nachkriegsjustiz.at/service/archiv/index.php [7.6.2024].
68 Claudia Kuretsidis-Haider, „Das Volk sitzt zu Gericht". Österreichische Justiz und NS-Verbrechen am Beispiel der Engerau-Prozesse 1945–1954, Innsbruck–Wien–Bozen 2006; Thomas Albrich/Winfried R. Garscha/Martin F. Polaschek (Hrsg.), Holocaust und Kriegsverbrechen vor Gericht. Der Fall Österreich, Innsbruck–Wien–Bozen 2006; Eva Holpfer, Das Massaker an ungarisch-jüdischen Zwangsarbeitern zu Kriegsende in Deutsch-Schützen (Burgenland) und seine gerichtliche Ahndung durch die österreichische Volksgerichtsbarkeit, in: Holocaust Hefte Nr. 12/1999, hrsg. v. der Ungarischen Auschwitz Stiftung, Holocaust Dokumentationszentrum, Budapest, S. 43–70; dieselbe, Der Umgang der burgenländischen Nachkriegsgesellschaft mit NS-Verbrechen bis 1955 am Beispiel der wegen der Massaker von Deutsch-Schützen und Rechnitz geführten Volksgerichtsprozesse, Dipl. Univ. Wien 1998.
69 Gerhard Jagschitz/Wolfgang Neugebauer (Hrsg.), Stein, 6. April 1945. Das Urteil des Volksgerichts Wien (August 1946) gegen die Verantwortlichen des Massakers im Zuchthaus Stein, Wien 1995; Konstantin Ferihumer, Der Stein-Komplex. Zur Aufarbeitung von Kriegsendphaseverbrechen des Zweiten Weltkriegs im Raum Stein a. d. Donau, Masterarbeit Univ. Wien 2012; Konstantin Ferihumer/Winfried

Angehörigen der Deutschen Polizei[70] in Ostgalizien (v. a. bei der Räumung der Ghettos), Verbrechen im Rahmen der nationalsozialistischen „Euthanasie"-Aktion in psychiatrischen Kliniken, sogenannte Schreibtischverbrechen, begangen vor allem in Zusammenhang mit den Deportationen in die Vernichtungslager, Verbrechen von Mitarbeitern der Gestapoleitstelle Wien bzw. der Gestapo-Außenstelle St. Pölten, Denunziationsverbrechen[71], Massenvernichtungsverbrechen und Misshandlungen in (Vernichtungs-)Lagern, darunter Verfahren gegen Angehörige des Bewachungspersonals des KZ Auschwitz, des KZ Mauthausen, seiner Nebenlager und Außenkommandos sowie anderer Konzentrationslager.[72]

Neben der Funktion der Beschuldigten im NS-System war die Höhe des Strafausmaßes (Todesurteil, lebenslänglicher Kerker, 20 Jahre schwerer Kerker) ein weiteres Kriterium für die Auswahl der zu verfilmenden Gerichtsakten.

Ab 1996 wurde die Mikroverfilmung in Kooperation mit Yad Vashem – The Holocaust Martyr's and Heroes' Remembrance Authority in Jerusalem und in weiterer Folge mit dem US-Holocaust-Memorial Museum (USHMM) durchgeführt. Dies führte zu einer Ausweitung der Auswahl der zu verfilmenden Akten auf Verfahren wegen der Verfolgung und Ermordung der europäischen Jüdinnen und Juden, darunter insbesondere Verfahren wegen Massenvernichtungsverbrechen im KZ Auschwitz[73] und Verfahren gegen Angehörige von Einsatzkommandos in den 1960er Jahren[74] sowie Verfahren wegen missbräuchlicher Bereicherung („Arisierung").[75]

Insgesamt wurden 1.670 Gerichtsakten verfilmt und ausgewertet. Sie bilden im Archiv des DÖW den Bestand der Justizakten-Mikrofilme und sind für die Forschung zugänglich.

R. Garscha, Der „Stein-Komplex". Nationalsozialistische Endphaseverbrechen im Raum Krems und ihre gerichtliche Aufarbeitung, in: DÖW (Hrsg.), Fanatiker, Pflichterfüller, Widerständige. Reichsgaue Niederdonau, Groß-Wien, Jahrbuch 2016, Wien 2016, S. 51–82.

70 Siehe überblicksmäßig: Claudia Kuretsidis-Haider, „Jeder soll als Herrenmensch auftreten". Verbrechen von Polizeiangehörigen und ihre Ahndung durch die österreichische Justiz, in: Stelzl-Marx/Kranebitter/Holzinger (Hrsg.), Exekutive der Gewalt, S. 561–620.

71 Siehe: Heimo Halbrainer, „Der größte Lump im ganzen Land, das ist und bleibt der Denunziant". Denunziation in der Steiermark 1938–1945 und der Umgang mit den Denunzianten in der Zweiten Republik, Graz 2007.

72 Siehe zu den in diesem Absatz genannten Themen zahlreiche Artikel von Martin Achrainer, Peter Ebner, Winfried R. Garscha, Heimo Halbrainer, Eva Holpfer, Claudia Kuretsidis-Haider, Irene Leitner, Sabine Loitfellner, Konstantin Putz, Siegfried Sanwald, Susanne Uslu-Pauer u. a. im Sammelband Albrich/Garscha/Polaschek (Hrsg.), Holocaust und Kriegsverbrechen vor Gericht, bzw. im Rundbrief der Forschungsstelle Nachkriegsjustiz „Justiz und Erinnerung".

73 www.nachkriegsjustiz.at/prozesse/geschworeneng/auschwitz_wien1972.php [1.4.2024].

74 Siehe: www.nachkriegsjustiz.at/prozesse/geschworeneng/udssr_verbrechen.php [1.4.2024].

75 Sabine Loitfellner, Arisierungen während der NS-Zeit und ihre justizielle Ahndung vor dem Volksgericht Wien 1945–1955. Voraussetzungen – Analyse – Auswirkungen, Dipl. Univ. Wien 2000.

3.1.2 EDV-basierte Erfassung von Volksgerichtsverfahren

Die EDV-Erfassung der Kartei der am Volksgericht Wien zwischen 1945 und 1955 ge-
führten gerichtlichen Voruntersuchungen und Aufbau der „Vg-Datenbank"
Neben der themenspezifischen Verfilmung und Tiefenerschließung ausgewählter
Gerichtsakten erwies es sich für einen Überblick über die Vg-Prozesse als notwendig,
eine Gesamterfassung der an den vier Volksgerichtsstandorten geführten Verfahren
vorzunehmen. In einem ersten Arbeitsschritt wurden die 52.601 von der Staatsanwaltschaft Wien zwischen 1945 und 1955 gerichtsanhängig gemachten und damals in der
Einlaufstelle des Landesgerichtes für Strafsachen Wien in einer eigenen, phonetisch
aufgebauten Kartei mit rund 40.000 Karteikarten dokumentierten Volksgerichtsverfahren in einer Datenbank erschlossen. [76] 1999/2000 wurden so insgesamt 38.675 Karteikarten in Form von Personendatensätzen EDV-mäßig angelegt.

Im Jahr 2000 stellte das Landesgericht für Strafsachen Wien dem DÖW und der
Forschungsstelle Nachkriegsjustiz als zusätzliche Informationsquelle das Verfahrens-
register (Vr-Register) und das Hauptverhandlungsregister (Hv-Register) zur Verfügung, welche in die Datenbank integriert wurden.

Mit der Verknüpfung der Namenskartei und der beiden Register konnte die „Vg-
Datenbank" aufgebaut werden. Abgefragt werden kann u.a. nach Personen, Verfah-
ren, Straftatbeständen, Tatorten und Opfergruppen.[77] Auswertungsgrundlage für die
„Vg-Datenbank" war ein vom Amsterdamer Strafrechtsprofessor Christiaan F. Rüter
erstellter Kriterienkatalog[78], den er in einem sich über mehrere Jahrzehnte erstre-
ckenden Großprojekt für die EDV-gestützte Erfassung der in der Bundesrepublik
Deutschland (später auch in der DDR) mit Urteil abgeschlossenen Prozesse wegen NS-
Gewaltverbrechen entwickelt hatte.[79]

---

76 Insgesamt fällte das Volksgericht Wien gegen rund 11.500 Personen ein Urteil, davon wurden ca.
56 % schuldig gesprochen, 28 Personen zum Tode sowie 21 Angeklagte zu lebenslänglichem Kerker
verurteilt. Siehe: Eva Holpfer/Sabine Loitfellner/Susanne Uslu-Pauer, Wiener Urteile wegen NS-Verbrechen. Abschluss der Erfassung des Hauptverhandlungsregisters des Volksgerichts Wien (1945–1955), in:
Justiz und Erinnerung, Nr. 7/2003, S. 29.
77 Eine ausführliche Beschreibung der Datenbank siehe: EDV-gestützte Erschließung der Volksgerichtsakten im Oberösterreichischen Landesarchiv. Bericht über das Ergebnis des Pilotprojekts an
das Bundesministerium für Bildung, Wissenschaft und Kultur, www.nachkriegsjustiz.at/prozesse/pro
jekte/OOeLAEnd_BMBWK2003.pdf [1.4.2024], S. 13–22.
78 Siehe dazu ausführlich: Winfried R. Garscha/Claudia Kuretsidis-Haider, Der Export der „Rüter-Kategorien". Eine Zwischenbilanz der Erfassung und Analyse der österreichischen Gerichtsverfahren
wegen nationalsozialistischer Gewaltverbrechen, in: Dick de Mildt (Hrsg.), Staatsverbrechen vor Gericht. Festschrift für Christiaan Frederik Rüter zum 65. Geburtstag, Amsterdam 2003, S. 73–117.
79 In dem von Adelheid Rüter-Ehlermann und C. F. Rüter schon in den 1960er Jahren begonnenen und
in weiterer Folge mit Dick W. de Mildt fortgeführten Projekt „Justiz und NS-Verbrechen" wurden die
seit 1945 im Zuge der Ahndung nationalsozialistischer Tötungsverbrechen ergangenen westdeutschen
und ostdeutschen Strafurteile publiziert: Die westdeutschen Strafurteile aus den Jahren 1945 bis 2012
(Justiz und NS-Verbrechen, Bde. I–XLIX) und: Die westdeutschen Strafverfahren wegen nationalsozia-

Die „Vg-Datenbank" wurde für eine Öffentlichmachung gemäß den datenschutzrechtlichen Bestimmungen adaptiert und steht den Benützer*innen im DÖW für die Recherche nach NS-Prozessen zur Verfügung.

Die EDV-gestützte Erschließung der Volksgerichtsakten im Oberösterreichischen Landesarchiv

Aufgrund des großen Aktenbestandes und der daraus resultierenden Datenmenge waren für den Volksgerichtsstandort Wien keine vollständige Auswertung und Analyse der Prozesse möglich. Für eine Gesamterfassung an einem kleineren Standort der Volksgerichtsbarkeit sowie die Erprobung und Weiterentwicklung der „Vg-Datenbank" boten sich die Akten des Volksgerichts Linz an, die sich bereits zur Gänze im Oberösterreichischen Landesarchiv befanden, darunter die Gerichtsakten eines Teils der Verfahren wegen Verbrechen im KZ Mauthausen, die vor dem Volksgericht Linz abgehandelt worden waren, sowie Gerichtsakten betreffend die justizielle Ahndung der in Hartheim, der wichtigsten Tötungsanstalt im Rahmen der NS-„Euthanasie", verübten Verbrechen.

Quellengrundlage für das 2001 begonnene Projekt bildete die digitalisierte Kartei der Staatsanwaltschaft Linz sowie die im OÖLA vorhandenen, in 593 Archivboxen aufbewahrten Originalakten des Volksgerichts am Landesgericht Linz (einschließlich der Akten seiner Außensenate in Ried/Innkreis und Salzburg).[80]

Mit dem 2004 abgeschlossenen Projekt konnten aufgrund der Autopsie und Gesamterfassung aller Akten des Volksgerichts Linz wesentlich präzise Zahlen zur justiziellen Auseinandersetzung mit den NS-Verbrechen an diesem Gerichtsstandort vorgelegt werden. Die Ergebnisse des Projekts wurden in mehreren Aufsätzen in Publikationen des OÖLA, des Stadtarchivs Linz sowie der Forschungsstelle Nachkriegsjustiz präsentiert.[81]

---

listischer Tötungsverbrechen 1945–1997. Eine systematische Verfahrensbeschreibung mit Karten und Registern, sowie: Die ostdeutschen Strafurteile aus den Jahren 1945 bis 1990 (DDR-Justiz und NS-Verbrechen, Bde. I-XIV). Siehe dazu mit Downloadmöglichkeit von Gerichtsakten: junsv.nl [1.4.2024].

80 Claudia Kuretsidis-Haider/Winfried R. Garscha, Das Linzer Volksgericht. Die Ahndung von NS-Verbrechen in Oberösterreich nach 1945, in: Fritz Mayerhofer/Walter Schuster (Hrsg.), Nationalsozialismus in Linz, Bd. 2, Linz 2001, S. 1467–1561, hier S. 1499.

81 Winfried R. Garscha/Claudia Kuretsidis-Haider, Legionäre, DenunziantInnen, Illegale. Die Tätigkeit des Volksgerichts Linz, in: Heimo Halbrainer/Claudia Kuretsidis-Haider (Hrsg.), Kriegsverbrechen, NS-Gewaltverbrechen und die europäische Strafjustiz von Nürnberg bis Den Haag, Graz 2007, S. 251–269; Winfried R. Garscha/Claudia Kuretsidis-Haider, „Traurige Helden der inneren Front". Die Linzer Tagespresse und die Anfänge der gerichtlichen Ahndung von NS-Verbrechen in Oberösterreich 1945/46, in: Archiv der Stadt Linz (Hrsg.), Stadtarchiv und Stadtgeschichte. Forschungen und Innovationen. Festschrift für Fritz Mayerhofer, Linz 2004, S. 561–581; Garscha/Kuretsidis-Haider, Das Linzer Volksgericht, S. 1467–1561.

3.1.3 Erfassung und Digitalisierung von staatsanwaltschaftlichen und gerichtlichen Ermittlungen wegen NS-Verbrechen[82]

Nach dem Abschluss der beiden Großprojekte der EDV-gestützten Erfassung der Kartei des Wiener Volksgerichts sowie sämtlicher Linzer Volksgerichtsakten lag der Fokus der Arbeit der FStN auf den nach Abschaffung der Volksgerichtsbarkeit im Jahre 1955 eingeleiteten Strafverfahren, die eingestellt wurden, in denen also kein Urteil erging.

Angesichts der Tatsache, dass seit 1955 nur mehr 35 Prozesse mit einem Urteil abgeschlossen wurden,[83] sah und sieht sich Österreich international immer wieder mit dem Vorwurf konfrontiert, insbesondere in den 1960er und 1970er Jahren zu wenig für die Ausforschung und Bestrafung österreichischer NS-Täter*innen unternommen zu haben.[84] Kaum bekannt ist allerdings, dass es zur Einleitung hunderter Verfahren gekommen war, die oft erst nach mehrjährigen, intensiven Ermittlungen eingestellt wurden und somit in großem Umfang Informationen über Tatkomplexe, Täter*innen und Opfer enthalten.

Ziel eines 2011 begonnenen Kooperationsprojektes mit dem USHMM (zu Beginn auch mit Yad Vashem) ist es, alle nach 1956 in Österreich geführten Verfahren wegen nationalsozialistischer Verbrechen vollständig zu erfassen und, soweit rechtlich möglich, zu digitalisieren. In einem ersten Teilprojekt wurden die Erfassung und Digitalisierung von gerichtlichen Ermittlungen wegen NS-Verbrechen nach Abschaffung der Volksgerichte mit dem Gerichtsstandort Wien begonnen. 2014 erfolgte die Ausdehnung des Projekts auf Gerichtsstandorte außerhalb Wiens. Das Projekt konnte bis dato nicht abgeschlossen werden, weil der Zugang zu Strafakten betreffend nationalsozialistische Verbrechen seit einem Erlass des österreichischen Bundesministeriums für Justiz vom Dezember 2019 erheblich erschwert ist.[85]

3.2 Täter*innenforschung der Forschungsstelle Nachkriegsjustiz am DÖW

3.2.1 Projektcluster „Justiz und NS-Gewaltverbrechen"

Die Forschungsstelle Nachkriegsjustiz kooperierte 2002 bis 2006 in einem Projektcluster mit dem Institut für Österreichische Rechtsgeschichte und Europäische Rechtsent-

---

82 Projektbeschreibung: www.nachkriegsjustiz.at/prozesse/projekte/pilotprojekt_ushmm.php [1.4.2024].
83 nachkriegsjustiz.at/prozesse/geschworeneng/index.php [1.4.2024].
84 Siehe dazu stellvertretend die Einschätzung von Efraim Zuroff, Direktor des Standorts Jerusalem des Simon-Wiesenthal-Centers, im Standard, 1.2.2006: Zuroff: Österreich ein Paradies für NS-Verbrecher, www.derstandard.at/story/2327230/zuroff-oesterreich-ein-paradies-fuer-ns-verbrecher [1.4.2024].
85 Siehe dazu das Schlusskapitel dieses Beitrages.

wicklung der Universität Graz und dem Institut für Zeitgeschichte der Universität Innsbruck. In den zu einem Projektpaket gebündelten Teilprojekten wurde eine Übersicht sämtlicher Urteile österreichischer Gerichte wegen NS-Gewaltverbrechen erstellt. Dabei konnte die Ahndung von NS-Gewaltverbrechen durch die österreichischen Gerichte miteinander verglichen werden: sowohl synchron – bezogen auf regionale Unterschiede in der Rechtsprechung, insbesondere im ersten Nachkriegsjahrzehnt, als die vier Volksgerichte jeweils für eine der vier Besatzungszonen zuständig waren – als auch diachron – bezogen auf die Unterschiede zwischen Volks- und Geschworenengerichtsbarkeit. Darüber hinaus wurde die Anwendung unterschiedlicher materieller und prozessualer Rechtsnormen untersucht und die jeweilige Rechtsanwendung mit der rechtswissenschaftlichen Diskussion der ersten drei Nachkriegsjahrzehnte in Beziehung gesetzt.[86]

3.2.2 Projektpaket „Entwicklung der rechtlichen Grundlagen, öffentliches Echo und politische Auseinandersetzung um die Ahndung von NS-Verbrechen in Österreich"

2001 bis 2004 befassten sich außerdem drei Projekte der Forschungsstelle mit dem medialen und politischen Diskurs zu den NS-Prozessen in Österreich:

Das Projekt „Die Rezeption von Geschworenengerichtsprozessen wegen NS-Verbrechen in ausgewählten österreichischen Zeitungen 1956–1975. Bestandsaufnahme, Dokumentation und Analyse von veröffentlichten Geschichtsbildern zu einem vergessenen Kapitel österreichischer Zeitgeschichte" stellte eine Materialsammlung von publizierten Artikeln, Gerichtssaalberichterstattungen sowie Kommentaren ausgewählter österreichischer Zeitungen der Jahre 1956 bis 1975 für eine medial-historische Analyse zusammen.[87]

Das Projekt „Die Auseinandersetzung der österreichischen politischen Parteien mit den ehemaligen Nationalsozialisten und der Frage der Lösung des sogenannten Naziproblems im Nationalrat und in den Parteizeitungen 1945–1975" beschäftigte sich mit der Analyse der stenografischen Protokolle der Sitzungen des Nationalrates und

---

86 Abgeschlossen wurde das Projektpaket mit dem bereits mehrfach zitierten Sammelband von Albrich/Garscha/Polaschek (Hrsg.), Holocaust und Kriegsverbrechen vor Gericht: Der Fall Österreich. Bei der internationalen Tagung „Genocide on trial" konnten die Ergebnisse der österreichischen Forschungen in einen internationalen Diskurs zur Ahndung von Kriegs- und Humanitätsverbrechen durch nationale und internationale Gerichte eingebettet sowie die Bedeutung für gegenwärtige Prozesse wegen Menschheitsverbrechen erörtert werden. Die überarbeiteten Vorträge von Referent*innen aus Österreich, Deutschland, den Niederlanden, aus Belgien, Tschechien, Polen und Slowenien wurden in einem Konferenzband publiziert: Heimo Halbrainer/Claudia Kuretsidis-Haider (Hrsg.), Kriegsverbrechen, NS-Gewaltverbrechen und die europäische Strafjustiz von Nürnberg bis Den Haag, Graz 2007.
87 Siehe: www.nachkriegsjustiz.at/prozesse/geschworeneng/rezeption.pdf [7.6.2024]. Die Kopien der Zeitungsartikel sind im DÖW archiviert.

der in den Parteizeitschriften geführten Debatte zum justiziellen und gesellschaftspolitischen Umgang mit den ehemaligen Nationalsozialist*innen in den Jahren 1945 bis 1975.[88]

Das Projekt „Das Volk sitzt zu Gericht – Volksgerichtsprozesse und öffentliches Echo. Eine Analyse der Berichterstattung in ausgewählten Zeitungen über die von den österreichischen Volksgerichten zwischen 1945 und 1955 verhängten Höchsturteile" basierte auf jenen Volksgerichtsprozessen, die mit einem oder mehreren Todesurteilen bzw. lebenslänglichen Freiheitsstrafen endeten.[89]

3.2.3 Der Komplex Lublin-Majdanek und die österreichische Justiz

Als 2004 der Fall der in Wien lebenden ehemaligen Aufseherin des KZ Majdanek Erna Wallisch international öffentliche Aufmerksamkeit erlangte, gab es seitens des Bundesministeriums für Justiz deutliche Anzeichen, jenes Moratorium für die Verfolgung von NS-Verbrechen beenden zu wollen, das Mitte der 1970er Jahre begann und nur unter dem parteifreien Justizminister Nikolaus Michalek mit der Anklageerhebung gegen den in die NS-Kindereuthanasie involvierten Gerichtspsychiater Heinrich Gross im Jahre 1999 kurz unterbrochen wurde. Ein der Forschungsstelle Nachkriegsjustiz zur Durchführung in Aussicht gestelltes Sachverständigengutachten konnte aufgrund des Ablebens von Erna Wallisch 2008 nicht mehr in Auftrag gegeben werden. Allerdings regte die damalige Justizministerin Maria Berger an, den Fall Wallisch zum Anlass zu nehmen, die Gründe für die bis dahin ausgebliebene Bestrafung österreichischer Straftäter*innen im Zusammenhang mit dem KZ Lublin-Majdanek zu klären und dabei auch zu prüfen, ob möglicherweise noch nicht ausgeforschte Tatverdächtige wegen dort begangener Verbrechen vor Gericht gestellt werden könnten. Mit dem 2008 an die FStN erteilten Forschungsauftrag wurde einerseits in Österreich zum ersten Mal die systematische Erforschung eines bis dahin wenig beachteten Konzentrations- und Vernichtungslagers in einem wichtigen Teilaspekt, nämlich der verübten Verbrechen und ihrer Bestrafung, ermöglicht; andererseits erhielten durch den Vergleich polnischer, deutscher und österreichischer Majdanek-Prozesse komparatistische Forschungen zur Bestrafung von Kriegs- und Humanitätsverbrechen einen wichtigen Impuls.

Das Projekt zeigte im Ergebnis deutlich auf, dass die Vorgehensweise der österreichischen Justiz bei der – letztlich gescheiterten – Ahndung von Verbrechen österrei-

---

88 Siehe: www.nachkriegsjustiz.at/prozesse/projekte/diskussion_45-49.php [7.6.2024].

89 Siehe: www.nachkriegsjustiz.at/prozesse/projekte/OeNB_EndberichtTeilprojektKuretsidis.pdf [7.6.2024]. Die Ergebnisse des Projekts waren Grundlage für die 2015 im DÖW gezeigte Ausstellung „Das Volk sitzt zu Gericht. Österreichische Nachkriegsjustiz im Spiegel der Zeitungsberichterstattung". Die Inhalte der Ausstellung sind online: www.doew.at/erinnern/fotos-und-dokumente/1938-1945/das-volk-sitzt-zu-gericht [7.6.2024].

chischer Straftäter*innen im KZ Lublin-Majdanek paradigmatisch war für die Verfolgung von NS-Straftaten seit der Abschaffung der Volksgerichte 1955 und der Aufhebung des Kriegsverbrechergesetzes 1957.[90]

3.3 Datenschutz als Täterschutz?

Seit 2019 sind die Forschungsstelle Nachkriegsjustiz und das DÖW immer wieder mit Fragen von Studierenden, Familienforscher*innen, aber auch von Wissenschafter*innen konfrontiert, denen die Einsicht in Gerichtsakten von Nachkriegsprozessen wegen NS-Verbrechen verwehrt wird. Nicht selten ist es der Fall, dass die Ansucher*innen in früheren Jahren die Akten bereits eingesehen und teilweise auch kopiert haben.[91]

Der Grund für die Restriktionen in den vergangenen Jahren findet sich im Erlass des österreichischen Bundesministeriums für Justiz vom 16. Dezember 2019[92], demzufolge die Zuständigkeit für die Erteilung der Akteneinsicht entgegen der jahrzehntelang praktizierten Gepflogenheit nicht bei den die Akten verwahrenden Landesarchiven liegt, sondern bei den Landesgerichten.

Das Bundesarchivgesetz in Österreich sieht eine einheitliche Regelung nur für die Nutzung von Archivgut des Bundes vor.[93] Alle anderen Materialien, die in den neun Landesarchiven eingelagert sind, unterliegen den jeweiligen Landesarchivgesetzen.[94] Diese Gesetze unterscheiden sich voneinander oftmals vor allem hinsichtlich der Sperrfristen für bestimmte Akten wie auch hinsichtlich des Umgangs mit personenbezogenen, sensiblen Daten.

Justizakten haben im Bundesarchivgesetz eine Sonderstellung, da sie – obwohl in die Zuständigkeit des Österreichischen Staatsarchivs fallend, weil von einer Bundesdienststelle produziert – von den jeweiligen Landesarchiven übernommen werden.[95]

Grundsätzlich sind in Österreich Strafakten von Verfahren, in denen eine Verurteilung wegen Verbrechen erfolgte, von den Gerichten 50 Jahre lang aufzubewahren

---

90 Die Ergebnisse des Projekts wurden in einem Sammelband zusammengefasst: Claudia Kuretsidis-Haider/Irmgard Nöbauer/Winfried R. Garscha/Siegfried Sanwald/Andrzej Selerowicz (Hrsg.), Das KZ Lublin-Majdanek und die Justiz. Strafverfolgung und verweigerte Gerechtigkeit: Polen, Deutschland und Österreich im Vergleich, Graz 2010. Siehe außerdem: www.nachkriegsjustiz.at/prozesse/projekte/Majdanek_index.php [7.6.2024].
91 Siehe dazu: Patrick Krammer Das Damoklesschwert der Zeitgeschichte, Wiener Zeitung, 4.3.2023, www.wienerzeitung.at/h/das-damoklesschwert-der-zeitgeschichte [1.4.2024].
92 GZ BMVRDJ Pr13110/0114-III 1/2019.
93 Bundesgesetz über die Sicherung, Aufbewahrung und Nutzung von Archivgut des Bundes (BundesarchivG), BGBl. I Nr. 162/1999.
94 Siehe dazu im Überblick: Martina Buxbaum, Rechtlicher Zugang zu Archivgut und seine Entwicklungen im Laufe des 20. und 21. Jahrhunderts, MA Univ. Wien 2015.
95 Siehe dazu: Elisabeth Schöggl-Ernst, Gerichtsakten als Quellen für die Forschung, in: Kuretsidis-Haider/Schindler (Hrsg.), Zeithistoriker – Archivar – Aufklärer, S. 361–374, hier S. 361.

und dann zu skartieren.[96] Dauernd aufzubewahren sind alle Akten, die wegen ihres Inhalts oder wegen der beteiligten Personen von geschichtlichem, wissenschaftlichem oder politischem Interesse sind. Dazu zählen Strafakten, die die Ahndung von NS-Verbrechen betreffen. Die Akten wurden und werden in den Aktenlagern der jeweiligen Gerichte aufbewahrt und nach 50 Jahren den zuständigen Landesarchiven übergeben.

Bis 1993 wurde die Einsichtnahme in Justizakten durch den damaligen § 82 der österreichischen Strafprozessordnung (StPO) geregelt. Nach § 82 StPO[97] lag es in der Entscheidung der Gerichte, Personen oder Institutionen die Einsicht in strafgerichtliche Akten zu bewilligen. Davon betroffen war auch die wissenschaftliche Forschung, für die Akteneinsicht unter bestimmten Umständen gewährt werden konnte.

1993 wurde darüber hinaus § 82a StPO[98] eingeführt, nach dem zum Zweck der nicht personenbezogenen Auswertung das Bundesministerium für Justiz und die Vorsteher*innen der Gerichte auf Ersuchen der Leiter*innen anerkannter wissenschaftlicher Einrichtungen u. a. für wissenschaftliche Arbeiten die Einsicht in strafgerichtliche Akten bewilligen konnten. Statistische Auswertungen, die keine Namen nennen, fielen ebenso darunter wie umfassende Darstellungen, die zwar Namen nennen, jene aber bereits „allgemein bekannt" bzw. „allgemein erfahrbar" waren.

Seit einer Änderung der Strafprozessordnung 2006 (in Kraft seit 2008) regelt § 77 StPO[99] die Einsicht in Justizakten bzw. die personenbezogene Auswertung der Akten (im Wortlaut angelehnt an die §§ 82 und 82a der alten StPO). Dies betraf bis 2019 allerdings nur Akten, die noch unter die Zuständigkeit der Gerichte fielen, also für welche die 50-Jahres-Frist noch nicht abgelaufen war, unabhängig davon, ob der Akt bereits an das zuständige Landesarchiv abgegeben worden war oder sich noch im Aktenlager des Gerichts befand.

---

96 Siehe dazu und im Folgenden ausführlich: Tipps zur Suche nach Gerichts- und Staatsanwaltschaftsakten, www.nachkriegsjustiz.at/service/suche/tips_suche.php [2.4.2024].

97 § 82 StPO: „Der Beurteilung der Gerichte ist es überlassen, ob es zulässig erscheine, einer Partei oder ihrem ausgewiesenen Vertreter auch außer den in dieser Strafprozessordnung insbesondere bezeichneten Fällen die Einsicht in strafgerichtliche Akten oder die Ausfolgung von Abschriften aus solchen zu bewilligen, sofern diese Personen glaubwürdig dartun, dass sie ihnen zur Ausführung eines Entschädigungsanspruches oder zum Zwecke des Begehrens um Wiederaufnahme oder aus anderen Gründen notwendig sei." Siehe: www.nachkriegsjustiz.at/service/gesetze/gs_ausgewaehlte_stpo.php [2.4.2024].

98 Siehe: www.nachkriegsjustiz.at/service/gesetze/gs_ausgewaehlte_stpo.php [2.4.2024].

99 § 77 StPO Abs. 1: „Im Falle begründeten rechtlichen Interesses haben Staatsanwaltschaften und Gerichte auch außer den in diesem Gesetz besonders bezeichneten Fällen Einsicht in die ihnen vorliegenden Ergebnisse eines Ermittlungs- oder Hauptverfahrens zu gewähren, soweit dem nicht überwiegende öffentliche oder private Interessen entgegenstehen." Abs. 2: „Zum Zweck einer nicht personenbezogenen Auswertung für wissenschaftliche Arbeiten oder vergleichbare, im öffentlichen Interesse liegende Untersuchungen können die Staatsanwaltschaften, die Gerichte und das Bundesministerium für Justiz auf Ersuchen der Leiter anerkannter wissenschaftlicher Einrichtungen die Einsicht in die Akten eines Verfahrens, die Herstellung von Abschriften (Ablichtungen) und die Übermittlung von Daten aus solchen bewilligen."

Für alle Justizakten betreffend NS-Verbrechen, die bereits außerhalb der 50-Jahres-Frist lagen, waren Nutzungsbestimmungen der jeweiligen Landesarchive geltend. Da es in Österreich – wie ausgeführt – kein einheitliches Archivgesetz für Archivalien, die nicht von den Bundesbehörden produziert werden, gibt, wendeten die jeweiligen Landesarchive ihre eigenen Archivbestimmungen an. Sie gewährten im Allgemeinen den Zugang zu den Akten, und es entstanden im Laufe der Jahre zahlreiche wissenschaftliche Arbeiten, Dissertationen, Master- und Bachelorarbeiten, welche das Ausmaß der NS-Verbrechen aufzeigten und den Umgang der österreichischen Justiz mit diesen Verbrechen analysierten.

Vor dem Hintergrund der Erhebung von zivilrechtlichen Ansprüchen auf Schadensersatz aufgrund der Gewährung einer Akteneinsicht in einem Adoptionsverfahren änderte das Bundesministerium für Justiz mit dem Erlass vom Dezember 2019 seine seit den 1930er Jahren in der Geschäftsordnung der Gerichte festgelegte Rechtsmeinung, welche die 50-Jahr-Frist für Skartierungen und Abgabe an die zuständigen Archive festgelegt hatte. Sie sieht seitdem die Verantwortung für die Einsichtnahme und personenbezogene Auswertung von Justizakten auch dann bei den Gerichten, wenn diese die Akten bereits an die Archive abgegeben haben, d. h. auch jenseits der 50-Jahr-Frist. Damit wurde den Archiven die Kompetenz zur eigenverantwortlichen Aufbewahrung der Justizakten als Archivgut entzogen; die Archive fungieren seither quasi als ausgelagertes Aktendepot für die Gerichte. Dies betrifft auch Strafakten und damit auch Strafverfahren wegen NS-Verbrechen.

Durch den Erlass des Bundesministeriums für Justiz vom 16.12.2019 entstand eine für die wissenschaftliche Forschung, Studierende, Hobbyhistoriker*innen und Geschichtsvereine höchst unersprießliche Situation, denn das Procedere des Ansuchens um Einsicht in die Gerichtsakten wegen NS-Verbrechen wird in den Bundesländern unterschiedlich gehandhabt. Das Landesgericht Linz verweist beispielsweise Antragsteller*innen an das DÖW bzw. die Zentrale österreichische Forschungsstelle Nachkriegsjustiz, welche den Nachweis der Wissenschaftlichkeit der Forschungsvorhaben bestätigen sollen. Während also Forscher*innen früher das Ansuchen an das Landesarchiv stellten und die Akteneinsicht erhielten oder nicht erhielten, ist nunmehr der Umweg über das Landesgericht erforderlich, das wiederum an eine wissenschaftlich anerkannte Institution weiterverweist. Dies führt zu einer erheblichen Behinderung der Forschung und einer entsprechenden Verzögerung der Arbeit, was mitunter auch dazu führen kann und wird, dass Forschungsarbeiten, für die Strafakten als Geschichtsquelle genutzt werden müssen, eingestellt bzw. nicht mehr unternommen werden.

Das Bundesministerium für Justiz hat diese Probleme mit seinem Erlass zwar heraufbeschworen, scheint eine Lösung aber nur im Rahmen einer Novellierung des Archivgesetzes, welche nicht in seinen Kompetenzbereich fällt, zu sehen. Diese „große Lösung" ist freilich unpraktikabel, denn durch den Erlass wurde ein hohes Maß an Rechtsunsicherheit geschaffen, weil er keinerlei zeitliche Beschränkung für die behauptete Zuständigkeit der Gerichte enthält. Somit ist nicht einmal klar, ob der Erlass nur Gerichtsakten aus der Zeit nach 1945 betrifft oder auch auf Akten von Verfahren der NS-Zeit anzuwenden ist, oder gar die Zuständigkeit der Gerichte noch weiter ausdehnt.

Die in den Kompetenzbereich des Bundeskanzleramtes fallende Novellierung des Archivgesetzes wird derzeit aber aus politischen Gründen mit Blick auf die gegenwärtige Gesetzeslage betreffend die Archivierung von E-Mails, Chats oder digitale Kalendereinträge verhindert, die nicht als Archivgut gelten und daher skartiert werden können.

Resümierend ist also festzustellen: Von den 1990er Jahren und bis 2019 war die Einsicht in Justizakten wegen NS-Verbrechen in der Regel und nach Maßgabe des Datenschutzes für die wissenschaftliche Forschung, aber auch darüberhinausgehende Personenkreise, meist gut möglich. Seit dem Erlass vom 16. Dezember 2019 ist hingegen eine erhebliche Verschlechterung bei der Akteneinsicht eingetreten, sodass dieser Quellenbestand aktuell und künftighin, wenn überhaupt, nur mehr eingeschränkt benutzbar ist. Dies führt letztlich zurück in die Zeit, wo hierzulande die Beteiligung der Österreicher*innen an den NS-Verbrechen verschwiegen bzw. verdrängt wurde. Als im Gefolge der Waldheim-Diskussion 1986 die Fragen nach der Täter*innenschaft von Österreicher*innen immer drängender gestellt wurden, kam es zur Entdeckung der Nachkriegsjustizakten als Geschichtsquelle und in den darauffolgenden Jahren zur sukzessiven Erschließung derselben, sodass eine umfassende Erforschung dieses Teils der österreichischen Geschichte möglich war.

Damit auch in Zukunft Täter*innenforschung auf der Grundlage von Gerichtsakten als Geschichtsquelle erfolgen kann, ist es dringend notwendig, die gegenwärtigen Restriktionen bei der Akteneinsicht zu beenden.

Der Bestand der Strafakten betreffend die Ahndung von NS-Verbrechen sollte aus der politischen Debatte um ein neues Archivgesetz herausgenommen und einer Sonderregelung zugeführt werden. Es ist evident, wie wichtig der Umgang mit sensiblen, personenbezogenen Daten im heutigen digitalen Zeitalter ist. Allerdings darf gerade im Bereich der Täterforschung der Datenschutz nicht zum Täterschutz werden.

Literaturverzeichnis

Adunka, Evelyn/Roessler, Peter (Hrsg.), Die Rezeption des Exils: Geschichte und Perspektiven der österreichischen Exilforschung, Wien 2002

Albrich, Thomas/Garscha, Winfried R./Polaschek, Martin F. (Hrsg.), Holocaust und Kriegsverbrechen vor Gericht. Der Fall Österreich, Innsbruck–Wien–Bozen 2006.

Arnberger, Heinz/Kuretsidis-Haider, Claudia (Hrsg.), Gedenken und Mahnen in Niederösterreich. Erinnerungszeichen zu Widerstand, Verfolgung, Exil und Befreiung, Wien 2011.

Assmann, Aleida, Der lange Schatten der Vergangenheit. Erinnerungskultur und Geschichtspolitik, München 2006.

Assmann, Aleida/Assmann, Jan, Das Gestern im Heute. Medien und soziales Gedächtnis, in: Klaus Merten/Siegfried Schmidt/Siegfried Weischenberg (Hrsg.), Die Wirklichkeit der Medien. Eine Einführung in die Kommunikationswissenschaft, Opladen 1994, S. 114–140.

Bailer, Brigitte/Garscha, Winfried R./Neugebauer, Wolfgang, Herbert Steiner und die Gründung des DÖW, in: Dokumentationsarchiv des österreichischen Widerstandes (Hrsg.), Opferschicksale. Widerstand und Verfolgung im Nationalsozialismus, Jahrbuch 2013, Wien 2013, S. 43–62.

Bailer, Brigitte/Ungar, Gerhard, Die namentliche Erfassung der österreichischen Holocaustopfer, in: DÖW (Hrsg.), Opferschicksale. Widerstand und Verfolgung im Nationalsozialismus, Jahrbuch 2013, Wien 2013, S. 63–73.

Bischof, Günter, „Busy with Refugee Work". Joseph Buttinger, Muriel Gardiner, and the Saving of Austrian Refugees, 1940–1941, in: Zeithistoriker – Archivar – Aufklärer. Festschrift für Winfried R. Garscha, hrsg. v. Claudia Kuretsidis-Haider u. Christine Schindler im Auftrag des Dokumentationsarchivs des österreichischen Widerstandes und der Zentralen österreichischen Forschungsstelle Nachkriegsjustiz, Wien 2017, S. 115–126.

Bolbecher, Sieglinde/Kaiser, Konstantin, Lexikon der österreichischen Exilliteratur, Wien 2000.

Buxbaum, Martina, Rechtlicher Zugang zu Archivgut und seine Entwicklungen im Laufe des 20. und 21. Jahrhunderts, MA Univ. Wien 2015.

Die Verfahren vor dem Volksgericht Wien (1945–1955) als Geschichtsquelle. Abschlussbericht des vom Fonds zur Förderung der wissenschaftlichen Forschung finanzierten Forschungsprojekts des DÖW, Juli 1996, www.doew.at/cms/download/3qf8r/projekt_vg_wien.pdf [1.4.2024].

Dokumentationsarchiv des österreichischen Widerstandes (Hrsg.), Erzählte Geschichte, Bd. 1: Berichte von Widerstandskämpfern und Verfolgten. Arbeiterbewegung, Wien 1985, Bd. 2: Berichte von Männern und Frauen in Widerstand wie Verfolgung – Katholiken, Konservative, Legitimisten, Wien 1992, Bd. 3: Jüdische Schicksale. Berichte von Verfolgten, Wien 1992; DÖW/Klub Prežihov Voranc/Institut za pro-učevanje prostora Alpe-Jadran (Hrsg.), Erzählte Geschichte, Bd. 4: Die Kärntner Slowenen. Spurensuche, Wien 1990.

Dokumentationsarchiv des österreichischen Widerstandes (Hrsg.), Österreicher im Exil 1938–1945: Frankreich, Wien–München 1984; Spanien, Wien–München 1986; Belgien, Wien–München 1987; Großbritannien, Wien 1992; USA, Wien 1995; Sowjetunion, Wien 1999; Mexiko, Wien 2002.

Dokumentationsarchiv des österreichischen Widerstandes (Hrsg.), Widerstand und Verfolgung in den österreichischen Bundesländern 1934–1945: Wien, 3 Bde., Wien 1975 (2. Aufl. 1984), Burgenland, Wien 1979 (2. Aufl. 1983); Oberösterreich, 2 Bde., Wien 1982; Tirol, 2 Bde., Wien 1984; Niederösterreich, 3 Bde., Wien 1987; Salzburg 1934–1945, 2 Bde., Wien 1991.

Eppel, Peter, Der Schwerpunkt Exilforschung im Dokumentationsarchiv des österreichischen Widerstandes, in: DÖW (Hrsg.), Jahrbuch 1986, Wien 1986, S. 104–112.

Eppel, Peter, Österreichische Emigranten in den USA 1938–1945, in: Peter Steinbach (Hrsg.), Widerstand. Ein Problem zwischen Theorie und Geschichte, Köln 1987, S. 177–193.

Eppel, Peter, Exiled Austrians in the USA 1938 to 1945: Immigration, Exile, Remigration, no Invitation to Return, in: Walter Hölbling/Reinhold Wagnleitner (Hrsg.), The European Emigrant Experience in the U.S.A., Tübingen 1992, S. 25–37.

Exenberger, Herbert, Die Exilsammlung in der DÖW-Bibliothek, in: Bewahren – Erforschen – Vermitteln. Das Dokumentationsarchiv des österreichischen Widerstandes, hrsg. v. DÖW, Wien 2008, S. 27–40.

Fein, Erich, Die Steine reden: Gedenkstätten des österreichischen Freiheitskampfes – Mahnmale für die Opfer des Faschismus. Eine Dokumentation, Wien 1975.

Ferihumer, Konstantin, Der Stein-Komplex. Zur Aufarbeitung von Kriegsendphaseverbrechen des Zweiten Weltkriegs im Raum Stein a.d. Donau, Masterarbeit Univ. Wien 2012.

Ferihumer, Konstantin/Garscha, Winfried R., Der „Stein-Komplex". Nationalsozialistische Endphaseverbrechen im Raum Krems und ihre gerichtliche Aufarbeitung, in: DÖW (Hrsg.), Fanatiker, Pflichterfüller, Widerständige. Reichsgaue Niederdonau, Groß-Wien, Jahrbuch 2016, Wien 2016, S. 51–82.

Filip, Irene, Frauen bei den Internationalen Brigaden im Spanischen Bürgerkrieg, in: DÖW (Hrsg.), Jahrbuch 2009, Wien 2009, S. 137–144.

Garscha, Winfried R./Kuretsidis-Haider, Claudia, „Traurige Helden der inneren Front". Die Linzer Tagespresse und die Anfänge der gerichtlichen Ahndung von NS-Verbrechen in Oberösterreich 1945/46, in:
Archiv der Stadt Linz (Hrsg.), Stadtarchiv und Stadtgeschichte. Forschungen und Innovationen. Festschrift für Fritz Mayerhofer, Linz 2004, S. 561–581.

Garscha, Winfried R./Kuretsidis-Haider, Claudia, Der Export der „Rüter-Kategorien". Eine Zwischenbilanz
der Erfassung und Analyse der österreichischen Gerichtsverfahren wegen nationalsozialistischer Gewaltverbrechen, in: Dick de Mildt (Hrsg.), Staatsverbrechen vor Gericht. Festschrift für Christiaan
Frederik Rüter zum 65. Geburtstag, Amsterdam 2003, S. 73–117.

Garscha, Winfried R./Kuretsidis-Haider, Claudia, Legionäre, DenunziantInnen, Illegale. Die Tätigkeit des
Volksgerichts Linz, in: Heimo Halbrainer/Claudia Kuretsidis-Haider (Hrsg.), Kriegsverbrechen, NS-Gewaltverbrechen und die europäische Strafjustiz von Nürnberg bis Den Haag, Graz 2007, S. 251–269.

Gedenken und Mahnen in Wien 1934–1945. Gedenkstätten zu Widerstand und Verfolgung, Exil, Befreiung.
Eine Dokumentation, hrsg. v. DÖW, bearbeitet von Heinz Arnberger und Herbert Exenberger, Wien
1998.

Gedenken und Mahnen in Wien 1934–1945. Gedenkstätten zu Widerstand und Verfolgung, Exil, Befreiung.
Eine Dokumentation, hrsg. v. DÖW, bearbeitet von Heinz Arnberger und Herbert Exenberger, Ergänzungen I, Wien 2001.

Halbmayr, Brigitte, Herbert Steiner – auf vielen Wegen, über Grenzen hinweg. Eine politische Biografie,
Weitra 2015.

Halbrainer, Heimo, „Der größte Lump im ganzen Land, das ist und bleibt der Denunziant". Denunziation in
der Steiermark 1938–1945 und der Umgang mit den Denunzianten in der Zweiten Republik, Graz 2007.

Halbrainer, Heimo/Kuretsidis-Haider, Claudia (Hrsg.), Kriegsverbrechen, NS-Gewaltverbrechen und die europäische Strafjustiz von Nürnberg bis Den Haag, Graz 2007.

Halbrainer, Heimo/Lamprecht, Gerald/Rigerl, Georg, Orte und Zeichen der Erinnerung. Erinnerungszeichen
für die Opfer von Nationalsozialismus und Krieg in der Steiermark, hrsg. v. Landtag Steiermark, Graz
2018.

Halbwachs, Maurice, La mémoire collective, Paris 1939/1950; Das kollektive Gedächtnis, Frankfurt/M. 1991.

Heuer, Renate, Neumann, Robert, in: Neue Deutsche Biographie, Bd. 19, Berlin 1999.

Hobsbawm, Eric J., Herbert Steiner: Gründer und Leiter des DÖW, und die Bedeutung von Widerstandsforschung, in: DÖW (Hrsg.), Jahrbuch 2004, Wien 2004, S. 16–21.

Holpfer, Eva, Das Massaker an ungarisch-jüdischen Zwangsarbeitern zu Kriegsende in Deutsch-Schützen
(Burgenland) und seine gerichtliche Ahndung durch die österreichische Volksgerichtsbarkeit, in:
Holocaust Hefte Nr. 12/1999, hrsg. v. der Ungarischen Auschwitz Stiftung, Holocaust Dokumentations-
zentrum, Budapest, S. 43–70.

Holpfer, Eva, Der Umgang der burgenländischen Nachkriegsgesellschaft mit NS-Verbrechen bis 1955 am
Beispiel der wegen der Massaker von Deutsch-Schützen und Rechnitz geführten Volksgerichtsprozesse, Dipl. Univ. Wien 1998.

Jagschitz, Gerhard/Neugebauer, Wolfgang (Hrsg.), Stein, 6. April 1945. Das Urteil des Volksgerichts Wien
(August 1946) gegen die Verantwortlichen des Massakers im Zuchthaus Stein, Wien 1995.

Kaiser, Konstantin (Hrsg.), Theodor Kramer 1897–1958: Dichter im Exil. Aufsätze und Dokumente, Wien
1983.

Koreik, Uwe/Roche, Jörg/Röhling, Jürgen, Erinnerungsorte und Erinnerungskulturen als Thema der Sprach-
und Kulturvermittlung, in: Jörg Roche/Jürgen Röhling (Hrsg.), Erinnerungsorte und Erinnerungskulturen – Konzepte und Perspektiven für die Sprach- und Kulturvermittlung, Baltmannsweiler 2014, S. 1–8.

Kühschelm, Oliver, Die soziale Herkunft der EmigrantInnen in Uruguay, in: DÖW (Hrsg.), Jahrbuch 2007,
Wien 2007, S. 108–133.

Kuretsidis-Haider, Claudia/Nöbauer, Irmgard/Garscha, Winfried R./Sanwald, Siegfried/Selerowicz, Andrzej
(Hrsg.), Das KZ Lublin-Majdanek und die Justiz. Strafverfolgung und verweigerte Gerechtigkeit: Polen,
Deutschland und Österreich im Vergleich, Graz 2010.

Kuretsidis-Haider, Claudia, „Das Volk sitzt zu Gericht". Österreichische Justiz und NS-Verbrechen am Beispiel der Engerau-Prozesse 1945–1954, Innsbruck–Wien–Bozen 2006.

Kuretsidis-Haider, Claudia, Vertreibung und Vernichtung. Jüdische Schicksale vor dem Hintergrund von Shoah und erzwungener Emigration – ein Werkstattbericht, in: DÖW (Hrsg.), Feindbilder, Jahrbuch 2015, Wien 2015, S. 81–112.

Kuretsidis-Haider, Claudia, Österreichische Pensionen für jüdische NS-Vertriebene. Die Rechtsanwaltskanzlei Ebner: Akteure – Netzwerke – Akten, Wien 2017.

Kuretsidis-Haider, Claudia, 20 Jahre Zentrale österreichische Forschungsstelle Nachkriegsjustiz: Ein Werkstattbericht, in: Zeithistoriker – Archivar – Aufklärer. Festschrift für Winfried R. Garscha zum 65. Geburtstag, hrsg. v. Claudia Kuretsidis-Haider u. Christine Schindler im Auftrag des Dokumentationsarchivs des österreichischen Widerstandes und der Zentralen österreichischen Forschungsstelle Nachkriegsjustiz, Wien 2017, S. 425–450.

Kuretsidis-Haider, Claudia, Exilforschung im DÖW am Beispiel des Projekts „Vertreibung – Exil – Emigration". Die österreichischen NS-Vertriebenen im Spiegel der Sammlung der Rechtsanwaltskanzlei Dr. Hugo Ebner, in: Evelyn Adunka/Primavera Driessen Gruber/Simon Usaty (Hrsg.), Exilforschung: Österreich Leistungen, Defizite & Perspektiven, Wien 2018, S. 621–647.

Kuretsidis-Haider, Claudia/Leo, Rudolf, „dachaureif". Der Österreichertransport aus Wien in das KZ Dachau am 1. April 1938. Biografische Skizzen der Opfer, hrsg. v. DÖW, Wien 2019.

Kuretsidis-Haider, Claudia, Justizakten als Geschichtsquelle: vom Umgang mit den Findhilfsmitteln und Beständen der Forschungsstelle Nachkriegsjustiz am DÖW, in: Markus Stumpf/Hans Petschar/Oliver Rathkolb (Hrsg.), Nationalsozialismus digital. Die Verantwortung von Bibliotheken, Archiven und Museen sowie Forschungseinrichtungen und Medien im Umgang mit der NS-Zeit im Netz, Göttingen 2021, S. 63–80.

Kuretsidis-Haider, Claudia, „Jeder soll als Herrenmensch auftreten". Verbrechen von Polizeiangehörigen und ihre Ahndung durch die österreichische Justiz, in: Barbara Stelzl-Marx/Andreas Kranebitter/Gregor Holzinger (Hrsg.), Exekutive der Gewalt. Die österreichische Polizei und der Nationalsozialismus, Wien 2024, S. 561–620.

Kuretsidis-Haider, Claudia/Garscha, Winfried R. Garscha/Sanwald, Siegfried, Verfahren vor den österreichischen Volksgerichten, in: Christine Schindler (Hrsg. im Auftrag des DÖW), Verfolgung und Ahndung, Jahrbuch 2021, Wien 2021, S. 15–104.

Kuretsidis-Haider, Claudia/Garscha, Winfried R., Das Linzer Volksgericht. Die Ahndung von NS-Verbrechen in Oberösterreich nach 1945, in: Fritz Mayerhofer/Walter Schuster (Hrsg.), Nationalsozialismus in Linz, Bd. 2, Linz 2001, S. 1467–1561.

Landauer, Hans, Das Archiv der österreichischen Spanienkämpfer im DÖW, in: DÖW (Hrsg.), Bewahren – Erforschen – Vermitteln. Das Dokumentationsarchiv des österreichischen Widerstandes, Wien 2008, S. 23–26.

Loitfellner, Sabine, Arisierungen während der NS-Zeit und ihre justizielle Ahndung vor dem Volksgericht Wien 1945–1955. Voraussetzungen – Analyse – Auswirkungen, Dipl. Univ. Wien 2000.

McLoughlin, Barry/Schafranek, Hans/Szevera, Walter, Aufbruch – Hoffnung – Endstation. Österreicherinnen und Österreicher in der Sowjetunion 1925–1945, Wien 1997.

Muchitsch, Wolfgang, Mit Spaten, Waffen und Worten. Die Einbindung österreichischer Flüchtlinge in die britischen Kriegsanstrengungen 1939–1945, Wien–Zürich 1992.

Mugrauer, Mugrauer, Das Spanienarchiv im Dokumentationsarchiv des österreichischen Widerstandes, in: Dokumentationsarchiv des österreichischen Widerstandes/Vereinigung österreichischer Freiwilliger in der Spanischen Republik 1936–1939 und der Freunde des demokratischen Spanien (Hrsg.), 80 Jahre Internationale Brigaden. Neue Forschungen über österreichische Freiwillige im Spanischen Bürgerkrieg, Wien 2016, S. 133–156.

Muigg, Mario, Hans Landauer, die Polizei und der Nationalsozialismus. Das schwierige Erbe nach 1945, in: Barbara Stelzl-Marx/Andreas Kranebitter/Gregor Holzinger (Hrsg.), Exekutive der Gewalt. Die österreichische Polizei und der Nationalsozialismus, Wien 2024, S. 615–634.

Neugebauer, Wolfgang, Das Dokumentationsarchiv des österreichischen Widerstandes und die Exilforschung, in: Evelyn Adunka/Peter Roessler (Hrsg.), Die Rezeption des Exils. Geschichte und Perspektiven der österreichischen Exilforschung, Wien 2003, S. 47–54.

Nigg, Regula/Mettauer, Philipp, „Wir sind für euch immer noch Emigranten": eine österreichisch-argentinische Lebensgeschichte, in: DÖW (Hrsg.), Jahrbuch 2003, Wien 2003, S. 12–41.

Nora, Pierre, Les lieux de mémoire, 7 Bde., Paris 1984–1992.

Prandstätter, Hanna, Viktor Suchy und die österreichische Exilliteratur. Rekonstruktion seiner Vermittlungsarbeit anhand des Nachlasses, MA Univ. Wien 2015.

Protokoll des Internationalen Symposiums zur Erforschung des österreichischen Exils von 1934 bis 1945, abgehalten vom 3. bis 6. Juni 1975 in Wien, hrsg. v. DÖW, Wien 1977.

Rüter, Christiaan F./De Mildt Dick W. (Hrsg.), Justiz und NS-Verbrechen. Sammlung (west-)deutscher Strafurteile wegen nationalsozialistischer Tötungsverbrechen, 1945–2012, 49 Bde., Amsterdam–München 1968–2012.

Rüter, Christiaan F./De Mildt, Dick W. (Hrsg.), DDR-Justiz und NS-Verbrechen. Sammlung (ost-)deutscher Strafurteile wegen nationalsozialistischer Tötungsverbrechen, 1945–1990, 14 Bde., Amsterdam–München 2002–2009.

Schaber, Will, Ein großes Sammelbecken. Das „Dokumentationsarchiv des österreichischen Widerstands" akkumuliert weit verzweigte Quellen, in: Aufbau, New York, 27.10.1978.

Schafranek, Hans, Die Auslieferung österreichischer Emigranten an Nazideutschland durch die Sowjetunion 1939–1941, in: Gerhard Bisovsky/Hans Schafranek/Robert Streibel (Hrsg.), Der Hitler-Stalin-Pakt. Voraussetzungen, Hintergründe, Auswirkungen, Wien 1990, S. 86–96.

Schafranek, Hans, Zufluchtsländer. Arbeits- und Lebensbedingungen im Exil – Sowjetunion, in: Claus-Dieter Crohn/Patrik von zur Mühlen/Gerhard Paul/Lutz Winckler (Hrsg.), Handbuch der deutschsprachigen Emigration 1933–1945, Darmstadt 1998, S. 384–396.

Schallhart, Veronika/Ganglmair, Siegwald, Der Schwerpunkt Exil im Dokumentationsarchiv des österreichischen Widerstandes seit 1986, in: DÖW (Hrsg.), Jahrbuch 1994, Wien 1994, S. 138–142.

Schellenbacher, Wolfgang, Memento Vienna. How an Online Tool Presenting Digitized Holocaust-related Data and Archival Material is Offering New Insights into the Holocaust in Vienna, in: Quest. Issues in Contemporary Jewish History, hrsg. v. Fondazione Centro di Documentazione Ebraica Contemporanea, Milano 2018, S. 97–117.

Schöggl-Ernst, Elisabeth, Gerichtsakten als Quellen für die Forschung, in: Zeithistoriker – Archivar – Aufklärer, hrsg. v. Claudia Kuretsidis-Haider u. Christine Schindler im Auftrag des Dokumentationsarchivs des österreichischen Widerstandes und der Zentralen österreichischen Forschungsstelle Nachkriegsjustiz, Wien 2017, S. 361–374.

Schöllhammer, Georg, Kunst – Denkmal – Öffentlicher Raum, in: Spurensuche im 20. Jahrhundert. Anregungen für Schülerinnen- und Schülerprojekte, hrsg. v. Bundesministerium für Unterricht und Kunst, Abteilung für Politische Bildung, Wien 1993.

Weinzierl, Ulrich, Zur nationalen Frage – Literatur und Politik im österreichischen Exil, in: Heinrich Lutz/Helmut Rumpler (Hrsg.), Österreich und die deutsche Frage im 19. und 20. Jahrhundert, Wien 1982, S. 318–341.

Weinzierl, Ulrich, Albert Fuchs (1905–1946): ein Intellektueller im Exil, in: Helmut Konrad/Wolfgang Neugebauer (Hrsg.), Arbeiterbewegung, Faschismus, Nationalbewusstsein, Wien–München–Zürich 1983, S. 315–330.

Wiesinger-Stock, Sandra/Weinzierl, Erika (Hrsg.), Vom Weggehen: zum Exil von Kunst und Wissenschaft, Wien 2006.

Johannes Glack

„...unserem Vaterland feindlich gesinnt und möglicherweise gefährlich": Tätermotive bei Endphaseverbrechen am Beispiel der Massaker von Randegg und Göstling an der Ybbs im Bezirk Scheibbs im April 1945

1 Einleitung

In den letzten Wochen des Zweiten Weltkriegs wurden im damaligen Kreis Scheibbs in Niederdonau mehrere Verbrechen verübt, denen fast 200 Personen zum Opfer fielen. Während Wien, knapp 100 Kilometer weiter östlich gelegen, am 13. April 1945 zum größten Teil bereits befreit war, wurde in Göstling an der Ybbs das erste von zwei großen Massakern verübt.[1] Diesem Verbrechen, im Zuge dessen 76 Jüdinnen und Juden aus Ungarn in einem Zwangsarbeiterlager ermordet wurden, folgte zwei Tage später, am 15. April 1945, ein zweites mit 100 Opfern. Auch hier waren die Ermordeten ungarisch-jüdische Zwangsarbeiter*innen und deren Kinder. Bei einem dritten Massaker ermordeten unbekannte SS-Männer am 16. April 1945 in der Gemeinde Gresten sechzehn weitere Personen. Nach diesen drei Massen-Verbrechen an Jüdinnen und Juden aus Ungarn wurden bis zum 8. Mai noch weitere Einzelmorde in der Gegend verübt. Die Direkttäter dieser „Endphaseverbrechen" im heutigen Bezirk Scheibbs waren Mitglieder der HJ, des SD und der SS, wobei die Initiative für die Taten von lokalen Entscheidungsträgern, ohne Befehl von „außerhalb", ausging.[2] In dieser letzten Periode des Zweiten Weltkriegs, als die meisten Gebiete bereits befreit waren, kooperierten die Mitglieder der unterschiedlichen NS-Organisationen freiwillig, teilweise aufgrund von bestehenden persönlichen Verbindungen und ideologisch motiviert, um ihre Mordpläne durchzuführen.

Dieser Beitrag stellt die Täter[3] dieser Endphaseverbrechen ins Zentrum und geht der Frage nach, wer sie waren und was sie zu diesen Verbrechen antrieb. Zur Beant-

---

1 Vgl. Georg Hoffmann, Verdichtung der Gewalt. Die letzten Tage des Zweiten Weltkriegs auf österreichischem Boden, in: Dieter A. Binder/Georg Hoffmann/Monika Sommer/Heidemarie Uhl (Hrsg.), 41 Tage. Kriegsende 1945 – Verdichtung der Gewalt. Eine Ausstellung zu den letzten Wochen des NS-Terrors in Österreich, Wien 2016, S. 16.
2 Vgl. Johannes Glack, Zwischen Endkampf und Werwolf. Die Täter der Endphaseverbrechen im April 1945 im Kreis Scheibbs. Eine mikrohistorische Analyse von Gerichtsakten, Masterarbeit Univ. Wien 2022, S. 54–77. Der vorliegende Beitrag basiert auf dieser Masterarbeit.
3 Zur Markierung von unterschiedlichen Geschlechtsidentitäten wird der Genderstern verwendet, wenn ein Begriff männliche, weibliche und diverse Genderidentitäten beschreiben soll. Der überwiegende Teil der in diesem Beitrag genannten Opfer war weiblich. Wenn hingegen über die Täter dieser

∂ Open Access. © 2024 Johannes Glack, publiziert von De Gruyter. [CC BY-NC-ND] Dieses Werk ist lizenziert unter einer Creative Commons Namensnennung – Nicht-kommerziell – Keine Bearbeitung 4.0 International Lizenz.
https://doi.org/10.1515/9783111378411-010

wortung werden Gerichtsquellen, die im Zuge der Nachkriegsverfahren entstanden sind, herangezogen, auf deren Basis die Verbrechen und deren Hintergründe rekonstruiert werden. Anhand von Aussagen in den Ermittlungs- und Prozessakten werden Mechanismen und Logiken des Täterhandelns untersucht, um Dynamiken und Funktion von Endphaseverbrechen besser verstehen zu können. Ziel ist es somit, dem von Helgard Kramer formulierten Ansatz der Neueren Täterforschung folgend, „lebensgeschichtliche Motive im biografischen Verlauf zu verfolgen und unterschiedliche Tatbeiträge differenziert darzustellen, um so ein Bild des realen Zusammenwirkens von Tätern, Helfenden, Mitwissenden, Zuschauenden und Nicht-Beteiligten der NS-Massenmorde zu erarbeiten".[4]

Der Begriff Endphaseverbrechen, wie er hier verwendet wird, hat zunächst eine zeitliche Dimension und umfasst nationalsozialistische Gewalttaten, die am Ende des Zweiten Weltkriegs, ab Sommer 1944, verübt wurden. Er wurde 1965 von Reinhard Henkys in seinem Werk „Die nationalsozialistischen Gewaltverbrechen" erstmals verwendet und fand durch die 46-bändige Urteilssammlung zu Nachkriegsprozessen des niederländischen Strafrechtsprofessors Christiaan F. Rüter, deren erster Band 1968 veröffentlicht wurde, weitere Verbreitung.[5] In neueren Forschungen zu Endphaseverbrechen wurde seit den späten 1990er Jahren eine zweite, ideologische Komponente der Begriffsdefinition hervorgehoben. Diese begreift Endphaseverbrechen im Kontext der spezifischen sozio-politischen Dynamiken aus Untergangs-, Durchhalte- und „Endkampf"-Stimmungen, die die NS-Gesellschaft ab Sommer 1944 kennzeichneten, wie Sven Keller in seiner Monografie „Volksgemeinschaft am Ende" ausführt.[6]

Diese Dynamiken zeigen sich deutlich im Quellenmaterial, den Verfahrensakten zu diesen Verbrechen, das für die mikrohistorische Analyse der Tätermotive und des Täterhandelns in diesem Beitrag herangezogen wird. Nach einer Rekonstruktion des Ablaufs der Verbrechen in Kapitel zwei des Beitrags, widmet sich Abschnitt drei den Tätermotiven. Anhand der Hypothese, dass die Täter ihre Verbrechen in einem größeren ideologischen Rahmen eines Endkampfes des Nationalsozialismus verorteten, werden Aussagen vor Gericht und in Einvernahmen im Kontext von NS-Endphasepropaganda, soldatischer Männlichkeit und Antisemitismus betrachtet.

Auch wenn die Massaker im Bezirk Scheibbs im Diskurs um Endphaseverbrechen in Österreich bisher kaum beachtet wurden, liegt zu diesem Thema eine breite Histo-

---

Verbrechen gesprochen wird, findet ausschließlich das Maskulinum Verwendung, da es sich bei diesen nur um Männer handelte.

4 Helgard Kramer, „Tätertypologien", in: Derselbe (Hrsg.), NS-Täter aus interdisziplinärer Perspektive, München 2006, S. 254.

5 Zur erstmaligen Nennung durch Henkys: Sven Keller, Volksgemeinschaft am Ende. Gesellschaft und Gewalt 1944/45, München 2013, S. 5 [= Quellen und Darstellungen zur Zeitgeschichte, Bd. 97]. Zu Rüter: Claudia Kuretsidis-Haider/Winfried R. Garscha/Siegfried Sanwald, Verfahren vor den österreichischen Volksgerichten, in: Christine Schindler (Hrsg. im Auftrag des DÖW), Verfolgung und Ahndung, Jahrbuch 2021, Wien 2021, S. 15–104, hier S. 20.

6 Vgl. Keller, Volksgemeinschaft, S. 3.

riografie vor. Seit den 1990er Jahren wurde eine Vielzahl an Beiträgen veröffentlicht, wobei Perspektiven auf das Schicksal ungarisch-jüdischer Zwangsarbeiter*innen sowie auf Todesmarschverbrechen dominieren.[7] Als Standardwerk gilt die 2010 erschienene Monografie „Ungarisch-jüdische Zwangsarbeiter und Zwangsarbeiterinnen in Österreich 1944/45: Arbeitseinsatz – Todesmärsche – Folgen" von Eleonore Lappin-Eppel.[8] Hierin behandelt sie auch die Verbrechen im Bezirk Scheibbs, wobei ihr Anliegen die Rekonstruktion des Tatgeschehens ist und weniger eine Beschäftigung mit den Tätern.

Neben diesem Werk finden die hier behandelten Endphaseverbrechen nur in wenigen Beiträgen Beachtung. In seiner 1988 erschienenen lokalhistorischen Studie „Nationalsozialismus im Bezirk Scheibbs"[9] stellt Klaus-Dieter Mulley die politische Organisation im Kreis Scheibbs von 1938 bis 1945 dar. Sein Werk bietet damit einen wichtigen Kontext zur Einordnung der Akteure der Verbrechen im lokalen Machtgefüge. Darüber hinaus ziehen mehrere Artikel, die sich mit der gerichtlichen Ahndung von NS-Verbrechen in Österreich beschäftigen, die Scheibbser Massaker als Beispiele heran.[10]

Entstehungskontext der Quellen

Obwohl die Endphaseverbrechen im Bezirk Scheibbs die österreichischen Ermittlungsbehörden und Gerichte ab 1945 intensiv beschäftigten, wovon über 10.000 Seiten Aktenmaterial zeugen, ergingen nur in einem von insgesamt 10 Verfahren – acht Verfahren des Volksgerichts Wien und zwei Verfahren vor einem Geschworenengericht 1961 – Urteile wegen der Beteiligung an den Massakern in Randegg und Göstling.[11] Die

---

[7] Zu den Endphaseverbrechen an ungarisch-jüdischen Zwangsarbeiter*innen: Szabolcz Szita, Verschleppt. Verhungert. Vernichtet. Die Deportation von ungarischen Juden auf das Gebiet des annektierten Österreich 1944–1945, Wien 1999; Christian Gerlach/Götz Aly, Das letzte Kapitel. Realpolitik, Ideologie und der Mord an den ungarischen Juden 1944/1945, Stuttgart 2002. Zu den Todesmärschen: Daniel Blatman, Die Todesmärsche 1944/45. Das letzte Kapitel des nationalsozialistischen Massenmords, Reinbek bei Hamburg 2011. Allgemein zu den Endphaseverbrechen: Cord Arendes/Edgar Wolfrum/Jörg Zedler (Hrsg.), Terror nach Innen. Verbrechen am Ende des Zweiten Weltkrieges, Göttingen 2006 [= Dachauer Symposium zur Zeitgeschichte, Bd. 6].
[8] Eleonore Lappin-Eppel, Ungarisch-jüdische Zwangsarbeiter und Zwangsarbeiterinnen in Österreich 1944/45. Arbeitseinsatz – Todesmärsche – Folgen, Wien–Berlin 2010.
[9] Klaus-Dieter Mulley, Nationalsozialismus im Bezirk Scheibbs 1930–1945, Scheibbs 1988.
[10] Z. B.: Susanne Uslu-Pauer, Strafrechtliche Verfolgung von NS-Verbrechen an ungarisch-jüdischen Zwangsarbeiterinnen und Zwangsarbeitern während der Todesmärsche in Niederösterreich, in: Eleonore Lappin/Susanne Uslu-Pauer/Manfred Wieninger (Hrsg.), Ungarisch-jüdische Zwangsarbeiter in Niederösterreich 1944/45, St. Pölten 2006, S. 209–229.
[11] Vgl. WStLA, LG Wien 20 Vr 6543/61 gegen Josef Höblinger; LG Wien 27a Vr 7722/60 gegen Josef Höblinger und Josef Kripsch; LG Wien Vg 2d Vr 1185/47 gegen Johann Grubmayr, Alois Maurer, Karl Reschinsky, Ludwig Schindl; LG Wien Vg 11 Vr 2857/48 gegen Johann Schrenk; LG Wien Vg 1b Vr 2092/45 gegen Ernst Burian und Josef Kracker-Semler; LG Wien Vg 8e Vr 99/54 gegen Josef Kripsch.

Akten des Volksgerichts Wien befinden sich im Wiener Stadt- und Landesarchiv im Bestand des Landesgerichts Wien. 1945 wurde unter der Geschäftszahl LG Wien Vg 3c Vr 2092/45 ein Strafverfahren gegen 40 Beschuldigte wegen Verbrechen in Schwarzau im Gebirge, Scheibbs, Göstling, Randegg, Gresten/Gemeindegebiet Schadneramt, Lunz am See und Baden bei Wien eingeleitet. Hauptbeschuldigte waren der Lagerführer von HJ-Wehrertüchtigungslagern Ernst Burian und der HJ-Gebietsführer Josef Kracker-Semler. Erst 1947 wurden die ersten Anklagen gegen Burian und Kracker-Semler erhoben, die Verfahren gegen die restlichen Beschuldigten hingegen ausgeschieden oder eingestellt. Die Hauptverhandlung gegen Burian und Kracker-Semler fand vom 14. bis 19. Juni 1948 am Volksgericht Wien statt.[12] Der HJ-Führer Ernst Burian wurde vom Wiener Volksgericht wegen seiner Beteiligung an den Massakern von Göstling und Randegg zu lebenslänglicher Haft verurteilt. Kracker-Semler wurde zwar wegen seiner befehlsgebenden Rolle beim Standgericht in Schwarzau am Gebirge, wo der 16-jährige Roman Kneissl erschossen worden war, sowie wegen der – gemeinsam mit Burian durchgeführten – Erschießung des Angestellten des E-Werkes der Wiener Stadtwerke in Gaming, Rudolf Oberndorfer, am 8. Mai 1945 in Lunz am See, für schuldig befunden, nicht aber wegen seiner Beteiligung an den Massakern in Göstling und Randegg.[13] Dieses Verfahren sollte das einzige bleiben, das mit Schuldsprüchen endete. Die Verfahren gegen die zum Tatzeitpunkt minderjährigen HJ-Angehörigen wurden aufgrund fehlender Strafmündigkeit eingestellt, ebenso die Verfahren gegen alle bis 1947 noch nicht ausgeforschten Beschuldigten.[14] Danach gab es keinen weiteren Volksgerichtsprozess bezüglich der Verbrechen im Bezirk Scheibbs. Die lebenslängliche Haft für Ernst Burian dauerte – der allgemeinen Praxis beim Vollzug von durch das

---

12 Bereits am 27. April 1948 sprach das Volksgericht Wien (LG Wien Vg 11b Vr 1185/47) den HJ-Scharführer Karl Reschinsky vom Vorwurf der Beteiligung am Massaker in Randegg frei. Wegen der Misshandlung ungarischer Jüdinnen und Juden erhielt er eine Freiheitsstrafe von 18 Monaten schweren Kerkers.

13 Ernst Burian wurde wegen „Mitschuld am vielfachen Meuchelmord" nach dem Kriegsverbrechergesetz § 1 Abs. 1 schuldig gesprochen und zu lebenslangem schweren Kerker mit jährlicher Dunkelzellenhaft am 15. April, dem Jahrestag des Verbrechens von Randegg, verurteilt. Aufgrund eines psychiatrischen Gutachtens, das Burian verminderte Hemmungs- und Einsichtsfähigkeit aufgrund einer Kriegsverletzung attestierte, wurde anstelle der Todesstrafe eine Haftstrafe verhängt. Dem zweiten Angeklagten, Josef Kracker-Semler, der als HJ-Gebietsführer von Niederdonau in die Verbrechen involviert gewesen war, konnte eine Beteiligung an den beiden Massakern nicht nachgewiesen werden, sehr wohl aber eine befehlsgebende Rolle an einem Standgericht in Schwarzau am Gebirge, wo der 16-jährige Roman Kneissl ermordet wurde. Ebenso ermordete Kracker-Semler gemeinsam mit Burian am 8. Mai 1945 in Lunz am See Rudolf Oberndorfer, wie das Gericht feststellte. Wegen beider Taten wurde Kracker-Semler zu 20 Jahren Haft verurteilt. NÖLA, LG Wien Vg 1b Vr 2092/45 gegen Ernst Burian und Josef Kracker-Semler, Urteil vom 30.12.1948.

14 WStLA, LG Wien Vg 2d Vr 1185/47, Gutachten des Gerichtspsychiaters für Alois Maurer vom 3.3.1947 und für Hans Grubmayr vom 4.3.1947, Bl. 253–273.

Volksgericht verhängten Freiheitsstrafen für NS-Täter in Österreich entsprechend – nur wenige Jahre. Bereits 1954 war Burian wieder auf freiem Fuß.[15]

Erst 1958 wurden wieder Ermittlungen aufgenommen, als sich der ehemalige SD- und SS-Führer Josef Kripsch, der ab 1945 unter falschem Namen in Graz gelebt hatte, in Wien meldete, weil er nach der Amnestie 1957 nicht mehr mit einer Strafverfolgung rechnete und wieder mit seiner Familie vereint leben wollte.[16] Kripsch wurde in Untersuchungshaft genommen, und die Staatsanwaltschaft Wien leitete Ermittlungen gegen ihn ein. Im Zuge der Wiederaufnahme dieses Verfahrens wurden weitere Zeugenaussagen eingeholt und vorhandene Beweise neu bewertet, was zur Belastung und darauffolgenden Verhaftung eines ehemaligen Untergebenen von Kripsch, Josef Höblinger, führte. Obwohl die Beweislast gegen die beiden Angeklagten als dichter einzuschätzen ist als im Prozess 1948 gegen Burian und Kracker-Semler, wurden Höblinger am 22. November 1961 und Kripsch am 6. Dezember 1961 – beide unter dem Vorsitz von Richter Otto Obauer – vom Geschworenengericht am Landesgericht Wien mit der Begründung freigesprochen, dass eine Tatbeteiligung nicht nachweisbar sei.[17]

Angesichts der Tatsache, dass nach 1955 nur 49 Personen wegen NS-Verbrechen vor Gericht standen, wobei die Hälfte von ihnen freigesprochen wurde und es in tausenden Fällen nicht einmal zu einer Verhandlung kam, kann die Tatsache, dass sich Höblinger und Kripsch zumindest vor Gericht verantworten mussten, durchaus positiv bewertet werden.[18] Im Zuge der beiden Prozesse von 1961 und der darin getätigten neuen Aussagen wurde die Aufmerksamkeit auf Personen gelenkt, allen voran auf den ehemaligen HJ-Bannführer von Scheibbs, Josef Kernstock, die bis dahin nicht im Zentrum der Ermittlungen gestanden waren, da sie seit 1945 als unauffindbar galten. 1963 trat das Landesgericht Wien das noch aufrechte Verfahren gegen Josef Kernstock sowie sieben weitere Beschuldigte an das Kreisgericht St. Pölten zur Geschäftszahl KG

---

15 Siehe dazu: Claudia Kuretsidis-Haider, „Persönliche Schuld ist faktisch keine vorhanden". Innenminister Oskar Helmer und die Begnadigung von verurteilten NS-Tätern, in: Justiz und Erinnerung, hrsg. v. Verein zur Förderung justizgeschichtlicher Forschungen und Verein zur Erforschung nationalsozialistischer Gewaltverbrechen und ihrer Aufarbeitung, Nr. 8/Oktober 2003, S. 1–6.

16 Vgl. WStLA, LG Wien 27a Vr 7722/60 gegen Josef Höblinger und Josef Kripsch, Anklageschrift gegen Josef Kripsch, 8.9.1961. Kripsch nahm 1945 den Namen eines verstorbenen Schulfreundes an, um der Strafverfolgung zu entgehen. Er nahm seinen Wohnsitz in Graz, wo er in regelmäßigem Austausch mit seiner Familie und Freunden in Wien stand. Die österreichischen Ermittlungsbehörden wurden 1948 über die falsche Identität Kripschs informiert, unternahmen jedoch nichts.

17 Siehe WStLA, LG Wien 27a Vr 7722/60 gegen Josef Kripsch, Hauptverhandlungsprotokoll vom 6.12.1961, sowie WStLA, LG Wien 20 Vr 6543/61 gegen Josef Höblinger, Hauptverhandlungsprotokoll vom 22.11.1961.

18 Bis 1976 wurden 48 Prozesse geführt, bei denen es in 20 Fällen zu rechtskräftigen Schuldsprüchen kam, während 23 Freisprüche ergingen und die restlichen fünf Verfahren eingestellt wurden. Zwischen 1976 und 1999 wurde kein Prozess gegen NS-Verbrecher in Österreich geführt. Der 49. Prozess war jener gegen Heinrich Gross und endete 2006 mit der Einstellung des Verfahrens. Siehe dazu Forschungsstelle Nachkriegsjustiz: nachkriegsjustiz.at/prozesse/geschworeneng/wahrsprueche_geschworenengerichte56_75.php [30.3.2024].

St. Pölten 5 Vr 666/63 ab. Die Akten des Volksgerichtsverfahrens LG Wien Vg 3c Vr 2092/45 sowie die zwischen Mai und August 1945 von diversen Gendarmerieposten im Bezirk Scheibbs angelegten Ermittlungsakten (Niederschriften mit Zeug*innen, Tatortfotografien und -skizzen) sind diesem Akt beigeschlossen und befinden sich daher nicht im Wiener Stadt- und Landesarchiv, sondern mit dem Akt aus 1963 im Niederösterreichischen Landesarchiv (NÖLA) in St. Pölten, Zweigstelle Bad Pirawarth.[19] Das Ermittlungsverfahren dauerte bis in die ausgehenden 1970er Jahre, wurde aber, nach der vorhandenen geringen Aktenlage zu beurteilen, nicht besonders intensiv betrieben. Als eines der wenigen Zeugnisse der Ermittlungen zum Verbrechenskomplex aus dieser Periode existiert eine Zeugenvernehmung mit Ernst Burian vom 9. August 1978, bei der er aussagte, sich an nichts Konkretes erinnern zu können.[20] Josef Kernstock wurde nie ausgeforscht und das Verfahren 1978 eingestellt, wodurch er und weitere Hauptverdächtige bis zum heutigen Tag straffrei blieben.

2 Endphaseverbrechen im Kreis Scheibbs

Um sich dem Verbrechenskomplex anzunähern, beginnt die folgende Darstellung nicht bei den Massakern am 13. April 1945 in Göstling bzw. am 15. April 1945 in Randegg, sondern am Abend des 14. April in der Bannführung des HJ-Banns 517 in Scheibbs. Eine dortige Besprechung ist durch mehrere Zeugenaussagen von anwesenden HJ-Angehörigen in den Ermittlungsakten aus 1945 und 1946 gut dokumentiert, wodurch sich ein Einblick in die Nachbesprechung sowie Planung der beiden Verbrechen von Göstling und Randegg ergibt. Darüber hinaus geben die Aussagen zu diesem Treffen Hinweise auf eine Involvierung der gleichen Täter in mehrere Endphaseverbrechen, wodurch der Abend des 14. April 1945 einen neuralgischen Punkt für die Analyse des Täterhandelns darstellt.

Der zu diesem Zeitpunkt 17-jährige HJ-Angehörige Johann Jordan versah an diesem Abend Telefondienst in der HJ-Bannführung und wurde Zeuge einer mehrstündigen Besprechung von Angehörigen verschiedener NS-Organisationen: der Bannführer des HJ-Banns 517, Josef Kernstock, zwei Angehörige des erst im März 1945 gegründeten SD-Sonderkommandos Scheibbs – Josef Höblinger sowie ein zweiter, namentlich nicht genannter SD-Mann –, ein unbekannter SS-Obersturmführer und, hierzu gibt es widersprüchliche Aussagen, eventuell ein Oberleutnant der Wehrmacht.[21] Die Bespre-

---

19 Im Archiv des Wiener Wiesenthal Instituts für Holocaust-Studien befinden sich neben Kopien von Ermittlungsakten auch drei Dossiers zu Tatorten und Beschuldigten aus dem Bezirk Scheibbs.

20 NÖLA, KG St. Pölten 5 Vr 666/63 (ausgeschieden aus LG Wien Vg 2d Vr 2092/45 gegen Ernst Burian, Josef Kracker-Semler u. a.) gegen Josef Kernstock u. a., Zeugenvernehmung mit Ernst Burian durch das Bezirksgericht Gänserndorf am 9.8.1978, Bl. 80.

21 NÖLA, KG St. Pölten 5 Vr 666/63, Akten des Volksgerichts Wien (LG Wien Vg 2d Vr 2092/45): Zeugenvernehmung mit Johann Jordan am 28.5.1946, Bl. 413. Leiter des SD Scheibbs war SS-Obersturm-

chung hatte die Planung der Tötung von 100 Jüdinnen und Juden zum Inhalt, die am nächsten Tag durchgeführt werden sollte. Im Verlauf des Abends, der laut der Urteilsbegründung den Charakter eines „großen Saufgelages" hatte, wurden die anwesenden HJ-Angehörigen Alois Maurer, Hans Grubmayr und Karl Reschinsky nacheinander ins Zimmer zitiert, um ihnen ihre Aufgaben für die geplante „Aktion" mitzuteilen.[22]

Zuvor hatte Hans Grubmayr, der tagsüber Telefondienst in der Bannführung versehen hatte, ein Gespräch aus dem 40 Kilometer südlich gelegenen Göstling an der Ybbs mitangehört, bei dem über das tags zuvor, in den frühen Morgenstunden des 13. April 1945, verübte Massaker im dortigen Zwangsarbeiterlager gesprochen wurde. Gegen 2:45 Uhr waren etwa sechs bis zehn Bewaffnete auf einem LKW im 300 Meter vom Ortszentrum Göstling entfernten Lager eingetroffen, hatten die Lagerleiterin und ihre Angehörigen aus dem Lager verwiesen und alle dort internierten Personen ermordet.[23] Die Täter sperrten die 76 ungarischen Jüdinnen und Juden, die großteils in Familienverbänden seit Sommer 1944 im Lager lebten, in zwei Baracken, feuerten mit Panzerfäusten darauf und warfen Handgranaten hinein. Danach schossen sie noch mit Maschinenpistolen auf Flüchtende, die aus den Fenstern kletterten und versuchten davonzulaufen. Die beiden Wohnbaracken fingen Feuer und brannten komplett aus, es gab keine Überlebenden.[24]

Ein Göstlinger Dorfbewohner und Anrainer des Lagers, der durch die Detonationen und Schüsse aus dem Schlaf gerissen wurde und einen Durchbruch der sowjetischen Armee vermutete, rief einem der Täter vom Fenster aus zu, was denn los sei.

---

führer Josef Kripsch, dem drei bis vier SD-Männer unterstanden. Diese waren, wie auch Kripsch, zuvor in Wien tätig gewesen. Sie wurden aufgrund der bevorstehenden Schlacht um Wien zunächst nach St. Pölten und von dort nach Scheibbs verlegt. Bei dem zweiten SD-Mann könnte es sich folglich um einen der drei anderen unbekannten Untergebenen von Kripsch gehandelt haben, während der unbekannte SS-Obersturmführer Josef Kripsch gewesen sein könnte, was sich jedoch nicht belegen lässt. Auch zur Identität des Oberleutnants kann eine Hypothese aufgestellt werden: Bei diesem könnte es sich um Ernst Burian gehandelt haben, da dieser einen Leutnantsrang der Wehrmacht bekleidete. Er war nach einer Kriegsverletzung als Leiter des HJ-Wehrertüchtigungslagers Lunz am See tätig und stark in die Endphaseverbrechen im Kreis Scheibbs involviert.

22 NÖLA, KG St. Pölten 5 Vr 666/63, Akten des Volksgerichts Wien (LG Wien Vg 1b Vr 2092/45): Urteil gegen Ernst Burian und Josef Kracker-Semler vom 30.12.1948, S. 40.

23 Ebenda, Zeugenvernehmung mit Margarethe Görisch am 27.5.1946, Bl. 411. Das Lager bestand aus zwei Wohnbaracken, einer Wirtschaftsbaracke und zwei Abortbaracken und war von einem Stacheldrahtzaun umgeben. Es fungierte ab Sommer 1944 als Arbeitslager für jüdische Familien aus Ungarn und hatte im Herbst eine Maximalbelegung von 140 Internierten. Bei den Opfern des Massakers handelte es sich um 23 Männer, 43 Frauen und zehn Kinder. Lediglich Charlotte Wieser, die Lagerärztin, überlebte das Lager Göstling, da sie bereits am 5. April 1945 fliehen konnte. Vgl. dazu: Lappin-Eppel, Ungarisch-jüdische Zwangsarbeiter und Zwangsarbeiterinnen in Österreich 1944/45, S. 180, sowie VWI-SWA, I.1, Dossier Göstling an der Ybbs, Kopie der Gendarmerie-Ermittlungsakten, Zeugenvernehmung mit Margarethe Görisch am 25.6.1945, S. 20.

24 Lediglich die Wirtschaftsbaracke überstand diese Nacht unbeschädigt und stand auch noch bei einem Lokalaugenschein der Ermittlungsbehörden im Mai 1946 auf dem Areal; NÖLA, KG St. Pölten 5 Vr 666/63, Akten des Volksgerichts Wien (LG Wien Vg 1b Vr 2092/45): Augenscheinprotokoll, 27.5.1946.

Dieser antwortete, er könne beruhigt weiterschlafen, denn „es werde nur das Judenlager liquidiert".[25] Als die Täter in den frühen Morgenstunden in Richtung Lunz am See abzogen, ließen sie die Körper ihrer Opfer zwischen den brennenden Trümmern der Baracken zurück – der Göstlinger Bürgermeister organisierte am nächsten Tag das Vergraben der Leichen durch Dorfbewohner.[26] Die Bevölkerung fand eine „Wolfsangel" auf einer intakten Barackenwand aufgemalt vor, das Symbol der NS-Organisation „Werwolf" – ein Hinweis auf die Täter und ihre Motivation, worauf weiter unten näher eingegangen wird.[27]

Das Telefonat, das Grubmayr am nächsten Tag in der HJ-Bannführung in Scheibbs mitanhörte, hatte dieses Massaker zum Inhalt:

> Wer aus Göstling sprach, weiß ich nicht. Ich hörte auf der Banndienststelle nur zufällig mit. Die Stimme sagte wörtlich: „Dem Chef seine Arbeit war diesmal nicht gut", womit er meinte, dass die ermordeten Juden nicht richtig verbrannt bzw. verscharrt worden seien.[28]

Zuvor hatte Kernstock bereits in Gegenwart mehrerer HJ-Angehöriger geäußert, dass die „Erledigung der Juden in Göstling mit Burian gut geklappt hat".[29] Die an diesem Abend in der Bannführung versammelten Täter bauten auf den „Erfahrungswerten" aus Göstling auf und planten über mehrere Stunden den Ablauf der Ermordung eines Transports weiterer Jüdinnen und Juden, die früher am Abend des 14. April 1945 in Scheibbs eingetroffen waren.[30]

Am nächsten Tag, am 15. April 1945 gegen 10:00 Uhr vormittags, brach ein Konvoi, bestehend aus einem offenen Volkswagen, einem LKW und einem Motorrad – der LKW transportierte auf der Ladefläche zwei Maschinengewehre, mit denen später die Ermordungen durchgeführt werden sollten –, aus Scheibbs in Richtung Randegg auf. Davor hatte in der Kreisleitung Scheibbs eine weitere Besprechung stattgefunden.[31] In diesen Fahrzeugen saßen mindestens 15 Personen, darunter mehrere HJ-Angehörige der Bannführung Scheibbs sowie aus dem HJ-Wehrertüchtigungslager Lunz am See,

---

25 Ebenda, Verhaftungsblatt der Staatspolizei, Einlieferung zur Untersuchungshaft des Alfred Braunsteiner am 12.2.1946, Bl. 294.

26 Für eine detaillierte Darstellung des Massakers siehe Glack, Endkampf und Werwolf, S. 34–38.

27 NÖLA, KG St. Pölten 5 Vr 666/63, Akten des Volksgerichts Wien (LG Wien Vg 1b Vr 2092/45): Beschuldigtenvernehmung mit Alfred Braunsteiner am 5.6.1946, Bl. 464.

28 NÖLA, KG St. Pölten 5 Vr 666/63, Ermittlungsakten der Gendarmerie Scheibbs: Zeugenvernehmung mit Hans Grubmayr am 2.7.1945, Bl. 41. Grubmayr vermutete, dass der hier genannte „Chef" HJ-Gebietsführer Niederdonau Josef Kracker-Semler war, da nur er innerhalb der lokalen HJ-Strukturen als „Chef" bezeichnet wurde.

29 WStLA, LG Wien Vg 2d Vr 1185/47, Ermittlungsakten der Gendarmerie Scheibbs: Zeugenvernehmung mit Alois Maurer am 29.6.1945, Bl. 132.

30 WStLA, LG Wien Vg 2d Vr 1185/47, Ermittlungsakten der Gendarmerie Scheibbs: Zeugenvernehmung mit Johann Jordan am 22.6.1945, Bl. 69.

31 NÖLA, KG St. Pölten 5 Vr 666/63, Akten des Volksgerichts Wien (LG Wien Vg 1b Vr 2092/45): Beschuldigtenvernehmung mit Ernst Burian am 16.1.1946, Bl. 236.

jene bei der Besprechung am Vorabend anwesende zwei SD-Männer der SD-Außendienststelle Scheibbs sowie mindestens einer, wahrscheinlich aber mehrere SS-Angehörige eines erst kurz zuvor gegründeten SS-Sonderkommandos Scheibbs.[32]

Zur gleichen Zeit, als der Konvoi aus Scheibbs aufbrach, war der Transport von mindestens 100 ungarischen Jüdinnen und Juden, die im Zwangsarbeitslager Stangenthal bei Lilienfeld sowie im Lager Kerschenbach bei St. Veit an der Gölsen in Niederösterreich interniert gewesen waren, bereits am Dorfplatz von Randegg eingetroffen.[33] Während des Wartens am Dorfplatz konnten sich die späteren Opfer relativ frei bewegen. Ein paar Männer holten vom diensthabenden Gendarmen Ferdinand Glas die Erlaubnis ein, das örtliche Gasthaus besuchen zu dürfen, um dort ein Bier zu trinken.[34] Ohne Wissen der HJ-, SS- und SD-Angehörigen, die deren Ermordung planten, hatte die lokale Gendarmerie die Jüdinnen und Juden an diesem Tag in Omnibussen von Scheibbs nach Randegg transportiert, um sie dort auf Fuhrwerke umsteigen zu lassen, die sie weiter nach Mauthausen führen sollten.

Dazu kam es nicht, denn als der „Täter"-Konvoi aus Scheibbs etwa eine Stunde später in Randegg eintraf, übergab die lokale Gendarmerie das Kommando an die anwesenden SS-Angehörigen.[35] Sie sammelten die 100 Personen wieder am Platz und bereiteten den Abmarsch vor. Zahlreiche Dorfbewohner*innen befanden sich nach der Sonntagsmesse am Dorfplatz und wurden so zu Zeug*innen der Geschehnisse. Als sich einer von ihnen bei einem der Bewaffneten informierte, was mit „den Juden" passieren werde, antwortete ihm dieser offen, „dass sie umgelegt werden".[36]

Um 11:30 Uhr wurde der Befehl zum Abmarsch gegeben. In Kolonnen geleiteten HJ-Angehörige die Frauen, Männer und Kinder aus dem Ort in Richtung eines zuvor von Hitlerjungen ausgekundschafteten und als geeignet bestimmten, zwei Kilometer vom Ortszentrum entfernten, bewaldeten und steilen Nebentalkessels des Schliefaubaches.

---

32 Konkret involviert waren die HJ-Führer Ernst Burian und Josef Kernstock, die HJ-Angehörigen Alois Maurer, Johann Grubmayr, Karl Reschinsky, die SD-Angehörigen Josef Höblinger und (vermutlich) Josef Kripsch sowie der SS-Mann Philipp Brandl.
33 In Zeugenaussagen wurde von 99 bzw. 100 Personen gesprochen, während Heinz Arnberger und Eleonore Lappin-Eppel aus verschiedenen Quellen eine Opferliste mit 114 Namen erstellen konnten. Sie wiesen darauf hin, dass die Opfer 1947 exhumiert und am jüdischen Friedhof in Szeged bestattet wurden; Heinz Arnberger/Claudia Kuretsidis-Haider (Hrsg.), Gedenken und Mahnen in Niederösterreich, Wien 2011, S. 471–475.
34 NÖLA, KG St. Pölten 5 Vr 666/63, Akten des Volksgerichts Wien (LG Wien Vg 1b Vr 2092/45): Zeugenvernehmung mit Ferdinand Glas am 10.7.1945, Bl. 140.
35 Dabei handelte es sich um HJ-Angehörige aus Scheibbs und Lunz am See, mindestens drei Angehörige des SD-Außenkommandos Scheibbs sowie eine unbekannte Zahl von Männern eines SS-Sonderkommandos Scheibbs. Ob auch die HJ-Angehörigen für diese Aktion mit SS-Uniformen ausgestattet waren oder Zeugen sich falsch erinnern, kann nur gemutmaßt werden.
36 VWI-SWA, I.1, Dossier Göstling an der Ybbs, Kopie der Ermittlungsakten der Gendarmerie Scheibbs, Zeugenvernehmung mit Michael Strasser am 10.7.1945, S. 25.

Dort angekommen wurden die Jüdinnen und Juden mit zuvor versteckt aufgestellten Maschinengewehren ermordet, nachdem ihnen noch befohlen worden war, Reisig zu sammeln.[37] Nach dem Morden fuhren die Haupttäter, unter ihnen Ernst Burian und Josef Kernstock, zu einem späten Mittagessen nach Waidhofen an der Ybbs, während Hitlerjungen aus einem nahegelegenen HJ-Lager zum Beseitigen der Spuren und Verbrennen der Leichen mit dem von den Opfern selbst gesammelten Holz und einer vom Bürgermeister des Ortes zur Verfügung gestellten Fuhre Stroh eingeteilt wurden.[38]

Um die Bevölkerung abzulenken, hatten zurückbleibende Männer in SS-Uniform vor dem Massaker am Dorfrand ein Maschinengewehr aufgebaut und die Dorfbevölkerung zu einem „Schau-Schießen" um die Mittagszeit eingeladen. Dies sollte offensichtlich den Lärm des zeitgleich zwei Kilometer entfernt stattfindenden Massakers übertönen.[39] Dennoch waren Schreie und das Gewehrfeuer bis in den Ort zu hören, wie Randegger*innen im Rahmen der Ermittlungen berichteten.

Die Schilderung eines Dorfbewohners verdeutlicht exemplarisch die physische Nähe zwischen der Dorfbevölkerung und dem Massaker. Eine Gruppe von Männern aus dem Dorf machte sich aus Neugier in Richtung des Lärms auf, mit dem Vorwand, einen befreundeten Bauern aufzusuchen. Kurz nach dem Aufbruch aus Randegg, als kein Gewehrfeuer mehr zu hören war, sahen sie dicken Rauch über dem Schliefaugraben aufsteigen. Auch der Geruch nach verbranntem Fleisch erfüllte immer mehr die Luft, je näher die fünf Dorfbewohner der Rauchsäule kamen. In der Stube des Bauern, dessen Hof nur 100 Meter vom Tatort entfernt lag, trafen sie auf einen Fremden in der Uniform eines Wehrmachtsoffiziers, der sich als Ausbilder aus dem HJ-Wehrertüchtigungslager in Lunz am See deklarierte. Um ihn gesprächiger zu machen, gaben sie ihm Most zu trinken:

> Tatsächlich tat der Most seine Wirkung und er wurde gesprächiger. Unter anderem erzählte er uns hierauf, wie er mit seinen Komplizen die Juden umgebracht hat. Weiters sagte er auch, dass es ja recht schön gegangen ist, weil sich die Juden recht schön zusammensetzten und sie nur dareinschießen brauchten. Vor einigen Tagen hätten sie eine ganze Partie Juden mit Panzerfäusten und Handgranaten umgelegt, das sei viel schlimmer gewesen wie das hier, weil dort die Fleischfetzen herumflogen und die noch Lebenden und Verwundeten davon liefen und sie ihnen nachschießen mussten wie den Hasen. Endlich erzählt er uns auch, dass sie etwas Ähnliches auch mit Kriegsgefangenen gemacht hätten. Wo und wann sagte er uns nicht.[40]

37 NÖLA, KG St. Pölten 5 Vr 666/63, Akten des Volksgerichts Wien (LG Wien Vg 1b Vr 2092/45): Beschuldigtenvernehmung mit Ernst Burian am 15.6.1946, Bl. 479.

38 Ebenda, Hauptverhandlungsprotokoll des Volksgerichtsprozesses gegen Josef Kracker-Semler und Ernst Burian, 2. Verhandlungstag (15.6.1948), Bl. 1197.

39 VWI-SWA, I.1, Dossier Göstling an der Ybbs, Kopie der Ermittlungsakten der Gendarmerie Scheibbs, Zeugenvernehmung mit Josef Kramarsch am 7.7.1945, S. 28 f.

40 Ebenda, S. 29.

Nach dieser Schilderung der Vorgänge baten die Dorfbewohner darum, den Tatort besichtigen zu dürfen, was der Wehrmachtsoffizier gewährte. Dort angekommen wohnten sie dem Versuch von Hitlerjungen bei, hundert Leichen mit Stroh und Reisig zu verbrennen. Da dies nicht funktionierte, wurde begonnen, ein Massengrab auszuheben. Diese Aufgabe war für die Jungen nicht zu bewältigen; am nächsten Morgen waren die Opfer noch immer nicht begraben. Aus Angst vor Repressalien, für den Fall, dass sowjetische Soldaten Spuren des Massakers finden sollten, wurden vom Randegger Bürgermeister am Montag, dem 16. April 1945, mehrere Männer aus dem Ort unter Androhung der standrechtlichen Erschießung verpflichtet, die Leichen zu begraben und die Habseligkeiten der Ermordeten, die am Dorfplatz liegengeblieben waren, in einem Steinbruch nahe Randegg zu verbrennen. Mit diesen Arbeiten, dem Ausheben eines zwölf Meter langen Massengrabes, dem Begraben der Leichen sowie dem Einsammeln und Verbrennen der materiellen Hinterlassenschaften, waren die Dorfbewohner noch weitere vier Tage beschäftigt.[41]

Vier Tage nach dem Massaker, am 19. April 1945, wurden in der Ortschaft Gresten, sieben Kilometer südwestlich von Randegg gelegen, weitere 16 Jüdinnen und Juden, mehrere Frauen und Kinder sowie zwei alte Männer aus Ungarn, die zur Zwangsarbeit auf einem Bauernhof verpflichtet waren, ermordet. Da es auch bei diesem Massaker keine Überlebenden gab und sich die polizeiliche und staatsanwaltliche Ermittlungstätigkeit nach 1945 auf die beiden opferreicheren Verbrechen konzentrierte, ist die Informationslage zu Gresten dünn. Obwohl sich der Ablauf des Massakers aus den Quellen rekonstruieren lässt, liegen nur wenige Informationen zu den Tätern vor.[42] Aus diesen kann die Vermutung, dass die Täter dieser Verbrechen aus dem gleichen Netzwerk wie jene der Massaker von Göstling und Randegg kamen, abgeleitet werden, welche auch von den Ermittlungsbehörden verfolgt wurde. Aufgrund fehlender belastender Beweise kam es zu keiner Anklage bezüglich des Massakers von Gresten.

Nach diesen Verbrechen wurden in den Wochen bis zur Befreiung im Kreis Scheibbs Morde an mindestens zehn weiteren Personen verübt. Die Analyse der vorhandenen Quellen erlaubt die Hypothese, dass zwar nicht all diese Taten von den gleichen Tätern begangen wurden, aber an allen waren Täter beteiligt, die auch in die Massaker von Randegg und Göstling verstrickt gewesen waren.[43] Die Einbeziehung dieser Taten in die Analyse ermöglicht einen tiefergehenden und breiteren Einblick in die Gedankenwelt der Täter der Endphaseverbrechen im Bezirk Scheibbs. Die Opfer waren widerständige russische Zwangsarbeiter*innen, ein Deserteur, ein versehrter Wehrmachtsangehöriger, der zuvor als „Defätist" bedroht worden war, sowie noch am 8. Mai 1945 ein Bewohner von Lunz am See, Rudolf Oberndorfer, wegen seiner ver-

---

41 Ebenda, Zeugenvernehmung mit Anton Breiler am 9.7.1945, S. 30.
42 Vgl. Glack, Endkampf und Werwolf, S. 46.
43 Vgl. Ebenda, S. 47–52.

meintlichen Gegnerschaft zum Nationalsozialismus.[44] Die Opfer verbindet, dass sie von den Tätern als außerhalb einer imaginierten „Volksgemeinschaft" stehend betrachtet wurden.

Die Endphaseverbrechen im Kreis Scheibbs wurden von einem Netzwerk an Tätern verschiedener Organisationen begangen. Ein Verbrechenskomplex wie dieser wirft die Frage auf, wie weitreichend Täterschaft gefasst werden kann, da eine Vielzahl an unterschiedlichen Beteiligungsgraden und -arten bestand. Dem Historiker Gerhard Paul folgend, lassen sich NS-Täter*innen im Allgemeinen in zwei Gruppen unterteilen.[45] Als Täter*innen im engeren Sinne definiert Paul alle Personen, die direkt in das Mordgeschehen involviert waren, also sowohl die Organisatoren und Entscheidungsträger als auch alle, die an der Durchführung von Verbrechen beteiligt waren. In Scheibbs trifft das auf die genannten Tatbeteiligten aus HJ, SD und SS zu. Zur zweiten Gruppe, also zu den Täter*innen im weiteren Sinne, zählt Paul Personen, die nicht direkt ins Mordgeschehen involviert waren, aber zu dessen Durchführung beitrugen. Als solche können im Zusammenhang mit den Endphaseverbrechen in Scheibbs die Bürgermeister und Ortsgruppenleiter von Göstling und Randegg sowie einige Dorfbewohner gesehen werden. Zwischen der ersten und zweiten Gruppe angesiedelt steht der Kreisleiter von Scheibbs Johann Schrenk.

In Randegg waren der Bürgermeister und Ortsgruppenleiter dadurch involviert, dass sie Stroh zum Verbrennen der Leichen zur Verfügung stellten und das Vergraben der Leichen organisierten. Auch wenn ihre Beteiligung an den Verbrechen in den Volksgerichtsverfahren als zu gering eingeschätzt wurde, um sie als Beschuldigte zu führen, waren sie an den Taten durch das Bereitstellen von Hilfsmitteln und durch

---

44 Bei den Opfern handelte es sich um Richard Seidl, Erwin Czerny, Rudolf Oberndorfer sowie sechs Zwangsarbeiter*innen. Seidl wurde Mitte April vom SD Scheibbs ermordet. Czerny wurde am 3. Mai von unbekannten SS-Männern erschossen, nachdem er zuvor mehrere Drohungen im Namen einer „Werwolf"-Bewegung erhalten hatte. Oberndorfer wurde am 8. Mai von Ernst Burian und Josef Kracker-Semler ermordet. Die sechs russischen Zwangsarbeiter*innen, zwei Frauen (Olga Neudorfer und Magdalena Scherr) und vier Männer (Nikoley Sarupin, Wladimir Lachnow, Maxim Kindra und Janke Ostrowsky) wurden Ende April 1945 in einem Waldstück am Stadtrand von Scheibbs, dem Heiserwald, von einem SD-Mann ermordet und ihre Leichen an Ort und Stelle verscharrt. Am gleichen Ort wurde die Leiche eines unbekannten KZ-Häftlings gefunden, der Anfang Mai dort vom SD ermordet worden sein soll. Darüber hinaus gibt es Hinweise, dass Burian Anfang Mai 1945 drei Hitlerjungen ermordet haben soll, die nicht mehr an einen Sieg glauben wollten. Für den Mord an Oberndorfer wurden Burian und Kracker-Semler 1948 vom Volksgericht Wien verurteilt, während alle anderen Morde keine gerichtliche Ahndung nach sich zogen, da die Täter nicht ermittelt werden konnten. Zu all diesen Verbrechen wurde gemeinsam ermittelt, d. h. die Behörden gingen bereits 1945 von einer Verbindung zwischen den Taten aus.
45 Vgl. Gerhard Paul, Von Psychopathen, Technokraten des Terrors und „ganz gewöhnlichen" Deutschen. Die Täter der Shoah im Spiegel der Forschung, in: Derselbe (Hrsg.), Die Täter der Shoah. Fanatische Nationalsozialisten oder ganz normale Deutsche?, Göttingen 2002 [= Dachauer Symposien zur Zeitgeschichte, Bd. 2], S. 13–90, hier S. 15.

das Beseitigen von Spuren beteiligt gewesen.[46] Kreisleiter Schrenk wiederum war als Ideengeber beteiligt, auch wenn er an der Durchführung selbst nicht teilnahm. Er stellte die Räumlichkeiten der Kreisleitung für die Besprechung am Morgen des 15. April 1945 zur Verfügung, was als Indiz dafür zu werten ist, dass er vorab über die Mordpläne informiert war. Mehrere Aussagen belegen seine Radikalisierung und massive Gewaltbereitschaft in der Endphase sowie Mordfantasien des Kreisleiters gegenüber den Jüdinnen und Juden im Lager Göstling, was eine Einschätzung seiner Beteiligung als Ideen- oder gar Auftraggeber des Mordens zusätzlich stützt.[47]

Sämtliche Verbrechen wurden in unmittelbarer Nähe zur lokalen Bevölkerung verübt. Die Dorfbewohner*innen waren vor, während und nach den Morden in die Abläufe involviert und interagierten teilweise direkt mit den Tätern. In keinem der Fälle konnten Akte des Widerstands oder gar spontane Rettungsversuche festgestellt werden. Laut Eigendarstellung äußerten mehrere dieser Zeugen aus der Bevölkerung Empörung während des Geschehens, im Großen und Ganzen verhielt sich die lokale Bevölkerung aber passiv. Die starke Involviertheit wie auch die gleichgültige Reaktion auf das Mordgeschehen, die sich in den Zeugenaussagen von Dorfbewohner*innen aus 1945 ausdrückten, sind Zeugnis des Gewaltraums, der sich im April 1945 im Kreis Scheibbs öffnete, indem es hingenommen wurde, dass hunderte Menschen vor der „eigenen Haustüre" ermordet wurden.[48]

Klar in die Kategorie der Direkttäter im engeren Sinne fallen die beteiligten minderjährigen HJ-Angehörigen, die zum Tatzeitpunkt zwischen 16 und 18 Jahre alt waren. Sie waren nachweislich an der Durchführung des Massakers in Randegg beteiligt, nicht aber an der Planung. Im Gegensatz zu den im Folgenden als Hauptträger bezeichneten SD-, SS-Angehörigen und HJ-Führer handelten diese Hitlerjungen nicht freiwillig, sondern auf Befehl ihrer HJ-Führer. Sie äußerten in ihren Aussagen als einzige der Direkttäter Reue und Missfallen über die Taten.[49] Für ihre Beteiligung mussten sich

---

46 NÖLA, KG St. Pölten 5 Vr 666/63, Akten des Volksgerichts Wien (LG Wien Vg 1b Vr 2092/45), Beschuldigtenvernehmung mit Vinzenz Petermann durch das Bezirksgericht Scheibbs nach dessen Verhaftung am 1.9.1945, Bl. 4.
47 Mehrere Gewalthandlungen gegen Zwangsarbeiter*innen und das Befehlen von Erschießungen sind in Zeugenaussagen dokumentiert: WStLA, LG Wien Vg 1 Vr 1432/45 gegen Leopold Winterer, Zeugenvernehmung mit Ignaz Hübner am 8.6.1945, Bl. 5; ebenda, Ansuchen um Haftentlassung von Hans Grubmayr am 16.10.1945, Bl. 45; LG Wien Vg 11 Vr 2857/48, Zeugenvernehmung mit Anton Winkler am 10.11.1947, Bl. 87; Glack, Endkampf und Werwolf, S. 79 f.
48 Zum Konzept der Gewalträume siehe: Jörg Baberowski, Räume der Gewalt, 3. Aufl., Frankfurt/M. 2015.
49 WStLA, LG Wien Vg 2d Vr 1185/47, Ansuchen auf Haftentlassung von Hans Grubmayr am 16.10.1945, Bl. 45, sowie weitere Aussagen von Maurer und Grubmayr, in denen geschildert wurde, wie Kernstock nach anfänglicher Weigerung der minderjährigen HJ-Angehörigen, am Massaker teilzunehmen, mit standrechtlicher Erschießung drohte. Die Auswahl, wer sich am Massaker beteiligen musste, traf Kernstock aufgrund des Dienstplans. So äußerte sich Johann Jordan, ein weiterer HJ-Angehöriger des Banns Scheibbs, am Vorabend des Massakers gegenüber Grubmayr und Maurer erleichtert, dass er am nächsten Tag frei habe und so einer Teilnahme entgehen werde.

die minderjährigen HJ-Angehörigen nie vor Gericht verantworten, da ihnen ein psychiatrisches Gutachten attestierte, aufgrund ihres Alters und ihrer Erziehung im Nationalsozialismus nicht fähig gewesen zu sein, sich dem Befehl zur Beteiligung zu widersetzen.[50] Als Zeugen sagten sie in allen Verfahren aus und lieferten wichtige Informationen über den Ablauf der Verbrechen.

Fest steht, dass erst durch das Zusammenspiel der Täter im weiteren und engeren Sinn die Kollektivtat Shoah möglich wurde, was durch den Begriff des „arbeitsteiligen Verbrechens" ausgedrückt wird. Dieser Begriff etablierte sich in erster Linie, um die Rolle der bürokratischen Organe, die oft als so genannte „Schreibtischtäter" bezeichnet wurden, im Vernichtungsprozess des europäischen Judentums zu beschreiben, wie allen voran Raul Hilberg herausgearbeitet hat.[51] Doch nicht nur für die Beschreibung der Verflechtungen im Großen, sondern auch auf der Mikro-Ebene, im Falle der Verbrechen im April 1945 im Kreis Scheibbs, ist der Begriff ein hilfreiches Analyseinstrument. Die Zusammenarbeit der verschiedenen Institutionen und Organisationen, die diese Endphaseverbrechen kennzeichnen, lassen sich dadurch in ihrer Besonderheit greifen. Nur durch die Kooperation von HJ, SD, lokalen Machthabern aus der NSDAP und einzelnen SS-Angehörigen waren die Verbrechen möglich und durchführbar.

3 Rekonstruktion von Tatbeteiligungen und Tätermotiven

Im Raum Scheibbs bildeten einzelne, namentlich bekannte Angehörige verschiedener NS-Organisationen ein Täternetzwerk. Das bisher Gesagte erklärt, wie und von wem die Verbrechen vollführt wurden, jedoch nicht, warum die Täter so handelten. Eine Untersuchung von Aussagen der Täter und Tatbeteiligten, deren Verteidigungs- und Schuldabwehrstrategien und Schilderungen ihres Handelns erlaubt Hypothesen zu den Motiven der Täter. Die zentrale Schutzbehauptung mehrerer Beschuldigter bestand darin, eine unbekannte SS-Einheit habe die Taten verübt.

Dieses Entlastungsargument basierte auf nicht belegten Behauptungen, ein unbekannter deutscher Verband von SS-Angehörigen sei im April 1945 im Kreis Scheibbs aufgetaucht und hätte alle Verbrechen begangen, um danach wieder abzuziehen. Die lokalen Beteiligten aus SD, HJ und SS hätten den Massakern hingegen nur als „unbeteiligte Zuseher" beigewohnt.[52] Die deutlichste dahingehende Aussage stammt vom HJ-

---

50 WStLA, LG Wien Vg 2d Vr 1185/47, Gerichtspsychiatrisches Gutachten für Alois Maurer vom 3.3.1947 und Hans Grubmayr vom 4.3.1947, Bl. 253–273.
51 Raul Hilberg, Die Vernichtung der europäischen Juden, Bd. 3, Frankfurt/M. 2016 [1990].
52 NÖLA, KG St. Pölten 5 Vr 666/63, Akten des Volksgerichts Wien (LG Wien Vg 1b Vr 2092/45), Beschuldigtenvernehmung mit Ernst Burian am 8.6.1946, Bl. 477.

Führer Ernst Burian, der sich als Haupttäter aus der Verantwortung nehmen wollte, sich dabei aber auch mehrfach widersprach. Andere Beschuldigte und Zeugen sprachen lediglich von einer unbekannten, manche von einer deutschen SS-Einheit. Zusammengefasst behauptete Burian, er habe sich mit der unbekannten SS-Einheit, die er als SS-Werfer-Abteilung unbekannter Herkunft und Bataillonszugehörigkeit bezeichnete, eingelassen und Hilfe bei den Morden angeboten, wenn er für das HJ-Wehrertüchtigungslager im Austausch dafür Benzin und Waffen erhielte, die dann zur Verteidigung gegen die Alliierten verwendet werden sollten.[53] Diese Behauptung wurde nur von Burian geäußert und offenbart selbst in ihrer Logik als Schutzbehauptung seine menschenverachtende Einstellung, da es ihm offensichtlich als passende Ausrede für die Ermordung von fast 200 Personen erschien, diese mit dem Tausch gegen Kriegsmaterial zu rechtfertigen. Burian behauptete weiter, diese Einheit hätte aus 60 bis 70 Deutschen bestanden und sei im März nach Lunz gekommen.

Tatsächlich durchzogen Truppenverbände das Gebiet im April 1945 auf dem Rückzug nach der verlorenen Schlacht um Wien Mitte April 1945. Dass aber eine einzelne SS-Einheit, wie Burian behauptete, ab Mitte März mehrere Wochen in Lunz aufhältig gewesen sein soll, ist unplausibel, denn Lunz am See war zu jener Zeit zu weit von Kampfhandlungen entfernt, um diesen Aufenthalt zu rechtfertigen. Aufgrund seiner Involvierung in die Taten müssen diese Aussagen vielmehr als Schutzbehauptungen mit geringem Wahrheitsgehalt angesehen werden, mit der er die Ermittler wohl auf eine falsche Fährte führen wollte.

Ein Hauptgrund, warum die Involviertheit einer unbekannten SS-Einheit unplausibel ist, liegt des Weiteren darin, dass – allen sonstigen Zeugenaussagen zufolge – die Anzahl an Direkttätern gering war und mit den bekannten Namen zum Großteil abgedeckt werden kann. Diese Anzahl liegt, geschlossen aus der Analyse der Gerichtsakten, für Göstling bei sechs bis zehn Tätern, während beim Massaker zwei Tage später in Randegg durch das Heranziehen von Hitlerjungen von ungefähr fünfzehn Tätern ausgegangen werden kann.

Anstelle einer unbekannten deutschen SS-Einheit beteiligten sich jedoch nachweislich aus der Region stammende SS-Angehörige an dem Massaker. In den letzten Wochen vor Kriegsende existierte eine aus wenigen Personen bestehende Gruppe, die als „SS-Sonderkommando" agierte und zwischen Lunz am See und Göstling an der Ybbs stationiert war.[54] Mitglied dieser Gruppe soll Philipp Brandl, Gefreiter in der 6. SS-Gebirgs-Division Nord und in Lunz am See geboren, gewesen sein. Nach einer Verwundung wurde er frontuntauglich und verbrachte mehrere Monate in einem Lazarett in Ybbs-Persenbeug in Niederösterreich.[55] Im April 1945 war er in seiner Hei-

---

53 Ebenda, Beschuldigtenvernehmung mit Ernst Burian am 16.1.1946, Bl. 235.
54 Ebenda, Ermittlungsakten der Gendarmerie Scheibbs, Bericht der Gendarmerie Randegg, 16.7.1945, Bl. 120.
55 Durch den Aufenthalt Philipp Brandls in Ybbs-Persenbeug ergibt sich auch eine Verbindung zu Alfred Weidmann, der ebenso in Persenbeug aufhältig war. Weidmann wurde im Zuge der Ermittlun-

matgemeinde aufhältig, wo er nach eigenen Angaben „Spezialaufgaben" für die HJ-Gebietsführung ausführte.[56] Er besaß, ebenso wie weitere Beteiligte, ein Dokument, das als „Vollmacht und Befehl" betitelt war und ihm als Sonderbeauftragten des Gauleiters „uneingeschränkte Befugnisse zur Aufrechterhaltung der Sicherheit" garantierte.[57] Diese mit 1. April 1945 datierte Vollmacht bleibt in ihrer Wortwahl ambivalent, indem sie den Besitzer bemächtigte, „in der Operationszone des Gaues Niederdonau mit allen zu Gebot stehenden Mitteln für Ordnung zu sorgen".[58] Es steht außer Frage, dass damit Gewaltexzesse legitimiert werden sollten. Damit verweist dieses Dokument auch darauf, dass die Täter nicht gegen den Willen der lokalen NS-Eliten agierten, sondern in der Endphase das taten, was im Sinne des Nationalsozialismus für richtig gehalten wurde. Dass diese Vollmacht, von der nur ein Exemplar erhalten ist, als Auftrag zum Massenmord verwendet wurde, geht aus einem Gespräch hervor, das die damalige Kreisfrauenschaftsleiterin in Scheibbs mit einem ihr unbekannten SS-Mann, der sich als Anführer des SS-Sonderkommandos ausgab, kurz nach dem Massaker von Randegg geführt hatte, in dessen Verlauf dieser sein Handeln mit dieser Vollmacht rechtfertigte:

> [E]r wäre der Führer jenes Sonderkommandos, welches die Aufgabe hätte, den Streifen zwischen Front und Heimat, den er als sogenannten chaotischen Streifen bezeichnete, von zweifelhaften Elementen zu säubern. Zu diesen gehören auch die Juden. Er zeigte mir dann ein Schreiben bzw. eine Vollmacht, die vom Gauverteidigungskomisär gezeichnet war, wonach den Wehrmachteinheiten der SS, den Kreisleitern als Verteidigungskommisären und den HJ-Bannführer, die Berechtigung erteilt wurde, innerhalb dieses Streifens vom einfachen Soldaten bis zum Major und vom einfachen Parteigenossen bis zum Hauptgaustellenleiter, jeden zu liquidieren, der nicht spurte. Er sagte mir auch, daß diese Vollmacht nicht jeder Bannführer oder Kreisleiter erhalten hatte, sondern nur die, die als hundertprozentig eisern gegolten hätten.[59]

In dieser Aussage wird deutlich, dass sich der SS-Führer (bei dem es sich um Brandl gehandelt haben könnte) – und diese Selbstsicht ist ein übereinstimmendes Merkmal aller Haupttäter dieser Verbrechen – als unbeugsamer Teil des NS-Regimes sah, der

---

gen zu Randegg von Zeugen als Mittäter genannt. Er soll am Sammelplatz in Scheibbs gesehen worden sein. Diese Verbindung ist deshalb interessant, weil Weidmann ebenso als Täter des Endphaseverbrechens von Persenbeug/Hofamt Priel am 3. Mai 1945 in Frage kommt, wodurch sich eine Verbindung zwischen den Verbrechen im Kreis Scheibbs und jenem von Hofamt Priel ergeben würde. In beiden Fällen ist eine Beteiligung Weidmanns zwar nicht nachweisbar, jedoch plausibel.

56 NÖLA, KG St. Pölten 5 Vr 666/63, Akten des Volksgerichts Wien (LG Wien Vg 1b Vr 2092/45): Beschuldigtenvernehmung mit Philipp Brandl am 17.1.1952, Bl. 99.

57 Vgl. WStLA, LG Wien Vg 2d Vr 1185/47, Ermittlungsakten der Gendarmerie Scheibbs: Zeugenvernehmung mit Hans Grubmayr am 2.7.1945, Bl. 82; eine solche Vollmacht besaßen ebenso Gebietsführer Kracker-Semler und HJ-Bannführer Josef Kernstock.

58 NÖLA, KG St. Pölten 5 Vr 666/63, Akten des Volksgerichts Wien (LG Wien Vg 1b Vr 2092/45): Vollmacht und Befehl des Gauleiters Hugo Jury für Josef Kracker-Semler, 1.4.1945, Bl. 437.

59 WStLA, LG Wien 27 a Vr 7722/60, Zeugenvernehmung mit Friederike Filzwieser (verh. Gössweiner) am 9.2.1961, Bl 151. Orthografische Fehler im Original.

auch im April 1945 noch „hundertprozentig eisern" für den Nationalsozialismus eintrat.

Diese Haltung teilten auch die Angehörigen des Sicherheitsdienstes des Reichsführers SS, kurz SD. Diese Organisation, die seit 1939 Teil des Reichssicherheitshauptamtes war, sah sich als „politische Elite" innerhalb der SS.[60] Der Name „Sicherheitsdienst" bezieht sich auf einen „weltanschaulichen, rassisch-völkischen, räumlichen wie politisch weitgefassten, den Völkermord einschließenden Sicherheitsbegriff", der folglich als Ziel und Leitidee die Sicherung des „arischen Volkskörpers" hatte.[61] Als Teil der „Einsatzgruppen" war der SD maßgeblich an der Shoah beteiligt. Somit fügt sich eine Beteiligung des SD an den Massakern in Scheibbs, obwohl für das Gebiet des heutigen Österreich sonst für kein anderes Endphaseverbrechen nachweisbar, in die Logik dieser Organisation.

Die einzelnen SD-Männer, die im Kreis Scheibbs an den Morden beteiligt waren, passen in dieses ideologische Profil des SD. Erst im März 1945 wurden fünf SD-Männer aus Wien nach Scheibbs verlegt, um dort eine SD-Außenstelle aufzubauen, deren Aufgabe es war, „Werwolf"-Aktivitäten im Gebiet zu lokalisieren und zu organisieren.[62] Der Leiter dieser Stelle, die sich gegenüber der Bevölkerung auch als „SS-Sonderkommando" bezeichnete, war der aus Wien stammende SS-Obersturmführer Josef Kripsch.[63] Sein engster Mitarbeiter war Josef Höblinger, 1920 in Niederösterreich geboren und in St. Pölten aufgewachsen. Bereits Anfang April 1945 hatte sich Höblinger in einem Lager für ungarisch-jüdische Zwangsarbeiter in Wien-Blechturmgasse an der Erschießung von fünf Internierten beteiligt.[64] Beide, Kripsch und Höblinger, betätigten sich bereits in den frühen 1930er Jahren für die NSDAP – Kripsch war ab 1934 Parteimitglied, während der jüngere Höblinger ab 1937 Mitglied der HJ war.[65]

Die Erwähnung eines „Werwolf"-Kampfes, die sich an vielen Stellen im Quellenmaterial in Aussagen verschiedener Zeugen findet, ist außergewöhnlich, da größere

---

60 Vgl. Michael Wildt, Einleitung, in: Derselbe (Hrsg.), Nachrichtendienst, politische Elite, Mordeinheit. Der Sicherheitsdienst des Reichsführers SS, Hamburg 2003, S. 8.

61 Ebenda, S. 37.

62 WStLA, LG Wien 20 Vr 7722//60, Beschuldigtenvernehmung mit Josef Kripsch am 2.2.1961, Bl. 39 f.

63 WStLA, LG Wien Vg 11 Vr 2857/48, Zeugenvernehmung mit Herman Denk am 21.4.1947, Bl. 58.

64 Im Zwangsarbeitslager in Wien-Blechturmgasse kam es Anfang April 1945 nachts zu einer ungeklärten Schussabgabe durch einen Aufseher, wodurch Panik unter den Internierten einer einzelnen Baracke ausbrach und alle aus dieser zu entkommen versuchten. Lediglich fünf Personen gelang die Flucht nicht, alle anderen konnten untertauchen. Die fünf Gefangenen wurden dem SD übergeben, der die sofortige Erschießung anordnete, die Josef Höblinger und Gustav Schanzer ausführten. Höblinger war dabei so betrunken, dass er am nächsten Tag nicht mehr wusste, ob er zwei oder drei Personen erschossen hatte. Zum Vorfall siehe auch LG Wien Vg 13a Vr 1799/49 gegen Schanzer, der 1949, im Gegensatz zu Höblinger, dafür auch verurteilt wurde.

65 Vgl. WStLA, LG Wien 20 Vr 7722/60, Anklageschrift gegen Josef Kripsch, 8.9.1961, Bl. 3; LG Wien 27a Vr 6543/61, Anklageschrift gegen Josef Höblinger, 6.9.1961, Bl. 175.

Gewalttaten von Werwolf-Gruppen bisher nur in wenigen Fällen nachweisbar sind.[66] Eine Verbindung zur „offiziellen", im September 1944 von Himmler unter der Leitung von SS-Obergruppenführer Hans-Adolf Prützmann versuchten Formation einer Elite-Untergrundkampftruppe innerhalb der SS, die letztlich inexistent blieb, ist hier nicht nachweisbar.[67] Die Täter von Scheibbs und Randegg orientierten sich an der von Goebbels u. a. beim Sender „Radio Werwolf" verbreiteten Propaganda-Idee eines selbstorganisierten „Werwolf"-Kampfes und NS-„Volksaufstandes" gegen die sich im Anmarsch befindlichen Alliierten.[68] Der „Werwolf"-Gedanke richtete sich an überzeugte Nationalsozialist*innen und diente als „Orientierungshilfe für das persönliche Handeln und als Ansatzpunkt für die Selbstvergewisserung darüber, dass der Nationalsozialismus noch nicht am Ende war". Zugleich war er ein Aufruf zur Gewalt und eine Warnung an alle, die den Nationalsozialismus in Frage stellten oder als „natürliche Feinde" der „Volksgemeinschaft" gesehen wurden.[69]

Die Relevanz dieser Idee zeigt sich bei den Endphaseverbrechen im Kreis Scheibbs durch das Aufmalen des „Werwolf"-Symbols, der „Wolfsangel", am Tatort in Göstling an der Ybbs.[70] Die doppelte Funktion der „Werwolf"-Fantasie als Bestärkung des Zusammenhalts fanatischer Nationalsozialist*innen einerseits und andererseits als Terrorinstrument gegen jene, die nicht (mehr) „hundertprozentig eisern" hinter dem System standen oder sogar als Feinde wahrgenommen wurden, zeigte sich auch in den Drohungen, die mehrere Personen im Kreis Scheibbs nach den Massakern erhielten. Personen, die entweder zuvor im freundlichen Umgang mit Zwangsarbeiter*innen oder Juden und Jüdinnen beobachtet worden waren oder die Zweifel am Endsieg geäußert hatten, wurde mit Verweis auf die Wolfsangel in Göstling gedroht, sich „in Acht zu nehmen", oder etwa mit den Worten „Auf euch hat der Werwolf auch schon ein Auge gerichtet, weil ihr mit den Juden gesprochen habt" eingeschüchtert.[71]

---

66 Vgl. Cord Arendes, Schrecken aus dem Untergrund. Endphaseverbrechen des „Werwolf", in: Arendes/Wolfrum/Zedler (Hrsg.), Terror nach Innen, S. 162. Ein Beispiel für ein weiteres Werwolf-Verbrechen in Österreich ist die Ermordung von neun ungarischen Juden auf der Störingalpe Mitte Mai 1945, wobei zwei Beteiligte 1946 vom Volksgericht Graz zum Tode verurteilt wurden. Siehe: Siegfried Sanwald, Zusätzliche Informationen zu den Gerichtsverfahren LG Graz Vg 1 Vr 832/45 und LG Graz 7 Vr 377/61. Verfahren vor dem Volksgericht Graz (1946) und vor einem Geschwornengericht am Landesgericht für Strafsachen Graz (1961–1963), www.nachkriegsjustiz.at/prozesse/volksg/csercsevics_zusatz. php [19.3.2024].

67 Volker Koop, Himmlers letztes Aufgebot. Die NS-Organisation „Werwolf", Köln 2008, S. 169 ff.

68 Vgl. Koop, Himmlers letztes Aufgebot, S. 46; Arendes, Werwolf, S. 156.

69 Keller, Volksgemeinschaft, S. 178.

70 NÖLA, KG St. Pölten 5 Vr 666/63, Ermittlungsakten der Gendarmerie Scheibbs: Zeugenvernehmung mit Johann von Kreisl am 3.7.1945, Bl. 165; Zeugenvernehmung mit Wilhelm Kirchmayer am 3.7.1945, Bl. 166.

71 Ebenda, Zeugenvernehmung mit Johann Kirschner am 30.6.1945, Bl. 163 ff.; Zeugenvernehmung mit Wilhelm Kirchmayer am 3.7.1945, Bl. 166. In beiden Fällen ging die Drohung von SS-Obersturmbannführer Albert Smagon aus, der nach seiner jahrelangen Tätigkeit in der Slowakei im Frühjahr 1945 in Scheibbs vorübergehend Zuflucht gefunden hatte.

Diese Drohungen, die Vollmachten der Täter und die Aufgabe des Scheibbser SD, eine „Werwolf"-Zelle zu gründen, drücken alle Dynamiken der Endphase des Nationalsozialismus aus, in der die „Volksgemeinschaft" mehr und mehr zu einer als bedroht empfundenen „Wehrgemeinschaft" wurde.[72] Sven Keller definiert diese „Wehrgemeinschaft" hauptsächlich über die Fantasie eines finalen Kampfes gegen „Volks- und Rassefeinde" – mehr noch als zuvor bestimmten Aus- und Abgrenzung die Politik des Nationalsozialismus. Das in den oben erwähnten Vollmachten des Gauleiters ausgedrückte Diktum, „jeden zu liquidieren, der nicht spurte", drückt genau diese Radikalisierung aus, in der jene, die zu „weich" waren, um noch an einen „Endsieg" zu glauben, als „Verräter" und „Volksfeinde" exkludiert und ermordet werden sollten.

In diesem Sinne auf einen Endkampf ausgerichtet war im April 1945 auch das Denken der HJ-Führer und Haupttäter Ernst Burian und Josef Kernstock. Diese werden von Kripsch auch als zentrale Figuren einer „Werwolf"-Gruppe genannt.[73] Kernstock tauchte nach Kriegsende unter und konnte nie ausgeforscht werden. Die Datenlage zu ihm ist daher sehr dünn. Biografische Stationen können zumindest durch Aussagen seiner Mittäter eruiert werden. Kernstock wurde 1920 in St. Pölten geboren und besuchte dort gemeinsam mit Josef Höblinger die Schule.[74] Bevor er im November 1944 Bannführer des HJ-Banns 517 in Scheibbs wurde, war er Abteilungsleiter der HJ-Gebietsführung Niederdonau.[75] In allen im Rahmen der Ermittlungen bzw. vor Gericht getätigten Aussagen wird er als radikaler Nationalsozialist und Haupttäter der Verbrechen beschrieben.[76] Seine Bekanntschaft mit Höblinger erleichterte die Zusammenarbeit zwischen HJ und SD, ebenso werden Burian und Kernstock als befreundet beschrieben. Als Mitarbeiter der Gebietsführung war er vermutlich schon länger mit Burian bekannt, der seit 1944 Leiter des HJ-Wehrertüchtigungslagers Lunz am See war.

Im letzten Kriegsjahr wurden die seit 1942 existierenden HJ-Wehrertüchtigungslager zum zentralen Instrument der Einbeziehung männlicher Jugendlicher in das Kriegsgeschehen, sowohl zur militärischen Ausbildung als auch zur politischen Indoktrinierung.[77] Ab Oktober 1944 wurde die militärische Ausbildung von allen HJ-Angehörigen bis zum Jahrgang 1928 in solchen Lagern angeordnet, um sie danach in die Wehrmacht aufzunehmen, womit sich die Bedeutung dieser Lager und der HJ allgemein wandelte.[78] In Lunz, wie in allen anderen Wehrertüchtigungslagern auch, stieg die Anzahl der HJ-Angehörigen stark an. So waren in den letzten Monaten des Krieges

---

72 Keller, Volksgemeinschaft, S. 66.
73 WStLA, LG Wien 20 Vr 7722/60, Beschuldigtenvernehmung mit Josef Kripsch am 21.10.1960, Bl. 39e.
74 Ebenda, Beschuldigtenvernehmung mit Josef Kripsch am 2.2.1961, Bl. 39e.
75 WStLA, LG Wien Vg 2d Vr 1185/47, Beschuldigtenvernehmung mit Alois Maurer am 26.6.1945, Bl. 17.
76 Als quellenkritische Anmerkung muss noch die Möglichkeit in Betracht gezogen werden, dass andere Beschuldigte den nicht auffindbaren Kernstock als Haupttäter darstellten, um sich damit selbst zu entlasten.
77 Vgl. Michael Buddrus, Totale Erziehung für den totalen Krieg. Hitlerjugend und nationalsozialistische Erziehung, München 2003, S. 14, 34.
78 Vgl. Ebenda, S. 47.

bis zu 500 Jugendliche unter der Kontrolle Burians. Ausgebildet wurden die Jungen hauptsächlich im Umgang mit Panzerfäusten, um eine „Panzervernichtungsbrigade der HJ" aufzustellen – also mit genau jener Waffe, die in Göstling zum Morden verwendet wurde.[79]

Ernst Burian wurde 1919 in Oberschlesien geboren und wuchs in einem deutschnationalen Elternhaus auf. Von klein auf bewegte er sich in einem rechtsnationalen, antisemitischen Umfeld zwischen „Deutschem Turnverein" und „Deutschem Schulverein". Ab 1937, nach einem Umzug nach Gänserndorf, war er Standortführer der dortigen HJ und wurde im gleichen Jahr auch Mitglied der in Österreich zu diesem Zeitpunkt illegalen NSDAP.[80] Zu Kriegsbeginn 1939 meldete er sich freiwillig zur Wehrmacht. 1941 wurde er schwer verwundet, worauf er frontuntauglich als HJ-Ausbilder eingesetzt wurde. Ab August 1944 war er Lagerführer in Lunz am See. Selbst vor Gericht bezeichnete er sich als überzeugten Nationalsozialisten und gab zu, den Glauben an einen möglichen „Endsieg" nie verloren zu haben.[81] Er sei „durch und durch Soldat" gewesen und als solcher habe er sich aufgrund seines Eides „voll und ganz für die Zeit eingesetzt".[82] Durch seine Überzeugung in der Endphase, „nichts ist verloren, solange noch ein Fleckerl da ist", sah er den Kreis Scheibbs als letzte Bastion des NS-Reiches, die er zu verteidigen hatte.[83] Er habe geglaubt, mit seinen Hitlerjungen die anrückenden Alliierten aufhalten und hierdurch das Kriegsgeschehen umwenden zu können.

Damit verbindet sich in Burians Aussage die Endkampf-Ideologie mit spezifischen Vorstellungen soldatischer Männlichkeit, die im Nationalsozialismus das hegemoniale Männlichkeitsbild darstellten.[84] Dieses baute auf dem traditionellen preußischen Ideal der „bürgerlichen Selbstdisziplinierung" auf und erweiterte dieses noch um eine „aktivistische und voluntaristische Tönung". Nicht mehr passiver Gehorsam und reine Pflichterfüllung waren gefragt, sondern freiwillige, fanatische Gefolgschaft, die auf ideologischer Überzeugung basierte, wie sie auch bei Ernst Burian zum Ausdruck kam.[85] Wichtigstes Element dieser soldatischen Männlichkeit war das „Härte-Ideal", bei dem das eigene Empfinden, die eigenen Skrupel zu Gunsten eines größeren Ganzen bzw. eines höheren Zieles überwunden werden müssen.[86] So sagte Burian aus, ein

---

79 Vgl. Ebenda, S. 55 f.

80 NÖLA, KG St. Pölten 5 Vr 666/63, Akten des Volksgerichts Wien (LG Wien Vg 1b Vr 2092/45): Hauptverhandlungsprotokoll des Prozesses gegen Josef Kracker-Semler und Ernst Burian, 2. Verhandlungstag (15.6.1948), Bl. 1178–1180.

81 Ebenda, Bl. 1182.

82 Ebenda.

83 Ebenda, Bl. 1186.

84 Frank Werner, „Noch härter, noch kälter, noch mitleidloser". Soldatische Männlichkeit im deutschen Vernichtungskrieg 1941–1944, in: Anette Dietrich/Ljiljana Heise (Hrsg.), Männlichkeitskonstruktionen im Nationalsozialismus, Frankfurt/M. 2013, S. 48.

85 Ebenda, S. 48.

86 Vgl. Ebenda, S. 51.

Befehl sei ihm „heilig und alles" gewesen und er hätte jeden Befehl ausgeführt, ohne seine eigenen Empfindungen zu berücksichtigen.[87]

Das Ideal der nationalsozialistischen soldatischen Männlichkeit war der Frontkampf.[88] Männer mussten sich im Kampf immer neu bewähren. Ein frontuntauglicher Mann war davon ausgeschlossen. Nicht nur Burian, sondern alle Haupttäter bis auf Kripsch waren aufgrund einer Verwundung frontuntauglich und somit in ihrer soldatischen Männlichkeit beschnitten. Mit Näherkommen der Alliierten und der Vorbereitung auf einen Abwehrkampf im Sinne des „Werwolf" begriffen die Täter den Kreis Scheibbs als Frontgebiet, was sie selbst wieder zu Frontkämpfern werden und erneut am Streben nach Front-Männlichkeit im kameradschaftlichen Zusammenschluss als „Werwolf"-Verband teilnehmen ließ.

Der „Werwolf"-Gedanke bot den beteiligten Tätern die Grundlage, sich über die Grenzen ihrer Organisationen hinweg als Kameraden zu fühlen. Kameradschaft, als zentraler Bezugsrahmen soldatischer Männlichkeit im Nationalsozialismus, wird vom Historiker Thomas Kühne als „Dreh- und Angelpunkt" der „Volksgemeinschaft" definiert, die auch als „totale Gemeinschaft von Kameraden" begriffen werden kann.[89] Kameradschaft im Nationalsozialismus baute auf dem proaktiven Handeln des Einzelnen für die Volksgemeinschaft auf, weswegen diese als „Gemeinschaft der Tat" erfasst werden kann.[90] In diesem Sinne lässt sich auch das Täternetzwerk von Scheibbs als eine solche „Gemeinschaft der Tat" sehen, die sich durch ihre Auffassung als im „Endkampf" stehende Kameraden an die gemeinsame Aufgabe der Ermordung ihrer imaginierten „Feinde" machte. Kameradschaft wird hier demnach breiter gedacht, über die engen Grenzen der Kameradschaft innerhalb militärischer Organisationen hinaus, als Verbindung zwischen fanatischen Nationalsozialisten, die sich als „Volksgenossen" verbunden fühlten.

Bei der Betrachtung der Endphaseverbrechen im Bezirk Scheibbs muss zur spezifischen Dynamik der Endphase und zur Fantasie eines „Werwolf"-Kampfes der antisemitische Anteil ergänzt werden. Es waren jüdische Familien, jüdische Männer, Frauen und Kinder aus Ungarn, die Opfer dieser Verbrechen wurden. Auch im Nationalsozialismus funktionierte das Töten von unbewaffneten Kindern, Frauen und Männern nicht ohne weiteres als soldatisch-ehrenhafter Kampf. Antisemitismus, neuralgisches Element der nationalsozialistischen Ideologie, bedingte auch bei diesen letzten Akten der Shoah, dass die Massaker von den Tätern als Kampfhandlung definiert werden konnten.

---

87 NÖLA, KG St. Pölten 5 Vr 666/63, Akten des Volksgerichts Wien (LG Wien Vg 1b Vr 2092/45): Hauptverhandlungsprotokoll des Prozesses gegen Josef Kracker-Semler und Ernst Burian, 2. Verhandlungstag (15.6.1948), Bl. 1186.

88 Vgl. Werner, Soldatische Männlichkeit, S. 50.

89 Thomas Kühne, Kameradschaft. Die Soldaten des nationalsozialistischen Krieges und das 20. Jahrhundert, Göttingen 2006, S. 18, 97.

90 Ebenda, S. 77.

Saul Friedländers Theoretisierung des nationalsozialistischen Antisemitismus als „Erlösungsantisemitismus" folgend, dienten die Massaker in der Sicht der Haupttäter als notwendige, pragmatische Vorbereitung für einen späteren Befreiungsschlag.[91] Dieser „pragmatische" Antisemitismus findet sich in mehreren Aussagen, etwa wenn der ehemalige HJ-Führer Josef Kracker-Semler zu Protokoll gab, er sehe in Jüdinnen und Juden einen „politischen Gegner" und habe „diese als Soldat bekämpft, wenn er dazu gezwungen" war, ohne dabei persönlichen Hass zu empfinden.[92] In Vorbereitung auf den imaginierten „Endkampf" in der Alpenfestung des Raums Scheibbs wähnten die Täter in den jüdischen Familien, einem bekannten antisemitischen Stereotyp folgend, einen „Feind im Rücken", den sie „bekämpfen" müssten, bevor sie sich den anrückenden Alliierten zuwenden könnten. So sah es auch Ernst Burian, der seine Beteiligung in einer Einvernahme 1946 damit zu erklären versuchte, er habe geglaubt, die „Erschießung sei dadurch gerechtfertigt, dass es sich hier um Leute handelte, die unserem Vaterland feindlich gesinnt und möglicherweise gefährlich seien". Das Töten dieser sei daher „wenn auch hart, doch nicht als bloßer und reiner Mord aufzufassen [...], sondern als Beitrag zum Krieg".[93]

Indem die Täter die Ermordung von jüdischen Familien in ihrem antisemitischen Wahn als „Beitrag zum Krieg" definierten, den Kreis Scheibbs als Frontgebiet und ihre Taten in den Kontext eines „Werwolf"-Kampfes setzten, war es ihnen möglich, sich wieder als aktive Front-Kämpfer und „Soldaten des Nationalsozialismus" zu begreifen. Endphaseverbrechen war für sie daher eine Gelegenheit, eine „Kameradschaft der Tat" wiederherzustellen und ihre Männlichkeit als Soldaten im durch den Antisemitismus als Front-Kampf erlebten Ermorden von Jüdinnen und Juden zu beweisen.

4 Conclusio

Die Endphaseverbrechen in Randegg und Göstling an der Ybbs wurden von Angehörigen der HJ, des SD und der SS in freiwilliger Kooperation geplant und durchgeführt. Befehlsgebend agierten HJ-Führer aus Scheibbs und Lunz am See gemeinsam mit Angehörigen des SD-Sonderkommandos Scheibbs, die wiederum von einzelnen SS-Män-

---

91 Vgl. Saul Friedländer, Das Dritte Reich und die Juden, Gesamtausgabe, München 2008 [1997], S. 101. Zusammengefasst liegt der Fokus von Friedländer auf der Bedeutung der Vernichtungspolitik gegenüber den Jüdinnen und Juden innerhalb der NS-Ideologie. Ausgehend vom rassischen Antisemitismus des 19. Jahrhunderts und der Vorstellung einer immerwährenden „jüdischen Weltverschwörung", in der „der Jude" ein „abstraktes Prinzip des Bösen" wird, stilisiert der NS-Erlösungsantisemitismus die „arische Rasse" als Konterpart zur „jüdischen Weltverschwörung", deren Eliminierung „Erlösung" bringen wird, weshalb Friedländer die Bezeichnung „Erlösungsantisemitismus" wählt.
92 NÖLA, KG St. Pölten 5 Vr 666/63, Akten des Volksgerichts Wien (LG Wien Vg 1b Vr 2092/45): Hauptverhandlungsprotokoll des Prozesses gegen Josef Kracker-Semler und Ernst Burian, 2. Verhandlungstag (15.6.1948), Aussage von Kracker-Semler vor Gericht, Bl. 1171.
93 Ebenda, Beschuldigtenvernehmung mit Ernst Burian am 17.6.1946, Bl. 479.

nern und minderjährigen HJ-Angehörigen unterstützt wurden. Sie bildeten ein Täter-Netzwerk, das ein gemeinsames Festhalten am Glauben an einen möglichen Endsieg verband.

Die mikrohistorische Analyse belegt, dass sich – bedingt durch das Ende der NS-Herrschaft und die damit einhergehende zunehmende Verschiebung von Befehlsgewalt und Organisationsstruktur auf eine horizontale, lokale Ebene – Handlungsspielräume im Kleinen für lokale Entscheidungsträger öffneten. In Randegg und Göstling glaubten fanatische Nationalsozialisten durch Massaker an Jüdinnen und Juden das Fortdauern des Nationalsozialismus zu fördern. Im Rahmen der Propagandafigur eines nationalsozialistischen Guerilla-Kampfes („Werwolf") sahen sie ihre Verbrechen als Beitrag zu einem Abwehrkampf einer als bedroht empfundenen Volksgemeinschaft. Insofern waren ihre Taten stark in den Kontext der Endphase des Krieges eingebunden. Sie führten radikal und exzessiv zu Ende, was ihnen die nationalsozialistische Führung vorgab. Diese Endphaseverbrechen waren die Konsequenz eines realitätsnegierenden Festhaltens aller Beteiligten am Nationalsozialismus und des damit verbundenen Versuchs, einen „Endkampf" zu führen. Exemplarisch zeigt sich an den Massakern von Randegg und Göstling die Verwobenheit von ideologischen Komponenten wie Antisemitismus und soldatischer Männlichkeit mit jenen Dynamiken, die in der Endphase des Krieges Gewalträume im ländlichen Gebiet öffneten.

Literaturverzeichnis

Arendes, Cord, Schrecken aus dem Untergrund. Endphaseverbrechen des „Werwolf", in: Cord Arendes/Edgar Wolfrum/Jörg Zedler (Hrsg.), Terror nach Innen. Verbrechen am Ende des Zweiten Weltkrieges, Göttingen 2006 [= Dachauer Symposium zur Zeitgeschichte, Bd. 6], S. 149–171.

Arnberger, Heinz/Kuretsidis-Haider, Claudia, Bezirk Scheibbs, in: Dieselben (Hrsg.), Gedenken und Mahnen in Niederösterreich. Erinnerungszeichen zu Widerstand, Verfolgung, Exil und Befreiung, Wien 2011, S. 466–480.

Buddrus, Michael, Totale Erziehung für den totalen Krieg. Hitlerjugend und nationalsozialistische Jugendpolitik, München 2003.

Baberowski, Jörg, Räume der Gewalt, 3. Aufl., Frankfurt/M. 2015.

Friedländer, Saul, Das Dritte Reich und die Juden, Gesamtausgabe, München 2008 [1997].

Glack, Johannes, Zwischen Endkampf und Werwolf. Die Täter der Endphaseverbrechen im April 1945 im Kreis Scheibbs. Eine mikrohistorische Analyse von Gerichtsakten. Masterarbeit Univ. Wien 2022.

Hilberg, Raul, Die Vernichtung der europäischen Juden, Bd. 3, Frankfurt/M. 2016 [1990].

Hoffmann, Georg, Verdichtung der Gewalt. Die letzten Tage des Zweiten Weltkriegs auf österreichischem Boden, in: Dieter A. Binder/Georg Hoffmann/Monika Sommer/Heidemarie Uhl (Hrsg.), 41 Tage. Kriegsende 1945 – Verdichtung der Gewalt. Eine Ausstellung zu den letzten Wochen des NS-Terrors in Österreich, Wien 2016, S. 14–21.

Keller, Sven, Volksgemeinschaft am Ende. Gesellschaft und Gewalt 1944/45, München 2013 [= Quellen und Darstellungen zur Zeitgeschichte, Bd. 97].

Kramer, Helgard, „Tätertypologien", in: Dieselbe (Hrsg.), NS-Täter aus interdisziplinärer Perspektive, München 2006, S. 253–310.

Koop, Volker, Himmlers letztes Aufgebot. Die NS-Organisation „Werwolf", Wien–Köln 2008.

Kühne, Thomas, Kameradschaft. Die Soldaten des nationalsozialistischen Krieges und das 20. Jahrhundert, Göttingen 2006.

Kuretsidis-Haider, Claudia/Garscha, Winfried R./Sanwald, Siegfried, Verfahren vor den österreichischen Volksgerichten, in: Christine Schindler (Hrsg. im Auftrag des DÖW), Verfolgung und Ahndung, Jahrbuch 2021, Wien 2021, S. 15–104.

Kuretsidis-Haider, Claudia, „Persönliche Schuld ist faktisch keine vorhanden". Innenminister Oskar Helmer und die Begnadigung von verurteilten NS-Tätern, in: Justiz und Erinnerung, hrsg. v. Verein zur Förderung justizgeschichtlicher Forschungen und Verein zur Erforschung nationalsozialistischer Gewaltverbrechen und ihrer Aufarbeitung, Nr. 8/Oktober 2003, S. 1–6.

Lappin-Eppel, Eleonore, Ungarisch-jüdische Zwangsarbeiter und Zwangsarbeiterinnen in Österreich 1944/45. Arbeitseinsatz – Todesmärsche – Folgen, Wien–Berlin 2010.

Paul, Gerhard, Von Psychopathen, Technokraten des Terrors und „ganz gewöhnlichen" Deutschen. Die Täter der Shoah im Spiegel der Forschung, in: Derselbe (Hrsg.), Die Täter der Shoah. Fanatische Nationalsozialisten oder ganz normale Deutsche?, Göttingen 2002, S. 13–90.

Werner, Frank, „Noch härter, noch kälter, noch mitleidloser". Soldatische Männlichkeit im deutschen Vernichtungskrieg 1941–1944, in: Anetta Dietrich/Ljiljana Heise (Hrsg.), Männlichkeitskonstruktionen im Nationalsozialismus, Wien–Frankfurt/M. 2013, S. 45–64.

Wildt, Michael, Einleitung, in: Derselbe (Hrsg.), Nachrichtendienst, politische Elite, Mordeinheit. Der Sicherheitsdienst des Reichsführers SS, Hamburg 2003, S. 7–37.

Winter, Martin Clemens, Gewalt und Erinnerung im ländlichen Raum. Die deutsche Bevölkerung und die Todesmärsche. Kritische Studien zur Geschichtswissenschaft, Berlin 2018.

Brigitte Bailer

Kontinuitäten und Diskontinuitäten der FPÖ-Programmatik im Kontext des Rechtsextremismus und Deutschnationalismus

Historischer Überblick

Der österreichische Rechtsextremismus ebenso wie die Freiheitliche Partei Österreichs stehen in der im 19. Jahrhundert wurzelnden Tradition des – nicht nur, aber auch politisch – organisierten Deutschnationalismus, der nicht zuletzt zur Entstehung der nationalsozialistischen Ideologie beigetragen hat. Nach dem Ende des Zweiten Weltkriegs gelang es dem deutschnationalen politischen Spektrum, sich bis zur ersten Hälfte der 1950er Jahre wieder zu konstituieren, wobei den Burschenschaften als wesentliches Kontinuitätselement und Funktionärsreservoir große Bedeutung zukam.[1] Als parlamentarischer Arm des Lagers sah sich die 1956 aus dem Verband der Unabhängigen (VdU) hervorgegangene Freiheitliche Partei (FPÖ), in der Burschenschafter ebenso wie ehemalige Nationalsozialisten eine zentrale Rolle spielten.[2] Die nicht zuletzt von politischer Opportunität motivierte verstärkte Hinwendung der FPÖ unter ihrem zweiten Obmann Friedrich Peter (wiewohl selbst ein ehemaliger Angehöriger der für tausendfache Morde hinter der Ostfront verantwortlichen 1. SS-Infanteriebrigade) zu einem deutlich liberaleren Kurs führte 1966/67 zur Abspaltung einer Gruppe jüngerer Funktionäre um den Burschenschafter Norbert Burger und zur Gründung der Nationaldemokratischen Partei (NDP).[3] Der übrige organisierte Rechtsextremismus ging zunehmend in kritische Distanz zur FPÖ. Die NDP ihrerseits versuchte sich durch Antreten bei Wahlen im demokratischen Spektrum rechtsaußen zu etablieren,

---

1 Zur Geschichte und Rolle der Burschenschaften siehe Bernhard Weidinger, „Im nationalen Abwehrkampf der Grenzlanddeutschen". Akademische Burschenschaften und Politik in Österreich nach 1945, Wien 2015; Bernhard Weidinger, FPÖ und völkische Verbindungen. Symbiose mit Konfliktpotential, in: Europäische Rundschau, 2019/4, S. 33–36.
2 Siehe Friedhelm Frischenschlager, Funktions- und Inhaltswandlungen von Parteiprogrammen am Beispiel der FPÖ-Programme, in: Österreichische Zeitschrift für Politikwissenschaft, 1978/2, S. 209–220; Brigitte Bailer/Wolfgang Neugebauer, Die FPÖ: Vom Liberalismus zum Rechtsextremismus, in: Dokumentationsarchiv des österreichischen Widerstandes (Hrsg.), Handbuch des österreichischen Rechtsextremismus, 2. Aufl., Wien 1993, S. 327–428. Zur Frühgeschichte siehe auch Margit Reiter, Die Ehemaligen. Der Nationalsozialismus und die Anfänge der FPÖ, Göttingen 2019.
3 Bailer/Neugebauer, Die FPÖ: Vom Liberalismus zum Rechtsextremismus, S. 330. Zur Geschichte der NDP siehe auch: Junge Generation in der SPÖ (Hrsg.), Von Hitler zu Burger. Zur Geschichte, Ideologie und Rechtssituation der NDP, Wien 1981.

∂ Open Access. © 2024 Brigitte Bailer, publiziert von De Gruyter. [CC BY-NC-ND] Dieses Werk ist lizensiert unter einer Creative Commons Namensnennung – Nicht-kommerziell – Keine Bearbeitung 4.0 International Lizenz.
https://doi.org/10.1515/9783111378411-011

blieb dabei allerdings erfolglos.[4] Funktionäre der NDP waren in der Folge unter den Gründern weiterer, von stärkerer Gewaltbereitschaft und kompromissloseren NS-Bezügen gekennzeichneter Gruppen wie der Aktion Neue Rechte oder der Ausländer-Halt-Bewegung. Diese Organisationen versuchten ebenfalls bei Wahlen anzutreten, was aber durch das grundlegende Erkenntnis des Verfassungsgerichtshofs zur ANR 1985[5] in allen Fällen verunmöglicht wurde.

Zu einer neuerlichen Annäherung sowohl des organisierten Rechtsextremismus als auch militant rechtsextremer bis hin zu neonazistischen Gruppen an die FPÖ kam es erst 1986, als mit Jörg Haider ein Exponent des „nationalen" (also deutschnationalen) rechten Kerns der FPÖ – nicht zuletzt dank maßgeblicher Unterstützung von Burschenschaften und Freiheitlichen Akademikerverbänden – in einem Aufstand gegen den damals liberalen Flügel um Norbert Steger zum neuen Obmann der FPÖ gewählt wurde. Diese Wahl wurde bis hin zu Burgers NDP und dem Holocaust-Leugner Walter Ochensberger erfreut aufgenommen. So meinte Burger 1987, die NDP werde einer „wirklich nationalen FPÖ keine Konkurrenz machen".[6]

Im Folgenden soll der Frage nachgegangen werden, inwieweit sich die wechselnden nach außen gezeigten Ausrichtungen der FPÖ in ihrer Programmatik niederschlugen[7] und inwieweit sich in dieser auch Ähnlichkeiten zu ihrer radikalen Abspaltung der NDP feststellen lassen. Zu betonen ist in diesem Zusammenhang, dass die FPÖ selbst keine ideologisch homogene Gruppe darstellt, sondern immer wieder Spannungen zwischen tendenziell liberalen und deutschnationalen Kräften in der Partei bestanden. Eine nennenswerte Zahl von Funktionärinnen und Funktionären vor allem der unteren Ebenen hat sich der Partei aus einer Protesthaltung ebenso angeschlossen (und tut dies nach wie vor) wie auch aus Opportunitätsüberlegungen angesichts der wachsenden Zahl zu vergebender Mandate. Ähnlich inhomogen gestaltet sich die Wähler*innenschaft der FPÖ, wenn diese auch autoritäre, von Verschwörungserzählungen und Demokratieverdrossenheit gezeichnete Einstellungsmuster erkennen lässt.

---

4 Ausnahme war die Bundespräsidentenwahl 1980, bei der es Norbert Burger nicht zuletzt aufgrund der spezifischen Wahlsituation gelang, 3,2 % der Stimmen für sich zu gewinnen. Siehe: Herbert Exenberger, Norbert Burger und die Bundespräsidentenwahl 1980, in: Junge Generation in der SPÖ (Hrsg.), Von Hitler zu Burger, S. 15–21, hier S. 15.

5 Verfassungsgerichtshof, G175/84, 29.11.1985.

6 Klartext, 1/1987. Klartext war das Blatt der NDP.

7 Die im Bericht der FPÖ-Historikerkommission enthaltene Analyse vermeidet kritische Fragen weitgehend, blendet Widersprüche aus und bleibt an der Oberfläche, ebenso die Darstellung des Nationsbegriffs in: Thomas R. Grischany, Die Positionierung der FPÖ in den Parteiprogrammen von 1956 bis heute, in: Bericht der Historikerkommission. Analysen und Materialien zur Geschichte des Dritten Lagers und der FPÖ, Wien 2019, S. 325–342, sowie Anton Karl Mally, Nationsbegriff und FPÖ, in: Ebenda, S. 345–350, www.fpoe.at/fileadmin/user_upload/www.fpoe.at/dokumente/2019/PDFs/Buch-Historikerkommission-Web.pdf [28.2.2024].

Die Analyse der programmatischen Aussagen der FPÖ

Die folgende Analyse der FPÖ-Programme sowie anderer programmatischer Texte basiert auf der von Willibald I. Holzer erarbeiteten Definition rechtsextremer Ideologie, deren Befund seit ihrer ersten Veröffentlichung 1979 wenig an Aktualität und Richtigkeit eingebüßt hat.[8]

Herangezogen wurden alle von der FPÖ seit ihrem 2. Parteitag 1957 formal beschlossenen Programme: Beginnend mit jenem vom 2. Bundesparteitag 1957, gefolgt vom sogenannten „Ischler Programm" 1968, das von einem neuen, unter dem Titel „Österreich politisch erneuern" stehenden Programm 1985 abgelöst wurde. Das nächste Programm aus 1997 unterschied sich von seinem Nachfolger 2005 nur in einem einzigen Abschnitt, und zwar zur österreichischen Neutralität, worauf später noch genauer eingegangen wird. Bereits sechs Jahre später, wohl infolge des Wechsels der Parteiführung, wurde 2011 schon das nächste, bis heute geltende Programm verabschiedet. Da seither kein neues Programm vorgelegt wurde, greift die Analyse letztlich noch auf den grundsätzlichen Leitantrag zum 34. Ordentlichen Parteitag der FPÖ 2022 zurück. Abgesehen vom nur mehr anhand von Literatur verfügbaren Text von 1997 wurden alle Programmtexte offiziellen Internetauftritten der FPÖ entnommen.

Um den Umfang des Beitrags nicht zu sprengen, fokussiert die Analyse auf einige wenige aussagekräftige Elemente und Themen, deren Wandel über die Jahrzehnte verfolgt werden soll, und zwar zuerst zentrale Kategorien wie Deutschnationalismus, der stark auch die Europavorstellungen beeinflusst, und das Konzept der Volksgemeinschaft. Weiters werden spezifische Subkategorien in den Blick genommen: grundlegende Kritik an der österreichischen Demokratie, die gegen alles „Fremde" gerichtete Einstellung sowie das Frauen- und Geschlechterbild. Zur Kontextualisierung wird in die Analyse schlaglichtartig das 1980 veröffentlichte Programm der NDP herangezogen, um den Blick für eindeutig rechtsextreme Bezüge bzw. vorhandene Ähnlichkeiten zu schärfen.

Über die Programmatik hinausgehende Analysen der praktischen Politik, Methodik und insbesondere Terminologie der FPÖ können aus Platzgründen nicht erfolgen. Ebenso muss aus diesem Grund eine eingehende Erörterung des Verhältnisses der FPÖ zum rechtsextremen Organisationsspektrum unbehandelt bleiben.[9]

---

8 Willibald I. Holzer, Rechtsextremismus – Konturen und Definitionskomponenten eines politischen Begriffs, in: Dokumentationsarchiv des österreichischen Widerstandes (Hrsg.), Rechtsextremismus in Österreich nach 1945, Wien 1979, S. 11–97; derselbe, Rechtsextremismus – Konturen, Definitionsmerkmale und Erklärungsansätze, in: Dokumentationsarchiv des österreichischen Widerstandes (Hrsg.), Handbuch des österreichischen Rechtsextremismus, 2. Aufl., Wien 1993, S. 11–96.

9 Vgl. Ruth Wodak, Politik mit der Angst. Die schamlose Normalisierung rechtspopulistischer und rechtsextremer Diskurse, Wien–Hamburg 2020, S. 201–230; Ruth Wodak/Markus Rheindorf, „Austria first" revisited. A diachronic cross-sectional analysis of the body and gender politics of the extreme

1 Deutschnationalismus

Wie erwähnt stellt der Deutschnationalismus eines der Kernelemente der Ideologie des österreichischen Rechtsextremismus und einigendes Element dieses Spektrums dar. Seit der Gründung der FPÖ 1956 war und ist die Verankerung im Deutschnationalismus Teil der FPÖ-Programmatik, 1957 als Bekenntnis zur „deutschen Volks- und Kulturgemeinschaft" formuliert. Man betonte „die tausendjährige, in Abstammung, Geschichte und Kultur begründete Verbundenheit der Österreicher mit dem deutschen Volk"[10]. Daraus resultierte die offene Ablehnung der Idee einer eigenständigen österreichischen Nation, die allerdings mit der ausdrücklichen Zustimmung zur Eigenstaatlichkeit Österreichs verbunden wurde, wohl nicht zuletzt unter Berücksichtigung des Anschlussverbotes im österreichischen Staatsvertrag und damit der österreichischen Verfassungsordnung. Diese Vorstellung von einer Abstammungsgemeinschaft aller Menschen deutscher Erstsprache wurde in späteren Programmen der FPÖ abgeschwächt. So wiederholt das sehr knappe Ischler Programm von 1968[11] nur mehr das Bekenntnis zur „deutschen Volks- und Kulturgemeinschaft", während das folgende Programm von 1985 das „Volk" als „natürliche Gemeinschaft, durch Abstammung und geschichtliche Entwicklung verbunden" definiert, das „gemeinsame Sprache und Kultur entwickelt" habe und „gemeinsame Wesenszüge" aufweise. Gleichzeitig verweist dieser Text als einziger aller freiheitlichen Programmtexte – wohl bezogen auf den Nationalsozialismus – auf den „Mißbrauch nationaler Ideen insbesondere in diesem Jahrhundert" als „abschreckende[s] Beispiel", das „allen Völkern in der Welt zur Lehre" dienen solle. Einige Sätze später wird nochmals darauf verwiesen:

> Die bei weitem überwiegende Mehrheit der Österreicher gehört der deutschen Volks- und Kulturgemeinschaft an. Diese Tatsache bleibt bestehen, obwohl sie als Folge eines verhängnisvollen Kapitels deutscher Geschichte in Österreich vielfach verdrängt wird.[12]

Damit vollzog die FPÖ damals einen vorsichtigen Schritt zur Distanzierung von der deutschnationalen Kontinuität mit dem Nationalsozialismus, der aber in der Abfolge der FPÖ-Programme die Ausnahme blieb. Ab 1985 fehlte die ausdrückliche Absage an die Existenz einer eigenständigen österreichischen Nation. Diese Absage vollzog Jörg

---

right, in: Patterns of Prejudice, Vol. 53, 2019, Issue 3, S. 302–320. Weiters: „Neues von ganz rechts", www.doew.at.

10 Programm der Freiheitlichen Partei Österreichs (FPÖ), beschlossen vom 2. ordentlichen Parteitag 1957 in Klagenfurt, S. 1, 5, www.fbi-politikschule.at/blauesoesterreich/programmatik/parteiprogramme/ [28.2.2024].

11 Ischler Parteiprogramm. Programm der Freiheitlichen Partei Österreichs, beschlossen am Bundesparteitag in Bad Ischl vom 11.–13. Oktober 1968, S. 1, www.fbi-politikschule.at/blauesoesterreich/programmatik/parteiprogramme/ [28.2.2024].

12 Österreich politisch erneuern. Programm der Freiheitlichen Partei Österreichs. Beschlossen am Programmparteitag 1. und 2. Juni 1985 in Salzburg, Kapitel 3, www.fbi-politikschule.at/blauesoesterreich/programmatik/parteiprogramme/ [28.2.2024].

Haider, Parteiobmann ab Herbst 1986, aber dann in öffentlichen Auftritten umso deutlicher. 1988 formulierte er im österreichischen Fernsehen:

> Das wissen Sie ja so gut wie ich, dass die österreichische Nation eine Missgeburt gewesen ist, eine ideologische Missgeburt. Denn die Volkszugehörigkeit ist eine Sache, die Staatszugehörigkeit ist die andere Sache.[13]

Diese deutschnationale Grundhaltung bewog ihn und die FPÖ wohl auch, die Forderung nach einer Obsoleterklärung des österreichischen Staatsvertrags zu erheben, die sich auch im Programm 1997 wiederfindet.[14] Die damit verbundene angebliche Wiedererlangung der „volle(n) Souveränität" Österreichs ginge unter anderem mit der Beseitigung des im Staatsvertrag enthaltenen Verbots des Anschlusses an Deutschland einher.

Aus wahltaktischen Überlegungen schwenkten die FPÖ und Haider aber in der Folge auf einen nun Österreich-nationalen Kurs um, Haider selbst verkündete das Ende der „Deutschtümelei" 1995.[15] Nur ein Jahr später sah er sich allerdings aufgrund negativer Reaktionen in Burschenschafterkreisen, aber auch in der FPÖ genötigt, am 120. Stiftungsfest seiner Burschenschaft Silvania die Festrede zu halten und den gemeinsamen „traditionellen Schwur" auf die deutsche Volkszugehörigkeit zu erneuern.[16]

Dieser neue, auf Österreichpatriotismus orientierte Kurs fand seinen Niederschlag in dem 1997 verabschiedeten Parteiprogramm und wurde wörtlich im Programm von 2005 übernommen. Darin war nun kein offenes Bekenntnis zur „deutschen Volks- und Kulturgemeinschaft" mehr enthalten, allerdings finden sich bei genauerer Analyse zahlreiche Hinweise auf eine Kontinuität des Deutschnationalismus, die entweder bei der Übernahme aus alten Programmteilen übersehen oder aber sehr bewusst als Gegengewicht zur Überbetonung des Österreichpatriotismus in diesem Text beibehalten wurden.[17] So unterstreicht das Kapitel „Recht auf Heimat", dass „die überwiegende Mehrheit der Österreicher der deutschen Volksgruppe" angehöre und jeder Österrei-

---

13 Inlandsreport, 18.8.1988.

14 Jörg Haider, Die Freiheit, die ich meine, Frankfurt/M. 1993, S. 119 f.; Weil das Land sich ändern muss! Auf dem Weg in die Dritte Republik, Wien: Freiheitliches Bildungswerk 1994, S. 144. Programm 1997, Kapitel VII, Artikel 2.

15 Wirtschaftswoche, 17.8.1995, profil 21.8.1995.

16 Junge Freiheit, 15.11.1996. Der Kommentar dazu unterstrich, dass die Befürchtungen eines Abgehens vom Bekenntnis zum deutschen Volkstum „tatsächlich grundlos sind".

17 Hier ist Heribert Schiedels Einschätzung zu widersprechen: Heribert Schiedel, Antisemitismus und völkische Ideologie. Ist die FPÖ eine rechtsextreme Partei?, in: Stephan Grigat (Hrsg.), AfD & FPÖ. Antisemitismus, völkischer Nationalismus und Geschlechterbilder, Baden-Baden 2017, S. 103–120, hier S. 108 f.

cher[18] das „Grundrecht" habe, „über seine Identität und Volkstumszugehörigkeit selbstbestimmt und frei zu befinden". „Familie und Volk" seien „natürlich gewachsene Gemeinschaften" bzw. „organisch gewachsene Gegebenheiten", die in der Politik Berücksichtigung finden müssten.[19] Inwieweit damit nun wieder auf die Idee des Volks als Abstammungsgemeinschaft Bezug genommen werden soll, bleibt offen.

Jedenfalls ergreift das Programm an anderer Stelle deutlich Partei für die „deutschen Volksgruppen auf dem Gebiet der ehemaligen österreichisch-ungarischen Monarchie", für die Österreich eine „historische Verantwortung und Schutzverpflichtung" habe.[20] Durch alle Programme bis zu jüngsten programmatischen Texten der FPÖ zieht sich die Aufforderung, alles zur Unterstützung und zum Schutz der deutschsprachigen Südtiroler zu unternehmen. Die Abtrennung Südtirols spielte – nicht nur, aber besonders – in Burschenschafterkreisen eine immer wieder thematisierte Rolle. Es waren letztlich auch Burschenschafter wie Norbert Burger zentral in den Südtirolterrorismus der 1960er Jahre involviert. Die Priorisierung der deutschen Sprache war der FPÖ 1997 und gleichlautend 2005 gleichfalls ein Anliegen:

> Durch Zusammenarbeit vor allem mit anderen deutschsprachigen Staaten ist die Pflege und Verbreitung der deutschen Sprache, vor allem durch die Verwendung von Deutsch als Amtssprache in internationalen Organisationen und als lebende Wirtschafts- und Wissenschaftssprache zu fördern.[21]

Auch ohne die gewohnte Floskel zum deutschnationalen Bekenntnis zeigt die politische Tendenz der – abgesehen von einem Abschnitt zur Neutralität – identen Programme von 1997 und 2005 also eine entsprechende inhaltliche Ausrichtung.

Um vieles deutlicher wurde nur wenige Jahre später das unter der Obmannschaft Heinz-Christian Straches formulierte Programm 2011. Nun wird „unser Heimatland Österreich" wieder als „Teil der deutschen Sprach- und Kulturgemeinschaft" definiert, an anderer Stelle heißt es:

---

18 Die FPÖ-Parteiprogramme „gendern" nicht, was auch in den indirekten Zitaten in diesem Beitrag beibehalten wird.
19 Das Programm der Freiheitlichen Partei Österreichs. Beschlossen am 30. Oktober 1997, in: Christoph Kotanko (Hrsg.), Die Qual der Wahl: die Programme der Parteien im Vergleich, Wien 1999, S. 105–153. Das Parteiprogramm der Freiheitlichen Partei Österreichs. FPÖ echt freiheitlich. Mit Berücksichtigung der beschlossenen Änderungen vom 27. Ordentlichen Bundesparteitag der FPÖ am 23. April 2005 in Salzburg, Artikel 1, www.fbi-politikschule.at/blauesoesterreich/programmatik/parteiprogramme/ [28.2.2024]. Die Programme 1997 und 2005 sind, abgesehen von Abschnitten bezüglich Neutralität und Staatsvertrag, völlig ident. Auf diesen Unterschied wird an anderer Stelle noch eingegangen.
20 Parteiprogramm 1997, 2005, Kapitel VII, Artikel 5.
21 Programm 1997, 2005, Kapitel VII, Artikel 1, Absatz 3.

Sprache, Geschichte und Kultur Österreichs sind deutsch. Die überwiegende Mehrheit der Österreicher ist Teil der deutschen Volks-, Sprach- und Kulturgemeinschaft.[22]

Volk ist in dieser Sichtweise also mehr als Sprache und Kultur. Nicht ausgeführt wird, was das Spezifische ist, das ein Volk zu einem solchen macht. Wenn in den Leitsätzen weiters festgehalten wird, die FPÖ sei dem „Schutz unserer Heimat Österreich" und „unserer nationalen Identität" verpflichtet, bleibt offen, ob damit eine spezifisch österreichische oder doch deutsche Identität gemeint ist.[23] Außenpolitisch sieht das Programm Österreich – wie schon in den Programmen zuvor – zum Schutz der Südtiroler verpflichtet, geht aber noch darüber hinaus:

Die menschenrechtswidrigen Beneš-Dekrete und AVNOJ-Bestimmungen[24], samt den damit im Zusammenhang stehenden Amnestiegesetzen, sind in einem humanistischen Europa nicht zu akzeptieren und im Sinne von Gerechtigkeit für Vertriebene, Ermordete und Enteignete zu streichen.[25]

Österreich sei der „Anwalt" nicht nur der Südtiroler, sondern vertrete „die Interessen für alle Altösterreicher deutscher Muttersprache".[26]

Interessant erscheint als Vergleichskategorie in diesem Zusammenhang das Programm der NDP, die ganz klar festhielt:

Die Österreicher deutscher Muttersprache gehören dem deutschen Volk an. […] Unsere Politik ist ausgerichtet auf die Lebensinteressen des gesamten deutschen Volkes […] Die Nation ist eine durch Geschichte, Sprache, Kultur, Abstammung und Lebensraum gekennzeichnete Großgruppe von Menschen.[27]

2024 verwendete der Bundesparteiobmann der FPÖ Herbert Kickl den Volksbegriff sehr häufig. Vage bleibt, welche Inhalte dem Begriff zugrunde liegen: Welches „Volk" vertritt der selbst ernannte „Volkskanzler" Herbert Kickl, welches Volk wird von den von ihm angeprangerten „Volksverrätern" verraten? Diese Fragen können hier nicht beantwortet werden. Der Leitantrag des FPÖ-Parteitags von 2022 vollzog eine bemerkenswerte Wendung: Das „Volk" sind darin „die Menschen, die die österreichische

---

22 Österreich zuerst. Parteiprogramm der Freiheitlichen Partei Österreichs (FPÖ). Beschlossen vom Bundesparteitag der Freiheitlichen Partei Österreichs am 18. Juni 2011 in Graz, www.fbi-politikschule.at/blauesoesterreich/programmatik/parteiprogramme/ [28.2.2024].

23 Ebenda.

24 Teile der Beneš-Dekrete waren 1945 Grundlage für die Vertreibung der deutschsprachigen Bevölkerung aus der Tschechoslowakei, so wie Teile der AVNOJ-Beschlüsse für die Vertreibungen aus Jugoslawien.

25 Programm 2011, Kapitel 10.

26 Ebenda.

27 Punkt 1 des NDP-Programms, zitiert nach: Brigitte Galanda, NDP und NSDAP, in: Junge Generation (Hrsg.), Von Hitler zu Burger, S. 22–55, hier S. 22.

Staatsbürgerschaft" besitzen, in Abgrenzung zu „allen Menschen, die hier leben".[28] Dass es sich hier tatsächlich um eine inhaltliche Neuausrichtung handelt, ist vor allem angesichts des starken Einflusses des deutschnationalen burschenschaftlichen Milieus auf die FPÖ zu bezweifeln. Auch wenn Herbert Kickl selbst keiner Burschenschaft angehört, weist der freiheitliche Parlamentsklub der 2024 zu Ende gehenden Legislaturperiode einen Burschenschafteranteil von 40 Prozent auf – der höchste Anteil in einem FPÖ-Nationalratsklub bislang.[29] Auch die zunehmend engeren Kontakte der FPÖ zum rechtsextremen Umfeld lassen eine Abkehr vom Deutschnationalismus bezweifeln.[30] Jedenfalls wird an anderer Stelle des Leitantrags angemerkt, dass eine Unterscheidung zwischen „echten" Österreichern und jenen, „die uneingeladen zu uns gekommen sind, um in unser Sozialsystem einzuwandern und ein besseres Leben zu führen"[31] getroffen wird.

2 Europavorstellungen

Zielvorstellungen für ein geeintes Europa, das bereits im Programm 1957 angesprochen wird, unterlagen im Verlauf der Geschichte der FPÖ beträchtlichen Änderungen – vom Wunsch nach einem in vielen Bereichen geeinten Europa bis zur Ablehnung der Realität der Europäischen Union heute.

Insbesondere das erste Programm der FPÖ aus 1957 enthält ein glühendes Bekenntnis zu Europa auch aus der geopolitischen Überlegung, dass nur ein geeintes Europa in der Lage sein werde, „eine entscheidende Rolle in der Weltpolitik zu spielen". In der Situation des Ost-West-Konflikts der späten 1950er Jahre sei „die einzige Möglichkeit einer Zukunft Europas und damit unseres Volkes darin gelegen, dass es zu einer europäischen Einigung kommt. Diese Einigung, für die sich die besten Kräfte Europas einsetzen, wird von uns aus vollem Herzen bejaht." Diese Einigung müsse auf der Grundlage „nationaler Gleichberechtigung" erfolgen, also „als ein Zusammenschluss freier und gleichberechtigter Nationen".[32]

1968 ging die FPÖ über diese Vorstellung noch deutlich hinaus und forderte „die Schaffung eines europäischen Bundesstaates unter Wahrung der Eigenart seiner Völ-

---

28 Leitantrag 34. Ordentlicher Bundesparteitag der Freiheitlichen Partei Österreichs, Samstag, 17.9.2022, VAZ St. Pölten, www.fbi-politikschule.at/fileadmin/user_upload/www.fbi-politikschule.at/blau es_oesterreich/Leitantraege/Leitantrag_zum_34_Ordentl_Bundesparteitag.pdf [28.2.2024].
29 Klaus Taschwer, Burschenschafteranteil im FPÖ-Klub auf Rekordwert gestiegen, www.derstan dard.at/story/2000110465677/burschenschafteranteil-im-fpoe-klub-gestiegen [28.2.2024]; Weidinger, FPÖ und völkische Verbindungen, S. 33.
30 Vgl. Colette M. Schmidt/Markus Sulzbacher, Die engen Netzwerke von AfD, FPÖ und Identitären, www.derstandard.at/story/3000000204883/die-engen-netzwerke-von-afd-fpoe-und-identitaeren?ref= article [28.2.2024].
31 Leitantrag 2022, S. 12.
32 Programm 1957, S. 4.

ker. Dieses Ziel sei durch eine gesamteuropäische Wirtschafts-, Währungs-, Sozial- und Wissenschaftspolitik sowie durch den Aufbau eines gemeinsamen Sicherheitssystems" zu realisieren.[33] Diese Zielvorstellung der damaligen FPÖ übertraf die Verfasstheit der Europäischen Union des Jahres 2024 deutlich und stellte Forderungen auf, die die FPÖ heute aufs heftigste zurückweist: So stellte beispielsweise der Leitantrag zum Parteitag 2022 fest, die Partei habe sich gegen die Einführung des Euro gewandt so wie sie ebenso „stets" vor einem Beitritt zur Europäischen Union „ohne Wenn und Aber" gewarnt habe. Die angeblich ständige Auslagerung von Kompetenzen nach „Brüssel" gefährde die Souveränität Österreichs.[34]

Die positive Darstellung einer europäischen Einigung setzte sich auch im folgenden Programm 1985 fort, wenn auch von einer weit reichenden politischen Abstimmung wie in den oben genannten Politikfeldern nicht mehr gesprochen wird. Am Endpunkt des Einigungsprozesses solle „die Schaffung einer europäischen Konföderation" stehen, wozu es „keine vernünftige Alternative in Freiheit" gebe.[35]

Die von Friedrich Peter begonnene liberale Ausrichtung der FPÖ, die unter Parteiobmann Norbert Steger 1983 in eine Koalition mit der SPÖ geführt hatte, wurde durch den scharfen Rechtskurs Jörg Haiders 1986 beendet. Neben der neuen ideologischen Ausrichtung waren die folgenden Jahre auch durch den von Opportunität gekennzeichneten Rechtspopulismus Haiders gekennzeichnet, der gezielt alle Themen aufgriff, bei denen er sich – aus Verunsicherung in der Bevölkerung resultierende – Zustimmung bei den Wähler*innen versprach. So versuchte er anlässlich der Volksabstimmung über den EU-Beitritt Österreichs 1994, die in weiten Teilen der österreichischen Bevölkerung vorhandene Skepsis gegenüber der Europäischen Union in Wähler*innenstimmen für die FPÖ umzusetzen.[36] Damit war auch der Wendepunkt in der Europapolitik der Partei erreicht. Das Programm 2005, wesentlich von Haider und seinem Umfeld beeinflusst, drückte dieses neue Misstrauen gegenüber der EU aus und betonte die gestaltende Rolle ausschließlich der „Völker", also nicht mehr der Nationen oder Länder:

> Das künftige Schicksal Europas muss von der Gestaltungsfreiheit seiner Völker geprägt sein. Dabei sind die durch die Geschichte entstandene Vielfalt und das kulturelle Erbe zu bewahren.[37]

Dem werden angeblich „aktuelle Tendenzen der Einebnung und Gleichmacherei" entgegengesetzt. Die Europäische Union solle sich nicht zu einem „Bundesstaat", sondern zu einem „Staatenbund" entwickeln.[38]

---

33 Programm 1968, S. 1.
34 Leitantrag 2022, S. 3 f.
35 Programm 1985, Kapitel 4.
36 Brigitte Bailer-Galanda/Wolfgang Neugebauer, Haider und die „Freiheitlichen" in Österreich, Berlin 1997, S. 95 f.; Anton Pelinka/Ruth Wodak, The Haider Phenomenon in Austria, London 2002.
37 Programm 1997, 2005, S. 8–9.
38 Ebenda.

Die Terminologie des Programms 2011 nähert sich tendenziell rechtsextremen und völkischen Vorstellungen an, wenn es heißt: „Ein Verbund freier Völker und selbstbestimmter Vaterländer" sei „die Grundlage" der freiheitlichen Europapolitik. An anderer Stelle wird die begriffliche Reihenfolge umgekehrt: „Wir bekennen uns zu einem Europa der selbstbestimmten Völker und Vaterländer." Ziel der „europäischen Integration" sei die „Gemeinschaft jener Staaten, die geographisch, geistig und kulturell Europa ausmachen und die sich den abendländischen Werten, dem Erbe der Kulturen und den Traditionen europäischer Völker verpflichtet haben".[39] Europa wird hier nicht als Gemeinschaft von Staaten, sondern „Vaterländern" begriffen – ein feiner, aber doch bemerkenswerter semantischer Unterschied.

Die NDP meinte dazu in durchaus ähnlicher Wortwahl, sie wünsche die „Schaffung eines Europas der Völker" beziehungsweise wies sie darauf hin, die „Eigenart der europäischen Völker" sei „die Grundlage ihrer schöpferischen Leistung".[40] Für das deutschnationale Lager hat diese Zielvorstellung eine besondere Bedeutung, verteilt sich die in diesen Kreisen als „Volk" begriffene deutschsprachige Bevölkerung doch auf mehrere Staaten Europas, die in einem so gestalteten Europa deutlich an Relevanz gewinnen würde.

3 Konzept der Volksgemeinschaft

Holzer sieht als zentrale Elemente rechtsextremer Ideologie die Begriffe „Volk" und „Volksgemeinschaft". Die Volksgemeinschaft wird als patriarchalisch-hierarchisch gegliederte, möglichst homogene Gemeinschaft vorgestellt, die dem Individuum Geborgenheit an dem ihm zustehenden Platz bietet. Seine Bedeutung erhält der Einzelne in seiner Verpflichtung auf die Ganzheit des Volkes. Partikularinteressen und deren organisierte Verfolgung werden als gemeinschaftsstörend abgelehnt.

In der FPÖ-Programmatik ist der Begriff Volksgemeinschaft analytisch mit verschiedenen Nuancierungen zu sehen: Einerseits ist er klar ausgesprochen als „deutsche Volksgemeinschaft", also völkisch zu verstehen. Durch die Programme zieht sich andererseits der im Sinne Holzers ebenso darunter zu verstehende Appell an die Aufrechterhaltung einer Gemeinschaft, manchmal als Solidargemeinschaft angesprochen, in späteren Programmen auch als „Gemeinsinn" bezeichnet.

Im ersten Programm aus dem Jahr 1957 hieß es noch unverhohlen, die FPÖ bekenne sich „zur sozialen Volksgemeinschaft" und bekämpfe daher „das Denken und Handeln in Klassen und Gruppeninteressen"[41], also ganz im Sinne der Holzerschen Defini-

---

39 Programm 2011, Leitsatz 10.
40 Punkt 2 des NDP-Programms – Europavorstellungen, in: Junge Generation (Hrsg.), Von Hitler zu Burger, S. 25.
41 Programm 1957, S. 2.

tion. Gemeinschaft spielt auch an anderen Stellen des Programms eine zentrale Rolle. So solle die Jugend zu „Pflichtbewußtsein gegenüber der Gemeinschaft" erzogen werden.[42]

Im Programm der NDP, allerdings erst 1980 veröffentlicht, wurde ganz ähnlich formuliert:

> Wir bekennen uns zur sozialen Volksgemeinschaft und lehnen den volkszerstörenden Klassenkampf in jeder Form ab.[43]

Der Volksgemeinschaftsidee standen bei der FPÖ aber bereits 1957 wirtschaftsliberale Interessen entgegen, sollte doch die „soziale Marktwirtschaft" ohne Behinderung durch Kartelle, Monopole oder „Diktatur der Kammern der Gemeinschaft in echtem Leistungswettbewerb" dienen.[44]

1968 fand sich neben dem deutschnationalen Bekenntnis nur mehr der Hinweis auf die Notwendigkeit für den Einzelnen, „verantwortlich die Gemeinschaft" zu tragen[45] und die „soziale Gemeinschaft" durch „betriebliche Sozialpartnerschaft" sowie „Ausbau der Mitverantwortung des Arbeitsnehmers zu fördern".[46] Zusammenfassend endet das Programm jedoch:

> Ziel der FPÖ ist eine nationale, freiheitliche, soziale und europäische Politik auf der Grundlage echter Volksgemeinschaft.[47]

Das folgende Programm 1985 betonte das liberale Prinzip deutlich stärker: „[...] im Entstehen verschiedener Schichten und Gruppierungen" wird „ein ganz natürlicher Vorgang" gesehen, und: „In der Gesellschaft, für die wir eintreten, verbindet sich Freiheit mit Rücksichtnahme und Gemeinschaftssinn." Die Gemeinschaft tritt deutlich in den Hintergrund, während soziale Ungleichheit als „natürlich" angesehen wird, wobei offen bleibt, ob der Terminus „Natürlichkeit" im Sinne einer biologischen Gegebenheit verstanden wird.

Der Text von 1997/2005 lehnte „Kammern und Verbände" als „fremdbestimmend" ab, stattdessen werde „eine von verantwortungsvoller Partnerschaft getragene Unternehmenskultur angestrebt, die insbesondere über Betriebsverfassungen verwirklicht wird".[48] Ähnliches war bereits im Programm 1957 zu lesen gewesen.[49] Diese Forderungen können einerseits als unternehmerorientierte Zielsetzung verstanden werden, andererseits entsprechen sie der Idee einer von Partikularinteressen ungestörten Volks-

---

42 Programm 1957, S. 9.
43 Junge Generation (Hrsg.), Von Hitler zu Burger, S. 34.
44 Programm 1957, Deckblatt.
45 Programm 1968, Einleitung.
46 Programm 1968, Punkt Sozialpolitik.
47 Programm 1968, Schlusssatz.
48 Programm 1997, 2005, Kapitel X, Artikel 4.
49 Programm 1957, S. 15.

gemeinschaft. Inwiefern diese Vorstellung im Hintergrund eine Rolle gespielt haben mag, kann nicht festgestellt werden. Zu berücksichtigen ist jedoch, dass der Text gleich zu Anfang postuliert, dass „der Einzelne stets in eine Gemeinschaft gestellt" sei, „von der Familie bis zum Volk, die ebenfalls selbständig Träger von Freiheitsrechten" sei.[50]

Sechs Jahre später, 2011, stand die „Freiheit des Einzelnen" gleichberechtigt neben jener einer abstrakten „Gemeinschaft", die in den Leitsätzen freiheitlicher Politik dann zur „echten Solidargemeinschaft" wird, die die Freiheit des Bürgers schützt.[51] Damit kehrte die Volksgemeinschaft eher implizit in die FPÖ-Programmatik zurück.

Ergänzend kann zu diesem Thema auf die Formulierungen des Handbuchs Freiheitlicher Politik aus 2013 verwiesen werden:

> Durch die Wirtschaft soll das Fortkommen und die Existenz der Gemeinschaft gestützt werden, und die Gemeinschaft bildet alle Teile des Staates und des Volkes. Den besten Rahmen dafür bietet ein generationenübergreifend agierender, auf Nachhaltigkeit ausgerichteter Nationalstaat, der als echte Solidargemeinschaft konzipiert ist.[52]

4 Grundlegende Kritik an der österreichischen Demokratie

Die FPÖ, so wie schon ihre Vorgängerpartei, der Verband der Unabhängigen (VdU) als Sammelbecken ehemaliger Nationalsozialisten und Nationalsozialistinnen, sah sich von der ab 1945 etablierten Kooperation der beiden damaligen Großparteien, SPÖ und ÖVP, und den daraus resultierenden Koalitionsregierungen bis 1966 ausgeschlossen. In ihrer Kritik an dem tatsächlichen „Parteienproporz" – das Proporzsystem bei der Besetzung öffentlicher Ämter war nach der Befreiung als demokratischer Stabilitätsfaktor eingeführt worden – ging sie jedoch bereits im Programm 1957 zu einer grundlegenden Kritik an der Ausformung der österreichischen Demokratie über und sah „die Freiheit in unserem Staat" dadurch „bedroht", dass durch die Regierungsparteien und die Bürokratie die „Grund- und Freiheitsrechte auf Schritt und Tritt mißachtet" würden. Durch den angeblich „verfassungswidrigen Koalitionspakt" würden Demokratie und Rechtsstaat untergraben und „hinter der Schauseite einer formellen Demokratie" werde „ein Regierungssystem entwickelt, das mit echter Freiheit ebenso wenig zu vereinbaren" sei „wie eine offene Diktatur".[53] Damit legte die FPÖ von Beginn an die Basis für das von ihr bis heute geschürte, nun allerdings aufgrund verschiedener

---

50 Programm 1997, 2005, Kapitel I, Artikel 2.
51 Programm 2011, Präambel und Punkt 3, Leitsätze freiheitlicher Politik.
52 Handbuch Freiheitlicher Politik, Wien 2013, S. 171 f.
53 Programm 1957, S. 6, 1.

Faktoren in der Bevölkerung deutlich weiter verbreitete Misstrauen gegen Regierungen und staatliche Institutionen. Im Übrigen beklagte auch die NDP den angeblichen Machtmissbrauch des Staates, der „sich vom Diener zum Herren über seine Bewohner zu erheben" versuche.[54] Zu dieser Zeit, also zu Beginn der 1980er Jahre, hatte die FPÖ sich von jener Kritik an der österreichischen Demokratie entfernt, weder das Programm 1968 noch das von 1985 kritisierte diese. Allerdings war die Institution der großen Koalition in jenen Jahren 1970 durch die – anfangs auch durch die FPÖ geduldete – Alleinregierung der SPÖ unter Bruno Kreisky abgelöst worden, 1983 bis 1986 befand sich die FPÖ erstmals in einer Bundesregierung. Die Position der Partei änderte sich erst wieder nach der Aufkündigung der Koalition durch den sozialdemokratischen Bundeskanzler Franz Vranitzky, als 1986 Jörg Haider Obmann der FPÖ wurde. Diese kritische Haltung wurde selbst während der Regierungsbeteiligung der FPÖ im Jahr 2000 beibehalten, was letztlich zur Abspaltung des BZÖ unter Haider führte. Das Programm 1997/2005 wandte sich nunmehr gegen den „bürokratischen Obrigkeitsstaat" und die „Parteien-Allmacht" sowie gegen Pflichtmitgliedschaften und Mitwirkungsrechte „berufsständischer Vertretungen", wie Arbeiterkammern, was auf eine deutliche Schwächung auch der sozialpartnerschaftlichen Institutionen abzielte. Dem entsprach die von Jörg Haider selbst immer wieder formulierte Fundamentalkritik an der österreichischen Demokratie, zu deren Retter er die FPÖ stilisierte, wobei er auch vor Anklängen an NS-Vokabular nicht zurückscheute.[55]

Die Kritik zielte jedoch nicht nur auf die österreichische Demokratie im Besonderen, sondern formulierte auch allgemeine demokratiepolitische Vorstellungen, und zwar hin zu einer Schwächung der repräsentativen Demokratie durch eine deutliche Verstärkung der direkten Demokratie. Das Programm 1997/2005 forderte eine neue Bundesverfassung, eine Kontrolle der Regierung durch Volksbefragung und Volksabstimmung sowie eine Direktwahl der obersten Staatsorgane.[56] Einerseits dürfte dahinter die oft geäußerte Überzeugung stehen, die FPÖ vertrete ohnehin den wahren Willen des Volkes, andererseits können Plebiszite durch Propaganda und Manipulation durch Verschwörungserzählungen leicht beeinflusst werden, wie jenes über den Austritt des Vereinigten Königreichs aus der Europäischen Union 2016 („Brexit") eindrücklich vor Augen führte.

Das Programm 2011 hielt sich in Demokratiekritik wiederum zurück, forderte wie schon jenes zuvor nur sehr allgemein einen „Ausbau der direkten Demokratie" und formulierte ein Bekenntnis zu „den liberalen Grundfreiheiten wie Meinungs-, Versammlungs- und Pressefreiheit".

Zum möglicherweise besseren Verständnis dieses Bekenntnisses kann das Handbuch Freiheitlicher Politik herangezogen werden. Darin fordert die FPÖ die Abschaf-

---

54 Junge Generation (Hrsg.), Von Hitler zu Burger, S. 27.
55 Bailer-Galanda/Neugebauer, Haider und die „Freiheitlichen", S. 58 ff.
56 Programm 1997/2005, Kapitel VIII.

fung jener Gesetze, die angeblich die Meinungsfreiheit einschränken.[57] Ob damit das NS-Verbotsgesetz gemeint war, bleibt dahingestellt. Jedenfalls stimmten die Abgeordneten der FPÖ im Dezember 2023 im Nationalrat gegen die vorgelegte Novelle zum Verbotsgesetz, die in mehreren Bereichen Verschärfungen vorsieht. Es könnte also sein, dass diese Forderungen sich unter anderen auf die Ablehnung möglicher Beschränkungen des rechtsextremen Umfelds der FPÖ beziehen sollten.[58]

Im Leitantrag von 2022 übte die FPÖ wieder heftige Kritik an der österreichischen Demokratie. Da ÖVP und SPÖ bereits 1945 gegründet worden waren und daher der Zustimmung des Alliierten Rates bedurft hatten, behauptete die FPÖ nun unter Verweis auf ihren Vorläufer, den VdU, sie sei die einzige politische Kraft, die ihre Existenz „nicht militärischen Hochkommissaren" verdanke. Nicht „fremde Staaten" hätten über ihre Gründung befunden, sondern „freie Bürger".[59] Zumindest bezüglich des VdU ist das historisch unrichtig – auch dessen Gründung musste vom Alliierten Rat genehmigt werden.[60]

Regierung und Bundespräsident beschuldigte die FPÖ, sich „in einem vorauseilenden Gehorsam gegenüber den Interessen anderer Staaten oder internationaler Organisationen [zu] üben".[61] Dies führt der Text anhand verschiedener Beispiele aus, unter anderen an den Sanktionen gegen Russland wegen dessen völkerrechtswidrigen Angriffs auf die Ukraine oder auch an den Maßnahmen im Zuge der Corona-Pandemie, die angeblich auf Wünschen der Weltgesundheitsorganisation beruhten. In der Folge wird die angebliche Gefährdung des Bestands der Republik in den Raum gestellt, nur die FPÖ könne dessen Bedrohung abwenden: Es dränge sich „die Frage auf, wie es die anderen Parteien mit dem Bestand der Republik Österreich überhaupt halten, ob der faktischen Entmachtung ihrer Staatsbürger ihre faktische Zersetzung oder gar die (in) formelle Abschaffung der Republik folgen soll. Vieles spricht dafür." Nur die FPÖ trete „kompromisslos für den Fortbestand der Republik Österreich als souveräner Staat" ein, während „die anderen sie in einem europäischen Bundesstaat (samt NATO-Beitritt) aufgehen lassen wollen – oder von der Weltrepublik oder Anarcho-Primitivismus träumen".[62]

---

57 Handbuch Freiheitlicher Politik, S. 86.

58 Ebenda, S. 107. Eine detaillierte Analyse des Handbuchs: Brigitte Bailer, Rechtsextremes im *Handbuch Freiheitlicher Politik* – Eine Analyse, www.doew.at/cms/download/6gq4g/bailer_handbuch_fp.pdf [5.5.2024].

59 Leitantrag 2022, S. 1.

60 Zur Vorgeschichte des VdU siehe Oliver Rathkolb, NS-Problem und politische Restauration: Vorgeschichte und Etablierung des VdU, in: Sebastian Meissl/Klaus Dieter Mulley/Oliver Rathkolb (Hrsg.), Verdrängte Schuld, verfehlte Sühne: Entnazifizierung in Österreich 1945–1955, S. 73–99, sowie Margit Reiter, Anton Reinthaller und die Anfänge der Freiheitlichen Partei Österreichs. Der politische Werdegang eines Nationalsozialisten und die „Ehemaligen" in der Zweiten Republik, Berlin 2018.

61 Leitantrag 2022, S. 3.

62 Leitantrag 2022, S. 5.

Mit solchen Texten werden nichtexistierende Bedrohungsszenarien verbunden mit Verschwörungserzählungen über angebliche Machtansprüche internationaler Mächte skizziert. Aus den so geschürten Unsicherheiten zieht die FPÖ dann in bewährter Weise Stimmengewinne – eine Taktik, die von der FPÖ[63] sowie rechtspopulistischen und rechtsextremen Gruppen beziehungsweise Politikern und Politikerinnen in Europa, aber auch den USA und anderswo benutzt wird.[64]

5 Gegen alle „Fremden"

Die NDP proklamierte bereits 1980 den „Kampf gegen die Zerstörung unserer Volkssubstanz durch Unterwanderung mit Ausländern" und machte als Erste offene Ablehnung von Wirtschaftsmigrant*innen zum Thema ihrer Propaganda.[65] Beinahe zeitgleich bzw. wenig später griffen die – so wie die NDP später wegen Verstoßes gegen das Verbotsgesetz aufgelöste – „Aktion Neue Rechte" sowie die „Ausländer-Halt-Bewegung" um Gerd Honsik und die damit eng verbundene Liste „Nein zur Ausländerflut" dieses Thema in bis dahin unbekannt radikaler Weise auf.[66]

Die FPÖ hingegen entdeckte die Zuwanderung erst nach 1989 für sich, also in etwa zeitgleich mit der „Ausländer-Halt-Bewegung". In den beiden ersten Programmen der FPÖ finden sich zur Frage der Arbeitsmigrant*innen keine Bezüge. Erst 1985 wurden die sogenannten „Gastarbeiter" erstmals erwähnt. Diese werden als „Einwohner auf Zeit" gesehen, denen zwar „ein Recht auf vergleichbare soziale und humanitäre Behandlung" zugestanden wird, die aber ansonsten in ihrem „angestammten Volkstum und Kulturkreis" weiter „verankert" bleiben sollten, um ihnen so „die spätere Rückkehr in das jeweilige Heimatland [zu] erleichtern".[67] Es wurde also auf Ausgrenzung anstatt Integration gesetzt, also die heute so kritisierten in sich geschlossenen Migrant*innengesellschaften („Parallelgesellschaft") gefordert.

Nach dem Fall des „Eisernen Vorhangs" und der Öffnung der Grenzen zu den ehemals im sowjetischen Einflussbereich gewesenen Nachbarstaaten entdeckte die FPÖ unter Jörg Haider zum Zweck einer Instrumentalisierung neuer Verunsicherungsgefühle in der Bevölkerung das Thema „Ausländer" für sich. Dies kumulierte in dem 1993 organisierten Volksbegehren „Österreich zuerst" und dem neu von der FPÖ ent-

---

63 Brigitte Bailer-Galanda, Haider – ein ideologiefreier Populist?, in: Horst Peter Groß/Werner Drobesch (Hrsg.), Zeitzeugen Populismus. Das Phänomen Haider: Gestern in Kärnten, morgen in Europa?, Klagenfurt 2020, S. 45–59, hier S. 55 f.

64 Vgl. Wodak, Politik mit der Angst.

65 Junge Generation (Hrsg.), Von Hitler zu Burger, S. 23, 45 f.

66 Zur ANR siehe Dokumentationsarchiv des österreichischen Widerstandes (Hrsg.), Am Beispiel der ANR. Neonazismus in Österreich, Wien 1980; Erkenntnis des Verfassungsgerichtshofs zur Wahlanfechtung durch die Wählergruppe „Nein zur Ausländerflut", Verfassungsgerichtshof, I-11/90-9, 28.2.1991.

67 Programm 1985, Kapitel 6 (Arbeitswelt, Gastarbeiter).

deckten Österreichpatriotismus.[68] Dementsprechend widmete das Programm 1997/2005 der Frage der Zuwanderung nach Österreich breiteren Raum. Österreich sei „kein Einwanderungsland", „unbeschränkte Zuwanderung" würde für die österreichische Bevölkerung „deren Recht auf Wahrung und Schutz der eigenen Heimat gefährden. Multikulturelle Experimente werden abgelehnt." Österreich müsse daher die „volle Souveränität in Ausländerangelegenheiten" behalten.[69] Die hier bereits angedeuteten Bedrohungsszenarien werden an anderer Stelle noch verstärkt, wenn Migrant*innen mit dem Anstieg von Kriminalität[70] und „gravierenden Verzerrungen des Arbeitsmarktes" und „massivem Lohndruck"[71] in Zusammenhang gebracht werden.

Das derzeit (2024) geltende Parteiprogramm unterstreicht abermals, dass „Österreich kein Einwanderungsland" sei, gesteht allerdings voll integrierten und legal anwesenden „Zuwanderern" den Erwerb des „Heimatrechts" und der Staatsbürgerschaft zu. Der „Einwanderung" wird ganz in nationalem Sinne „eine geburtenorientierte Familienpolitik" gegenübergestellt.[72] An einigen Stellen wird direkt oder auch indirekt auf einen erwünschten Ausschluss von Nicht-Staatsbürger*innen von Rechten und Ansprüchen hingewiesen. So habe der „erarbeitete Wohlstand Österreichs [...] vorrangig für jene Menschen und deren Nachkommen eingesetzt zu werden, die ihn erarbeitet haben".[73] Ebenso sollten „Bürger aus dem Ausland" in einem „eigenständigen Sozialversicherungssystem" versichert werden, das ihnen „Zugang zu Leistungen des österreichischen Gesundheitswesens" ermöglichen solle.[74] Strafrechtlich verurteilte „Fremde" sollten ausgewiesen werden.[75] Im Zusammenhang mit der Europäischen Union wird nochmals vor „Massenzuwanderung" entschieden gewarnt.[76] Statt angebliche Bedrohungsszenarien durch „Fremde" zu zeichnen wird nun also die Segregation von Österreicher*innen und Nicht-Österreicher*innen nicht zuletzt auch in rechtlicher Hinsicht propagiert.

Der Leitantrag von 2022 nimmt ebenfalls auf diese Frage Bezug und sieht wie bei anderen Themen die Verantwortung für Probleme bei internationalen Organisationen und der EU, aber auch den politischen Mitbewerbern. Diesen sowie der „ausufernde[n] Judikatur internationaler Gerichtshöfe" seien „Masseneinwanderung", „Missbrauch des Asylrechts", die aus Sicht der FPÖ in eine „bedrohliche Symbiose" mündeten, anzulasten.[77]

---

68 Bailer-Galanda/Neugebauer, Haider und die „Freiheitlichen" in Österreich, S. 87–90.
69 Programm 1997, 2005, Kapitel IV, Artikel 4.
70 Programm 1997, 2005, Kapitel IX, Artikel 3.
71 Programm 1997, 2005, Kapitel X, Artikel 8.
72 Programm 2011, Kapitel 2.
73 Programm 2011, Kapitel 5.
74 Programm 2011, Kapitel 6.
75 Programm 2011, Kapitel 7.
76 Programm 2011, Kapitel 10.
77 Leitantrag 2022, S. 4.

6 Frauen- und Geschlechterbild

Die Rolle der Frauen und der Geschlechter wird in den FPÖ-Programmen so gut wie ausschließlich im Kontext der Familienpolitik gesehen. Familie steht im Zentrum eines völkischen Weltbildes. So hieß es 1957, die Familien seien „Träger und Mehrer unseres völkischen und kulturellen Erbes"[78], 1968 wurde zurückhaltender der Familie eine „kulturelle und biologische Aufgabe als tragendes Element der Gemeinschaft"[79] zugeschrieben. Das deutlich von einem liberalen Zugang geprägte Programm 1985 verortete die Familie „organisch zwischen dem Einzelnen und der Gesellschaft", allerdings wandte es sich auch „gegen eine Diskriminierung anderer, frei gewählter Formen des Zusammenlebens" und wollte „anwendbare Alternativen zu dem traditionellen Rollenverständnis [zwischen den Partnern] ermöglichen".[80] Zwanzig Jahre später wünschte die FPÖ eine Förderung kinderreicher Familien, verzichtete aber auf eine ideologiegeleitete Festschreibung und stellte bloß fest, dass Familie „auf einer Lebensgemeinschaft von Mann und Frau" beruhe und eine „natürliche Lebensgemeinschaft mit Kindern"[81] sei. 2011 hingegen wurde Familie als „Gemeinschaft von Mann und Frau mit gemeinsamen Kindern" definiert, dies sei die „natürliche Keimzelle und Klammer für eine funktionierende Gesellschaft".[82] Es wurde also wieder auf angeblich natürlich Vorgegebenes Bezug genommen.

FPÖ-Programme beugen sich insofern der gesellschaftlichen Realität, als die Berufstätigkeit der Frauen und Mütter zwar angesprochen, allerdings (wie im Programm 1957) die Erziehung durch die Mutter für die Kinder als „unersetzlich"[83] postuliert wird – und als eine Aufgabe, deren Erfüllung der Frau keine Nachteile bringen darf. Sollten sich daraus welche ergeben, seien sie durch den Staat auszugleichen, der Staat habe also für die Erfüllung der Mutterrolle aufzukommen. Während das Programm 1968 dazu keine Aussage traf, sondern nur die Neuordnung der Rechtsstellung der Frau „entsprechend ihrer geänderten wirtschaftlichen und sozialen Funktion" forderte[84], ging die FPÖ ab 1985 wieder zur Förderung der Kindererziehung im Rahmen der Familie und deren finanzielle Abgeltung zurück, allerdings wurde nicht mehr die Frau in die Verantwortung genommen, sondern allgemein Unterstützung für jenen „Partner" gefordert, der sich ausschließlich der Kindererziehung widmet.[85] Dem entspricht das bereits zu Anfang des Programms formulierte Bekenntnis zur Gleichwertigkeit und Gleichrangigkeit von Mann und Frau – allerdings mit der Einschränkung, dass auf die angeblich „unterschiedlichen Wesenszüge beider Geschlechter Bedacht

---

78 Programm 1957, S. 8.
79 Programm 1968, Kapitel Familie.
80 Programm 1985, Kapitel 4.
81 Programm 1997, 2005, Kapitel XII, Artikel 1.
82 Programm 2011, Kapitel 4.
83 Programm 1957, S. 8.
84 Programm 1968, Kapitel Familie.
85 Programm 1985, Kapitel 4.

zu nehmen" sei.[86] Von einer heute durchaus als modern anzusehenden Auffassung partnerschaftlich geteilter Familienaufgaben wich die FPÖ 1997/2005 implizit wieder ab. Kinderbetreuung in der Familie solle gleich wie jene in Kinderbetreuungseinrichtungen behandelt werden, beispielsweise durch den Kinderscheck. Zeiten der Kindererziehung ebenso wie Angehörigenpflege dürften – hier ausdrücklich erwähnten – Frauen nicht zum Nachteil gereichen und seien vor allem in der Pensionsberechnung zu berücksichtigen.[87] Damit werden die Frauen auf die Rolle der Pflegenden reduziert. Das folgende Programm forderte gleichfalls die Anerkennung jener Zeiten im Pensionssystem sowie Unterstützungsleistungen für Familien, die ihre Kinder bis zum Schuleintrittsalter selbst betreuen – eine Forderung, die im Übrigen jeglichen pädagogischen Erkenntnissen zum Wert einer Kindergartenpädagogik widerspricht, den das Programm 1985 durchaus anerkannt hatte.[88]

Das Programm 2011 ging über diese implizite Rollenfestschreibung hinaus und reagierte auf den gesellschaftlichen Diskurs zur Bekämpfung der Benachteiligung von Frauen, beispielsweise durch Quoten. Diese „Bevorzugung eines Geschlechts zur Beseitigung tatsächlicher oder vermeintlicher Benachteiligungen wird von uns [der FPÖ] entschieden abgelehnt. Statistisch errechnete Ungleichheiten [...] können nicht durch Unrecht an einzelnen Menschen ausgeglichen werden." Daher wandte sich die FPÖ gegen Quotenregelungen „oder das ‚Gender-Mainstreaming'".[89] Die FPÖ ergriff hier in sehr deutlicher Weise Partei für von Maßnahmen zur Gleichstellung angeblich benachteiligte Männer einerseits und stellte andererseits die Faktizität der gesellschaftlichen Ungleichheit zwischen den Geschlechtern in Frage.

Im Leitantrag von 2022 nimmt diese Frage eine Wendung hin zu Verschwörungserzählungen und einer angeblich staatlichen „Beengung unserer Lebensbereiche" durch die „Leugnung biologischer Fakten wie die Existenz zweier Geschlechter, nämlich von Mann und Frau", die Regenbogenfahne „als Symbol einer aggressiven, intoleranten Minderheit" trete „an die Stelle staatlicher Symbole". Dahinter steckten Kräfte, die eine „nihilistische Verheißung" propagierten, „in der alle Menschen nach materiell gleichen Bedingungen zu leben" hätten. Es werde ein „neuer Mensch" angestrebt, was als „linker Kampfbegriff" gesehen wird. Der Mensch solle angeblich „von historischem Ballast" befreit werden und „diese ‚Befreiung' hat dann stattgefunden, wenn die Gesellschaft alles vergessen hat, was sie einst ausgemacht hat: ihre Nationalität, ihre Religion, ihre Kultur, ihre Geschichte."[90] Damit zeichnet dieser Antrag ausgehend von der Geschlechterfrage im Sinne von Verschwörungserzählungen ein umfassendes Bedrohungsszenario durch „Linke" und nicht genannte, im Hintergrund wirkende gesellschaftliche Kräfte.

---

86 Programm 1985, Kapitel 1.
87 Programm 1997, 2005, Kapitel XII, Artikel 3, 5.
88 Programm 1985, Kapitel 4.
89 Programm 2011, Kapitel 4.
90 Leitantrag 2022, S. 8.

Dass ab 1997/2005 die Programme gleichgeschlechtliche Partnerschaften einhellig ablehnen, erscheint vor diesem Hintergrund als selbstverständlich.

Die NDP sah bereits 1980 die Familie durch „marxistische und liberale Linke, also Gegner der natürlichen Ordnung", bedroht, die Angriffe auf die Familie führten, die der „Zerstörung von Kulturen" immer vorausgegangen seien.[91] Hier finden sich also vor Jahrzehnten bereits ähnliche Vorstellungen wie in der FPÖ 2022.[92]

Schlussbemerkung

War die FPÖ zur Zeit ihrer Gründung noch deutlich dem alten, deutschnationalen Erbe verhaftet und damit auch dem Milieu des Rechtsextremismus zuzuordnen, so führte die Entwicklung bis in die 1980er Jahre, vor allem auch beeinflusst von dem Wunsch nach verbesserten Beteiligungsoptionen in der politischen Gestaltung, hin zu gesellschaftspolitisch liberalen Ausformungen, ungeachtet der Beibehaltung der deutschnationalen Grundlage.[93] Dieses Spannungsverhältnis von Liberalismus und Deutschnationalismus wurde mit der Obmannschaft Haiders 1986 und der Abspaltung des Liberalen Forums 1993[94] letztlich zugunsten des Nationalen und damit auch einer Wiederannäherung an das rechtsextreme Milieu entschieden. Diese Entwicklungen der Parteigeschichte sind deutlich an der programmatischen Entwicklung erkennbar und nachzuzeichnen, die von traditionell deutschnational und partiell rechtsextrem zu liberal changierte und letztlich wieder zu den Wurzeln zurückkehrte. Ungeachtet der kurzzeitigen Tendenz zum Liberalen blieb die FPÖ in den zentralen Themen stets der rechtsextremen Ideologie nahe bzw. verhaftet. Weder deutschnationales Bekenntnis noch die grundlegenden Züge der Volksgemeinschaftsvorstellungen wurden je zur Gänze aufgegeben. Seit der Abspaltung des BZÖ 2005[95] verzeichnen die FPÖ-Programmatik bzw. programmatische Aussagen der Partei deutlich rechtsextreme Züge, wie bereits 2016 in einer Analyse des Handbuchs Freiheitlicher Politik durch die Autorin

---

91 Junge Generation (Hrsg.), Von Hitler zu Burger, S. 29.

92 Vgl. beispielsweise Birgit Sauer/Otto Penz, Konjunktur der Männlichkeit. Affektive Strategien der autoritären Rechten, Frankfurt/M. 2023; Karin Stögner, Angst vor dem „neuen Menschen". Zur Verschränkung von Antisemitismus, Antifeminismus und Nationalismus in der FPÖ, in: Stephan Grigat (Hrsg.), AfD & FPÖ. Antisemitismus, völkischer Nationalismus und Geschlechterbilder, Baden-Baden 2017, S. 137–161.

93 Siehe dazu auch Frischenschlager, Funktions- und Inhaltswandlungen.

94 Das Liberale Forum (LIF) wurde 1993 von fünf aus dem FPÖ-Klub ausscheidenden Parlamentarier*innen gegründet und war bis 1999 im österreichischen Nationalrat vertreten. Im Jänner 2014 fusionierte das Liberale Forum mit der 2012 gegründeten liberalen Partei NEOS zu NEOS – Das Neue Österreich und Liberales Forum.

95 Das Bündnis Zukunft Österreich (BZÖ) wurde 2005 von Mitgliedern der FPÖ um Jörg Haider gegründet. Es war bis 2013 im Nationalrat vertreten.

festgestellt werden konnte.[96] Insbesondere die Inhalte des Leitantrags zum Bundesparteitag von 2022 verweisen auf die Hinwendung der FPÖ zu Bedrohungsphantasien und Verschwörungserzählungen, womit sich die Partei in eine Reihe mit anderen rechtsextremen europäischen Kräften stellt, wie auch in der Kooperation mit der deutschen AfD und in den mangelnden Berührungsängsten zu Gruppen wie den „Identitären" zu sehen ist.[97]

Diese Tendenz zur Wiederannäherung an das rechtsextreme Spektrum verdeutlichen auch die Ähnlichkeiten bis hin zu sprachlichen Parallelen der aktuellen FPÖ-Programmatik mit Positionierungen der NDP aus 1980. Dies verweist auf das beträchtliche Ausmaß der stattgefundenen „Normalisierung rechtspopulistischer und rechtsextremer Diskurse"[98], die selbst jene der wegen nationalsozialistischer Wiederbetätigung 1988 behördlich aufgelösten[99] NDP zumindest teilweise umfasst.

Während in zentralen Themen Kontinuitäten festgestellt werden konnten, fanden bei anderen bemerkenswerte Sprünge statt, auf die im Rahmen der Analyse nicht alle eingegangen werden konnte. Auf einen besonders bemerkenswerten Sinneswandel soll jedoch verwiesen werden: Im Programm 1997 forderte die FPÖ nicht nur die Obsoleterklärung des Staatsvertrages, sondern darüber hinaus das Ende der österreichischen Neutralität und den Beitritt Österreichs zur Nato.[100] Hierin liegt auch der einzige Unterschied zwischen den Programmen 1997 und 2005. Um diese Forderung unauffällig wieder verschwinden zu lassen, musste 2005 offensichtlich ein neues, ansonsten mit dem Vorgänger identes Programm verabschiedet werden. Heute präsentiert sich die FPÖ als einzige wahre Verteidigerin der österreichischen Neutralität – wohl auch wegen der damit zu gewinnenden Wähler*innenstimmen und vor dem Hintergrund ihrer russlandfreundlichen Haltung.

Der vorliegende Beitrag konnte nicht auf die Fülle weiterer Fragestellungen eingehen, die sich in der Auseinandersetzung mit der FPÖ ergeben. So blieb das Verhältnis zwischen nach außen artikulierter Ablehnung von Antisemitismus und der Nähe zu antisemitischen Akteuren und Inhalten nach innen ebenso unbeleuchtet wie die neuerdings zunehmend an NS-Termini gemahnende Sprache von Bundesparteiobmann Herbert Kickl oder eine detaillierte Darstellung der Nähe der FPÖ zu rechtsextremen Gruppen und Aktivist*innen. Eine seriöse wissenschaftliche Befassung mit allen die-

---

96 Brigitte Bailer, Rechtsextremes im *Handbuch Freiheitlicher Politik*, www.doew.at/cms/download/6gq4g/bailer_handbuch_fp.pdf [28.2.2024].

97 Vgl. Colette M. Schmidt/Markus Sulzbacher, Rechtsextreme Freunde. Die engen Netzwerke von AfD, FPÖ und Identitären, www.derstandard.at/story/3000000204883/die-engen-netzwerke-von-afd-fpoe-und-identitaeren?ref=article [28.2.2024]. Siehe dazu auch die laufende Berichterstattung und Beobachtung u. a.durch Andreas Peham und Bernhard Weidinger auf: www.doew.at/erkennen/rechtsex tremismus/neues-von-ganz-rechts/archiv.

98 Wodak, Politik mit der Angst.

99 Der NDP wurde aus diesem Grund der Status als politische Partei aberkannt, was bald darauf auch die Auflösung als Verein zur Folge hatte.

100 Programm 1997, Kapitel VII, Artikel 2, 3.

sen Themen würde den Umfang einer Buchpublikation erfordern. Vielmehr sollte der vorliegende Beitrag schlaglichtartig die ideologische Entwicklung bzw. Kontinuitäten der FPÖ hinsichtlich zentraler Kategorien rechtsextremer Ideologie beleuchten und damit klarstellen, dass der Kern der Partei hier zu verorten ist und das demokratiepolitische Problem der FPÖ nicht auf Auftreten und Rhetorik der Parteieliten und des jeweiligen Obmanns beschränkt ist.

Literaturverzeichnis

Bailer, Brigitte/Neugebauer, Wolfgang, Die FPÖ: Vom Liberalismus zum Rechtsextremismus, in: Dokumentationsarchiv des österreichischen Widerstandes (Hrsg.), Handbuch des österreichischen Rechtsextremismus, 2. Aufl., Wien 1993, S. 327–428.

Bailer-Galanda, Brigitte, Haider – ein ideologiefreier Populist?, in: Horst Peter Groß/Werner Drobesch (Hrsg.), Zeitzeugen Populismus. Das Phänomen Haider: Gestern in Kärnten, morgen in Europa?, Klagenfurt 2020, S. 45–59.

Bailer-Galanda, Brigitte/Neugebauer, Wolfgang, Haider und die „Freiheitlichen" in Österreich, Berlin 1997.

Bericht der Historikerkommission. Analysen und Materialien zur Geschichte des Dritten Lagers und der FPÖ, Wien 2019, www.fpoe.at/fileadmin/user_upload/www.fpoe.at/dokumente/2019/PDFs/Buch-Historikerkommission-Web.pdf [28.2.2024].

Dokumentationsarchiv des österreichischen Widerstandes (Hrsg.), Am Beispiel der ANR. Neonazismus in Österreich, Wien 1980.

Exenberger, Herbert, Norbert Burger und die Bundespräsidentenwahl 1980, in: Junge Generation in der SPÖ (Hrsg.), Von Hitler zu Burger. Zur Geschichte, Ideologie und Rechtssituation der NDP, Wien 1981, S. 15–21.

Frischenschlager, Friedhelm, Funktions- und Inhaltswandlungen von Parteiprogrammen am Beispiel der FPÖ-Programme, in: Österreichische Zeitschrift für Politikwissenschaft, 1978/2, S. 209–220.

Galanda, Brigitte, NDP und NSDAP, in: Junge Generation in der SPÖ (Hrsg.), Von Hitler zu Burger. Zur Geschichte, Ideologie und Rechtssituation der NDP, Wien 1981, S. 22–55.

Grischany, Thomas R., Die Positionierung der FPÖ in den Parteiprogrammen von 1956 bis heute, in: Bericht der Historikerkommission. Analysen und Materialien zur Geschichte des Dritten Lagers und der FPÖ, Wien 2019, S. 325–342.

Haider, Jörg, Die Freiheit, die ich meine, Frankfurt/M. 1993.

Holzer, Willibald I., Rechtsextremismus – Konturen und Definitionskomponenten eines politischen Begriffs, in: Dokumentationsarchiv des österreichischen Widerstandes (Hrsg.), Rechtsextremismus in Österreich nach 1945, Wien 1979, S. 11–97.

Holzer, Willibald I., Rechtsextremismus – Konturen, Definitionsmerkmale und Erklärungsansätze, in: Dokumentationsarchiv des österreichischen Widerstandes (Hrsg.), Handbuch des österreichischen Rechtsextremismus, 2. Aufl., Wien 1993, S. 11–96.

Junge Generation in der SPÖ (Hrsg.), Von Hitler zu Burger. Zur Geschichte, Ideologie und Rechtssituation der NDP, Wien 1981.

Kotanko, Christoph (Hrsg.), Die Qual der Wahl: die Programme der Parteien im Vergleich, Wien 1999.

Mally, Anton Karl, Nationsbegriff und FPÖ, in: Bericht der Historikerkommission. Analysen und Materialien zur Geschichte des Dritten Lagers und der FPÖ, Wien 2019, S. 345–350.

Pelinka, Anton/Wodak, Ruth, The Haider Phenomenon in Austria, London 2002.

Rathkolb, Oliver, NS-Problem und politische Restauration: Vorgeschichte und Etablierung des VdU, in: Sebastian Meissl/Klaus Dieter Mulley/Oliver Rathkolb (Hrsg.), Verdrängte Schuld, verfehlte Sühne: Entnazifizierung in Österreich 1945–1955, S. 73–99.

Reiter, Margit, Anton Reinthaller und die Anfänge der Freiheitlichen Partei Österreichs. Der politische Werdegang eines Nationalsozialisten und die „Ehemaligen" in der Zweiten Republik, Berlin 2018.

Reiter, Margit, Die Ehemaligen. Der Nationalsozialismus und die Anfänge der FPÖ, Göttingen 2019.

Sauer, Birgit/Penz, Otto, Konjunktur der Männlichkeit. Affektive Strategien der autoritären Rechten, Frankfurt/M. 2023.

Stögner, Karin, Angst vor dem „neuen Menschen". Zur Verschränkung von Antisemitismus, Antifeminismus und Nationalismus in der FPÖ, in: Stephan Grigat (Hrsg.), AfD & FPÖ. Antisemitismus, völkischer Nationalismus und Geschlechterbilder, Baden-Baden 2017, S. 137–161.

Weidinger, Bernhard, „Im nationalen Abwehrkampf der Grenzlanddeutschen". Akademische Burschenschaften und Politik in Österreich nach 1945, Wien 2015.

Weidinger, Bernhard, FPÖ und völkische Verbindungen. Symbiose mit Konfliktpotential, in: Europäische Rundschau, 2019/4, S. 33–36.

Weil das Land sich ändern muss! Auf dem Weg in die Dritte Republik, Wien: Freiheitliches Bildungswerk 1994.

Wodak, Ruth, Politik mit der Angst. Die schamlose Normalisierung rechtspopulistischer und rechtsextremer Diskurse, Wien–Hamburg 2020.

Wodak, Ruth/Rheindorf, Markus, „Austria first" revisited. A diachronic cross-sectional analysis of the body and gender politics of the extreme right, in: Patterns of Prejudice, Vol. 53, 2019, Issue 3, S. 302–320.

Debatte

Evrim Erşan Akkılıç

Postmigrantische Perspektive und transnationaler Ansatz in der Rechtsextremismusforschung

Im deutschsprachigen Raum gewinnt die Erforschung migrantischer Erscheinungsformen des Rechtsextremismus zunehmend an Bedeutung.[1] Die Beschäftigung mit dem Thema eröffnet eine Diskussion über Begrifflichkeiten und Theorien. In Deutschland wird der Begriff Rechtsextremismus aufgrund seiner Prägung und Verwendung durch den Verfassungsschutz kontrovers diskutiert.[2] Im Gegensatz dazu herrscht im österreichischen Kontext Konsens über die Rechtsextremismus-Definition des Historikers Willibald I. Holzer.[3] Eine Diskussion des Begriffs in Bezug auf migrantische Erscheinungsformen des Rechtsextremismus wurde jedoch weder in Deutschland noch in Österreich in einer größeren Intensität geführt. Dieser Beitrag stellt die diesbezüglichen Debatten und Ansätze vor und versucht einen Perspektivenwechsel in der Auseinandersetzung mit den Erscheinungsformen des migrantischen Rechtsextremismus vorzuschlagen. Das Thema wird am Beispiel der transnational vernetzten türkischen rechtsextremen Ülkücü-Bewegung (deutsch: Idealisten) – im deutschsprachigen Raum als „Graue Wölfe" bekannt – mit Fokus auf Österreich behandelt.

Das Symbol der rechtsextremen Bewegung ist „Bozkurt" (Grauer Wolf). Die Anhänger dieser Bewegung bezeichnen sich selbst als Ülkücü, während die weiblichen Anhängerinnen den Namen Asena[4] tragen. Beide Bezeichnungen sind auf eine mythologische Geschichte zurückzuführen, die in verschiedenen Versionen existiert und seit Anfang des 20. Jahrhunderts als national-türkische Legende erzählt wird. Die Gök-Türken (Himmelstürken) flüchteten vor Angriffen in das Tal Ergenekon, die Nachkommen entwickelten sich zu einer großen Nation und fanden mit Hilfe eines Wolfes bzw. einer Wölfin aus dem Tal heraus. Danach konnten sie ihre Feinde besiegen und gründe-

---

1 Emre Arslan, Der Mythos der Nation im Transnationalen Raum. Türkische Graue Wölfe in Deutschland, Wiesbaden 2009; Kemal Bozay, „... ich bin stolz, Türke zu sein!" Ethnisierung gesellschaftlicher Konflikte im Zeichen der Globalisierung, Frankfurt/M. 2005.

2 Ursula Birsl, Rechtsextremismusforschung reloaded – neue Erkenntnisse, neue Forschungsfelder und alte Forschungsdesiderate, in: Neue Politische Literatur 2016, H. 2, S. 251–276.

3 Bernhard Weidinger, Rechtsextremismusforschung in Österreich: Personen, Institutionen, Zugänge und Defizite. Ein (geraffter) Überblick, in: Forschungsgruppe Ideologien und Politiken der Ungleichheit (Hrsg.), Rechtsextremismus, Bd. 1: Entwicklungen und Analysen, Wien 2014, S. 18–39; Saskja Schindler/ Carina Altreiter/Michael Duncan/Jörg Flecker, Soziologische Forschung zu Rechtsextremismus in Österreich nach 1945, in: Andreas Kranebitter/Christoph Reinprecht (Hrsg.), Die Soziologie und der Nationalsozialismus in Österreich, Bielefeld 2019, S. 397–426.

4 Über die Rolle der Frauen in der Bewegung siehe Lena Wiese/Kemal Bozay, Ich bin stolz, Türkin zu sein!, in: Betrifft Mädchen 4/2018, S. 164–169.

Open Access. © 2024 Evrim Erşan Akkılıç, publiziert von De Gruyter. [CC BY-NC-ND] Dieses Werk ist lizenziert unter einer Creative Commons Namensnennung – Nicht-kommerziell – Keine Bearbeitung 4.0 International Lizenz.
https://doi.org/10.1515/9783111378411-012

ten eine neue Zivilisation. Die Wölfin hieß Asena, deshalb werden Frauen in dieser Bewegung als Asena bezeichnet.

Die Politikwissenschaftler Tanıl Bora und Kemal Can schreiben über die Benennung der Bewegung:

> Wie der deutsche Faschismus als Nationalsozialismus und der spanische Faschismus als Frankismus bezeichnet werden, verdient es auch die Ülkücü-Bewegung ihren eigenen Namen zugewiesen zu bekommen.[5]

Deshalb wird in diesem Beitrag anstelle von „Graue Wölfe", wie es im deutschsprachigen Kontext üblich ist, die Bezeichnung „Ülkücü-Bewegung" verwendet.

Die Besonderheit in einer postmigrantischen Gesellschaft

Das migrantische Subjekt, das sich in einer rechtsextremen Ideologie bewegt, stellt in Bezug auf intersektionale Verschränkungen ein komplexes Gebilde dar. Einerseits wird die Ungleichheit unter rassistisch geprägten Strukturen in kollektiven und individuellen Habitus und Gedächtnissen eingeschrieben. Andererseits werden Narrative der Überlegenheit und Unterwerfung des konstruierten „Anderen" in der Diaspora innerhalb der Gemeinschaft tradiert. Das migrantische Subjekt mit rechtsextremen Einstellungen wiederum wird in den hegemonialen Praktiken und Strukturen der Dominanzgesellschaft als „der Andere" bezeichnet und ist selbst Ziel – nicht nur, aber vor allem – rechtsextremer Gruppen. Die andere Komplexität betrifft die Positionierung bzw. Rolle der migrantischen rechtsextremen Gruppen innerhalb der Machtstrukturen und die Wirkung bzw. Reichweite ihres rechtsextremen Handelns innerhalb der Dominanzgesellschaft, das sich als Ohnmacht inmitten von Macht definieren lässt. Der Machtanspruch wird auf transnationale Orte wie eigene Vereine oder die eigene Community verlagert. Der Begriff „transnationale Orte" wird hier im Sinne von Nina Glick Schillers Definition von „transnational social fields"[6] verwendet. Hierbei handelt es sich um Netzwerke, die sich über die Grenzen der Nationalstaaten hinweg erstrecken. Es sei an dieser Stelle jedoch darauf hingewiesen, dass unter „transnationale Räume" nicht von nationalstaatlichen Regulierungen befreite Zonen zu verstehen sind. In diesen transnationalen Räumen spielen sowohl Politik, Gesetze und Regulierungen über

---

5 Tanıl Bora/Kemal Can, Devlet ve Kuzgun 1990'lardan 2000'lere MHP, Istanbul 1994, hier S. 45, übersetzt von Kemal Bozay (Kemal Bozay, Unter Wölfen?! Rechtsextreme und nationalistische Einstellungen unter Türkeistämmigen in Deutschland, in: Kemal Bozay/Dierk Borstel [Hrsg.], Ungleichwertigkeitsideologien in der Einwanderungsgesellschaft, Wiesbaden 2017, S. 165–186, hier S. 166).
6 Nina Glick Schiller, Transnational social fields and imperialism: Bringing a theory of power to Transnational Studies, in: Anthropological Theory 2005, Vol. 5, No. 4, S. 439–461, hier S. 442.

Migration in Österreich als auch in der Türkei eine Rolle. Genau diese Konstellation bedarf sowohl einer methodischen als auch einer theoretischen Auseinandersetzung der Forschung des migrantischen Rechtsextremismus. Aufgrund der Komplexität fand das Thema lange Zeit keine Berücksichtigung in der Forschung, obwohl die Ülkücü-Bewegung bereits in der ersten Phase der Migration aus der Türkei eigene Strukturen aufbaute, zunächst in Deutschland und später auch in anderen europäischen Ländern, in die türkeistämmige Gastarbeiter*innen migrierten. Zur Ausblendung des Themas sowohl in sozialwissenschaftlichen als auch in gesellschaftspolitischen Debatten trugen die Ignoranz der Behörden und der antifaschistischen Linken[7] gegenüber migrantischen rechtsextremen Gruppen und die Sorge, den dominanten rassistischen Diskurs zu verstärken, bei.[8] Ein anderer Grund dafür ist, dass in der Rassismuskritik Migrant*innen als Objekte, aber nicht als Subjekte des Rassismus wahrgenommen wurden.[9] Das führte dazu, dass die Perspektive der Betroffenen, die Angriffen vonseiten der Ülkücü-Bewegung ausgesetzt waren, wie Kurd*innen, Alevit*innen, Armenier*innen, türkeistämmige Aktivist*innen, nicht thematisiert wurde. Diese Tendenz hat sich geändert und es gibt vermehrt wissenschaftliche Publikationen und mediale Aufmerksamkeit[10] für rechtsextreme migrantische Gruppen.

Die Benennung der türkeistämmigen rechtsextremen Gruppen in der sozialwissenschaftlichen Literatur

In der deutschsprachigen sozialwissenschaftlichen Literatur wird die in der Diaspora transnational vernetzte Ülkücü-Bewegung unterschiedlich bezeichnet. Es kommen Begriffe wie „Ultranationalismus" oder „ethnischer Nationalismus" vor. Emre Arslan,

---

7 Als Grund für die Ignoranz der antifaschistischen Linken nennt Biskamp den fehlenden Kontakt zu linken Organisationen aus der Türkei. Floris Biskamp, Über den Umgang mit dem Extremismus der Anderen, in: Bundeskoordination Schule ohne Rassismus – Schule mit Courage (Hrsg.), Transnationaler Extremismus, Berlin 2018, S. 23–41, hier S. 30.

8 Monika Ortner schreibt dazu, wie die Forscher*innengruppe kritisiert wurde, einerseits weil sie als Nichtmigrant*innen zum Thema forschten, andererseits weil dadurch rassistische Vorurteile gegenüber Migrant*innen verstärkt würden. Martina Ortner, Heimatliebe, Nationalstolz und Rassismus – Einzelmeinungen oder Trend? Extrem rechte politische Weltanschauungen von Migrant_innen (in München), in: Kemal Bozay/Dierk Borstel (Hrsg.), Ungleichwertigkeitsideologien in der Einwanderungsgesellschaft, Wiesbaden 2017, S. 235–259, hier S. 235–236.

9 Kemal Bozay, Radikalisierung in der Migrationsgesellschaft – Wo liegen die Ursachen ethnisch-nationalistischer Mobilmachung?, 2018, blog.prif.org/2018/05/03/radikalisierung-in-der-migrationsgesellschaft-wo-liegen-die-ursachen-ethnisch-nationalistischer-mobilmachung/ [1.5.2024].

10 Die mediale Aufmerksamkeit kann zu einer verzerrten Darstellung des Themas führen, die rechtsextreme Milieus zu rassistischen Zwecken instrumentalisieren (können).

der über die Ülkücü-Bewegung in Deutschland geforscht hat, hält den Begriff des Ultranationalismus für die Diaspora-Bewegung für besser geeignet, da er erlaube, die
Gemeinsamkeiten zwischen den italienischen Faschisten, den deutschen Nationalsozialisten und der türkischen Ülkücü- Bewegung zu analysieren, ohne ihre Besonderheiten zu vernachlässigen. Seiner Meinung nach ist das die grundlegendste Gemeinsamkeit all dieser Bewegungen.[11] Auch Kemal Bozay argumentiert, dass der Ultranationalismus eine verbindende Gemeinsamkeit darstellt. Die Anwendung des Begriffs
Ultranationalismus auf die Ülkücü-Bewegung bedeutet laut Bozay jedoch nicht, dass
die Bewegung in ihrer Ideologie und Praxis nicht faschistisch oder rechtsextrem sei.[12]
Ein anderer Begriff, der auch in der Literatur zu finden ist, ist „ethnischer Nationalismus".[13] Der Begriff wurde wiederum von Bozay in Bezug auf die Ülkücü-Bewegung
verwendet. Dies kann jedoch leicht zu Verwirrung führen und hebt nicht die Merkmale hervor, die dieser rechtsextremen Ideologie inhärent sind. Die Gemeinsamkeiten
dieser Ideologien auf den „Ultranationalismus" bzw. „ethnischen Nationalismus" zu
reduzieren, vernachlässigt Merkmale von rechtsextremen Bewegungen, wie die Ge-
waltaffinität oder die paramilitärischen Organisationsstrukturen. Reyhan Şahin bezeichnet auch die Begriffe wie „Ultranationalismus" oder „türkischer Nationalismus"
als verharmlosend und schlägt die Verwendung präziserer Begriffe wie „türkische extreme Rechte oder konkrete Namen jeweiliger gemeinter Bewegungen, wie die der extrem rechten MHP, ‚Grauen Wölfe' oder *Ülkücüler*"[14], vor. Vielleicht gibt es deshalb
mehrere Bezeichnungen, weil die gängigen Definitionen von Rechtsextremismus
Schwierigkeiten oder Vorbehalte mit sich bringen und weil die Definitionen mit dem
spezifischen transnationalen und migrantischen Aspekt nicht kompatibel sind.

Thomas Rammerstorfer, der eine der ersten Publikationen zur Ülkücü-Bewegung
in Österreich verfasst hat, verwendet den Begriff Rechtsextremismus von Willibald
Holzer und listet die Merkmale auf, die auch bei der Ülkücü-Bewegung zu finden
sind.[15] Er erklärt jedoch nicht, warum eine Definition, die sich stark auf den autochthonen Rechtsextremismus konzentriert, auf eine Erscheinungsform des migrantischen Rechtsextremismus übertragbar ist. Bei der begrifflichen Auseinandersetzung
bildet im deutschsprachigen Raum der Beitrag von Andreas Peham und Thomas
Schmidinger im DÖW-Jahrbuch 2022 eine Ausnahme. Die Autoren beschäftigen sich in

---

11 Arslan, Der Mythos der Nation, S. 37.
12 Kemal Bozay, „Ich bin stolz, Türke zu sein!" Ursachen und Formen von extrem rechten Einstellungen unter türkeistämmigen Migrationsjugendlichen im Fokus der pädagogischen Herausforderungen,
in: Kemal Bozay/Reyhan Şahin (Hrsg.), Fokusheft (Extrem) Rechte Identitäten mit Türkeibezug. Nationalistische und (extrem) rechte Einstellungen und Bewegungen in der (post)migrantischen Gesellschaft
in Deutschland, Hamburg 2020, S. 30–49, hier S. 34–35.
13 Bozay „...ich bin stolz, Türke zu sein!", S. 9.
14 Reyhan Şahin, Türkische (extrem) rechte Bewegungen in Deutschland, in: Bozay/Şahin (Hrsg.), Fokusheft (Extrem) Rechte Identitäten mit Türkeibezug, S. 6–29, hier S. 15.
15 Thomas Rammerstorfer, Graue Wölfe: Türkische Rechtsextreme und ihr Einfluss in Deutschland
und Österreich, Münster 2008, S. 8–9.

diesem Artikel mit der Definition des Rechtsextremismus in postmigrantischen Gesellschaften. Sie erweitern den Rechtsextremismusbegriff von Holzer, der sich stark auf den klassischen, deutschnational orientierten Rechtsextremismus konzentriert, und versuchen andere Formen des politischen Extremismus zu erfassen, wie beispielsweise Rechtsextremismus aus anderen historischen und geografischen Kontexten oder religiös begründete Extremismen. Den Grund dafür sehen die Autoren darin, dass wir in einer postmigrantischen Gesellschaft leben, in der auch religiöse Vielfalt viel präsenter geworden ist. Dabei entwickeln sie ausgehend von Elementen und Merkmalen von Extremismus einen idealtypischen Begriff, der die Gemeinsamkeiten von unterschiedlichen Extremismusformen umfasst.[16]

Die Erweiterung des Begriffs in diesem Sinne ist ein wichtiger Schritt. Eine präzisere Definition von Rechtsextremismus für migrantische Rechtsextreme ist jedoch unerlässlich, die nicht nur die inhaltlichen und ideologischen Gemeinsamkeiten, sondern auch die strukturellen und institutionellen Unterschiede aufzeigt und die gesellschaftlichen Kontexte beachtet. Damit sind nicht die Rassismuserfahrungen, die migrantische Subjekte sowohl institutionell als auch im Alltag machen, gemeint. Es handelt sich hierbei um einen relevanten Faktor für den Zulauf zu rechtsextremen Vereinen. Der Aspekt, den ich hervorheben möchte, ist jedoch der Unterschied zwischen migrantischen und nicht-migrantischen Rechtsextremismen, der sich in der Verfügungsgewalt über Machtapparate sowie der Ein- und Ausschließung in öffentlichen Diskursen im jeweiligen Migrationskontext zeigt.

Im Zuge des Militärputsches 1980 wurden in der Türkei zahlreiche Anhänger der Ülkücü-Bewegung verhaftet. Der folgende Satz einer wichtigen Persönlichkeit aus dem MHP-Kader (Milliyetçi Hareket Partisi, Partei der Nationalistischen Bewegung) in seiner Verteidigung vor Gericht bringt die Position der MHP in der türkischen Politik sehr gut zum Ausdruck: „Wir mögen im Gefängnis sitzen, aber unsere Ideen sind an der Macht."[17] Genau diese Macht fehlt den Bewegungen in der Diaspora. Diese Absenz der Macht stellt sich insbesondere bei der Selbstpräsentation von Organisationen[18] der Ülkücü-Bewegung dar. Sie verleugnen nach außen die eigene Ideologie. In der Re-

---

16 Andreas Peham/Thomas Schmidinger, Was ist Extremismus? Versuch einer phänomenübergreifenden Definition, in: Christine Schindler/Wolfgang Schellenbacher (Hrsg.), Deloglert und ghettoisiert. Jüdinnen und Juden vor der Deportation, Jahrbuch des DÖW 2022, Wien 2022, S. 347–353.
17 Fatih Yaşlı, Antikomünizm, Ülkücü Hareket, Türkeş Türkiye ve Soğuk Savaş, Istanbul 2019, S. 404.
18 In Österreich agieren zwei Organisationen, die der Ideologie der Ülkücü-Bewegung zuzuordnen sind: der Verein „Dachorganisation türkischer Kultur- und Sportgemeinschaften in Österreich", bekannt als „Avusturya Türk Federasyon" (ATF), sowie die „Avusturya Türk Birliği" (ATB), die auch unter dem Namen „Avusturya Nizam-i Alem" (Weltordnung Österreich) bekannt ist. Während die ATF-Vereine der MHP (Partei der Nationalistischen Bewegung) nahestehen, sind die ATB-Vereine der BBP (Büyük Birlik Partisi, Große Einheitspartei) verbunden.

gel werden türkisch-nationalistische, extrem rechte Einstellungen nur in Anwesenheit von Gleichgesinnten sichtbar gemacht.[19]

Diese Zurückhaltung zeigt sich in vielen unterschiedlichen Konflikten. Hierzu aber können wir schon beobachten, dass es zwischen den Generationen einen ausschlaggebenden Unterschied gibt. Dies soll am Beispiel eines Vorfalls im Juni 2020 im Wiener Gemeindebezirk Favoriten erläutert werden. Eine Kundgebung von Kurd*innen gegen Gewalt an Frauen in der Türkei wurde angegriffen.[20] Die Aktivist*innen fanden Zuflucht im Lokal eines linken Vereins. Vor dem Lokal versammelten sich mehrheitlich junge Männer und es kam zur Eskalation. Dabei wurden viele Symbole und Parolen sowohl von türkeistämmigen Rechtsextremen als auch von islamistischen Bewegungen verwendet. Allerdings waren die Symbole der Grauen Wölfe dominant. Der MHP-nahe Verein, die Avusturya Türk Federasyon, distanzierte sich am nächsten Tag offiziell von diesen Ereignissen. In vielen TikTok-Videos waren ältere Männer zu sehen, die versuchten, die Jugendlichen zu beruhigen und nach Hause zu schicken. Dies lässt sich als Unterschied zwischen den Generationen interpretieren und findet seinen Ausdruck in einer postmigrantischen Gesellschaft. Mit der Terminologie der postmigrantischen Perspektive können wir sagen, dass wir es hier mit einer „postmigrantischen Generation"[21] zu tun haben, die selbst keine Migranten waren, aber über Migrationserfahrungen als persönliches Wissen und tradiertes Gedächtnis verfügen. Salopp gesagt, sind das die Jugendlichen, die die Türkei nur vom Urlaub kennen und ihre Wut in Österreich zeigen. Nach dem Vorfall in Favoriten kursierten in der Dominanzgesellschaft die üblichen hegemonialen Narrative wie „fehlende Integration", „Import von Konflikten in ihren Heimatländern nach Österreich", „Ablehnung unserer Werte". Auch die Unterstützung von Recep Tayyip Erdoğan und seiner Partei wird meist als fehlende Integration diskutiert. Obwohl es sich dabei um eine politische Ansicht und Ideologie handelt, werden die Migrant*innen in diesen Strukturen wiederum nicht als Subjekte wahrgenommen, die eine rechtsextreme Ansicht vertreten. Politische Identität wird den Migrant*innen abgesprochen.

---

19 Im aktuellen Nahost-Konflikt ist eine solche Entwicklung zu beobachten. Obwohl offizielle Facebook- und Instagram-Seiten der MHP-nahen ATF-Vereine zu diesem Thema keine Beiträge veröffentlicht haben, wurden auf privaten Accounts von Mitgliedern dieser Bewegung auf Türkisch antisemitische Inhalte gepostet, die mit ihrer Ideologie übereinstimmen. Siehe dazu: Neues von ganz rechts: Gazakrieg und „Graue Wölfe", www.doew.at/erkennen/rechtsextremismus/neues-von-ganz-rechts/archiv/dezember-2023/gazakrieg-und-graue-woelfe [23.3.2024].
20 Zu Beginn der Pandemie fanden Demonstrationen statt, um gegen die Gewalt gegen Frauen zu protestieren. Bei dieser Kundgebung wurde auf die Ermordung von drei kurdischen Aktivistinnen in Rojova, Syrien, hingewiesen. Bei der Kundgebung wurden rot-gelb-grüne Fahnen getragen, ähnlich den Fahnen der kurdischen Arbeiterpartei PKK (Partiya Karkerên Kurdistanê).
21 Florian Ohnmacht/Erol Yildiz, Postmigrantische Generation: Von der Hegemonie zur konvivialen Alltagspraxis, in: Christine Lubkoll/Eva Forrester/Timo Sestu (Hrsg.), Fremdheit, Integration, Vielfalt? Interdisziplinäre Perspektiven auf Migration und Gesellschaft, Paderborn 2021, S. 179–192.

Perspektivenwechsel durch postmigrantische und transnationale Ansätze

Ein Ansatz, der sich seit den 1990er Jahren in der Migrationsforschung entwickelt hat, ist der transnationale Ansatz. Peggy Levitt und Nina Glick Schiller, Pionier*innen dieses Ansatzes, erörtern dessen Notwendigkeit in der Migrationsforschung wie folgt:

> The lives of increasing numbers of individuals can no longer be understood by looking only at what goes on within national boundaries. Our analytical lens must necessarily broaden and deepen because migrants are often embedded in multi-layered, multi-sited transnational social fields, encompassing those who move and those who stay behind.[22]

Transnationalität wird weitgehend mit grenzüberschreitenden Netzwerken von Migrant*innen identifiziert. Phänomene wie den migrantischen Rechtsextremismus innerhalb der jeweiligen nationalstaatlichen Grenzen der so genannten Aufnahmegesellschaft zu diskutieren und die transnationalen Verbindungen der Migrant*innen außer Acht zu lassen, läuft auf die – auch in der österreichischen Integrationspolitik häufig zu beobachtende – Vereinfachung hinaus, es handle sich um ein aus dem Ausland importiertes Phänomen bzw. Problem. Um diese Argumentation zu überwinden, wird in antirassistischen Kreisen häufig argumentiert, es handle sich um ein Phänomen, das in Österreich auftrete, die Jugendlichen seien hier aufgewachsen und daher könne man nicht von einem Herkunftslandbezug sprechen. Demgegenüber würde die Berücksichtigung transnationaler Lebenswelten die Analyse aus dem Entweder-Oder-Schema befreien und die wechselseitigen Verflechtungen und Transformationen sichtbar machen. Auch wenn beispielsweise die Ülkücü-Bewegung ihre Wurzeln in der Türkei hat, weisen ihre Institutionalisierung und auch ihre Aktivitäten in der Diaspora auf Transformationen hin, die transnationale Lebenswelten von türkeistämmigen Migrant*innen bedingen.

Die „postmigrantische Perspektive" bietet eine gegenhegemoniale Alternative zu den alltäglichen, rassistischen und ethnisierenden Diskursen über Migration.[23] Migration als historische Normalität zu verstehen, Migrationsforschung als Gesellschaftsanalyse zu betreiben und die Perspektiven der postmigrantischen Generation in den Mittelpunkt zu stellen, bedeutet eine radikale Infragestellung des binären Denkens über Migrant*innen und Nicht-Migrant*innen, das nicht nur die etablierte Migrationsforschung, sondern auch andere Bereiche maßgeblich prägt. Einen methodischen Ansatz, der dieses binäre Denken überwindet, bietet analog der transnationale Ansatz:

---

22 Peggy Levitt/Nina Glick Schiller, Conceptualizing Simultaneity: A Transnational Social Field Perspective on Society, in: International Migration Review 2004, Vol. 38, No. 3, S. 1002–1039, hier S. 1003.
23 Ohnmacht/Yildiz, Postmigrantische Generation.

To develop a transnational framework for the study of migration, we need a methodology that allows us to move beyond the binaries, such as homeland/new land, citizen/noncitizen, migrant/ nonmigrant, and acculturation/cultural persistence, that have typified migration research in past.[24]

Die postmigrantische Perspektive und der transnationale Ansatz als analytische Konzepte sind in der Rechtsextremismusforschung, auch in kritischen Ansätzen, bisher noch nicht weit verbreitet. Dennoch bieten sie eine vielversprechende Möglichkeit, um die gegenwärtigen Prozesse und politischen Verstrickungen zu verstehen. Ein sehr wichtiger Beitrag von postmigrantischen Perspektiven in der Rechtsextremismusforschung läge beispielsweise darin, die Rechtsextremismen in der Migrationsgesellschaft nicht als Sondererscheinungen zu betrachten, sondern stets mitzuberücksichtigen.[25] Dafür ist es auch wichtig, Migrant*innen nicht nur als Objekte bzw. Betroffene von „autochthonem" Rechtsextremismus bzw. Rassismus zu konstruieren, sondern auch als Subjekte, die in diesem Bereich agieren – wenn auch mit anderen Machtstrukturen und Ressourcen.

Literaturverzeichnis

Arslan, Emre, Der Mythos der Nation im Transnationalen Raum. Türkische Graue Wölfe in Deutschland, Wiesbaden 2009.
Birsl, Ursula, Rechtsextremismusforschung reloaded – neue Erkenntnisse, neue Forschungsfelder und alte Forschungsdesiderate, in: Neue Politische Literatur 2016, H. 2, S. 251–276.
Biskamp, Floris, Über den Umgang mit dem Extremismus der Anderen, in: Bundeskoordination Schule ohne Rassismus – Schule mit Courage (Hrsg.), Transnationaler Extremismus, Berlin 2018, S. 23–41.
Bora, Tanıl Can, Kemal Devlet ve Kuzgun 1990'lardan 2000'lere MHP, Istanbul 1994.
Bozay, Kemal „....ich bin stolz, Türke zu sein!" Ethnisierung gesellschaftlicher Konflikte im Zeichen der Globalisierung, Frankfurt/M. 2005.
Bozay, Kemal, Unter Wölfen?! Rechtsextreme und nationalistische Einstellungen unter Türkeistämmigen in Deutschland, in: Kemal Bozay/Dierk Borstel (Hrsg.), Ungleichwertigkeitsideologien in der Einwanderungsgesellschaft, Wiesbaden 2017, S. 165–186.
Bozay, Kemal, „Ich bin stolz, Türke zu sein!" Ursachen und Formen von extrem rechten Einstellungen unter türkeistämmigen Migrationsjugendlichen im Fokus der pädagogischen Herausforderungen, in:

---

24 Levitt/Glick Schiller, Conceptualizing Simultaneity, S. 1012.
25 In Publikationen zum Rechtsextremismus wird, wenn nicht ausdrücklich darauf hingewiesen wird, nur auf die autochthonen Erscheinungsformen des Rechtsextremismus eingegangen. So wird z. B. im Artikel von Schindler/Altreiter/Duncan/Flecker über die soziologische Rechtsextremismusforschung in Österreich der migrantische Rechtsextremismus überhaupt nicht thematisiert. Auch in Artikeln über die Darstellung der Rechtsextremismusforschung in Deutschland (Birsl, Rechtsextremismusforschung reloaded) werden die migrantischen rechtsextremen Erscheinungsformen nicht thematisiert. Eine Ausnahme bildet hier der Beitrag von Bernhard Weidinger zur Rechtsextremismusforschung in Österreich (2014), der auf die Forschungslücke zum migrantischen Rechtsextremismus hinweist.

Kemal Bozay/Reyhan Şahin (Hrsg.), Fokusheft (Extrem) Rechte Identitäten mit Türkeibezug. Nationalistische und (extrem) rechte Einstellungen und Bewegungen in der (post)migrantischen Gesellschaft in Deutschland, Hamburg 2020, S. 30–49.

Bozay, Kemal, Radikalisierung in der Migrationsgesellschaft – Wo liegen die Ursachen ethnisch-nationalistischer Mobilmachung?, 2018, blog.prif.org/2018/05/03/radikalisierung-in-der-migrationsgesellschaft-wo-liegen-die-ursachen-ethnisch-nationalistischer-mobilmachung/ [1.5.2024].

Glick Schiller, Nina, Transnational social fields and imperialism: Bringing a theory of power to Transnational Studies, in: Anthropological Theory 2005, Vol. 5, No. 4, S. 439–461.

Levitt, Peggy/Glick Schiller, Nina, Conceptualizing Simultaneity: A Transnational Social Field Perspective on Society, in: International Migration Review 2004, Vol. 38, No. 3, S. 1002–1039.

Ohnmacht, Florian/Yildiz, Erol, Postmigrantische Generation: Von der Hegemonie zur konvivialen Alltagspraxis, in: Christine Lubkoll/Eva Forrester/Timo Sestu (Hrsg.), Fremdheit, Integration, Vielfalt? Interdisziplinäre Perspektiven auf Migration und Gesellschaft, Paderborn 2021, S. 179–192.

Ortner, Martina, Heimatliebe, Nationalstolz und Rassismus – Einzelmeinungen oder Trend? Extrem rechte politische Weltanschauungen von Migrant_innen (in München), in: Kemal Bozay/Dierk Borstel (Hrsg.), Ungleichwertigkeitsideologien in der Einwanderungsgesellschaft, Wiesbaden 2017, S. 235–259.

Peham, Andreas/Schmidinger, Thomas, Was ist Extremismus? Versuch einer phänomenübergreifenden Definition, in: Christine Schindler/Wolfgang Schellenbacher (Hrsg.), Delogiert und ghettoisiert. Jüdinnen und Juden vor der Deportation, Jahrbuch des DÖW 2022, Wien 2022, S. 347–353.

Şahin, Reyhan, Türkische (extrem) rechte Bewegungen in Deutschland, in: Kemal Bozay/Reyhan Şahin (Hrsg.), Fokusheft (Extrem) Rechte Identitäten mit Türkeibezug. Nationalistische und (extrem) rechte Einstellungen und Bewegungen in der (post)migrantischen Gesellschaft in Deutschland, Hamburg 2020, S. 6–29.

Rammerstorfer, Thomas, Graue Wölfe: Türkische Rechtsextreme und ihr Einfluss in Deutschland und Österreich, Münster 2018.

Schindler, Saskja/Altreiter, Carina/Duncan, Michael/Flecker, Jörg, Soziologische Forschung zu Rechtsextremismus in Österreich nach 1945, in: Andreas Kranebitter/Christoph Reinprecht (Hrsg.), Die Soziologie und der Nationalsozialismus in Österreich, Bielefeld 2019, S. 397–426.

Weidinger, Bernhard, Rechtsextremismusforschung in Österreich: Personen, Institutionen, Zugänge und Defizite. Ein (geraffter) Überblick, in: Forschungsgruppe Ideologien und Politiken der Ungleichheit (Hrsg.), Rechtsextremismus, Bd. 1: Entwicklungen und Analysen, Wien 2014, S. 18–39.

Wiese, Lena/Bozay, Kemal, Ich bin stolz, Türkin zu sein!, in: Betrifft Mädchen 4/2018, S. 164–169.

Yaşlı, Fatih, Antikomünizm, Ülkücü Hareket, Türkeş Türkiye ve Soğuk Savaş, Istanbul 2019.

Fiona Kalkstein

Zum uneinlösbaren Versprechen der Triebruhe. Wie faschistische Ideologien und Rechtsextremismus archaische Sehnsüchte berühren

Analytische Sozialpsychologie ist eine gesellschaftstheoretisch informierte Psychologie, die Aussagen über das Individuum, aber auch über die Gesellschaft trifft

Anfang des Jahres 2024 erschien in der Berliner *taz, die tageszeitung*[1] ein Artikel, der an den brutalen Anschlag der Gruppe Ludwig vor 40 Jahren in München erinnerte. Die Gruppe Ludwig bestand aus zwei jungen Männern, einem Deutschen und einem Italiener, und war vor allem für ihre Anschläge auf sexuell liberale Bars und Sexkinos sowie für ihre brutalen Morde an Menschen bekannt, die – wie Obdachlose, Drogenabhängige, Migrant*innen, Sexarbeiter*innen, queere Menschen oder progressive Gläubige – nicht in ihr Weltbild passten. Die meisten Anschläge verübten sie in Norditalien. Dabei gingen sie mit äußerster Brutalität vor, erschlugen ihre Opfer in einigen Fällen mit einem Hammer. In Bars warfen sie Brandsätze und versperrten Notausgänge.[2] Die beiden Täter erstachen, erschlugen oder verbrannten 15 Menschen – und sie hätten ihre Serie mit Gewissheit fortgesetzt, wären der letzte Anschlag nicht vereitelt und die beiden Täter nicht überführt worden.

Obwohl die Taten 40 Jahre und mehr zurückliegen, lässt sich an ihnen exemplarisch veranschaulichen, wie faschistische Ideologie die Enthemmung niederer Triebe legitimiert und gleichzeitig an archaische Sehnsüchte anknüpft. Die Taten der jungen Männer waren nicht nur grenzenlos grausam, wenn sie ihren Opfern nach ihrer Ermordung Kreuze ins Genick rammten, sie waren auch perfide, wenn sie ihre letzte Tat als Pierrots verkleidet auf einer Karnevalsveranstaltung begingen. Was können wir im Studium des Extrems lernen? Die Taten und der politisch-religiöse Wahn, so scheint es zunächst, hängen mit jenen aktuellen gesellschaftlichen Entwicklungen nicht zusammen, die wir mit Sorge beobachten. Aber die Täter waren keineswegs gesellschaftliche Außenseiter, sie stammten aus der gehobenen Mittelschicht, beide waren Vorzeigeschüler, einer der beiden war zum Zeitpunkt, als die Taten aufgedeckt wurden, promovierter Mathematiker, der andere promovierte gerade in Chemie. Sie lebten zwar zurückgezogen, aber in der Mitte der Gesellschaft. Psychoanalytisch betrachtet, zeigt sich im Extrem nur der Normalfall besonders deutlich. Freud wurde

1 Sibylle Hunglinger, Gedenken an Corinna Tartarotti: Der vergessene Anschlag, in: Taz, 6.1.2024, taz. de/Gedenken-an-Corinna-Tartarotti/!5981320/ [30.1.2024].
2 Erwin Brunner, Die Gnadenlosen, in: Die Zeit, 5.12.1986, www.zeit.de/1986/50/die-gnadenlosen [30.1.2024].

∂ Open Access. © 2024 Fiona Kalkstein, publiziert von De Gruyter. (CC) BY-NC-ND Dieses Werk ist lizenziert unter einer Creative Commons Namensnennung – Nicht-kommerziell – Keine Bearbeitung 4.0 International Lizenz.
https://doi.org/10.1515/9783111378411-013

nicht müde, dies zu betonen:[3] In der Neurose erscheint lediglich der Extremfall universeller psychischer Konflikte; am Studium derselben lässt sich die konflikthafte Funktionsweise auch des normalen Seelenlebens verstehen. Auf unseren Gegenstand übertragen bedeutet dies: Über das Studium des politisch-religiösen Fundamentalismus, des Faschismus par excellence, des Extremen, können wir etwas Allgemeines über gesellschaftliche Konflikte und ihre Widersprüche verstehen. Es ist der Gesellschaft nicht äußerlich, sondern lediglich ein besonders sichtbarer Teil ihrer Widersprüche.

Konflikte gehören zu einer „normalen" Psyche genauso wie zu einer pluralen, demokratischen Gesellschaft dazu. Aber an welchen Punkten eskalieren sie, werden sie „pathologisch"? Der Massenwahn ist eine Möglichkeit, der individuellen Neurose zu entkommen.[4] Denn die faschistischen Täter*innen leben in der Regel nicht in einem individuellen, in einem psychotischen Wahn. Sie sind in der Lage, ihre Ideen und Überzeugungen verständlich zu vermitteln. Die Täter haben den interindividuellen Verständigungsrahmen keineswegs aufgegeben. Vielmehr handeln sie im Sinne einer wahnhaften, aber politisch-ideologischen Schablone aus Faschismus, Rechtsextremismus oder religiösem Fundamentalismus. In obigem Fall haben sie Bekennerschreiben hinterlassen. Diese waren mit Hakenkreuzen und Runen versehen, trugen also Symbole aus der faschistischen Mythologie, doch die moralische Begründung ihrer Taten verwies auf religiösen Wahn und auf Allmachtsphantasien. Dort stehen, laut Spiegel, Sätze wie „Unser Glaube ist Nazismus. Unsere Gerechtigkeit der Tod. Unsere Demokratie ist Ausrottung."[5] Nach dem Mord an einem Geistlichen schrieben sie: „Die Macht Ludwigs hat keine Grenzen." Der Kern menschenfeindlicher und menschenverachtender Ideologien liegt im Willen auszusortieren, zu vernichten, zu bereinigen. In der Allmacht, über Leben und Tod zu entscheiden. Er liegt im Wahn der Gruppe, im Fetisch der Purifikation und im Hass gegen alle, die diesen Wahn stören.

Alle Abkehr von der Realität aber erfüllt psychische Bedürfnisse. Die Attraktivität rechtsextremer Ideologien – also ihre Massenbasis – findet ihren Ursprung in kollektiv unverstandenen und intergenerational weitergegebenen archaischen Sehnsüchten, in der nicht entwickelten Fähigkeit, den eigenen Mangel, die eigene Begrenztheit zu ertragen, sowie in der Sehnsucht nach Triebruhe, nämlich der real nicht gegebenen Möglichkeit, alles Störende beseitigen zu können und dauerhaft zur Ruhe zu kommen. Diese Sehnsüchte sind keineswegs so randständig, wie es erscheinen mag. „Hass" ist

---

3 Sigmund Freud, Das Ich und das Es (1923), in: Gesammelte Werke, Bd. 13, Frankfurt/M. 2010, S. 237–314.

4 Sigmund Freud, Totem und Tabu (1940), in: Gesammelte Werke, Bd. 9, Frankfurt/M. 2010; Markus Brunner, Vom Ressentiment zum Massenwahn. Eine Einführung in die Sozialpsychologie des Antisemitismus und die Grenzen psychoanalytischer Erkenntnis, in: Charlotte Busch/Martin Gehrlein/Tom David Uhlig (Hrsg.), Schiefheilungen: Zeitgenössische Betrachtungen über Antisemitismus, Wiesbaden 2016, S. 13–35.

5 „Einige schlug er mitten entzwei", Der Spiegel, 26/1984, www.spiegel.de/politik/einige-schlug-er-mitten-entzwei-a-5705fea9-0002-0001-0000-000013509386?context=issue [30.1.2024].

eine archaische Empfindung, denn schon das Baby hasst, um sich gegen unliebsame Reize zu schützen. Er ist zunächst „Reizschutz".[6] Es ist entsprechend ein Entwicklungsschritt, innere Spannungen auszuhalten, unliebsame Reize, unbefriedigte Bedürfnisse und dazugehörige Affekte aushalten zu lernen. Hass ist Drang, das Objekt real zu beschädigen oder gar zu vernichten, welches die schwer erträglichen Gefühle – real oder auch nur vermeintlich – auslöst.[7] Er kann in reale Gewalt umschlagen. Aber: Die entstandene Befriedigung bzw. (Trieb-)Ruhe ist nie dauerhaft, sondern immer nur temporär zu haben.

Wenn das Individuum nicht verschwinden soll, nicht vollkommen identisch werden soll mit den Anforderungen der Gesellschaft, muss zwischen ihm und der Gesellschaft eine Spannung bleiben. Die Spannung zwischen Individuum und Gesellschaft allerdings könnte viel kleiner sein (und für einige wenige sehr viel größer), wäre der notwendige Verzicht auf allen Schultern gleich verteilt. Eine vernünftige Gesellschaft verlangt ihren Mitgliedern nicht mehr Triebunterdrückung ab, als zu ihrer Reproduktion nötig.

„Wer aber vom Kapitalismus nicht reden will, sollte auch vom Faschismus schweigen", schrieb Max Horkheimer 1939.[8] Und er verwies somit darauf, dass es einen Zusammenhang gibt zwischen beidem und dieser zu beleuchten wäre. Es kann in jedem Fall nicht schaden. Denn auch derzeit drängt sich der Eindruck auf, dass der Kapitalismus in einer veritablen Krise steckt. Nicht nur die Zeitschrift „Z. – Zeitschrift für marxistische Erneuerung" hat ihre Dezember-Ausgabe 2023 „Multiple Krise" genannt.[9] Das mag womöglich zu weit hergeholt wirken, schließlich halten Marxist*innen Krise und Kapitalismus für zwingend zusammenhängend, die Krise geht aus dem Kapitalismus hervor und kehrt periodisch in ihm wieder, bis sie ihn irgendwann abschafft. Tatsächlich wäre die „Z." also nicht ausschlaggebend für meine Argumentation, hörten wir sie nicht überall derzeit: Klimakrise – Ampelkrise – Gaskrise. Haushaltskrise USA – Haushaltskrise BRD. Inflationskrise, Nahost-Krise und Ukraine-Krise. Kita-Krise, Wohnungsmarktkrise und seit neuestem auch: Bauern-Krise. Man muss also keineswegs Marxistin sein, damit sich einer die Frage aufdrängt, ob diese vielen Krisen nicht womöglich doch Ausdruck von etwas Größerem sind, welches in die Krise geraten ist.

Die Krise ist ein Zustand, in dem „das Alte stirbt und das Neue noch nicht zur Welt kommen kann".[10] Migration, Klimawandel, Wohnungsmarkt, Landwirtschaft, Arbeitsmarkt, die immer weiterwachsende Schere zwischen Arm und Reich – all das lässt sich in der neoliberalen Akkumulationslogik vom schlanken Staat, deregulierten

---

6 Sigmund Freud, Triebe und Triebschicksale (1915), in: Gesammelte Werke, Bd. 10, Frankfurt/M. 2010, S. 209–232, hier S. 226 ff.

7 Ralf Pohl, Feindbild Frau. Männliche Sexualität, Gewalt und die Abwehr des Weiblichen, 2. Aufl., Hannover 2019.

8 Max Horkheimer, Die Juden und Europa, in: Zeitschrift für Sozialforschung, 1939/8 (1/2), S. 115–137.

9 Z. – Zeitschrift für marxistische Erneuerung, 2023/136 (4).

10 Antonio Gramsci, Gefängnishefte, Bd. 2, Hamburg 1992, S. 354.

Markt und Privatisierung nicht lösen. Womöglich haben wir es mit einer handfesten Krise des Neoliberalismus zu tun.[11] Die ungelösten Probleme aber werden immer mehr zur Quelle nicht nur gesellschaftlicher, sondern auch individueller Spannungen, das Bedürfnis nach ihrer Beseitigung steigt. Die moderne Kultur verlangt uns Triebverzicht oder die Herausforderung der Triebumwandlung ab. Dadurch ist das Verhältnis zu ihr ambivalent. In Krisenzeiten aber kann das Verhältnis zur modernen Gesellschaft kippen, sie wird Quelle von Spannungszuständen, indem sie alte Konflikte reaktiviert. In diesem Klima hat der Faschismus leichtes Spiel. Sein Versprechen lautet: Beseitigung durch Vernichtung. Das Bestehende muss bereinigt werden, damit das Neue entstehen kann.[12] Der neue Mensch ist vollkommen selbstbeherrscht und allmächtig, das Störende wird immer aufs Neue vernichtet. Dies hat sich historisch im Kleinen (die Gruppe Ludwig ist nur eines von vielen Beispielen, aktuell wären mindestens noch das Attentat von Hanau und die Morde des NSU hinzuzufügen) wie im Großen (Nationalsozialismus) gezeigt. Dass das Versprechen der Triebruhe uneinlösbar ist, darüber wäre im Sinne emanzipatorischer Vernunft aufzuklären, es geht darum, Menschen zu befähigen, Ambivalenzen und innere Spannungen auszuhalten. Aber genauso benötigt es auf demokratischer Seite den Mut, die Krise des Neoliberalismus als solche zu benennen und neue, auch ökonomisch demokratische Wege zu gehen, um die derzeitigen Probleme zu lösen. Dazu gehört auch das Problem des Rechtsextremismus.

Literaturverzeichnis

Brunner, Markus, Vom Ressentiment zum Massenwahn Eine Einführung in die Sozialpsychologie des Antisemitismus und die Grenzen psychoanalytischer Erkenntnis, in: Charlotte Busch/Martin Gehrlein/Tom David Uhlig (Hrsg.), Schiefheilungen: Zeitgenössische Betrachtungen über Antisemitismus, Wiesbaden 2016, S. 13–35.

Feldmann, Dominik, Multiple Krisen? Begriff, Konzept, Aktualität, in: Z. – Zeitschrift für marxistische Erneuerung, 2023/136 (4), S. 19–27.

Freud, Sigmund, Triebe und Triebschicksale (1915), in: Gesammelte Werke, Bd. 10, Frankfurt/M. 2010.

Freud, Sigmund, Das Ich und das Es (1923), in: Gesammelte Werke, Bd. 13, Frankfurt/M. 2010.

Freud, Sigmund, Totem und Tabu (1940), in: Gesammelte Werke, Bd. 9, Frankfurt/M. 2010.

Gramsci, Antonio, Gefängnishefte, Bd. 2, Hamburg 1992.

Griffin, Roger, Völkischer Nationalismus als Wegbereiter und Fortsetzer des Faschismus: Ein angelsächsischer Blick auf ein nicht nur deutsches Phänomen, in: Heiko Kauffmann/Helmut Kellershohn/Jobst

---

11 Dominik Feldmann, Multiple Krisen? Begriff, Konzept, Aktualität, in: Z. – Zeitschrift für marxistische Erneuerung, 2023/136 (4), S. 19–27.

12 Roger Griffin, Völkischer Nationalismus als Wegbereiter und Fortsetzer des Faschismus: Ein angelsächsischer Blick auf ein nicht nur deutsches Phänomen, in: Heiko Kauffmann/Helmut Kellershohn/Jobst Paul (Hrsg.), Völkische Bande. Dekadenz und Wiedergeburt – Analysen rechter Ideologie, Münster 2005, S. 20–48.

Paul (Hrsg.), Völkische Bande. Dekadenz und Wiedergeburt – Analysen rechter Ideologie, Münster 2005, S. 20–48.

Horkheimer, Max, Die Juden und Europa, in: Zeitschrift für Sozialforschung, 1939/8 (1/2), S. 115–137.

Pohl, Ralf, Feindbild Frau. Männliche Sexualität, Gewalt und die Abwehr des Weiblichen, 2. Aufl., Hannover 2019.

Christine Schindler

Weichenstellungen. Das Dokumentationsarchiv des österreichischen Widerstandes 2023

Das DÖW ist Bibliothek und Archiv, Museum, Forschungsstätte und Beratungsstelle, Erinnerungs- und Begegnungsort. 2023 arbeiteten 27 Angestellte – Wissenschafter*innen, administratives Personal, Vermittler*innen – in unterschiedlichem Beschäftigungsausmaß und -verhältnis im DÖW. Sechs junge Männer leisten jährlich ihren Zivildienst im DÖW ab. Zehn Kolleg*innen sind nach ihrem Berufsleben ehrenamtlich im und für das DÖW tätig. Knapp 70.000 Akteneinheiten zu mehr als 215.000 Personen sind elektronisch erschlossen. Die Namen von 64.564 Holocaustopfern und insgesamt 78.675 NS-Opfern aus Österreich sind auf www.doew.at abrufbar. 10.000 telefonische und schriftliche Anfragen aus aller Welt erreichen das DÖW jährlich, 200.000 Zugriffe verzeichneten die Websites 2023. 280 Personen recherchierten 2023 vor Ort in den Archiv-Beständen des DÖW, mehr als 950 Besuche im Archiv wurden erfasst. 14.150 Menschen besuchten die Ausstellungen, 340 Vermittlungsformate wurden in den DÖW-Räumen durchgeführt. Hinzu kommen Vorträge und Workshops, Diskussionen und Interviews, die Mitarbeiter*innen an Schulen und Universitäten, bei diplomatischen Vertretungen, Organisationen der Zivilgesellschaft und in den Medien durchführen.

Abb. 1: Wissenschaftlicher Leiter Andreas Kranebitter überreicht Bundespräsident Alexander Van der Bellen die neuesten Publikationen des DÖW, Hofburg, 10. Juli 2023. © HBF/Carina Karlovits.

Open Access. © 2024 Christine Schindler, publiziert von De Gruyter. [CC BY-NC-ND] Dieses Werk ist lizenziert unter einer Creative Commons Namensnennung – Nicht-kommerziell – Keine Bearbeitung 4.0 International Lizenz.
https://doi.org/10.1515/9783111378411-014

2023 wurden wesentliche Weichen für die Zukunft des DÖW gestellt: Der Soziologe und Politikwissenschafter Andreas Kranebitter hatte sich in einer internationalen Ausschreibung um die Leitungsposition durchgesetzt und wurde im April 2023 offiziell als Geschäftsführender Wissenschaftlicher Leiter installiert. Der ehemalige Leiter Gerhard Baumgartner wurde im August 2023 mit einer Veranstaltung gebührend verabschiedet.

Kranebitter startete 2023 in die zentralen Vorarbeiten für die Übersiedlung des Instituts in den geschichtsträchtigen Pavillon 15 auf dem Otto-Wagner-Areal. Diese Vorarbeiten wurden von den Verantwortlichen und Beteiligten – insbesondere Stadt Wien (MA 7), Republik Österreich (BMBWF), Wiener Standortentwicklung (WSE) und DÖW-Gremien – entscheidend vorangebracht. Damit ist auch die angemessene Nutzung dieses Gebäudes sichergestellt, in dem vor über 80 Jahren im Zuge der NS-Euthanasie Kinder und Jugendliche systematisch gequält und ermordet worden waren. Diese Übersiedlung ist für die Sicherung der Bestände, für angemessene Arbeitsmöglichkeiten von Recherchierenden und Mitarbeiter*innen, für einen zeitgemäßen Ausstellungs- und Veranstaltungsbetrieb unerlässlich.

Ende 2023 haben die Stadt Wien und das Bundesministerium für Bildung, Wissenschaft und Forschung beschlossen, die jährlichen Stiftungsbeiträge auf je 855.000,- Euro aufzustocken. Damit wurden die außerordentlichen Inflationskosten abgefedert und die wesentlichen Tätigkeiten des DÖW gesichert: Archiv-, Bibliotheks- und Museumsbetrieb, Forschungsmanagement und Vermittlungsaufgaben. Wichtige Bereiche wie die Öffentlichkeitsarbeit und die Forschung zu Antisemitismus und Rechtsextremismus können ausgebaut werden. Kultur- und Wissenschaftsstadträtin der Stadt Wien Veronica Kaup-Hasler und Bundesminister für Bildung, Wissenschaft und Forschung Martin Polaschek definierten diese Aufstockung auch als Anerkennung für das DÖW als Ort der Erinnerung und Forschung, aber auch als Verteidiger von Demokratie und Menschenrechten.

Die Erweiterung der Forschung und Dokumentation im Bereich Antisemitismus und Rechtsextremismus, insbesondere zu nicht-autochthonen Rechtsextremismen, hatte mit Unterstützung des Wissenschaftsministeriums 2022 begonnen. Dieser Schwerpunkt hat durch den Terrorangriff der Hamas auf Israel am 7. Oktober 2023 und den Krieg in Gaza eine Brisanz erhalten, die sich im Internet, aber auch in Schulklassen, an den Universitäten, in Kultureinrichtungen und auf den Straßen manifestiert.

In konkrete Umsetzungsplanung wurde die Transformierung der umfangreichen Archivbestände in eine zeitgemäße Datenbank gebracht, die Durchführung erfolgt ab 2024/25. Die Digitalisierung der Bestände wird – zusätzlich im Zuge von Förderungen durch die EU und das BMKOES – beständig vorangebracht.

2023 beging das DÖW sein 60. Gründungsjubiläum. Der Festakt fand am 10. Januar im Wiener Rathaus im Beisein von Bundespräsident Alexander Van der Bellen, Bürgermeister Michael Ludwig, Wissenschaftsminister Martin Polaschek, Stadträtin Veronica Kaup-Hasler, der Festrednerin Margit Reiter und vielen weiteren Vertreter*innen aus Politik, Wissenschaft und Zivilgesellschaft statt. Die darauf folgenden zwei Tage im Stadtkino des Wiener Künstlerhauses waren dem Symposium zum Thema „Widerstände. Impulse für die Widerstandsforschung" gewidmet, dessen Beiträge in das Jahrbuch des DÖW 2024 mündeten. Manuel Obermeier führte beim Dokumentarfilm „Immer wachsam sein" (Pammer Film / ORF III) Regie, der die Geschichte des DÖW von seinen bescheidenen Anfängen bis zum vielfältigen Aufgabengebiet heute skizziert.

Forschungen

- Österreich 1933–1938: Februarkämpfe 1934, Widerstand und Verfolgung, Opfer von terroristischen Anschlägen der NSDAP
- Verfolgungs- und Vernichtungspolitik
- Widerstand und politische Repression (aller politischen Lager und jeder Motivation) 1938–1945
- Namentliche Erfassung der österreichischen Opfer politischer Verfolgung 1938–1945
- Namentliche Erfassung der österreichischen Holocaustopfer
- Verfolgung und Widerstand von Jüdinnen*Juden, Rom*nja und Sinti*zze, als „asozial" oder „kriminell" Stigmatisierten, Homosexuellen, Kärntner Slowen*innen
- Flucht, Vertreibung und Exil 1933–1938, 1938–1945 und Auswirkungen nach 1945
- NS-Justiz
- NS-Medizin und Euthanasieverbrechen
- Restitution und Entschädigung der NS-Opfer
- Erinnerungskultur und Vergangenheitspolitik
- Entnazifizierung und Nachkriegsjustiz in Österreich und im internationalen Kontext
- Rechtsextremismus, Neonazismus, Antisemitismus, Rassismus nach 1945

Wissenschaftlicher Leiter Andreas Kranebitter veröffentlichte 2024 als ein Ergebnis jahrelanger Forschungen die Monografie zu den „kriminellen" Häftlingen in Mauthausen: ***Die Konstruktion von Kriminellen. Die Inhaftierung von „Berufsverbrechern" im KZ Mauthausen***, Wien: new academic press 2024 [= Mauthausen-Studien, Bd. 17]. Der Band geht den Biografien von 885 österreichischen „Berufsverbrechern" des KZ Mauthausen nach, wer sie waren und warum und auf welcher Grundlage sie verfolgt wurden. Ebenso werden die Geschichte der Kriminalpolitik in Österreich und das Weiterleben der Stigmatisierungen nach 1945 ausführlich beleuchtet. Am 12. Juni 2024 beschloss der österreichische Nationalrat nach einem Initiativantrag von ÖVP, SPÖ und Grünen eine Novellierung des Opferfürsorgegesetzes: Gestrichen wurde die Bedingung, dass Antragstellende keine Vorstrafen haben dürfen. Dies hatte die als „Berufsverbrecher" und die meisten der als „Asoziale" Verfolgten als NS-Opfer von vornherein ausgeschlossen. Diese Änderung betrifft zwar nicht mehr die mittlerweile verstorbenen Opfer, wohl aber ihre Familien und Nachkommen. Gemeinsam mit dem Haus der Geschichte Österreich bringt das DÖW 2027/28 die Ausstellung „Die Verleugneten" nach Österreich, die gerade von der Stiftung Denkmal für die ermordeten Juden Europas und der KZ-Gedenkstätte Flossenbürg entwickelt wird.

Andere Schwerpunkte des Wissenschaftlichen Leiters sind Forschungen zu Widerstand und Verfolgung 1938–1945, zu nationalsozialistischen Konzentrationslagern, zum Umgang der Republik Österreich mit der NS-Vergangenheit und zur Geschichte der Soziologie.

Andreas Kranebitter ist viel gefragter Interview- und Gesprächspartner und in zahlreichen Beratungsgremien tätig. Er ist Vorstandsmitglied im Wiener Wiesenthal Institut für Holocaust-Studien, Mitglied der österreichischen Delegation zur International Holocaust Remembrance Association (IHRA), Mitglied des Wissenschaftlichen Beirats des Theodor Körner Fonds im Bereich der Geistes- und Kulturwissenschaften, Mitglied des Nationalen Forums gegen Antisemitismus (NFA) des Bundeskanzleramts der Republik Österreich, Editor der Zeitschrift Serendipities. Journal for the Sociology and History of the Social Sciences (tidsskrift.dk/Serendipities) und Editorial-Board-Member der Zeitschrift coMMents. Chronicle of the Mauthausen Memorial: Current Studies.

Abb. 2: DÖW-Leiter Andreas Kranebitter ist Mitglied des Wissenschaftlichen Beirats des Theodor Körner Fonds. Er hielt die Festrede bei der Verleihung der Theodor Körner Preise 2023, 13. Juni 2024. © Theodor Körner Fonds/Christopher Glanzl.

Jahrzehnte hat das DÖW an der Recherche und Aufbereitung der **Namen der österreichischen Holocaustopfer** gearbeitet. Diese Datenbanken werden laufend von Wolfgang Schellenbacher aktualisiert und listen auch auf www.doew.at die Opfer des NS-Regimes auf, geben ihnen einen Namen und sind Grundlage aller größeren Gedenkinitiativen und Projekte zu den österreichischen Opfern – auch der Shoah-Namensmauern-Gedenkstätte im Ostarrichipark im 9. Wiener Gemeindebezirk. Forschenden bieten sie eine unkomplizierte Recherche- und Überprüfungsmöglichkeit. Jährlich werden Dutzende, manchmal sogar Hunderte Opfernamen hinzugefügt. Sie werden im Zuge eigener Forschungsprojekte recherchiert oder von Angehörigen und Nachkommen sowie engagierten Wissenschafter*innen und befreundeten Institutionen aus aller Welt gemeldet. Mindestens 110.000 Österreicher und Österreicherinnen waren durch die Nationalsozialisten ums Leben gekommen. Aktuell sind die Namen von 64.564 Holocaustopfern und insgesamt 78.675 NS-Opfern aus Österreich auf www. doew.at abrufbar. Hintergrundinformationen und vor allem Daten zu Überlebenden können im DÖW selbst recherchiert werden. Die Daten werden laufend ergänzt und überprüft und bieten die wissenschaftlich fundierte, seriöse Grundlage für Gedenkprojekte, die Opfer aus Österreich betreffen: Opfer rassistischer und politischer Verfolgung, der NS-Medizinverbrechen, Widerstandskämpfer*innen aller politischen Lager, Frauen, Männer und Kinder, Alte und Junge, Hingerichtete, in den Lagern Umgekommene, Ermordete, Verschollene, Geflohene – sie alle finden ihren Platz in der Erinnerung des DÖW.

Das DÖW wird häufig bei der Errichtung von Gedenktafeln oder Straßenbenennungen für Opfer der NS-Verfolgung und Widerstandskämpfer*innen zugezogen. Seit Jahren arbeitet das DÖW mit den Vereinen „Steine der Erinnerung" und „Steine des Gedenkens" zusammen. Das DÖW unterstützt die Initiative „Zukunft braucht Erinnerung. Für eine lebendige Erinnerungskultur in der Steiermark". Gemeinden, aber auch Einzelpersonen hinterfragen Kriegerdenkmäler und mögliche NS-Bezüge von vorhandenen Verkehrsflächenbenennungen. Anfragen erreichen das DÖW aus ganz Österreich, so 2023 u. a. aus bzw. zu Allentsgeschwendt, Amstetten, Mönichkirchen, Mürzzuschlag, Weyer und aus verschiedenen Wiener Bezirken. Viele Schulen und Gemeinden forschten in den letzten Jahren nach ehemaligen vertriebenen und ermordeten Schüler*innen, Lehrer*innen, Bewohner*innen und recherchierten Aspekte der NS-Geschichte, 2023 das BRG 14 zum Thema „Eugenik"; das BG/BRH Lichtenfels, Graz, und die Schule KunstModeDesign Herbststraße (1160 Wien) zu ehemaligen jüdischen Schüler*innen und Lehrer*innen. Mit Unterstützung des DÖW suchen sie die Namen der Verfolgten, spüren ihren Schicksalen nach, errichten Gedenktafeln.

Täglich erreichen das DÖW Anfragen von Nachfahr*innen, aber auch Auskunftsersuchen von Ämtern, z. B. im Zusammenhang mit dem Erwerb der österreichischen Staatsbürgerschaft gemäß § 58c StbG, also für Personen, die selbst Verfolgung erlitten haben, bzw. für deren Nachkommen, ohne dass sie dafür ihre bisherige Staatsangehörigkeit aufgeben müssen. Vor allem Forschende, Einzelpersonen wie Institutionen, suchen die Kooperation mit dem DÖW. 2023 wurde eine Zusammenarbeit mit der *Fund-*

acja Ochrony Pamięci Obozu Zagłady w Treblince (Stiftung zur Bewahrung der Erinnerung an das Vernichtungslager Treblinka) für ein **Gedenkbuch für die in Treblinka Ermordeten** vereinbart. Im Vernichtungslager Treblinka wurden 900.000 Personen – vor allem Jüdinnen und Juden, aber auch Rom*nja und Sinti*zze – umgebracht, darunter Tausende Menschen aus Österreich.

Wesentliches Recherche- wie auch Vermittlungstool ist die Website www.memen to.wien. Das gemeinsam mit der Firma Braintrust von Wolfgang Schellenbacher erarbeitete Online-Tool, das Informationen zu den Opfern der NS-Diktatur in Wien bietet, macht über einen Stadtplan die letzten Wohnadressen von Opfern sowie eine Reihe von Archivdokumenten und Fotos zu Personen und Gebäuden in der Stadt sichtbar. Es kann auch auf Smartphones und Tablets genutzt werden. Memento Wien verweist aktuell auf mehr als 54.000 Ermordete in und aus Wien, verortet sind auch 140 Einrichtungen des NS-Terrors und andere thematisch wesentliche Institutionen. 2023 haben die Bezirke Brigittenau und Döbling eine Finanzierung zugesagt. Rund 9.000 Einzelbesucher*innen haben 2023 diese Seite genutzt. Das Tool eignet sich für unabhängige ebenso wie für geführte Stadtrundgänge, die auch Wolfgang Schellenbacher immer wieder mit interessierten Gruppen unternimmt.

Schellenbacher führt 2023/24 das Projekt **Jüdisches Leben vor der Delogierung. Die Erfassung der Wohnadressen von Shoah-Opfern im Raum Niederösterreich und Wien** durch, das vom Bundesministerium für Soziales, Gesundheit, Pflege und Konsumentenschutz gefördert wird. Ziel des Projektes ist die Erfassung der Wohnadressen der jüdischen Bevölkerung zum Zeitpunkt des „Anschlusses" im März 1938 im Raum Niederösterreich/Wien und ein Abgleich mit den Opferdatenbanken des DÖW.

Patrick Dumont, Nevada, hat dem DÖW einen namhaften Betrag gespendet. Mit diesem Geld wird ein **Handbuch zur Shoah in Österreich** finanziert, das Andreas Kranebitter, Wolfgang Schellenbacher und Linda Erker erstellen. Die Publikation soll einen Überblick über die Geschichte der Shoah in Österreich samt Zahlen und Fakten zu den 66.000 österreichischen Holocaustopfern geben. Die Ergebnisse werden sowohl in Buchform veröffentlicht als auch auf einer Website zugänglich gemacht.

Schellenbacher berät die Gedenkstätte Theresienstadt/Památník Terezín bei der Neugestaltung der ständigen Ausstellungen im Ghetto-Museum. Er wirkt am Aufbau eines **EHRI-AT** Forschungskonsortiums mit dem DÖW als Partnerorganisation mit. 2023 wurde der Konsortialvertrag vom DÖW offiziell unterzeichnet. Die European Holocaust Research Infrastructure (EHRI) der Europäischen Kommission ermöglicht es seit über 10 Jahren, verstreute Quellen zum Holocaust zusammenzuführen, die Forschenden zu vernetzen und Material leichter zugänglich zu machen.

Das vom Nationalfonds der Republik Österreich, dem Zukunftsfonds der Republik Österreich und dem Bundesministerium für Soziales, Gesundheit, Pflege und Konsumentenschutz finanziell unterstützte Projekt zur Klärung des Schicksals der insgesamt rund 4.800 aus Wien, Mährisch-Ostrau, Prag und Kattowitz nach *Nisko* am San deportierten Männer wurde unter der Leitung von Claudia Kuretsidis-Haider von Anfang

2020 bis Frühjahr 2023 durchgeführt. 2021 erschien das Jahrbuch des DÖW mit dem Schwerpunkt „Nisko 1939: Die Schicksale der Juden aus Wien". Das Projekt, an dem Winfried Garscha, Wolfgang Schellenbacher, Dieter Hecht u. a. mitarbeiteten, hatte die Erstellung einer Online-Dokumentenedition zum Ziel, die wichtige Arbeiten wie von Jonny Moser mit neu erschlossenen Quellen ergänzt und das Schicksal der deportierten Männer aus Wien sichtbar macht. Die Nisko-Online-Edition *Von Wien ins Nirgendwo: Die Nisko-Deportationen 1939* (nisko-transports.ehri-project.eu) wurde in Zusammenarbeit mit EHRI 2022 fertiggestellt. Die Edition führt Dokumente aus mehreren Archiven zur Deportation und zum Schicksal der fast 1.600 nach Nisko verschleppten Wiener Juden zusammen und enthält Informationstexte zur Nisko-Aktion. Es ist möglich, zu Personen, Organisationen, Orten und Schlagwörtern in den Dokumenten weiterführende Informationen zu erhalten. Die Online-Edition beinhaltet Unterlagen zur Vorgeschichte der Transporte ebenso wie zum weiteren Schicksal der Deportierten. Um einen tieferen Einblick in die Deportationen nach Nisko und die anschließende Vertreibung im Grenzgebiet zu erhalten, wurden zudem interaktive Kartenpräsentationen erstellt. Ein Beitrag von Winfried R. Garscha, Claudia Kuretsidis-Haider und Wolfgang Schellenbacher im Jahrbuch 2023 des DÖW befasste sich mit einzelnen Biografien von Deportierten.

Auf Initiative von Robert Streibel (VHS Hietzing) und im Auftrag des Fördervereins der VHS Penzing und in Zusammenarbeit mit der Bezirksvorstehung Penzing hat Wolfgang Schellenbacher 2022 das Projekt ***Die namentliche Erfassung der in der Shoah ermordeten Jüdinnen und Juden aus Penzing*** durchgeführt. Die Recherchen dazu gingen über die bisherige Erfassung von Shoah-Opfern des DÖW hinaus, in der ausschließlich die jeweils letzte Wohnadresse angeführt wurde. Die Daten werden für Gedenktafeln im Bezirk verwendet. Am 5. April 2024 wurden zwei Gedenktafeln am Gemeindebau Breitenseer Straße 110–112 feierlich enthüllt.

Anfang der 1990er Jahre begannen sich zuerst die deutschen Gedenkstätten im Hinblick auf den Austausch und die gemeinsame Verarbeitung von Personendaten ehemaliger Deportierter zu vernetzen. Aus dieser ursprünglich informellen Expert*innenrunde wurde im Laufe der Jahre eine jährlich stattfindende internationale Zusammenkunft mit Teilnehmer*innen aus zahlreichen europäischen Ländern, den USA und Israel. Das DÖW nimmt seit Anbeginn an diesem Internationalen EDV-Workshop der NS-Gedenkstätten teil, der sich jeweils einem Schwerpunktthema widmet. 2023 fand die ***International Database Conference*** „Digitization and Databases of World War II Victims" von 10. bis 12. Oktober in der niederländischen Gedenkstätte Westerbork statt.

2018 startete die Kooperation mit der Gedenkstätte Deutscher Widerstand zu den österreichischen Judenretter*innen: Die Gedenkstätte gibt – in Zusammenhang mit ihrer Dauerausstellung zu diesem Thema – die Buch-Reihe *Stille Helden. Hilfe für verfolgte Juden* heraus, im Zuge derer die Situation in den besetzten Ländern Europas dargestellt werden soll. Erschienen sind bereits die Arbeiten zu den besetzten Niederlanden, Norwegen, Weißrussland, Lettland und Bulgarien. Das DÖW hat den Band für Österreich übernommen, Manfred Mugrauer gab den Band *„Wir hätten es nicht ausgehalten, dass die Leute neben uns umgebracht werden." Hilfe für verfolgte Juden in Österreich 1938–1945* heraus und leitete ihn mit einer umfassenden Einführung ein. Das Buch erschien Anfang 2023.

Nach einer Vorstudie zur Verstrickung des oberösterreichischen Baukonzerns Swietelsky in das NS-Zwangsarbeitsregime beauftragte das Unternehmen das DÖW im Herbst 2021 mit einer umfassenden *Studie zur Involvierung der Swietelsky AG und ihrer Tochterfirmen in Bauvorhaben des „Dritten Reiches"*. Die Studie setzt sich bis Ende 2024 mit der Frage auseinander, inwieweit das 1936 vom österreichischen Ingenieur Hellmuth Swietelsky gegründete Unternehmen in Bauvorhaben des NS-Regimes involviert war und von dieser Involvierung allenfalls profitiert hat. Der Fokus der Untersuchung richtet sich dabei in erster Linie auf den Einsatz von Zwangsarbeitern im Rahmen von Bauaufträgen durch die Firma. Das Projekt wird von Verena Pawlowsky und Harald Wendelin (beide Forschungsbüro) geleitet. Österreichische Expert*innen wie Ina Markova und Rudolf Leo, aber auch Kolleg*innen aus Deutschland, Rumänien und aus der Ukraine konnten für die Mitarbeit gewonnen werden.

Wiener Wohnen beauftragte das DÖW 2022 mit der Aufarbeitung der Geschichte der Gemeindebauten: Das Projekt *Gemeindebau in der NS-Zeit: Recherche und Aufbereitung von Materialien* wird unter der Leitung von Claudia Kuretsidis-Haider, Christine Schindler und Ursula Schwarz von September 2022 bis Februar 2025 durchgeführt. Namhafte Kolleg*innen wie Peter Autengruber, der Standardwerke zur Wiener Stadtgeschichte vorgelegt hat, und Brigitte Ungar-Klein, die das grundlegende Werk „Kündigungsgrund Nichtarier – die Vertreibung jüdischer Mieter aus den Wiener Gemeindebauten in den Jahren 1938–1939" mit herausgegeben hat, wirken an dem Projekt ebenso mit wie Jutta Fuchshuber, Michael Achenbach, Manfred Mugrauer, Wolfgang Schellenbacher und Dominik Richter. Das Projekt erfolgt in enger Kooperation mit Wiener Wohnen und hat die Aufbereitung von Materialien für eine Ausstellung zum Ziel. Die Namen von Verfolgten und Widerständigen in Wiener Gemeindebauten werden recherchiert und die Geschichte des Wohnungsamtes wird erforscht.

Kooperationspartner war das DÖW beim Projekt *Katholische Couleurstudentinnen und Couleurstudenten in Widerstand und Verfolgung*. Die Website www.niemalswieder.at gedenkt der mehr als 730 weiblichen und männlichen Mitglieder katholischer Studentenverbindungen, die im Widerstand gegen den Nationalsozialismus gewesen waren oder verfolgt wurden. Die Homepage ist Ergebnis einer Kooperation des Vereins Modern Society mit dem Denkmalbauverein Katholiken im Widerstand.

Abb. 3 u. 4: Claudia Kuretsidis-Haider und Winfried R. Garscha wirkten an der Studie „Die Polizei in Österreich: Brüche und Kontinuitäten 1938–1945" mit und sprachen bei der Abschlusskonferenz im Innenministerium, 7. November 2023. © BMI/Tobias Bosina.

Die Polizei war eines der führenden Organe bei der Organisation und Durchführung des Völkermordes (von der Erfassung über die Konzentration bis zur Ermordung der Opfer) an den Juden*Jüdinnen sowie den Sinti*zze und Rom*nja. Nach 1945 wurden nur wenige Täter zur Rechenschaft gezogen. Unter der Leitung von Barbara Stelzl-Marx führte das DÖW 2022/23 gemeinsam mit der Universität Graz / Ludwig Boltzmann Institut für Kriegsfolgenforschung und der KZ-Gedenkstätte Mauthausen ein vom Innenministerium initiiertes und gefördertes Pilot-Projekt zur wissenschaftlichen Aufarbeitung der Polizei im Nationalsozialismus durch: *Die Polizei in Österreich: Brüche und Kontinuitäten 1938–1945*. Die Expert*innen des DÖW – Andreas Kranebitter, Claudia Kuretsidis-Haider, Winfried R. Garscha, Gerhard Baumgartner und Wolfgang Neugebauer – widmeten sich vor allem folgenden Themen: Die justizielle Ahndung von Polizeiverbrechen nach 1945; Widerstand und Verfolgung von Polizisten und Gendarmen; Verfolgung von Sinti*zze und Rom*nja; Kriminologie und Kriminalpolizei in der NS-Zeit; Gestapoleitstelle Wien.

Im November 2023 fand die Abschlusskonferenz des Projektes im Bundesministerium für Inneres statt, an der auch Innenminister Gerhard Karner teilnahm. 2024 erschien der Sammelband „Exekutive der Gewalt. Die österreichische Polizei und der

Nationalsozialismus" (hrsg. v. Barbara Stelzl-Marx, Andreas Kranebitter und Gregor Holzinger) und die – von Martina Zerovnik kuratierte – Ausstellung „Hitlers Exekutive. Die österreichische Polizei und der Nationalsozialismus" wurde im BMI gezeigt. Die Ausstellung wird in den kommenden Jahren in ganz Österreich zu sehen sein. Die Ergebnisse des Projektes sollen in die Grundausbildung von angehenden Polizist*innen und in die Weiterbildung der Beamt*innen einfließen.

Justizministerin Alma Zadić beauftragte das DÖW Anfang 2024 mit der Pilotstudie zu *Beamt*innen des Bundesministeriums für Justiz nach 1945 – Kontinuitäten und Brüche*, das von Andreas Kranebitter und Ursula Schwarz geleitet wird. Das Projekt soll die Grundlage für eine umfassende Aufarbeitung der Geschichte des BMJ während und nach der NS-Zeit bilden. Ursula Schwarz hat zuletzt das Projekt „Nazifizierung der österreichischen Justiz 1938–1945: Biographien von Richtern und Staatsanwälten" zu diesem Themenkomplex durchgeführt.

An der am 25. Juni 2024 eröffneten Ausstellung *„Man kann sie direkt sterben hören". Dauerausstellung zur Gedenkstätte für die Opfer der NS-Justiz im Landesgericht für Strafsachen Wien* wirkte das DÖW – Andreas Kranebitter, Claudia Kuretsidis-Haider, Christine Schindler, Ursula Schwarz – mit. Die Ausstellung wurde gemeinsam mit Landesgerichtspräsident Friedrich Forsthuber, den Opferverbänden und Expert*innen zu verschiedenen Themen erarbeitet und im Auftrag des Justizministeriums errichtet.

Forschungen zur Nachkriegsjustiz: Die seit ihrer Gründung 1998 am DÖW angesiedelte Zentrale österreichische Forschungsstelle Nachkriegsjustiz wird von Claudia Kuretsidis-Haider und Winfried R. Garscha geleitet, Siegfried Sanwald ist Projektmitarbeiter und betreut die im DÖW verwahrten Sammlungen von Mikrofilmen, Digitalisaten und Kopien von NS-Prozessen. Präsidentin der Forschungsstelle ist Ilse Reiter-Zatloukal, Vorständin des Instituts für Rechts- und Verfassungsgeschichte der Universität Wien.

Die Forschungsstelle bildet den organisatorischen Rahmen für den Arbeitsschwerpunkt Nachkriegsjustiz des DÖW. Dieser umfasst neben der Digitalisierung von Strafverfahren österreichischer Gerichte und Strafverfolgungsbehörden sowie deren Auswertung und archivalischen Aufbereitung auch die Betreuung von Besucher*innen des DÖW, die sich über den Standort von Gerichtsakten informieren wollen und über die besonderen Bedingungen bei der Verwendung von Justizakten als Geschichtsquelle beraten werden. Dazu und weiterführend informiert die Website www.nachkriegs justiz.at.

Die Forschungsstelle nimmt (wie auch das Fotoarchiv des DÖW) 2023/24 am Förderprogramm *Kulturerbe digital* teil, das von der Europäischen Union und dem Bundesministerium für Kunst, Kultur, öffentlichen Dienst und Sport finanziert wird, um österreichisches Kulturerbe zu digitalisieren und damit zu bewahren und zugänglich zu machen.

Durch das Programm *Curriculum Justiz- und Zeitgeschichte* ist die Forschungsstelle Nachkriegsjustiz seit 2009 in die Ausbildung österreichischer Richter*innen und

Staatsanwält*innen (Richteramtsanwärter*innen, „RiAAs") eingebunden. Das von Winfried R. Garscha und Claudia Kuretsidis-Haider gemeinsam mit dem Vorsteher des Bezirksgerichts Wien-Meidling, Oliver Scheiber, konzipierte Programm beinhaltet die Schwerpunkte Strafjustiz, Straf- und Maßnahmenvollzug sowie Richterkarrieren vor und nach 1945, Justizreformen der 1970er Jahre und *Transitional Justice* (justizieller und gesellschaftspolitischer Umgang mit Kriegs- und Humanitätsverbrechen sowie mit diktatorischen Regimen) und umfasst auch Besuche von Gedenkstätten (Mauthausen, Gusen, Steinhof). Expert*innen aus Justiz und Zeitgeschichte werden zu Vorträgen eingeladen. Das Curriculum ist mittlerweile verpflichtender Bestandteil der Ausbildung und liegt in der Kompetenz der Oberlandesgerichte.

Auch angehende Jurist*innen aus anderen Ländern nutzen die Expertise der Forschungsstelle. So kamen 2023 Rechtsreferendar*innen aus Kassel, Bonn und München sowie ein Kurs zur Völkerrechtsgeschichte am Juridicum Wien ins DÖW. Claudia Kuretsidis-Haider und Winfried R. Garscha wirken in zahlreichen Beratungsgremien und Kommissionen. Kuretsidis-Haider ist Vertreterin des DÖW im Publikumsforum des Hauses der Geschichte Österreich, in der Arbeitsgruppe Historische Aufarbeitung der Bundesimmobiliengesellschaft, stv. Obfrau des Vereins Justizgeschichte und Rechtsstaat (Obmann: Landesgerichtspräsident und DÖW-Vorstandsmitglied Friedrich Forsthuber) und Mitglied der Kontrolle im Verein IM-MER – Maly Trostinec Erinnern (Obfrau: Waltraud Barton).

Im Herbst 2022 beauftragte die Kulturkommission Innere Stadt das DÖW mit der *Evaluierung der Objekte und Texte zu Karl Lueger im Bezirksmuseum Innere Stadt*. Im März 2023 wurde der Bericht des DÖW, verfasst von Michael Achenbach, übermittelt. Grundsätzlich kommt die Studie zum Schluss, dass die Exponate im Bezirksmuseum weder in einem räumlichen noch inhaltlichen Bezug zueinander stehen, aber den Personenkult um Lueger, der von 1897 bis zu seinem Tod 1910 Wiener Bürgermeister war, verdeutlichen. Ein Konzept hinsichtlich einer Auseinandersetzung mit Luegers vielschichtiger und umstrittener Persönlichkeit sei nicht erkennbar, seine antisemitischen und nationalistischen Einstellungen sind nicht thematisiert.

Zum Themenbereich *Aufarbeitung, Restitution und Entschädigung nach 1945* arbeitet die ehemalige wissenschaftliche Leiterin Brigitte Bailer seit vielen Jahren. Sie betreut Masterarbeiten, Diplomarbeiten und Dissertationen am Institut für Zeitgeschichte Wien.

Bailer wurde in die ExpertInnenkommission für Straßennamen in Graz berufen und ist Mitglied im Komitee des Nationalfonds sowie im Ehrenzeichenbeirat des Bundeskanzleramtes. Zu ihren Fachgebieten gibt sie regelmäßig Interviews, insbesondere nimmt sie immer wieder zu Entnazifizierung und Umgang mit den Opfern des NS-Regimes Stellung. Brigitte Bailer ist immer wieder als Gutachterin in Verfahren nach dem Verbotsgesetz oder über die österreichische Staatsbürgerschaft von Nachkommen ehemaliger Vertriebener tätig. Sie ist Jurymitglied beim Herbert-Steiner-Preis, Irma-Rosenberg-Preis, Käthe-Leichter-Preis und Simon-Wiesenthal-Preis.

Forschungsstelle Rechtsextremismus und Antisemitismus: Die im Regierungs-abkommen „Übereinkommen der österreichischen Bundesregierung Aus Verantwortung für Österreich. Regierungsprogramm 2020–2024" festgehaltene Absicht, die Rolle des DÖW zu stärken und die Forschung und Dokumentation im Bereich Antisemitismus und Rechtsextremismus auszubauen, wird seit 2022 umgesetzt. Das Bundesministerium für Bildung, Wissenschaft und Forschung hat dem DÖW eine Finanzierung auf drei Jahre zugesichert und Ende 2023 den Stiftungsbeitrag aufgestockt. So konnten die Arbeiten inhaltlich ausgeweitet und die personellen Ressourcen erweitert werden. Evrim Erşan Akkılıç beschäftigt sich im Rahmen ihrer Tätigkeit am DÖW seit 2022 mit nicht-autochthonen Rechtsextremismen im Allgemeinen und türkischen Manifestationen von Rechtsextremismus in Österreich im Besonderen. Weitere Recherchen werden von Expert*innen in bosnischen, kroatischen, polnischen, serbischen, russischen, slowakischen, tschechischen und ukrainischen Communities in Österreich bzw. in den jeweiligen Herkunftsländern durchgeführt. Die Arbeiten werden von Bernhard Weidinger geleitet. Isolde Vogel beschäftigt sich vor allem mit der Antisemitismus-Analyse und wirkt verstärkt auch an präventiven Angeboten mit.

Das DÖW erhielt 2023 den Zuschlag bei der Ausschreibung der Bundesministerien für Inneres und Justiz für die ***Jährliche Erstellung eines Rechtsextremismus-Berichtes***. Die Arbeiten erfolgen unter der Leitung von Bernhard Weidinger und Andreas Kranebitter. Der erste Bericht wird im Herbst 2024 vorgelegt.

Im Rahmen der fortgesetzten Kooperation des DÖW mit der Direktion für Staatsschutz und Nachrichtendienst (DSN, ehemals BVT) wurden vom DÖW 2023 erneut vier ***Quartalsberichte*** übermittelt.

Im Auftrag der Kammer für Arbeiter und Angestellte Wien führt Livia Schubert am DÖW die wissenschaftliche Studie ***Entsolidarisierung durch Stimmungsmache. Soziologische Einblicke in antigewerkschaftliche Diskurse und Akteur*innen*** durch. Das einjährige Projekt wird 2024 abgeschlossen.

Der Arbeitsbereich zu Rechtsextremismus, Neonazismus, Antisemitismus, Rassismus nach 1945 ist besonders öffentlichkeitswirksam. Nationale und internationale Medien nutzen die Expertise für Interviews und Hintergrundinformationen – 2023 diverse Nachrichtenformate des ORF, Puls4, Der Standard, Profil, FM4, taz, ARD, Le Monde und viele andere. Studierende, Schüler*innen, Kunstschaffende und Forscher*innen werden persönlich am DÖW, schriftlich oder telefonisch bei ihren Recherchen unterstützt oder anderweitig fachlich beraten.

Andreas Peham, Bernhard Weidinger, Bianca Kämpf, Evrim Erşan Akkılıç, Florian Zeller und seit 2023 Isolde Vogel arbeiten in diesem Forschungsbereich des DÖW. Sie betreuen u. a. die Rubrik *Neues von ganz rechts* auf www.doew.at. Themen waren 2023 u. a. Phänomene von migrantischem – türkischem und polnischem – Rechtsextremismus.

Abb. 5 u. 6: Evrim Erşan Akkiliç (rechtes Bild) und Bernhard Weidinger (links) bei der Podiumsdiskussion „Impulse für die Rechtsextremismusforschung aus kritischer Perspektive" im Rahmen des DÖW-Symposiums „Widerstände". Lisa Mayr-Sinnreich (Arbeiterkammer Wien; links neben Bernhard Weidinger) moderierte die Veranstaltung. Stadtkino im Künstlerhaus Wien, 11. Januar 2024. © DÖW/Daniel Shaked.

Gemeinsam mit den Kulturvermittler*innen des DÖW Nici Mairhofer und Magdalena Bauer und freien Mitarbeiter*innen (darunter die islamische Religionspädagogin Fariza Bisaeva) widmen sich die Kolleg*innen intensiv der Bildungsarbeit. Zwei Workshop-Formate zur Thematik stehen Interessierten zur Verfügung:

- *Workshops zum Thema Rechtsextremismus in Österreich.* Ziel ist es, Rechtsextremismus und Verschwörungserzählungen zu erkennen und Strategien dagegen zu entwickeln. Die Workshops helfen, auch eigene Vorurteile wahrzunehmen.
- Gezielt an Schulen richtet sich das Programm des OeAD/Agentur für Bildung und Internationalisierung zur Extremismusprävention. Unter dem Titel *Rechtsextremismusprävention macht Schule* bietet das DÖW seit April 2022 im Rahmen des Projektes Workshops für Schüler*innen aller Schultypen an. 52 Workshops wurden 2023 durchgeführt.

Mit dem Österreichischen Integrationsfonds vereinbarte das DÖW 2023/24 zwei Kooperationen: Zum einen werden regelmäßig Gruppen des ÖIF durch die Ausstellungen des DÖW begleitet, zum anderen bietet das DÖW virtuelle Workshops in der ÖIF-Fortbildungsreihe 2024 für DaF/DaZ-Trainer*innen an. Der Workshop vermittelt Definitionen, Zusammenhänge und Ausformungen des Antisemitismus und geht auf aktuelle Debatten im Zusammenhang mit dem Krieg in Israel/Gaza ein. Im Fokus stehen dabei Möglichkeiten der niederschwelligen Vermittlung sowie kritische Medienkompetenzen.

Das DÖW ist in diesem Kontext auch in der Broschüre „Angebote zur Gewaltprävention in der NÖ Jugendarbeit" aufgelistet, die allen niederösterreichischen Schulen und Jugendeinrichtungen übermittelt wird.

Auch 2023 brachte das DÖW eine Reihe von Sachverhaltsdarstellungen zu mutmaßlichen Verstößen gegen das Verbotsgesetz (VG), das Abzeichengesetz (AbzG), das Symbolegesetz (SymboleG) und/oder gegen den Verhetzungsparagraphen (§ 283 StGB) bei den zuständigen Behörden ein.

Regelmäßiger Austausch erfolgt mit den anderen einschlägigen Akteur*innen wie der Beratungsstelle Extremismus und der Israelitischen Kultusgemeinde, der Beratungsstelle Extremismus, der Bundesstelle für Sektenfragen, Fair Play, ZARA und der Dokumentationsstelle Politischer Islam. Informationsgespräche finden immer wieder mit Vertreter*innen diplomatischer Vertretungen aus Europa, Asien und Nordamerika statt.

Bernhard Weidinger ist Mitglied im Wissenschaftlichen Beirat von erinnern.at/ OeAD-Programm zum Lehren und Lernen über Nationalsozialismus und Holocaust im Auftrag des BMBWF und im Wissenschaftlichen Beirat der Österreichischen Zeitschrift für Geschichtswissenschaften/Austrian Journal of Historical Studies (OeZG). Im Projekt „Erinnerung und Imaginäres: Demokratische Bürger:innenschaft", ein Citizen Science Forschungsprojekt an der Akademie der bildenden Künste Wien, ist das DÖW eine der Partnerorganisationen, vertreten durch Bernhard Weidinger.

Andreas Peham ist Mitglied im Bundesweiten Netzwerk Extremismusprävention und Deradikalisierung im BMI, im Monitoring-Komitee gegen Antisemitismus der Stadt Wien und im Aus- und Fortbildungsteam der Beratungsstelle Extremismus. Peham führt Workshops und Fortbildungen in Schulen, Ausbildungseinrichtungen und bei Organisationen der Zivilgesellschaft durch, 2023 bei folgenden Institutionen: VHS Wien, ESRA, Mauthausen Memorial, Sozialakademie der Arbeiterkammer, Zeitraum Wien XV, Aktive Pflichtschullehrer*innen/apfl-öli-ug, Neustart Projekt „Dialog statt Hass", MA 17/Wien.Vielfalt.Wissen, Österreichische Gesellschaft für politische Bildung, PH Wien, Linz und Graz, Jüdische Österreichische Hochschüler:innen, Initiative Minderheiten, Donauuniversität Krems, Institut für Gewaltprävention und Konfliktmanagement.

Das DÖW ist mit Andreas Peham Kooperationspartner im KIRAS-Projekt ***Antisemitismus in der Schule – Perspektiven von Betroffenen und Case Management Strategien***, das vom Institut für Konfliktforschung 2023–2025 durchgeführt wird. Das Projektkonsortium besteht aus wissenschaftlichen und bildungsorientierten, in der Antisemitismusprävention und -intervention tätigen Einrichtungen (IKF, DÖW, Israelitische Kultusgemeinde Wien/Likrat, erinnern.at/OeAD, ZARA Zivilcourage & Anti-Rassismus-Arbeit). Das Projekt stellt die Perspektive der von Antisemitismus betroffenen Schüler*nnen ins Zentrum.

Bei „Richtig & Falsch", dem Podcast für Politische Bildung (Zentrum polis. Politik Lernen in der Schule) sprach Andreas Peham mit Expert*innen aus Schulen, Beratungsstellen und dem Innenministerium zu „Radikal? Extremismusprävention im Klassenzimmer".

Bianca Kämpf wirkte für den Österreichischen Fußballbund an einer Broschüre über „Rechtsextremismus & Neonazismus im Fußball" mit. Im Rahmen der Beratungsstelle Extremismus nimmt sie an regelmäßigen Vernetzungstreffen teil, kooperiert bei individuellen Anfragen und arbeitete an der Evaluation eines Smartphone-Spiels zur Extremismusprävention („Hate Hunters") mit. Kämpf ist Mitglied der Arbeitsgruppe zu „Frauen- und Queerfeindliche Extremismen" des Bundesweiten Netzwerkes für Extremismusprävention und Deradikalisierung (BNED).

Florian Zeller ist im Projektbeirat von „Fairplay Prevention. Anlaufstelle gegen menschenfeindliche Ideologien" und kooperiert mit der Bundesstelle Sektenberatung. Im Rahmen von „A World of Difference – No Chance for Hate" wurde er zum Diversitäts-Trainer für die Polizei (BMI) ausgebildet und führte Workshops für das BMI im Mai und Oktober 2023 durch. Im Wintersemester 2023/24 hielt er gemeinsam mit Aylin Basaran die Lehrveranstaltung „Antisemitismus und Rassismus in Kontexten der Internationalen Entwicklung und der Postcolonial Studies" an der Universität Wien (Kultur- und Sozialanthropologie) ab.

Am DÖW ist die ***Aktion gegen den Antisemitismus in Österreich*** angesiedelt. Präsident ist Cornelius Obonya, Christine Schindler und Andreas Peham bilden das Generalsekretariat. Über Facebook kommuniziert der Verein mit Interessierten. Die Aktion wurde 1955 als unabhängige, überparteiliche Vereinigung gegründet. Sie hat es sich zur Aufgabe gemacht, durch Veranstaltungen, Presseaussendungen und Publikationen auf antisemitische Äußerungen und Ereignisse zu reagieren. Mittels Aufklärungsarbeit soll das kritische Bewusstsein gegenüber allen Formen des Judenhasses geschärft werden: www.gegendenantisemitismus.at.

Archiv und Bibliothek

Das ***Archiv*** des DÖW beinhaltet viele Tausende Akten und Aktenkopien zu Widerstand und Verfolgung 1933–1938 und 1938–1945, Polizei- und Justizakten, Strafverfahren gegen NS-Täter nach 1945, Nachlässe und andere persönliche Dokumente. Sie sind elektronisch aufgearbeitet und werden laufend digitalisiert.

Ursula Schwarz, Claudia Kuretsidis-Haider und Manfred Mugrauer sind für die Archivbestände des DÖW zuständig. Dominik Richter absolvierte die Lehr-Ausbildung zum Archiv-, Bibliotheks- und Informationsassistenten, die er 2024 erfolgreich beendete. Die Arbeit umfasst die Erweiterung der Sammlung der Dokumente sowie eine tiefere Erschließung der Bestände, um den Zugang für Besucher*innen, aber auch für DÖW-interne Zwecke (Anfragebeantwortungen und Projekte) zu vereinfachen. Die DÖW-interne Datenbank („Archidoc") steht allen Benützer*innen des Archivs zur Verfügung. Sie enthält aktuell Informationen über 69.769 Akteneinheiten und 215.225 Personen, das sind über 13.000 Personen mehr als Anfang 2023.

Die Vereinheitlichung der Einträge, ergänzende Erschließungsarbeiten und Digitalisierungen erfolgen in einem beträchtlichen Ausmaß durch Praktikant*innen, Zivildienerkollegen und ehrenamtliche Mitarbeiter*innen. So wurden beispielsweise Dokumente und Briefe des Abgeordneten zum Nationalrat Paul Johannes Schlesinger (1874–1945) und des Wiener Rechtsanwalts Heinrich Hoffmann (1884–1944) von Wolfgang Fingernagel erschlossen und in die Datenbank eingepflegt, ebenso die umfangreichen Aktenbestände im Zusammenhang mit Gerichtsverfahren gegen Jugendliche in den 1940er Jahren.

11 Praktikant*innen – 8 Frauen und 3 Männer aus Österreich und Deutschland – absolvierten 2023 ein Praktikum, 6 junge Männer leisten jährlich ihren Zivildienst im DÖW ab. Kolleg*innen sind nach ihrem Berufsleben ehrenamtlich im und für das DÖW tätig: Josef Fiala, Wolfgang Fingernagel, Bertram Hofer, Elisabeth Holzinger, Helga Jecu, Rudi Müller, Vali Subik, Brigitte Ungar-Klein.

Die **Sammlung zum KZ Ravensbrück** bzw. zur Lagergemeinschaft Ravensbrück wurde von der 2006 verstorbenen Widerstandskämpferin Antonia Bruha angelegt, die viele Jahre ehrenamtlich im DÖW wirkte.

Manfred Mugrauer und Irene Filip betreuen das so genannte **Spanienarchiv** zu den rund 1.400 österreichischen Freiwilligen auf der Seite der Republik im Spanischen Bürgerkrieg 1936–1939, das der ehemalige Spanienkämpfer, Dachau-Überlebende, Polizeibeamte und ehrenamtliche DÖW-Mitarbeiter Hans Landauer zusammengetragen hat (siehe www.doew.at/erinnern/biographien/spanienarchiv-online).

Michael Achenbach zeichnet für das viel gefragte **Fotoarchiv** verantwortlich, das aktuell über 55.000 Bilder umfasst. Ein großer Teil davon sind Bilder, die aus privater Hand dem DÖW übergeben wurden oder aus dem Besitz des *Bundesverbandes österreichischer Widerstandskämpfer und Opfer des Faschismus* stammen. Auch Pressefotos, vor allem Aufnahmen der Propagandakompanien der Wehrmacht, sind in größerer Anzahl vorhanden. Neben Einzelfotos gehören Fotoalben zum Bestand der Fotosammlung. Die Abbildungen sind Aufnahmen von Widerstandskämpfer*innen, Verfolgten und Geflohenen, aber auch Täter*innen, zeigen Ereignisse aus den 1930er Jahren, der NS-Zeit und aus der Nachkriegszeit. Das Fotoarchiv erhält regelmäßig Schenkungen, 2023 zum Beispiel ein Fotoalbum der SS-Division Germania, ein Fotoalbum aus dem Reichskommissariat Ukraine und Fotos aus dem Besitz der Familie von Alfred Rosenberg.

Abb. 7: DÖW-Fotoarchivar Michael Achenbach bei der Filmvorführung „Private Filmaufnahmen aus Stalag XVII A Kaisersteinbruch", 1. Oktober 2023, Österreichisches Filmmuseum. © Eszter Kondor/Österreichisches Filmmuseum.

Seit Sommer 2023 nimmt das DÖW mit der Digitalisierung seines Fotobestandes am Projekt *Kulturerbe digital* teil, einem Förderprogramm der Europäischen Union und des Bundesministeriums für Kunst, Kultur, öffentlichen Dienst und Sport. Vorrangiges Ziel des Projektes ist es, das Kulturerbe österreichischer Institutionen zu bewahren und in das digitale Zeitalter zu transformieren. Die Arbeiten erfolgen durch Michael Achenbach und Christopher Kummer. Eines der Projektziele ist es, die Fotosammlung in den folgenden Jahren mit einem niederschwelligen Online-Zugang für Wissenschaft und Interessierte verfügbar zu machen. Für die zukünftige Nutzung der DÖW-Fotos bedeutet das, dass die wertvollen Originalfotos in absehbarer Zeit für Sichtungen nicht mehr benötigt werden, was insbesondere bei den häufig genutzten Bildmotiven mit einer Verbesserung der Langzeitsicherung des Archivgutes einhergeht.

Die *Filmsammlung* des DÖW wird vom Österreichischen Filmmuseum aufbewahrt. So ist die professionelle Lagerung im klimatisierten Sicherheitsfilmlager langfristig gewährleistet, die Filme selbst bleiben im Eigentum des DÖW. Eine Depot-Vereinbarung regelt die Rechte und Pflichten beider Institute.

Archivarin Ursula Schwarz hat die große *Sammlung an Museumsgegenständen* in ihrer Obhut. Museumsgegenstände werden wie Dokumente und Fotos für Ausstellungen, Fachbücher, Zeitungsartikel, Websites, Filme, Fernsehsendungen und Theaterproduktionen in aller Welt nachgefragt, darunter waren 2023 – unter vielen anderen – folgende Anfragen:

– Medien: BBC History Magazine; oppositionelle russische Zeitung Novaya Gazeta; taz; APA; Correctiv; japanischer Fernsehsender NHK; Kirche bunt; Dokumentarfilm „Zwei Welten" (Regie: Peter Mahler); ZDF; ORF; Kulturgeschichten Wien; Alpendistel. Magazin für antifaschistische Gedenkkultur.

- Ausstellungen: Wien Museum; Universitätsbibliothek Klagenfurt; Dr. Karl Renner-Museum in Gloggnitz; Jüdisches Museum Wien; Institut für Zeitgeschichte, Wien; Geschichtsort Villa ten Hompel, Stadt Münster; Gedenkstätte Deutscher Widerstand, Berlin; LWL-Museum für Archäologie und Kultur, Herne; Haus der Namen – Holocaust- und Toleranzzentrum, Graz; Melbourne Holocaust Museum; Mémorial de la Shoah, Paris; HOSI Wien; HOSI Salzburg; Waschsalon im Karl-Marx-Hof; Wien-Bibliothek; Haus der Geschichte Österreich; Haus der Geschichte Niederösterreich.
- Projekte und Veranstaltungen: Institut für Historische Sozialforschung, Personal der „Zentralstelle für Jüdische Auswanderung"; USHMM; Österreichisches Kabarettarchiv für Werbeplakate zur Soyfer-Lesereihe; Ärzteball 2024; Wiener Festwochen.
- Bücher: Geschichte-Schulbücher des Westermann-Verlages; Wiener Anthologie über Psychoanalytikerinnen, Columbia University; Katalog zur Ausstellung „Who Cares? Jüdische Antworten auf Leid und Not", Jüdisches Museum Wien; Ortschronik Brunn am Gebirge und viele Monografien und Abschlussarbeiten.

Die Sammlung zum *Rechtsextremismus* nach 1945 bietet Material zu mehr als 150 österreichischen sowie rund 100 deutschen Organisationen.

Ein besonderer Schatz sind die Interviews der *Erzählten Geschichte*. Seit 1982 werden Personen befragt, die in der Zeit von 1934 bis 1938 und 1938 bis 1945 am Widerstand teilnahmen und/oder Verfolgungen ausgesetzt waren. Sie berichten aus ihrer Perspektive über die Geschichte des 20. Jahrhunderts. In mittlerweile tausend Tondokumenten kommen die Überlebenden selbst zu Wort, ihre Erlebnisse sind auf www.doew.at in Textauszügen mit Abbildungen veröffentlicht. Videointerviews mit Überlebenden der nationalsozialistischen „Jugendfürsorge" sind auf www.gedenkstaettesteinhof.at veröffentlicht. Interviews des DÖW sind auch auf der Website www.weitererzaehlen.at von erinnern.at zugänglich.

Die *Präsenzbibliothek* des DÖW umfasst über 50.000 Titel und 350 Zeitschriften. Die Bibliothek wurde 2023 von Stephan Roth, Wilhelm Skalda und Nedim Mujanovic betreut. Die Bestände werden um die aktuellen Titel zu den Schwerpunkten des DÖW ergänzt, Schenkungen verhandelt und Wertvolles der Rarissima-Sammlung eingeordnet. Alle neu aufgenommenen Titel stehen umgehend den Benützer*innen zur Verfügung. Die Bibliothek online auf www.doew.at bietet mit variablen Suchmöglichkeiten die blitzschnelle Recherche in den Beständen auch außerhalb des Instituts. 2023 kamen insgesamt 540 Neuzugänge in die Bibliothek, ein Teil davon stammt aus Nachlässen.

Spezialsammlungen umfassen über 10.000 Flugblätter, Broschüren, Zeitungen 1934–1945, 5.000 Publikationen österreichischer und deutscher Exilorganisationen, die Bibliothek der Internationalen Föderation der WiderstandskämpferInnen, ein umfassendes (elektronisches) Zeitungsausschnittarchiv sowie die reichhaltige Plakatsammlung des DÖW.

Die Betreuung der Archivbesucher*innen nimmt einen wesentlichen Platz in der Arbeit des DÖW ein. 2023 verzeichnete das DÖW mehr als 950 persönliche Recherchebesuche von Personen, die das Archiv und die Bibliothek des DÖW im Rahmen von individuellen Beratungen und Projektbesprechungen frequentierten. Das DÖW-Archiv war 2023 197 Tage planmäßig geöffnet. Vor Ort werden die Benutzer*innen vor allem von Ursula Schwarz, Claudia Kuretsidis-Haider, Manfred Mugrauer, Nedim Mujanovic und Dominik Richter sowie den Zivildienerkollegen betreut.

Auskünfte erfolgen immer mehr im Virtuellen. Nahezu alle Mitarbeiter*innen sind mit Anfragen befasst. Rund 10.000 telefonische und schriftliche Anfragen erreichen das DÖW jährlich und werden einzelnen Expert*innen und zuständigen Stellen zugeordnet. Die Recherchierenden und Anfragenden sind Wissenschafter*innen, Journalist*innen, Schriftsteller*innen, bildende Künstler*innen, Ausstellungsmacher*innen, Studierende, Lehrende und Schüler*innen, Autodidakt*innen, Angehörige und Nachfahr*innen von Verfolgten und Widerständigen, aber auch von Täter*innen.

Schenkungen

2023 konnten wieder zahlreiche Akten – aus Nachlässen und Schenkungen – dem Bestand eingeordnet werden, die dem DÖW von den Besitzer*innen, oft Nachkommen von Verfolgten und Widerständigen und immer öfter auch von Täter*innen zur dauernden Aufbewahrung und Erforschung übergeben werden. Den Überbringer*innen dieser wichtigen und besonderen Materialien – Bücher und Zeitungen, Akten, Plakate, Postkarten und Briefe, Kunstwerke, Abzeichen, Fotos u. v. a. m. – kann nicht genug gedankt werden. Ihre Dokumente und Erinnerungsstücke sind wesentliche Bestandteile der kollektiven Erinnerung an das dunkelste Kapitel der österreichischen Geschichte und sie sind oft die einzigen Spuren von Verfolgten und Ermordeten.

Zwischen dem DÖW und dem Comité International de Mauthausen (CIM) wurde im November 2022 eine Depotvereinbarung abgeschlossen. Das DÖW übernahm Archivalien des CIM. Die Bestände verbleiben im Besitz des CIM, werden aber öffentlich zugänglich gemacht. Erschließungsarbeiten erfolgten 2023.

2006 hatte das DÖW einen Bestand von mehr als 9.000 Pensionsakten der Rechtsanwaltskanzlei Ebner/Zerner/Kunodi/Müller zur Aufbewahrung und wissenschaftlichen Bearbeitung erhalten. Hugo Ebner selbst war vom März 1938 bis Mitte 1939 in den KZ Dachau und Buchenwald in Haft und später im britischen Exil gewesen. Die Kanzlei war u. a. auf die Vertretung von NS-Verfolgten spezialisiert, und zwar in erster Linie von Exilierten, d. h. aus Österreich vertriebenen Jüdinnen und Juden, aber auch politisch Verfolgten, denen zu einer österreichischen Pension verholfen wurde.

Abb. 8: DÖW-Leiter Andreas Kranebitter (Mitte) bei einem Arbeitstreffen mit dem Comité International de Mauthausen. Ganz links: Guy Dockendorf, Präsident des Internationalen Mauthausen Komitees, Paris, 4. November 2023. © Barbara Glück.

2023 erhielt das DÖW von der Rechtsanwaltskanzlei Breitenecker/Kolbitsch/Vana, der Nachfolgekanzlei von Ebner und Partner, die dort noch verbliebenen mehr als 4.500 Pensionsakten. Das DÖW verfügt damit über einen Bestand von fast 14.000 Akten, aus denen nicht nur die Vertreibungsgeschichte, sondern auch Einzelheiten der Lebensumstände sowie der Ausbildungs- und Berufslaufbahn der Betroffenen vor und nach der Flucht hervorgehen. Die Akten enthalten detaillierte Informationen zu Ausbildung und Berufen vor 1938, aber auch zu den beruflichen Tätigkeiten während der erzwungenen Emigration sowie nach 1945, und ermöglichen darüber hinaus Aussagen über das Nachkriegsschicksal der Betroffenen. Bei Anträgen auf Witwen- oder Waisenpensionen sind auch Angaben zu Familienangehörigen vorhanden. Weiters beinhalten die Akten oftmals persönlich gehaltene Briefe, da Hugo Ebner und seine Kanzleipartner*innen über ein umfangreiches Netzwerk unter den NS-Vertriebenen verfügten. Der Inhalt dieser Briefe gibt wertvolle Aufschlüsse über die Lebenswirklichkeit der in die ganze Welt Vertriebenen.

Unter den vielen weiteren Übereignungen von Materialien, Dokumenten, Museumsgegenständen als Schenkungen oder dauerhafte Leihgaben wurden 2023 auch folgende Materialien ins Archiv aufgenommen:

– Otto Kuska übergab der Rarissima-Sammlung des DÖW das Buch „Tschapaiew": das Bataillon der 21 Nationen / Dargestellt in Aufzeichnungen seiner Mitkämpfer. Redigiert von Alfred Kantorowicz (Informationsoffizier des Bataillons). Herausgegeben von der XI. (internationalen) Brigade. Madrid: Imprenta Colectiva Torrent, 1938.
– Unterlagen zur Firma Kallinger (Reichsautobahnbau, Einsatz im Osten).
– Jackie Mee übergab Briefe der Familie Katscher, die in die USA, nach Großbritannien und Shanghai geflohen war. Käthe und Paul Katscher und Paul Katschers Eltern überlebten im Exil, andere Familienmitglieder wurden ermordet.
– Thomas Kahler brachte Unterlagen zum Widerstandskämpfer und Generaldirektor von Semperit Franz Josef Messner, der am 23. April 1945 in Mauthausen ermordet wurde.
– Wolfgang Paterno übergab Unterlagen des Vorarlberger Zollwachebeamten Hugo Paterno, der wegen „Zersetzung der Wehrkraft" in München-Stadelheim hingerichtet worden war. Darunter befinden sich Briefe aus dem Gefängnis.
– Angelina Pötschner überbrachte eine Mappe des Komitees der geschädigten Hochschüler von Dr. Peter Pötschner.
– Sylvia Thun-Hohenstein übermittelte Materialien zu Anna und Johann Sebesta, der am 10. Dezember 1942 wegen Vorbereitung zum Hochverrat im Landgericht Wien hingerichtet worden war, und zur Familie Popik (u. a. das Tagebuch von Walter Popik). Beile Rifke, Klara und Margarete Popik wurden in Auschwitz ermordet, ebenso der 1940 geborene Gerson Popik; Walter Popik starb im KZ Dachau.
– Leopold Bierleutgeb übermittelte Unterlagen zu Schwester Maria Restituta, die 1943 hingerichtet wurde.
– Brigitte Steininger schenkte dem DÖW Briefe von Muriel Gardiner und Joseph Buttinger aus den Jahren 1949–1972, der den umfangreichen Buttinger-Bestand des DÖW ergänzt.
– Jutta Fuchs übermittelte einen Brief von Konstantin Taciranon, Schutzhäftling im KZ Buchenwald, an Karl Fuchs, 1. August 1944.
– Das DÖW erhielt auch eine umfangreiche Sammlung diverser NS-Devotionalien (Winterhilfswerk, Bücher, Schild „Adolf-Hitler-Platz").

Das Archiv ist auch Ort der Begegnung. Verschiedenste Lehrgänge und Bildungskurse mit unterschiedlichen Schwerpunkten werden meist von Archivarin Ursula Schwarz durch das Archiv geführt und mit Fragen der Archivarbeit befasst, darunter 2023: Institut für das künstlerische Lehramt der Akademie der bildenden Künste, Institut für Kultur- und Sozialanthropologie, Archivschule Marburg/Lahn, Wiener Bildungsakademie.

Ausstellungen

2023 näherten sich die Besucher*innenzahlen in den Ausstellungen des DÖW weiter den Vor-Corona-Werten, die vermutlich 2024 wieder erreicht werden. Die Ausstellungen zum Nationalsozialismus im Alten Rathaus, zu den NS-Medizinverbrechen in der Gedenkstätte Steinhof und zur Gestapo Wien in der Salztorgasse wurden 2023 von 14.150 Menschen besucht. Es ist ein zentrales Anliegen des Lern- und Gedenkorts DÖW, Wissen über den Nationalsozialismus, seine Entstehungsbedingungen und Mechanismen zu vermitteln, auch um daraus gegenwärtige Probleme und Fragen zu erkennen und Lösungsansätze zu erarbeiten. Insbesondere Jugendliche, Schüler*innen, Lehrlinge, aber auch Lehrende und junge Menschen in Ausbildung zu Lehrer*innen und Pädagog*innen sind bedeutende Zielgruppen der Vermittlung.

2023 begleiteten die DÖW-Guides in 321 Führungen die meist jugendlichen Besucher*innen. Eintritt und Führungen (gegen Anmeldung) sind gratis. Die Kulturvermittler*innen Magdalena Bauer und Nici Mairhofer sowie die freien Mitarbeiter*innen Elias Walter und Tereza Wagner arbeiten beständig an der Weiterentwicklung des Vermittlungsangebots. Ab 2024 arbeitet die Historikerin Linda Erker u. a. im Vermittlungsbereich des DÖW.

Dauerausstellung des DÖW zur Geschichte des Nationalsozialismus in Österreich, zu seiner Vorgeschichte und den Nachwirkungen in der Zweiten Republik

Altes Rathaus, Wipplingerstraße 8 (im Hof), 1010 Wien.
Öffnungszeiten 2023: Montag bis Mittwoch und Freitag 9 bis 17 Uhr, Donnerstag 9 bis 19 Uhr
Online-Ausstellung (deutsch/englisch): ausstellung.de.doew.at bzw. ausstellung.en. doew.at
2023 besuchten mehr als 8.450 Personen die Ausstellung; 185 kostenlose Führungen wurden in Anspruch genommen. Die Ausstellung dokumentiert die Vorgeschichte des Nationalsozialismus ebenso wie Widerstand und Verfolgung in der NS-Zeit und die Aufarbeitung der Vergangenheit nach 1945:
- Der Aufstieg der NSDAP und ihr Weg zur Macht 1919–1933
- Der Weg zum „Anschluss": Österreich 1918–1938
- Der „Anschluss"
- NS-Terror
- Judenverfolgung
- Die Deportation der österreichischen Jüdinnen und Juden
- Widerstand (von politischem, organisiertem Widerstand über Widerstand in der Wehrmacht bis zum Resistenzverhalten Einzelner)

- Die Kärntner Slowen*innen
- Die Verfolgung der Rom*nja und Sinti*zze im Nationalsozialismus
- Die Verfolgung von homosexuellen Männern und Frauen
- Zwangsarbeit ziviler Ausländer*innen
- KZ Mauthausen
- NS-Medizinverbrechen
- Flucht und Exil
- Erinnerungskultur
- Entnazifizierung und Ahndung von NS-Verbrechen in Österreich
- Österreich und die Opfer des Nationalsozialismus
- Rechtsextremismus

Gedenkstätte für die Opfer der Gestapo Wien

Salztorgasse 6, 1010 Wien.
Öffnungszeiten 2023: auf Anfrage (Tel.: 01 22 89 469/319, office@doew.at).
www.doew.at/erkennen/ausstellung/gedenkstaette-salztorgasse
www.doew.at/english/memorial-room-for-the-victims-of-the-gestapo-vienna
Am Ort der Gedenkstätte war der Sitz der Gestapo-Leitstelle Wien. Das Gebäude wurde nach dem Krieg durch einen modernen Wohnbau ersetzt. In diesem nach dem Gestapohäftling und nachmaligen Bundeskanzler Leopold Figl benannten Gebäude errichteten 1968 die Opferverbände einen „Gedenkraum für die Opfer des österreichischen Freiheitskampfes". In der aktuellen Ausstellung wird an die inhaftiert gewesenen Widerständigen und Verfolgten erinnert und es werden historische Informationen über die Gestapo – Organisation, Mitarbeiter*innen, Arbeitsweise – vermittelt.

Die Gedenkstätte wird von Tourist*innen besucht, für Gedenkveranstaltungen genutzt und ist nachgefragter Ort für Interviews.

Gedenkstätte Steinhof: „Der Krieg gegen die ‚Minderwertigen': Zur Geschichte der NS-Medizin in Wien"

Otto-Wagner-Areal, V-Gebäude, Baumgartner Höhe 1, 1140 Wien.
Öffnungszeiten 2023: Mittwoch bis Freitag (werktags) 10–17 Uhr.
Samstag (auch an Feiertagen):
Von 16. März bis 31. Oktober: 14–18 Uhr.
Von 1. November bis 15. März: 12–16 Uhr.
Geschlossen: 24.12. und 31.12.
Online-Ausstellung (deutsch/englisch): www.gedenkstaettesteinhof.at

Auf dem heutigen Otto-Wagner-Areal befand sich die Heil- und Pflegeanstalt „Am Steinhof", die in der Zeit des Nationalsozialismus zum Wiener Zentrum der nationalsozialistischen Tötungsmedizin wurde, die mindestens 7.500 Patient*innen das Leben kostete. Unter den Todesopfern befanden sich 800 Kinder, die in der so genannten Kinderfachabteilung „Am Spiegelgrund" ermordet wurden. Seit über 20 Jahren erinnern eine Ausstellung des DÖW in Pavillon V und ein Mahnmal vor dem Jugendstiltheater an die Geschehnisse.

Die Ausstellung „Der Krieg gegen die ‚Minderwertigen'" bietet einen Überblick über die NS-Medizin in Wien zwischen 1938 und 1945. Die Gedenkstätte beherbergt auch Teile der Ausstellung von Brigitte Rigele, Wiener Stadt- und Landesarchiv, *Kindereuthanasie in Wien 1940–1945. Krankengeschichten als Zeugen.*

2023 wurden 5.700 Besucher*innen in der Gedenkstätte gezählt und 136 Führungen durchgeführt. Die Gedenkstätte ist – auf Spitalsgelände gelegen – erst seit März 2023 wieder ungehindert und zu den ursprünglichen Öffnungszeiten zugänglich, bis dahin galten besondere Präventivmaßnahmen aufgrund der Corona-Pandemie.

Die Website www.gedenkstaettesteinhof.at enthält neben allen Texten und Bildern der Ausstellung auch Videointerviews mit 12 Überlebenden des „Spiegelgrund" und anderer Fürsorgeeinrichtungen. Daten (mit der Möglichkeit der Namensuche) und ausgewählte Fotos der ermordeten Kinder vom Spiegelgrund sind auf der Website ebenso zu finden wie eine chronologische Darstellung der NS-Medizin.

Der Katalog zur Gedenkstätte Steinhof, der Beiträge von Herwig Czech, Wolfgang Neugebauer, Peter Schwarz, Brigitte Rigele und Michael Hubenstorf enthält, bietet einen informativen Überblick zur Geschichte der NS-Medizin in Wien.

100 Jahre lang wurde das Areal als Spital genutzt; weltberühmt sind die Gebäude, insbesondere die Kirche von Otto Wagner. Die Klinik Penzing (früher: Otto-Wagner-Spital) ist mittlerweile abgesiedelt, das gesamte Gelände wird neuen Nutzungen zugeführt. In den kommenden Jahren wird es zu einer Stätte für Kultur, Bildung und Wissenschaft umgestaltet. Auch das Dokumentationsarchiv des österreichischen Widerstandes wird seinen neuen Platz in einem der Pavillons finden. Die Gedenkstätte in der jetzigen Form im Pavillon V wird vorläufig bestehen bleiben, soweit es die Umbauarbeiten im Zuge der Neugestaltung des gesamten Areals zulassen. Das DÖW wird ein Vermittlungskonzept für das gesamte belastete Areal des Steinhofs und des Spiegelgrundes erarbeiten. 2022 wurde ein themenspezifischer Workshop entwickelt, der ortsunabhängig – d. h. vor allem in der Dauerausstellung im Alten Rathaus – durchgeführt werden kann, falls die Gedenkstätte während der Umbauarbeiten geschlossen werden muss: „[...] *die Hölle meiner Tage, die sich Kindheit nannte." Workshop zu Zeitzeugenberichten von Überlebenden des „Spiegelgrund".*

Seit Mai 2024 bietet das DÖW jeden ersten Samstag im Monat den zweistündigen Rundgang *Der Steinhof im Nationalsozialismus* an. Der Rundgang über das Otto-Wagner-Areal befasst sich mit den an diesem Ort geschehenen NS-Medizinverbrechen sowie deren Aufarbeitung und Erinnerung. Die Teilnahme ist gegen Anmeldung kostenlos, aktuelle Termine, Treffpunkte etc. finden sich auf der Website. Bei Regenwetter findet als Ersatzprogramm eine Überblicksführung in der Ausstellung im Pavillon V statt.

Temporäre Ausstellungen und Wanderausstellungen

Temporäre Ausstellungen werden von DÖW-Mitarbeiter*innen im Auftrag des DÖW und auch in Kooperation mit anderen Institutionen erarbeitet. Das DÖW zeigt regelmäßig Sonderausstellungen in der Dauerausstellung im Alten Rathaus, die sich schwerpunktmäßig mit einem speziellen Aspekt der NS-Geschichte beschäftigen. Das DÖW bietet auch Kolleg*innen außerhalb des Instituts die Möglichkeit kleine Sonderausstellungen zu präsentieren.

Von 25. Februar 2022 bis 15. Januar 2023 war die Ausstellung *Wider die Macht. Die Kunstsammlung des Dokumentationsarchivs des österreichischen Widerstandes* im Museum Niederösterreich/Haus der Geschichte zu sehen. Die Ausstellung zeigte Biografien und Kunstwerke, die von den verschiedenen Formen des Widerstandes berichteten: Vom Bürgerkrieg in Spanien über die Résistance in Frankreich, in denen zahlreiche Österreicher*innen aktiv gewesen waren, bis zum militärischen Widerstand am Ende des Zweiten Weltkrieges. Nach 1945 verarbeiteten die Überlebenden ihre Erinnerungen auf unterschiedliche künstlerische Weise. Manche dokumentierten ihre traumatischen Erfahrungen in drastischen Darstellungen, andere verwandelten sie in abstrakte Formen – und wiederum andere wollten mit ihren Bildern künftige Generationen warnen, dass sich die Geschichte nicht wiederhole.

Das DÖW stellte über Michael Achenbach 2023/24 die Expertise, Materialien und personelle Ressourcen für die Ausstellung auf der Burg Schlaining *Dunkle Zeiten. Von Tätern und Gerechten* zur Verfügung. Die Ausstellung wurde am 9. Mai 2024 eröffnet und thematisiert Widerständige, Opfer und Täter des Nationalsozialismus im Burgenland. Sie ergänzt die Schau zum 100-jährigen Jubiläum des Burgenlandes. Das DÖW unterstützt das Land Burgenland auch bei der Entwicklung eines Vermittlungsangebotes für Schüler*innen.

Kleine Wanderausstellungen des DÖW können gebührenfrei (abgesehen von – geringen – Transport- und Versicherungskosten) entliehen werden:

border(hi)stories. 1914–2022. 100 Jahre Grenzgeschichte(n)

Im Laufe des 20. Jahrhunderts waren es oft gegenseitige Ablehnung und Konfrontation, die die regionale und nationale Identität der Bevölkerung Westungarns und Ostösterreichs formten. Mehrmals wurde an der österreichisch-ungarischen Grenze Weltgeschichte geschrieben, wie zum Beispiel an der Brücke von Andau, zu Zeiten der ungarischen Revolution und des Freiheitskampfes 1956 oder 1989 beim Abbau des Eisernen Vorhangs.

In der Ausstellung erinnern 26 Gedenkorte an Ereignisse und Konflikte, aber auch an grenzübergreifende Kooperationen vom Ersten Weltkrieg bis in die Gegenwart – aus ungarischer wie auch aus österreichischer Perspektive.

Die Ausstellung auf Ungarisch, Deutsch und Englisch basiert auf einem digitalen Internetarchiv, das Interessierten – mit Hilfe eines QR-Codes – den Zugriff auf weiteres Fotomaterial, historische Dokumente, Videoclips und Fachliteratur ermöglicht (www.borderhistories.eu).

35 Roll-Ups. Breite: 100 cm, Höhe: 210 cm.

Lob des Ungehorsams

Empörung, Mitleid, Liebe, politische Überzeugung, religiöser Glaube führten vom Erkennen von Unrecht zu widerständigem Handeln gegen das NS-Regime: Ein katholischer Bauer, ein Zeuge Jehovas, eine mutige Krankenschwester, idealistische Jugendliche, ein kommunistisches Liebespaar, Offiziere und Deserteure zeigen Varianten des Widerstandes und die unerbittliche Realität der Verfolgung. (www.doew.at/erinnern/fotos-und-dokumente/1938-1945/lob-des-ungehorsams)

Die Wanderausstellung des DÖW (Winfried R. Garscha, Christine Schindler) und der Kategorialen Seelsorge der Erzdiözese Wien umfasst 7 Bahnen mit Ösen zum Aufhängen, je rund 1 m breit, 2,50 m hoch.

Der Krieg gegen die ‚Minderwertigen‘. Zur Geschichte der NS-Medizin in Wien

Die Wanderausstellung umfasst die Inhalte der Gedenkstätte Steinhof. (Autoren: Herwig Czech, Wolfgang Neugebauer, Peter Schwarz, www.gedenkstaettesteinhof.at)

19 Tafeln, je rund 1 m breit, 2 m hoch, selbststehend.

„dachaureif". Der Österreicher-Transport aus Wien in das Konzentrationslager Dachau am 1. April 1938. Biografische Skizzen der Opfer

Nach der Machtübernahme der Nationalsozialisten in Österreich Mitte März 1938 ging Anfang April 1938 der erste Transport mit 150 Verhafteten – ausschließlich Männer – in das KZ Dachau. Darunter befanden sich unter anderem Angehörige der Vaterländischen Front, aber auch deren politische Gegner, Sozialdemokraten und Kommunisten, sowie eine größere Gruppe bekannter jüdischer Künstler und Wirtschaftstreibender. Die von Claudia Kuretsidis-Haider und Rudolf Leo unter Mitarbeit von Christine Schindler konzipierte Wanderausstellung zeigt ausgewählte Biografien der Deportierten und zeichnet deren Schicksale nach.

11 Bahnen (119 cm breit, 92 cm hoch), Aufhängung: Stahlrohre (oben und unten zur Beschwerung), Schnürung.

Das kurze Leben der Ruth Maier (1920–1942): Wien – Oslo – Auschwitz

Ausstellung des DÖW und des Zentrums für Holocaust- und Minderheitenstudien, Oslo, in Kooperation mit den Wiener Volkshochschulen in Deutsch, Englisch und Einfacher Sprache.

Ruth Maier wurde 1920 in Wien als Tochter des Vorsitzenden der Postgewerkschaft, Ludwig Maier, geboren. Als Jugendliche begann sie Tagebücher zu schreiben. An ihrem 18. Geburtstag wurde sie Zeugin der Gewaltexzesse des Nazi-Mobs während des Novemberpogroms 1938 in Wien. Ruth Maier, die zuvor nur eine lose Beziehung zum Judentum hatte, begann in ihrem Tagebuch eine Auseinandersetzung über ihre Identität. Verjagt von der Schule, delogiert aus der Gemeindewohnung, ohne jede Zukunft im NS-beherrschten Österreich, fand sie im Jänner 1939 Zuflucht in Norwegen. Im November 1942 lieferte die Polizei der Quisling-Regierung sie an die Nationalsozialisten aus. Gemeinsam mit Hunderten norwegischen Jüdinnen und Juden von Oslo nach Auschwitz deportiert, wurde sie dort am 1. Dezember 1942 ermordet. Ihre Tagebücher und Briefe sind seit 2014 Teil des UNESCO-Weltdokumentenerbes (Memory of the World).

Auf Basis der Ausstellung des DÖW von Winfried Garscha von 2017 erfolgte 2022 in Zusammenarbeit mit den Wiener Volkshochschulen eine Neugestaltung, die ihren Fokus auf eine einfache Sprache legte, um Menschen mit geringeren Deutschkenntnissen zu erreichen. Die Ausstellung war 2022/23 in der VHS Ottakring zu sehen, die Eröffnung erfolgte unter Mitwirkung von Schüler*innen aus Afghanistan. Seither wurde sie an vielen Orten gezeigt, vom Wiener Rathaus – aus Anlass der Aufnahme von Ruth Maier in die Pionierinnengalerie der Stadt Wien – bis zur HOSI Wien, die ihre Bibliothek nach der ermordeten jungen Frau benannte, auch im Stadttheater Gmunden, wo 2023 die Weltpremiere des Musicals „Brief von Ruth" in Kooperation mit der New York Opera Society stattfand. Ensemblemitglieder wirkten bei der Ausstellungseröffnung in der VHS Ottakring mit. Bei der Langen Nacht der Museen am 7. Oktober 2023 sahen über 1.100 Menschen die Ausstellung im DÖW. Vorherige Adaptionen der Ausstellung waren auch in den USA, Tschechien und Norwegen zu sehen gewesen.

Für die Workshops mit den Teilnehmer*innen der PSA-Kurse, Brückenkurse, Basisbildung DAZ und Basisbildung DAZ Jugendliche der VHS Ottakring sowie der Kurse „Mama lernt Deutsch" wurde ein eigenes Vermittlungskonzept unter der Leitung des

Vermittlungsteams des DÖW und der VHS Wien erarbeitet. Kostenlose Workshops für Unterrichtende der IEB (Initiative Erwachsenenbildung) Ottakring sowie für Lehrende an öffentlichen Schulen wurden 2023 angeboten. Der Fokus richtet(e) sich auf Menschen mit Migrationshintergrund und mit wenig formaler Schulbildung. Sowohl die Adaptierung der Ausstellung als auch die Workshopkonzeption erfolgten mit Teilnehmenden von Basisbildungs- und Pflichtschulabschlusslehrgängen der Wiener Volkshochschulen.

2024/25 ist die Ausstellung – mit Unterstützung des Verbandes Österreichischer Hochschulen (VÖV) – an den VHS-Standorten in den Bundesländern zu sehen. Dem Verleih der Ausstellung werden jeweils Multiplikator*innenworkshops für Erwachsenenbildner*innen, Lehrer*innen, Sozialpädagog*innen zur Seite gestellt. Eine kurze Anleitung für die selbstständige Durchführung ähnlicher Formate wurde erarbeitet. Das DÖW wirkte an der Erstellung der Begleitmaterialien mit; die Kulturvermittler*innen des DÖW halten die Multiplikator*innenworkshops in den Bundesländern ab.

Die Ausstellung kann in der neuen Fassung beim DÖW entliehen werden. Sie umfasst 9 Tafeln, die stehend oder hängend präsentiert werden können (80 cm breit, 184 cm hoch).

Förderpreise

Herbert-Steiner-Preis

Der Preis – benannt nach dem Mitbegründer und langjährigen Leiter des DÖW und der International Conference of Labour and Social History (ITH), dem 2001 verstorbenen Herbert Steiner und gestiftet von seiner Familie – wird von DÖW und ITH vergeben für wissenschaftliche Arbeiten in deutscher oder englischer Sprache, die noch nicht veröffentlicht (gedruckt) sind, zu den Themen Widerstand/Verfolgung/Exil in der Zeit des Faschismus und Nationalsozialismus sowie Umgang mit dieser Vergangenheit nach 1945 und Geschichte der Arbeiterbewegung.

Den Herbert Steiner-Preis 2023 (à Euro 4000,-) erhielt Johannes Glack (*Zwischen Endkampf und Werwolf. Die Täter der Endphaseverbrechen im April 1945 im Kreis Scheibbs. Eine mikrohistorische Analyse von Gerichtsakten*); je einen Herbert-Steiner-Anerkennungspreis 2023 (à Euro 2.000,-) erhielten Irene Messinger (*Verfolgung und Widerstand von Fürsorgerinnen aus Wien 1934–1945. Biografien, Netzwerke, Wissenstransfer*) und Annika Padoan (*Das französische Holocaust- und Kolonialgedächtnis im Spiegel des Barbie-Prozesses 1987*).

Einreichungen für den Herbert Steiner-Preis sind jedes Jahr bis 31. Mai möglich. Ein Ausdruck der eingereichten Arbeit muss postalisch, die Arbeit selbst, ein Abstract und der Lebenslauf müssen zeitgerecht elektronisch im DÖW einlangen. Der Jury gehören derzeit Brigitte Bailer (DÖW), die Historikerin Ingrid Bauer, die an der Universität Salzburg lehrte, der Journalist Peter Huemer, Helmut Konrad, langjähriger Rektor und Dekan an der Universität Graz, und Peter Steinbach von der Gedenkstätte Deutscher Widerstand an. Die Geschäfte des Vereins, der für die Abwicklung des Preises verantwortlich ist, führen Christine Schindler und Winfried R. Garscha.

Radomír-Luža-Preis

Der von der Vereinigung der *American Friends of the Documentation Center of Austrian Resistance* gemeinsam mit der University of New Orleans ausgelobte Preis ist nach dem tschechisch-amerikanischen Historiker Radomír Luža (1922–2009) benannt, Autor der ersten wissenschaftlichen Studie über den Widerstand in Österreich. Der Preis wird für herausragende amerikanische Dissertationen zur österreichischen und tschechoslowakischen Geschichte im 20. Jahrhundert, insbesondere in der NS-Zeit, oder ein im vorangegangenen Jahr publiziertes Buch verliehen. Der Preis wurde bisher von der University of New Orleans und dem Zukunftsfonds der Republik Österreich getragen, ab 2025 übernimmt die German Studies Association (GSA) die Finanzierung.

Die Preisverleihung findet jeweils im Rahmen der Jahrestagung der GSA statt – eine jährlich in einer anderen Stadt der USA stattfindende Konferenz der Forschenden und Lehrenden von Literatur, Geschichte und Politik der deutschsprachigen Länder. 2023 ging der Radomír Luža-Preis (mit einem Preisgeld von USD 1.000,-) an Brett E. Sterling für sein Buch „Hermann Broch and Mass Hysteria. Theory and Representation in the Age of Extremes".

Präsidentin der American Friends ist Lorely French, Professorin für Deutsch an der Pacific University of Oregon. Winfried R. Garscha fungiert als Verbindungsglied zum DÖW. Über die Vereinigung informiert die Website www.austrianresistance.org.

Ferdinand-Berger-Preis

DÖW-Vorstandsmitglied Ernst Berger und sein Sohn René Berger stifteten aus Anlass des 100. Geburtstages des Vaters und Großvaters 2017 den Ferdinand-Berger-Preis. Ferdinand Berger, Februarkämpfer in Gösting bei Graz, Interbrigadist auf Seiten der Republik im Spanischen Bürgerkrieg, überlebte die KZ Dachau und Flossenbürg. Nach der Befreiung trat er in Wien in den Polizeidienst ein, um sich am Aufbau einer demokratischen Polizei zu beteiligen. Nach seiner Pensionierung engagierte er sich als ehrenamtlicher Mitarbeiter des DÖW und als Zeitzeuge in Schulen und fungierte als Obmann der Lagergemeinschaft Dachau. Der Ferdinand-Berger-Preis ist mit jährlich Euro 3.000,- dotiert und wird für wissenschaftliches, publizistisches, öffentliches Wirken gegen Neofaschismus, Rechtsextremismus, Rassismus und demokratiegefährdendes Verhalten vergeben. Der Preis ist beim DÖW angesiedelt und wird von einer unabhängigen Jury vergeben, in der die Stifter Ernst Berger und René Berger sowie Corinna Milborn, Paulus Hochgatterer, Alexander Mitteräcker, Ruth Wodak sowie für das DÖW Andreas Kranebitter und Christine Schindler Mitglieder sind.

2023 wurde der Ferdinand-Berger-Preis an Petar Rosandić (Kid Pex) verliehen. Als Obmann des Vereins „SOS Balkanroute" setzt er sich seit 2019 vor allem für in Bosnien und Serbien an der EU-Außengrenze gestrandete Flüchtlinge ein.

Helga-und-Willy-Verkauf-Verlon-Preis

Die Helga-und-Willy-Verkauf-Verlon-Preise ehren Verdienste um die antifaschistische Publizistik und sind mit 2.000 Euro dotiert, sie werden unregelmäßig verliehen.

Willy Verkauf-Verlon, 1917–1994, wurde in Zürich geboren. Er ist in Wien aufgewachsen und emigrierte mit seinen Eltern 1933 nach Palästina. 1946 kehrte er nach Wien zurück. Verkauf-Verlon arbeitete als Herausgeber, Verleger, Buchhändler und als bildender Künstler. Er wirkte in Österreich, der Schweiz, Frankreich und Israel. Seine Witwe Helga Verkauf-Verlon, Kuratoriumsmitglied des DÖW – sie verstarb 2005 –, initiierte die „Stiftung Willy und Helga Verkauf-Verlon Preis für antifaschistische Literatur in Österreich".

Website und Social Media

www.doew.at

Informationen zu Projekten, Veranstaltungen, Themen, Gremien, Sammlungen, Forschungsergebnissen, Publikationen und Ausstellungen finden sich auf der Website des DÖW, die – ebenso wie die Social-Media-Auftritte – von Bit Michlmayr redaktionell betreut wird.

Auf der Website zentral platziert ist der Zugang zu den Personendatenbanken des DÖW mit aktuell 78.675 Einträgen. In vernetzter Form bietet diese Opfersuche Informationen zu den österreichischen Shoah-Opfern und Todesopfern politischer Verfolgung 1938–1945, zu den von der Gestapo Wien erkennungsdienstlich erfassten Männern und Frauen (in dieser Datenbank sind auch Überlebende erfasst) sowie zu den Opfern der Wiener Euthanasie-Klinik Am Spiegelgrund. In vielen Fällen sind die Personeneinträge mit Bildern und Dokumenten verknüpft. Die Datenbanken sind ein virtueller Gedenkort für die Opfer des NS-Regimes.

Auszüge aus Interviews mit Zeitzeugen und Zeitzeuginnen (*Erzählte Geschichte*), Kurzbiografien von Opfern der stalinistischen Verfolgung (bis 1945) und biografische Skizzen rücken das Schicksal von Widerständigen und Verfolgten in den Mittelpunkt.

Eine virtuelle Presseschau – *Media-Watchlist* – verweist auf Hintergrundberichte zu den thematischen Schwerpunkten des DÖW. *Neues von ganz rechts* berichtet über aktuelle rechtsextreme Entwicklungen.

Die Website www.doew.at ist ein wesentliches Vermittlungsinstrument des Instituts. 2023 verzeichnete sie über 188.000 Einzelbesucher*innen. Durchschnittlich haben knapp 15.700 Personen monatlich auf die Seite zugegriffen. Besonders viele Seitenaufrufe verzeichneten die Rubriken „Erinnern" (Biografien, Fotos und Dokumente, Personendatenbanken) sowie „Erkennen" (Inhalte zu Rechtsextremismus und Informationen zu den DÖW-Ausstellungen).

2023 wurde das Jahrbuch 2022 online gestellt (Delogiert und ghettoisiert. Jüdinnen und Juden vor der Deportation, hrsg. v. Christine Schindler und Wolfgang Schellenbacher). Winfried R. Garscha und Bit Michlmayr verfassten eine biografische Skizze zu Julius Madritsch (1906–1984) und Winfried R. Garscha zu Paula und Erich Prager-Mandowsky – geflüchtet nach Budapest, Opfer der Shoah.

Im Zuge der Digitalisierungsarbeiten der Fotosammlung des DÖW im Rahmen des Projektes *Kulturerbe digital* informiert Fotoarchivar Michael Achenbach in einem eigenen Blog regelmäßig über den Bestand. Er berichtet über neue wissenschaftliche Erkenntnisse zu den Fotos der Sammlung, weist auf Besonderheiten hin und stellt Fotokonvolute vor. Erschienen sind bislang: *Die Digitalisierung der Fotosammlung des DÖW* und *Februar 1934. Ein Foto-Taschenalbum als Ausdruck der politischen Haltung.*

Bibliothekar Stephan Roth stellt auf der Website „Kinder- und Jugendbücher in der Bibliothek des DÖW" vor. Der Bestand umfasst sowohl antisemitische Nazistica wie „Der Giftpilz" als auch Nachkriegsliteratur, die sich auf verschiedene Weise an Jugendliche richtet. Die Sammlung beinhaltet heute unbekannte Autor*innen, berühmte Schriftsteller*innen wie Christine Nöstlinger und Graphic Novels, die sich in der Form eines Comics der Thematik widmen.

Auch die Mitteilungen des DÖW werden auf der Website veröffentlicht. Sie können auch postalisch kostenlos abonniert werden. Die Mitteilungen werden einem inhaltlichen und gestalterischen Relaunch unterzogen und erscheinen daher aktuell unregelmäßig.

Twitter, Facebook, Social Media

Auf X/Twitter hat das DÖW aktuell über 15.000 Follower*innen (Tweet Impressions 2023: 702.100; durchschnittlich ca. 1.924 Impressions pro Tag). Der im Juni 2023 eingerichtete Facebook-Auftritt des DÖW (www.facebook.com/DokumentationsarchivDOEW) hat Mitte 2024 mehr als 1.000 Follower*innen. Auf Bluesky ist das DÖW seit Oktober 2023, aktuell folgen dort 1.200 Personen dem DÖW. Seit Januar 2024 ist das DÖW auch auf Instagram, wo es über 1.600 Follower*innen zählt.

Hauptinhalte der Auftritte sind die Bewerbung von hauseigenen und externen Veranstaltungen, die Bekanntmachung neuer Inhalte auf der DÖW-Website sowie der

Hinweis auf Medienauftritte von DÖW-Mitarbeiter*innen und auf Neuzugänge zur DÖW-Bibliothek. Verschiedentlich werden auch aktuelle Ereignisse (insbesondere aus dem Bereich des Rechtsextremismus-Monitoring) via Twitter kommentiert.

Verluste

Ehemalige Widerstandskämpfer*innen, Überlebende der NS-Verfolgung und Wissenschafter*innen haben 1963 das DÖW gegründet und über Jahrzehnte begleitet. Unermesslich ist der Wert ihres Beitrages für das freie Österreich, für die Erforschung der Vergangenheit und die Geschichte des Instituts. Betroffene, Engagierte, Forscher*innen, Kolleg*innen in Projekten und Initiativen, an Universitäten und Gedenkeinrichtungen arbeiten immer wieder mit dem DÖW zusammen bzw. wirken in dessen Gremien. 2023 mussten wir uns wieder von langjährigen Weggefährt*innen verabschieden:

Karl Pfeifer starb am 6. Januar 2023 im 94. Lebensjahr. Pfeifer, der hohe Auszeichnungen in Österreich erhalten hatte – Goldene Ehrenzeichen für Verdienste um die Republik, Wien und Niederösterreich sowie den ersten Simon Wiesenthal-Preis 2021 –, war dem DÖW über viele Jahre eng verbunden. Er war den Nationalsozialisten über Ungarn nach Palästina entkommen, kehrte Anfang der 1950er Jahre zurück und engagierte sich Jahrzehnte als Journalist und Zeitzeuge gegen den Antisemitismus. Er vermachte seinen schriftlichen Nachlass dem DÖW.

Am 12. Januar 2023 verschied Herbert Crammer, der 2022 noch seinen 100. Geburtstag begangen hatte. Crammer hatte als Gymnasiast der Widerstandsgruppe um den Augustiner-Chorherrn des Stiftes Klosterneuburg Roman Karl Scholz angehört. Die Gruppe wurde verraten, viele Mitglieder wurden hingerichtet, Crammer überlebte mehrere Jahre Haft. Nach dem Krieg arbeitete der Jurist bei der Polizei und gehörte dem Kuratorium des DÖW an.

Am 12. März 2023 starb der 1950 geborene Historiker Fritz Keller. In den 1970er Jahren arbeitete er in dem vom DÖW herausgegebenen Sammelband über „Rechtsextremismus in Österreich nach 1945" mit. Er verfasste Werke zur Gewerkschaftsbewegung und im Auftrag der österreichischen Historikerkommission zur Geschichte des Marktamtes während des Nationalsozialismus.

Josef Ehmer starb am 10. Mai 2023 im 75. Lebensjahr. Ehmer war 2005 bis zur Emeritierung 2016 Universitätsprofessor für Wirtschafts- und Sozialgeschichte in Wien und viele Jahre Vorstandsmitglied der von Herbert Steiner mitbegründeten International Conference of Labour and Social History.

Am 11. Juni 2023 starb Franz Leichter im 93. Lebensjahr. Der ehemalige Senator des Staates New York war der Sohn der 1942 ermordeten Wirtschaftswissenschafterin, Frauenrechtlerin und Widerstandskämpferin Käthe Leichter. Ihr Mann und ihre beiden Söhne konnten in die USA entkommen. Auf Initiative des DÖW-Mitbegründers Herbert Steiner wurde 1991 der Käthe-Leichter-Preis ins Leben gerufen.

Am 11. August 2023 verstarb Heidemarie Uhl, geb. 1956. Niemand prägte die Erforschung der Erinnerungskultur(en) in Österreich mehr als die renommierte Historikerin. Die wissenschaftliche und gesellschaftspolitische Auseinandersetzung mit diesem wesentlichen Aspekt der Nachkriegsgeschichte führte in den vergangenen Jahrzehnten zu zahlreichen Kooperationen und Begegnungen zwischen Heidemarie Uhl und den DÖW-Mitarbeiter*innen.

Waltraud Häupl, geb. 1935, starb am 26. August 2023. Die Künstlerin und ehemalige Kunsterzieherin bemühte sich erfolgreich um die Erinnerung an die Kinder vom Spiegelgrund. Häupls Schwester Annemarie Danner war dort 1942 ermordet worden.

Die ehrenamtliche Mitarbeiterin des DÖW Leopoldine Kral, geb. 1927, starb am 16. Oktober 2023 in Wien. Sie hat als Kind die Februarkämpfe im Schöffelhof (Wien-Gersthof) erlebt und als Zeitzeugin davon berichtet. Bis ins hohe Alter war sie im DÖW tätig.

Rudolf Jeřábek, geb. 1956, starb am 14. September 2023. Er war den Mitarbeiter*innen des DÖW als freundlicher und hilfsbereiter Mitarbeiter des Österreichischen Staatsarchivs, zuletzt als Leiter des Archivs der Republik bekannt.

Lotte Rybarski, geb. 1923 als Lotte Freiberger, war viele Jahre ehrenamtlich im DÖW tätig. Prekär geschützt durch die nicht-jüdische Abstammung ihrer Mutter überlebte sie mit ihren Eltern in Wien, während viele Verwandte und Freund*innen in der Shoah ermordet wurden. Das DÖW gratulierte im Sommer noch zu ihrem 100. Geburtstag, am 8. Dezember 2023 starb Lotte Rybarski in Wien.

Am 27. Dezember 2023 starb der Historiker und Kulturanthropologe Hubert Christian Ehalt. Ehalt, geb. 1949, war von 1984 bis 2016 Referent der Stadt Wien (MA 7) für die Förderung von Wissenschaft und Forschung. In dieser Funktion unterstützte er über Jahrzehnte Arbeiten und Projekte des DÖW, dessen Vorstand er viele Jahre angehörte. Bis zu seiner Pensionierung war Ehalt Vertreter der Stadt Wien im Kontrollausschuss des Stiftungsrates des DÖW.

Abb. 9: Gedenkveranstaltung für den Widerstandskämpfer Hans Vollmar, Assistent am I. Chemischen Laboratorium. Mit Käthe Sasso (im Rollstuhl), Innenminister Gerhard Karner (vorne Mitte), Hannah Lessing vom Nationalfonds der Republik Österreich, Vertreter*innen der Opferverbände (Norbert Kastelic, Gerald Netzl, Winfried R. Garscha) und Ursula Schwarz vom DÖW. Nationale Gedenkstätte, Zentralfriedhof, 8. Mai 2023. © BMI/Jürgen Makowecz.

Ehrungen

2023 erfolgten wieder ehrenvolle Würdigungen, Preisverleihungen und posthume Benennungen von Verkehrsflächen und Gebäuden.

Die B'nai B'rith Zwi Peres Chajes Loge hat die Menorah für herausragende humanitäre Leistungen 2023 an den vormaligen Leiter des DÖW Gerhard Baumgartner und den Präsidenten der am DÖW angesiedelten Aktion gegen Antisemitismus in Österreich Cornelius Obonya verliehen.

Gabriella Hauch, Gründungsprofessorin des Instituts für Frauen- und Geschlechterforschung an der Kepler-Universität Linz, ehemalige Präsidentin der International Conference of Labour and Social History (ITH) und Vorstandsmitglied des DÖW, erhielt den Oberösterreichischen Landeskulturpreis in der Kategorie Kultur- und Geisteswissenschaft.

Peter Autengruber erhielt die Rosa-Jochmann-Plakette des Bundes Sozialdemokratischer FreiheitskämpferInnen, Opfer des Faschismus und aktiver AntifaschistInnen. Autengruber war Mitglied der Historiker*innenkommission zu den Wiener Straßennamen und verfasste Standardwerke zur Wiener Stadtgeschichte. Im DÖW arbeitet

Autengruber im Projekt „Gemeindebau in der NS-Zeit" mit, gefördert von Wiener Wohnen.

Linda Erker erhielt den Michael-Mitterauer-Anerkennungspreis 2023 für ihre Monografie „Die Universität im Austrofaschismus" (Göttingen 2021). Der Preis für hervorragende Arbeiten zur Gesellschafts-, Kultur- und Wirtschaftsgeschichte wird alle zwei Jahre vom Institut für Wirtschafts- und Sozialgeschichte der Universität Wien, dem Förderungsverein des Wissenschaftspreises für Wirtschaftsgeschichte, der Kulturabteilung der Stadt Wien und dem Bundesministerium für Bildung, Wissenschaft vergeben.

Der Wiener Gemeindeausschuss für Kultur und Wissenschaft beschloss die Volks- und Mittelschule in der Langobardenstraße 135 (1220 Wien) als Antonia-Bruha-Schule zu benennen. Toni Bruha, geborene Spath (1915–2006), gehörte einer Widerstandsgruppe von Wiener Tschech*innen an. Sie wurde 1941 verhaftet und war von 1942 bis April 1945 im KZ Ravensbrück inhaftiert. Nach Kriegsende engagierte sie sich in der Österreichischen Lagergemeinschaft Ravensbrück. Im DÖW betreute sie jahrzehntelang die Sammlung Frauen-KZ Ravensbrück. Ihre nach der Befreiung aufgeschriebenen Erinnerungen an die Haft veröffentlichte sie 1984 unter dem Titel „Ich war keine Heldin", sie wurden zuletzt 2022 neu aufgelegt.

Am 6. Juni 2023 eröffneten Stadträtin für Kultur und Wissenschaft Veronica Kaup-Hasler und Bezirksvorsteher Markus Rumelhart den namenlosen Platz vor der Pfarrkirche Mariahilf an der Ecke Barnabitengasse / Mariahilfer Straße als Erika-Weinzierl-Platz. Die Pionierin der österreichischen Zeitgeschichte Erika Weinzierl engagierte sich zeitlebens gegen den Antisemitismus. Schon in der NS-Zeit in der Katholischen Studentenseelsorge aktiv, war sie bis zu ihrem Tod Vorstandsmitglied des DÖW.

Struktur

*Angestellte Mitarbeiter*innen 2023*
Geschäftsführender Wissenschaftlicher Leiter: MMag. Dr. Andreas Kranebitter.
Mitarbeiter*innen: Mag. Michael Achenbach, Magdalena Bauer, MA, Dr.^in Evrim Erşan Akkılıç, Mag.^a Jutta Fuchshuber, Bianca Kämpf, BA, Christopher Kummer, BA MA, Mag.^a Dr.^in Claudia Kuretsidis-Haider, Mag.^a Anne Langner, Mag. Dr. Rudolf Leo, Nici Mairhofer, MA, Mag.^x Bit Michlmayr, BEd, Mag. Dr. Manfred Mugrauer, Nedim Mujanović, Andreas Peham, Judith Prem, Minas Ramadan, BA, Dominik Richter, Mag. Stephan Roth, Mag. Siegfried Sanwald, Mag. Wolfgang Schellenbacher, Christine Schindler, BA MBA, Mag.^a Dr.^in Ursula Schwarz, Willi Skalda, Isolde Vogel, BA BA MA, Dr. Bernhard Weidinger, Florian Zeller, BA MA.

Mit dem Projektmanagement des DÖW war 2023 Christine Schindler, mit den Personalagenden Stephan Roth betraut. Die ordnungsgemäße Finanzgebarung des Hauses gewährleisteten Judith Prem und Minas Ramadan mit Halbwachs Schmitt & Partner

Steuerberatung GmbH sowie die Aufsichtsgremien des DÖW. Seit 2023 verstärkt Anne Langner im Office Management mit Eva Kriss das Team.

Die IT des DÖW wird von der Firma Spineffect betreut, Websites und Datenbanken von der Firma Braintrust. In den Händen der Kanzlei Haider/Obereder/Pilz liegt die juristische Beratung und Vertretung des Institutes.

Das DÖW wurde 1963 von ehemaligen Widerstandskämpfer*innen und Verfolgten des NS-Regimes sowie engagierten Wissenschafter*innen als Verein gegründet. 1983 wurde die Stiftung DÖW errichtet: Die Republik Österreich und die Stadt Wien finanzieren seither die Stiftung zu gleichen Teilen, der Verein brachte die Materialien (Dokumente, Fotos, Kunstwerke etc.) ein. Ko-Finanzierungen erfolgen durch das Land Niederösterreich, verschiedene Ministerien und über Drittmittel.

Stiftungsrat

Der Stiftungsrat besteht aus zwölf Mitgliedern. Sechs Mitglieder werden vom Vorstand des Vereins DÖW sowie je drei Mitglieder von der Republik Österreich, vertreten durch das Bundesministerium für Wissenschaft und Forschung, und von der Stadt Wien entsendet. Der Geschäftsführende Wissenschaftliche Leiter bzw. die Geschäftsführende Wissenschaftliche Leiterin wird vom Stiftungsrat auf unbestimmte Zeit bestellt. Der Stiftungsvorstand besteht aus dem oder der Geschäftsführenden Wissenschaftlichen Leiter bzw. Leiterin und drei Vertreter*innen aus dem Kreis der Mitarbeiter*innen.

Stiftungsrat 2023
Vorsitzender: Dr. Michael Häupl.
Stv. Vorsitzende: Dkfm. Dr. Claus J. Raidl, SC Mag.^a Barbara Weitgruber, MA.
Weiters: Prof. DDr. Werner Anzenberger, Doz.^in Dr.^in Brigitte Bailer, SR Dr.^in Ruth Beinhauer, Mag.^a Eva Blimlinger, Mag.^a Ursula Brustmann, RA Dr. Heinrich Keller, Dr. Christoph Ramoser, Mag. Marcus Schober, Dr. Florian Wenninger.
Kontrollausschuss: Mag.^a Helga Steinböck, MA, weiters: KR Dr. Gerhard Kastelic, Mag. Daniel Löcker, MA, Vizebürgermeister Harald Ludwig, Bezirksvorsteher i. R. Dr. Richard Schmitz, MR Mag.^a Sigrid Steininger, MBA.
Stiftungsvorstand 2023: MMag. Dr. Andreas Kranebitter, Mag.^a Dr.^in Claudia Kuretsidis-Haider, Mag. Stephan Roth, Christine Schindler, BA MBA.

Verein

Aktuell rund 400 Mitglieder des Vereines DÖW sind bei der Generalversammlung stimmberechtigt. Sie wählen den Vereinsvorstand. Dem Kuratorium des DÖW gehören

Persönlichkeiten des wissenschaftlichen, kulturellen und öffentlichen Lebens an, die bereit sind, das DÖW aktiv zu unterstützen. Die Mitglieder des Kuratoriums werden durch den Vorstand ernannt, der darüber der Generalversammlung berichtet. Die 140 Mitglieder des Kuratoriums sind auch ordentliche Mitglieder des Vereins mit allen Rechten und Pflichten. Die Generalversammlung fand am 19. Oktober 2023 im Wiener Rathaus statt.

Vereinsvorstand 2023
Präsident: Dr. Michael Häupl.
Vizepräsidenten: Prof. DDr. Werner Anzenberger, Obmann Albert Dlabaja, KR Dr. Gerhard Kastelic, Dkfm. Dr. Claus J. Raidl.
Kassierin: Doz.[in] Dr.[in] Brigitte Bailer.
Kassier-Stv.: PD Dr. Helmut Wohnout.
Weitere Mitglieder: Sr. Dr.[in] Ruth Beinhauer, Univ.-Prof. Dr. Ernst Berger, Präsident der IKG Oskar Deutsch., MMag. Markus Figl, DDr.[in] Barbara Glück, Univ.-Prof.[in] Dr.[in] Gabriella Hauch, Univ.-Prof. Dr. Dr. h. c. Clemens Jabloner, RA Dr. Heinrich Keller, Mag. Markus Kroiher, MA MA, Mag.[a] Hannah Lessing, Leitender Sekretär Willi Mernyi, Dr. Ariel Muzicant, Hon.-Prof. Dr. Wolfgang Neugebauer, Univ.-Prof. Dr. Bertrand Perz, Dipl.-Ing. Rudolf Schicker, Dr. Gerhard Schmid, Dr. Kurt Scholz, Mag.[a] Terezija Stoisits, Mag. Manfred Wirtitsch.
Wissenschaftlicher Leiter: MMag. Dr. Andreas Kranebitter.
Kontrolle: Mag.[a] Eva Blimlinger, Vizebürgermeister Harald Ludwig, Dr. Richard Schmitz.

Dank

Die aktuellen und mittelfristigen Herausforderungen – Umzug des Instituts, Erneuerungen von Ausstellungen und virtuellen Auftritten, Intensivierung der Digitalisierung und Erhöhung der Sichtbarkeit durch verstärkte Öffentlichkeitsarbeit – erfordern die Anstrengung des gesamten Instituts und seiner Gremien und die Unterstützung durch die öffentlichen Verantwortungsträger*innen.

Wir danken den Stiftern des DÖW Stadt Wien und Bund (Bundesministerium für Bildung, Wissenschaft und Forschung) sowie dem Land Niederösterreich für ihre grundlegenden Finanzierungen. Für Unterstützungen 2023 danken wir weiters: Bundesministerium für Inneres – Bundesministerium für Justiz – Bundesministerium für Kunst, Kultur, öffentlichen Dienst und Sport – Bundesministerium für Soziales, Gesundheit, Pflege und Konsumentenschutz – Bundeskanzleramt – Kulturabteilung der Stadt Wien (MA 7) – Nationalfonds der Republik Österreich für Opfer des Nationalsozialismus – Zukunftsfonds der Republik Österreich – Europäische Union – Kammer für Arbeiter und Angestellte Wien – Wiener Gesundheitsverbund – Bezirksvorstehungen Innere Stadt, Brigittenau, Döbling, Hietzing – Österreichische Bischofskonferenz – Wiener Wohnen – Swietelsky AG und Patrick Dumont, Nevada, stellvertretend für die vielen privaten Spenderinnen und Spender. Das DÖW dankt für Sach- und Geldzuwendungen aus Testamenten und Nachlässen sowie für Zuwendungen aus Verfahren wegen Vergehen gegen das Verbotsgesetz, Verleumdung u. ä. Delikte. 2023 erreichten das DÖW solche Spenden von ORF-Journalist Armin Wolf und von Bundesministerin für Klimaschutz und Umwelt Leonore Gewessler.

Wir danken allen Institutionen, Projektpartner*innen, Förderstellen, Mitgliedern in Vorstand, Stiftungsrat, Verein und Kuratorium, Freund*innen und Kolleg*innen im In- und Ausland – allen, die an der Seite des DÖW stehen, um die Vergangenheit aufzuarbeiten und an einer offenen, demokratischen und friedlichen Gesellschaft mitzuwirken.

Veranstaltungen 2023

Januar

25.2.2022–8.1.2023: Ausstellung *Wider die Macht/Opposing Power. Die Kunstsammlung des Dokumentationsarchivs des österreichischen Widerstandes* im Museum Niederösterreich in St. Pölten. Kuratierung: Christian Rapp, Christoph H. Benedikter, Ursula Schwarz.

10.1.: Vortrag von Claudia Kuretsidis-Haider „Die Ahndung von Verbrechen an Jüdinnen und Juden durch österreichische Gerichte nach 1945" im Rahmen der Ringvorlesung von Ilse Reiter-Zatloukal (Institut für Rechts- und Verfassungsgeschichte an der Universität Wien) im Wintersemester 2022/23.

12.1.: Workshop mit Florian Zeller zu Rechtsextremismus für die ÖH-Bundesvertretung.

16.–18.1.: „Curriculum Justiz- und Zeitgeschichte" im Justiz-Bildungszentrum Schwechat. Organisation: Claudia Kuretsidis-Haider und Winfried R. Garscha vom DÖW, Oliver Scheiber vom Bezirksgericht Wien-Meidling; mit Vorträgen von Winfried R. Garscha („Der Fall Heinrich Gross / Friedrich Zawrel") sowie Claudia Kuretsidis-Haider („Ahndung von NS-Verbrechen vor Geschworenengerichten").

19.1.: Workshop mit Wolfgang Schellenbacher im DÖW zu EHRI-AT.

19.1.: Workshop mit Florian Zeller und Isolde Vogel zu Verschwörungsmythen und Antisemitismus, PH Klagenfurt.

23.1.: Vortrag von Brigitte Bailer über „Opferfürsorge und Rehabilitierung" beim Symposium anlässlich der Enthüllung der Gedenktafel für die Opfer der NS-Militärjustiz im Bundesministerium für Soziales.

23.1.: Vortrag von Bianca Kämpf und Andreas Peham über Rechtsextremismus, seine Formen und Symbole, KZ-Gedenkstätte Mauthausen.

26.1.: Vortrag von Bernhard Weidinger „Studentenverbindungen, Politik und Männlichkeit in Österreich und den USA", ÖH Universität Graz.

27.1.: Vortrag von Bernhard Weidinger „Student Fraternities in the German-Speaking World: History, Ideology, Politics", Online, University of Illinois, Chicago.

27.1.: Rede von Wolfgang Schellenbacher auf Einladung von Bezirksvorsteherin Silvia Jankovic bei der Gedenkveranstaltung bei der erneuerten Shoah-Gedenktafel Siebenbrunnengasse, Ecke Nikolsdorfer Gasse, die an das im Novemberpogrom 1938 zerstörte Gebetshaus erinnert.

27.1.–30.4.: Wanderausstellung *Das kurze Leben der Ruth Maier (1920–1942): Wien – Oslo – Auschwitz* des DÖW und des Zentrums für Holocaust- und Minderheitenstudien, Oslo, in Kooperation mit den Wiener Volkshochschulen im Stadttheater Gmunden. Eröffnung am 27.1. mit Winfried R. Garscha.

30.1.: Vortrag von Andreas Kranebitter „Surveying Mass Murder: GIs and the Production of Sociological Knowledge about the Nazi Concentration Camps". Organized by the Center for Holocaust & Genocide Studies and the Center for Austrian Studies at the University of Minnesota, presented with the Center for Jewish Studies.

30.1.: Vortrag von Bernhard Weidinger „Burschenschaften, der Wiener Korporationsring und sein Akademikerball", Die Grünen Wien.

30.1.: Eröffnungsvortrag von Brigitte Bailer „Die Opferdatenbank des Dokumentationsarchivs des österreichischen Widerstandes" beim Symposium an der Eidgenössischen Technischen Hochschule Zürich „Eine Datenbank für das ‚Schweizer Memorial für die Opfer des Nationalsozialismus'?".

Februar

8.–10.2.: Workshops mit Bianca Kämpf zum Thema „Antidiskriminierung", WUK m. power (Pflichtschulabschlusskurs für Jugendliche und junge Erwachsene).

15.2.: Eröffnung der Wanderausstellung *Das kurze Leben der Ruth Maier (1920–1942): Wien – Oslo – Auschwitz* des DÖW und des Zentrums für Holocaust- und Minderheitenstudien, Oslo, in Kooperation mit den Wiener Volkshochschulen in der VHS Floridsdorf. Kuratorenführung mit Winfried R. Garscha.

17.2.: Podcast mit Wolfgang Schellenbacher über Suizid in der NS-Zeit (www.podcast. de/episode/622721377/708-wolfgang-schellenbacher-suizidalitaet-in-der-ns-zeit-040323).

17.2.: Verleihung der Herbert-Steiner-Preise 2022 im DÖW an Leo Grob und Christina Wieder und des Herbert-Steiner-Anerkennungspreises 2022 an Magdalena Glaser. Mit Hans Steiner, den Laudator*innen Ingrid Bauer, Peter Huemer und Brigitte Bailer, der ITH-Präsidentin Therese Garstenauer und Vertreter*innen des DÖW.

21.2.: Vortrag von Bernhard Weidinger „Burschenschaften, Politik und Wiener Akademikerball", Online, ÖH-Bundesvertretung.

März

1.–3.3.: „Curriculum Justiz- und Zeitgeschichte" im Justiz-Bildungszentrum Schwechat. Organisation: Claudia Kuretsidis-Haider und Winfried R. Garscha vom DÖW, Oliver Scheiber vom Bezirksgericht Wien-Meidling; mit Vorträgen von Winfried R. Garscha (gemeinsam mit Gerald Kohl vom Institut für Rechts- und Verfassungsgeschichte der Universität Wien): „Rechts- und verfassungsgeschichtlicher Überblick", sowie Claudia Kuretsidis-Haider: „Ahndung von NS-Verbrechen vor Geschworenengerichten".

2.3.: Workshop mit Bianca Kämpf zum Thema „Rechtsextreme Codes, Narrative und ihre strafrechtliche Verortung", Rundfunk und Telekom Regulierungs-GmbH (RTR).

2.3.: Vortrag von Brigitte Temel (Institut für Konfliktforschung Wien) „Frauen in der rechten bis rechtsextremen Szene" im Rahmen der Veranstaltungsreihe der VHS Liesing mit dem DÖW „Ist Rechtsextremismus (noch) Männersache?" im März 2023.

3.3.: DÖW-Mitarbeiter Michael Achenbach und Thomas König stellten ihr Buch „Zwischen Austrofaschismus und NS-Terror. Das südliche Burgenland im Spannungsfeld der Diktaturen" (Oberwart 2023) im Bundesschulzentrum Güssing vor.

5.3.: Vorlesung von Winfried R. Garscha im Rahmen der Wien-Akademie: „Kampf der Parteien – Brand des Justizpalastes, 1934 Bürgerkrieg – Ende der Demokratie und Ende des Roten Wien".

7.3.: Teilnahme von Winfried R. Garscha an der Podiumsdiskussion zum Theaterstück „Deník dívky" („Tagebuch eines Mädchens") von Adéla Kratochvílová über Ruth Maier im Studio Marta Brno/Brünn.

8.3.: Aufnahme Ruth Maiers in die Pionierinnengalerie „Wien. Stadt der großen Töchter" im Arkadenhof des Wiener Rathauses, eine Ausstellung, die alljährlich im März aus Anlass des Internationalen Frauentages gezeigt wird.

8.3.: Eröffnung der Fotoausstellung von Mara Kraus-Ginić in der VHS Hietzing. Die gebürtige Kroatin überlebte im Exil und war viele Jahre ehrenamtlich im DÖW tätig.

8.3.: Vorlesung von Claudia Kuretsidis-Haider „Ahndung von NS-Verbrechen durch österreichische und alliierte Gerichte" im Rahmen der Ringvorlesung im Juridicum Wien im Sommersemester 2023 „Justiz und NS-Verbrechen. Österreich im internationalen Vergleich" anlässlich des 25-jährigen Jubiläums der Zentralen österreichischen Forschungsstelle Nachkriegsjustiz (FStN) am DÖW.

10.3.: Gedenken anlässlich der Annexion Österreichs durch Hitlerdeutschland im März 1938, Kooperation der Arbeitsgemeinschaft der NS-Opfer-Verbände, erinnern.at und des DÖW. In Floridsdorf, Am Spitz, mit Maria Marizzi, Christopher Pumberger und Schüler*innen des GRG 21, Bertha von Suttner–Schulschiff, Bezirksvorsteher Georg Papai und Stephan Roth (DÖW). Im ehemaligen Hinrichtungsraum im Straflandesgericht Wien, mit Elisabeth Trummer und Schüler*innen des GRG 3, Radetzkystraße, Friedrich Forsthuber (Präsident des LG Wien), Norbert Kastelic (ÖVP-Kameradschaft der politisch Verfolgten und Bekenner für Österreich) und Ursula Schwarz (DÖW). In der Gedenkstätte für die Opfer der Gestapo, Salztorgasse, und beim Mahnmal am Morzinplatz, mit Martin Krist und Schüler*innen des G19, Gymnasiumstraße, und Winfried Garscha (DÖW).

10.3.: Präsentation der Website www.niemalswieder.at zu katholischen Couleurstudentinnen und Couleurstudenten in Widerstand und Verfolgung im Palais Epstein. Mit Wolfgang Sobotka (Präsident des Nationalrates), Markus Kroiher (Präsident des Vereins Modern Society, Vorstandsmitglied des DÖW), Helmut Wohnout (Generaldirektor des Österreichischen Staatsarchivs, DÖW-Vorstandsmitglied), Markus Figl (Bezirksvorsteher des ersten Wiener Gemeindebezirks, DÖW-Vorstandsmitglied). Podiumsdiskussion „Katholische Studentenverbindungen als Kämpfer gegen den Nationalsozialismus" mit Stephan Roth (DÖW).

14.3.: Vortrag von Bianca Kämpf „Männlichkeit und die Ablehnung von Weiblichkeit in der (extremen) Rechten" im Rahmen der Veranstaltungsreihe der VHS Liesing mit dem DÖW „Ist Rechtsextremismus (noch) Männersache?".

15.3.: Workshop mit Bernhard Weidinger zu „Rechtsextremismus in Österreich", GRG 10 (Laaerberg-Gymnasium).

15.3.: Buchpräsentation von Mara Kraus-Ginić in der VHS Hietzing: „Das Bett in der Badewanne" – Kurzgeschichten, u. a. über das bewegte Leben von Henryk Horowitz (1912–2010), der bis zu seinem 96. Lebensjahr ehrenamtlich im DÖW tätig war.

21.3.: Vortrag von Bernhard Weidinger „Studentenverbindungen und Männlichkeit: Österreich und die USA im Vergleich", Volkshochschule Wien-Liesing.

21.3.: Vortrag von Bianca Kämpf über Rechtsextremismus in Österreich, Neulandschule Laaerberg, 1100 Wien.

21.3.: Vortrag von Bernhard Weidinger „(Deutschnationale) Studentenverbindungen und Männlichkeit: Österreich und die USA im Vergleich" im Rahmen der Veranstaltungsreihe der VHS Liesing mit dem DÖW „Ist Rechtsextremismus (noch) Männersache?".

23.3.: Teilnahme von Brigitte Bailer an der Podiumsdiskussion zum Thema „Widerstand gestern und heute" mit Judith Goetz und Michael John in Neumarkt am Wallersee im Rahmen des Salzburger Projekts „Orte des Gedenkens".

26.3.: Fahrt der Arge Opferverbände zu den Gedenkveranstaltungen auf den Friedhöfen Hadersdorf am Kamp und Stein a. d. Donau für die Opfer der Massenmorde am 6. und 7. April 1945 sowie der Massenhinrichtung am 15. April 1945 im Zuchthaus Stein. Bei der Kundgebung der Stadt Krems vor der Justizanstalt Stein sprach Winfried R. Garscha (DÖW).

27.3.: Gedenkfahrt nach Petržalka/Engerau. Kooperation Zentrale österreichische Forschungsstelle Nachkriegsjustiz, DÖW, Arbeitsgemeinschaft der NS-Opfer-Verbände und Firma Forestree Austria. Leitung: Claudia Kuretsidis-Haider.

29.3.: Fortbildung mit Bianca Kämpf im DÖW im Rahmen der Antisemitismusprävention für die Pädagogische Hochschule Wien, Thema: „Alte Nazis – junge Rechte. Von der mangelhaften Aufarbeitung der NS-Zeit nach 1945 zur aktuellen Konjunktur des Rechtspopulismus in Österreich".

29.3.: Vortrag von Florian Zeller zu Verschwörungsmythen und Esoterik für die ÖH-Bundesvertretung.

30.3.: Teilnahme von Bernhard Weidinger am Panel „Rassismen dokumentieren und archivieren" bei der Tagung „Flucht ins Archiv – Migration, Flucht, Rassismen", Dokumentationsarchiv Migration Tirol, Innsbruck.

30.3.: Gedenkkundgebung in Wien-Brigittenau und im Hinrichtungsraum des LG Wien zum 80. Jahrestag der Hinrichtung von Schwester Restituta und sechs Brigittenauer Straßenbahnern. DÖW-Mitarbeiter und Sprecher der Arge Opferverbände Winfried R. Garscha und DÖW-Stiftungsratsmitglied Schwester Ruth Beinhauer (Restituta-Forum) waren unter den Gedenkredner*innen.

31.3.: Rede von Winfried R. Garscha auf der Kundgebung der Arge Opferverbände auf dem Wiener Westbahnhof vor der Gedenktafel für die 150 Deportierten des ersten „Dachau-Transports" (1. April 1938).

April

1.–2.4.: Teilnahme von DÖW-Mitarbeiter*innen an der Welturaufführung des Musicals „Briefe von Ruth" von Aksel-Otto Bull und Gisle Kverndokk (deutsch: Elisabeth Sikora) im Stadttheater Gmunden (mit Besuch der DÖW-Ausstellung über Ruth Maier) sowie Besuch des KZ-Stollens und des Zeitgeschichtemuseums Ebensee.

13.4.: Präsentation des „Lexikon der Wiener Gemeindebauten" (Wien 2023) von Peter Autengruber und Ursula Schwarz in der Wohnhausanlage Sandleiten. An der Veranstaltung wirkten Karin Ramser, Direktorin von Wiener Wohnen, Barbara Beer (Kurier) und Walter Rosifka (Kammer für Arbeiter und Angestellte Wien) mit.

14.4.: Andrea Schwab präsentierte im DÖW ihr Buch „Jüdische Komponistinnen: zwischen Erfolg und Verfolgung, Exil und Heimkehr" (Wien 2022) im Rahmen einer Veranstaltung der Pädagogischen Hochschule Niederösterreich.

14.4.: Vortrag von Winfried R. Garscha auf der Austrian Studies Association Conference 2023 in Easton, Pennsylvania, zum Thema „‚My community used to be the human race; is Jewishness now suddenly supposed to replace humanity?' Discourses of Belonging and Identity in Ruth Maier's Diary".

19.4.: Vorlesung von Rudolf Müller „Individualschuld / Kollektivschuld / Rückwirkende Bestrafung bei der Ahndung von NS-Verbrechen" im Rahmen der Ringvorlesung im Juridicum Wien „Justiz und NS-Verbrechen. Österreich im internationalen Vergleich".

20.4.: Vortrag von Claudia Kuretsidis-Haider „Die Rolle der Polizei im Nationalsozialismus und die justizielle Ahndung ihrer Verbrechen nach 1945" an der Universität Salzburg. Moderation: Margit Reiter, Professorin für Europäische Zeitgeschichte.

20.4.: Teilnahme von Brigitte Bailer an einer Podiumsdiskussion in Wiener Neustadt zur Erinnerungskultur.

21.4.: Vortrag von Brigitte Bailer „Wirklich alles gleich? Unzulässige Gleichsetzungen als Verharmlosung des Nationalsozialismus" im Rahmen des Hermann-Langbein-Symposiums von 17.–21.4.2023 in der Arbeiterkammer Oberösterreich, Linz.

26.4.: Vorlesung von Siegfried Sanwald „Strafverfahren gegen Angehörige der ehemaligen Schutzpolizei" im Rahmen der Ringvorlesung im Juridicum Wien „Justiz und NS-Verbrechen. Österreich im internationalen Vergleich".

27.4.: Claudia Kuretsidis-Haider sprach bei der Eröffnung der Wanderausstellung „Vernichtungsort Malyj Trostenez. Geschichte und Erinnerung" in Erfurt. Es sprachen auch Waltraud Barton (Verein IM-MER) und Astrid Sahm (Internationales Bildungs- und Begegnungswerk in Dortmund).

Mai

2.–4.5.: „Curriculum Justiz- und Zeitgeschichte" im Justiz-Bildungszentrum Schwechat. Organisation: Claudia Kuretsidis-Haider und Winfried R. Garscha vom DÖW, Oliver Scheiber vom Bezirksgericht Wien-Meidling; mit einem Vortrag von Claudia Kuretsidis-Haider: „Aspekte der Ahndung von NS-Verbrechen in Österreich 1945 bis 1955 und im internationalen Kontext" sowie einer Einführung zur Exkursion in die KZ Gedenkstätte Mauthausen durch Winfried R. Garscha.

5.5.: Gedenkrede von Brigitte Bailer im Rahmen der Befreiungsfeier in St. Valentin.

5.5.: Input von Bernhard Weidinger zu Rechtsextremismus am Kompetenzstellentreffen von WNED (Wiener Netzwerk Demokratiekultur und Prävention).

6.5.: DÖW-Leiter Andreas Kranebitter hielt bei der Befreiungsfeier in der KZ-Gedenkstätte Gusen die Rede „Die Farben des Widerstandes".

6.5.: Gedenkfahrt des KZ-Verbands Niederösterreich mit Jugendlichen zur KZ-Gedenkstätte Gusen sowie in die Stollenanlage in St. Georgen. Wissenschaftliche Begleitung: Winfried R. Garscha (DÖW).

7.5.: Internationale Befreiungsfeier in der KZ-Gedenkstätte Mauthausen unter Beteiligung von Vertreter*innen des DÖW.

8.5.: Gedenkfeier an der Nationalen Gedenkstätte der Widerstandskämpfer und -kämpferinnen gegen den Nationalsozialismus am Wiener Zentralfriedhof auf Einladung von Innenminister Gerhard Karner. Mit Stephan Mlczoch (BMI), Winfried R. Garscha (DÖW und Arge Opferverbände) und der ehemaligen Widerstandskämpferin Käthe Sasso.

8.5.: Fest der Freude auf dem Wiener Heldenplatz anlässlich des Jahrestages der Befreiung Österreichs von der NS-Terrorherrschaft. Veranstalter: Mauthausen Komitee mit Unterstützung durch die Stadt Wien und in Kooperation mit dem DÖW u. a. Mit MKÖ-Vorsitzendem und DÖW-Vorstandsmitglied Willi Mernyi und Bundespräsident Alexander Van der Bellen.

10.5.: Vorlesung von Claudia Kuretsidis-Haider „Die justizielle Ahndung von Endphaseverbrechen" im Rahmen der Ringvorlesung im Juridicum Wien „Justiz und NS-Verbrechen. Österreich im internationalen Vergleich".

11.5.: Vortrag von Andreas Kranebitter „Auf dem Weg zum Begreifen. Die ‚Ritchie Boys' und ihre Beschreibungen der Konzentrationslager" im Institut für Zeitgeschichte Wien.

12.5.: Rede von Winfried R. Garscha (DÖW) auf der Gedenkveranstaltung von Lehrlingen mehrerer Berufsschulen für die KZ-Häftlinge, die in Floridsdorfer Betrieben in der NS-Zeit Zwangsarbeit verrichten mussten, im Bezirksmuseum Wien-Floridsdorf.

30.5.: Präsentation des Bandes „Wir hätten es nicht ausgehalten, dass die Leute neben uns umgebracht werden.' Hilfe für verfolgte Juden in Österreich 1938–1945" (hrsg. v. Manfred Mugrauer im Auftrag von DÖW und GDW) im Jüdischen Museum Wien. Mit Barbara Staudinger (Direktorin des JMW), Andreas Kranebitter (Wissenschaftlicher Leiter des DÖW), Uta Fröhlich (Gedenkstätte Stille Helden, Berlin), Manfred Mugrauer

(DÖW), Brigitte Ungar-Klein (DÖW, ehem. Direktorin des Jüdischen Instituts für Erwachsenenbildung), Angelica Bäumer (Zeitzeugin).

31.5.: Workshop mit Florian Zeller zu Rechtsextremismus, Lehramt Geschichte Universität Wien.

Juni

4.6.: Besuch des Kultourvereins Oed-Öhling in der KZ-Gedenkstätte Mauthausen in Begleitung von Stephan Roth (DÖW).

7.6.: Vorlesung von Winfried R. Garscha „Institutionen zur Ahndung von NS-Verbrechen in Österreich und Deutschland & zur Frage der Verjährung von NS-Verbrechen in Österreich und Deutschland" im Rahmen der Ringvorlesung im Juridicum Wien „Justiz und NS-Verbrechen. Österreich im internationalen Vergleich".

12.6.: Buchpräsentation im DÖW „Konjunktur der Männlichkeit. Affektive Strategien der autoritären Rechten", hrsg. v. Birgit Sauer (Institut für Politikwissenschaft der Universität Wien) und Otto Penz (Department of Sociology, University of Calgary, und Universität Wien), Frankfurt/M. 2023.

14.6.: Vorlesung von Siegfried Sanwald „Österreichische NS-Verfahren nach 1975" im Rahmen der Ringvorlesung im Juridicum Wien „Justiz und NS-Verbrechen. Österreich im internationalen Vergleich".

14.6.: Verleihung der Menorah für herausragende humanitäre Leistungen durch die B'nai B'rith Zwi Peres Chajes Loge an den vormaligen Leiter des DÖW Gerhard Baumgartner und den Präsidenten der am DÖW angesiedelten Aktion gegen Antisemitismus in Österreich Cornelius Obonya. Laudatio für Gerhard Baumgartner: Brigitte Bailer, Laudatio für Cornelius Obonya: Doron Rabinovici.

16.6.–31.10.: Die Wanderausstellung *border(hi)stories. 1914–2022. 100 Jahre Grenzgeschichte(n)* war im Landtechnikmuseum Burgenland in St. Michael zu sehen.

19.6.: „Flucht und Internierung in Geschichte und Gegenwart". Buchvorstellung und Diskussion, Haus der Geschichte Österreich. Begrüßung: Monika Sommer (Direktorin hdgö), Diskussion: Gabriele Anderl, freiberufliche Wissenschaftlerin, Autorin, Andreas Kranebitter, Wissenschaftlicher Leiter des DÖW, Christoph Reinprecht, Universität Wien, Andreas Schloenhardt, University of Queensland/Brisbane, Universität Wien, Andrea Strutz, Ludwig Boltzmann Institut für Kriegsfolgenforschung, Institut für Geschichte, Universität Graz.

19.6.: Präsentation der Broschüre von Rosa Vielgrader „Überleben in Kinderheimen unter der Nazi-Herrschaft und im Nachkriegsösterreich", hrsg. v. Hedwig Seyr-Glatz, Wien 2023, im DÖW. Mit dem Historiker Peter Schwarz, Claudia Kuretsidis-Haider vom DÖW und einem Gespräch der Herausgeberin mit der Zeitzeugin Rosa Vielgrader.

19.6.: Virtueller Workshop mit ACDH-CH (Austrian Centre for Digital Humanities and Cultural Heritage) der Akademie der Wissenschaften, Wien, zu digitalen Editionen innerhalb von EHRI-AT, mit Wolfgang Schellenbacher vom DÖW.

19.6.: Vortrag von Brigitte Bailer zum Opferbegriff beim Workshop „Zwischen Opferdiplomatie und Entschädigungsforderungen – Das Verhalten der Schweizer Behörden gegenüber den Schweizer Opfern der NS-Gewaltherrschaft und ihr Umgang mit den deutschen Behörden, 1933–1965" an der Universität Fribourg, Schweiz.

20.6.: Podiumsgespräch mit Bernhard Weidinger zu „Psychoanalyse in der Stadt", Initiative Neues Lacansches Feld Österreich, Wien.

22.6.: Virtueller Vortrag von Wolfgang Schellenbacher „Mapping der Ghettoisierung in ‚Sammelwohnungen' in Wien" für das Aktive Museum Faschismus und Widerstand in Berlin.

26.6.: Vortrag von Claudia Kuretsidis-Haider „Die Rolle der Polizei im Nationalsozialismus und die justizielle Ahndung ihrer Verbrechen nach 1945" im DÖW.

28.6.: Booktalk mit Anna Hájková (University of Warwick) über „Menschen ohne Geschichte sind Staub. Homophobie und Holocaust" (Göttingen 2021) im Gugg Wien. Eine Veranstaltung der Homosexuellen Initiative Wien in Kooperation mit dem DÖW und mit einleitenden Worten von DÖW-Leiter Andreas Kranebitter.

30.6.: Besuch der DÖW-Mitarbeiter*innen am Otto-Wagner-Areal und Gespräch mit Susanne Schicker sowie Dragana Lichtner von der Stabstelle Wissenschaft/Bildung/Kultur/Tourismus, Quartiersentwicklung.

Juli

5.7.: Besuch der DÖW-Mitarbeiter*innen im neu gestalteten Wien Museum auf Einladung von Direktor Matti Bunzl.

6.7.: Teilnahme von Andreas Kranebitter und weiterer DÖW-Mitarbeiter*innen an der Feier des Malteser Ordenshauses in Wien-Landstraße zum 100. Geburtstag der langjährigen DÖW-Mitarbeiterin Lotte Rybarski (1923–2023).

August

12.8.: Im Zeitbrücke-Museum in Gars am Kamp las die Schauspielerin Anne Bennent aus Texten von Ruth Maier, Winfried R. Garscha (DÖW) sprach über ihre Biografie.

29.8.: Fahrt der Forschungsstelle Nachkriegsjustiz am DÖW zum Chatam Sofer Memorial und zu weiteren jüdischen Gedenkstätten in Bratislava.

30.8.: Verabschiedung des ehemaligen wissenschaftlichen Leiters Gerhard Baumgartner im Alten Rathaus mit Vertreter*innen aus Wissenschaft und Politik.

September

12.9.: Vortrag des Wissenschaftlichen Leiters des DÖW Andreas Kranebitter über Herausforderungen und Impulse für die Zukunft anlässlich des 60-jährigen Gründungsjubiläums des DÖW, Einladung der SPÖ-Liesing und der Sozialdemokratischen FreiheitskämpferInnen.

17.9.: „Die Tierärztliche Hochschule zwischen Austrofaschismus, Nationalsozialismus und früher Zweiter Republik", Vortrag von Claudia Kuretsidis-Haider bei der Ringvorlesung der Veterinärmedizinischen Universität Wien im Wintersemester 2023/24.

18.9.: „An Karl Pfeifer ל״ז denken heißt weiterdenken". Kooperation der Aktion gegen den Antisemitismus in Österreich mit dem DÖW und dem Bund jüdischer Verfolgter des Naziregimes in Erinnerung an Karl Pfeifer. Mit Beiträgen von Hannah Lessing, Joanna Nittenberg, Sarah Lütke Lanfer, Uriel Bargiora, Torsten Lambeck und Andreas Peham.

21.9.: Podiumsdiskussion „Wer hat Angst vor dem Museum der Migration?" – eine Museumsdirektor*innen-Diskussionsrunde im Depot Wien mit Elena Messner, Ljubomir Bratić, Matthias Beitl, Matti Bunzl, Martina Griesser-Stermscheg, Georg Hoffmann, Monika Sommer, Barbara Staudinger und Andreas Kranebitter.

22.9.: Teilnahme von Bernhard Weidinger an der Tagung „Far-right Policies and Rhetoric are advancing in Europe. Is there a red line?", Presseclub Concordia, Wien.

26.9.: Input von Bernhard Weidinger „Antidemokratische Internationale" im Rahmen der Regionalplanungskonferenz der Heinrich-Böll-Stiftung, Deutschland (online).

26.9.: Präsentation des Buches von Filip Gańczak „Jan Sehn und die Ahndung der Verbrechen von Auschwitz" (Göttingen 2022) im Polnischen Institut Wien in Kooperation mit dem DÖW und dem Wiener Wiesenthal Institut für Holocaust-Studien. Es sprachen Monika Szmigiel-Turlej (Polnisches Institut), Jochen Böhler (VWI), Claudia Kuretsidis-Haider (DÖW), Filip Gańczak (Institut für Nationales Gedenken, Warschau) und Andreas Kranebitter (DÖW).

29.9.: Wolfgang Schellenbacher moderierte das Panel „Das KZ Mauthausen als Ort queerer Geschichtsschreibung" beim Dialogforum Mauthausen „Queere Lagergeschichte(n) – Erinnerungen, Diskurse, Kontinuitäten".

Oktober

1.10.: „Private Filmaufnahmen aus Stalag XVII A Kaisersteinbruch". Filmvorführung und Gespräch mit DÖW-Fotoarchivar Michael Achenbach und dem Historiker Reinhard Otto im Österreichischen Filmmuseum.

6.10.: Bei der Konferenz der German Studies Association in Montréal, Kanada (5.–8.10.) führte das DÖW das Panel „Justice and Perpetrator Research in Austria: Documents of Shame and Their Value for Historiography" durch: Claudia Kuretsidis-Haider („The Austrian Research Agency for Postwar Justice: Twenty-five Years of Research into Nazi Perpetrators before Austrian Courts"), Winfried R. Garscha („Strategies of Avoidance: Austria's Judiciary and the Prosecution of Nazi Criminals after the Eichmann Trial in Jerusalem"), Andreas Kranebitter („Prosecuting the Wrong Perpetrators: ‚Capos' before Austrian Courts after 1945").

6.10.: Im Rahmen der GSA-Konferenz stellte der Verlag De Gruyter–Oldenbourg mehrere Neuerscheinungen vor, darunter das DÖW-Jahrbuch 2023 „Bruchstücke", hrsg. v. Christine Schindler im Auftrag des DÖW.

6.10.: Verleihung des Radomír-Luža-Preises an Brett E. Sterling für sein Buch „Hermann Broch and Mass Hysteria. Theory and Representation in the Age of Extremes" im Rahmen der GSA-Konferenz in Montréal, Kanada. Laudatio: DÖW-Leiter Andreas Kranebitter.

7.10.: Lange Nacht der Museen. Teilnahme des DÖW in Kooperation mit der Bezirksvorstehung im Alten Rathaus.

10.10.: Vortrag von Brigitte Bailer „Special Case of Austria: Only Last Measures of Restitution and Indemnification after 1989" im Rahmen des VWI-Workshops „The 1952 German-Jewish Settlement and beyond. New Perspectives on Reparations During and After the Cold War".

10.10.: Vorlesung von Andreas Peham „Antisemitismustheorien und Kritische Theorie des Antisemitismus" im Rahmen der Ringvorlesung „Antisemitismus in Zeiten globaler Krisen" des Fachbereichs Politische Theorie am Institut für Politikwissenschaft der Universität Wien.

10.–12.10.: International Database Conference „Digitization and Databases of World War II Victims" in der Gedenkstätte Westerbork. Vortrag von Wolfgang Schellenbacher zu „Data on Suicide Amongst the Jewish Population in Vienna 1938–1945".

11.10.: Rudolf Bilgeri, „Bei den Partisanen in Athen. Tagebuch eines Deserteurs der Wehrmacht" (Innsbruck 2023). Präsentation des Buches mit den Herausgeber*innen Ingrid Böhler und Peter Pirker sowie mit Reinhold Bilgeri. Einleitende Worte: Brigitte Bailer.

12.10.: Vortrag von Stephan Roth bei der Studentenverbindung Liechtenstein Wien im

Mittelschüler-Kartell-Verband über katholische Couleurstudenten und -studentinnen in Widerstand und Verfolgung.

14.10.: Theateraufführung „Adern" (Autorin: Lisa Wentz, Inszenierung: David Bösch). Sondervorstellung im Akademietheater mit Publikumsgespräch über Möglichkeiten individueller und kollektiver Gedenk- und Erinnerungskultur. Mit Claudia Kuretsidis-Haider (DÖW), Sarah Viktoria Frick, Daniel Jesch und Maike Müller (Dramaturgie), Moderation: Eva Konzett, Falter. Eine Veranstaltung des Burgtheaters in Kooperation mit DÖW und Falter.

17.10.: Vorlesung von Brigitte Bailer „Nationalsozialistischer Vernichtungsantisemitismus" im Rahmen der Ringvorlesung „Antisemitismus in Zeiten globaler Krisen" des Fachbereichs Politische Theorie am Institut für Politikwissenschaft der Universität Wien.

19.10.: Jahresversammlung des Vereins DÖW im Wappensaal des Wiener Rathauses.

20.10.: Workshop mit Florian Zeller „Einführung Rechtsextremismus" für die ÖH Wien.

20.10.: Führung von Winfried R. Garscha zu den Gedenkstätten für die Opfer der Massaker im April 1945 in Stein an der Donau für die Teilnehmenden an der Exkursion der ÖVP-Kameradschaft der politisch Verfolgten.

23.–25.10.: „Curriculum Justiz- und Zeitgeschichte" im Justiz-Bildungszentrum Schwechat. Organisation: Claudia Kuretsidis-Haider und Winfried R. Garscha vom DÖW, Oliver Scheiber vom Bezirksgericht Wien-Meidling; mit Vorträgen von Garscha (gemeinsam mit Gerald Kohl vom Institut für Rechts- und Verfassungsgeschichte der Universität Wien): „Rechts- und verfassungsgeschichtlicher Überblick", sowie Kuretsidis-Haider: „Aspekte der Ahndung von NS-Verbrechen in Österreich 1945–1955 und im internationalen Kontext".

24.10.: Vortrag von Stephan Roth beim Bezirkszirkel Mödling des Österreichischen Cartellverbands zu katholischen Studentenverbindungen in der Zeit des Nationalsozialismus.

24.10.: Dokumentarfilm „Eine Familie – Zwei Welten" von Peter Mahler in der ORF 2-Reihe *kreuz und quer* mit Wissenschaftlichem Leiter Andreas Kranebitter und DÖW-Mitarbeiterin Claudia Kuretsidis-Haider.

24.10.: Rede von Winfried R. Garscha bei der Veranstaltung der „Homosexuellen Initiative Wien – 1. Lesben- und Schwulenverband Österreichs" zur Benennung der HOSI-Bibliothek nach Ruth Maier.

30./31.10.: Konferenz „Österreich und die Moskauer Erklärung vom 30. Oktober 1943", eine Kooperation von Forschungsstelle Nachkriegsjustiz, DÖW, Institut für Rechts- und Verfassungsgeschichte, Institut für Zeitgeschichte Wien am Juridicum Wien. Mit

Claudia Kuretsidis-Haider („Waldheim und die Österreicher*innen") und Winfried R. Garscha („Warum fanden trotz ‚Waldheim' und ‚Wehrmachtausstellung' in Österreich nach 1975 keine NS-Prozesse mehr statt?").

November

3.11.: Gedenken an die Opfer der NS-Herrschaft am Floridsdorfer Spitz, in der Weihestätte im LG Wien, in der Gedenkstätte für die Opfer der Gestapo Wien und beim Mahnmal am Morzinplatz, Kooperation von Arbeitsgemeinschaft der NS-Opfer-Verbände und WiderstandskämpferInnen, Bund Sozialdemokratischer FreiheitskämpferInnen, ÖVP-Kameradschaft der politisch Verfolgten und Bekenner für Österreich, KZ-Verband und DÖW.

6.11.: Vortrag von Bianca Kämpf an der Pädagogischen Hochschule der Erzdiözese Linz im Rahmen der Veranstaltung „L. E. V. Marktplatz" zum Thema „Rechtsextremismusprävention".

6.11.: Workshop im DÖW mit 14 Schüler*innen des Max-Planck-Gymnasiums Trier im Zuge einer Erasmus+-Projektwoche am Wiener Wiesenthal Institut für Holocaust-Studien. Durchführung im DÖW zu historischen Quellen: Ursula Schwarz.

7.11.: Abschlusskonferenz des Projektes „Die Polizei in Österreich: Brüche und Kontinuitäten 1938–1945" im Innenministerium. Es sprachen u. a. Gerald Hesztera (BMI), Barbara Stelzl-Marx (LBI Graz), Barbara Glück (Mauthausen Memorial), Elisabeth Boeckl-Klamper, Gerhard Baumgartner sowie Winfried R. Garscha, Claudia Kuretsidis-Haider und Andreas Kranebitter vom DÖW.

6.–9.11.: Konferenz „Lessons and Legacies" in Prag. Vortrag von Wolfgang Schellenbacher „Mapping Forced Relocation and Deportation in Vienna: New Insights into the Persecution of Jews in Vienna from Geo-Referenced Mass Data".

9.11.: Anlässlich des Jahrestages des Novemberpogroms 1938 leuchten jährlich die Namen von Holocaustopfern auf der LED-Fassade des UNIQA-Towers am Wiener Donaukanal auf. Kooperation von DÖW, UNIQA und Raiffeisen-Holding.

11.11.: 75-Jahr-Feier des KZ-Verbands im Festsaal der Bezirksvorstehung Wien-Meidling unter Beteiligung von Vertreter*innen des DÖW.

14.11.: Das Institut für Historische Sozialforschung und die Alfred-Klahr-Gesellschaft veranstalteten das 2. Hans-Hautmann-Kolloquium „Von der Arbeiterbewegungsgeschichte zur neuen Kulturgeschichte. Bilanz und Perspektiven" in der Bibliothek der Arbeiterkammer Wien. Es referierten Helmut Konrad, Veronika Helfert, Florian Wenninger, Georg Spitaler, Therese Garstenauer, Ina Markova, Manfred Mugrauer, Claudia Kuretsidis-Haider, Winfried R. Garscha.

14.11.: Vorlesung von Isolde Vogel über „Antisemitische Mobilisierung und Verschwörungsdenken" im Rahmen der Ringvorlesung „Antisemitismus in Zeiten globaler Krisen" des Fachbereichs Politische Theorie am Institut für Politikwissenschaft der Universität Wien.

18.11.: Gedenkveranstaltung für die Opfer der nationalsozialistischen „Zigeuner"-Verfolgung beim Roma-Denkmal in Lackenbach. An der Fahrt der Arge Opferverbände zur Kundgebung und dem anschließenden Besuch des jüdischen Waldfriedhofs in Kobersdorf beteiligten sich auch Mitarbeiter*innen des DÖW.

20.11.: Verleihung des Ferdinand-Berger-Preises an Petar Rosandić (Kid Pex) im Wappensaal des Wiener Rathauses. Mit Ernst und René Berger und Andreas Kranebitter. Laudatio: Peter Hacker, Amtsführender Stadtrat für Soziales, Gesundheit und Sport.

20.–24.11.: BETRIFFT: GESCHICHTE: Verachtet und vergessen. Die sogenannten „Berufsverbrecher" in nationalsozialistischen Konzentrationslagern, mit Andreas Kranebitter, Soziologe und Leiter des Dokumentationsarchivs des österreichischen Widerstands (DÖW), Gestaltung: Isabelle Engels, Ö1.

21.–23.11.: „Curriculum Justiz- und Zeitgeschichte" im OLG Graz. Organisation: Claudia Kuretsidis-Haider und Winfried R. Garscha vom DÖW, Oliver Scheiber vom Bezirksgericht Wien-Meidling; mit Vortrag von Winfried R. Garscha (gemeinsam mit Gerald Kohl vom Institut für Rechts- und Verfassungsgeschichte der Universität Wien): „Rechts- und verfassungsgeschichtlicher Überblick".

21.–23.11.: Antisemitismus-Seminar mit Florian Zeller im Bundesministerium für Inneres.

22.11.: Vortrag von Bianca Kämpf an der HTL Technologisches Gewerbemuseum (TGM) zum Thema Rechtsextremismus.

23.11.: „Vernichtet. Österreichische Juden und Jüdinnen in den Ghettos des Generalgouvernements 1941/1942" (Wien 2023), Präsentation des Buches im DÖW mit dem Autor Walter Manoschek sowie Andreas Kranebitter und Wolfgang Schellenbacher vom DÖW.

30.11.: Präsentation des Bandes „Wir hätten es nicht ausgehalten, dass die Leute neben uns umgebracht werden.' Hilfe für verfolgte Juden in Österreich 1938–1945" (hrsg. v. Manfred Mugrauer im Auftrag von DÖW und GDW) in der Gedenkstätte Deutscher Widerstand Berlin. Mit Johannes Tuchel (Leiter der GDW), Botschafter Michael Linhart sowie Andreas Kranebitter, Manfred Mugrauer und Brigitte Ungar-Klein vom DÖW.

Dezember

4.12.: Pascal Merl, „‚Lass das gehen.' Eine jüdische Familiengeschichte im Spiegel des 19. und 20. Jahrhunderts" (Neusiedl 2023) – Buchpräsentation im DÖW mit dem Autor und Claudia Kuretsidis-Haider. Musikalische Umrahmung: Mario Merl.

4.–7.12.: Teilnahme von Florian Zeller am Workshop des European Practitioners Network Against Antisemitism (EPNA) in Berlin.

7.12.: „Österreichisches Exil in Albanien 1938–1946" – Vortrag von Christine Kanzler im DÖW, Moderation: Gabriele Anderl. Eine Kooperationsveranstaltung von DÖW, Österreichische Gesellschaft für Exilforschung und Stadt Wien Kultur.

7.12.: Vortrag von Claudia Kuretsidis-Haider über die Ahndung von NS-Verbrechen in Österreich durch österreichische Volksgerichte 1945 bis 1955 und Winfried R. Garscha zur Ahndung der NS-Gewaltverbrechen in Österreich von 1955 bis zur Gegenwart im Rahmen der Konferenz: „‚Ich kann mich nicht erinnern.' Beweismittel und Beweise in den Prozessen gegen NS-Kriegsverbrecher in der Tschechoslowakei" in der Zámeček-Gedenkstätte in Pardubice, Tschechien.

15.12.: Stephan Roth referierte beim STUBE-Freitag (Studien- und Beratungsstelle für Kinder- und Jugendliteratur, Wien) rund um österreichische Kinder- und Jugendliteratur zu Alexandra Holmes „Einfach mehr Luft". Das Buch von Holmes wurde von Roth in der Entstehung auch beratend begleitet.

18.12.: Sensibilisierungsworkshop mit Bianca Kämpf für Lehrkräfte des ÖIF mit besonderem Fokus auf israelbezogenen Antisemitismus.

21.12.: Vortrag von Bianca Kämpf an der HLBLA St. Florian (OÖ) über „Rechtsextremismus, Antisemitismus und Rassismus in Österreich".

Wissenschaftliche Publikationen 2023

Bruchstücke. Jahrbuch des DÖW 2023, hrsg. v. Christine Schindler im Auftrag des DÖW, Berlin: De Gruyter 2023 [= Jahrbuch des DÖW, hrsg. v. Andreas Kranebitter u. Christine Schindler], ISBN 978-3-11-132352-7. doi.org/10.1515/9783111323701.

Das Jahrbuch beinhaltet Beiträge über die Befragung von ehemaligen SS- und Wehrmachtsangehörigen durch einen Auschwitz-Überlebenden in den 1960er Jahren in Deutschland, private Filmaufnahmen aus dem Kriegsgefangenenlager Stalag XVII A, die Erinnerung an den bewaffneten Widerstand der Kärntner Partisan*innen, die Vertreibung eines Kinderstars der Operette aus Wien, das Schicksal der ersten von Wien ins besetzte Polen deportierten Juden, die Situation österreichischer Roma nach 1945, Demokratiebildung und rechtsextreme Einstellungen in migrantischen Communities. Der Band skizziert verschiedene historische und aktuelle Ansätze und Motivationen von Forschenden ebenso wie die digitale Umsetzung von Ergebnissen heute.

Das Jahrbuch des DÖW erscheint durchgehend seit 1986, seit 2023 im DeGruyter-Verlag. Parallel zur Print-Ausgabe ist es auch im Open Access verfügbar. Ein Peer-Review-Committee wurde 2023/24 zusammengestellt und begutachtet die Beiträge: Elizabeth Anthony, Mitchell Ash, Brigitte Bailer, Linda Erker, Evrim Erşan Akkılıç, Christian Fleck, Anna Hajkova, Gabriella Hauch, Andreas Kranebitter, Claudia Kuretsidis-Haider, Ina Markova, Astrid Messerschmidt, Elena Messner, Philipp Mettauer, Manfred Mugrauer, Wolfgang Neugebauer, Bertrand Perz, Peter Pirker, Maria Pohn-Lauggas, Ljiljana Radonić, Michaela Raggam-Blesch, Oliver Rathkolb, Ilse Reiter-Zatloukal, Peter Steinbach, Christian Stifter, Karin Stögner, Bernhard Weidinger, Florian Wenninger, Ruth Wodak, Helmut Wohnout.

„Wir hätten es nicht ausgehalten, dass die Leute neben uns umgebracht werden." Hilfe für verfolgte Juden in Österreich 1938–1945, hrsg. v. Manfred Mugrauer im Auftrag des DÖW und der Gedenkstätte Deutscher Widerstand, Berlin: Lukas 2023. ISBN 9-78386-732-4144.

Mit Texten von Gabriele Anderl, Winfried R. Garscha, Edith Hessenberger, Elisabeth Holzinger, Michael Kasper, Claudia Kuretsidis-Haider, Eleonore Lappin-Eppel, Manfred Mugrauer, Stephan Roth, Brigitte Ungar-Klein.

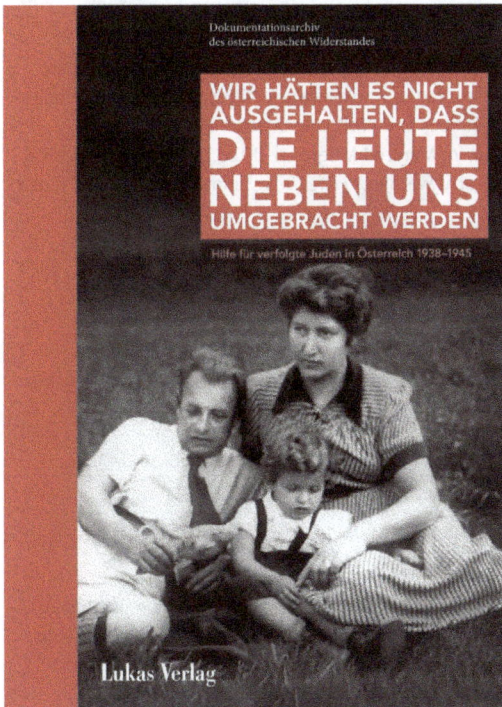

Abb. 10: In der Reihe der Gedenkstätte Deutscher Widerstand zu Judenretter*innen in Europa erstellte das DÖW den Band zu Österreich. Er erschien 2023 im Lukas-Verlag.

Mit dem „Anschluss" Österreichs an das Deutsche Reich im März 1938 änderte sich die Situation der jüdischen Bevölkerung dramatisch. Sie wurde verfolgt, entrechtet, beraubt und vertrieben. 66.000 Jüdinnen und Juden aus Österreich wurden deportiert und ermordet. Während die meisten Menschen zuschauten bzw. wegschauten, widersetzten sich einige der mörderischen Politik. Sie halfen den Verfolgten beim „Untertauchen" oder bei der Flucht außer Landes. Der Band zeigt anhand von zehn Geschichten die unterschiedlichen Hilfsaktionen, die bedrohten Jüdinnen und Juden in Österreich ein Überleben ermöglichten.

In Bearbeitung waren 2023 der Band über Widerstand und Verfolgung im 15. Wiener Gemeindebezirk (Auftrag: Kulturkommission 1150 Wien, Autor: Manfred Mugrauer) sowie ein umfassender Band zu den neuesten Arbeiten der Forschungsstelle Nachkriegsjustiz, die 2024 bzw. 2025 erscheinen werden.

Michael Achenbach

Private Filmaufnahmen aus Stalag XVII A Kaisersteinbruch, in: Christine Schindler (Hrsg.), Bruchstücke, Jahrbuch 2023, Berlin 2023 [= Jahrbuch des DÖW, hrsg. v. Andreas Kranebitter u. Christine Schindler], S. 19–56.

Winfried R. Garscha

Nisko-Deportationen 1939: Die Online-Dokumentenedition, in: Christine Schindler (Hrsg.), Bruchstücke, Jahrbuch 2023, Berlin 2023 [= Jahrbuch des DÖW, hrsg. v. Andreas Kranebitter u. Christine Schindler], S. 151–175. [Gemeinsam mit Claudia Kuretsidis-Haider und Wolfgang Schellenbacher]
Retter in Uniform. Anton Schmid und Oswald Bouska, in: Manfred Mugrauer (Hrsg.), „Wir hätten es nicht ausgehalten, dass die Leute neben uns umgebracht werden." Hilfe für verfolgte Jüdinnen und Juden in Österreich, Berlin 2023, S. 181–224.

Bianca Kämpf

Im Spiegel der Verhältnisse. Rechtsextremismus in Österreich, in: Liga-Magazin 01/2023, S. 18–19. [gemeinsam mit Andreas Kranebitter]
Anti-/„Feminismus" von (extrem) rechts, in: Noodnik #6, Wien 2023.

Andreas Kranebitter

Frühe sozialwissenschaftliche Analysen der Konzentrationslager durch Deportierte aus Wien, in: Buchenwald – zur europäischen Textgeschichte eines Konzentrationslagers, hrsg. v. Stephan Pabst, Berlin 2023, S. 167–197. [Gemeinsam mit Christian Fleck]

Auf dem Weg zum Begreifen. Die „Ritchie Boys" und ihre Produktion soziologischen Wissens über die Konzentrationslager, in: Konzentrationslager als Gesellschaften, hrsg. v. Michael Becker/Dennis Bock/
Elissa Mailänder, Göttingen 2023, S. 173–196.

Die doppelte Buchführung. Die (un)dokumentierte Erfassung des Todes in den nationalsozialistischen Konzentrationslagern, in: Ordnungen des Todes, hrsg. v. Nina Kreibig/Thomas Macho/Moisés Prieto,
Bielefeld 2023, S. 217–232. [Gemeinsam mit Bertrand Perz]

Als „asozial" und „kriminell" verfolgt, als „Penner" und „Verbrecher" erinnert: Zu den Auswirkungen tra-
dierter Stigmatisierung auf Erinnerung und intergenerationale Handlungsstrukturen, in: Psychologie
& Gesellschaftskritik, 47 (1/2), S. 35–56. [Gemeinsam mit Miriam Schäfer und Maria Pohn-Lauggas]

„Meine mundlmäßige Familie". Zur Präsenz des Subproletarischen in Erinnerungen und Familienstruktu-
ren von NS-Opfern, in: Zeitgeschichte 49 (4), S. 573–597. [Gemeinsam mit Maria Pohn-Lauggas]

Im Land des Fragebogens. John M. Steiner und die soziologische Befragung von ehemaligen SS-Angehörigen, in: Christine Schindler (Hrsg.), Bruchstücke, Jahrbuch 2023, Berlin 2023 [= Jahrbuch des DÖW,
hrsg. v. Andreas Kranebitter u. Christine Schindler], S. 1–18.

Allowing for Ambiguity in the Social Sciences. Else Frenkel-Brunswik's methodological practice in „The Aut-
horitarian Personality", in: Serendipities. Journal for the Sociology and History of the Social Sciences 7
(1–2), S. 30–59. doi.org/10.7146/serendipities.v7i1-2.132541. [Gemeinsam mit Fabian Gruber]

Authoritarianism, Ambivalence, Ambiguity. The Life and Work of Else Frenkel-Brunswik. Introduction to the
Special Issue, in: Serendipities. Journal for the Sociology and History of the Social Sciences 7(1–2),
S. 1–12. doi.org/10.7146/serendipities.v7i1-2.135380. [Gemeinsam mit Christoph Reinprecht]

Claudia Kuretsidis-Haider

Nisko-Deportationen 1939: Die Online-Dokumentenedition, in: Christine Schindler (Hrsg.), Bruchstücke,
Jahrbuch 2023, Berlin 2023 [= Jahrbuch des DÖW, hrsg. v. Andreas Kranebitter u. Christine Schindler],
S. 151–175. [Gemeinsam mit Winfried R. Garscha u. Wolfgang Schellenbacher]

Herminengasse 4. Hermine Riss aus der Wiener Leopoldstadt rettet drei verfolgte Jüdinnen und Juden, in:
Manfred Mugrauer (Hrsg.), „Wir hätten es nicht ausgehalten, dass die Leute neben uns umgebracht
werden." Hilfe für verfolgte Jüdinnen und Juden in Österreich, Berlin 2023, S. 257–280.

Manfred Mugrauer

Hrsg. im Auftrag des Dokumentationsarchivs des österreichischen Widerstandes und der Gedenkstätte
Deutscher Widerstand, „Wir hätten es nicht ausgehalten, dass die Leute neben uns umgebracht
werden." Hilfe für verfolgte Jüdinnen und Juden in Österreich, Berlin 2023.

„Stille Helden". Hilfe für verfolgte Jüdinnen und Juden in Österreich, in: Manfred Mugrauer (Hrsg.), Wir
hätten es nicht ausgehalten, dass die Leute neben uns umgebracht werden. Hilfe für verfolgte
Jüdinnen und Juden in Österreich, Berlin 2023, S. 7–82.

„In diesem Moment wurde ich Jahrtausende alt". Ein katholischer Priester rettet drei Salzburger Kinder, in:
Manfred Mugrauer (Hrsg.), Wir hätten es nicht ausgehalten, dass die Leute neben uns umgebracht
werden. Hilfe für verfolgte Jüdinnen und Juden in Österreich, Berlin 2023, S. 347–380.

Fritz Weissenbeck (1920–1949) – Spanienkämpfer und KZ-Häftling, Mappe Archiv-Verlag, Braunschweig
2023.

Verbot der KPÖ, in: Bernhard Hachleitner/Alfred Pfoser (Hrsg.), Die Zerstörung der Demokratie und der
Februar 1934, Salzburg 2023, S. 168–171.

From Anti-Fascist Consensus to Anti-Communist Hegemony. The Marginalization of the Communist Party of Austria at the Onset of the Cold War, in: Marcel Bois/Bernadette Reinhold (Hrsg.), Margarete Schütte-Lihotzky. Architecture. Politics. Gender. New Perspectives on Her Life and Work, Basel 2023, S. 258–271.

Die Personalpolitik der KPÖ in der Russischen Stunde der RAVAG, in: Anita Mayer-Hirzberger/Cornelia Szabó-Knotik (Hrsg.), Zur Russischen Stunde der RAVAG (1945–55). Ein Kapitel österreichischer Radiogeschichte, Wien 2023 [= Anklaenge. Wiener Jahrbuch für Musikwissenschaft 2022/2023], S. 47–76.

Andreas Peham

Zeitgenössische Formen des Antisemitismus – mit Verweis auf wiederkehrende Motive aus der (christlichen) Tradition, in: Regina Polak (Hrsg.), Interreligiöser Dialog. Wissenschaftliche Zugänge zur Begegnung der abrahamitischen Religionen, Paderborn 2023, S. 278–293.

„Pandemie" and „Great Reset". Zum antisemitischen Kern aktueller Verschwörungstheorien, in: Regina Polak (Hrsg.), Kontinuität und Aktualität des Antisemitismus, Frankfurt/M. 2023, S. 72–77.

Stephan Roth

„'Politische Bestrebungen liegen dem CV fern.' Der CV/ÖCV in der Zwischenkriegszeit", in: Linda Erker/Michael Rosecker (Hrsg.), Antisemitische und rechte Netzwerke in der Zwischenkriegszeit. Zur Bedeutung informeller Machtstrukturen für die politische Radikalisierung in Österreich, Wien 2023, S. 105–122.

Das „U-Boot" vom Badnerberg. Wie Bernhard Gol(d)stein den Holocaust in Baden bei Wien überlebte, in: Manfred Mugrauer (Hrsg.), „Wir hätten es nicht ausgehalten, dass die Leute neben uns umgebracht werden." Hilfe für verfolgte Jüdinnen und Juden in Österreich, Berlin 2023, S. 225–256.

Wolfgang Schellenbacher

Uzavřít Hranice! Rakouští uprchlíci do Československa v roce 1938. [Die Grenzen schließen! Österreichische Flüchtlinge in der Tschechoslowakei im Jahr 1938], Prag 2023. [Gemeinsam mit Michal Frankl]

„Gewalttäter und Devisenschieber". Die Wahrnehmung erzwungener Illegalität an der österreichisch-tschechoslowakischen Grenze vor und nach dem „Anschluss" Österreichs, in: Bohemia. Zeitschrift für Geschichte und Kultur der böhmischen Länder 62/1 (2022), München 2023, S. 63–82.

Nisko-Deportationen 1939: Die Online-Dokumentenedition, in: Christine Schindler (Hrsg.), Bruchstücke, Jahrbuch 2023, Berlin 2023 [= Jahrbuch des DÖW, hrsg. v. Andreas Kranebitter u. Christine Schindler], S. 151–175. [Gemeinsam mit Winfried R. Garscha u. Claudia Kuretsidis-Haider]

Christine Schindler

Hrsg. im Auftrag des DÖW, Bruchstücke, Jahrbuch 2023, Berlin 2023 [= Jahrbuch des DÖW, hrsg. v. Andreas Kranebitter u. Christine Schindler].

Fakten – Analysen – Diskussionen. Das Dokumentationsarchiv des österreichischen Widerstandes 2022, in: Christine Schindler (Hrsg.), Bruchstücke, Jahrbuch 2023, Berlin 2023, S. 177–227.

Ursula Schwarz

Lexikon der Wiener Gemeindebauten. Mahnmale – Denkmäler – Sehenswürdigkeiten, 2. Aufl., Wien 2023.
[Gemeinsam mit Peter Autengruber]

Bernhard Weidinger

Von A wie „Aula" bis Z wie „Zines": Österreichs rechtsextreme Publizistik von den 1950er Jahren bis heute, in: zeitgeschichte 50 (4), S. 519–540, doi.org/10.14220/zsch.2023.50.4.519.
Us and Them: Mechanisms of Social Inclusion and Exclusion, Past and Present, in: Marina Gržinić/Sophie Uitz/Jovita Pristovšek (Hrsg.), Civil Society Reimagined. Citizens' Memories and Imaginaries: Democratic Citizenship, München 2023, S. 28–32.

Autor*innen

Brigitte Bailer, 2004 bis 2014 wissenschaftliche Leiterin des DÖW. Forschungsschwerpunkte: Widerstand und Verfolgung 1934–1945, Rechtsextremismus in Österreich nach 1945, „Wiedergutmachung" für die Opfer des Nationalsozialismus.

Wolfgang Benz, Historiker, Professor und Leiter des Zentrums für Antisemitismusforschung an der Technischen Universität Berlin 1990 bis 2011. Forschungsschwerpunkte: Deutsche Geschichte im 20. Jahrhundert, Nationalsozialismus, Antisemitismus und Vorurteilsforschung. Jüngste Publikation: *Allein gegen Hitler. Leben und Tat des Johann Georg Elser, München 2023*.

Evrim Erşan Akkılıç, wissenschaftliche Mitarbeiterin des DÖW. Forschungsschwerpunkte: Migrations- und Religionssoziologie, Biografieforschung, Muslime in Österreich, Radikalisierung. Jüngste Publikation: *Christentum und Islam in der Geschichte. Zwischen Bewunderung und Polemik, Wien 2024 [= Wiener Beiträge zur Islamforschung]*, hrsg. gemeinsam mit Christine Ratkowitsch.

Elisa Frei, Sozialwissenschaftlerin. Wissenschaftliche Mitarbeiterin der Forschungsstelle des Mauthausen Memorial. Forschungsschwerpunkte: Erinnerungs- und Rassismusforschung, Postcolonial Studies, Exilforschung, Widerstand und Verfolgung im Nationalsozialismus. Jüngste Publikation: *Elisa Frei/Martina Gugglberger/Alexandra Wachter, Widerstand und Zivilcourage. Frauen in Oberösterreich gegen das NS-Regime 1938–1945, Linz 2021*.

Winfried R. Garscha, 1988 bis 2018 wissenschaftlicher Mitarbeiter des Dokumentationsarchivs des österreichischen Widerstandes. Ko-Leiter der Forschungsstelle Nachkriegsjustiz am DÖW und Sprecher der Arbeitsgemeinschaft der NS-Opferverbände und WiderstandskämpferInnen. Forschungsschwerpunkte: Umgang der österreichischen Nachkriegsgesellschaft mit der NS-Herrschaft, Deportationen österreichischer Jüdinnen und Juden, Widerstand gegen das NS-Regime.

Johannes Glack, Zeithistoriker mit Schwerpunkt Geschichte des Nationalsozialismus und das erste Nachkriegsjahrzehnt in Österreich. Seit 2023 am Institut für Zeitgeschichte Wien im Rahmen des ERC-Projekts „GLORE – Global Resettlement Regimes: Ambivalent Lessons learned from the Postwar (1945–1951)" als Dissertant zum Thema „Vulnerable groups of Displaced Persons: resettling the physically or mentally disabled DPs in Europe and abroad".

ə Open Access. © 2024 bei den Autorinnen und Autoren, publiziert von De Gruyter. [CC BY-NC-ND] Dieses Werk ist lizenziert unter einer Creative Commons Namensnennung – Nicht-kommerziell – Keine Bearbeitung 4.0 International Lizenz.
https://doi.org/10.1515/9783111378411-015

Martina Gugglberger, Historikerin. Assoziierte Professorin am Institut für Neuere Geschichte und Zeitgeschichte der Johannes Kepler Universität Linz. Forschungsschwerpunkte: Frauen- und Geschlechtergeschichte, Widerstand von Frauen im Nationalsozialismus, Alpingeschichte, Missionsgeschichte, Biografieforschung. Jüngste Publikation: *Elisa Frei/Martina Gugglberger/Alexandra Wachter, Widerstand und Zivilcourage. Frauen in Oberösterreich gegen das NS-Regime 1938–1945, Linz 2021.*

Fiona Kalkstein, Stellvertretende Direktorin am Else-Frenkel-Brunswik-Institut für Demokratieforschung der Universität Leipzig. Kalkstein ist Sozialpsychologin und forscht zu autoritären Bewegungen in Sachsen. Jüngste Publikation: *Die Klassen in der Klasse. Zum materialistischen Verhältnis von Klasse und Intersektionalität in der qualitativen Sozialforschung, in: Zeitschrift für qualitative Forschung 2024.*

Andreas Kranebitter, Soziologe und Politikwissenschaftler, war an den Universitäten Wien und Graz sowie an der KZ-Gedenkstätte Mauthausen tätig. Seit April 2023 Wissenschaftlicher Leiter und Geschäftsführer des DÖW. Jüngste Publikation: *Die Konstruktion von Kriminellen. Die Inhaftierung von „Berufsverbrechern" im KZ Mauthausen, Wien 2024 [=Mauthausen-Studien, Bd. 17].*

Claudia Kuretsidis-Haider, Archivarin und wissenschaftliche Mitarbeiterin des DÖW, Ko-Leiterin der Zentralen österreichischen Forschungsstelle Nachkriegsjustiz. Forschungsschwerpunkte: Ahndung von NS-Verbrechen in Österreich und im internationalen Kontext, Erinnerungskultur(en), Holocaustforschung, Widerstand und Verfolgung. Jüngste Publikation: *„Jeder soll als Herrenmensch auftreten". Verbrechen von Polizeiangehörigen im Nationalsozialismus und ihre Ahndung durch die österreichische Justiz, in: Barbara Stelzl-Marx/Andreas Kranebitter/Gregor Holzinger (Hrsg.), Exekutive der Gewalt. Die österreichische Polizei und der Nationalsozialismus, Wien 2024.*

Ina Markova, Research Associate am Institut für Zeitgeschichte der Universität Wien und freie Mitarbeiterin des Dokumentationsarchivs des österreichischen Widerstandes, wo sie an einem Projekt über das Bauunternehmen Swietelsky in der NS-Zeit beteiligt ist. Zweimalige Herbert-Steiner-Preisträgerin. Jüngste Publikationen: *Tilly Spiegel. Eine politische Biografie, Wien 2019; Ina Markova / Stefan Wedrac, „Hamburg des Ostens"? Der Ausbau des Wiener Hafens in der NS-Zeit, Wien 2023.*

Peter Pirker, Politikwissenschaftler und Historiker, wissenschaftlicher Mitarbeiter im kärnten.museum und am Institut für Zeitgeschichte der Universität Innsbruck sowie Lektor am Institut für Geschichte der Universität Klagenfurt. Jüngste Publikationen: *Deserteure der Wehrmacht und der Waffen-SS. Entziehungsformen, Solidarität, Verfolgung, Paderborn 2023, hrsg. gemeinsam mit Kerstin von Lingen; Flucht vor dem Krieg. Deserteure der Wehrmacht in Vorarlberg, München 2023, hrsg. gemeinsam mit Ingrid Böhler.*

Margit Reiter, Universitätsprofessorin für Europäische Zeitgeschichte an der Universität Salzburg. Jüngste Publikation: *Die Ehemaligen. Der Nationalsozialismus und die Anfänge der FPÖ, Göttingen 2019*.

Christine Schindler, Projektmanagerin des DÖW, Redakteurin und Lektorin, Mitherausgeberin des DÖW-Jahrbuchs.

Alexandra Wachter, Historikerin. Senior Research Fellow am Institut für Zeitgeschichte der Universität Wien. Forschungsschwerpunkte: Widerstand im Nationalsozialismus, Geschichtsschreibung und Trauma, Erinnerungskulturen in Österreich und Osteuropa, Architektur und Stadtgeschichte, Organisationsgeschichte, Verkehrsgeschichte. Jüngste Publikation: *Elisa Frei/Martina Gugglberger/Alexandra Wachter, Widerstand und Zivilcourage. Frauen in Oberösterreich gegen das NS-Regime 1938–1945, Linz 2021*.

Jens-Christian Wagner, 2001–2014 Leiter der KZ-Gedenkstätte Mittelbau-Dora, 2014–2020 Geschäftsführer der Stiftung niedersächsische Gedenkstätten, seit 2020 Direktor der Stiftung Gedenkstätten Buchenwald und Mittelbau-Dora sowie Professor für Geschichte in Medien und Öffentlichkeit an der Universität Jena. Publikationen und Ausstellungen zur Geschichte des Nationalsozialismus und seinen Folgen sowie zu Erinnerungskulturen nach 1945.

Personenregister

∂ Open Access. © 2024 bei den Autorinnen und Autoren, publiziert von De Gruyter. [CC BY-NC-ND] Dieses Werk ist lizenziert unter einer Creative Commons Namensnennung – Nicht-kommerziell – Keine Bearbeitung 4.0 International Lizenz.
https://doi.org/10.1515/9783111378411-016

www.ingramcontent.com/pod-product-compliance
Lightning Source LLC
Chambersburg PA
CBHW080542110426
42813CB00006B/1186